本书是国家社科基金青年项目“简牍所见秦县治理研究”的
结项成果，项目编号为 17CFX006。

简牍所见秦县治理研究

◎朱腾 著

中西書局

图书在版编目(CIP)数据

六合为家：简牍所见秦县治理研究 / 朱腾著. —
上海：中西书局，2023
ISBN 978-7-5475-2094-9

Ⅰ.①六… Ⅱ.①朱… Ⅲ.①简(考古)-研究-中国
-秦代②政治制度史-中国-秦汉时代 Ⅳ.①K877.54
②D691.21

中国国家版本馆CIP数据核字(2023)第060795号

LIUHEWEIJIA：JIANDU SUOJIAN QINXIAN ZHILI YANJIU

六合为家：简牍所见秦县治理研究

朱 腾 著

责任编辑 田 甜
助理编辑 姚骄桐
装帧设计 杨钟玮
责任印制 朱人杰

出版发行 上海世纪出版集团
中西書局(www.zxpress.com.cn)
地 址 上海市闵行区号景路159弄B座(邮政编码：201101)
印 刷 上海中华印刷有限公司
开 本 700毫米×1000毫米 1/16
印 张 36.25
字 数 528 000
版 次 2023年5月第1版 2023年5月第1次印刷
书 号 ISBN 978-7-5475-2094-9 / K·425
定 价 198.00元

目录

廷可廿七[illegible][illegible][illegible]

稷=知=荅以粟荅乏少以參各

說稷前誠畀更而與稻程廣三十步原麥來程者少[illegible][illegible][illegible]欲[illegible]殷人言十尋至而一弛之[illegible][illegible]

荅程廣卅六步枲荅十二步黹廣十二步短高之是荅以殷得錮荅下止達會百步乏之鞋·錮之

得父息變錮荅與反復數不以足多是以得以定書[illegible]……[illegible]長以畀更者程廣卅六步經回

绪论

中国法律史学“危机”说与秦法制研究

改革开放以来，尤其是近三十年间，随着我国政界不断强调法治在社会生活中的重要性，法学也迎来了蓬勃发展的契机。法学院系的遍地开花、法科生源质量的提高以及法科毕业生就业渠道的多样化在在表明，法学已确确实实成为了中国人文社会科学学科群中的显学。尽管如此，与法学的整体大步迈进形成鲜明对照的是，作为法学之重要基础学科的中国法律史学却从法学重启阶段的学科内“领军”地位①转向日益被边缘化乃至成为“无用之学”的境地，在中国法律史学界内部也弥漫着因学科生存危机而产生的焦虑情绪(或许还夹杂着一些愤懑)，以至于令人感到一种“举眼风光长寂寞，满朝官职独蹉跎”的惆怅。在这种情况下，学人们纷纷撰文以探索本学科的振兴之

① 马小红指出，“三十多年前，刚刚结束的‘文化大革命’使社会迫切感到了法制的必要。而与社会需要不匹配的是当时中国颁行的法律、法规寥寥无几，就是这寥寥无几的法律法规，经过清理，百分之八十多已经失效。在法律几乎‘空白’、法学‘幼稚’而社会又急切呼吁的背景下，相对于当时法理学研究的诸多禁区、部门法学研究的阙如而言，法史学几乎是当时唯一尚有一定基础并可‘研究’的科目……上世纪80年代法史学的‘领军’地位也是由时势决定的”。此语颇为精练地指出了彼时，法律史学成为法学内的“领军”学科的原因，值得注意和深思。参见马小红:《中国法史及法史学研究反思》，载《中国法学》2015年第2期，第232页。

道应该说是非常自然的,① 其要旨则最终指向加强本学科的法学意味或加强本学科与法学其他学科的交流这一点。②

诚然,此“药方”体现了先贤们的学科担当意识,但掩卷而思,也不免令人略有疑虑。真正有效的交流无疑是要在双方或多方互相了解的基础之上展开的。然而,在中国法史学与法学其他学科的对话中,不少法律史学者对法理学、部门法学缺乏深入了解似乎已成为通说,但反过来又如何呢?实际情况恐怕也不太乐观。③ 甚至可以说,有些学者对中国法律史教材所介绍的

① 周东平所著《问题的多面性及其对策——中国法律史学困境的知识运行解读》已罗列在该文发表前面世且较具代表性的反思法律史学学科问题的论文。参见周东平:《问题的多面性及其对策——中国法律史学困境的知识运行解读》,载《江苏社会科学》2016 年第 2 期,第 157 页,注 [1]。在该作发表的大致同时及其后,还有相关论文陆续面世。较有代表性者,如王志强:《我们为什么研习法律史?——从法学视角的探讨》,载《清华法学》2015 年第 6 期,第 30—44 页;侯欣一:《学科定位、史料和议题——中国大陆法律史研究现状之反思》,载《江苏社会科学》2016 年第 2 期,第 133—140 页;方潇:《当下中国法律史研究方法刍议》,载《江苏社会科学》2016 年第 2 期,第 141—150 页;刘顺峰:《史料、技术与范式:迈向科学的中国法律史研究》,载《江苏社会科学》2016 年第 2 期,第 158—164 页;谢晶:《史料中的问题与问题中的史料:法律史研究中司法档案运用方法刍议》,载张志铭主编:《师大法学》(第 1 辑),法律出版社 2017 年版,第 106—117 页;马小红、张岩涛:《中国法律史研究的时代图景(1949—1966)——马列主义方法论在法律史研究中的表达与实践》,载《政法论丛》2018 年第 2 期,第 131—144 页;赵立行:《法律史的反思:法律的历史维度》,载《复旦学报(社会科学版)》2019 年第 1 期,第 138—146 页;徐忠明:《走向社会科学的中国法律史》,载苏力主编:《法律和社会科学》(第 17 卷第 1 辑),法律出版社 2019 年版,第 1—16 页;陈利:《史料文献与跨学科方法在中国法律史研究中的运用》,载苏力主编:《法律和社会科学》(第 17 卷第 1 辑),第 25—41 页;李富鹏:《全球法律史的中国写作——“复规范性”与法律史学的空间感》,载《清华大学学报》(哲学社会科学版) 2019 年第 6 期,第 14—26、199 页;尤陈俊:《批评与正名:司法档案之于中国法律史研究的学术价值》,载《四川大学学报(哲学社会科学版)》2020 年第 1 期,第 119—130 页;李栋:《迈向一种法学的法律史研究——萨维尼法学方法论对于中国法律史研究的启示》,载《江苏社会科学》2020 年第 3 期,第 129—138、243 页;夏新华:《显学抑或绝学——法律史学科百年发展周期律研究》,载《江苏社会科学》2020 年第 5 期,第 116—128、238—239 页;等等。

② 邓建鹏就主张,“中国法律史学科之所以面临危机的重要原因在于,囿于既有方法的陈旧及研究目的的含糊不清,中国法律史学界既未能向其他法学学科贡献学术智慧,又未能对我国现代法治建设产生应有的影响,中国法律史学在法学学科群内理所当然地被边缘化”。参见邓建鹏:《中国法律史研究思路新探》,载《法商研究》2008 年第 1 期,第 143 页。强调这一点的学者颇多,此处不再一一列举。

③ 如周东平所说,“当其他学科试图从中国法律史获取直接的知识时,他们都无视自身的能动性作用……从这种意义上说,中国法律史学的衰落或被边缘化不仅是本学科的悲哀,也是整个法学研究的悲哀”。参见周东平:《问题的多面性及其对策——中国法律史学困境的知识运行解读》,载《江苏社会科学》2016 年第 2 期,第 157 页。

基本知识都不明究竟，就已开始振振有词地对中国传统法之优长与劣势以及中国法史学当如何研究抒发己见。所以，在中国法史学与法学其他学科之间其实尚未搭建起可以共享的对话平台；所谓交流也很难产生建设性成果，最终只能演变成证明法学内部话语权强弱格局的实例：一边是广受关注的法学其他学科对中国法史学的强势“期待”，另一边则是中国法史学因既要维持专业特征，又要满足法学其他学科的要求而不得不面临的负重前行的窘迫感。① 结果，中国法史学在很大程度上陷入了范式混乱之中；更值得注意的是，或许正是由于此种范式混乱，在通代法律史研究与断代法律史研究之间、在不同断代的法律史研究之间似乎都出现了一定的隔阂，这对法史学学术的发展显然是极为不利的。换句话说，超越话语权之争，回归学术立场来考察中国法史学的学科定位及其研究范式仍是所有法律史学人均无法回避的问题。本书虽以“秦县治理”为论域而指向了战国秦至秦帝国的法制，却以中国法律史学“危机”说为论述起点的原因无非也就在于此。那么，中国法史学与法学其他学科之间难以形成有效交流的症结究竟何在？法史学研究怎样更合理地展开？对秦法制的研究在大体上又需注意哪些问题？以下即为尝试性解答。不过，在此之前，需要就本书的用语稍作说明，即出于文字简练之需，在论及“中国法律史学”时多省称为“法律史学”或“法史学”；另外，为便宜起见，在提到国内外学者之大名时皆省略“先生”二字，伏乞诸位先生见谅！

一

古代中国虽然与世界一直保持着联系，在物质文化上多有输入与输出，但在政治、法律文化上却表现出较为明显的内聚性和本土性，因此，中国传

① 赵立行对这种窘迫感做了略显无奈的概括：“在国内，法律史学科的研究历程，就是学者们一方面不断辛勤耕耘，丰富自己的研究成果，同时又不断反思自身的过程。也许，在整个法律学科的研究领域中，只有法律史需要不断地反思，反复确认本学科及其方法论的存在意义和正当性，希望能够引起外界的重视，使自己的劳动得到承认。”参见赵立行：《法律史的反思：法律的历史维度》，载《复旦学报（社会科学版）》2019 年第 1 期，第 138—139 页。

统法的发展历程可谓平流缓进，其术语、概念、精神不能说毫无变化，但确实是一脉相承的。与之相适应，传统中国的法律之学至少在战国秦汉时代就已较有规模；① 此后，官方及民间的法律之学均获得了长足的进步，至明清时代甚至出现了辑注、考据、图表、歌诀、便览等各类律学论著。② 尤其值得注意的是，无论是如唐律之《律疏》一般的官方律学著作，还是像《唐明律合编》那样的私家读律心得，多有沿波讨源、阐述法律之历史者。其之所以如此，不仅仅出于考察法律之历史的学术热情，更是因为古人秉持着一种以往圣为权威的政治意识，且历代法制的前后延续性又使追溯法律史成为了深入理解现行法的重要途径，正如沈家本在其《重刻唐律疏议序》中所说的，“今之律文与《唐律》合者亦十居三、四。沿波讨源，知其所从来者旧矣。则是书非即功令之椎轮，法家之津筏与？至由是书而深求乎古今异同之原，讲明乎世轻世重之故，晰奇阐微，律无遗蕴，庶几傅古亭疑，情罪相准，无铢黍毫发之爽，是又在善于读律者”。③ 换言之，法律史在传统律学所关注的问题领域中的显赫地位与古代中国的浓厚治史氛围有关，乃古代法律文化的容器，但也离不开其自身内藏的实践价值，④ 此亦为古人强调史学之“资治”功能的应有之义。

然而，至晚清，列强的入侵带来了各个层面的震荡。一而再、再而三的战败及对历史上曾经拥有过的辉煌的怀念使时人产生了强烈的追求富强的渴望，其方法无外乎学习西方。当这种努力波及法律学时，以“西方法学的中国/汉语表达”为内涵的所谓“翻译法学”⑤ 的时代拉开帷幕，传统律学对法律学的垄断地位开始松动。至20世纪初，修律进程一经启动，对欧美尤其是

① 参见邢义田：《治国安邦：法制、行政与军事》，中华书局2011年版，第59—61页。
② 参见中国政法大学法律古籍整理研究所编：《中国古代法律文献概论》，上海古籍出版社2019年版，第318—322页。
③ [清] 沈家本：《历代刑法考》（四），邓经元、骈宇骞点校，中华书局1985年版，第2208页。
④ 有关这一点，王志强曾做出更为详细的阐发，颇值关注。参见王志强：《我们为什么研习法律史？——从法学视角的探讨》，载《清华法学》2015年第6期，第31—32页。
⑤ 有关“翻译法学”的详细介绍，参见舒国滢：《法学的知识谱系》，商务印书馆2020年版，第33—38页。

欧陆法律制度的移植就被提上议事日程。[①] 此时的欧陆法乃11世纪末至19世纪中后期持续进行的欧陆法学与法律制度互相作用的结晶，[②] 在一定程度上可被视作形成于欧陆历史之中，但又凌驾于欧陆历史之上的法学家们的理性创造物。[③] 毋庸置疑，这种法律制度与中国传统法迥然有别，其背后的思想、观念与传统律学之间横亘着一条难以逾越的鸿沟，所以，在晚清的法律体系中实际上已存在无论怎样研究周秦汉唐宋明乃至其时的法律，都无助于领悟其精要的成分。当然，在修律启动后的清廷因政治局势的急剧恶化而疲于奔命并进至速亡的情况下，这些异域成分只是部分地被正式公布和实施，因此，时人或许不会认为传统律学已成为历史陈迹，但认识上的严重困惑显然揭示了传统律学面对自成体系的异域法学的无奈，也正是传统律学时代法律史思考的实践性走向衰弱的征兆。尽管如此，以近代中国被卷入世界体系，朝着列强所设定的现代性目标拼命迈进为背景，立法的欧化非但不会停下脚步，反而越走越快，以至于南京国民政府的《中华民国民法》制定完毕后，民法学家梅仲协竟给出了如下评价：

① 虽然如李栋所指出的，“英美两国的法律制度与法律观念对近代以降的中国确实也产生了非常深远的影响，使得近现代中国的法律制度和法律观念具有多层次、多方面的英美法印记”，但从晚清修律及民国法制建设的成果即六法体系的逐渐形成来看，欧陆法学对中国法律之近代化的影响终究远胜于英美法学这一点应该说仍然是成立的。参见李栋：《鸦片战争前后英美法知识在中国的输入与影响》，载《政法论坛》2014年第1期，第85页。

② 有关欧陆近代法律史的起始时间，此处采用美国法律史学家伯尔曼（Harold J. Berman）的观点。参见［美］哈罗德·J.伯尔曼：《法律与革命（第一卷）西方法律传统的形成》，贺卫方、高鸿钧、张志铭、夏勇译，法律出版社2018年版，第156—158页。

③ 生活于18世纪末至19世纪中期的德国法学家萨维尼（Friedrich Karl von Savigny）曾对当时的法律、法学与社会的关系做过如下评价：“法与民族一同发展、形成并最终消亡，一如民族丧失其个性一样……法的真实所在，即民族的共同意识……在文明的不断发展之中，民族的所有活动分工愈来愈细，那些被共同推动的东西，则由具体的阶层负责。法律阶层也是这样的一个分工阶层。法从语言中产生出来，向着科学的方向发展，就如同之前它存在于整个民族的意识之中，现在它成为整个法律人阶层的意识，而整个民族从这时开始在法律事务上由法律人予以代表。法开始有着双重存在，一方面作为整体民族生活的一部分继续存在，另一方面，作为法律人的特殊科学，从这时开始，法的存在愈发不自然且更为复杂。”参见［德］弗里德里希·卡尔·冯·萨维尼：《论我辈从事立法与法学之禀赋（上）》，袁志杰译，载王洪亮、田士永、朱庆育、张谷、张双根主编：《中德私法研究（12）·数人侵权责任》，北京大学出版社2016年版，第136—137页。此语很明显地揭示了作为11世纪晚期以来欧陆法学史产物的“法律科学”所具备的极强的专业性和技术性，以及建基于其上的法律制度与法律历史的分离。

现行民法，采德国立法例者，十之六七，瑞士立法例者，十之三四，而法、日、苏联之成规，亦尝撷取一二，集现代各国民法之精英，而弃其糟粕，诚巨制也。①

这样一来，传统法与现行法之间的隔阂被无限扩大；无论是从理解现行法之条文的含义，还是从适用此类条文的角度上看，“翻译法学”都把传统律学挤到了日渐狭小的角落中。正如陈顾远在评价居正等人提出的“建立中国本位新法系”的观点时所强调的：

无论世界日趋大同，法律走向统一，旧日之法系观念已有改变，应否建立中国本位新法系或有研讨余地。欧美法学在事实上已成天之骄子，我国清末变法亦随同之，迄今在学术上、在政策上、在条文上仍为此种势力所笼罩，而不得自拔，能否断然建立中国新法系，尤有困难。②

这其实也意味着对历代法律的考究不可逆转地大幅度失去了它在传统时代所具备的现实意义，基本只能以“中国法制史”“中国法律发达史”等为名而被限缩为学术研究的一个领域，或者说成为一个学科即中国法史学。③

当然，传统法的式微并不意味着法律传统形成史的终结。事实上，自晚清以来几十年持续输入的“翻译法学”正在塑造另一种法律传统，但中华人民共和国成立之前的废除“六法全书”和中华人民共和国成立之后的“清除旧法人员”等举措使这种法律传统直接变成了“古代法”，革命的法律和法学则开始在中华大地上扎根。此时的法学深受苏联法学家维辛斯基之理论的影响，主张“法的目的在于保护、巩固和发展有利于和适合于统治阶级的社会

① 梅仲协：《民法要义》，中国政法大学出版社 1998 年版，“初版序”，第 1 页。
② 陈顾远：《中国法制史概要》，商务印书馆 2011 年版，第 14 页。
③ 此处所说只不过是要揭示对历代法制的追溯作为一种法律知识在中国近代的发展趋向，而非实指中国法制史学产生于民国时代。事实上，清末的京师大学堂和法政学堂等教育机构就已经开设了以“中国古今历代法制考”“中国法制史”等为名的中国法史学方面的相关课程。参见刘广安：《中国法史学基础问题反思》，载《政法论坛》2006 年第 1 期，第 27 页。

关系和社会秩序”，[①] 而历史唯物主义又强调历史规律的普遍性，因此，以中国的法律历史来印证法律与阶级斗争的紧密联系可谓顺理成章，法史学似乎也瞬间产生了较强的现实意义。[②] 然而，正因为此种现实意义根本上来自政治上的斗争哲学，所以，当“文化大革命”结束，“维辛斯基法学”的阴影逐渐褪去后，随着以西方法律制度和法律理论的适度移植为内容的新一轮“翻译法学”的启动和持续推进，法史学再次陷入了难以为现行法提供知识养分的窘境。

尤其值得注意的是，最近二十年间，法理学、诸多部门法学内部出现的对所谓“法教义学”的强调无形中给予了法史学相当大的压力。尽管“法教义学”并不排斥对法律的历史追溯，因为它认可法律规范并非封闭系统，无法回避历史、社会等非法律因素的影响，但如论者已明确指出的，“法教义学”“坚持对于法律事业的内在态度，是一种典型的‘法学内的法学’。这种内在态度的集中体现就是对‘规范’与‘规范性’的强调……在元方法论的层面是一种‘规范法学’”，[③] 所以，在“法教义学”的视野中，是否应当关注法律史或者应当考究法律史的哪一时段、哪一部分归根结底是以理解、适用乃至完善实在法特别是现行部门法[④]为目标的。问题在于，我国的现行法是以移植而来的西方法为基础，并为了应对当前法制建设中不断出现的新问题而持续发展的有中国特色的法律体系。以此法律体系为原点来联系法律的过去，就会发现，且不说中国传统法，即便是晚清至南京国民政府时期的近代化立法，似乎也难以搭建起伸向我国现行法的历史桥梁。[⑤] 在这种情况下，

① 有关“维辛斯基法学”的更详细介绍，参见舒国滢：《法学的知识谱系》，商务印书馆2020年版，第40页，注①。

② 参见梁治平：《法律史的视界：方法、旨趣与范式》，载杨念群、黄兴涛、毛丹主编：《新史学：多学科对话的图景》（下），中国人民大学出版社2003年版，第583—584页。

③ 雷磊：《法教义学的基本立场》，载《中外法学》2015年第1期，第222页。

④ 如雷磊所强调的，“法教义学是关于特定实在法（如民法、刑法）的研究……归根结底，法教义学是近代以来部门法学的研究范式”。雷磊：《法教义学：关于十组问题的思考》，载《社会科学研究》2021年第2期，第12页。

⑤ 如舒国滢已指出的，“由‘翻译法学’作为基质的所谓‘新法学’在新的革命政权建立之后戛然中止其前行的步伐，中国法学再次经历了一次学问传统的‘历史/文化断裂’，笔者称之为‘第二次断裂’。如果说‘翻译法学’阻断了中国传统古代律学的延续，造成了中国法学发展历史的第一次断裂，那么‘第二次断裂’直接阻断了以欧陆英美法学为底色的‘翻译法学’的进一步发展”。参见舒国滢：《法学的知识谱系》，商务印书馆2020年版，第38页。

现行法的教义化程度越高，以传统法及其近代化为考察对象的中国法史学距离法学其他学科就越远。结果，一方面，不少有学术抱负的现代法研究者对法史学应当研究什么、怎样研究有着自己的理解，但似乎又很难在法史学的既有研究成果中找到接近其期待者，遂仍然坚持乃至更为强烈地主张自己所想象的法史学的应然图景，且往往因人类习以为常的自我认同、以己观人而未曾意识到这种所谓的应然图景实为中国法史学被强行分派的不可能完成的任务，因为其研究对象与现行法已近漠不相关；另一方面，法史学者想方设法使本学科的知识体系趋近甚至注入现代法学之中，但似乎又如做无用功一般难以得到对方的积极反馈，遂颇感无奈且无所适从，且往往因对所谓“趋近或注入现代法学之中”的渴望而忽略了法史学的知识体系与现代法学的知识体系本就不在同一维度上这一事实。如此，前文所说的现象的出现就不足为奇了：中国法史学被边缘化乃至成为“无用之学”。当然，这不能归咎于任何研究范式、学科或学人，毋宁说是法史学在法学学科的自我意识强势觉醒、法学之专业化不断提升的时代所面临的必然走向，而转型期社会普遍存在的实利主义风气则使此种走向给法史学人带来的焦虑感被成倍放大了。

以上考察表明，法学终究是一种具有强烈实践性的知识体系，所以，对中国法律之历史的考究在传统律学中占据重要地位，而在当下则被边缘化的根本原因无非也就在于此种探索对现行法之理解、适用等的助益和参与度大幅度下滑并进至可忽略的程度。换言之，法史学已从传统时代兼具学术与实践价值的知识退化为纯粹的学术性存在。那么，作为一种学术，中国法史学的学科特征及研究价值究竟如何？

二

尽管在传统时代，学术的类别化同样是存在的，① 但传统学术强调综合性，经史之学可谓包罗万象也是不争的事实，法律知识自然亦为经史之分支，

① 参见桑兵、关晓红主编：《分科的学史与历史》，上海人民出版社 2021 年版，第 19 页。

这从历代法制多被编入官修目录之史部即可知其究竟。至近代，因继受分科细化的西学，传统时代的综合性知识体系被人为打散，进而归入各类独立学科中，遂有法学与史学的并列。① 史学以过往之全部为其研究对象，而法学为了实现其知识的完备性，自然也不会遗忘对法律之历史的求索。由是，史学中的中国法史学与法学中的中国法史学共存的现象就顺理成章地出现并一直延续至今。现在，法学院中的法史学者往往以“法学与史学的交叉”一语来概括本学科的特征，而从应然层面上说，“交叉”也就意味着法史学的研究成果可以同时对法学及史学学术的发展起到重要推动作用。不过，实际情况是，不仅如前文所云，法史学在法学内部被边缘化，而且与史学之间似乎也是隔膜胜于互补②，以至于让人产生了中国历史上的法律制度竟有两种形象的错觉，因此，与其说所谓“法学与史学交叉”是法史学在学术上的优势，毋宁说是法史学在法学与史学两界均未得到足够认可的象征。当然，历史是不会倒退的，近代以来逐渐形成的学科分化在今后的很长一段时间内应该都是学人们必须面对的现实，所以，问题的关键并不在于“法学与史学的交叉”这一学科特征本身，而在于如何更妥当地理解它。以下就从史学与法学两个方向上阐发些许粗浅认识。

（一）法史学能对法学的发展有所贡献吗？

从史学来看，尽管不少中外史学理论研究者均强调历史真实的不可知性或历史研究的主观性，③ 但无论如何，复原真相仍然是史学的基础价值和永

---

① 徐忠明曾对此过程做出颇为发人深省的阐述：“原本‘井然有序’的传统中国法律的知识秩序，经由作为‘异质’文化类型的西方法律概念和法学理论的解读以及重构，终于割裂了传统中国法律的知识秩序，也遮蔽了我们对传统中国法律知识秩序的认知……可以说，这是一种‘词’的暴力与宰制。”参见徐忠明：《中国法律史研究的可能前景：超越西方，回归本土？》，载《政法论坛》2006 年第 1 期，第 9 页。另外，侯旭东曾从整体上评价分科细化对学术研究的不利之处，值得注意。参见侯旭东：《什么是日常统治史》，三联书店 2020 年版，第 161—163 页。

② 参见胡永恒：《法律史研究的方向：法学化还是史学化》，载《历史研究》2013 年第 1 期，第 180—183 页。

③ 如英国史学家 E. H. 卡尔（Edward Hallett Carr）就认为，“历史是历史学家与历史事实之间连续不断的、互为作用的过程，就是现在与过去之间永无休止的对话”。参见［英］E. H. 卡尔：《历史是什么？》，陈恒译，商务印书馆 2007 年版，第 118 页。何兆武更从历史研究的主观性切入界定了“史家治史”的三层含义，即“第一个方面是认识史料；第二个方面是对史料做出解释，这个工作是理解的工作，仅仅有科学的态度和方法是不够的；第三个方面是史家对人性的探微”。参见何兆武：《对历史学的若干反思》，载《史学理论研究》1996 年第 2 期，第 39—40 页。

恒理想。[①] 至于法史学，虽范式争论不绝于耳，但如论者已指出的，“中国法律史研究，当然要以充分挖掘和运用史料为基础，以辨析和考证史料为手段，以发现历史真相和描述史实为目标”。[②] 可见，学科基本目标与史学而非追求秩序与正义的法学贴近这一点足以说明，法史学在本质上属于专门史学。然而，正是这种求真的史学品格使法史学至少在两个维度上具备了为法学研究注入动力的可能。

首先，如前文所说，中国当下的法学基本上是舶来品，而且在法治实践遇到难题时，往往也习惯于向西方法理论、立法例取经。这意味着中国法其实一直在效法西方法，法律人群体则有意无意地坚持着一种以法律改造或规训生活的“傲慢”，但法律毕竟不同于科学技术，无法摆脱民族性或者说“地方性知识”的纠缠，所以中国法仍须寻找一定的主体性，而所谓主体性的建立无疑要以打破对西方法学的尊崇，认识到西方法学乃历史现象，[③] 进而将西方法学相对化为前提。此为观念之改造，其启动有赖于与时人习以为常之西方法学不同的另一套法律知识的映照或冲击。不过，在全球化时代，要发现完全不受西方法学影响的法律知识，恐怕只能诉诸人类的既往经验亦即历史了，而在中国，以各种实物及典籍文字为载体的传统法应当是法律人群体最容易理解的历史上的非西方法。换言之，如果法史学真正遵循“论从史出”的治史准则来复原中国传统法的本相，而非出于现代法学概念或宣传之需随意切割各类史料并构建所谓的“传统法”，那么，法史学的研究成果或将有助

---

① 参见彭卫：《再论历史学的实践性》，载《清华大学学报（哲学社会科学版）》2016年第3期，第58页。

② 徐忠明：《走向社会科学的中国法律史》，载苏力主编、侯猛执行主编：《法律与社会科学》（第17卷第1辑），法律出版社2019年版，第3—4页。杨一凡曾罗列目前的法史研究所存在的缺陷，其中之一为“不加分析地用现代法律术语套用古代法制，得出了一些与历史实际不相符合的、似是而非的结论”。参见杨一凡：《重新认识中国法律史》，社会科学文献出版社2013年版，第3页。这实际上是从反方向上强调“求真”乃法史研究之基础。

③ 如英国学者科特威尔（Roger Cotterrell）所指出的，“法治国的特征是在特定历史时期出现的，而且是特定社会环境的产物。它既不是西方法律职业发展的永恒成就，也不是西方社会理性化进程的最终宿命，而只是标志特定社会制度发展进程中的一个特定时刻”。参见［英］罗杰·科特威尔：《法律社会学导论》，彭小龙译，中国政法大学出版社2015年版，第177页。

于时人更客观地认识传统中国之法律生活的自我圆融，从而在与这种自我圆融的比对中更深刻地理解现行法的运转逻辑；也或将使时人意识到，西方法进入中国乃世界近代史的各种偶然所促成，并不意味着西方法本身无可挑剔，所以，法学上的后进国家在学习西方法时必须保持自我意识，否则，永无改变其法学附庸者之角色的可能。这正是笔者在多年前发表的一篇拙文所主张的中国法史学“镜鉴说”的一个侧面，① 亦可谓法史学作为专门史学对中国法学之整体的渐进式前行可能给予的动力。

其次，除了对本国现行法条文及其适用的关注，法学无疑也要思考法是什么、国家与社会之关系等更具普遍意义的理论问题。对这些问题的探讨可以诉诸纯粹的思辨，亦可体现为以实例为基础的抽象。尽管二者之结论的合理性和深刻性均受限于思想者的主观认识能力，但后者显然必须顾及另一重因素，即实例的说服力。毋庸赘言，实例可以是眼前的法律实践，但应当指出，此类法律实践尚在进行中，其前景必然是多样化的，而与法律实践处于同一历史时空中的研究者又不太可能站在云端，长时段、全景性地探讨哪些规范基于何种理由被认定为法律、法律在国家与社会的对话中究竟发挥了什么样的作用等问题，所以，以眼前的法律实践为据提炼理论终究难免“只缘身在此山中”的困厄感。与此不同，传统中国法早已进入完成样态，虽然囿于史料，学者们尚无法全面复原传统法，但随着对既有史料之解读的深入和对新史料的持续发掘，揭示传统法之构成要素的演变及其原因，展示传统法在社会治理中的作用以及由此体现的传统时代国家与社会的关系等都是可以期待的。也就是说，法史学如果坚持专门史学的立场，“赤手空拳”② 地进入传统中国的法律世界，就能相对客观地展示法律在传统中国的某时期、涵盖几个时期的某大历史阶段乃至整个历史过程中如何影响国家、社会、家族以及个体，进而以一个个具有全局性且也由此具有较强说服力的实例来证明、

① 参见拙文：《中国法律史学学科意义之再思》，载《光明日报（理论版）》2018 年 10 月 15 日。

② 日本学者沟口雄三将暂时放弃各种既定判断准则，尽可能深入中国的历史文献这一思考过程概括为“赤手空拳地进入中国的历史”。参见［日］沟口雄三、小岛毅：《中国的思维世界》，孙歌等译，江苏人民出版社 2006 年版，“序言”，第 5 页。

丰富乃至修正法学家们已提出的各种理论，使这些理论的普遍性得到相当程度的提升。[①] 这并非以主动服务于理论为导向的“以论代史”，而是以求真为目标的法律史研究自然形成的辐射效果。当然，此处需要强调的是，具有此种辐射效果的实例应当是法史学者在对历史上的法律现象加以考证的基础上提出的有关法律本身及法律与其他社会要素之关系的概括性陈述，而非琐碎的细节性介绍；否则，法史学与法学其他学科之间或许又将陷入缺乏平台的无效对话之中。在这一点上，德国法律史学者维亚克尔（Franz Wieacker）对欧陆私法史研究如何助力法学的论述颇值参考：

> 法律史就好像用缩放仪一样来放大问题及其解答，并且在时间的深度里对彼等加以分析——就如同法比较可以借助多样的法秩序，在空间的宽度上来分析它们一样。这种帮助不限于释义学上的细节：法史学家越是能发现更广泛的问题结构，其对法的一般结构理论或原则理论的贡献也就越大。[②]

（二）法学能通过法史学而成为史学之所需吗？

上文已指出，作为专门史学的法史学至少在理论层面（或许也只能在理论层面）是可以对法学的发展作出贡献的。那么，法学又能否以法史学为媒介对史学研究产生推动力呢？私见以为，答案是肯定的，而且至少也可以在两个维度上展开。

第一，历史是由各个侧面构成的整体，历史研究的首要目标乃复原曾经存在的人们的生活，所以，从应然层面上说，专业历史学者是可以沿着包括法律在内的历史之各个侧面的发展轨迹形成自己对过往世界的理解的。然而，

---

① 在这一点上，徐忠明也曾给出一段值得注意的论述：“如果中国法律史研究尚有学术意义的话，那么这种理论上的考量必将成为这一研究的题中应有之义。换句话说，中国法律史研究所要提供的不仅仅是一堆杂乱无章的材料，更要提出一套帮助人们深入理解人类法律文化的理论工具，这是它的一个重要使命。”参见徐忠明：《中国法律史研究的可能前景：超越西方，回归本土？》，载《政法论坛》2006 年第 1 期，第 7 页。

② ［德］弗朗茨·维亚克尔：《近代私法史：以德意志的发展为观察重点》（下），陈爱娥、黄建辉译，上海三联书店 2006 年版，第 412 页。

实际情况往往如下：一方面，众多的历史侧面能引申出俯拾皆是的学术增长点，故而，历史学者的注意力似乎是被分散了亦即所谓的“各有专长”，较少聚焦于作为典章制度之组成部分的法律的全体之上；另一方面，历史学者即便集中关注法律制度，对走向历史全景的时刻期待也会使此种关注立即跌落为关于某个更宏大问题之探讨的个别环节。如此，对传统中国的法律文本的全部含义、内在结构及法律系统自身的运转样态等，或有思虑不足之虞。但是，研究者如果具备法学的知识背景，面对同样的法律史料，会非常自然地以这些知识为参照，将目光对准法律系统内部的众多问题点。这并不是指用某时代的“民法”“刑法”“行政法”之类的名称来切割或定位古代中国的法律，① 而是要像法学者研究现行法那样以法律规范及其适用为中心，调动各种历史知识来解读古代中国的法律术语、体系及实践，进而将法律界定为社会文化要素的凝聚体。这样一来，法律史研究突出了法律在认识框架中的地位，对法律之变迁的观察则接近于对中国史本身的感悟。日本学者冨谷至曾对自己研究汉唐若干罪名之演变过程的方法论意义做了如下陈述：

> 犯罪可以分为“绝对性犯罪”（比如杀人、盗窃）和“相对性犯罪”两种，前者自身即为恶，后者则为针对无法简单特定化的被害者实施的恶。贿赂罪、性犯罪（如淫乱、奸淫）等就属于后者，但它们为何被视为犯罪呢？其实，根据时空的差异，后者这种恶未必会构成犯罪或者说成为处罚的对象。而且，即便是在同一个社会或国家中，随着时代的变迁，被称赞的行为也会成为被非难的恶。因此，对这些问题的思考无疑

① 对此种以现代法律概念比附传统法的研究范式，王志强曾做出颇为犀利的批评：“一味套用西方现代法学话语体系进行研究，发展到极致，最终只能纠缠于中国有无宪法、有无民法、有无行政法、有无民事诉讼法、甚至有无知识产权法、环境保护法等问题当中，然后以现代模式排列组合史料，在心态上距离‘欲与西方试比高’‘古已有之’的西方中心主义情结其实只是一步之遥、一字之差。这种方法论，在目的上或是希望通过否定这些西方概念在中国的存在以批判传统、为法律移植张目，或是通过发现其存在以图从中发掘‘本土资源’。因此，在研究方法逐步转换的理论阐释过程中，时时需要警惕矫枉过正的本土情结和西方话语霸权。”参见王志强：《中国法律史学研究取向的回顾与前瞻》，载中南财经政法大学法律史研究所编：《中西法律传统》（第二卷），中国政法大学出版社 2002 年版，第 87—88 页。

正是对历史的解明。①

显然，罪名问题乃法学尤其是刑法学的重要研究领域，富谷说可谓以实例证明了法学知识作为一种积极因素介入历史研究的可能性。

第二，前文已指出，作为专门史学的法史学对传统法的思考可以为学者们更深刻地认识现代法律体系提供一种参照系或者说“镜鉴”，但所谓“镜鉴”从来都不是单向度的。传统法与现代法之间存在着诸多看似雷同的规定，以至于有些学者会罗列各个历史阶段中的此类雷同点，进而强调传统法乃至传统中国文化的优秀面向。诚然，历朝历代的先贤们开展了艰难的制度探索，其成果在其时代条件下无疑是值得赞扬的，但是，传统法终究是古代社会的产物，它与现代法表面上的雷同无法掩盖二者之间的根本性差异，而对雷同性的反复强调其实反倒引发了对历史的非客观认识。比如，公元3世纪末，晋三公尚书刘颂引述晋律曰：“律法断罪，皆当以法律令正文，若无正文，依附名例断之，其正文名例所不及，皆勿论。”② 初看此语很容易让人联想到现代刑法上的“罪刑法定原则”，也确有学者从这一点出发阐述传统法的光辉。这种光辉当然是无法否定的，但在中国古代，统治者擅断罪刑的实例并不鲜见，甚至可以说是颇为正常的，因此，对传统法中的所谓“罪刑法定”，似乎应当寻找一种深层次的解读。如此，仅仅罗列古代的各类实例或有就事论事、平面延伸之嫌，但日本学者仁井田陞就一针见血地指出中国古代法与现代法在罪刑法定问题上的理念差异：

> 中国古代的法定主义，不是这种个人主义、自由主义的产物，而是为国家权力统治人民的需要而提出的。如果说是对国家权力的限制，也是因为认识到任意性的权力反而不利于统治，而给掌权者设立一个权力限度对统治大有好处。虽然都称为法定主义，但两者具有历史的、质的

① 冨谷至：《漢唐法制史研究》，创文社2016年版，第10页。
②《晋书·刑法志》。

> 区别。也可以认为中国古代的法定主义具有两个基调，即一方面是把法律作为威吓民众的武器的一般预防主义思想，另一方面是明确统治权限、控制官吏擅断的思想……导致欧洲近代罪刑法定主义的思想之一，是一种政治学思想，它认为，要让立法机关制定明确而完整的法律，法官的作用只是简单机械地宣布那种法律而已，为了保障人民的自由，应当拒绝超越法律范围的擅断。支持罪刑法定主义的另一个思想，是一种刑法学思想，认为罪刑法定可以收到抑制犯罪动机以预防犯罪的效果。因此尽管立场不同，但不能否认，中国古代支持法定主义的思想，和欧洲近代的观点也有一脉相通之处。当然，相似的外形，未必伴有同一性状的内容。罪刑法定主义制度是为了什么目的而建立、它发挥了怎样作用、具有什么意义，无论何时，这些都必须置于特定的历史背景去理解。①

由上引论述观之，仁井田氏之所以能入木三分地揭示所谓“历史的、质的区别”，对西方或者说现代法学知识的深刻领悟并以之为观察中国传统法的鉴镜实为重要原因。换言之，完全局限在传统中国的语境中分析法律现象未必不能提出卓见，但研究者如果对现代法律制度及其理念有所掌握，或能相对容易地找到深入传统中国法的有效路径。这并非放弃对历史的“温情与敬意”，更非以“后见之明”苛责古人，而是使研究者以一种比较意识迅速发现现代法与传统法的差异性，进而到历史语境中挖掘差异性的形成原因，并最终概括对中国史的理论认识。在此过程中，现代法学知识无疑就通过法史学的过渡作用成为了历史研究之理论参照的组成部分。

概言之，法学与史学互相取经以推进各自的学术研究的可能性是存在的，而使二者之间的交流得以展开的桥梁正是法史学。在此意义上，所谓“法学与史学的交叉”不再是法史学在法学与史学两边均缺乏重要性的暗示，而是真正成为了法史学的优势。那么，为了防止此优势流失，我们可以探索一种

① ［日］仁井田陞：《唐律的通则性规定及其来源》，载刘俊文主编：《日本学者研究中国史论著选译》（第八卷 法律制度），姚荣涛、徐世虹译，中华书局1992年版，第103页。

什么样的法史学研究方式呢？

三

从“法学与史学的交叉”出发，中国法律史的研究方式，一言以蔽之，即以现代法学为参照，复原历史上的法律现象及其文化背景，并在此基础上提炼某种理论性见解。这本是习以为常的对历史的追问思路[①]在法律史领域的投影，[②] 并无太多值得反复琢磨的微妙之处，但由于长期以来，法史学界在“法学化”“史学化”“现代意义”“理论关照”等方面多有纠缠并来回往复地反思，向习以为常的研究方式回归似乎也显得不那么顺理成章。从目前法律史的研究现状来看，至少有三个相关问题是无法绕行的重要障碍。

（一）如何使现代法学知识合理地发挥参照功能？

前文已指出，在法律史研究中参照现代法学知识的目的并非根据此类知识率性切割或比附历史上的法，而是为了加深对后者的理解。也就是说，所谓参照其实仍然是为复原法律史服务的，只不过试图使复原表现出更强的层次感和深刻性罢了。如此，研究者所欲复原的各对象之间的差异在很大程度上将决定现代法学知识的哪一部分更适合成为复原作业的参照，或者说将决定此类知识之参照功能的强弱。

概括来说，历史上的中国人对法的理解可以两次鸦片战争为分界点，区分为纯粹传统型与渐次近代型两类。前者是鸦片战争之前在中华文明内部自发形成的法律制度和思想，后者则为在近代中国出现的西方因素逐渐增强的

① 如，梁启超就曾指出，“史者何？记述人类社会赓续活动之体相，校其总成绩，求得其因果关系，以为现代一般人活动之资鉴者也”。梁启超：《中国历史研究法》，中华书局2009年版，第1页。

② 胡旭晟就认为，史学家眼中的“历史”由“现象世界”“根源世界”和“意义世界”三部分构成，对“现象世界”的考察具有描述性，对后二者的探讨则具有解释性，因此，法史学也可以分为“描述性法史学”和“解释性法史学”。参见胡旭晟：《描述性的法史学与解释性的法史学——我国法史研究新格局评析》，载《法律科学》1998年第6期，第39页。

法律制度和思想。对前者，由于其发展与西方法的演进是平行的①，以至于产生了一套与西方法迥然有别的法律体系，因此，与西方法渊源极深的现代部门法的具体术语、概念等是不便于也没有必要介入复原研究的，更不必说被毫无警惕地直接用来指称传统法上的表面类似、实则有别的规定了；真正有参照意义的毋宁说是如“罪刑法定原则”的思想来源之类的诸多制度设计的根本理念以及法理学对法理论的种种追问，毕竟这些思考所指向的超越法律制度的宏观问题（如权力结构等）或多或少可以被视为传统法与现代法的互相参照得以展开的共同平台。对后者，虽然如前文已指出的，现行法是在“公检法”被砸烂后的法律废墟之上起步的，与晚清及民国的“翻译法学”之间并不存在明显的历史连续性，但因为现行法与晚清及民国的“翻译法学”在很大程度上皆为移植各自时代的西方法尤其是欧陆法的产物，而欧陆法自19世纪以来在基本概念、整体框架及内在理念上又保持着某种稳定性，所以在复原近代中国的法律史时，现代法在各层面的诸多思考都可以对较为准确地理解近代法的变迁有所助益，研究者甚至可以基本摆脱“民法”“刑法”等法律术语的古今辨析之累来梳理近代中国的部门法体系的形成史。② 或许，正是由于这一点，法学者尤其是部门法学者会认为，古代法研究更接近于历史学范畴，近代法研究则更接近于法学范畴。其实，这是一种错觉。法史研究的基本目标一直是复原法律史的真相，即便是所谓的理论提升也要以复原真相为基础，而近代法研究之所以能对法学者形成一定的亲和力，根本原因

① 也有不少研究成果提到了明清时期尤其是清代因处理涉及洋人的案件而引发的中西法文化的冲突。参见［美］艾德华：《清朝对外国人的司法管辖》，李明德译，载［美］高道蕴、高鸿钧、贺卫方编：《美国学者论中国法律传统》，清华大学出版社2004年版，第450—511页；［美］步德茂：《“淆乱视听”：西方人的中国法律观——源于鸦片战争之前的错误认知》，王志希译，载周东平、朱腾主编：《法律史译评》，北京大学出版社2013年版，第272—292页。然而，此类案件基本都发生在澳门、广州等有限的几个对外口岸，且当时的朝廷又自诩为“天朝上国”，因此，所谓中西法文化的冲突对此时的中国本土法律的影响是不应夸大的，甚至可以忽略不计。

② 事实上，确有不少学者直言，中国部门法史研究应当以近现代为中心，不必汲汲于溯古。参见刘广安：《中国法史学基础问题反思》，载《政法论坛》2006年第1期，第29页；胡永恒：《法律史研究的方向：法学化还是史学化》，载《历史研究》2013年第1期，第189页；等等。

无非就是，与古代法相比，近代法的真相本身与现行法的距离更近以至于法律史学者的复原之辞或能让法学者产生似曾相识的感觉，进而更便于理解甚至有所启发。换言之，中国法律史的本相是唯一的，为了接近此本相，应当拒绝的并不是现代法学知识对法史研究的参照价值，而是毫无断代意识、泛泛地讨论法史研究的法学化、史学化以至于现代法学知识的所谓参照价值未能被合理地展现出来。

（二）如何更为妥当地界定史料在法律史研究中的地位？

前文曾反复提及法律史的复原。据此，如傅斯年在20世纪二三十年代提出的著名论断即“历史学便是史料学”所示，高度强调史料在法史研究中的重要性、“有一分材料说一分话”可以说是自然而然的。① 不过，彭卫已指出，傅氏主张“历史学便是史料学”的原意大概是“通过分析史料肯定存在的历史或否定不存在的历史”，而非“将历史学重合于史料学”。② 这一评论对法律史研究而言同样有其借鉴意义。

近年来，伴随着学术GDP高速增长，学者们的创新热情也大幅膨胀。具体到法律史领域，所谓创新无非是从辨析或细化旧问题、提出新问题两个方向上展开的。在前者，无论是辨析还是细化，都或多或少地有赖于对传世文献的爬梳和深入解读，而在出土文献等新史料不断公布的情况下，又不能忽视新史料的论据价值，但这些新史料各有其使用难题，对史料自身之性质、研读方式、文义等的探讨亦即精耕细作就越发显得重要。在后者，新问题的出现或源于新史料之催动，故学者们自然须对适才提及的“精耕细作”全力以赴以确保研究的顺利展开；或本于人文和社会科学领域的各类新理论的刺激以至于似乎达到了“无文书不成学”“无档案不成学”等的地步，以往未予以足够重视的史料遂陆续成为了学者们的新宠。可见，不管哪个方向上的创新，史料都占据着不容忽视的地位。这本是主张“论从史出”的法史

① 如论者已指出的，“当前中国法律史学界歧论杂出，盲目追求社会科学化的臆断固然不少，考实无力的妄说恐怕更多……大量的史实盲点表明，认真的考实研究不是太多而是太少了”。汪雄涛：《迈向生活的法律史》，载《中外法学》2014年第2期，第349页。
② 参见彭卫：《近十年中国古代史研究之观感》，载《史学理论研究》2012年第2期，第8页。

学研究的应有之义。关键在于，随着学者们对史料之搜集或考证的热情不断提高，进而促成了以史料涉猎之广度、史料研读之精细程度为标准来判断学术研究成果之优劣的局面的初步浮现，如下认识就会逐渐形成：只要史料被透彻解读，结论自明；或者，只要新史料被抛出，新意自现。于是，学者们往往就醉心于史料研究本身，并淡化了对史料所能说明的问题在法律史的整体中处于何种地位的思考。结果，所谓“结论自明”“新意自现”往往就呈现为“碎片化”或猎奇性知识的堆积。此种探索并非完全没有意义，但确实只是给出了某些史实，自然不能与通观法律之诸层面问题的法律史学划等号。由此看来，史料在法律史研究中处于基础性地位确实是毋庸置疑的，但法史学并非法律史料学或法律史文献学，对待史料的态度毋宁说是要秉持着一种广域视野或理论意识来思考史料究竟能说明什么以及它们相互间的关联性如何。① 循此思路，法律史研究也将从微观层面逐渐上升并最终提炼出某种理论洞见。然而，所谓理论洞见应当具有多大程度的概括力呢?

（三）何种层面的理论问题更适合法史学探讨?

历史研究应当有理论关怀，这是学者们一直坚持的论点。不过，在建国后的很长一段时间内，历史研究都是在唯物史观的引领下展开的。虽然史学家们通过解读史料得出的理论认识不乏惠泽后世的学术价值，② 但其政治性确实也是不能否定的。或许，正是因为受当时的整个社会环境的影响，学术研究或多或少地强调单一、线性的历史发展观，所以，学者们对史料的使用在一定程度上存在着大而化之甚至误读的情况，中国史本身的复杂性也难以被详尽地展现出来。20 世纪 80 年代以来，随着对史学界之前围绕所谓“五朵金花”（即中国古代史分期、中国封建土地所有制形式、中国封建社会农民战争、中国资本主义萌芽、汉民族形成等问题）展开的诸多研究的反思，史学

① 有关这一点，亦可参见苏亦工：《法律史学研究方法问题商榷》，载《北方工业大学学报》1997 年第 4 期，第 75 页；杨念群：《中层理论——东西方思想会通下的中国史研究》，江西教育出版社 2001 年版，“自序”，第 5 页；龚留柱：《避免史学“碎片化”，“会通”之义大矣哉》，载《史学月刊》2011 年第 5 期，第 12 页；等等。

② 王学典、陈峰曾经从五个方面详尽且较为公允地评述了唯物史观在学术史上的积极意义。参见王学典、陈峰：《20 世纪唯物史观学派的学术史意义》，载《东岳论丛》2002 年第 2 期，第 49—58 页。

逐渐向重史料的传统回归,[①] 而对各类史料之意义的揭示则使中国史研究显得精彩纷呈。与之同时，另一种令学者们担忧的现象也出现了，此即上文所说的一味扩张或考证史料并较少关注史料所能说明的问题究竟有何意义而导致的学术研究的“碎片化”。[②] 在这种情况下，为了在过度宏大叙事与意义短缺型的史料研读之间寻找平衡，部分历史学者提出了所谓的“中层史学”“中层理论”“中等层次的论证”等概念。[③] 目前看来，这些概念在历史研究中是具有一定的范式启发意义的。

以中华人民共和国成立后历史学的大致发展历程为参照，正如前文已指出的，中国的法史学在起步之时同样具有一定的政治性，所谓理论提升在很大程度上指向了马列主义所概括的人类历史演进的一般规律。然而，历史唯物主义本质上是一种历史哲学，但正如日本东洋史学巨擘宫崎市定早已指出的：

> 历史哲学并不是历史学，它毕竟是哲学，用哲学处理的历史和历史学，只是抽象化了的历史和历史学，而不是历史自身和历史学自身。我认为历史学的问题，永远应该在历史学内部解决，历史学的任何部分都不应该由哲学来代替。[④]

① 王学典就将1990年代以来发生的历史学研究范式的转变概括为“史观派从中心向边缘、史料派从边缘向中心的逆向运动”。参见王学典:《近五十年的中国历史学》，载《历史研究》2004年第1期，第170页。

② 如张生所说，“‘碎片化’是当下中国史学面对的诸多问题之一。有人认为‘碎片化’不成其为问题……这种意见并非没有共鸣，但现有的众多论说表明，大多数人将其视为‘问题’”。张生:《穿行于“碎片”之中的历史学及其应有态度》，载《历史研究》2019年第6期，第24页。

③ 李开元、杨念群、邓小南等均曾提出类似的说法，杨念群甚至以“中层理论”为名撰写著作，其言曰，“‘中层理论’这个概念借自于美国社会学家默顿（R. K. Merton)。概要地说，‘中层理论’的建构对于中国史研究的意义至少可表现在两个方面：一是尽量可使我们摆脱宏大叙事的纠缠……二是讨论如何改变史界只拉车不看路式的工匠型治史方式”。参见李开元:《汉帝国的建立与刘邦集团——军功受益阶层研究》，三联书店2000年版，第5—6页；杨念群:《中层理论——东西方思想会通下的中国史研究》，江西教育出版社2001年版，“自序”，第5页；邓小南:《走向“活”的制度史——以宋代官僚政治制度史研究为例的点滴思考》，载《浙江学刊》2003年第3期，第100—101页；等等。

④［日］宫崎市定:《〈亚细亚史研究〉第三卷序言》，收入中国科学院历史研究所翻译组编译:《宫崎市定论文选集》（下卷)，商务印书馆1965年版，第326页。

于是，以20世纪八九十年代为起点，法史学界也开始对中国法律史的研究范式予以重新思考。一方面，受社会科学理论或比较法学的影响，部分法史学者将历史上的法律视为一种文化现象，试图在社会网络中发现法律的存在意义。其研究成果确实大幅度改变了法律史的叙事模式，① 实为中国法律史学史上值得关注的一页。然而，因为这些研究成果往往秉持着所谓的“类型学”思维，② 将中国传统法与西方法视为两个法文化类型，通过对部分史料的解读来抽象二者的特征并在二者之间展开对比，所以，二者的时空感其实都被削弱了；而且，为了对比，又多根据西方法治传统的各要素来设定进入中国传统法的切口，中国历史上诸多法律现象的复杂性和多面性则消失在理论升华的过程中。从这一点上说，对法律史予以类型化的文化解释至少带有弱历史哲学和一定的“西方中心主义”的意味，而以今日的法律史料所能揭示的中国法律史的各个侧面来看，此种研究范式对中国法律史的理论概括其实已显得过于宏大且略显粗疏，以至于与各种史实难以建立联系（甚至无关），如徭役、赋税、土地、财政等方面的法律问题很明显就难以完全进入“以刑为主”“礼法合一”“儒家化”等各类概括的论域中。③ 如此，虽然到目前为止，受此种研究范式影响而以传统中国或古代中国法的整体特征为阐发对象的论著仍不时涌现，但所谓理论概括的精细化已成为法律史学术发展的必然，且

① 尤陈俊指出，这些研究成果的贡献在于“使得史学之外的一些社会科学理论开始进入中国法律史研究的视野之中”。参见尤陈俊：《“新法律史”如何可能——美国的中国法律史研究新动向及其启示》，载《开放时代》2008年第6期，第84页。

② 作为此种研究范式的代表性学者之一的梁治平就曾对自己考察中国法律传统的方式做了这样的概括：“法律是特定社会与文化的一部分；文化具有不同类型，相应地，法律也可以被区分为不同类型，具有不同的精神和性格”。梁治平：《法律史的视界：方法、旨趣与范式》，载杨念群、黄兴涛、毛丹主编：《新史学：多学科对话的图景》（下），中国人民大学出版社2003年版，第590页。

③ 对此类问题，杨一凡曾在其多种论著中反复提及。参见杨一凡：《重新认识中国法律史》，社会科学文献出版社2013年，第14—16页；同氏：《质疑成说，重述法史——四种法史成说修正及法史理论创新之我见》，载杨一凡、陈灵海主编：《重述中国法律史》（第一辑），中国政法大学出版社2020年，第3—6页；同氏：《重述中国法律思想史》，载《华东政法大学学报》2021年第4期，第11—13页。

近年来确实已有部分论著将其付诸实践。[①] 另一方面，出于对以往的宏大叙事的矫枉过正或学术创新意识的膨胀，如上文已指出的，法史学界也出现了像历史学界一样的“碎片化”问题，而史料研读的更合理的展开则有赖于某种理论探索的牵引。但是，所谓理论探索或许仍不应表现为提出各种过于高高在上的粗略断言，因为此类断言大多可以通过浏览习以为常的经史文献、古代法律文本及今人研究成果而得出；有关旧史料的深入解读和新史料的发现则往往并非证明此种断言之必需，甚至还会挑战经史文献或法律文本作为中国传统法文化之权威表达的地位，也会质疑既有研究成果的解释力，以至于指向此种断言的理论探索之路被截断。概言之，上述两个方面的考察已说明，相较于对传统中国法的整体特征之类的问题的理论总结，目前的中国法律史研究更需要的或许正是历史学者所强调的“中层理论”，亦即，以尽可能准确地把握史料的含义和尽可能合理地分析史料间的关系为基础而提出的有关中国法律史的某个或某几个侧面的理论解读。[②] 较之“碎片化”的法律史实，它是一个整体，可以使诸多史料在整体中发挥其在孤立状态下难以出现的证明力；较之过于宏大且粗疏的理论总结，它是一种分散的理论，但由于有着坚实的史料支撑，所以其在不断累积后将修正甚至推翻宏大理论，最终确立真正可仰赖的观察法律史并参与法学理论建构的宏观视野。

至于“中层理论”可以落实到哪些侧面，这当然取决于学者的个人研究

---

① 仅以梁治平为例，从其著作《法辩》《寻求自然秩序中的和谐：中国传统法律文化研究》《清代习惯法：社会与国家》的陆续完成就能明显看出梁本人对中国法律传统的所谓文化阐释的逐渐限缩和精准化。至于其他通过断代、地域或研究对象等的限定来寻求对中国法律传统的更准确理解的尝试则更多，此处不再一一列举。

② 李开元在阐发其“史学三层次”说时指出，“中层史学，在基层史学已经确立了的史实之基础上，以探讨各个史实间的相互关系为目的，以分析和归纳的方法追究史实间关系的合理解释”。李开元：《汉帝国的建立与刘邦集团——军功受益阶层研究》，三联书店2000年版，第5页。邓小南在解说其“活”的制度史研究范式时尤其强调“关系”这一范畴，“我们既需要研究有关制度的具象内容，例如其机构、职任、法规等等，又需要注意尽管无形却更为重要的关系。这种关系实际上渗透于社会生活的诸多方面，直接、间接地影响着制度的运行过程……一方面，制度既确定又限制着人们集体选择的可能性；另一方面，制度本身既由‘关系’构成、又由‘关系’限定”。邓小南：《走向“活”的制度史——以宋代官僚政治制度史研究为例的点滴思考》，载《浙江学刊》2003年第3期，第102页。这些论述对思考法律史学的“中层理论”而言皆颇具启发意义。

旨趣。不过，私见以为，有两个大致方向或许值得注意。第一，倘若是通代研究，似可先确定与西方尤其是欧陆法学的某一问题相类似的传统法现象，以之为中心整理史料及其相互关系并梳理这种现象的演变，进而推衍“中层理论”，日本学者滋贺秀三在考察传统中国法源史时提出的“法的三层构造”说就是这方面的典型事例。[①] 所谓“法的三层构造”是指传统中国尤其是帝制中国阶段的国家制定法大体上可以划分为基本法典、副次法典、单行法令三种。从法的稳定性上说，三者是按照基本法典、副次法典、单行法令的顺序依次下降的，但以效力位阶论，则反其道而行之。其原因在于：

> 所有法的效力来源于皇帝意志。正因为仅有皇帝，而无脱离皇帝的相当于立宪国家的议会或独立审判机构那样的国家机关参与国家意志的形成，所以，皇帝的一般性意思表达可以为皇帝的特殊、具体的意思表达所破坏，其过去的意志可以为新的意志所废弃。

法的稳定性和效力是传统时代和现代共有的法律问题。按照当下的一般认识，某种法律的制定程序的复杂性如何往往与其稳定性之强弱，进而与其效力之高低相关，但滋贺的论述并不是要说明传统中国对此问题的思考逊于这种一般认识，而是试图依据古代中国的权力结构亦即“皇帝政治”，深入解答基本法典等三者在稳定性上的序列何以与其在效力位阶上的高低正好相反。可见，在此类有关法律史的思考中，由于西方法不是作为较之传统中国法更具优越性的法律类型而存在，毋宁说成为因问题相似而期望传统中国法对此问题阐发其理解的对话者，更兼问题领域被限定，进而提高了研究者相对完整地把握史料的可能性，因此，所谓理论认识就是有着较强史料支撑且以源自中国史自身的具体法律问题为对象的合理总结亦即前文所强调的法律史的“中层理论”。第二，相比于通代研究需要时刻在意法律问题的中心地位，断代研究虽然也仍关注某种法律现象，却更应通过对法律的思考转向对当时社会的理

① 参见滋贺秀三：《中国法制史論集 法典と刑罰》，创文社2003年版，第16—18页。

解。换言之，如果说通代研究表现出法律史探索的内敛性，断代研究则主张法律史探索的外向性。究其原因，就在于，通代研究面临着极其广阔的历史时空，一旦脱离某种法律现象及其周边的拘束而不断扩张，就必然呈现出无限复杂的状态以至于令研究者无所适从；与之有别，断代研究由于设定了其关注的合理时间段（甚至限定地域），因此有可能在相当程度上掌握对具体法律现象有着较大影响的各类社会因素的基本情况，从而在社会网络中寻求对法律的富有层次感的理解。如此，所谓“中层理论”就在对某一时段的法律与政治、经济、学术思想等的互动的解读中形成了，冨谷至的“刑徒国家”说就是一例。刑罚无疑属于法律问题；冨谷从对秦的刑罚尤其是劳役刑的考证出发，主张秦帝国的维持与发展离不开刑徒的劳役，并以中央集权的国家体制及官僚制的运转、秦的政治政策、劳役刑的功利化等诸因素的联动关系来解释此种现象的形成原因，最终将秦帝国概括为“刑徒国家”。① 可见，在冨谷式的分析框架中，法律从来都不是孤立、静止的；毋宁说，它与其他社会现象之间的作用、反作用、再作用的过程正是历史的本相，对这种本相的理论提升则使得历史上的法真正成为了历史上的社会的组成部分，但又不是对二者之关系的疏阔宏论，可谓法律史研究应当追求的“中层理论”。当然，还需注意的是，在通代研究中的“中层理论”与断代研究中的“中层理论”之间也可能存在着某种联系，循此联系而完成的理论认识的逐层提升或许是学者们可以期待的对中国法律史形成某种贯通性解读的可靠方式。

以上对三个问题的考察意在说明现代法学知识的参照系功能、史料解读、理论提炼如何在中国法律史研究中合理展开。当然，一应文字只是对这些问题的浅尝辄止，也必定无法解决当前的中国法律史研究所面临的各类难题。但是，真正要发挥法律史学作为法学与史学之交叉学科的优势，这些问题是不能回避的，而上文的解答或许对推进法律史研究有所助益也未可知。

① 参见［日］冨谷至：《秦汉刑罚制度研究》，柴生芳、朱恒晔译，广西师范大学出版社2006年版，第227—230页。

四

在明确了法史学与法学其他学科之间无法形成有效对话的症结所在、法史学的所谓“法学与史学交叉”这一特征在学术研究上的意义、更合理的法史学研究的展开方式等问题之后，对秦法制研究之展开又能有什么样的总体认识呢？毫无疑问，秦法与现代法之间无任何直接关联性可言，因此，秦法制研究只能作为一种学术研究而存在，其基本目标则为复原秦法律体系之本相以及秦法在社会治理中所发挥的作用，为观察现行法之运行方式和价值观提供一种参照，可谓较为明显地体现了法史学作为交叉学科的史学侧面。由是，秦法制研究之广度与深度的拓展很大程度上与史料的新发现有关就极为自然了。

长期以来，由于唐以前的制定法文本久佚，学者们只能根据残存的史料展开辑佚性研究。然而，因为有关秦法的文献记载实在太少，所以，所谓辑佚最远也只能溯及汉代，对秦法则往往以“汉承秦制”为由而从汉代法律来反推，对唐以前诸律有详考的程树德的如下言论就颇有代表性：

> 律始李悝《法经》，商鞅受之以相秦。汉就《法经》加户、兴、厩三篇，故是书断自汉始、不别著秦律。其汉律有沿秦律者，则皆于汉律中附见之。①

在这种情况下，1975年湖北云梦睡虎地秦简（以下简称“睡简”）的出土无疑具有划时代意义，因为睡简乃首次被发现的秦简牍，上面的文字为历史上曾存在过的秦法在现代人面前的首次集体亮相。一时间，海内外学者的研究热情被迅速点燃，② 秦的法制很自然地成为法史学界的一个研究热点；在围

① 程树德：《九朝律考》，中华书局2003年版，“凡例”，第1页。

②“睡简”的各种版本和注本的问世就很明显地展现了学者们对“睡简”所载内容的高度关注。具体参见徐世虹、支强：《秦汉法律研究百年（三）——1970年代中期至今：研究的繁荣期》，载中国政法大学法律古籍整理研究所编：《中国古代法律文献研究》（第六辑），社会科学文献出版社2012年版，第98—100页。

绕着睡简展开的秦法研究略有降温之时，青川木牍、龙岗秦简等的先后出土不失时机地为考察秦法加薪助燃，因此，从20世纪70年代中期至21世纪初张家山汉简公布之时，秦法制研究一直颇受学界关注，并在罪名、刑罚、官僚制、诉讼程序、经济管理、田制、爵制等各个方面均形成了值得注意的学术观点。[①] 然而，问题也是存在的。除了以今律古，用现代部门法概念切割秦的法律制度之外，[②] 还主要表现为以下两点。第一，如前所述，在睡简公布之前，学者们对秦法的认识是根据从各类史料中辑佚而来的汉律反推的，因此，面对简文所载的有关秦法的众多信息，学者们其实缺乏足够的知识储备以准确理解其含义，也必然要在解读简文之文意上投入大量的精力以至于研究成果略显零散化；第二，由于简文较为集中地展现了秦律条文及其解释，对秦的法律实践则记载不多，学者们对秦法的阐述也略显静态化。结果，这两方面的问题导致秦法与当时的政府运转之间的关联性未能被全方位地揭示出来，如冨谷所提出的"刑徒国家"一般用以概括法律与政治、社会、经济等的关系的"中层理论"也就并不多见。当然，此类问题的出现绝不能归因于彼时学者们的研究能力的不足，毋宁说是由史料本身的局限性所致。

至21世纪，规模较大的三批秦汉简牍材料的陆续公布又为秦法制研究注入了新的活力。其一即为此前已提及的张家山汉简。这批汉简收入了众多汉初的律令文、案例及若干秦的案例；后者当然与秦法制研究直接相关，而从"汉承秦制"这一学界的一般认识出发，前者无疑也为研究秦法提供了较为丰富的补充材料。张家山汉简的公布虽然使学界的研究热点在一段时间内从秦法转向了汉初之法，但利用这批汉简来深化或拓展从睡简等的记载中得出的

① 对这些学术观点的更详细的介绍，参见徐世虹、支强：《秦汉法律研究百年(三)——1970年代中期至今：研究的繁荣期》，载中国政法大学法律古籍整理研究所编：《中国古代法律文献研究》（第六辑），社会科学文献出版社2012年版，第104—164页；陈松长等：《岳麓秦简与秦代法律制度研究》，经济科学出版社2019年版，第6—32页。

② 睡简公布之后，法史学者所著较早的有关秦法的专论当属栗劲的《秦律通论》（山东人民出版社1985年版），其章节名设计就较为明显地受到了现代部门法知识的影响。另外，20世纪末出版的带有对法律史研究之阶段性总结意味的《中国法制通史》（法律出版社1999年版）的第二卷即为对战国秦汉法制的专论，而在论及秦法时，其章节名也有仿照现代部门法的痕迹。

有关秦法之既有认识的努力则同样在持续不断地进行着。其二为岳麓书院藏秦简（以下简称“岳麓简”）。这批简牍并非科学地考古发掘所得，因此，有部分学者对利用岳麓简展开研究持怀疑甚至否定的态度。但是，据陈伟考证，岳麓简具有较强的可靠性，且收入了数量较为可观的秦王政时期至秦始皇三十五年（公元前212年）的秦律令，① 因此，在秦汉法制史料未臻极其丰富的情况下，利用这批简牍来探讨秦的法制毋宁说“是有利于学术发展的无奈但又无可回避的选择”。② 事实上，学者们确实已经在保持审慎之态度的同时通过解读岳麓简所收法律文献来推进有关秦法的思考，在简文所示具体法律制度、律令关系、诉讼程序等问题上皆已提出值得关注的论点。其三为里耶秦简（以下简称“里耶简”）。相比于睡简、岳麓简等收入的秦法律文献多为静态的律令文这一点，里耶简所揭载的大量的行政文书则真实地再现了秦洞庭郡迁陵县的政务运行情况，是极为难得的可用来考察秦法之实践样态的史料。借此，学者们对秦县的机构设置、仓库管理、刑徒分配、徭役征发等问题予以详尽考证，进而评估秦“以法为教”的统治思想究竟落实到何种程度。概言之，在地不爱宝的时代，由于简牍文献的不断出土和公布，秦法制研究已逐渐步入通过精耕细作和综合运用史料而展开对法律的动静考察的阶段，甚至连此前囿于史料而根本无法想象的关于秦汉时代之区域法制运行状况的研究都具备了一定的可操作性。

然而，笔者必须指出，新史料在给秦法制研究提供不断深化之机遇的同时也带来了强烈的挑战。最主要的问题是，出于对“论从史出”的强调，再加上简牍文献在编联、释读和文意理解上都存在着较大的难度，所以，学者们不得不对文献考证倾注心力，但现有的涉及秦法制的简牍文献已较显规模，对史料考证的过度追求甚至以史料考证为学术研究之全部或将导致学者们只能注意到简牍文献所载秦法制的有限信息以至于秦法制研究本身陷入“碎片化”。而且，目下还出现了前一批简牍史料尚未被学者们消化完毕，后一批简

① 参见陈伟：《论岳麓秦简法律文献的史料价值》，载《武汉大学学报（哲学社会科学版）》2019年第2期，第114页。

② 陈伟：《论岳麓秦简法律文献的史料价值》，载《武汉大学学报（哲学社会科学版）》2019年第2期，第114页。

牍史料就已被公布的情况。此时，为了参考后者来深化根据前者得出的结论或解读前者的尚未被破译之处，学者们往往在继续对前者之考证的同时陷入了有关后者之考证的网罗中，这无疑使学术研究的“碎片化”色彩进一步加深。要对此现象有所调整，以一种略为宏观的问题意识或者前文所云“中层研究”来统领对史料的精耕细作或许是值得尝试的。十余年前，王子今曾提出推进秦汉史研究所需注意的六大主题，其中就包括“秦汉史微观和中观考察的理论指导”。① 在今日新史料不断出现以至于史料考证的工作量剧增的情况下，思考这一主题的必要性似乎变得更为明显。有鉴于此，也考虑到目前已公布的收入法律文献较多的几批秦简牍或为秦县中的低级官吏的陪葬物，② 或为秦县行政实况之记录的残存，本书即以“秦县治理”为中层论域，并探讨秦的法律规定及其政治统治的展开。不过，在正式进入各章的考察之前，有一点需要说明，即除非必要，本书所说的“秦县治理”不涉及秦县都官的政务运转，毕竟秦县中的都官很可能是某些中央官署或郡的派出机构，与县级地方政府有所不同。③

---

① 参见王子今：《秦汉史研究理论认识散谈》，载《史学月刊》2011 年第 5 期，第 5 页。

② 根据睡简《编年纪》所示，睡虎地 11 号墓的墓主人“喜”曾担任秦县的多种低级官吏这一事实是可以明确的。不过，由于岳麓简乃盗掘简，因此被盗之墓的墓主人的身份已不得而知，但宫宅洁据岳麓简的部分简文所提及的“当阳”“安陆”等地名及其中的《三十四年质日》篇所载“江陵公归”之类的文字推测，墓主人或为江陵县的下级官吏。参见宫宅洁：《嶽麓書院所藏簡“亡律”解題》，载《東方學報》第九十二册，2017 年，第 231 页。

③ 有关秦汉时代的都官的性质，睡简整理小组、何四维（A. F. P. Hulsewé）、高恒、于豪亮、高敏、江村治树、工藤元男等曾提出不同的解释。有关这些学说的总结，参见工藤元男：《睡虎地秦簡よりみた秦代の國家と社會》，创文社 1998 年版，第 58、79 页。不过，目前，学界一般认为，都官是某些中央官署及中央、郡的派出机构的统称。具体参见高村武幸：《漢代の地方官吏と地域社会》，汲古书院 2008 年版，第 273 页；于振波：《简牍与秦汉社会》，湖南大学出版社 2012 年版，第 239—246、253 页。

第一章

秦县的官府构成及官吏选用

正如“绪论”部分所说，本书以“秦县治理”为论域，因此，治理主体即县官府的基本面貌就是首先应予以明确的。县官府的机构组织形式究竟如何？其官吏又是通过哪些途径进入政府中的？在探讨这些问题之前，我们不妨先梳理一下作为郡县制之重要成分的县制在秦的确立过程以便形成对秦县之概貌的更具纵深感的认识。

第一节　商鞅变法与秦的县制

从现有文献的记载来看，秦置县最早或可追溯至秦武公十年（公元前688年）。据《史记·秦本纪》，是年，秦“伐邽、冀戎，初县之”，清人梁玉绳在《史记志疑》中评论曰“此史言立县之始”。[①] 然而，对此判断，还有两个需要澄清的问题。

第一，除了《秦本纪》“武公十年”条之外，《史记》中另有多处提及“初县”，[②] 如：

> （秦武公）十一年，初县杜、郑。（《史记·秦本纪》）
>
> （秦厉共公）二十一年，初县频阳。（《史记·秦本纪》）
>
> （秦献公六年）初县蒲、蓝田、善明氏。（《史记·六国年表》）
>
> （秦始皇三十三年）又使蒙恬渡河取高阙、阳山、北假中，筑亭障以逐戎人。徙谪，实之初县。（《史记·秦始皇本纪》）

既然武公十年已“初县”即开始置县，为何此后还会有类似的记载呢？初看起来，《史记》中略显前后矛盾的文句确实令人困惑，杜正胜则通过将“初

① ［清］梁玉绳：《史记志疑》，中华书局1981年版，第164页。

② 有关《史记·六国年表》对秦孝公十二年、十三年之史事的类似记载，后文将有所讨论，此处姑且不予引用。

县”解释为“首次筑城”以解决此困惑。① 杜氏之说是以他对春秋战国时代城邑勃兴的判断为前提形成的，或有其合理之处，但不乏略复杂之嫌。事实上，上引《史记》诸条中的“初县”皆有明确对象，因此，即便将其理解为“开始置县”，对此处“初县”也并不影响对彼处“初县”。换句话说，考虑到地点的限定性，《史记》以“初县”概括秦在不同时期的置县事件并非自相抵牾之举。当然，基于同样的原因，“武公十年”条的“初县之”或许更应被解读为对邽、冀戎所在之地开始置县，乃今人据现有史料所能了解的秦的最早的置县实例，未必指县制在秦史上的起点。

第二，“武公十年”条的“初县之”中的“县”究竟含义如何，是否等同于郡县制之县？应当指出，由于《左传》《国语》等史籍均提到了春秋时期的某县直接隶属于某当政者的现象，因此顾颉刚虽意识到该时期秦、楚的县与晋、齐、吴的县有所不同，却明确主张，郡县制在春秋初期已经出现，“武公十年”条的“初县之”即可谓其实例。② 然而，增渊龙夫却尤其在意顾颉刚所说的春秋诸国的县的差异，并指出君主赐给大夫的邑既有以其产出供养大夫一族的私的一面，也有接受君主命令以为其官守的公的一面；春秋时期的县也具有同样的双重性格，而列国的县之间的差异或许正可归因于这两面的哪一面表现得更为明显。所以，县与邑的区别标准未必可归结为是否直辖于君主，更在于二者的内部组织结构的不同，亦即，封邑是在保留了原来的氏族组织结构和秩序的同时作为君主之服属而被统治，县却是在打破所谓氏族组织结构和秩序的基础上展开统治，而这种统治模式的彻底实现则有待于战国时代的诸国变法运动来完成。③ 增渊说显然持动态视角观察先秦县制之发展，故专注于春秋县制与战国县制的差异性。此后，杨宽、杜正胜、五井直弘、

① 参见杜正胜：《古代社会与国家》，允晨文化实业股份有限公司 1992 年版，第 713 页。

② 参见顾颉刚：《春秋时代的县》，载陈苏镇、张帆编：《中国古代史读本（上册）》，北京大学出版社 2006 年版，第 108—121 页。后学中也多有持类似观点者，此处不再逐一罗列。

③ 参见增渊龙夫：《中国古代の社会と国家》，岩波书店 1996 年版，第 445—468、484 页。

平势隆郎等国内外学者均注意到了增渊说对先秦县制之研究的推进，并对其予以认可、补强或修正。① 易言之，包括“武公十年”条的“初县”在内的春秋之县不同于郡县制之县大致上是可以肯定的。

那么，“初县之”的“县”究竟含义如何？周振鹤认为，西周封建制造就了从西周延续至春秋时代的国野之别，野又与县、鄙同义，所以“武公十年”“十一年”两条的“初县之”只是说把邽、冀戎所在之地及杜、郑皆纳入秦的县鄙或边境而已。② 毋庸赘言，古文字学界早已提出，西周金文中的“县”写作“睘”，意指国都以外或城邑四周的区域，③ 而古史学界对西周、春秋时代的国野差异也多有考证，④ 因此，无论是从古文字用例，还是从学者们对西周、春秋时代的政治或社会空间分布的一般认识上说，周氏之论都可谓较为妥当。然而，近年间，王进锋的研究深化了对西周金文中的“县”的既有认识，以下两段论述尤其值得注意：

> (1) 西周时期的金文中有两种形态的“县”字。一种作“[illegible]”，义为系；由它所表示的县，是一种依附大型地域社会组织的小型地域社会组织；一种作“還”，义为环绕；由它所表示的县，指城市周边的郊区地

---

① 如杨宽和五井直弘均强调，春秋时期的县与战国、秦汉的县性质不同；以记载较多的楚县或晋县为例，不仅其原型较为多元，而且其设立缘由的军事性或特殊性颇为明显。杨宽更进一步将县的性质发生变革的时间界定在春秋、战国之际。参见五井直弘：《春秋時代の縣についての覺書》，载《東洋史研究》第二十六卷第四号，1968 年，第 27 页；杨宽：《古史探微》，上海人民出版社 2016 年版，第 73—83、93 页。与杨宽、五井直弘说相比，杜正胜、平势隆郎在认识到春秋县制与战国县制之差异的基础上，更强调二者之间究竟是以什么为连接点实现连续性发展的，所以杜、平势二氏皆尤为关注君主对县的直接控制或者说县的非私邑化这一点，平势隆郎甚至根据他对春秋楚县之性质的考察主张县的世袭统治被彻底否定未必晚至春秋、战国之际。参见［日］平势隆郎：《楚王和县君》，徐世虹译，载刘俊文主编：《日本中青年学者论中国史（上古秦汉卷）》，上海古籍出版社 1995 年版，第 233—234 页；杜正胜：《编户齐民：传统政治社会结构之形成》，联经出版事业股份有限公司 2018 年版，第 122—123 页。

② 参见周振鹤：《中国地方行政制度史》，上海人民出版社 2019 年版，第 16—17 页。

③ 此说是李家浩在 1985 年提出的，并得到了诸多国内外学者的认可。参见李家浩：《著名中年语言学家自选集·李家浩卷》，安徽教育出版社 2002 年版，第 15—19 页；松井嘉德：《周代国制の研究》，汲古书院 2002 年版，第 271—272 页。

④ 参见杨宽：《西周史》，上海人民出版社 2003 年版，第 395—411 页；赵世超：《周代国野制度研究》，人民出版社 2020 版，第 1—21 页。

> 带。金文中的“县”字和实际的县是紧密联系的，二者呈相互对应的关系：“[illegible]”体现的是县邑之县，附属于城市；“還”体现的是县鄙之县，指环绕城市的郊区地带……西周时期应该先有县邑之县，它们是位于城市郊区的附属小邑。因为这类县设置在围绕城市的郊区地带，而且设置得很多，分布得很广。慢慢地，设置这类县的广泛区域都可以用“县”来称呼。随之，“县”的内涵也发生了变化，有了意为郊区的“鄙”的含义。这样就产生了县鄙之县。
>
> (2) 西周时期形态独特的县邑之县，并非横空出世。殷商、西周时期很多中心都邑的郊区都有附属小邑，其中的一小部分后来就发展成了县。它们可谓西周县邑之县的源头。县和没有发展过来的邑的区别在于，经过了人为的划分；县下有更低级的社会组织；对所附属的城市有着更强的依附性。这种形态的县，在后来的历史时期并没有绝迹，春秋时期仍然有孑遗。同时，西周时期的县鄙之县是由商代的“鄙”发展来的，它在春秋时期也有遗留。①

也就是说，在西周年代，县的含义已非野或鄙所能涵盖，而且，县邑之县与县鄙之县是紧密相连的：正因为西周时代的县邑多设立于郊区，县才具备了用来表示郊区的“鄙”的意思；另外，虽然县在本质上仍然是邑，但若考虑到是否经人为而形成等区别标准，县其实已表现出与邑不同的内涵。这种状况当然也延续到了春秋早期，所以将秦武公十年、十一年的“初县之”仅解释为秦的边境的拓展或许就略显粗疏了，毋宁说是指因在邽、冀戎所在之地或杜、郑设置了县邑而使这些区域成为了秦的“鄙”。② 非但如此，下引史料所载晋、楚在春秋早期的置县事件未必不能做同样的理解：

① 王进锋：《为山覆篑——古文字、古文献与先秦史论集》，巴蜀书社 2021 年版，第 210—211、215 页。

② 当然，周振鹤也指出，“退一步说，即使秦武公时已经置县，则这些县也是县邑之县，还不是郡县之县”。周振鹤：《中国地方行政制度史》，上海人民出版社 2019 年版，第 17 页。不过，从其整体论述思路上看，周氏基本上将秦武公“初县之”理解为秦国的领土向西扩展到邽、冀戎之地，向东扩展到杜、郑地区。

> 楚白公之乱，陈人恃其聚而侵楚。楚既宁，将取陈麦。楚子问帅于大师子谷与叶公诸梁……子谷曰："观丁父，鄀俘也，武王以为军率，是以克州、蓼，服随、唐，大启群蛮。彭仲爽，申俘也，文王以为令尹，实县申、息，朝陈、蔡，封畛于汝。唯其任也，何贱之有?"（《左传·哀公十七年》）

> 戊午，晋侯朝王，王飨醴，命之宥。请隧，弗许……与之阳樊、温、原、欑茅之田。晋于是始启南阳。阳樊不服，围之……乃出其民……冬，晋侯围原，命三日之粮。原不降，命去之……赵衰为原大夫，狐溱为温大夫。（《左传·僖公二十五年》）①

当然，不管怎样解释，西周、春秋早期的县多设置在边境之地应该是可以肯定的；至于其设置缘由，正如学者们已反复指出的，从《史记》《左传》等史书中的记载来看，多可归结为军事需求或某些特殊情势。②

不过，在春秋中后期（尤其是春秋后期）的晋国，县制的变化陆续发生，不仅置县之地从边境扩及内地以至于置县表现出一定的普遍性，③ 而且县与世袭封邑或此前就已存在的旧县之间的区别也在不同方向上展开。首先，《左传·昭公五年》载，楚灵王为了奋其志气，欲羞辱前来聘问的争霸对手即晋

① 虽然《左传·僖公二十五年》的记载并未明言晋在阳樊、温、原等地置县，但从增渊龙夫的考证来看，晋在鲁僖公二十五年（公元前635年）以阳樊、温、原等地为县大致上是可以肯定的。参见增渊龙夫:《中国古代の社会と国家》，岩波书店1996年版，第430—438页。

② 有关这一点，前文曾提及杨宽、五井直弘等学者的论述，卜宪群也认为，"初县的功能主要是军事和经济意义上的"。卜宪群:《秦汉官僚政治》，社会科学文献出版社2002年版，第28页。不过，近年来，土口史记做了更为全面的研究，值得注意。首先，土口基本肯定了增渊龙夫的观点，并认为春秋时代的县与邑之间并无本质差异，随着国君、采邑主、邑大夫的力量对比的变化，县或邑的公、私色彩的鲜明程度也会有所不同；而且，即便是在军事化这一点上，由于春秋时代的争霸形势，县与邑也是沿着同质化的方向发展的。但是，土口也通过分析晋县强调了春秋时代的县与邑之间的微妙差异，其根源则仍在于军事化，亦即所谓县可被视为军事化程度得到显著提升的邑。参见土口史记:《先秦時代の领域支配》，京都大学学术出版会2011年版，第23—25、44—47页。由此可见，军事需求极有可能确实是列国置县的重要原因。

③ 参见顾德融、朱顺龙:《春秋史》，上海人民出版社2003年版，第281页；童书业:《春秋左传研究》，中华书局2006年版，第169页；周振鹤:《中国地方行政制度史》，上海人民出版社2019年版，第20—21、28页。

国的卿大夫韩起、羊舌肸；楚臣薳启强表示强烈反对，其理由如下：

> 自鄢以来，晋不失备，而加之以礼，重之以睦，是以楚弗能报而求亲焉……韩起之下，赵成、中行吴、魏舒、范鞅、知盈；羊舌肸之下，祁午、张趯、籍谈、女齐、梁丙、张骼、辅跞、苗贲皇，皆诸侯之选也。韩襄为公族大夫，韩须受命而使矣。箕襄、邢带、叔禽、叔椒、子羽，皆大家也。韩赋七邑，皆成县也。羊舌四族，皆强家也。晋人若丧韩起、杨肸，五卿八大夫辅韩须、杨石，因其十家九县，长毂九百，其余四十县，遗守四千，奋其武怒，以报其大耻，伯华谋之，中行伯、魏舒帅之，其蔑不济矣。

可见，薳启强认为，晋对楚的挑衅早有防备且韩、羊舌二家实力强劲，羞辱韩起、羊舌肸无异于自取其祸。值得注意的是上引劝说之辞中的“韩赋七邑，皆成县也”及“因其十家九县，长毂九百，其余四十县，遗守四千”二句。对此，杜预“注”论道，“赋百乘也”“县百乘”。如土口史记所说，如此整齐划一的出赋标准表明，晋很可能至迟到鲁昭公五年（公元前537年）就已对县推行“制度化的军事改革”；而且，以四十九县这个数字论，这些县不应尽在边地，因此，所谓军事改革“作为一种制度也许已扩及内地或者说国土内的较广泛地域。易言之，此时的晋已自觉地将军事机能之赋予从暴露在外压下的诸邑推广至内地的邑，进而将这样的邑称为‘县’”。[1] 也就是说，无论是在边境，还是在内地，县均以其较为浓厚的军事色彩而在邑的群体中脱颖而出。其次，于“韩赋七邑，皆成县也”一语，杨伯峻注曰：“韩氏收七邑，此七邑皆大县。《释名·释言语》：‘成，盛也。’”[2] 又，《战国策·赵策一》云，“君其与二君约，破赵则封二子者各万家之县一”，此县规模也颇为可观。由是观之，晋国所置县中可能存在着不少大县。也正因为此，这些大县又分出别县，如《左传·昭公三年》所载：

---

① 参见土口史记：《先秦時代の領域支配》，京都大学学术出版会2011年版，第46页。
② 杨伯峻编著：《春秋左传注》，中华书局1990年版，第1269页。

初，州县，栾豹之邑也。及栾氏亡，范宣子、赵文子、韩宣子皆欲之。文子曰："温，吾县也。"二宣子曰："自郤称以别，三传矣。晋之别县不唯州，谁获治之？"

这样一来，虽然无法判断别县与作为其母体的大县之间是否存在隶属关系，但县可以进一步分而治之已成为时人的行政区划意识的组成部分却是可以肯定的，这与战国时代县下辖乡、里的行政层级概念的确立或有关联。最后，晋顷公十二年（公元前514年），韩、赵、魏、范、中行、知六卿协力灭公族祁氏、羊舌氏，并对二家的采邑做了如下处理：

秋，晋韩宣子卒，魏献子为政。分祁氏之田以为七县，分羊舌氏之田以为三县。司马弥牟为邬大夫，贾辛为祁大夫，司马乌为平陵大夫，魏戊为梗阳大夫，知徐吾为涂水大夫，韩固为马首大夫，孟丙为盂大夫，乐霄为铜鞮大夫，赵朝为平阳大夫，僚安为杨氏大夫。谓贾辛、司马乌为有力于王室，故举之。谓知徐吾、赵朝、韩固、魏戊，余子之不失职，能守业者也。其四人者，皆受县而后见于魏子，以贤举也。①

此处，引人注目的不仅仅是"分……以为七县，分……以为三县"一语表现出来的人为因素对县域之界定的显著影响，更在于十位新任县大夫之来源的多样性。如果说知徐吾等四人因世官而任县大夫代表着传统的延续，那么，其余六人任县大夫就可谓对世官习惯的偏离，尤其是司马弥牟等四人"以贤举"更隐约显现出县的长官由君主直接任命、县政与科层官僚制紧密结合的战国县制的踪影。② 另外，《左传·襄公三十年》载：

---

①《左传·昭公二十八年》。

② 正是在此意义上，不少学者将晋顷公十二年六卿对祁氏、羊舌氏二家之采邑的处置视为春秋县制转向战国县制的重大或标志性事件。参见周振鹤：《中国地方行政制度史》，上海人民出版社2019年版，第28页；张伟保、温如嘉：《郡县制的早期发展——以魏国为中心》，载香港中文大学历史系中国历史研究中心、新亚研究所编：《中国古代政治制度与历史地理——严耕望先生百龄纪念论文集》，齐鲁书社2019年版，第66—68页。

三月癸未，晋悼夫人食舆人之城杞者。绛县人或年长矣，无子，而往与于食……赵孟问其县大夫，则其属也。召之，而谢过焉，曰："武不才，任君之大事，以晋国之多虞，不能由吾子，使吾子辱在泥涂久矣，武之罪也。敢谢不才。"遂仕之，使助为政。辞以老。与之田，使为君复陶，以为绛县师，而废其舆尉。

有关"县师"，杜预"注"云，"掌地域，辨其夫家人民"；有关"舆尉"，孔颖达"正义"引"服虔云"解释道，"舆尉、军尉，主发众使民于时"。可见，县师、舆尉的角色与战国秦汉县中的县丞、县尉颇有几分相似，也表明，由于置县被推广至内地以及县制的长期发展，在县的官僚政治开始成长的大致同一时期甚至更早，晋县已经表现出较为明显的从军事重镇转向行政组织的趋势。①

对如上种种现象，若单举其一，则在他国或春秋早期的晋国未必不能见到类似情况，但诸多因素的融合就使春秋中后期的晋国对战国、秦汉县制之雏形的形成起到了或许比他国更为重要的作用。② 当然，即便是在春秋中后期，晋国内部也仍然存在着不少与走向战国的县相并列的封邑，但在赵襄子、魏桓子、韩康子联合灭智伯瑶之后，三家开始蚕食剩余的隶属于晋君的封邑，晋的县邑遂全部落入三家之手；周威烈王二十三年（公元前403年），三家同时被封为诸侯，晋的县邑无论是从名义上，还是从实质上都成为了三位新君的直辖地，作为晋政之发展结果的县制一跃成为了战国时期三个主要诸侯国的地方行政制度。③ 众所周知，商鞅变法乃秦县发展史的浓墨一笔，但在此

① 有关这方面的更详细的论述，参见顾德融、朱顺龙：《春秋史》，上海人民出版社2003年版，第282页。

② 周长山指出，"在认识郡县制度的过程中，不宜机械地将郡、县名称的出现视作郡县制的发生，而应当更为慎重地从实质内容的角度予以考虑……与郡县制相伴随的，必然是社会形式与社会组织的巨大变动"。周长山：《汉代地方政治史论——对郡县制度若干问题的考察》，中国社会科学出版社2006年版，第8—9页。晋县在春秋中后期的发展无疑是政治、社会与制度互相促进的结果，正可印证周氏所说"郡县制的发生"的背后乃是"社会形式与社会组织的巨大变动"这一点。

③ 有关晋县转变为赵、魏、韩三国之县的详细过程，参见张伟保、温如嘉：《郡县制的早期发展——以魏国为中心》，载香港中文大学历史系中国历史研究中心、新亚研究所编：《中国古代政治制度与历史地理——严耕望先生百龄纪念论文集》，齐鲁书社2019年版，第69、80页。

之前秦县是否已如晋县一样脱胎换骨了呢？不得不说，相关史料不足以支撑一个明确的答案，但史料状况本身似乎又给出了某种暗示：在始皇帝焚书之时，秦国史书自不会受损，司马迁在因撰写《史记》而涉及秦史时也以《秦纪》为重要史料来源，[①] 但《秦本纪》《十二诸侯年表》《六国年表》等诸篇对商鞅变法之前秦县的演进只是在若干处轻描淡写，这与其以司马迁的关注点不在于秦县制云云来解释，还不如说秦县制在商鞅变法之前很可能本就变化缓慢以至于《秦纪》未能详载，司马迁也难以多加留意。正因为此，作为魏人的商鞅在秦国推行县制在一定程度上带有将晋的县制演变成果植入秦县之中，使县政真正覆盖秦民之生活的色彩。

从《史记》的记载来看，商鞅是在秦孝公元年（公元前 361 年）应孝公的招贤令入秦的，变法举措则从孝公三年开始分批次正式推出，如下所示：

① 三年，卫鞅说孝公变法修刑，内务耕稼，外劝战死之赏罚，孝公善之。甘龙、杜挚等弗然，相与争之。卒用鞅法，百姓苦之；居三年，百姓便之。乃拜鞅为左庶长。（《史记·秦本纪》）

② 以卫鞅为左庶长，卒定变法之令。令民为什伍，而相牧司连坐。不告奸者腰斩，告奸者与斩敌首同赏，匿奸者与降敌同罚。民有二男以上不分异者，倍其赋。有军功者，各以率受上爵；为私斗者，各以轻重被刑大小。僇力本业，耕织致粟帛多者复其身。事末利及怠而贫者，举以为收孥。宗室非有军功论，不得为属籍。明尊卑爵秩等级，各以差次

①《史记·秦始皇本纪》“太史公曰”就提到：“吾读秦纪，至于子婴车裂赵高，未尝不健其决，怜其志。婴死生之义备矣。”藤田胜久也指出，“献公、孝公以前，整体上《六国年表》的记载比《秦本纪》多。但孝公以后《秦本纪》比《六国年表》多。乍一看，给人的印象好像是‘秦记’的前半部分多收入《六国年表》，后半部分多收入《秦本纪》。然而，如果考察其内容，虽然《秦本纪》前半部分所记载的年数确实不多，但其记事有时比《六国年表》更为详细。《秦本纪》后半部分记事比《六国年表》详细者更多。因此，从记载年数来看，我们不能否定‘秦记’多被《六国年表》收录的可能性，但不如作此推测，即《秦本纪》更好地保留了‘秦记’内容的原型。总之，在《史记》中，‘秦记’基本上被《秦本纪》和《六国年表》吸收了”。[日]藤田胜久：《〈史记〉战国史料研究》，曹峰、[日]广濑薰雄译，上海古籍出版社 2008 年版，第 254 页。

名田宅，臣妾衣服以家次。有功者显荣，无功者虽富无所芬华。令既具，未布，恐民之不信，已乃立三丈之木于国都市南门，募民有能徙置北门者予十金。民怪之，莫敢徙。复曰“能徙者予五十金”。有一人徙之，辄予五十金，以明不欺。卒下令。（《史记·商君列传》）

③ 令行于民期年，秦民之国都言初令之不便者以千数……行之十年，秦民大说，道不拾遗，山无盗贼，家给人足。民勇于公战，怯于私斗，乡邑大治……于是以鞅为大良造。将兵围魏安邑，降之。居三年，作为筑冀阙宫庭于咸阳，秦自雍徙都之。而令民父子兄弟同室内息者为禁。而集小乡邑聚为县，置令、丞，凡三十一县。为田开阡陌封疆，而赋税平。平斗桶权衡丈尺。（《史记·商君列传》）

④ 十年，卫鞅为大良造，将兵围魏安邑，降之。十二年，作为咸阳，筑冀阙，秦徙都之。并诸小乡聚，集为大县，县一令，四十一县。为田开阡陌。东地渡洛。十四年，初为赋。（《史记·秦本纪》）

⑤（十年）卫公孙鞅为大良造，伐安邑，降之。（十二年）初聚小邑为三十一县，令。为田开阡陌。（十三年）初为县，有秩史。（十四年）初为赋。（《史记·六国年表》）

显然，对县制的全面推广是在孝公十二年实施的，但此处之所以不厌其烦地罗列五段史料，是因为改造县制不过是商鞅变法的一个环节，孤立地看待这一问题自不利于相对深入地回答县制之调整何以在商鞅变法中占据重要位置。那么，究竟怎样以县制为观察点来理解一应史料所展现出来的商鞅变法的阶段性任务呢？以下将分三个时间段展开考察。

(1) 孝公三年至孝公六年

根据前引史料①，这一阶段仅为商鞅变法的序曲，其大致内容只有两项，即通过朝廷辩论确立变法大计和稍作变法的尝试，商鞅则因这些尝试确实有效而被封为左庶长。至于所谓尝试的具体内容如何，不得而知，但有一个问题点值得注意：史料②提到，孝公六年，商鞅被封为左庶长后发布了一系列法令，其中之一为“分异令”即“民有二男以上不分异者，倍其赋”；这表明在孝公六年之前，秦已经就如何征收军赋做出了规定，为何史料④⑤又曰孝公十四年“初为赋”呢？对此，黄今言认为，孝公十四年“初为赋”乃初为“口赋”之意。[①] 山田胜芳也主张，在变法开始之时，因分解大家族的“分异令”的实施，赋已由家承担，故“倍其赋”中的“赋”乃“家之赋”；至孝公十四年，在阡陌制实行之后，由于君权统治对象已进一步从家深入至各户的成员，赋也从“家之赋”转变成“人头之赋”，从“倍其赋”到“初为赋”乃君权不断强化的外显。[②] 二者对“倍其赋”与“初为赋”之间的矛盾似乎做了较为合理的说明，但学界新近研究已指出，“在已出土的秦简牍中出现了名目烦琐的税名，诸如‘户赋’等，但唯独不见与‘算赋’‘口赋’或‘口钱’相关的税目”，[③] 这表明“倍其赋”与“初为赋”之间的矛盾不能用户赋转变为口赋的过程来解释。那么，究竟怎样理解这一问题呢？此处不禁令人想到了守屋美都雄的误笔说。其具体主张是，虽然孝公三年，商鞅通过与甘龙、杜挚等辩论坚定了孝公推行变法的决心，但为了完成取得民众之信任等必要的前期工作任务，新法真正要实施还需要等待一段时间，或许就是孝公四年、五年。结果，《秦本纪》或《六国年表》在记载“初为赋”时，将本属于孝公四年之事误写于十四年之下；或者，因为孝公五年正好是魏惠王十四年，遂以一时之不察而将孝公五年之事列于孝公十四年之下。换言之，“孝公十四年”之“十四年”也许是“四年”或“五年”之误。[④] 守屋说虽为推测，但亦并非毫无可能。

概言之，要对此处所云《史记》之记载的前后矛盾给出通透、合理的解释似乎是不太可能的，但大致可以确定的是，商鞅变法的第一阶段已在秦的全境确立了军赋的征收物和征收标准。此举或如前文所说的晋统一军赋标准一样试图将边境的军事化色彩向内地延伸，进而对全境完成军事动员，也为后续把县制推广至全境做了一定的铺垫。

① 参见黄今言：《秦汉赋役制度研究》，江西教育出版社 1988 年版，第 199—200 页。
② 参见山田胜芳：《秦漢財政収入の研究》，汲古书院 1993 年版，第 190—191 页。
③ 朱德贵：《新出简牍与秦汉赋役制度研究》，中国人民大学出版社 2021 年版，第 223 页。
④ 参见守屋美都雄：《中國古代の家族と國家》，东洋史研究会 1968 年版，第 101 页。

(2) 孝公六年至孝公十年

此数年乃变法法令正式推出与实施的第一个重要时期，前引史料②中的“令民为什伍……无所芬华”等一百六十余字可谓对法令内容的提纲挈领式介绍。若对这些文字重新分组，则法令之要旨清晰可辨。

A. 民有二男以上不分异者，倍其赋。令民为什伍，而相牧司连坐。不告奸者腰斩，告奸者与斩敌首同赏，匿奸者与降敌同罚。

考古与古史学界的研究成果已反复指出，自史前时代至三代，社会的基本构成单位是族，族群意识和祖先血脉在单个的邑以及由诸邑构成的聚落群之内部秩序的维系上发挥着极为重要的作用，时君不得不依托族的力量来实施统治。[①] 至春秋战国时代，对急于集中人力、物力以求自保或扩张的强权君主来说，宗族对族众的管控无异于政治行为展开的障碍，如何解构宗族的力量就成了列国政坛的共同话题，[②] 如前引《左传·僖公二十五年》所载，晋在获赐阳樊等诸邑后就以“出其民”“命去之”的方式彻底否定了当地宗族

① 参见松丸道雄:《殷周国家の構造》，载《岩波講座世界歴史 4　東アジア世界の形成 I》，岩波书店 1970 年版，第 57—59 页；丁山:《甲骨文所见氏族及其制度》，中华书局 1988 年版，第 33—37 页；宋镇豪:《夏商社会生活史》(上)，中国社会科学出版社 1994 年版，第 48—49、59—72 页；王玉哲:《中华远古史》，上海人民出版社 2003 年版，第 337 页；杨宽:《西周史》，上海人民出版社 2003 年版，第 197—198 页；张光直:《中国考古学上的聚落形态——一个青铜时代的例子》，收入邢义田、黄宽重、邓小南总主编，王建文主编:《台湾学者中国史研究论丛·政治与权力》，中国大百科全书出版社 2005 年版，第 2—3 页；杨升南:《甲骨文商史丛考》，线装书局 2007 年版，第 160 页；裴安平:《史前聚落的群聚形态研究》，载《考古》2007 年第 8 期，第 45—56 页；冈村秀典:《中国文明 農業と礼制の考古学》，京都大学学术出版会 2008 年版，第 40—62 页；沈长云、张渭莲:《中国古代国家起源与形成研究》，人民出版社 2009 年版，第 192—198、201—212 页；严文明:《黄河与长江：东方文明的摇篮》，收入苏秉琦主编:《中国远古时代》，上海人民出版社 2010 年版，第 488—498 页；晁福林:《夏商西周的社会变迁》，中国人民大学出版社 2010 年版，第 202 页；宋镇豪主编，王宇信、徐义华著:《商代史·卷四：商代国家与社会》，中国社会科学出版社 2011 年版，第 363—366 页；[日] 渡边信一郎:《中国第一次古代帝国的形成——以龙山文化时期到汉代的聚落形态研究为视角》，魏永康译，载《中国史研究》2013 年第 4 期，第 7—11 页；王震中:《中国古代国家的起源与王权的形成》，中国社会科学出版社 2013 年版，第 503—518 页。黄铭崇:《晚商王朝的政治地景》，载黄铭崇主编:《中国史新论·古代文明的形成分册》，联经出版事业股份有限公司 2016 年版，第 304—305 页，等等。

② 参见臧知非:《秦思想与政治研究》，西北大学出版社 2021 年版，第 28 页。

干预地方行政的可能。[①] 在秦，或因地处西陲（含宗周故土），且与戎狄杂处，至商鞅变法前夕，聚族而居应当仍较为常见。[②] 故而，所谓分异令的目的就在于以加倍征收军赋的方式强行拆散宗族组织，塑造数量众多的核心家庭。毋庸赘言，军赋的征收对象自然也就不是春秋时代的州、丘、甸等特定地域，而是单个家庭，这成了君主与臣民之间的垂直统治关系得以确立的外显。[③] 更进一步，为了防止宗族恢复其固有影响，以一种新的社会组织形式统合小家庭可谓顺理成章，“令民为什伍”一语所指向的伍邻制[④]很可能就源于此种考虑。“伍”必定有根据居住地址设立者，但被认为与商鞅变法联系颇为紧密[⑤]的睡简提到，“大夫寡，当伍及人不当？不当”。[⑥] 揆诸常理，大夫之家不可能不约而同地与平民之家保持较大距离以至于无法与平民编伍，但简文却提到大夫之遗孀不与四邻编伍。这表明，“伍”的成立除了考虑民宅的坐落地之外，还与由政治权力构建起来的身份序列等有所关联。退一步说，即便是只考虑居址之所在，源自同一宗族的各家也可能被编入不同的“伍”中，所以，伍邻制以及为了维持伍的秩序而实施的“连坐”“告奸”之法确实很明显

① 有关晋对阳樊等诸邑的改造，增渊龙夫曾做出颇为详尽的论述。参见增渊龙夫：《中国古代の社会と国家》，岩波书店1996年版，第392页。

② 梁云认为，从两周之际开始，由于周王的天下共主的地位日益虚化，关东诸国在僭越礼制的同时发展出了礼器的新样式，但秦却为了标榜自己的华夏血统，严格地模仿周礼；然而，秦对周礼的遵守仅停留在物质层面，并未深入其精髓，如在与周礼关联甚密的宗法分封制上，君墓与卿大夫墓之规模落差的巨大、都城的“朝寝压倒庙、市”格局、中小城址的缺乏等，皆可谓秦提倡君权集中、不重宗法分封的明证。参见梁云：《战国时代的东西差别——考古学的视野》，文物出版社2008年版，第262—270页。可见，在秦，宗族的影响力似乎并未全面铺开，但以目前发现的墓葬级别论，这只不过是社会上层之事；至于宗族与民众之生活样态的关联性，或许应当另作他论。

③ 参见守屋美都雄：《中國古代の家族と國家》，东洋史研究会1968年版，第100—106页。

④ 张金光已指出，除《史记》之外，有关秦的他种文献及秦简牍皆未提及秦的基层社会中存在“什”这一编制。也就是说，在秦的乡里组织中，只有伍制，绝无什制。参见张金光：《秦制研究》，上海古籍出版社2004年版，第602—606页。

⑤ 有关睡简所载秦法的断代，参见高敏：《云梦秦简初探》，河南人民出版社1981年版，第40—54页；江村治树：《春秋戰國秦漢時代出土文字資料の研究》，汲古书院2000年版，第679页；高村武幸：《文書行政のはじまり》，载籾山明、ロータール・フォン・ファルケンウゼン编：《秦帝国の誕生—古代史研究のクロスロード—》，六一书房2020年版，第79—83页。

⑥ 陈伟主编：《秦简牍合集（壹・上）》，武汉大学出版社2014年版，第257页。

地体现了国家权力对自然村落的直接渗透，[①] 战国之前就已存在的乡、里[②]的政治色彩应该也在此过程中被强化了，如臧知非所说，“秦汉之里远非过去所认为的是什么编户齐民的自治单位”。[③] 当然，这并不是说在“分异令”及伍邻制被推行后，宗族对秦民之生活的影响已荡然无存，[④] 但在孝公六年至十年，秦的基层组织被注入了极为明显的外在权力要素，从而成为了代表君主统治编户民的县制得以确立的坚实基础则是毫无疑问的。

B. 僇力本业，耕织致粟帛多者复其身。事末利及怠而贫者，举以为收孥。

通过对基层组织形态的调整，君主得以直接掌控臣民。那么，众多人力资源将被引向何方？不用说，那就是所谓“利出一孔”中的“一孔”亦即

① 参见池田雄一：《中国古代の聚落と地方行政》，汲古书院 2002 年版，第 18 页。

② 以往，学者们认为，西周时期，“国”中设有“乡”；“里”这种地域单位也已存在，只是其内部的血缘色彩较为浓厚。参见杨宽：《古史探微》，上海人民出版社 2016 年版，第 45—48 页；赵世超：《周代国野制度研究》，人民出版社 2020 年版，第 76 页。但是，近年来的研究显示，西周时期的里设置于不同族姓居民的混杂居住之地，用来管理来自不同族姓的零散居民和已经失去宗族依托的平民，所以具有较强的人为或政治色彩，里的规模一般不大、其边界或有或无皆可谓人为的证明；另外，迄今为止，没有确切材料能证明西周时期设置了基层地域性居民组织“乡”，“乡”出现于春秋时期，以乡统里的地方行政制度之雏形的出现表明乡也是君权强化的手段。参见王进锋：《为山覆篑——古文字、古文献与先秦史论集》，巴蜀书社 2021 年版，第 235—240 页；吕全义：《两周基层地域性居民组织研究》，上海古籍出版社 2021 年版，第 217 页。

③ 臧知非：《战国秦汉行政、兵制与边防》，苏州大学出版社 2017 年版，第 48—49 页。另外，晏昌贵在考察里耶秦简所见秦迁陵县下辖诸里时提到，秦通过迁徙渚里之原住民、将南阳里一分为二等方式割断血缘与地缘之联系。参见晏昌贵：《秦简牍地理研究》，武汉大学出版社 2017 年版，第 189—231 页。此种现象虽然发生在秦征服六国的过程中或统一六国之后，但或许有其历史渊源，未必不能被视为商鞅变法时期乡、里的政治色彩已被强化的旁证。

④ 在这一点上，学者们从不同角度出发多有论述。如张金光就认为，商鞅变法并未把村社聚落体彻底毁掉，而是对其统加行政编制，塑造“在国家政治行政统制和支配下的而彼此间又有着密切经济、政治、精神文化、宗教信仰等诸方面联系的政社合一的乡里组织”；杜正胜也以里间的祭祀及合饮风俗等现象的存在为据主张，战国至秦汉的里还保留着不少古代聚落共同体的痕迹；邢义田则强调，以有效掌握人力资源为目标的乡里制在春秋战国时代的确立是极其漫长的过程，即便在秦汉时代，在帝国边缘的里仍不能和不同等级城市中的里等量齐观。参见邢义田：《治国安邦：法制、行政与军事》，中华书局 2011 年版，第 335 页；张金光：《战国秦社会经济形态新探》，商务印书馆 2013 年版，第 361 页；杜正胜：《编户齐民：传统政治社会结构之形成》，联经出版事业股份有限公司 2018 年版，第 208—210 页。

"农战"，如《商君书·农战》所云，"凡人主之所以劝民者，官爵也；国之所以兴者，农战也……善为国者，其教民也，皆从作一而得官爵"。上引史料B无疑阐发了孝公六年所颁布的法令对"一孔"之"农"的侧面的强调。可以想见的是，虽然史料B所示对农事的激励手段是免徭役而非《商君书·农战》提及的"官爵"等，但农事及其相关政务（如可从史料B中读出的粟帛收纳及称量之事）显然更应被列入民政的范畴，如何凸显民政色彩就成了此后秦的地方行政组织之发展的重要问题。

C. 有军功者，各以率受上爵；为私斗者，各以轻重被刑大小。宗室非有军功论，不得为属籍。明尊卑爵秩等级，各以差次名田宅，臣妾衣服以家次。有功者显荣，无功者虽富无所芬华。

以对史料B的解读为参照，史料C揭载的正是孝公六年所颁布的法令对"一孔"之"战"的侧面的重视。秦推出军功爵制的目的当然是激励臣民在前线奋勇杀敌，但此制对基层社会秩序及地方行政组织的影响也值得注意。首先，西嶋定生认为，由于传统族居的解体和作为分散化的单户之杂然集合的里的出现，秦汉帝国的基本权力架构表现为皇帝与臣民的直接支配、被支配关系，而将里中的居民全部纳入这种一元化统治秩序中的媒介就是爵。[①] 虽然西嶋说从史料到结论均遭到了一定的质疑，[②] 但其概括的爵制秩序代表着君主对臣民的直接掌控这一点仍为学者所认可。[③] 据此再来看史料C中的"明尊卑爵秩等级""有功者显荣，无功者虽富无所芬华"云云，或可形成如下推断：商鞅变法在通过"分异令"瓦解宗族组织的同时又以军功爵界定乡里民众的社会等级，这实际上是增强了已渗入基层秩序中的外力的存在感，使

---

① 参见［日］西嶋定生：《中国古代帝国的形成与结构——二十等爵制研究》，武尚清译，中华书局2004年版，第440—457、493—503页。

② 如，浅野裕一提出，西嶋说在未经详细论证的情况下把汉代的赐爵形态挪用到了秦代。参见浅野裕一：《黄老道の成立と展開》，创文社1992年版，第393—394页。又如，籾山明特别强调，民爵赐予在本质上仅与成年男子有关，所以，爵制秩序未必能像西嶋说所理解的那样将里中居民全部纳入其间，进而产生型塑乡里社会秩序的效果。参见籾山明：《秦漢出土文字史料の研究——形態·制度·社会》，创文社2015年版，第371—374页。

③ 参见籾山明：《秦漢出土文字史料の研究——形態·制度·社会》，创文社2015年版，第378页。

代表君主统治编户民的县制得以确立的基础变得更加牢固。其次，军功爵制之所以能激励臣民浴血拼杀，其原因除了爵位与社会等级挂钩之外，更在于如史料C所示的赐田宅、臣妾等与爵位密切相关的实际利益。[①] 为了顺利地向被赐爵者兑现所谓实际利益，地方行政组织就必须掌握田宅、臣妾等的详细信息，这无疑也要求地方行政组织强化其民政功能。

概言之，通过重组和分析《史记·商君列传》所载史料可以发现，商鞅变法的第二阶段对第一阶段完成后已表现出某种同质性的边境、内地的地方行政组织予以进一步改造。如此，既有的边境之县就从军事重镇转变为行政职能较为全面的地方政府，内地的地方行政组织也做好了往同方向发展的准备。

(3) 孝公十二年至孝公十三年

如史料③中的“秦民大说……乡邑大治”一语所示，商鞅变法的第二阶段成功地将秦民全部聚合在“农战”大旗之下。紧接着，与魏一战当是孝公对秦能否以变法积累之国力强势东出的一次检验，而得魏之故都安邑这一胜果无疑使孝公坚信变法有效且应将其继续推行下去，遂有以孝公十二年迁都咸阳为起点的第三阶段变法运动。迁都咸阳自有将秦的重心东移、便于秦君指挥东出的意图，[②] 但在变法第二阶段完成后不久就刻意建造新都以为政治中心并将旧都雍城定位为“祭祀圣地”[③] 未必没有如下设想：以庄严的“冀阙、宫庭”彰显在变法第二阶段完成后秦君因对全境臣民的直接控制力大幅度提升而形成的政治权威形象，并暗示今后秦君对全境的统治模式必定与传统的宗族政治颇有不同。所谓统治模式调整当然是有多方面内涵的；于地方政制，无疑就体现为县制的全面推广，此即史料③④⑤的划线部分所陈述者。

① 由爵位带来的实际利益颇为丰厚，绝不限于赐田宅、臣妾。具体参见［日］西嶋定生：《中国古代帝国的形成与结构——二十等爵制研究》，武尚清译，中华书局2004年版，第311—348页；朱绍侯：《军功爵制考论》，商务印书馆2008年版，第67—78页。

② 参见林剑鸣：《秦史稿》，中国人民大学出版社2009年版，第153页。

③ 有关雍城在秦迁都咸阳之后的地位，参见田天：《秦汉国家祭祀史稿》，三联书店2015年版，第54—58页；徐卫民、刘幼臻：《秦都邑宫苑研究》，西北大学出版社2021年版，第77—78页。

从《史记》的三段记载来看，此次普遍置县是以直接合并乡、邑、聚[①]等传统聚落的方式完成的，而传统聚落能被顺利合并无非是因为变法第二阶段通过伍邻制等削弱了基层社会中的宗族纽带，且变法第三阶段再次强调“父子兄弟同室内息者为禁”。当然，所谓县制的全面推广并非只有接续变法既有成果的一面，也不乏新的设计。其一，“集小乡邑聚为县”实际上是人为地把秦的全境划分成了几十个地域单位，虽不至于将传统的聚落共同体完全分解，但部分秦民将由此从宗族组织中脱离出来则是毋庸置疑的，君主对臣民的掌控程度自然也进一步提升了。其二，或因为变法主导者商鞅为三晋人士，他对县的规模的理解深受晋县往往较大这一点的影响，变法第三阶段所塑造的县的最终形态乃“大县”。[②] 这导致秦县的地位非后世之县可比，亦可谓后续以郡监县制度之确立的前提。至于此时设置之“大县”的数量究竟是史料③⑤所说的“三十一”，还是史料④所说的“四十一”，目前看来，或以“四十一”为是。[③] 最后，如前所述，变法第二阶段的一应举措对地方行政组织的民政功能提出了强化要求，而在县制全面推广的过程中，此要求就因县的职官体系的完善而得以实现。一方面，于长吏，《史记》提到了设置县令、丞之事，[④] 未及县尉。尽管有学者认为，这表明秦县最初确立的职官体系不包括

① 从史料③④的划线部分来看，“聚”似乎与乡、邑一样是用来指称聚落的名词，但史料⑤的划线部分中的“聚”当为作“聚合”义的动词。据王彦辉研究，先秦时代确实多有以“聚”称呼聚落的现象。参见王彦辉：《秦汉时期的乡里控制与邑、聚变迁》，载《史学月刊》2013 年第 5 期，第 21 页；同氏：《秦汉户籍管理与赋役制度研究》，中华书局 2016 年版，第 189—190 页。既然在商鞅变法的第三阶段，设县在秦全境展开，似不应忽略各个“聚”，所以，此处姑且从史料③④所载，将“聚”也视为因推行县制而予以合并的地域单位。

② 当然，这并不是说，秦一以贯之地坚持“大县”模式。岳麓简所收《迁吏归吏群除令》就提到，“县盈万户以上为【大】，不盈万以下为小”。陈松长主编：《岳麓书院藏秦简（伍）》，上海辞书出版社 2017 年版，第 192 页。可见，至迟在统一前后，秦县已有大、小之分。

③ 持“三十一”说者和持“四十一”说者皆不乏其人。对主要论著的整理及“四十一”说何以更合理之缘由的论述，参见孙闻博：《商鞅县制的推行与秦县、乡关系的确立——以称谓、禄秩与吏员规模为中心》，载武汉大学简帛研究中心主办：《简帛》（第十五辑），上海古籍出版社 2017 年版，第 119 页，注③。

④ 应当指出，睡简所载秦律与商鞅变法的关系颇为密切，且频频提到“县啬夫”“大啬夫”。虽然学者们多认可二者为一职之二名，但由于据秦律可知，二者之权力所辖颇为广泛，因此，如高敏等一部分学者认为二者当为县令的得力助手而非县令，**（转下页）**

县尉,[1]但以春秋至战国的形势论，军事在国政中的重要性应是毋庸置疑的，有何理由在普遍置县时任由县中的武职类长官空缺呢？另外，前引《左传·襄公三十年》提到，晋县中设有“舆尉”一职，而《商君书·境内》又云“爵吏而为县尉”，这些似乎皆可作为商鞅变法时期的县的职官体系已包括县尉的佐证。那么，《史记》何以不提县尉？私见以为，守屋美都雄的解释较为合理，即县尉或许在秦完善县的职官体系之前已经存在。[2] 因此，在县中增设县令、丞的目的无疑就是通过明确县中的文职类长官以加重县的民政色彩。另一方面，史料⑤既云孝公十二年“初聚小邑为三十一县”，又曰孝公十三年“初为县”，显然自相矛盾。对此，王彦辉认为，孝公十二年置县一直延续到了十三年才基本完成，所以就出现了这种略显矛盾的记载。[3] 所谓延续云云当然是有可能的，但若果真如此，对孝公十二年之史事记作“初……”以示推广县制之开始自然是妥当的，对孝公十三年之史事的叙述似更应为意指普遍置县完成的某种文句，而非极易引发误解的“初……”。那么，究竟怎样认识史料⑤内部的自相矛盾呢？孙闻博在辨析了杨宽、大庭脩、守屋美都雄等学者的观点之后，根据出土秦简的文例，提出了一种相对合理的主张，即中华书局点校本《史记》之《六国年表》的“秦孝公十三年”条的句读可商榷，“初为县，有秩史”当为“初为县有秩史（吏）”；[4] 也就是说，孝公十三年，

(接上页）而如郑实、裘锡圭、高恒等另一部分学者则主张二者为县令之别称。参见郑实:《啬夫考——读云梦秦简札记》，载《文物》1978年第2期，第56页；高敏:《云梦秦简初探》，河南人民出版社1981年版，第170—181页；高恒:《秦汉法制论考》，厦门大学出版社1994年版，第50—53页；裘锡圭:《裘锡圭学术文集卷5　古代历史、思想、民俗卷》，复旦大学出版社2012年版，第45—46页。目前看来，以二者为县令之别称似已成为通说。如此，虽然《史记》云“置令、丞”“县一令”，但当时县的行政长官的名称究竟是否为“县令”尚未可知。

① 参见孙闻博:《商鞅县制的推行与秦县、乡关系的确立——以称谓、禄秩与吏员规模为中心》，载武汉大学简帛研究中心主办:《简帛》（第十五辑），上海古籍出版社2017年版，第119页。

② 参见守屋美都雄:《中國古代の家族と國家》，东洋史研究会1968年版，第94页。

③ 参见王彦辉:《秦汉户籍管理与赋役制度研究》，中华书局2016年版，第36页。

④ 参见孙闻博:《商鞅县制的推行与秦县、乡关系的确立——以称谓、禄秩与吏员规模为中心》，载武汉大学简帛研究中心主办:《简帛》（第十五辑），上海古籍出版社2017年版，第120—121页。邹水杰对“初为县，有秩史”一句做了与孙闻博说一样的断读，进而指出，秦简牍所收《置吏律》中有关县与都官任除的条文可能就是在“初为县有秩史”之后出现的，并一直沿用到统一以后。此说亦值得注意。参见邹水杰:《秦简“有秩”新证》，载《中国史研究》2017年第3期，第53—54页。

秦在普遍置县完成后紧锣密鼓地确立了县的“有秩吏”。有关“有秩吏”的含义，国内外学者基本认可，该词并非某官职的特定称谓，而是在某秩禄区间内的官吏的统称；进一步说，如近年来不少学者所指出的，由于战国秦汉时代，县的规模经历了从大到小的变化，因此大致以西汉中期为分界点，“有秩”所指向的秩禄区间也出现了下行的态势，而在战国秦至汉初，“有秩吏”或为秩级在百二十石至三百石之间的吏员。① 至于其具体包括哪些官吏，从被视为秦律之继承者的张家山汉简《二年律令·秩律》的规定来看，“有秩吏”基本覆盖了县的“各分职部门之主管官吏，乃至乡、亭之主吏”。② 以此为参照，孝公十三年设立“有秩吏”的目的很可能在于，通过设定县的属吏系统为推动县的职能从军事化转向民政、军政兼顾以及县乡行政隶属关系的成立提供官制基础。③ 由之，作为集权君主的代表，秦县终于以职能齐全的地方政府的形象在秦的全境出现了。至于置县完毕之后的“为田开阡陌封疆”“平斗桶权衡丈尺”等不过是以县政完善为前提而推行的农战政策的细化，进而确保立户、授田、赐爵、征收租赋、乡里建制、官吏考课等的顺利展开。④

---

① 参见高敏：《云梦秦简初探》，河南人民出版社 1981 年版，第 266 页；大庭脩：《秦漢法制史の研究》，创文社 1982 年版，第 511—512 页；高恒：《秦汉法制论考》，厦门大学出版社 1994 年版，第 44 页；邹水杰：《两汉县政研究》，湖南人民出版社 2008 年版，第 33、321 页；纸屋正和：《漢時代における郡県制の展開》，朋友书店 2009 年版，第 76 页；裘锡圭：《裘锡圭学术文集卷 5　古代历史、思想、民俗卷》，复旦大学出版社 2012 年版，第 51—57 页；邹水杰：《简牍所见秦汉县属吏设置及演变》，载《中国史研究》2007 年第 3 期，第 21 页；邹水杰：《秦简“有秩”新证》，载《中国史研究》2017 年第 3 期，第 49—50 页；廖伯源：《秦汉史论丛续编》，中华书局 2018 年版，第 231—232 页；孙闻博：《从乡啬夫到劝农掾：秦汉乡制的历史变迁》，载《历史研究》2021 年第 2 期，第 77—79 页；周海锋：《秦官吏法研究》，西北大学出版社 2021 年版，第 22 页；佐藤达郎：《漢六朝時代の制度と文化・社会》，京都大学学术出版会 2021 年版，第 37—40 页；等等。另外，阎步克以“高端趋繁”和“低端趋简”二词来概括战国秦汉秩禄序列的变化，亦颇值注意。参见阎步克：《从爵本位到官本位：秦汉官僚品位结构研究》，三联书店 2009 年版，第 324—327 页。

② 参见廖伯源：《秦汉史论丛续编》，中华书局 2018 年版，第 231 页。

③ 晁福林曾提到，“战国时期职官系统的另外一个特点是，国家设官分职的着眼点在于对各种事业和普通民众加强控制，这与春秋时期设官分职多考虑国家与宗族间的联系的情况是不同的”。晁福林：《春秋战国的社会变迁（下册）》，商务印书馆 2011 年版，第 725—726 页。此说是有关战国官制设计之目的的整体性说明，对思考商鞅变法确定县的属吏系统之于县政的影响亦有所助益。

④ 田制、度量衡制牵连甚广。如，佐竹靖彦就指出，商鞅变法所推出的田制改变了以往的劳作方式及田地占有方式，由此，传统的聚落组织也要再予以整理，其 （转下页）

综合以上对商鞅变法的分阶段考察，可以发现，商鞅变法确实是一次策划周密、步骤衔接清晰的政治变革。其中蕴含着表、里两条线索，所谓“里”当然就是加强君权、农战兴邦，所谓“表”则是基层社会秩序的调整与地方行政组织的建构。二者严丝合缝地捏合在一起，而县制在秦的全境的铺开正是二者共同推动的“政治性组织过程”①。其之所以如此，是因为如前所述，宗族组织乃三代尤其是西周政治和社会的核心要素，自然也成为了春秋以来以中央集权和官僚政治之确立为目标的政治变革必须突破或调整的现实，②商鞅变法不过是这种尝试之一。那么，作为变法之重要成果的秦县究竟是以一种什么样的组织结构实施政务的呢？

第二节　秦县官府的组织结构：县廷与诸官

秦汉时代县的官府组织结构在简牍文献陆续公布之前就一直是国内外学界关注的重要研究领域，而且也出现了一些颇有分量的研究成果，严耕望的《中国地方行政制度史·秦汉地方行政制度》就颇具代表性。该书不仅在史料上尽力搜罗和辨析较为常见的传世文献中的相关记载，留意汉碑及散佚文

（接上页）结果即县乡亭里的组织关系的确立；再如，张政烺认为，统一度量衡制度是为了官吏的考绩；又如，孙闻博提出，在秦汉时代，统一度量衡是国家意志与皇帝权威的重要体现。参见佐竹靖彦：《中国古代の田制と邑制》，岩波书店 2006 年版，第 374—379 页；张政烺：《张政烺文集 古史讲义》，中华书局 2012 年版，第 104 页；孙闻博：《度量衡制颁行与秦汉国家权力》，载《中国人民大学学报》2021 年第 6 期，第 63 页。正因为田制、度量衡制与变法其他举措皆有所关联，所以其推行须待变法的主体思路基本被付诸实践之后。

① 渡边信一郎：《中国古代国家の思想構造——專制國家とイデオロギー》，校仓书房 1994 年版，第 116 页。

② 对这一点，宇都宫清吉曾做过颇为精辟和深刻的概括：“邑制国家从约公元前七世纪开始突然进入动荡期。在作为贵族共同体的‘族’分化、再分化、再再分化之时，一直以来以‘邑’的形态存在并由单一之‘族’实施宗族式统治的邑制国家迎来了重大的质变。也就是说，在邑制国家的全境内，在很长的一段时间内，持续进行的分族、再分族、再再分族的结果是全部宗族之间出现了复杂的相互关系，此前依靠单纯的宗族血缘意识实施的全员统治就变得困难了。如此，建基于前所未有的新原理之上的政治体制就产生了，它以非血族原理为根本。以此种新原理为前提的政制实为以强固的君臣关系凝聚起来的官僚政治体制。这是向所谓中央集权国家的方向发展了。”参见宇都宫清吉：《漢代社會經濟史研究》，弘文堂 1955 年，第 17 页。

献①，而且还按照长官、佐官、属吏、吏之出部者（乡亭吏）之别对秦汉县的官吏群体加以区分，并进一步把属吏划分为“纲纪”“门下”“列曹”三类，②为后世的研究提供了可资借鉴的重要框架。尽管如此，以“秦汉地方行政制度”为名的严著对秦制的关注程度显然不如对汉制的思考。这当然是由史料不足所致，实不能苛责，但正因为此，在第一批秦简牍即睡简问世后，秦的地方行政组织很快就成为了秦汉法制史、政制史研究的焦点之一。近年来，里耶简、岳麓简的公布更为这一领域的研究提供了持续动力，国内外学界也就秦县官府的基本组织结构达成了某种共识，亦即，秦县官府是由可被视为政务机构之集合的县廷和可被视为各事务机构的诸官构成的。③ 以此共识为

① 如，隋人萧吉著《五行大义》卷二十二“论诸官”条所引《洪范五行传》以比附天干、地支的方式罗列了汉中叶以后县的官吏系统，于秦及汉初县的官府组织结构的研究亦不乏参考价值。不过，此书在中国本土久佚，其多种抄本、刊本皆在日本（具体参见孙猛：《日本国见在书目录详考（中）》，上海古籍出版社 2015 年版，第 1462—1464 页），遂一直未能受到重视，而首次详引、校正此文献以研究秦汉县政者似乎正是严耕望。

② 参见严耕望：《中国地方行政制度史·秦汉地方行政制度》，上海古籍出版社 2007 年版，第 218—234 页。

③ 有关这一点的较为集中的阐发，参见青木俊介：《里耶秦簡に見える部局組織について》，载《中國出土資料研究》第九号，2005 年，第 103—111 页；土口史记：《戦国・秦代の県——県廷と官の関係をめぐって一考察》，载《史林》第九十五卷第一号，2012 年，第 7、12—18 页；［加］叶山：《解读里耶秦简——秦代地方行政制度》，胡川安译，载武汉大学简帛研究中心主办：《简帛》（第八辑），上海古籍出版社 2013 年版，第 89—137 页；高村武幸：《里耶秦簡第八層出土簡牘の基礎的研究》，《三重大史學》第 14 号，2014 年，第 61—62 页；郭洪伯：《稗官与诸曹——秦汉基层机构的部门设置》，载卜宪群、杨振红主编：《简帛研究》（2013），广西师范大学出版社 2014 年版，第 126 页；单印飞：《略论秦代迁陵县吏员设置》，载武汉大学简帛研究中心主办：《简帛》（第十一辑），上海古籍出版社 2015 年版，第 91—95 页；孙闻博：《秦县的列曹与诸官——从〈洪范五行传〉一则佚文说起》，载武汉大学简帛研究中心主办：《简帛》（第十一辑），上海古籍出版社 2015 年版，第 83 页；土口史记：《里耶秦簡にみる秦代縣下の官制構造》，载《東洋史研究》第七十三卷第四号，2015 年，第 13—31 页；土口史记：《秦代の令史と曹》，载《東方學報》第九十册，2015 年，第 3—9 页；黎明钊、唐俊峰：《里耶秦简所见秦代县官、曹组织的职能分野与行政互动》，载武汉大学简帛研究中心主办：《简帛》（第十三辑），上海古籍出版社 2016 年版，第 131—158 页；王彦辉：《秦汉户籍管理与徭役制度研究》，中华书局 2016 年版，第 12—32 页；邹水杰：《简牍所见秦代县廷令史与诸曹关系考》，载杨振红、邬文玲主编：《简帛研究》（2016 春夏卷），广西师范大学出版社 2016 年版，第 145—146 页；高村武幸：《文書行政のはじまり》，载籾山明、ロータール・フォン・ファルケンウゼン编：《秦帝国の誕生—古代史研究のクロスロード—》，六一书房 2020 年版，第 74—79 页；孙闻博：《从乡啬夫到劝农掾：秦汉乡制的历史变迁》，载《历史研究》2021 年第 2 期，第 72 页。另外，仲山茂的《秦漢時代の“官”と“曹”——県の部局組織》一文虽发表于里耶简、岳麓简公布之前，但已对秦县官府的县廷—诸官格局做了颇值参考的论述。参见仲山茂：《秦漢時代の“官”と“曹”——県の部局組織》，载《東洋学報》第八十二卷第四号，2001 年，第 38—51 页。

前提，似可对秦县官府之基本状况做更详细的阐发，以下即为三个方向上的些许尝试。

一、县廷之长吏与列曹

《汉书·百官公卿表上》云："县令、长，皆秦官，掌治其县。万户以上为令，秩千石至六百石。减万户为长，秩五百石至三百石。皆有丞、尉，秩四百石至二百石，是为长吏。百石以下有斗食、佐史之秩，是为少吏。大率十里一亭，亭有长。十亭一乡，乡有三老、有秩、啬夫、游徼。三老掌教化。啬夫职听讼，收赋税。游徼徼循禁贼盗。县大率方百里，其民稠则减，稀则旷，乡、亭亦如之，皆秦制也。"此为传世文献对秦县官府之组织架构及人员设置情况的集中阐发。严耕望更据《百官公卿表》及其他记载进一步指出，在汉代，县的行政官署被称为"廷"，其成员为作为长官的县令、作为佐官的县丞与县尉及掾、史、佐史等属吏，且此种设计多有源于秦者。① 这些记载或判断既有因秦简牍之出土而得到印证者，也有需要修正或补充之处。在印证方面，如，睡简、岳麓简所收诸多秦律条文都清晰明白地提到了"县廷"二字。② 又如，里耶简所收《迁陵吏志》曰：

> （第一栏）吏员百三人。
>
> 令史廿八人，
>
> 【其十】人繇（徭）使，
>
> 【今见】十八人。
>
> （第二栏）官啬夫十人。

---

① 参见严耕望：《中国地方行政制度史·秦汉地方行政制度》，上海古籍出版社2007年版，第216页。

② 如，睡简《秦律十八种·田律》曰："禾、刍稾籔（撤）木、荐，辄上石数县廷。勿用，复以荐盖。"陈伟主编：《秦简牍合集（壹·上）》，武汉大学出版社2014年版，第48页。又如，岳麓简1141/121＋1399/122＋1403/123所收《金布律》条文曰："官府为作务、市受钱，及受赍、租、质、它稍入钱，皆官为缿，谨为缿空（孔），婴（须）毋令钱能出，以令若丞印封缿而入，与入钱者叁辨券之，辄入钱缿中，令入钱者见其入。月壹输缿钱，及上券中辨其县廷，月未尽而缿盈者，辄输之，不如律，赀一甲。"陈松长主编：《岳麓书院藏秦简（肆）》，上海辞书出版社2015年版，第108页。

其二人缺，

三人繇（徭）使，

今见五人。

校长六人，

其四人缺，

（第三栏）今见二人。

官佐五十三人，

其七人缺，

廿二人繇（徭）使，

今见廿四人。

牢监一人。

（第四栏）长吏三人，

其二人缺，

今见一人。

凡见吏五十一人。(9－633)①

上引牍文详细记录了秦迁陵县的吏员设置情况，具有一定代表性。其起始指出，迁陵县吏员数量为 103 人，但从后文的记载来看，员额明显少 2 人。宫宅洁推测，此或为计算错误所致，但也可能是因为县令、丞并未被计算在内。② 宫宅的后一种推测是以其将“长吏三人”之“长”释作“仓”为前提而得出的。尽管观简文图版，9－633 第四栏右起第一行第一字“ ”或为“长”，或为“仓”，但既然在“ 吏三人”之前已列“官啬夫”“官佐”之人数，而仓官之吏员实际上也可归入“官啬夫”或“官佐”中，那么，再单独罗列“仓吏三人”似乎就难以理解了。所以，“ 吏三人”似仍以释作“长

① 陈伟主编：《里耶秦简牍校释（第二卷）》，武汉大学出版社 2018 年版，第 167—168 页。

② 参见宫宅洁：《秦代遷陵縣志初稿——里耶秦簡より見た秦の占領支配と駐屯軍》，载《東洋史研究》第七十五卷第一号，2016 年，第 11 页。

吏三人”为佳，无非是指县令、[①] 县丞与县尉各一人。至于严耕望所总结的属吏群体，《迁陵吏志》中的“令史二十八人”正可与之相对应。[②] 在修正或补充方面，既有成果尤其是近年来的论著已从不同角度展开，可谓众说纷纭。在此，仅择其要者稍作思考。

第一，县廷三长吏在县廷中的角色究竟如何？一般而言，县令为一县之主，作为其佐官的县丞、县尉则地位相当，分别为县中的文职系统吏员与武职系统吏员的长官。[③] 然而，通过细读简牍文献，如沈刚、吴方基等学者们发现，县尉的地位似乎不如县丞，仅比以“某官”为名的各职能机构略高。[④] 至于其理由，沈刚的总结颇为全面：(1) 从法律责任上看，多数情况下，令、丞一起连坐，尉则不与焉；(2) 即便在若干令、丞、尉一并承担法律责任的事例中，尉或以尉为中心的组合所受处罚通常比令、丞、令史组合为重；(3) 尉通常是作为直接主管官员而受到处罚，令、丞则是因其长吏身份而负有领导责任，且除他们之外，往往还有接受更严厉之处罚的直接负责的官员；(4) 尉发于令、丞的文书为上行文书，使用上行文书中的敬语“敢言之”；(5) 从与“仓课志”等类似的“尉课志”的存在及县廷中设有与仓曹类似的尉曹来看，尉与仓、库、司空等一样需要接受考课。[⑤] 应当指出，“尉不如丞”说是有一定的史料支持的，颇值得注意，但若反复斟酌此说，其中似乎仍有若干疑点。

---

① 杨宗兵曾以里耶简的简文为据否定秦县之长官称为“县令、长”这一传统说法，并认为所谓“县令、长”可能是司马迁、班固据汉初的职官制度逆推秦代官制所致。参见杨宗兵：《里耶秦简释义商榷》，载《中国历史文物》2005 年第 2 期，第 51—55 页。不过，从简牍文献本身的记载及于振波对杨说的辩驳来看，以“县令”为秦县长官之称谓应当是可信的。参见于振波：《简牍与秦汉社会》，湖南大学出版社 2012 年版，第 340—344 页。

② 至于《迁陵吏志》所列官啬夫、官佐、校长、牢监等吏员，后文将所有涉猎，此处暂且省略。

③ 参见杨宽：《战国史》，上海人民出版社 2003 年版，第 230 页；林剑鸣：《秦汉史》，上海人民出版社 2003 年版，第 104—105 页；安作璋、熊铁基：《秦汉官制史稿（下册）》，齐鲁书社 2007 年版，第 149、162 页。

④ 参见沈刚：《秦简所见地方行政制度研究》，中国社会科学出版社 2021 年版，第 24 页；吴方基：《新出简牍与秦代县级政务运行机制研究》，中华书局 2021 年版，第 87—88 页。

⑤ 参见沈刚：《秦简所见地方行政制度研究》，中国社会科学出版社 2021 年版，第 15—24 页。

首先，有关（1），诚然，以睡简所载秦律的规定为例，令、丞（很多情况下，还包括令史）一并承担责任的场合确实远多于令、尉的类似情形，但正如徐世虹已指出的：

> 从目前所见的墓葬出土的法律文献来看，推测其来源大致有二，一是墓主人生前履职时已然产生的抄本，二是墓主人去世时为陪葬而抄就或编就。那么抄本是否受公权力对法律权威性的严格控制，书手在抄写时有无一定的自主处理，如采用提炼、摘要、节略、缩略甚至改写等方法，就不是断然可以排斥的问题。①

睡简所载秦律无疑是受私人意志影响而形成的法律抄本，未必能足够全面地展现秦律的本相，所以，据抄本所反映出来的令、丞连坐的情形远多于令、尉连坐而主张县丞的地位高于县尉恐怕略有风险。其次，有关（2）（3），以下先表列被用来概括两个理由的秦律令文的详细信息：

表 1－1

行号	规范内容	对令、丞、尉的处罚	出处
①	缘故徼县及郡县黔齿〈首〉、县属而有所之，必谒于尉，尉听，可许者为期日……尉令不谨，黔首失令……	尉、尉史、士吏主者赀各一甲，丞、令、令史各一盾	岳麓简 1404/132＋1290/133＋1292/134《尉卒律》
②	里自卅户以上置典、老各一人。不盈卅户以下，便利，令与其旁里共典、老；其不便者，予之典而勿予老……置典、老，必里相谁（推），以其里公卒、士五（伍）年长而毋（无）害者为典、老。毋（无）长者，令它里年长者为它里典、老。毋以公士，及毋敢以丁者，丁者为典、老……	赀尉、尉史、士吏主者各一甲，丞、令、令史各一盾	岳麓简 1373/142＋1405/143＋1291/144＋1293/145《尉卒律》

① 徐世虹：《出土简牍法律文献的定名、性质与类别》，载《古代文明》2017 年第 3 期，第 77 页。

续　表

行号	规范内容	对令、丞、尉的处罚	出处
③	（缺简）而舍之，缺其更，以书谢于将吏，其疾病有瘳、已葬、劾已而遣往拾日于署，为书以告将吏，所【将】疾病有瘳、已葬、劾已而敢弗遣拾日……	赀尉、尉史、士吏主者各二甲，丞、令、令史各一甲	岳麓简 1255/186＋J46/187《戍律》
④	城塞陛鄣多陕（决）坏不修，徒隶少不足治，以闲时岁一兴大夫以下至弟子、复子无复不复，各旬以缮之。尽旬不足以索（索）缮之，言不足用积徒数属所尉，毋敢令公士、公卒、士五（伍）为它事，必与缮城塞。岁上春城旦、居赀续〈赎〉、隶臣妾缮治城塞数、用徒数及黔首所缮用徒数于属所尉，与计偕，其力足以为而弗为及力不足而弗言者……	赀县丞、令、令史、尉、尉史、士吏各二甲	岳麓简 1267/188＋1273/189＋1248/190＋1249/191《戍律》
⑤	兴繇（徭）及车牛及兴繇（徭）而不当者，及擅傳（使）人属弟子、人复复子、小敖童、弩……	尉、尉史、士吏、丞、令、令史见及或告而弗劾，与同罪。弗见莫告，赀各一甲	岳麓简 1232/147 ＋ 1257/148《徭律》
⑥	发繇（徭），自不更以下繇（徭）戍，自一日以上尽券书，及署于牒，将阳倍（背）事者亦署之……已盈员弗请而擅发者……	令、尉、丞……赀二甲，免	岳麓简 1305/253＋1355/254＋1313/255《徭律》
⑦	郡及关外黔首有欲入见亲、市中县【道】，【毋】禁锢者殹（也），许之。入之，十二月复，到其县，毋后田。田时，县毋☐入殹（也）。而澍不同，是吏不以田为事殹（也）。或者以澍穜时繇（徭）黔首而不顾其时，及令所谓春秋试射者，皆必以春秋闲时殹（也）。今县或以黔首急耕、穜、治苗时已乃试之，而亦曰春秋试射之令殹（也），此非明吏所以用黔首殹（也）。丞相其以制明告郡县，及毋令吏以苛繇（徭）夺黔首春夏时，令皆明焉。以为恒，不从令者……	赀丞、令、令史、尉、尉史、士☐吏、发弩各二甲	岳麓简 0352/366＋0317/367＋0318/368 ＋ J59/369 ＋ J58/370 ＋ 0717/371 所收秦令

续表

行号	规范内容	对令、丞、尉的处罚	出处
⑧	材官、趋发、发弩、善士敢有相责（债）入舍钱酉（酒）肉及予者，捕者尽如此令，士吏坐之，如乡啬夫……	赀丞、令、令史、尉、尉史各一甲	岳麓简 0525/381＋0529/382 所收秦令
⑨	来书名数者以属其典、伍，令谨居家室，勉田作，非有县官事殹（也），毋敢之咸阳。咸阳谨布令，令黔首及蛮夷舍毋敢舍新黔首来书名数者，令吏各任其部求捕之，以县次传诣其县……	赀……丞、令、令史、尉、尉史各一盾	岳麓简 2098/146＋2128/147＋0127/148 所收秦令
备注	(1) 第①—⑧行所载律令文分别出自陈松长主编：《岳麓书院藏秦简（肆）》，上海辞书出版社 2015 年版，第 111—112、115—117、129—131、152、216—218、221 页。 (2) 第⑨行所载令文出自陈松长主编：《岳麓书院藏秦简（陆）》，上海辞书出版社 2020 年版，第 114—115 页		

从上表所列九条律令文来看，虽然令、丞、令史（仅第⑥行为例外）皆与尉、尉史、士吏承担连带责任，但在处罚程度上，前者并非一概轻于后者，有时也会与后者一致，如第④—⑨行所示。这表明，以所谓处罚程度之差异来判断尉的地位不如丞或许并不十分可靠。但是，此种差异对考察令、丞、尉的地位而言也非毫无意义。毋庸赘述，县的政务运行是由各环节构成的整体，而责任的分配无疑正是根据相关部门在某项政务的处理过程中所发挥的不同作用来确定的。令对所有政务拥有最终决定权，自然须对各类主要政务承担责任；丞虽与令一样较为广泛地为县政负责，但其理由只不过是县丞因帮助县令处理公文书而介入了各类主要政务的运行罢了。① 与令、丞相比，尉的职务似乎具有一定的专门性，主要涉及军事、治安、征发徭役、除吏等领域，但专门性并不等同纯粹性。以第①行所列律文为例，人口流动自然关乎治安、徭戍等，但与户籍、授田等民政的关联性并不逊于治安、徭戍等；又如，第②行所列律文规定了任用典、老的条件，直接与尉的除吏之职相关，但典、

① 高村武幸就曾通过分析出土秦汉简所载律令文、官文书指出，县丞通过收发文书参与县的行政，并由此承担着与县令一样广泛的行政责任。参见高村武幸：《漢代の地方官吏と地域社会》，汲古书院 2008 年版，第 329 页。

老乃里中的半官半民式人物，① 对里的各项政事多有介入，因此，任用典、老与民政的关联性同样不逊于除吏。或许，正是基于这种理由，在行政失范之时，尉与令、丞就需要分别面临处罚以示某项政事在涉及尉的基本职责的同时也与民政颇有关联。循此思路再看第④—⑨行所列律令文，就会发现，其规范内容尽管并非与民政无涉，但更偏向于军事、治安、徭戍等事务，所以，所谓处罚就没有必要再区分尉与令、丞以示尉承担主要责任，令则因对县政负全责、丞因处理公文书而无奈地承担连带责任。换言之，第①—⑨行第四列所展现出来的处罚方式的差异与其说是尉的地位不如丞的证明，还不如说是由尉与丞之职责的偏向性引发的。更值得注意的是，除了上表所列律令文之外，睡简所载秦律甚至还明确提到了在除吏、军事、徭戍等政务之运转不合法度时，由尉单独或与令一并承担责任，丞则根本没有出现的若干情形。

除士吏、发弩啬夫不如律，及发弩射不中，尉赀二甲。（睡简《秦律杂抄》）

轻车、赿张、引强、中卒所载傅〈传〉到军，县勿夺。夺中卒传，令、尉赀各二甲。（睡简《秦律杂抄》）

不当禀军中而禀者，皆赀二甲，灋（废）；非吏殹（也），戍二岁；徒食、敦（屯）长、仆射弗告，赀戍一岁；令、尉、士吏弗得，赀一甲。（睡简《秦律杂抄》）

同居毋并行，县啬夫、尉及士吏行戍不以律，赀二甲。②（睡简《秦律杂抄》）

这些律文进一步证明，据前述理由（2）（3）来判断尉与丞的地位高低或许不够妥当，他们在承担连带责任时表现出来的各种差异很大程度上是由二者的

① 参见高村武幸：《漢代の地方官吏と地域社会》，汲古书院 2008 年版，第 294 页。
② 陈伟主编：《秦简牍合集（壹·上）》，武汉大学出版社 2014 年版，第 166、172、174、189 页。

职务区别带来的。最后，有关（4）（5），从学界对秦汉官文书惯用语的一般认识来看，“敢言之”确实多用于上行文书中，[①] 里耶简所收尉发于令、丞的官文书用“敢言之”三字似乎表明尉的地位不如令、丞，而“尉课志”在里耶简中的存在证明尉需要接受考课，从而进一步揭示了尉的地位不如令、丞。不用说，如此推论的前提是出现于所谓上行文书及“尉课志”中的“尉”皆指县尉，但里耶简其实并没有直接提及“县尉”二字，而据郭洪伯、孙闻博及吴方基等研究，秦县官府中还存在着与“县尉”一样被记作“尉”的“尉官”，[②] 吴方基更指出了县丞行书县尉与行书尉官在文书用语上的差异。[③] 这样看来，作为载有“敢言之”三字的上行文书之发文者的“尉”究竟是不是县尉其实是需要逐一考证的，据官文书惯用语主张县尉的地位不如县丞自然也存在着一定风险。至于“尉课志”，如里耶简 8-482 所示：

> 【尉】课志：
>
> 卒死亡课，
>
> 司寇田课，
>
> 卒田课。
>
> ●凡三课。[④]

此处的“尉”拥有管理戍卒、徒隶的广泛权力，似指“县尉”，但既然秦县中

---

① 相关研究参见大庭脩：《木簡》，学生社 1979 年版，第 155—157 页；汪桂海：《秦汉简牍探研》，文津出版社 2009 年版，第 12 页；［日］角谷常子：《中国古代下达文书的书式》，载卜宪群、杨振红主编：《简帛研究》（2007），广西师范大学出版社 2010 年版，第 165—180 页；鷹取祐司：《秦漢官文書の基礎的研究》，汲古书院 2015 年版，第 98—104 页；等等。

② 参见郭洪伯：《稗官与诸曹——秦汉基层机构的部门设置》，载卜宪群、杨振红主编：《简帛研究》（2013），广西师范大学出版社 2014 年版，第 114—116 页；孙闻博：《秦县的列曹与诸官——从〈洪范五行传〉一则佚文说起》，载武汉大学简帛研究中心主办：《简帛》（第十一辑），上海古籍出版社 2015 年版，第 80 页；吴方基：《新出简牍与秦代县级政务运行机制研究》，中华书局 2021 年版，第 71—72 页。

③ 参见吴方基：《新出简牍与秦代县级政务运行机制研究》，中华书局 2021 年版，第 72 页。

④ 陈伟主编：《里耶秦简牍校释（第一卷）》，武汉大学出版社 2012 年版，第 165 页。

存在"尉官"，"〇课志"又基本上是针对诸官的考课类文书的汇总，那么，将"尉课志"之"尉"理解为"尉官"或许才是妥当的。尉官作为在地位上与县内诸官类似的机构（但并不等同于县内诸官①）大概是在县尉的领导下展开工作的，② 所以，自然就会介入戍卒、徒隶的管理；同时，由于秦县的政务流转高度依赖官文书，且一般官文书的最终汇集地唯有县廷，尉官即因文书流向之故而受到县令、丞的监督。"尉课志"很可能就是基于此种逻辑而制作的考课类文书的总目，或可作为县令、县丞与县尉之间互相制约的实例，未必能说明县尉的地位不如县丞。概言之，从上文对前述五点理由的深入考察来看，现有文献似乎并无足够力量否定县丞与县尉地位相当这一通说。事实上，秦简牍中经常见到的县丞向县尉发出文书之事展现出来的县尉办公地点相较于县丞所在之寺舍的独立性，③ 以及县尉越过县廷与郡府直接往来文书④等在在表明，在戎马倥偬的战国秦及秦帝国时期，县尉作为县中的武职系统的长官至少享有与县丞并立的地位，⑤ 其权势的下滑当为后世之事。⑥

第二，虽然在秦的县廷中存在着为文书工作等日常事务而奋斗的令史、尉史、佐等属吏，但从简牍文献的记载来看，令史似乎是最为活跃的⑦，且

① 至于具体理由，参见本节在考察县内诸官时的论述。

② 参见孙闻博：《秦县的列曹与诸官（增订稿）》，载里耶秦简博物馆、出土文献与中国古代文明研究协同创新中心中国人民大学中心编著：《里耶秦简博物馆藏秦简》，中西书局 2016 年版，第 246 页。

③ 参见邹水杰：《秦简"有秩"新证》，载《中国史研究》2017 年第 3 期，第 55 页。

④ 参见吴方基：《新出简牍与秦代县级政务运行机制研究》，中华书局 2021 年版，第 86 页。

⑤ 事实上，于豪亮很早就指出县尉在秦的县政中承担着重大任务，其地位较为特殊。参见于豪亮：《于豪亮学术论集》，上海古籍出版社 2015 年版，第 10—11 页。近年来，有学者甚至认为，县尉、尉史、士吏主管军事，县令、县丞、令史则负责县的日常行政，二者各司其职，属于不同的系统。县令与县尉之间也不存在统属关系，县尉的顶头上司是郡尉，县令的顶头上司是郡守。参见陈松长等：《岳麓秦简与秦代法律制度研究》，经济科学出版社 2019 年版，第 86 页。

⑥ 邹水杰主张，县尉权力的下降是从东汉开始的。参见邹水杰：《两汉县政研究》，湖南人民出版社 2008 年版，第 360—361 页。

⑦ 参见刘晓满：《秦汉令史考》，载《南都学坛（人文社会科学学报）》2011 年第 4 期，第 14—19 页。

地位相对较高[①]，那么，令史在官署内的工作方式是怎样的呢？严耕望在论述秦汉县廷组织时曾详列汉代县廷中的诸曹，并认为掾、史等属吏是采取分曹理事的方式展开工作的。[②] 事实上，随着睡简的公布，可以发现，曹在秦县廷中同样存在，如《语书》所示：

> 凡良吏明灋（法）律令，事无不能殹（也）；有（又）廉絜（洁）敦悫而好佐上，以一曹事不足独治殹（也），故有公心；有（又）能自端殹（也），而恶与人辨治，是以不争书……发书，移书曹，曹莫受，以告府，府令曹画之。其画最多者，当居曹奏令、丞，令、丞以为不直，志千里使有籍书之，以为恶吏。[③]

而且，令史就是以县廷的列曹为办公地点的。[④] 另外，作为秦迁陵县行政档案之汇总的里耶简的记载则更进一步说明，秦县对曹的设置在复杂程度上丝毫不逊于汉，[⑤] 下表即为对里耶简所示迁陵县之设曹状况的简单整理。

---

① 李迎春指出，在汉初，尉史是尉的直属吏，跟随尉处理治安等事务，其地位低于令史。参见李迎春：《汉代的尉史》，载简帛网 http://www.bsm.org.cn/?hanjian/5287.html，发布时间：2009年6月16日。考虑到秦与汉初的制度继承关系以及《迁陵吏志》明确记载了令史的人数而未及尉史这一点，尉史在秦县廷中的地位很可能也不如令史。至于县廷中的佐，周海峰认同魏德胜所说秦律中的“佐”“史”应当连读的观点，并主张，佐、史实为一事。参见魏德胜：《〈睡虎地秦墓竹简〉词汇研究》，华夏出版社2003年版，第238页；周海锋：《秦官吏法研究》，西北大学出版社2021年版，第64—66页。但是，正如孙闻博所指出的，《迁陵吏志》未提及“令佐”而强调了令史的员额似乎说明佐并不在“吏员”范围之内，其地位不如令史，其秩级则在斗食以下。参见孙闻博：《里耶秦简〈迁陵吏志〉考释——以“吏志”、“吏员”与“员”外群体为中心》，载《国学学刊》2017年第3期，第13页。

② 参见严耕望：《中国地方行政制度史·秦汉地方行政制度》，上海古籍出版社2007年版，第224—234页。

③ 陈伟主编：《秦简牍合集（壹·上）》，武汉大学出版社2014年版，第34—35页。顺带提一句，有关秦县廷中的列曹何以被称为“曹”，土口史记提出了一种假设即“地方郡县模仿了中央公府之曹的名称”，或可参考。参见土口史记：《秦代の令史と曹》，载《東方學報》第九十册，2015年，第27页。

④ 参见仲山茂：《秦漢時代の“官”と“曹”——県の部局組織》，载《東洋学報》第八十二卷第四号，2001年，第41页。

⑤ 学者们提出了迁陵县六曹说、九曹说等观点。邹水杰还特别提醒，“那些‘某曹发’‘廷某曹（发）’‘廷某（发）’‘署（主）某发’‘（廷）主某（发）’格式的（转下页）

表 1－2

行号	曹名		简文	出处
①	狱曹	东	狱东曹书一封，丞印，诣无阳（5－22）	《校释（第一卷）》
		南	狱南曹。（8－1760）	《校释（第一卷）》
		西	以书致，署狱西发，勿留，当腾腾。（9－453）	《校释（第二卷）》
②	金布曹		迁陵金布发洞庭（6－18）	《校释（第一卷）》
③	吏曹		廷吏曹☒（8－241）	《校释（第一卷）》
④	户曹		廷户曹发（8－263）	《校释（第一卷）》
⑤	司空曹		司空曹计录……（8－480）	《校释（第一卷）》
⑥	令曹		廷令曹发（8－778）	《校释（第一卷）》
⑦	仓曹		廷仓曹。（8－1288）	《校释（第一卷）》
⑧	中曹		……署迁陵亟论言史（事），署中曹发……（8－2012 正）	《校释（第一卷）》
⑨	覆曹		迁陵以邮行覆曹发●洞庭（8－2550）	《校释（第一卷）》
⑩	兵曹		兵曹。（9－49 正）	《校释（第二卷）》

(接上页）封检，无疑是县内各‘官’（职能机构）发给县廷的文书，专署由主管某‘曹’事务或某类事务的令史拆封的文书封面或标签……简文涉及的迁陵县廷设有仓曹、车曹、户曹、主吏、主令、司空曹、尉曹、狱东曹、狱南曹、中曹、兵曹、金布、主簿、主计、主爵、主钱、主责（债）等或称为‘曹’的机构，或‘主’某事的部门，是因事所设的，均设有一名以上的令史……因此在分析县下诸曹时，不能仅考虑字面上带有‘曹’字的机构或部门”。参见青木俊介：《里耶秦簡に見える部局組織について》，载《中國出土資料研究》第九号，2005 年，第 109 页；高村武幸：《里耶秦簡第八層出土簡牘の基礎的研究》，《三重大史學》第 14 号，2014 年，第 35—37、41 页；郭洪伯：《稗官与诸曹——秦汉基层机构的部门设置》，载卜宪群、杨振红主编：《简帛研究》（2013），广西师范大学出版社 2014 年版，第 118—124 页；土口史记：《秦代の令史と曹》，载《東方學報》第九十册，2015 年，第 18—24 页；孙闻博：《秦县的列曹与诸官——从〈洪范五行传〉一则佚文说起》，载武汉大学简帛研究中心主办：《简帛》（第十一辑），上海古籍出版社 2015 年版，第 77—80 页；王彦辉：《秦汉户籍管理与徭役制度研究》，中华书局 2016 年版，第 31—32 页；邹水杰：《简牍所见秦代县廷令史与诸曹关系考》，载杨振红、邬文玲主编：《简帛研究》（2016 春夏卷），广西师范大学出版社 2016 年版，第 139—140 页；鲁西奇：《秦代的县廷》，载《史学月刊》2021 年第 9 期，第 22—24 页；等等。

续 表

行号	曹 名	简 文	出 处
⑪	尉曹	迁陵廷尉曹【卅】一年、卅二年期会已事笥（9-2313）	《校释（第二卷）》
⑫	謏曹	謏曹謏书当布求之笥。（9-2326）	《校释（第二卷）》
备注	（1）《校释（第一卷）》《校释（第二卷）》分别为陈伟主编《里耶秦简牍校释（第一卷）》（武汉大学出版社 2012 年版）、《里耶秦简牍校释（第二卷）》（武汉大学出版社 2018 年版）之简写。 （2）有关狱曹，以往因里耶简的公布情况所限，学者认为，秦迁陵县的狱曹设有东、南两个分署，① 但目前看来，至少可以肯定，狱曹还设有“狱西”分署。至于是否有“狱北”，尚不得而知，有待史料的进一步公布。 （3）里耶简的简文中有“车曹”二字，有学者据此认为迁陵县廷设有车曹。但是，从《校释（第一卷）》所收 8-405 简的记载“☑辛酉，仓守择付库建、车曹佐般受券”来看，车曹似为库官的下属机构，而非与仓曹等类似的县廷诸曹之一。② 另外，里耶简 9-1861 载，“六年二月癸丑朔庚申，洞庭叚（假）守高谓县丞……新【武陵】□书到，署厩曹。以洞庭发弩印行事”，但此处的“厩曹”似非迁陵县廷所设置的曹，故未进入本表。 （4）里耶简中的“金布”曾一度被视为少内的具体办事单位，而非县廷诸曹之一。不过，据吴方基对“署金布发”等简文的分析来看，“金布”当被归入县廷列曹。③ （5）有关尉曹，学者们曾将其视为县尉的办公机构，而非县廷诸曹之一，但从《校释（第二卷）》中的 9-2313 简的记载“迁陵廷尉曹”来看，此说很可能有误。④		

① 参见孙闻博：《秦县的列曹与诸官——从〈洪范五行传〉一则佚文说起》，载武汉大学简帛研究中心主办：《简帛》（第十一辑），上海古籍出版社 2015 年版，第 80 页；王彦辉：《秦汉户籍管理与徭役制度研究》，中华书局 2016 年版，第 30 页。

② 以车曹为迁陵县廷所设列曹之一的观点，参见土口史记：《秦代の令史と曹》，载《東方學報》第九十册，2015 年，第 31 页。陈伟、吴方基等则基本认为，车曹乃库中主管车的机构。参见吴方基：《论秦代金布的隶属及其性质》，载《古代文明》2015 年第 2 期，第 60 页；陈伟等：《秦简牍整理与研究》，经济科学出版社 2017 年版，第 58—59 页。

③ 以“金布”为少内的具体办事单位的代表性论述，参见王焕林：《里耶秦简校诂》，中国文联出版社 2007 年版，第 50 页；王彦辉：《秦汉户籍管理与徭役制度研究》，中华书局 2016 年版，第 27 页。有关吴方基的详细论证，参见吴方基：《论秦代金布的隶属及其性质》，载《古代文明》2015 年第 2 期，第 57—60 页。

④ 有关以尉曹为县尉之办公机构的论述，参见王彦辉：《秦汉户籍管理与徭役制度研究》，中华书局 2016 年版，第 29 页；邹水杰：《秦简“有秩”新证》，载《中国史研究》2017 年第 3 期，第 55 页。土口史记、孙闻博、吴方基等曾详解以尉曹为县廷列曹之一的理由，参见土口史记：《里耶秦簡にみる秦代縣下の官制構造》，载《東洋史研究》第七十三卷第四号，2015 年，第 20 页；孙闻博：《秦县的列曹与诸官——从〈洪范五行传〉一则佚文说起》，载武汉大学简帛研究中心主办：《简帛》（第十一辑），上海古籍出版社 2015 年版，第 78—79 页；吴方基：《新出简牍与秦代县级政务运行机制研究》，中华书局 2021 年版，第 71—72 页。

续　表

行号	曹　名	简　　文	出　　处
备注	(6) 至于謏曹，除了本表罗列的 9-2326 简有明确提及之外，何有祖在缀合 9-1701 与 8-389+8-404 后指出，9-1701 所书“□曹”中的“□”或为“謏”。① 这似乎亦可为迁陵县廷中存在謏曹的例证。		

尽管据现有文献，尚无法确知所有曹的职责，但上表所示各曹的名称区别无疑证明，县廷的大多数曹应当是有其专属业务的。② 然而，这并不意味着置身于列曹之中的令史也如汉中叶以后的掾、史一样有其固定的工作部门。里耶简 8-269 载：

> 资中令史阳里釦伐阅：
> 十一年九月隃为史。
> 为乡史九岁一日。
> 为田部史四岁三月十一日。
> 为令史二月。
> □计、户计。
> 年卅六。
> 可直司空曹。(8-269)③

由于后文中还将提到这份文书，此处仅对其内容略作介绍，即 8-269 展示了一位名为“釦”的小吏从秦王政十一年初为吏以来的仕宦历程，后被调至迁陵

① 参见何有祖:《里耶秦简“謏曹”、“謏书”解》，载李学勤主编:《出土文献》（第十三辑），中西书局 2018 年版，第 194—200 页。

② 如谢坤就曾总结仓曹的主要职责，参见谢坤:《秦简牍所见仓储制度研究》，上海古籍出版社 2021 年版，第 215—219 页。当然，这并不意味着秦县廷中的列曹已如汉中期以后的县廷列曹那样在地方官制中占据着固定地位。参见土口史记:《秦代の令史と曹》，载《東方學報》第九十册，2015 年，第 12 页。

③ 陈伟主编:《里耶秦简牍校释（第一卷）》，武汉大学出版社 2012 年版，第 125—126 页。需要说明，此处在引用《校释（第一卷）》的释文时已据里耶简 8-269 图版对其顺序略作调整。

县，“可直司空曹”。如戴卫红所说，“直”有可能是“值”之意；[①] 郭洪伯进一步指出，“所谓‘直曹’表示到某曹当班：‘釦’的职位是令史，所谓‘直司空曹’就是被指派到司空曹当班”。[②] 而在里耶简 8－480 所载“司空曹计录”及 8－481 所载“仓曹计录”中皆有“史尚主”三字，[③] 这表明一位名为“尚”的令史曾在仓曹和司空曹当值。换言之，所谓当值具有流动性，令史们会根据政务运转的需要被派往某曹上班，这或许就是秦县令史的工作方式。[④] 也正因为这一点，水间大辅指出，秦及汉初县廷中的令史具有身份上的双重性，亦即此类属吏的基本角色为令史，但因到某曹当值而获得了某曹之令史的衍生性角色。[⑤]

这种流动当值制自有其优势，如可以根据各部门的工作强度灵活调配人员，[⑥]

---

① 参见戴卫红：《湖南里耶秦简所见“伐阅”文书》，载卜宪群、杨振红主编：《简帛研究》（2013），广西师范大学出版社 2014 年版，第 90 页。

② 郭洪伯：《稗官与诸曹——秦汉基层机构的部门设置》，载卜宪群、杨振红主编：《简帛研究》（2013），广西师范大学出版社 2014 年版，第 124 页。

③ 参见陈伟主编：《里耶秦简牍校释（第一卷）》，武汉大学出版社 2012 年版，第 164 页。

④ 相关论述，亦可参见仲山茂：《秦漢時代の“官”と“曹”——県の部局組織》，载《東洋学報》第八十二卷第四号，2001 年，第 51 页；邹水杰：《简牍所见秦汉县属吏设置及演变》，载《中国史研究》2007 年第 3 期，第 21 页；邹水杰：《也论里耶秦简之“司空”》，载《南都学坛（人文社会科学学报）》2014 年第 5 期，第 6 页；土口史记：《秦代の令史と曹》，载《東方學報》第九十册，2015 年，第 30 页；孙闻博：《秦县的列曹与诸官——从〈洪范五行传〉一则佚文说起》，载武汉大学简帛研究中心主办：《简帛》（第十一辑），上海古籍出版社 2015 年版，第 83 页；高村武幸：《文書行政のはじまり》，载籾山明、ロータール・フォン・ファルケンウゼン编：《秦帝国の誕生——古代史研究のクロスロード》，六一书房 2020 年版，第 78—79 页。

⑤ 参见［日］水间大辅：《里耶秦简〈迁陵吏志〉初探——通过与尹湾汉简〈东海郡吏员簿〉的比较》，载武汉大学简帛研究中心主办：《简帛》（第十二辑），上海古籍出版社 2016 年版，第 179—196 页。应当指出，严耕望很早就发现，《史记·项羽本纪》云陈婴在秦时之官称为“县令史”，张守节“正义”引《楚汉春秋》又曰陈婴为“狱史”，其原因就在于，“狱史乃其专职偏名，令史则泛称之类名”。参见严耕望：《中国地方行政制度史·秦汉地方行政制度》，上海古籍出版社 2007 年版，第 222 页。又，水间之说是以仲山茂所概括的西汉末期至东汉郡县属吏身份的双重性为参照提出的。参见仲山茂：《漢代の掾史》，载《史林》第八十一卷第四号，1998 年，第 71—77 页。

⑥ 里耶简中频频出现谷物进出的记录，这表明仓官及与之相对应的仓曹的工作强度不小。检索单印飞及鲁家亮所做各表，秦始皇三十一年，至少就有四位令史供职仓曹。这似乎就是秦县廷根据各部门的工作强度配置人员的例证。参见单印飞：《〈里耶秦简牍校释（第一卷）〉人名统计表》，载杨振红、邬文玲主编：《简帛研究》（2014），广西师范大学出版社 2014 年版，第 59—117 页；鲁家亮：《里耶秦简所见秦迁陵县的令史》，载西北师范大学历史文化学院、甘肃简牍博物馆、河西学院河西史地与文化研究中心、兰州城市学院简牍研究所编：《简牍学研究》（第七辑），甘肃人民出版社 2018 年版，第 40—41 页。

避免专业化职员因各种缘故离职而引发的行政运转不畅①等。但是，长期如此难免影响官僚群体的职业化，进而导致官僚政治之理性化不足，变化遂逐渐出现。土口史记将县廷列曹分为三类：(1) 承担县廷专管事务的曹，如吏曹、户曹、狱曹；(2) 与县内诸“官”之官名重复的曹，如司空曹、仓曹、尉曹；(3) 除这二者之外的散见的曹，如覆曹、兵曹、中曹等。他认为，由于第一类曹缺乏与之相对应的同名之“官”，供职于这类曹中的令史就不得不反复从事某类政务，最终成为了某曹的固定吏员。② 土口所说的确可以得到简牍文献的印证，如，里耶简就提到“户曹令史”云云；③ 又如，“狱史”在律令文中甚至与“令史”并列：

●狱史、令史、有秩吏及属、尉佐以上，二岁以来新为人赘壻（婿）者免之。(岳麓简 0559/334 所收秦令)

……狱史、令史、县官，恒令令史官吏各一人上攻劳吏员，会八月五日。④ (岳麓简 0520/349+2148/350 所收秦令)

律令文提及职官名应当是较为规范的，“狱史”与“令史”并列或证明至狱曹当值者已彻底摆脱了令史这重基本身份。⑤ 事实上，不仅在土口所说的第一类曹中当值的令史被逐渐固定为该曹之吏员，而且在所谓第二类曹中也出现

---

① 如《迁陵吏志》所示，在某一时刻，迁陵县廷的令史接近半数缺额，但从官文书存留情况来看，县廷运转似乎并未出现太大问题，这或许就与流动当值有关。

② 参见土口史记：《秦代の令史と曹》，载《東方學報》第九十册，2015 年，第 31 页。另外，邹水杰也曾提出类似的观点，但其论似不如土口说详细，故此处主要介绍土口说。参见邹水杰：《也论里耶秦简之“司空”》，载《南都学坛（人文社会科学学报）》2014 年第 5 期，第 6 页。

③ 如里耶简 8-487+8-2004 载：“卅四年八月癸巳朔癸卯，户曹令史雗疏书廿八年以尽卅三年见户数牍北（背）、移狱具集上，如请史书。”陈伟主编：《里耶秦简牍校释（第一卷）》，武汉大学出版社 2012 年版，第 166 页。

④ 陈松长主编：《岳麓书院藏秦简（肆）》，上海辞书出版社 2015 年版，第 205、210—211 页。

⑤ 韩国学者金钟希曾对岳麓简、尹湾汉简何以分开书写狱史和令史做过颇为详细的分析，值得参考。参见［韩］金钟希：《秦代县廷狱史的职能与特殊性》，载武汉大学简帛研究中心主办：《简帛》（第十九辑），上海古籍出版社 2019 年版，第 147—161 页。

了某令史长期当值的现象，前引里耶简 8－269 中的“釦”就是一例。如前所述，此人于秦王政二十四年被调至迁陵县，并被迁陵县廷派到司空曹当值，而里耶简 8－1510、9－2283、16－6 所收秦始皇二十七年（公元前 220 年）的三份涉及司空曹的官文书[①]恰恰以不同形式记载了“釦”在文书处理过程中发挥的作用，这似乎表明釦在调任迁陵县之后的两年多的时间内主要就在司空曹当值。可见，至里耶简的时代，对某些有同名的“官”与之相应的曹而言，令史虽未必需要经常奔赴前线处理政务，但很可能因频繁处理同类文书之故而与所当值的曹形成了一种略显固定的隶属关系。[②] 综合上述考察，可以认为，秦县廷列曹在组织成熟程度上自然不如汉中叶以后的同类机构，但无疑正处在从机构与人员的随意组合向固定组合发展的过程中，进而，秦县官僚政治运转的合理化程度也随之不断提高，其折射出来的其实就是秦政对被称为“文法吏”的技术官僚的倚赖。

不过，无论县廷列曹如何发展，秦县的各项具体政事终究是由勤勉于一线、被统称为“官”的事务部门操办的。那么，它们又呈现出了一种什么样的面貌呢?

二、诸官之概貌

应当指出，学界对秦县之诸官的密切关注是由睡简的公布引发的。在睡简所载律文中出现了大量以啬夫为名的官称，与县啬夫或大啬夫相对的仓啬夫、库啬夫等负责某一方面事务的啬夫就被统称为官啬夫。[③] 之所以能如此统称，无非是因为“从睡虎地秦简的记载来看，县的建筑物大致包括‘公舍’

① 有关这三份官文书的内容，参见陈伟主编：《里耶秦简牍校释（第一卷）》，武汉大学出版社 2012 年版，第 341 页；里耶秦简博物馆、出土文献与中国古代文明研究协同创新中心中国人民大学中心编著：《里耶秦简博物馆藏秦简》，中西书局 2016 年版，第 207—208 页；陈伟主编：《里耶秦简牍校释（第二卷）》，武汉大学出版社 2018 年版，第 447—448 页。

② 在这一点上，邹水杰也曾强调，在秦迁陵县的众多令史中，至少有很大一部分是按“曹”分工的。参见邹水杰：《简牍所见秦代县廷令史与诸曹关系考》，载杨振红、邬文玲主编：《简帛研究》（2016 春夏卷），广西师范大学出版社 2016 年版，第 135 页。

③ 参见裘锡圭：《裘锡圭学术文集卷 5　古代历史、思想、民俗卷》，复旦大学出版社 2012 年版，第 44—45 页。

‘官府’‘廷’三种……‘官’也就是一应官啬夫的工作场所”。① 反过来说，简牍所提及的有关官啬夫的信息是分析诸官设置情况的线索。裘锡圭就曾据睡简及其他文献罗列秦县的十种官啬夫：

> 田啬夫、司空啬夫、库啬夫、髼园啬夫、仓啬夫、厩啬夫/皂啬夫、传舍啬夫/厨啬夫、亭啬夫/市啬夫、发弩啬夫、少内啬夫②

随着其他秦及汉初简牍文献尤其是里耶简的陆续公布，学者们对裘说予以进一步推进和检证，进而聚焦于《迁陵吏志》所示迁陵县的“官啬夫十人”之上。以下将通过表格展示曾集中列举“官啬夫十人”的若干学者的判断：

表 1－3③

整理者	田	田官	仓	库	厩	司空	船官	发弩	少内	尉官	畜官	亭	都乡	启陵乡	贰春乡
单印飞	○	○	○	○	○	○	×	○	○	×	○	×	×	×	×
邹水杰	○	×	○	×	×	○	○	×	○	○	○	×	○	○	○

① 仲山茂：《秦漢時代の“官”と“曹”——県の部局組織》，载《東洋学報》第八十二卷第四号，2001 年，第 38—39 页。

② 参见裘锡圭：《裘锡圭学术文集卷 5　古代历史、思想、民俗卷》，复旦大学出版社 2012 年版，第 64—99 页。

③ 参见单印飞：《略论秦代迁陵县吏员设置》，载武汉大学简帛研究中心主办：《简帛》（第十一辑），上海古籍出版社 2015 年版，第 89—100 页；邹水杰：《秦简“有秩”新证》，载《中国史研究》2017 年第 3 期，第 48 页；刘鹏：《也谈简牍所见秦的“田”与“田官”——兼论迁陵县“十官”的构成》，载武汉大学简帛研究中心主办：《简帛》（第十八辑），上海古籍出版社 2019 年版，第 57—74 页；周海锋：《秦官吏法研究》，西北大学出版社 2021 年版，第 23—30 页；孙闻博：《从乡啬夫到劝农掾：秦汉乡制的历史变迁》，载《历史研究》2021 年第 2 期，第 73 页；［韩］金钟希：《秦汉地方司法运作与官制演变——以官府的集权化现象为中心》，北京大学 2021 年博士学位论文，第 18—19 页；单印飞：《秦至汉初县行政机构设置辨析》，载《中国史研究》2022 年第 1 期，第 74—83 页。另外，需要说明，单印飞在其《略论秦代迁陵县吏员设置》一文中对迁陵县“官啬夫十人”仅略为谨慎地罗列了九个并指出，“漆园啬夫与亭啬夫似乎并不在其中，传舍啬夫、皂啬夫、厨啬夫、市啬夫由于资料有限，尚难定论。至于第十个官啬夫究竟指的是什么，有待更多资料公布以后再做讨论”，而其《秦至汉初县行政机构设置辨析》一文似仍坚持此论。

续表

整理者	田	田官	仓	库	厩	司空	船官	发弩	少内	尉官	畜官	亭	都乡	启陵乡	贰春乡
金钟希	○	?	○	○	○	○	×	○	○	×	?	?	×	×	×
刘　鹏	○	○	○	○	○	○	×	○	○	○	○	×	×	×	×
周海锋	○	×	○	○	○	○	×	○	○	×	×	×	○	○	○
孙闻博	○	○	○	○	×	○	×	×	○	×	○	×	○	○	○

据上表，可以发现，除了对田、仓、司空、少内四者已达成共识之外，学者们在其他啬夫是否可进入“官啬夫十人”之列的问题上可谓众说纷纭。此处将尝试着结合裘锡圭说及上表做进一步的思考。

首先，有关田官与畜官。王彦辉较为敏锐地认识到二者皆非县廷下属，并将它们划入都官系统。① 不过，陈伟的详细考证已指出，田官确非县廷下属，但也不属于都官，而是与田一样皆为迁陵县主管农事的“官”，其具体职责为管理公田。② 此说已得到不少学者的响应或认可，更有学者进一步否定了畜官为都官的可能。③ 事实上，在里耶简所载诸官考课文书中可见“田官课志”(8-497)、“畜官课志”(8-490) 字样，④ 这在很大程度上已足以说明田官、畜官皆应属于诸官。

其次，有关乡官。影响其进入诸官序列的最大障碍或许在于“乡亭吏亦

① 参见王彦辉：《秦汉户籍管理与徭役制度研究》，中华书局 2016 年版，第 19—26 页。

② 参见陈伟等：《秦简牍整理与研究》，经济科学出版社 2017 年版，第 36—47 页。

③ 参见沈刚：《〈里耶秦简（壹）〉所见秦代公田及其管理》，载卜宪群、杨振红主编：《简帛研究》(2014)，广西师范大学出版社 2014 年版，第 34—42 页；单印飞：《略论秦代迁陵县吏员设置》，载武汉大学简帛研究中心主办：《简帛》(第十一辑)，上海古籍出版社 2015 年版，第 89—100 页；李勉、晋文：《里耶秦简中的“田官”与“公田”》，载杨振红、邬文玲主编：《简帛研究》(2016 春夏卷)，广西师范大学出版社 2016 年版，第 120—131 页；刘鹏：《也谈简牍所见秦的“田”与“田官”——兼论迁陵县“十官”的构成》，载武汉大学简帛研究中心主办：《简帛》(第十八辑)，上海古籍出版社 2019 年版，第 57—74 页。

④ 陈伟主编：《里耶秦简牍校释（第一卷）》，武汉大学出版社 2012 年版，第 163、168 页。

即县廷吏之出部者”,① 且“官”多负责某方面事务，而乡的职能范围则较广泛,② 但里耶简所收“乡课志”（8－483）及乡与县丞或其他官之间的往来文书又显然明示了乡官作为诸官之一的身份。③ 另外，从《二年律令·秩律》的规定来看，乡啬夫属于有秩吏，不应在登记迁陵县地位相对较高的官吏的《迁陵吏志》④中没有位置。由之，检索《迁陵吏志》对吏员的分类，似乎只能认为乡官在“官啬夫十人”的范围之内。也就是说，“乡吏既是县分部之吏，又是诸官之吏”。⑤

再次，有关库官。睡简《秦律杂抄》曰，“稟卒兵，不完善（缮），丞、库啬夫、吏赀二甲，灋（废）”;⑥ 这不仅表明库官设立时间较早，至少在战国秦时就已存在于县官府中,⑦ 而且库官未尽职守将直接引发县丞的连带责任，此可谓库官之地位不同于斗食之吏的一个例证。又，里耶简 8－493 收入了县廷金布曹所准备的上计资料：

金布计录：

库兵计，

车计，

工用计，

① 严耕望:《中国地方行政制度史·秦汉地方行政制度》，上海古籍出版社 2007 年版，第 216 页。

② 参见单印飞:《略论秦代迁陵县吏员设置》，载武汉大学简帛研究中心主办:《简帛》（第十一辑），上海古籍出版社 2015 年版，第 95 页。

③ 有关这一点，邹水杰的考证颇为详细，值得参考。参见邹水杰:《秦简“有秩”新证》，载《中国史研究》2017 年第 3 期，第 47—48 页。

④ 孙闻博在探讨《迁陵吏志》的性质及内容时曾提出“吏员”与“员”外群体的区分，“员”外群体各有其无法进入《迁陵吏志》的原因，且“吏员”似乎在地位上比“员”外群体略高。此说对理解《迁陵吏志》何以记载或不记载某官称颇具启发意义，值得关注。参见孙闻博:《里耶秦简〈迁陵吏志〉考释——以“吏志”、“吏员”与“员”外群体为中心》，载《国学学刊》2017 年第 3 期，第 11—16 页。

⑤ 孙闻博:《里耶秦简〈迁陵吏志〉考释——以“吏志”、“吏员”与“员”外群体为中心》，载《国学学刊》2017 年第 3 期，第 12 页。

⑥ 陈伟主编:《秦简牍合集（壹·上）》，武汉大学出版社 2014 年版，第 174 页。

⑦ 佐原康夫也曾据金文资料指出，收纳财货的府和存放兵器的库在春秋时代就作为君主的财物库而存在；至战国中期，随着官僚制的发展，府、库机构激增，遂从官廷财物库转变为国家财政机构。参见佐原康夫:《漢代都市の機構研究》，汲古书院 2002 年版，第 153—154 页。

> 工用器计；
>
> 少内器计，
>
> 【金】钱计。
>
> 凡六计。(8-493)①

很明显，库和作为诸官之一的少内是并列的。而《二年律令·秩律》云：

> 县、道司马、候、厩有乘车者，秩各百六十石；毋乘车者，及仓、库、少内、校长、髳长、发弩、衛〈卫〉将军、衛〈卫〉尉士吏，都市、亭、厨有秩者及毋乘车之乡部，秩各百廿石。李公主、申徒公主、荣公主、傅公［主］家丞，秩各三百石。②

库与仓、少内等被一并提及似亦可谓把库归入秦县之诸官的一个旁证。结合上述几点，应当可以断言，库啬夫实为“官啬夫十人”之一。③

复次，有关亭、尉官、发弩、厩。应当指出，除了金钟希对亭是否属于诸官略有犹豫，其他学者均将其排除在诸官之外。笔者也认为，亭不应被列入诸官，其原因或许可以从《迁陵吏志》中的“校长六人”四字出发稍作思考。对“校长”一职究竟何指，学者们基本形成了校长乃亭长之异名与校长（亦可称都亭啬夫）为亭长之上级两种观点。④ 尽管目前尚无法完全肯定此二

---

① 陈伟主编：《里耶秦简牍校释（第一卷）》，武汉大学出版社2012年版，第169页。

② 彭浩、陈伟、［日］工藤元男主编：《二年律令与奏谳书：张家山二四七号汉墓出土法律文献释读》，上海古籍出版社2007年版，第293页。

③ 参见陈伟：《关于秦迁陵县“库”的初步考察》，载武汉大学简帛研究中心主办：《简帛》（第十二辑），上海古籍出版社2016年版，第169页；周海锋：《秦官吏法研究》，西北大学出版社2021年版，第27页。

④ 于豪亮、张金光、廖伯源、黎明钊、水间大辅、吴方基等持前说，于振波则在其新近研究中提出了后说。参见张金光：《秦制研究》，上海古籍出版社2004年版，第587页；黎明钊：《汉代的亭长与盗贼》，载《中国史研究》2007年第2期，第52—53页；［日］水间大辅：《秦汉时期的亭吏及其与他官的关系》，载周东平、朱腾主编：《法律史译评》，北京大学出版社2013年版，第29—32页；于豪亮：《于豪亮学术论集》，上海古籍出版社2015年版，第18—19页；吴方基：《新出简牍与秦代县级政务运行机制研究》，中华书局2021年版，第79页；廖伯源：《秦汉史论丛续编》，中华书局2018年版，第224—225页；于振波：《秦汉校长考辩》，载《中国史研究》2018年第1期，第27—28页。

说以何者为妥，但无论是以前者还是以后者为前提，“校长六人”与“官啬夫十人”并立都足以证明亭不在诸官之列。进一步说，如前列仓、少内、库、田、田官、畜官等所示，诸官在很大程度上是与县丞关联甚密的偏民政的机构，但校长（或亭长、亭啬夫）因主要负责治安、邮传等事，① 故可谓与县尉存在频繁业务往来的偏武职的机构，此当为校长（或亭长、亭啬夫）与官啬夫不同的根本原因。循此思路考察尉官和发弩，如前所述，前者应处于县尉的领导之下，后者如睡简《秦律杂抄》对发弩啬夫与县尉之连带责任的规定所示：

除士吏、发弩啬夫不如律，及发弩射不中，尉赀二甲。②

同样是与县尉（而非县丞）关系更为密切的武职类吏员，③ 所以，尉官、发弩也不应被纳入“官啬夫十人”之内。④ 至于厩，情况略显复杂。一则里耶简对厩的记载并不多；二则睡简《秦律杂抄》有载：

①《汉书·百官公卿表上》云“县令、长，皆秦官，掌治其县……大率十里一亭，亭有长；十亭一乡，乡有三老、有秩、啬夫、游徼”，以亭为乡之下的行政区划，其职责自然就成为了乡政的一部分。不过，以目前学者们的研究来看，所谓“十里一亭”的“里”并非聚落名称，而是距离单位，“亭”所负责的治安、邮传等事务也是独立于乡政的。参见王毓铨：《汉代“亭”与“乡”“里”不同性质不同行政系统说——“十里一亭……十亭一乡”辨正》，载《历史研究》1954 年第 2 期，第 134—135 页；［日］日比野丈夫：《鄉亭里についての研究》，载《東洋史研究》第十四卷第一、二号，1955 年，第 38—39 页；［日］古贺登：《漢長安城と阡陌・県鄉亭里制度》，雄山阁 1980 年版，第 166—167、468 页；高敏：《云梦秦简初探》，河南人民出版社 1981 年版，第 269—285 页；严耕望：《中国地方行政制度史·秦汉地方行政制度》，上海古籍出版社 2007 年版，第 61 页；冨谷至：《文書行政の漢帝国 木簡・竹簡の時代》，名古屋大学出版社 2010 年版，第 247—252 页；王彦辉：《聚落与交通视域下的秦汉亭制变迁》，载《历史研究》2017 年第 1 期，第 41—42 页；等等。

② 陈伟主编：《秦简牍合集（壹·上）》，武汉大学出版社 2014 年版，第 166 页。

③ 吴方基持类似观点，参见吴方基：《新出简牍与秦代县级政务运行机制研究》，中华书局 2021 年版，第 81 页。

④ 高震寰虽推测发弩啬夫为官啬夫之一，但又指出发弩啬夫不属于官啬夫的可能也是无法完全排除的。参见高震寰：《对里耶秦简〈迁陵吏志〉的另一种假设》，载周东平、朱腾主编：《法律史译评》（第九卷），中西书局 2021 年版，第 53—54 页。由此看来，发弩啬夫究竟是否为官啬夫这一问题实颇为复杂，这里暂时将其排除在官啬夫之外以待后考。

肤吏乘马笃、荦（胔），及不会肤期，赀各一盾。马劳课殿，赀厩啬夫一甲，令、丞、佐、史各一盾。马劳课殿，赀皂啬夫一盾。①

从连带责任上看，尉根本没有出现，厩似亦为与县丞业务往来颇多的诸官之一。岳麓简 1398/130+1365/131 所收《金布律》条文云：

马齿盈四以上当服轚车、豤（垦）田、就（僦）载者，令厩啬夫丈齿令、丞前，久（灸）右肩，章曰：当乘。②

这好像更进一步证明了厩的民政机构性质。然而，睡简《秦律杂抄》又提到：

●髼园殿，赀啬夫一甲，令、丞及佐各一盾，徒络组各廿给。髼园三岁比殿，赀啬夫二甲而灋（废），令、丞各一甲。③

从这条律文来看，漆园无疑也是与令、丞存在直接业务关系的民政机构，但到里耶简中，漆园的地位已从直属于令、丞的"官"下滑至田的下属，如 8-383+8-484 所示：

田课志：

髼园课。

●凡一课。（8-383+8-484）④

换句话说，某些啬夫在县官府中的地位或行政隶属关系会随着时代的变化而被调整，厩未必不存在这种情况。前引《二年律令·秩律》载"县、道传马、候、厩有乘车者，秩各百六十石"，厩与传马、候等并列就表明，厩似乎更类

① 陈伟主编：《秦简牍合集（壹·上）》，武汉大学出版社 2014 年版，第 182 页。
② 陈松长主编：《岳麓书院藏秦简（肆）》，上海辞书出版社 2015 年版，第 111 页。
③ 陈伟主编：《秦简牍合集（壹·上）》，武汉大学出版社 2014 年版，第 179 页。
④ 陈伟主编：《里耶秦简牍校释（第一卷）》，武汉大学出版社 2012 年版，第 141 页。

似于武职而非民政机构。或许，从战国秦至秦汉之际，厩的机构性质发生了一定的变化；岳麓简《金布律》之所以规定“厩啬夫丈齿令、丞前”，或许只不过是因为“丈齿”后的马将被用于垦田等令、丞所负责的政事之中，令、丞需要检查并确认马的体格而已，未必能说明厩仍是直属于令、丞的民政机构。如此，尽管没有十足的把握，但把厩啬夫排除在“官啬夫十人”之外也不是完全说不通的。

最后，有关船官。里耶简 6－4 确实以“官”字缀在“船”字之后，《二年律令·贼律》又提到“船人渡人而流杀人，耐之，船啬夫、吏主者赎耐……”，①

这些似乎都说明船官是与仓、库等一样的“官”。不过，问题在于，是否缀有“官”“啬夫”者皆能被认定为诸官之一呢？里耶简 8－486 载：

> 司空课志：
> □为□□□
> □课，
> □□□□课，
> 春产子课，
> □船课，
> □□□课，
> 作务□□
> ……
> ……（8－486）②

“□船课”列于“司空课志”名下表明，船只的使用、保管等情况是司空被考课的内容之一，所以，船官极有可能只是作为诸官之一的司空的下属机构，

① 彭浩、陈伟、［日］工藤元男主编：《二年律令与奏谳书：张家山二四七号汉墓出土法律文献释读》，上海古籍出版社 2007 年版，第 92 页。

② 陈伟主编：《里耶秦简牍校释（第一卷）》，武汉大学出版社 2012 年版，第 165—166 页。

船啬夫则为此机构的负责人。另外，前文在分析漆园啬夫时也已指出，漆园啬夫在里耶简中乃田啬夫的下属。这样看来，“某官”之“官”只是说明“某”有官署而已，“啬夫”也不过就是负责人的泛称，[①] 二者均非判断某机构为诸官之一的强力标准。[②] 从这一点出发，再来看裘锡圭在考察秦汉官啬夫时提到的皂啬夫、传舍啬夫、厨啬夫、市啬夫等，或许就会有另一番认识。如，前引睡简曰“马劳课殿，赀厩啬夫一甲……马劳课殿，赀皂啬夫一盾”，学者们曾对其中的“皂啬夫”提出各种解释，[③] 但考虑到啬夫之间可能存在的级别差异，睡简整理小组所说“厩啬夫是整个养马机构的负责人，下面皂啬夫是厩中饲养人员的负责人”[④] 可能更合理。又如，尽管目前无法判断传舍啬夫和厨啬夫究竟身份如何，但从官名上看，“传舍”显然与田、仓、司空、少内之类带有较强民政色彩的词汇有别，“厨”所指向的事务则根本无法与“田”“仓”之类相提并论，故传舍啬夫、厨啬夫大概皆非如田、仓等那样负责某方面具体政务的官啬夫；另外，在传世及简牍文献中经常可以见到厩

① 有关啬夫之本义，参见大庭脩：《秦漢法制史の研究》，创文社 1982 年版，第 499 页；裘锡圭：《裘锡圭学术文集卷 5　古代历史、思想、民俗卷》，复旦大学出版社 2012 年版，第 47 页。

② 单印飞也强调，“官”有广狭二义，广义之“官”泛指官府、官署，狭义之“官”则指县内管理某类事务的机构或衙署，因此，不能据“某官”之“官”字认定“某官”为县下辖的职能机构；同理，称啬夫者也未必都是官啬夫。参见单印飞：《秦至汉初县行政机构设置辨析》，载《中国史研究》2022 年第 1 期，第 84 页。

③ 参见中国政法大学中国法制史基础史料研读会：《睡虎地秦简法律文书集释（六）：〈秦律杂抄〉》，载中国政法大学法律古籍整理研究所编：《中国古代法律文献研究》（第十一辑），社会科学文献出版社 2017 年版，第 40—41 页。

④ 睡虎地秦墓竹简整理小组编：《睡虎地秦墓竹简》，文物出版社 1990 年版，第 87 页。另外，陶安曾在以“皂”为“养马者”之外提出另一种解释，即“皂”为“三乘”亦即马十二匹的代称，所以，或许，厩包括大小有别的若干饲养单位，“皂”即为其中之一。参见陶安あんど：《秦漢刑罰体系の研究》，东京外国语大学亚洲非洲语言文化研究所 2009 年版，第 513 页，注（145）。不过，其思考方向与睡简整理小组所说一致。又，睡简《秦律十八种·厩苑律》曰：“以四月、七月、十月、正月肤田牛。卒岁，以正月大课之，最，赐田啬夫壶酉（酒）束脯，为旱〈皂〉者除一更，赐牛长日三旬；殿者，谇田啬夫，罚冗皂者二月。其以牛田，牛减絜，治（笞）主者寸十。有（又）里课之，最者，赐田典日旬；殿，治（笞）卅。”陈伟主编：《秦简牍合集（壹·上）》，武汉大学出版社 2014 年版，第 52 页。虽然律文未提及“皂啬夫”，但“皂者”云云似亦可为理解皂啬夫之参考。也就是说，从律文对“最”之奖励与对“殿”之惩罚的规定来看，皂者似为田啬夫下辖的管理牛倌者。以此为据，皂啬夫可能未必只存在于厩官中，为厩、苑、田之类的机构中管理马倌、牛倌者的统称。

置、邮亭、乡等为因公干而出差的吏员提供食宿的记载，[①] 所以传舍啬夫、厨啬夫也许是某些机构下辖的为往来官吏提供食宿之部门的主管。再如，裘锡圭、张金光皆注意到了秦时的“因亭成市”现象，亭啬夫往往兼管市务，[②] 那么，是否也可以稍微想象一下市啬夫乃亭啬夫的下属呢？当然，这些看法都是未经证实的猜测，但皆为对船官、漆园啬夫之探讨的引申，或许也可成为考察啬夫、诸官的一种思路，故暂列于此。

借助以上略显繁琐的探讨，可以看出，裘锡圭所列官啬夫并非全为县中诸官之啬夫，而有关《迁陵吏志》提到的“官啬夫十人”之所指，目前或以孙闻博说最为合理，尽管把厩啬夫排除在“官啬夫十人”之外的理由还需要进一步论证。又，裘说所列官啬夫多有从睡简所载律文中摘录者，应具有一定的普遍性；若以迁陵县的官啬夫为裘说之印证，至少可以肯定，田、仓、司空、库、少内为秦的大多数县中皆能见到的“官”，田官、畜官及乡官或许也与之相似，毕竟经营公田、饲养牲畜、置乡不会是个别县才有的现象。不过，这只是在现有史料的基础上形成的粗浅认识，并不代表秦县只有这些“官”，而随着简牍文献的不断出土和公布，很有可能还要增补和调整。当然，有关秦县诸官的考察并不仅限于界定哪些机构是“官”而已，以下两个问题也应稍加说明。第一，诸官的部门结构有所不同。睡简《效律》曰：

> 官啬夫赀二甲，令、丞赀一甲；官啬夫赀一甲，令、丞赀一盾。其吏主者坐以赀、谇如官啬夫。其它冗吏、令史掾计者，及都仓、库、田、亭啬夫坐其离官属于乡者，如令、丞。[③]

① 如，《史记·外戚世家》载：“姊去我西时，与我决于传舍中。”“索隐”云：“传舍谓邮亭传置之舍。”此为邮亭之传舍。又，里耶简8-801载：“卅年十月辛亥，启陵乡守高▨受司空仗城旦二人。二人治传舍：它、骨。”陈伟主编：《里耶秦简牍校释（第一卷）》，武汉大学出版社2012年版，第229页。此为乡之传舍。如此种种，不一而足。

② 参见张金光：《秦制研究》，上海古籍出版社2004年版，第590页；裘锡圭：《裘锡圭学术文集卷5　古代历史、思想、民俗卷》，复旦大学出版社2012年版，第93页。

③ 陈伟主编：《秦简牍合集（壹·上）》，武汉大学出版社2014年版，第162页。

裘锡圭很早就注意到了律文中的“离官”一词，并指出，“古代称县治所在之乡为都乡，其它非县治所在的乡为离乡……这里所说的‘都仓、库、田、亭啬夫’等官，从上下文看显然是县的属官。可见不但都官设于县的分支机构称离官，就是县属各官设于乡的分支机构也可以称离官”。① 换言之，仓、库、田等虽在县治有官署，啬夫在其中办公，但因政务运行所需，又要在离乡设立派出部门，遂有“离官佐”“部佐”之类的称呼。但是，司空就有所不同，如邹水杰已指出的，司空的主官与佐、史均驻于县治之中，似未在离乡另设工作部门，其原因或许是“司空所掌事务不需要下设于乡”。② 如此看来，诸官虽皆为“官”，但其内部系统或有因事制宜而形成的差异，这也体现了秦县设置诸官的复杂性。第二，诸官啬夫亦如县廷长吏一般有佐、史之类的吏员帮助处理政务，但正如郭洪伯所总结的，佐而非史能对外代表“官”，且史并非必须在政务实际运转中登场，其角色相当于佐在文书工作中的“代笔”。③ 这表明，与县廷中令史地位高于令佐正相反，诸官之佐的地位高于史，无怪乎《迁陵吏志》只记“官佐”而未提及“官”之史。还需说明的是，秦简牍记载的县的小吏除了佐、史之外，还有牢监、士吏、求盗、司马、髳长、敦长、仆射、什长、伍长等，但大致可以肯定的是，他们皆非官啬夫之属吏，可归入武职系统。若问他们具体隶属于谁，除了求盗为亭之成员乃通说之外，学者们提出了各种意见，可谓众说纷纭。目前来看，以下似为有史料基础的判断：牢监为县尉所辖狱政系统的成员；士吏为县尉可直接指挥的负责军事

---

① 裘锡圭：《裘锡圭学术文集卷5　古代历史、思想、民俗卷》，复旦大学出版社2012年版，第49页。另外，孙闻博指出：“从城乡角度着眼，乡视为县之分部，乡政乃县政的重要构成。乡的主官，从秦汉出土文献来看，称‘乡部啬夫’，或简作‘乡部’，为县分部派出之吏，实际身份乃是县吏。‘部’强调空间上的横向区域划分，而非简单的纵向上下关系。谈及县乡行政、城乡关系，多涉及‘都’、‘离’等概念，相应有‘都中’、‘离乡’的区分，原因即在于此。”孙闻博：《商鞅县制的推行与秦县、乡关系的确立——以称谓、禄秩与吏员规模为中心》，载武汉大学简帛研究中心主办：《简帛》（第十五辑），上海古籍出版社2017年版，第122页。换言之，“都乡”“离乡”均为县的分部，“都乡”仅因县城所在而略显特别，并非高于离乡的行政层级。

② 参见邹水杰：《也论里耶秦简之“司空”》，载《南都学坛（人文社会科学学报）》2014年第5期，第3页。

③ 参见郭洪伯：《稗官与诸曹——秦汉基层机构的部门设置》，载卜宪群、杨振红主编：《简帛研究》（2013），广西师范大学出版社2014年版，第108—109页。

或治安事务者；敦长、仆射、什长等设于士吏之下。① 至于其他，以现有史料情况论，或许只能有待后考了。至此，我们已简要地勾勒出秦县诸官的概貌，那么，由列曹构成的县廷与诸官之间的关系又如何呢?

三、县廷与诸官之关系

一般来说，人们习惯于认为，在传统中国的县级官府中，各职能机构应当是紧密附属于县衙的，但在中央集权初创的战国秦至秦帝国时期，此种判断是否仍符合史实却需要打个问号。首先，虽然各职能机构或者说诸官的官署同县衙一样坐落在县治所在地，但相互之间又存在着明确的地理上的距离感。以下仅从里耶简所收官文书中随意摘出一份以作分析：

> A. 廿六年八月庚戌朔丙子，司空守樛敢言：前日言竞陵汉阴狼假迁陵公船一，袤三丈三尺，名曰□，以求故荆积瓦。未归船。狼属司马昌官。谒告昌官，令狼归船。报曰：狼有逮在覆狱己卒史衰、义所。今写校券一牒上，谒言己卒史衰、义所，问狼船存所。其亡之，为责券移迁陵，弗□□属。谒报。敢言之。
>
> B.【九】月庚辰，迁陵守丞敦狐却之：司空自以二月叚（假）狼船，何故弗蚤辟□，今而誧（甫）曰谒问覆狱卒史衰、义。衰、义事已，不智（知）所居，其听书从事。/慶手。即令走□行司空。(8－135 正)
>
> C. □月戊寅走己巳以来。/慶半。　□手。(8－135 背)②

这是一份司空与县衙之间的往来文书。其大致意思是，有一个名为“狼”的

① 参见水间大辅：《秦・漢における郷の治安維持機能》，载《史滴》第 31 卷，2009 年，第 43—44 页；水间大辅：《秦・漢初における県の“士吏”》，载《史學雜誌》第 120 编第 2 号，2011 年，第 49 页；水间大辅：《秦汉县狱吏考》，载中国社会科学院考古研究所、河南省文物考古研究所编：《汉代城市和聚落考古与汉文化》，科学出版社 2012 年版，第 427 页；吴方基：《新出简牍与秦代县级政务运行机制研究》，中华书局 2021 年版，第 79 页；孙闻博：《里耶秦简〈迁陵吏志〉考释——以“吏志”、“吏员”与“员”外群体为中心》，载《国学学刊》2017 年第 3 期，第 16 页；等等。

② 陈伟主编：《里耶秦简牍校释（第一卷）》，武汉大学出版社 2012 年版，第 72—73 页。

人借用了司空所管理的迁陵县的公船，但因被逮捕以听候卒史"覆狱"之故，未能归还船，所以司空请求县廷代为追问船的下落，却遭到了县廷的拒绝。一应文字虽然是按照A→B→C的顺序分布在8－135号木牍的正、背面，但文书流转程序显然并非如此。A乃司空的上行文书，其发出时间为秦始皇二十六年（公元前221年）八月丙子即八月二十七日；B为县廷的回函，其发出时间为九月庚辰即九月二日；根据"應半"即"應启封"① 的提示，C乃县廷收到司空之上行文书的记录，其用以标识时间的文字为"□月戊寅"，胡平生将"□"隶定为"八"，② "□月戊寅"即八月二十九日。换言之，文书流转程序为A→C→B，文书的往与返则各耗费了两天时间。这已经非常直观地展现了某"官"与县廷在地理位置上的区隔，③ 而此种区隔似乎就成为了某"官"保持着相对于县廷的某种独立性的象征。其次，所谓区隔并非仅囿于地理意义，也体现在其他方面，如仲山茂所总结的，"武帝期之前，县等诸官府的长官、次官根据场合而使用长方形的半通印，作为属吏的啬夫则根据场合而使用正方形的官印……在印文、规格上，武帝期之前的'官'或乡的啬夫的官印与县等诸官府的长官的官印并无明显区别。这似乎表明，无论是秩级上下，还是在统属关系方面，县等诸官府的长官与'官'啬夫作为各机关之长处于类似的地位，'官'可谓由官印持有者代表的独立机关。与此相对，在武帝期之前或稍后，'曹'没有官印这一点暗示，'曹'的机构独立性较低"。④ 也就是说，在汉中叶之前，由于县廷列曹的组织成熟程度还不够高，其地位是不如诸官的。综合以上两个方面的论述，借用青木俊介的概括，我们可以认为，

① 有关作为文书用语的"半"的含义，本书第三章将有所说明，此处不再展开。

② 参见胡平生：《读里耶秦简札记》，载西北师范大学文学院历史系、甘肃省文物考古研究所编：《简牍学研究》（第四辑），甘肃人民出版社2004年版，第9页。

③ 刘自稳曾对迁陵县诸官各自与县廷之间的距离做过推测，或可参考。参见刘自稳：《试析里耶秦简的所属机构》，载《国学研究》2020年第3期，第8—12页。

④ 仲山茂：《秦漢時代の"官"と"曹"——県の部局組織》，载《東洋学報》第八十二卷第四号，2001年，第47页。另外，孙闻博也曾提出类似的看法，但同时指出，列曹可以通过"期会"出席县廷会议，参与讨论，而诸官则大多没有此类参议权。参见孙闻博：《秦县的列曹与诸官——从〈洪范五行传〉一则佚文说起》，载武汉大学简帛研究中心主办：《简帛》（第十一辑），上海古籍出版社2015年版，第83页。

县廷与诸官之间存在着空间性及制度性双重“距离”。①

然而，所谓双重“距离”并不意味着诸官已独立到了无视县廷之存在的程度。相反，县廷对诸官的影响却实实在在地从两个方向上展开了。第一，尽管如廖伯源所说，从郡县制初始至汉初，“国君任命郡县长官外，又任命郡县政府各分职部门之主管官吏，令其辅助郡县长吏治理地方；亦所以掣肘郡县长吏，防备其权力过大，以免尾大不掉”，② 但至少诸官之长的僚属的任免权是由县廷控制的。如，睡简《秦律十八种》规定：

除吏，尉已除之，及令视事，及遣之；所不当除而敢先见事，及相听以遗之，以律论之。啬夫之送见它官者，不得除其故官佐、吏以之新官。 置吏律③

上引律文就明确强调，县中之吏的任命必须是由县尉来完成的，这即便是在某官之啬夫调任他官的场合也同样适用，亦即新官之佐、史不能以其旧佐、史充任，而须由县的长吏来任命。又如，里耶简 8－157 载：

卅二年正月戊寅朔甲午，启陵乡夫敢言之：成里典、启陵邮人缺。除士五（伍）成里匄、成，成为典，匄为邮人，谒令尉以从事。敢言之。（8－157 正）

正月戊寅朔丁酉，迁陵丞昌却之启陵：廿七户已有一典，今有（又）除成为典，何律令瘫（应）？尉已除成、匄为启陵邮人，其以律令。/气手。/正月戊戌日中，守府快行。正月丁酉旦食时，隶妾冉以来。/欣发。 壬手。（8－157 背）④

① 参见青木俊介：《里耶秦簡に見える部局組織について》，载《中國出土資料研究》第九号，2005 年，第 106—109 页。
② 廖伯源：《秦汉史论丛续编》，中华书局 2018 年版，第 232 页。
③ 陈伟主编：《秦简牍合集（壹·上）》，武汉大学出版社 2014 年版，第 136 页。
④ 陈伟主编：《里耶秦简牍校释（第一卷）》，武汉大学出版社 2012 年版，第 94 页。

很明显，启陵乡设置里典、邮人的提议被县丞拒绝了，“何律令瘫（应）”四字甚至令人依稀感觉到了县丞的斥责之意。不仅如此，县丞似乎是在未与启陵乡商议的情况下就在回函中明示了县尉有关人事调整的决定，即“除成、匄为启陵邮人”。至于县尉的决定何以由县丞来表达，如杨振红所指出的，那无非是因为县令对县政有最终审核权，但实际上，审核意见形成文字往往要经县丞之手。① 换言之，里耶简 8-157 展现了县廷长吏们作为整体对人事问题所秉持的强硬态度。然则，县廷为何如此在意秩级极低的小吏或官差的任免呢？高村武幸的研究认为，秦郡县的大部分小吏或多或少代表着地方共同体或当地社会，既位于统治系统的末端，又代表着当地社会的意愿。② 据此，我们或许能领会秦律要求县廷严格掌控佐、史等小吏或官差的任免权的意图所在，即防止诸官啬夫通过选任僚属组织地方利益集团以谋取私利或阻碍中央政令的贯彻；这与县在秦的权力架构中的角色定位即集权君主在地方上的代表可谓正相适应。当然，在秦县官吏的选任上，值得关注的问题并不限于上述考察对象，但考虑到下一节将详加讨论，此处暂时止步。

第二，秦律规定，“有事请殹（也），必以书，毋口请，毋羈（羁）请”，③ 政务的展开必须通过文书流转的方式进行。所谓文书行政自然有诸多优点，④ 县廷则正是借此实现了对诸官之行政权力的约束。一方面，倘若县廷列曹是诸官的直接业务往来对象，⑤ 诸官发出的官文书以县廷为目的地，县廷则在往来文书中表明其态度可谓理所当然，里耶简就收入了大量县廷直接要求某官为某事或就某官的咨询、请求予以反馈的文书的副本。另一方面，更耐人寻味的是，即便诸官的业务往来对象并非县廷，其文书流转似乎也必须以县

① 参见杨振红：《出土简牍与秦汉社会（续编）》，广西师范大学出版社 2015 年版，第 110 页。

② 参见高村武幸：《漢代の地方官吏と地域社会》，汲古书院 2008 年版，第 295 页。

③ 陈伟主编：《秦简牍合集（壹·上）》，武汉大学出版社 2014 年版，第 146 页。

④ 参见拙文：《职位、文书与国家——秦官僚制中的史官研究》，载《现代法学》2018 年第 2 期，第 47 页。

⑤ 高村武幸曾总结里耶简所见县廷列曹与诸官之间的业务对口关系，大致如下：司空曹——司空，金布——少内、库、厩，仓曹——仓、田、畜，户曹——都乡、启陵乡、贰春乡，尉曹——县尉，吏曹、狱东·南曹、令曹——其他。参见高村武幸：《里耶秦簡第八層出土簡牘の基礎的研究》，《三重大史學》第 14 号，2014 年，第 61 页。

廷为中转站展开。如，里耶简 8－1510 载：

A. 廿七年三月丙午朔己酉，库后敢言之：兵当输内史，在贰春□□□□五石一钧七斤，度用船六丈以上者四樓（艘）。谒令司空遣吏、船徒取。敢言之。☐（8－1510 正）

B. 三月辛亥，迁陵守丞敦狐告司空主，以律令从事。/……

昭行

C. 三月己酉水下下九，佐赽以来。/釦半。（8－1510 背）①

A 部分乃库啬夫所发文书的内容，其意是请求司空为本部门提供输送兵器至内史所需的人手和船只。显然，库啬夫的业务对象是本县的司空，但其文书却先被送到了县廷（C 为此环节的记录）；随后，县丞又发文给司空，要求司空“以律令从事”（此即 B 所说之事）。又如，里耶简 9－30 载：

A. 卅一年后九月庚辰【朔乙巳，启陵】乡守冣敢言之：佐冣为叚（假）令史，以乙巳视事，谒令官假养、走。敢言之。/卅二年十月己酉朔辛亥，启陵乡守冣敢言之：重谒令官问冣当得养、走不当。当，何令史与共？不当，问不当状。皆具为报，署主户发。敢言之。/冣手。（9－30 正）

B. 十月甲寅，迁陵丞昌谓仓啬夫：以律从事，报之。/圂手。/□水下尽，隶臣□行。

C. 十月甲寅日入，□□人以来。/圂发。　冣手。（9－30 背）②

据 A 可知，启陵乡守啬夫冣曾于秦始皇三十一年（公元前 216 年）发出请求

① 陈伟主编：《里耶秦简牍校释（第一卷）》，武汉大学出版社 2012 年版，第 341 页。

② 陈伟主编：《里耶秦简牍校释（第二卷）》，武汉大学出版社 2018 年版，第 42 页。另，赵岩认为，9－30 号牍正面的“重谒令官问冣当得养、走不当”当断读为“重。谒令官问冣当得养、走不当”，可备一说。参见赵岩：《里耶秦简 9－30 号简补考》，载武汉大学简帛研究中心主办：《简帛》（第二十一辑），上海古籍出版社 2020 年版，第 128—136 页。

为自己配置养、走（或可泛称“仆佣”）的文书，一直未得回复，遂于秦始皇三十二年再次发出文书。从B的文句来看，配置养、走应属仓啬夫之职责，故以业务对口论，冣的发送文书的对象当以仓为是，但观B、C所显示的文书实际运转流程，冣的文书也是先到县廷，再引发县丞对仓啬夫发出指令的环节的。显然，两份文书其实都说明了一个问题：即便是县内各官之间的业务往来，也需要县廷发挥联络作用。进一步来说，诸官文书若要跨越县界而流转，就更无法越过县廷了，如里耶简9－1所示：

A. 卅三年四月辛丑朔丙午，司空腾敢言之：阳陵宜居士五（伍）毋死有赀余钱八千六十四。毋死戍洞庭郡，不智（知）何县署。●今为钱校券一上，谒言洞庭尉，令毋死署所县责，以受阳陵司空——司空不名计。问何县官计，年为报。已訾其家，家贫弗能入，乃移戍所。报署主责发。敢言之。

B. 四月己酉，阳陵守丞厨敢言之：写上，谒报，报署金布发。敢言之。/儋手。（9－1正）

C. 卅四年六月甲午朔戊午，阳陵守庆敢言之：未报，谒追。敢言之。/堪手。

D. 卅五年四月己未朔乙丑，洞庭叚（假）尉觿谓迁陵丞：阳陵卒署迁陵，其以律令从事，报之，当腾腾。/嘉手。●以洞庭司马印行事。

敬手。（9－1背）①

A乃阳陵司空发出的上行文书，其目的是请求洞庭郡尉追查不知在何县戍守的士伍毋死之所在，并拜托毋死所在县的官府向此人索取他欠阳陵的赀的余钱。毫无疑问，这份文书将进入跨县流转程序，但从B、C的记载来看，阳陵司空既不能直接发文给洞庭郡下辖各县以追查毋死之行踪，也不能直接发文给郡尉以陈述其意愿，而是必须由阳陵县廷来呈送文书。另外，据D，至秦始皇三十

① 陈伟主编：《里耶秦简牍校释（第二卷）》，武汉大学出版社2018年版，第1页。

五年，尽管洞庭郡已查明毋死的戍守地为迁陵县，但从洞庭郡发出的文书也并未直奔迁陵县负责戍卒管理事务的“官”即司空，却以迁陵县廷为目的地。可以想见，迁陵县廷接下来的工作当是对本县司空发出文书，要求核查毋死的情况。由此看来，县的诸官发出的跨县文书是以官→县廷→郡→县廷（→官）的方式流转的。所以，无论是在县内，还是跨县，县廷都是文书流转的必经环节，[①] 而当文书到达县廷时，县丞、令史等无疑会对文书所承载的诸官的意见展开审核，符合律令规定者将被转给相应的职能机构，不合律令规定者想必会被驳回，诸官的政务运行就宣告受挫甚至终结了。此种基于文书往来而产生的权力使县廷在县的整个官府内发挥着凝聚各“官”、确保政务在各部门间流畅展开的作用，从而成为了县官府的中心，“官”则在很大程度上被界定为“他律性机构”。[②] 不过，应当强调的是，此种所谓“他律性”并不意味着诸官的独立性为县廷所彻底吞噬，秦县的县廷与诸官的关系毋宁说正处于前者扩张而后者萎缩的过程中。这一过程的最终成型或许要等到西汉中叶以后，亦可谓与战国秦汉时期集权政治体制从中央到地方的逐渐推进相适应。

概言之，上述考察已勾勒出秦县官府的基本面貌，它是由列曹所构成的县廷和多样化的“官”组合而成的，县廷与诸官之间则呈现出以前者为中心且后者保持一定独立性的关系状态。包括长吏、小吏在内的各类人员就是以此种关系状态为背景展开工作的。那么，这些人员本身又是怎样被选用为政府工作人员的？

第三节　县吏选用之诸问题

有关秦县官吏之选用，现有文献已为我们提供了认识其制度概要及详细

① 有关这一点，土口史记和藤田胜久的论述也颇值关注。参见土口史记：《戦国・秦代の県——県廷と官の関係をめぐって一考察》，载《史林》第九十五卷第一号，2012年，第29—30页；藤田胜久：《里耶秦简的交通资料与县社会》，载武汉大学简帛研究中心主办：《简帛》（第十辑），上海古籍出版社2015年版，第174—175页。

② 关于县廷基于文书流转所拥有的相对于诸官的优势地位，亦可参见土口史记：《里耶秦簡にみる秦代縣下の官制構造》，载《東洋史研究》第七十三卷第四号，2015年，第30—31页。

探讨若干具体问题的可能，下文主要按三个部分展开考察。

一、关于官吏选用的一般问题

毋庸赘言，历朝历代在设计官吏选用制度时或多或少都会考虑选用方式、当选资格及选用程序这三方面因素。那么，秦统治者如何看待此类问题，并确保县吏之选任能够较为顺利地完成呢？

(一) 选用方式

从以往学者们的总结来看，秦曾通过军功授官爵、“推择为吏”、考试取吏、任子、纳赀等多种方式选用官吏（包括长吏与小吏），① 但任子的适用对象具有特殊性，纳赀则多基于特殊情势而发，② 所以，此处将着力分析更具普遍意义的前三者。首先，关于军功授官爵。商鞅变法对军功爵极为推重，商鞅本人又是以左庶长、大良造之类的爵制身份主持变法，这些似乎都传达了一个信息，即秦曾实行官爵合一或以爵补官之制，也确有学者持此说。③ 应当指出，受世卿世禄制或贵族世官制之惯性的影响，官爵合一或以爵补官之制在秦史上很可能实有其事，或许就是在秦推出军功爵制之前或稍后施行过。④ 但是，据《史记·范雎蔡泽列传》，范雎曾对秦昭襄王言：

> 臣闻明主立政，有功者不得不赏，有能者不得不官，劳大者其禄厚，功多者其爵尊，能治众者其官大。故无能者不敢当职焉，有能者亦不得蔽隐。

---

① 参见黄留珠：《秦汉仕进制度》，西北大学出版社 1985 年版，第 52—54 页；张金光：《秦制研究》，上海古籍出版社 2004 年版，第 738—739 页；安作璋、熊铁基：《秦汉官制史稿（下册）》，齐鲁书社 2007 年版，第 308—309、326、341—343、346 页。

② 如，《史记·秦始皇本纪》载：“天下疫。百姓内粟千石，拜爵一级。”此次纳粟拜爵（或许可以折换为吏职）只是为了应对秦王政四年的疫病而采取的鼓励百姓贡献粮食的措施。

③ 参见高敏：《秦汉史论集》，中州书画社 1982 年版，第 16 页；卜宪群：《秦汉官僚政治》，社会科学文献出版社 2002 年版，第 157—158、203 页；卜宪群：《尹湾汉墓简牍军吏“以十岁补”补正》，载卜宪群、杨振红主编：《简帛研究》(2004)，广西师范大学出版社 2006 年版，第 237 页。

④ 正如阎步克所指出的，秦的军爵从军职演变而来，二者之间曾有过一段职、爵不分的过渡时期，而商鞅在主持变法时的政治身份即左庶长或大良造可能就是职、爵不分的表现。参见阎步克：《从爵本位到官本位：秦汉官僚品位结构研究》，三联书店 2009 年版，第 58—61 页。

可见，在范雎的政治意识中，禄、爵、官之赐予各有其针对性，绝不能混为一谈。而且，秦简牍确实也记载了不少有爵者并无一官半职的现象，甚至还存在着公士为五大夫之“家吏”的情况。① 所以，如守屋美都雄、张金光、朱绍侯、阎步克等指出的，在战国秦时期，爵与官就已出现分离之势，爵代表社会或政治上的等级地位，官则代表政府职事，二者实非一事。② 既如此，军功爵对选用县吏就没有意义了吗？答案当然是否定的。岳麓简 1227/220＋J43/221＋1262/222 所收《置吏律》条文曰：

> 县、都官、郡免除吏及佐、群官属，以十二月朔日免除，尽三月而止之。其有死、亡及故有缺者，为补之，毋须时。郡免除书到中尉，虽后时，尉听之。补军吏、令佐史，必取一从军以上者。节（即）有军殴（也），遣卒能令自占；自占不审及不自占而除及遣者，皆赀二甲，废。③

有关划线部分，整理小组的句读是“补军吏、令、佐史，必取一从军以上者，节（即）有军殴（也）……”，但（1）律文似为对县、都官、郡免除其内部中下级官吏之时限的规定，所谓“军吏”也不当指军中的高级将领，因此与军吏并列者或许不会是“令、佐史”即“县令、佐史”，而应是“令佐史”即“县令之佐史”，故令与佐、史当连读；（2）“必取一从军以上”与“节（即）有军殴（也）”云云似表达了两层含义，前者所说乃为吏之条件，后者则涉及某人对自己已达到为吏条件之事实的申报程序，故“者”与“节（即）”二字之间以断开为佳。也就是说，担任令佐、令史等小吏者必须有从军经历，

① 睡简《封诊式·黥妾》曰：“爰书：某里公士甲缚诣大女子丙，告曰：‘某里五大夫乙家吏。丙，乙妾殴（也）。乙使甲曰：丙悍，谒黥劓丙。’”陈伟主编：《秦简牍合集（壹·上）》，武汉大学出版社 2014 年版，第 302 页。

② 参见守屋美都雄：《中國古代の家族と國家》，东洋史研究会 1968 年版，第 41—44 页；张金光：《秦制研究》，上海古籍出版社 2004 年版，第 767 页；朱绍侯：《军功爵制考论》，商务印书馆 2008 年版，第 67 页。阎步克更以“爵——秩体制”来概括战国秦汉时期爵与官分离的现象，并认为“爵——秩体制”具有“二元性”，即同时内含身份制因素和官僚制因素。参见阎步克：《从爵本位到官本位：秦汉官僚品位结构研究》，三联书店 2009 年版，第 86—87 页。

③ 陈松长主编：《岳麓书院藏秦简（肆）》，上海辞书出版社 2015 年版，第 141 页。

这无疑体现了秦统治者对军事或军功的重视。① 进一步论，仅仅是从军经历就已能影响为吏，因军功而获得的爵位就没有理由不在选用县吏时发挥作用了。事实上，被视为秦制之记载的《墨子·号令》就提到：

收粟米、布帛、钱金，出内畜产，皆为平直其贾，与主券，人书之。事已，皆各以其贾倍偿之。又用其贾贵贱、多少赐爵，欲为吏者许之；其不欲为吏，而欲以受赐赏爵禄，若赎出亲戚、所知罪人者，以令许之。

可见，爵位并不等同于吏职，但有爵者似乎理所当然地具备为吏之资格。这一点在被认为成书于商鞅死后多年，却同样“正确传达了商鞅之法”的《商君书·境内》② 中亦可觅得其踪迹，“能得甲首一者，赏爵一级，益田一顷，益宅九亩。级除庶子一人，乃得入兵、官之吏”。另外，《境内》又曰：

爵吏而为县尉，则赐虏六，加五千六百。爵大夫而为国治，就为官大夫。

① 睡简《编年记》载：“（秦昭襄王）【五十】三年，吏谁从军……（秦王政）三年，卷军。八月，喜揄史……十三年，从军。”陈伟主编：《秦简牍合集（壹·上）》，武汉大学出版社 2014 年版，第 10—11 页。对这两条记录，周海锋指出，“‘吏谁（推）从军’还可以作如下理解：自今起，择吏必取有从军经历者；在职吏员若无从军经历，必须补足。但是从喜的履历来看，去军中服役又未必在为吏之前……可见实施法律过程中会有一定变通”。参见周海锋：《秦官吏法研究》，西北大学出版社 2021 年版，第 38—39 页。周说当然有其合理性，但或许还有再思考的空间。如，有关“吏谁从军”一句就未必可从制度创设的角度来理解。据《史记·秦本纪》，“（秦昭襄王）五十二年，周民东亡，其器九鼎入秦。周初亡。五十三年，天下来宾”。可见，昭襄王五十二年、五十三年对秦来说是有特殊含义的，秦代周而为天子的雄心通过灭周和“天下来宾”展现出来。正在此时，魏朝贺迟到，秦或许将其理解为魏的挑衅，遂发兵伐魏，但既然一统天下的雄心已确立，就不能不通过展示军力震慑诸国，这可能就是“吏谁从军”的原因。又如，有关岳麓简《置吏律》的规定与喜的履历之间的矛盾，所谓变通云云当然是有可能的，但据《编年记》，喜是在秦王政元年傅籍的，无疑有资格参加秦王政三年的卷之战，而《编年记》将“卷军”与“喜揄史”并记或许也暗含着喜是从卷这一战地归来后入吏的意思。若如此理解，似乎《置吏律》的规定与喜的仕宦经历之间的矛盾也就冰释了。当然，这些皆不过推测之辞，但我们至少可以思考解读《编年记》与其他简牍文献之间的关系的不同角度以便对史料所包含的信息形成更为深刻的认识。

② 有关《商君书·境内》之成书年代及史料价值的详述，参见古贺登：《漢長安城と阡陌·県郷亭里制度》，雄山阁 1980 年版，第 357—362 页。

"爵吏""爵大夫"中的"吏""大夫"，如阎步克所说，当指官职而非爵位。①因此，这两句或可理解为，吏若因得爵而可任县尉，则未必会被实授县尉之职，并以"虏六，加五千六百"之赏赐代之；大夫若因得爵而可任"国治"，则未必会被实授官职，并以获赐官大夫之爵代之。换言之，爵位高低并不能直接转换成官，但或可决定得爵者所能担任的官职的高低。再则，《韩非子·定法》云：

> 商君之法曰："斩一首者爵一级，欲为官者为五十石之官；斩二首者爵二级，欲为官者为百石之官。"官爵之迁与斩首之功相称也。

上引《韩非子》片段乃韩非在辨析申不害、商鞅之国策的利弊时阐发的，如所谓"商君之法"为向壁虚构之物，则其评论之辞也将因无的放矢而流为空言，故此处的"商君之法"也揭示了秦以爵级与官秩挂钩的信息，"官爵之迁与斩首之功相称也"所说的无非就是这一点。概言之，秦的军功爵在包括县吏在内的秦官吏的选用方面无疑有其实质影响，阎步克的概括可谓得当，"爵位构成了候选官吏的资格，爵位较高者，就有资格担任较高的军职和官职"。② 然而，同样值得注意的是，《韩非子·定法》所载韩非对"商君之法"的批判：

> 今有法曰："斩首者令为医、匠。"则屋不成而病不已。夫匠者手巧也，而医者齐药也，而以斩首之功为之，则不当其能。今治官者，智能也；今斩首者，勇力之所加也。以勇力之所加而治者智能之官，是以斩首之功为医、匠也。

也就是说，为吏有其职业门槛，纯粹武夫即便为吏，也可能动辄得咎，极难

---

① 参见阎步克：《品位与职位：秦汉魏晋南北朝官阶制度研究》，中华书局 2009 年版，第 92 页，注②。
② 阎步克：《品位与职位：秦汉魏晋南北朝官阶制度研究》，中华书局 2009 年版，第 92 页。

胜任。韩非作为政论家可谓目光犀利，但若认为在秦国政坛无人有此见识，那恐怕也不尽妥当，前文所说的范雎就是一例。所以，从官僚尤其是文官群体的素质养成上说，据军功而初入吏即便在商鞅变法之后的秦大概也并不常见，毋宁说军功对为吏者之职场成长的意义更有可能在他们追求超迁之时体现出来。[①]

其次，关于"推择为吏"。由于官僚群体需要应对包括军事在内的各种政务，而被推荐者之才能当然不会指向同一领域，再加上从春秋时代逐渐形成的游士文化、贵族高官养士之风以及尚贤思想的激励，"推择为吏"作为官吏选用方式自然比军功授官爵更具活力。《史记》所载商鞅、范雎、李斯之辈因被举荐而成为秦国政要，[②] 范雎保举王稽为"河东守"、郑安平为将军（《范雎蔡泽列传》），及韩信"为布衣时，贫无行，不得推择为吏"（《淮阴侯列传》）诸事皆表明"推择为吏"确实是从中央到地方、从文到武地被落实的。这在县的长吏与小吏的选用方面自然也不例外，如睡简《法律答问》就提到，"任人为丞，丞已免，后为令，今初任者有辠（罪），令当免不当？不当免"。[③]不过，此处需要强调的是，"推择为吏"对县之长吏的选用而言有着特殊的重要性。毋庸赘言，在官僚制成熟的时代，县的长官既可由君主直接选用某人来担任，亦可成为略低级官吏的职场迁转的结果。岳麓简 1272/207＋1245/208 所收《置吏律》条文曰：

> 县除有秩吏，各除其县中。其欲除它县人及有谒置人为县令、都官长、丞、尉、有秩吏，能任者，许之。县及都官啬夫其免、徙而欲解其

① 参见黄留珠：《秦汉仕进制度》，西北大学出版社 1985 年版，第 58—59 页。
② 滕予铭通过分析秦墓出土的随葬青铜器指出，从春秋至战国末期，秦墓随葬青铜器不只是与西周以来的血缘宗法制有关的用鼎制度的体现，而是在数量和种类上都表现出较大的随意性，甚至包含青铜兵器。这表明以青铜礼器代表墓主人之身份和地位的观念逐渐消失，秦统治集团的开放性较大，能否进入统治集团已不取决于血缘关系而是个人能力。参见滕予铭：《中国古代从封国到帝国的考古学视察——以秦文化的研究为中心》，载黄铭崇主编：《中国史新论·古代文明的形成分册》，联经出版事业股份有限公司 2016 年版，第 481—489 页。这种考古发现正可谓游士成为秦国政要之历史记载的实物证明。
③ 陈伟主编：《秦简牍合集（壹·上）》，武汉大学出版社 2014 年版，第 253 页。

所任者，许之。新啬夫弗能任，免之，县以攻（功）令任除有秩吏。①

律文前两句是说，县选任官啬夫之类的有秩吏应以考虑本县人士为原则，如考虑它县人士或“有谒置人为县令、都官长、丞、尉、有秩吏”，当由他人担保；② 后两句则规定，原县令或都官长若被免或调任，则可解除他们对自己所选任之吏的担保责任，新县令或都官长则自行决定是否为原县令或都官长所选任之吏提供担保。值得注意的是，如划线部分所示，新县令或都官长不愿提供担保，则可以根据“功令”选任新有秩吏。众所周知，汉代的功令对官吏通过积功劳而迁转有所规定，而在里耶简中也出现了统计官吏之功劳的文书，③ 因此，所谓“以攻（功）令任除有秩吏”意味着县中的小吏是有可能

① 陈松长主编:《岳麓书院藏秦简（肆）》，上海辞书出版社 2015 年版，第 136—137 页。另外，整理小组将简 1247/209 编联于简 1272/207＋1245/208 之后，但简 208 末尾有明显的勾识符；而且，简 209 载两句律文，“任者免徙，令其新啬夫任，弗任，免。害（宪）盗，除不更以下到士五，许之”，前者在文意上与简 208 所云有重复之嫌，后者关乎作为县中小吏而非有秩吏的害盗的任除，与通篇谈论有秩吏之任除的简 207—208 并非一事，因此，简 207—208 与简 209 似可被视为两条律文。京都大学“秦代出土文字史料研究”班也注意到了简 209 的前半部分与简 208 之间的语义重复，并认为“如果简 208 与简 209 能编联在一起，那就要怀疑简文之抄写出现了混乱”，可备一说。参见“秦代出土文字史料の研究”班:《嶽麓書院所藏簡〈秦律令（壹）〉譯注稿 その（三）》，载《東方學報》第九十五册，2020 年，第 144 页。

② 应当指出，对“其欲除……许之”一句，整理小组的断读之法是“其欲除它县人及有谒置人为县令、都官长、丞、尉、有秩吏，能任者，许之”，但简 1272/207＋1245/208 所载律文显然是围绕县、都官有秩吏之选用展开的，如此断读无异于在主题统一的前后律文中突然插入了县令、都官长、丞、尉之类长吏的选用之事，颇显怪异。故，京都大学“秦代出土文字史料研究”班将其句读改为“其欲除它县人及有谒置人，为县令、都官长、丞、尉、有秩吏能任者，许之”。以此句读方式为前提，京大研究班认为，“有谒置人”乃上级机关要求设置的特定岗位，如设置此类特定岗位及任除它县人为本县有秩吏，则须县令以下一众官吏之担保。参见“秦代出土文字史料の研究”班:《嶽麓書院所藏簡〈秦律令（壹）〉譯注稿 その（三）》，载《東方學報》第九十五册，2020 年，第 142—143 页。但是，岳麓简 1426/215＋1303/216 所收《置吏律》条文曰，“敢任除战北、耎、故徼外盗不援及废官者以为吏及军吏、御右、把钲鼓志及它论官者□□□□□谒置□□丞、尉□□卒史、有秩吏及县令除有秩吏它县者，令任之”（陈松长主编:《岳麓书院藏秦简（肆）》，上海辞书出版社 2015 年版，第 139 页），划线部分与“其欲除……许之”一句存在着一定的对应关系，且其文义似可参照整理小组断读后的“其欲除……许之”来把握。因此，对“其欲除……许之”的句读，仍应以整理小组的意见为是。至于“有谒置人”一语究竟何指，确实难解，京大研究班之说或可借鉴。

③ 如里耶简 10-15 所收官文书就是典型事例。不过，有关这份官文书及秦县官吏积功劳而迁转的问题，本书第五章将详加考察，此处从略。

通过积功劳而成为有秩吏的。然则，积功劳而成为县长吏的可能性又如何呢？从理论上说，秦汉时期尚未出现明确的官吏分途现象，从丞相到县之佐史皆为“吏”，所以朝廷似不应忽略县的中下层官吏积功劳而为长吏的可能，① 但实际情况或许并非如此。如，检索单印飞所做《〈里耶秦简牍校释（第一卷）〉人名统计表》，好像找不到小吏因勤勉工作而被任命为县令、丞的例子；又如，张家山汉简《奏谳书》及岳麓简《为狱等状四种》记载了秦县的几位资深狱史因破获“微难狱”而晋升的事例，他们晋升后的官职皆非县令、丞，而是郡卒史；② 再如，据《史记·萧相国世家》，著名的汉相萧何在秦时曾为沛县小吏多年，其晋升后的官职同样是（泗水）郡卒史。这种种似乎皆表明，在秦时，县的小吏以积功劳的方式迁转为长吏是颇为困难的。③ 由之，或可认为，在县长吏的选用方面，“推择为吏”的重要性不亚于甚至胜于自下

① 卜宪群就认为，秦汉吏的迁转可分为从低级官府吏职升为高级官府吏职和由吏为官两种，而在后者，考课即为一途。戴卫红在分析里耶简 10－15 所收功劳文书之后也指出，“在商鞅变法推崇军功的历史背景下，秦王嬴政统一六国、将士因军功得爵、升迁的同时，以勤务及任职的时间积‘功’、‘劳’是秦代基层文职吏员的升迁途径”。参见卜宪群：《秦汉官僚政治》，社会科学文献出版社 2002 年版，第 295—296 页；戴卫红：《秦汉功劳制及其文书再探》，载中国文化遗产研究院编：《出土文献研究》（第十六辑），中西书局 2017 年版，第 202 页。

② 参见彭浩、陈伟、［日］工藤元男主编：《二年律令与奏谳书：张家山二四七号汉墓出土法律文献释读》，上海古籍出版社 2007 年版，第 377—378 页；朱汉民、陈松长主编：《岳麓书院藏秦简（叁）》，上海辞书出版社 2013 年版，第 179—181、185—191 页。

③ 以往对汉代仕进制度的研究认为，属吏与朝廷命官之间有一条必须通过察举或任子等正途才能跨过的鸿沟，纸屋正和将其概括为“二百石之关”。但是，廖伯源通过分析尹湾汉简之记载，指出“属吏亦可凭考绩，以功劳升迁为朝廷命官”。参见廖伯源：《简牍与制度：尹湾汉墓简牍官文书考证》，广西师范大学出版社 2005 年版，第 44—45 页。另外，张家山汉简提到了司空、田部、乡部等二百石以上的官吏层，这表明即便在察举尚未规范化的汉初，庶民或百石以下属吏就已能被任命为比二百石以上的官职，所谓“二百石之关”也就难以成立。对此，纸屋正和又进一步指出，如果注意到只有通过察举及任子等正途被录用为比二百石以上之官的人物才有可能升迁为中央、郡、国的二千石官及公卿，因功次晋升者则基本止步于四百石官，那么，“二百石之关”其实还是存在的。参见纸屋正和：《漢時代における郡県制の展開》，朋友书店 2009 年版，第 508—516 页。从纸屋的思路上看，其论说的最具启发之处或许并不是明确的作为官吏分层之标准的二百石官阶的提出，而是从官僚政治运转的实际来看官吏晋升究竟受到了哪些显性、隐性因素的影响，进而促成了某种权力结构的形成。这对考察秦县的小吏是否能通过迁转而为长吏是具有一定的可参考性。或许可以认为，秦并未在制度规范上禁止小吏通过积功劳晋升为长吏，但实际上，小吏们要以此方式追求仕途显赫可能是颇为困难的。

而上的迁转。事实上，倘若联想一下商鞅变法时秦在全境设置的县的样态，这一点就较容易理解了。如本章第一节所说，最初，秦在关中全境推行大县制。这导致一方面，县的数量有限，县长吏的员额相应地也就较少，君主亲自对拟选用者展开考察和任命是完全可能的；另一方面，县以直辖于君主之故而拥有较高地位，县令之官秩甚至达千石，才能是否出众自然就会成为君主选用县长吏时重点关注的问题。在此情况下，以臣僚举荐能人异士、君主随时决定某人是否可用及可任何官为基本内容的“推择为吏”之法的优势可谓不言自明。结果，由于惯性，这种做法就一直延续到了秦末。

当然，无论举荐人是谁，也无论需要选用的是什么层级的官吏，任人不善的风险总是存在的，因此，据《史记·范雎蔡泽列传》，为了避免这种风险，秦法主张“任人而所任不善者，各以其罪罪之”。《史记》所云也得到了被认为承秦律而来的张家山汉简《二年律令·置吏律》条文的证实：

> 有任人以为吏，其所任不廉、不胜任以免，亦免任者。其非吏及宦也，罚金四两，戍边二岁。①

不过，即便是仅看岳麓简 1272/207＋1245/208 提及的《置吏律》条文，也足以认识到，秦法对选用官吏之担保责任的规定远比《史记》所云复杂得多。观秦简牍之记载，除了岳麓简 1272/207＋1245/208 之外，与“推择为吏”之责任问题颇有关联者还包括书于岳麓简 1426/215＋1303/216＋1302/217＋1352/218＋0991/219 上的《置吏律》条文：

> 敢任除战北、奊、故徼外盗不援及废官者以为吏及军吏、御右、把钲鼓志及它论官者□□□□□谒置□□丞、尉□□卒史、有秩吏及县令除有秩吏它县者，令任之。其任有罪刑罪以上，任者赀二甲而废；耐罪、赎罪，任者赀一甲；赀罪，任者弗坐。任人为吏及宦皇帝，其谒者有罪，

① 彭浩、陈伟、[日]工藤元男主编：《二年律令与奏谳书：张家山二四七号汉墓出土法律文献释读》，上海古籍出版社 2007 年版，第 172 页。

尽去所任，勿令为吏及宦。为吏而置吏于县及都官，其身有罪耐以上及使故徼外不来复令而臣逋（?）者，其所置者皆免之，非计时殹（也），须已计而言免之。①

从本条来看，一则，在为任本县有秩吏的它县人担保时，如被担保人犯罪，担保者并不会一概被免，而是根据被担保人所犯罪行之轻重接受不同的处理；二则，所谓责任不是单向度的，举荐者有罪，被举荐之人也一并被免。可见，在“推择为吏”的场合，举荐者与被举荐者是完全地被捆绑在一起的，秦统治者应当是希望通过这种方式在发挥“推择为吏”的举贤优势的同时尽可能地摒除其弊端。

最后，关于考试取吏。从目前的史料情况来看，这种入吏方式似乎主要是针对佐、史之类小吏的选用而设。由于下文将单列此问题以展开考察，故有关县吏选用方式的讨论至此暂告一段落。

（二）资格限制

为吏意味着一种官家身份、一种权力感的获得，自然不是任何人皆能体验到的人生经历。如，严耕望曾指出，为了防止阻碍中央集权的地方势力的形成，县令避籍亦即“县长官不但不用本县人，且不用本郡人”之制大约汉初已然，至武帝中叶始严格执行；② 游逸飞则据里耶简所载迁陵县长吏及有秩吏的籍贯进一步认为，县长吏避籍之制在秦时就已严格落实，而且“若将秦至汉初有秩级的啬夫视为县长吏，避籍制便可延伸至啬夫”。③ 可见，秦统治者在选用县长吏时已自觉将籍贯视为重要的限制条件。不过，由于传世文献对秦县长吏之选用的记载颇为少见，现有的秦简牍又多为郡县小吏的陪葬物，因此，以下将主要对县的小吏的选用资格略作考察。

① 陈松长主编：《岳麓书院藏秦简（肆）》，上海辞书出版社 2015 年版，第 139—140 页。

② 严耕望：《中国地方行政制度史・秦汉地方行政制度》，上海古籍出版社 2007 年版，“序言”，第 4 页。

③ 参见游逸飞：《制造“地方政府”——战国至汉初郡制新考》，台湾大学出版中心 2021 年版，第 184 页。

第一，年龄。睡简《秦律十八种》载：

除佐必当壮以上，毋除士五（伍）新傅。苑啬夫不存，县为置守，如厩律。　内史杂[①]

显然，佐之类的小吏必由“壮”年男子为之。至于“壮”究竟指什么年龄段，整理小组认为，“古时一般指三十岁”。[②] 但是，一般认为，如果不考虑爵的因素，秦时，男子的傅籍年龄为十七岁。[③] 若为吏需要在傅籍之后十余年方有可能，这未免有些不可思议，故林剑鸣认为，所谓“除佐必当壮以上”就是说“至少要十七岁才有担任官吏的资格”。[④] 然而，上引《内史杂律》明确言道，“毋除士五（伍）新傅”亦即刚傅籍的士伍没有担任佐的资格，所以，所谓“壮”应当是指傅籍之后的某年龄段。岳麓简 1296/210＋1367/211 所收《置吏律》条文曰：

县除小佐毋（无）秩者，各除其县中，皆择除不更以下到士五（伍）史者为佐；不足，益除君子子、大夫子、小爵及公卒、士五（伍）子年十八岁以上备员。其新黔首勿强，年过六十者勿以为佐。人属弟、人复子欲为佐吏（缺简）[⑤]

律文规定，县在选用“无秩”之佐时原则上以拥有史之身份的爵位在不更以下者或士伍为对象；在此类人员不足的情况下，才能考虑年满十八岁的君子、

① 陈伟主编：《秦简牍合集（壹·上）》，武汉大学出版社 2014 年版，第 146 页。
② 睡虎地秦墓竹简整理小组：《睡虎地秦墓竹简》，文物出版社 1990 年版，第 62 页。
③ 参见于豪亮：《于豪亮学术论集》，上海古籍出版社 2015 年版，第 40—45 页。不过，近年来，凌文超据一应史料否定了“十七岁”说，并认为秦男子的傅籍年龄当在十八岁，或可备一说。参见凌文超：《秦代傅籍标准新考——兼论自占年与年龄计算》，载《文史》2019 年第 3 期，第 7—14 页。
④ 参见林剑鸣：《秦汉史》，上海人民出版社 2003 年版，第 107 页。
⑤ 陈松长主编：《岳麓书院藏秦简（肆）》，上海辞书出版社 2015 年版，第 137—138 页。

大夫、公卒、士伍之子及小爵（亦即拥有爵位的未傅籍者）。① 问题在于，公卒、士伍子的傅籍年龄为十七岁，小爵之类的傅籍年龄又高于十八岁，为何律文一定要强调“十八岁以上”呢？答案很可能是，“不更以下到士五（伍）史者”的除佐最低年龄就是十八岁，所以，在此类人员不足的情况下，即便要征用已傅籍或未傅籍的君子等特殊人群，仍然要以十八岁为年龄底线。也就会说，“除佐必当壮以上”之“壮”似指十八岁以上，但从《置吏律》简210—211来看，“十八岁以上”又不是可以无限延伸的，其上限乃六十岁。至于其原因，或需首先思考一个问题，即任秦县之小吏对时人来说究竟意味着什么。以今人的目光来看，为吏者具有官差的身份且握有权力，或为较受认可的职业选择，但在秦时，任县中小吏并不等于单纯享有衙门光环。一方面，学者们的研究已指出，秦县的小吏在任职方式上存在着“更”（轮班、更替）和“冗”（长期、不更替）的差异，② 遂在身份上多具有半官半民的性质。另一方面，如岳麓简2044/040＋2048/041＋2101/042＋1989/043记载的《亡律》条文所示：

> 不会毄（系）城旦舂者，以亡律谕〈论〉之。不会收及隶臣妾之耐，皆以亡律论之。不会司寇之耐者，以其【狱鞫已】论，其审当此【耐为不会，耐为鬼薪】。不会笞及除，未盈卒岁而得，以将阳癖（癖）；卒岁而得，以阑癖，有（又）行其笞。③

整理小组认为，“不会笞及除”之“除”“或为除刑徒任劳役”之意，④ 但在秦

① 有关“小爵”的含义，参见刘敏：《张家山汉简“小爵”臆释》，载《中国史研究》2004年第3期，第26页；同氏：《秦汉时期的“赐民爵”及“小爵”》，载《史学月刊》2009年第11期，第107页。

② 参见广瀬薫雄：《秦漢律令研究》，汲古书院2010年版，第297—304页；宫宅洁：《漢代官僚組織の最下層：“官”と“民”のはざま》，载《東方學報》第八十七册，2012年，第5—31页；杨振红：《出土简牍与秦汉社会（续编）》，广西师范大学出版社2015年版，第215页。

③ 陈松长主编：《岳麓书院藏秦简（肆）》，上海辞书出版社2015年版，第52—53页。

④ 参见陈松长主编：《岳麓书院藏秦简（肆）》，上海辞书出版社2015年版，第77页，注［五十六］。

简牍中，“除”所针对的事项绝不限于劳役之类，故此处之“除”的对象当以京都大学“秦代出土文字史料研究”班所说“不限刑徒，亦包括吏民”为是。① 换言之，作为“除”的事项之一的“除”为小吏居然可以与笞并列，我们就不难想象，与“更”“冗”的任职方式相适应，为吏其实既为被选用者带来了官人的身份，也对他们施加了较为严重的足以扰乱其日常生活节奏的差役负担，以至于当时官吏的上奏文居然提到了“恶为吏”的现象：

> 中县史学童今兹会试者凡八百卌一人，其不入史者百一十一人。●臣闻其不入者泰抵恶为吏而与其□，繇（徭）故为詐（诈），不肎（肯）入史，以避为吏。②

进一步说，既然任小吏具有差役性质，身体健壮就应是为吏者的必备素质，这或许就是秦统治者设置任小吏之年龄上限的主要考虑。

第二，籍贯。如前所述，秦县之长吏不得从本县人士中选用；与之相反，从前引岳麓简 1272/207＋1245/208、1296/210＋1367/211 所载《置吏律》条文来看，任县中有秩吏、小佐恰恰是以从本县人士中选用为原则的。更耐人寻味的是下引令文的规定：

> 二岁以来家不居其所为吏之郡县，而为舍室即取（娶）妻焉▨官，免之。家不居咸阳而取（娶）妻咸阳及前取（娶）妻它县而后为吏焉，不用此令。③（岳麓简 0359/335＋0353/336 所收秦令）

① 参见“秦代出土文字史料の研究”班：《嶽麓書院所藏簡〈秦律令（壹）〉譯注稿その（一）》，载《東方學報》第九十二册，2017 年，第 180 页。

② 陈松长主编：《岳麓书院藏秦简（陆）》，上海辞书出版社 2020 年版，第 179 页。另外，邹水杰在考察爵位高者规避任里典、里老之原因时指出，“担任里典与里老属于‘事’的范畴，是一种职役，是一项义务……我们真不知道任职有何待遇，但诸多简文显示，任职者稍有不慎，或里民有违法行为，里典与里老就要受罚。这也是爵位高的人要规避的原因之一吧”。参见陈松长等：《秦代官制考论》，中西书局 2018 年版，第 220 页。此说于思考任小吏是否具有职役意味也颇具启发性，值得注意。

③ 陈松长主编：《岳麓书院藏秦简（肆）》，上海辞书出版社 2015 年版，第 206 页。

可见，在任吏时，判断某人是否为本县人是以家的所在或者说出生地为标准的，即便是因娶妻而在当地扎根者也不可选用。毋庸赘言，"二岁以来"四字表明此规定并非一以贯之地存在，而是在某位秦王当政的"二岁"被制定并执行的，① 也表明秦对任吏以本地人为原则的贯彻力度呈现出不断加大的趋势。其之所以如此，严耕望的总结可谓精辟，"郡县长官……及其莅职任吏，绝对自专，然必用本籍人……是则地方长官不得任用私人，亦无地方豪族恃势胁制之弊，而得借其俊乂，谙悉物情，因俗敷治，是以中央集权之形式宏地方自治之实效矣"。② 不过，本地人虽因对当地习俗较熟悉而可为县长吏之佐助，但也可能会利用乡里乡亲之关系网而对政务虚与委蛇。秦统治者似乎已考虑到了这一点，岳麓简 1458/054＋1482/055＋1475/056＋（J67－1＋J76－12＋J71－1＋J64－1＋J66－6）/057＋1449/058 记载了如下令文：

> ●诸吏有治它官者，皆去其家毋下三百里乃治焉。有覆治者，非其所都治殹（也），去其家虽不盈三百里……□□皆……赀二甲，废。其家居咸阳中及去咸阳不盈三百里者，其所当治咸阳中、咸阳中都官殹（也），得治咸阳中。前令治居县及旁县去家不盈三百里者，令到以从事。御史、丞相、执【法】（缺简）治它县官，必先调护之。③

从划线部分的第一句话来看，令文似以已任吏者为适用对象，亦即，若已任吏者因接受临时派遣或迁转而至"它官"，则"它官"必须距离其家三百里以上，但以第二句话的表达即"前令……令到以从事"观之，此规定连发生于令下发之前的事务也予以规范，不应不具有指向未来的效力。也就是说，此

① 有关日期起首律令文中的"某年某月以来""某岁以来"之类语词的含义，参见宫宅洁：《嶽麓書院藏簡"亡律"の"廿年後九月戊戌以來"條をめぐって》，载京都大学人文科学研究所共同研究班"秦代出土文字史料の研究"网 http://www.shindai.zinbun.kyoto-u.ac.jp/sakki_pdf/20nengo9gatsubojutsuirai3_2017_03_17.pdf，发布时间：2017 年 3 月 17 日；欧扬：《岳麓秦简〈亡律〉日期起首律条初探》，载周东平、朱腾主编：《法律史译评》（第八卷），中西书局 2020 年版，第 65—71 页。

② 严耕望：《中国地方行政制度史·秦汉地方行政制度》，上海古籍出版社 2007 年版，"序言"，第 4—5 页。

③ 陈松长主编：《岳麓书院藏秦简（陆）》，上海辞书出版社 2020 年版，第 65—66 页。

令颁布之后，某人任县中诸官之吏，至少要奔赴离家三百里以外之地。至于秦统治者何以制定此令以调整既有的任吏之法，不用说就是为了防止县吏利用乡土网络假公济私。这样一来，从此令颁布之时起，避籍之法的适用对象就从县长吏扩大到县中“诸吏”，官吏选用在考虑行政之便利的同时表现出了逐级向上维护权威的态势，中央集权政治体制则被进一步强化了。

第三，身份。睡简《秦律十八种》《秦律杂抄》均提到了任吏的身份限制：

> 侯（候）、司寇及群下吏毋敢为官府佐、史及禁苑宪盗。 内史杂（睡简《秦律十八种·内史杂律》）
>
> 任灋（废）官者为吏，赀二甲…… 除吏律[①]（睡简《秦律杂抄》）

有关上引第一条律文中的“下吏”，学者们曾给出各种解释，但从目前情况来看，尚无法确知其所指，或以释为“被下吏的人”或“一种罪犯”为妥。[②] 可见，据《内史杂律》《除吏律》，被处以候或司寇的刑徒、“下吏”及废官均不能为吏。岳麓简所收律令文展现了更多的为县吏的身份限制，如简 1389/212＋1378/213＋1418/214 记载的《置吏律》条文规定：

> 有罪以罨（迁）者及赎耐以上，居官有罪以废者，虏、收人、人奴、群耐子、免者、赎子，辄傅其计籍。其有除以为冗佐、佐吏、县匠、牢监、牡马、簪褭者，毋许，及不得为租君子。虏、收人、人奴、群耐子、免者、赎子，其前卅年五月除者勿免，免者勿复用。[③]

---

① 陈伟主编：《秦简牍合集（壹·上）》，武汉大学出版社 2014 年版，第 148、166 页。

② 有关“下吏”的各种解释，参见中国政法大学中国法制史基础史料研读会：《睡虎地秦简法律文书集释（四）：〈秦律十八种〉（〈金布律〉—〈置吏律〉）》，载中国政法大学法律古籍整理研究所编：《中国古代法律文献研究》（第九辑），社会科学文献出版社 2015 年版，第 64—65 页；工藤元男编：《睡虎地秦簡訳注——秦律十八種·效率·秦律雜抄》，汲古书院 2018 年版，第 162—163 页。

③ 陈松长主编：《岳麓书院藏秦简（肆）》，上海辞书出版社 2015 年版，第 138—139 页。有关这三支简的简文如何断读，争议颇多，焦点有两处。第一，划线部分的“及赎耐以上，居官有罪以废者”是否应断开？整理小组持否定意见，但“废”（转下页）

也就是说，不仅被处以候或司寇的刑徒、废官不能为吏，而且被处以迁及赎耐以上的有罪者、时人之奴仆（“虏”“人奴”）、被免除刑徒身份者也不得为吏，甚至有罪者的亲属即被收者（“收人”）、被判耐罪者之子（“群耐子”）、已赎罪者之子（“赎子”）亦丧失了被选用为吏的资格。又如，简 0559/334＋0359/335 所载令文曰：

●狱史、令史、有秩吏及属、尉佐以上，二岁以来新为人赘壻（婿）者免之。其以二岁前为人赘壻（婿）而能去妻室者勿免，其弗能去者免之。①

由此可知，在某秦王当政的“二岁”以前为赘婿者可以“去妻”为前提继续任吏，“二岁”以后为赘婿者则无论如何都不能为吏了。此亦为战国秦汉时期

（接上页）在秦简牍所收律令文中多指对官吏的处罚，因此，“有罪以废”的必备前提就是“赎耐以上”任官。可是，既然某人已被判处“赎耐以上”之罪，又如何能为官呢？如此看来，整理小组的句读似乎有误，或以京都大学“秦代出土文字史料研究”班的断读法即“上”与“居”之间断开为是。参见“秦代出土文字史料の研究”班：《嶽麓書院所藏簡〈秦律令（壹）〉譯注稿 その（三）》，载《東方學報》第九十五册，2020 年，第 146 页。第二，“及不得为租君子。虏……”中的“君子”应上读或下读？整理小组主张上读，即“及不得为租。君子、虏……”，但若如此断读且在划线部分与“及不得为租。君子、虏……免者勿复用”之间展开对读，“虏、收人、人奴、群耐子、免者、赎子”重复出现是极为明显的，“君子”似乎也就是指“有罪以卷（迁）者及赎耐以上，居官有罪以废者”。然而，此类群体显然不能与秦律令文中所说的“君子”划等号。所以，整理小组的句读不可谓妥当，而京大研究班则提出了两种猜测，即“君子”之后有“有罪以废者”之类的脱文或“君子”为衍文。参见本注所引“秦代出土文字史料の研究”班文，第 148 页。不过，如此增字、减字之解释法在没有十足根据的情况下终究是有风险的，陶磊、朱锦程则提出了一种不通过增字、减字来消化简文之解读难题的办法，即“君子”上读，律文规定“不得为租君子”意在禁止“有罪以卷（迁）者及赎耐以上”等人群负责向君子等有地位者收租，从而显示此类人群的身份对他们任公职带来的不利影响。参见陶磊：《读岳麓书院秦简（肆）札记》，载简帛网 http://www.bsm.org.cn/?qinjian/7446.html，发布时间：2017 年 1 月 9 日；朱锦程：《〈岳麓秦简〉（肆）所见秦汉制度的演变》，载长沙简牍博物馆编：《长沙简帛研究国际学术研讨会论文集》，中西书局 2017 年版，第 464 页。尽管“不得为租君子”一语读来仍略显怪异，但从目前来看，陶磊、朱锦程说或许更为妥当。以此为前提，“其前卅年五月除者勿免，免者勿复用”这一补充规定当是针对“虏、收人、人奴、群耐子、免者、赎子”而发，对“有罪以卷（迁）者及赎耐以上，居官有罪以废者”则并不适用。

① 陈松长主编：《岳麓书院藏秦简（肆）》，上海辞书出版社 2015 年版，第 205—206 页。

打击赘婿之一贯思路的落实。① 究其原因，一则当归于男权社会对家族血脉之延续的强调，二则或许也是为了遏制贫穷男性以入赘改变其生活境遇之想法，将他们引向农战。② 不过，无论如何，我们确实可以看到秦律令对为吏之身份的限制颇多，其目的无非是要把秦统治者所认为的、存在吏德败坏之虞的人物于选用之时就排除在可考虑的范围之外，以确保官僚队伍的纯洁性。

第四，家资。前文在探讨“推择为吏”时曾提及，韩信因家贫而“不得推择为吏”。这说明，秦时，对某人是否可被选用为县吏是需要考虑家资的。其之所以如此，大概也跟某些吏职内含差役性有关，毕竟任吏者若无一定家资，很可能无法抵挡因“更”“冗”影响劳作而导致其家庭陷入经济拮据的窘境。不过，在目前已发现的秦简牍所载律令文中似乎还没有见到有关任县吏之家资要求的明确规定，或许汉简所收的“登记边塞亭长、隧长以上官吏之功劳、资历及其家属、资产等情况”的“累重訾直伐阅簿”可为某种参考。③

第五，知识。为县吏者当然不能徒有力气，一定的知识储备可谓必需。那么，所谓知识包括什么呢？在崇尚法治的秦，首要的自然是法律的规定，

① 如，睡简《为吏之道》所收魏《户律》就提到，“自今以来，叚（假）门逆吕（旅），赘壻后父，勿令为户，勿鼠（予）田宇”。陈伟主编：《秦简牍合集（壹·上）》，武汉大学出版社 2014 年版，第 345 页。又如，《史记·秦始皇本纪》载：“（秦始皇）三十三年，发诸尝逋亡人、赘婿、贾人略取陆梁地，为桂林、象郡、南海，以適遣戍。”再如，《史记·大宛列传》云：“益发戍甲卒十八万酒泉、张掖北，置居延、休屠以卫酒泉，而发天下七科適，及载糒给贰师。”张守节“正义”引“张晏云”：“吏有罪一，亡命二，赘婿三，贾人四，故有市籍五，父母有市籍六，大父母有籍七：凡七科。”

② 有关将赘婿引向农战这一点，睡简《为吏之道》所载魏《奔命律》之规定可为参考：“〇告将军：叚（假）门逆闒（旅），赘壻后父，或衛（率）民不作，不治室屋，寡人弗欲。且杀之，不忍其宗族昆弟。今遣从军，将军勿卹（恤）视。享（烹）牛食士，赐之参饭而勿鼠（予）殽。攻城用其不足，将军以堙豪（壕）。”陈伟主编：《秦简牍合集（壹·上）》，武汉大学出版社 2014 年版，第 346 页。

③ 参见汪桂海：《汉简丛考（一）》，载李学勤、谢桂华主编：《简帛研究》（2001），广西师范大学出版社 2001 年版，第 382—384 页。另外，王彦辉认为，前引里耶简 8-269 中的“□计”或为“赀计”，涉及釦的家资。参见王彦辉：《〈里耶秦简〉（壹）所见秦代县乡机构设置问题蠡测》，载《古代文明》2012 年第 4 期，第 57 页。不过，正如戴卫红已指出的，从图版上看，“□计”之“□”并非“赀”字，而更应是“钱”字，“钱计”是说“吏员在迁转时要接受财务金钱方面的审计考核”。参见戴卫红：《湖南里耶秦简所见“伐阅”文书》，载卜宪群、杨振红主编：《简帛研究》（2013），广西师范大学出版社 2014 年版，第 89—90 页。可见，在秦简牍中目前尚难找到有关任吏之家资要求的直接记载，尽管这种限制从韩信的典故来看应当是存在的。

如前引睡简《语书》就说，“凡良吏明瀍（法）律令，事无不能殹（也）”。正因为此，秦的学吏制度就要求准备入吏者“明习法令”，当时的训吏教材中也不乏“法律校本”，以至于律令学在战国秦汉时期也渐趋发达。① 当然，仅有法律知识是不够的，“能书会计”也是任县吏的基本要求，② 这或许正是作为小吏之陪葬物的岳麓简收入包括大量数学题的《数》以及里耶简收入九九乘法表（6-1）和大量习字简（如8-202、8-1437、8-1444等）的原因所在。不过，关于文字学习，由于下文在探讨史类小吏之选用时还将有所涉及，此处暂且从略。

通过以上考察，我们已能认识到，秦统治者对任吏的资格限制做了多方面的规定，选用某人为吏可谓从品德、才能、体力、出身等各个角度展开评估的结果。如果对“吏”稍作扩大解释而视其为具有官家背景者的概称，那么，在选用典、老之类的人物时，甚至还要考虑里的户数：“里自卅户以上置典、老各一人。不盈卅户以下，便利，令与其旁里共典、老；其不便者，予之典而勿予老。”③ 其之所以如此规定，很可能是因为商鞅变法时期确立的秦县的设立方式带有极强的人为色彩，而在设县的过程中，其下辖之乡里的规模及“吏”的员额应该也从确保政令实施、方便对编户民的控制等方面出发经过了一番设计。事实上，秦对任县吏之资格的诸种考虑无非也是为了保证朝廷政令能经一批无各类私心之干扰的合格技术官僚之手得到推行，这对试图凝聚举国之力以逐鹿天下的秦来说确实是极为重要的。既如此，技术官僚之任用程序的规范化也就是理所当然的。那么，在这方面，又有哪些问题需要关注呢？

（三）选用程序

有关这一点，前文曾提及的里耶简8-157涉及里典、邮人的选任问题，

① 参见张金光：《秦制研究》，上海古籍出版社2004年版，第717—719、727—734页；邢义田：《治国安邦：法制、行政与军事》，中华书局2011年版，第6—23页。

② 居延汉简所收诸多官吏考课文书皆载“能书会计，治官民颇知律令”云云。这虽是汉边境官府对下辖官吏的评价之辞，但确实反映了秦汉时期一以贯之的对官吏之基本素质的要求。

③ 陈松长主编：《岳麓书院藏秦简（肆）》，上海辞书出版社2015年版，第115页。另外，陈侃理也从典、老等“里吏”为官府执行政务提供协助这一点出发将此类人员视为官僚行政体系的末梢，并对其选任方式做了较为详细的考察。参见陈侃理：《秦汉里吏与基层统治》，载《历史研究》2022年第1期，第54、57—60页。

虽然此类人物并非严格意义上的“吏”，但由于其身份有一定的公职性，因此简文所载官文书于探讨县吏之选用程序而言应当是有参考意义的。此处，出于论述之便利，将再次引用里耶简 8-157 于下：

A. 卅二年正月戊寅朔甲午，启陵乡夫敢言之：成里典、启陵邮人缺。除士五（伍）成里匄、成，成为典，匄为邮人，谒令尉以从事。敢言之。（8-157 正）

B. 正月戊寅朔丁酉，迁陵丞昌却之启陵：廿七户已有一典，今有（又）除成为典，何律令<ruby>應</ruby>（应）？尉已除成、匄为启陵邮人，其以律令。/气手。/正月戊戌日中，守府快行。正月丁酉旦食时，隶妾冉以来。/欣发。　　壬手。（8-157 背）

以 A 为参考，有时，人员不足的机构会提出选用官吏的请求以及合适人选。但是，如何证明被举荐者符合任职资格呢？前文曾有所涉猎的张家山汉简及岳麓简所收几份狱史迁转文书记载：

令曰：狱史能得微难狱，上。今狱史举闒得微<u>难</u>狱，为奏廿二牒……谒以补卒史，劝它吏，敢言之。（张家山汉简《奏谳书》）

令曰：狱史能得微难狱，【上。今狱史洋】得微难狱，【……】为奏九牒，上……绥任谒以补卒史，劝它吏，卑（俾）盗贼不发。敢言之。（岳麓简《为狱等状四种》）

今狱史触、彭沮、衷得微难狱，磔皋（罪）一人。为奏十六牒，上……任谒课以补卒史，劝它吏。敢言之。[①]（岳麓简《为狱等状四种》）

显然，举闒等几位狱史的晋升以“得微难狱”为重要契机，而“为奏……牒”

① 三段简文分别出自彭浩、陈伟、［日］工藤元男主编：《二年律令与奏谳书：张家山二四七号汉墓出土法律文献释读》，上海古籍出版社 2007 年，第 378 页；朱汉民、陈松长主编：《岳麓书院藏秦简（叁）》，上海辞书出版社 2013 年版，第 180—181、191 页。

应当就是对拟推荐之狱史因"得微难狱"而最终达到晋升条件的证明，并附随举荐文书被一并发出。由此，不难想见，在选用官吏时，应当也需要在任吏申请书或其附件中写明某人何以符合任职资格。在收到用人机构的请求之后，上级机构必定会审核此人是否确实达到任职条件，进而以文书的形式表示同意或加以驳斥（如上引史料B所示）。至此，官吏选用的基本流程宣告结束。当然，上级机构直接派遣某人任某职的情况也是存在的，但这应当是以上级机构知晓某职位有缺为前提的，而此类信息很可能同样来源于下级机构在某时刻发出的任吏请求或人员不足的说明。因此，即便是在上级机构主动选任官吏的场合，据里耶简8-157总结的官吏选用流程也应当是适用的。

更进一步的问题是，选用县吏的决定权究竟掌握在何人之手？一方面，由于秦实行大县制，包括县长吏、官啬夫等在内的吏员们的秩级较高，因此，廖伯源、邹水杰等皆指出，此类吏员或由朝廷直接任命或须上报中央备案。① 但是，在中央层面，除了君主有人事上的最终决定权、丞相有一定话语权之外，具体负责官吏选用的机构是哪个呢？这里，我们需要再次浏览前引岳麓简1227/220＋J43/221＋1262/222记载的《置吏律》条文：

> 县、都官、郡免除吏及佐、群官属，以十二月朔日免除，尽三月而止之。其有死、亡及故有缺者，为补之，毋须时。郡免除书到中尉，虽后时，尉听之。补军吏、令佐史，必取一从军以上者。节（即）有军毄（也），遣卒能令自占；自占不审及不自占而除及遣者，皆赀二甲，废。

从划线部分来看，中央负责审核郡上报的官吏选用文书的机构是中尉，但据《汉书·百官公卿表上》所云"中尉，秦官，掌徼循京师"，中尉的职责当为维护京师治安，与人事无涉。对此矛盾之处，周海锋认为，《史记·赵世家》载，"荀欣侍，以选练举贤，任官使能……荀欣为中尉"，这表明赵的中尉执掌人事，而秦制与三晋之制颇有渊源，故秦的中尉也负责官吏任免，《汉书·

① 廖伯源说在前文考察秦县廷对诸官之影响时已经提及，此处不再重复引用。至于邹水杰说，参见邹水杰：《两汉县政研究》，湖南人民出版社2008年版，第321页。

百官公卿表上》其实是把秦的中尉与汉的中尉混同了。[①] 周说自有其合理性，但是否能据之断定秦的中尉与汉的中尉并非一事呢？此处不禁令人联想到工藤元男、杨振红等对秦简牍所载内史之职与《周礼》《汉书·百官公卿表上》所载内史之职的矛盾的解说。工藤、杨振红认为，在秦最初置县之时，内史既是王畿之长官，亦为县的上级机构，故县的各类事务往往需要上报内史；随着秦的领土的扩大，内史作为政治中心之所在的地位更加显赫，但其作为所有县的上级的身份则显得不尽合理，所以，内史一方面收缩为因京师之所在而地位特殊的郡级政府，另一方面又分散其统领诸县的职能以至于出现了治粟内史之类的职官。[②] 以之为参照，能否就中尉之职的所谓矛盾记载提出另一种化解思路呢？也就是说，在秦最初置县之时，中尉既负责京师治安，又作为统领各县之王畿的职官掌管人事（其制度渊源或如周海锋所云）；随着秦的领土的迅速膨胀，中尉兼任中央官吏与县的上级官吏已与秦政制的合理化不符，故在秦史的某一时刻，中尉被限定为负责京师治安的中央官员，其人事权则被析出，在上引岳麓简《置吏律》条文被制定之时，中尉之职的分化尚未完成。当然，此处所说乃推测之辞，但有一点大概是可以肯定的，即在郡制逐渐成长的时代，由中央直接任命或须报中央备案的县之官吏的选用文书应由郡呈送，且由中尉审核，并交由君主裁决。至于县中小吏的选用，从前引睡简《秦律十八种·置吏律》所云“除吏，尉已除之”来看，小吏的选任权是由县尉掌握的。[③] 不过，县廷置有吏曹，其职责当然也与县吏的选

---

① 参见周海锋：《秦律令研究》，湖南大学2016年博士学位论文，第131—132页。魏明曾提出另一种解释，即简220—222中的“中尉”乃主爵中尉之省称。参见魏明：《秦汉〈置吏律〉集释》，湖南大学2017年硕士学位论文，第18页。此说亦不可无能，但据《汉书·百官公卿表上》载“主爵中尉，秦官，掌列侯。景帝中六年更名都尉，武帝太初元年更名右扶风，治内史右地”，主爵中尉之职能似乎很难与一般官吏的选任挂钩，故魏明说或许也有待考证。

② 参见工藤元男：《睡虎地秦簡よりみた秦代の国家と社会》，创文社1998年版，第48—50页；杨振红：《出土简牍与秦汉社会（续编）》，广西师范大学出版社2015年版，第26—28页。

③ 尉选用小吏这一点在里耶简中亦可找到明证，如8-2027就记载“小男子说。今尉征说以为求盗”。陈伟主编：《里耶秦简牍校释（第一卷）》，武汉大学出版社2012年版，第420页。

任相关，因此选用小吏并非全部由县尉操办。土口史记主张，在县吏的选用上，令、丞决定人选，县尉可能只是完成了最终且仅具形式意义的程序性任务。① 但若果真如此，为何前引里耶简 8－157 的 B 部分所记载的县丞代表县廷而回复启陵乡的文字要专门强调“尉已除成、匄为启陵邮人”呢？可见，县尉在县中小吏的选用上应当还是有较大权力的，或如黎明钊所说，县尉可按员额决定常规性任除和补缺，至于详细审定某人是否符合任吏条件以供县尉参考很可能是吏曹的工作范围。② 其中也许就包含着秦统治者希望县的各机构之间既互相配合，又互相制约以确保任吏合乎律令之规定的意图。

最后，在程序要素上还值得一提的是，如岳麓简 1227/220＋J43/221＋1262/222 记载的《置吏律》条文所示，秦律对任吏的时限有着明确的规定，即常规任吏以每年的十二月朔日至三月底为时限，但出现“死、亡及故有缺”的情形，任吏可不受此时间之限制。不过，有关“故有缺”究竟何意，京都大学“秦代出土文字史料研究”班提出了两种解释：其一，“故”指“某种理由”，“故有缺”即因某种理由而出现缺员；其二，“故”指“之前”，“故有缺”即因上个十二月朔日至三月底的任吏工作未完成而出现缺员。③ 两种解释自然皆有可能，但若取后者，那就意味着上个任吏期限的工作可以拖延到过限后的任何时间而为之，律文规定任吏期限还有何意义呢？因此，“故有缺”的含义仍因以前者为是。换言之，任吏的常规时限对因死亡、逃亡或其他原因导致的缺员的选任是不适用的。另外，据睡简《秦律十八种・内史杂律》：

① 参见土口史记：《戦国・秦代の県——県廷と官の関係をめぐって一考察》，载《史林》第九十五卷第一号，2012 年，第 23 页。

② 参见黎明钊：《秦县掾吏任用机关初探》，载杜常顺、杨振红主编：《汉晋时期国家与社会论集》，广西师范大学出版社 2016 年版，第 73、84—85 页。另外，王准曾围绕着岳麓简所收《尉卒律》及里耶简 8－157 的记载考察典、老的选任流程，其论述于理解县尉在县中小吏之选任上的作用亦有所助益，或可参考。参见王准：《战国秦代的乡里组织与地方社会：以简牍资料为中心的考察》，武汉大学出版社 2021 年版，第 172—173 页。

③ 参见“秦代出土文字史料の研究”班：《嶽麓書院所藏簡〈秦律令（壹）〉譯注稿その（三）》，载《東方學報》第九十五册，2020 年，第 153 页。

官啬夫免，□□□□□□□其官亟置啬夫。过二月弗置啬夫，令、丞为不从令。 内史杂①

县政府的各职能部门之负责人的选用似以尽快为原则，亦即不受时间限制。由此可以想见，如果比这些官啬夫地位更高的县长吏出现空缺，其选用很可能也是没有时间限制的。

从以上对县吏之选用程序的考察来看，与汉中叶以后郡县长吏可自行辟除其属吏的做法不同，秦朝廷对县吏之选用的控制从县之长吏延伸至官啬夫之类县的中级官吏，且选用不受时间限制。如此种种无疑证明了秦统治者对中央集权之落实的重视，但这并不意味着县中小吏的选任不重要。以下就将对前文所说“单列”出来的史类小吏的选用问题展开探讨。

二、史：官僚系统之底座的形成

在识字率极低的上古时代，文字是实实在在的权力要素，而史官作为一种世业就以掌握文字为能事。由之，他们上观天文，俯察地理，又参与政治运行，在权力体系中占据了极为重要的地位。② 至春秋战国时期，随着重人事的思想及现实主义的兴起，史官的整体地位呈现出下滑之势。但是，正如前引睡简《秦律十八种·内史杂律》所示“有事请殹（也），必以书，毋口请，毋䍐（羁）请”，随着官僚政治的成长，政务信息的流转必须依托官文书展开，因此，史所具备的“主书主法”的职业技能反而显得更为重要以至于各级政府机构都需要配备各类史官以为长官的辅助，③ 秦县中的令史、尉史、

① 陈伟主编：《秦简牍合集（壹·上）》，武汉大学出版社 2014 年版，第 146 页。

② 在这方面，钱存训、阎步克都曾做过极为精辟的论述，颇值参考。参见阎步克：《乐师与史官：传统政治文化与政治制度论集》，三联书店 2001 年版，第 35—43 页；钱存训：《钱存训文集（第一卷）》，国家图书馆出版社 2012 年版，第 10—11 页。

③ 以县级机构为例，李学勤、邢义田、纪安诺（Enno Giele）、叶山（Robin D. S. Yates）等皆通过考察里耶简所收官文书的书写问题指出了史类小吏在政务运转中的重要作用。参见李学勤：《初读里耶秦简》，载《文物》2003 年第 1 期，第 75—76 页；Enno Giele, Signatures of “Scribes” in Early Imperial China, in *Asiantische Studien/Études Asiatiques*, LIX. 1, 2005, pp. 362 - 384；［加］叶山：《卒、史与女性：（转下页）

诸“官”之史的存在即为其明证，甚至诸“官”之佐在一定程度上也带有史的色彩。[①]由之，史自然而然地就被界定为任吏的起点。[②] 如，睡简《编年记》记载：

> 今元年，喜傅。
>
> 二年。
>
> 三年，卷军。八月，喜揄史。[③]

又如，前引里耶简 8-269 所载“资中令史阳里釦伐阅簿”也提到，“十一年九月隃为史”。孙闻博已指出，“隃、揄并可读为‘逾’或‘踰’，而训为‘进’”；[④] 换言之，喜和釦因成为史而进入了仕途。如果再整理一下喜和釦在开启仕途之后的迁转历程，就会发现，史类吏职很可能是秦县的众多小吏在其仕宦生涯的多个阶段皆无法摆脱的身份。

（接上页）战国秦汉时期下层社会的读写能力》，林凡译，载武汉大学简帛研究中心主办：《简帛》（第三辑），上海古籍出版社 2008 年版，第 362 页；黎明钊、马增荣：《试论里耶秦牍与秦代文书学的几个问题》，载武汉大学简帛研究中心主办：《简帛》（第五辑），上海古籍出版社 2010 年版，第 65—73 页；邢义田：《治国安邦：法制、行政与军事》，中华书局 2011 年版，第 473—496 页；王晓光：《秦汉简牍具名与书手研究》，荣宝斋出版社 2016 年版，第 75 页。

① 张家山汉简《二年律令·史律》载：“卜学童能风（讽）书史书三千字，诵卜书三千字，卜六发中一以上，乃得为卜，以为官佐。”彭浩、陈伟、［日］工藤元男主编：《二年律令与奏谳书：张家山二四七号汉墓出土法律文献释读》，上海古籍出版社 2007 年版，第 299 页。可见，官佐也是通过学史培养出来的。

② 参见鲁家亮：《里耶秦简所见“小史”刍议》，载出土文献与中国古代文明协同创新中心中国人民大学分中心编：《出土文献的世界：第六届出土文献青年学者论坛论文集》，中西书局 2018 年版，第 100 页；周海锋：《秦官吏法研究》，西北大学出版社 2021 年版，第 68 页。

③ 陈伟主编：《秦简牍合集（壹·上）》，武汉大学出版社 2014 年版，第 10 页。

④ 孙闻博：《秦县的列曹与诸官——从〈洪范五行传〉一则佚文说起》，载武汉大学简帛研究中心主办：《简帛》（第十一辑），上海古籍出版社 2015 年版，第 85 页。

表 1-4①

姓　名	迁　转　经　历
喜	"揄史"→安陆□（䣄?）史→安陆令史→鄢令史→治狱鄢……
釦	"隃为史"→乡史→田部史→令史

由此，不难想见，在秦县中，会有大量的新"揄史"者成为官僚队伍之储备，也会有大量的已任史职者充实到各个岗位上以帮助各机构的长官处理文书，他们构成了秦官僚体制的真正的底座。

那么，究竟如何"揄史"呢？睡简《秦律十八种·内史杂律》载：

非史子殹（也），毋敢学学室，犯令者有辠（罪）。　内史杂②

此律文揭示了两个信息：(1) 欲为史者应在专门的机构（"学室"）学习职业技能；(2) 能进入学室学习者只能是已为史者的孩子（"史子"）③，亦即史为世业。那么，究竟学什么呢？学完后，又如何"揄史"？在目前已公布的秦简牍中尚未发现与此问题直接相关的律令文，但承秦律而来的张家山汉简《二年律令·史律》的规定应可为参考：

A. 史、卜子年十七岁学。史、卜、祝学童学三岁，学佴将诣大（太）史、大（太）卜、大（太）祝，郡史学童诣其守，皆会八月朔日试之。

---

① "表 1-4"据睡简《编年记》及里耶简 8-269 的记载所绘。里耶简 8-269 在前文已引用，不再说明出处。至于睡简《编年记》，参见陈伟主编：《秦简牍合集（壹·上）》，武汉大学出版社 2014 年版，第 10—11 页。需要指出的是，《编年记》"（秦王政）六年"条载，"十一月，喜除安陆□史"，"史"前一字难以辨认；《秦简牍合集》疑为"䣄"字，此处暂时采纳此意见。

② 陈伟主编：《秦简牍合集（壹·上）》，武汉大学出版社 2014 年版，第 148 页。

③ 睡简或岳麓简所收秦律令文还提到了"弟子""人属弟子""人弟子"之类的词汇，其意很可能是"学吏弟子"。参见王笑：《秦简中所见"弟子"浅释》，载中国文化遗产研究院编：《出土文献研究》（第十四辑），中西书局 2015 年版，第 97—100 页。据此，是否可以认为，"史子"或许是"弟子"等的一部分，也可能与"弟子"等所指相同？这里仅提出此问题，以备后考。

B. 试史学童以十五篇，能风（讽）、书五千字以上，乃得为史。有（又）以八體（体）试之，郡移其八體（体）课大（太）史，大（太）史诵课，取冣（最）一人以为其县令史，殿者勿以为史。三岁一并课，取冣（最）一人以为尚书卒史。①

结合两条律文来看，史学童在十七岁时入学室学习，所学内容当是诵读和书写习字教材（律文B所说的“十五篇”）② 中的文字，且所谓书写不只是达到单纯会写的程度，更应以掌握不同字体为目标，否则就无法应对“八體（体）”即八种书体③之试。三年之后，史学童将在学室内的辅导者即律文A所说的“学佴”向上级申报其姓名、学业进展等信息后接受考试。考试分成两部分，第一部分为基本考核，能诵读、书写五千字以上者就具有“揄史”之资格；④

① 彭浩、陈伟、［日］工藤元男主编：《二年律令与奏谳书：张家山二四七号汉墓出土法律文献释读》，上海古籍出版社2007年版，第296、297页。另外，有关律文B的划线部分，整理小组及《二年律令与奏谳书：张家山二四七号汉墓出土法律文献释读》皆未在“风（讽）”与“书”之间断开，但李学勤早已指出，“‘讽’、‘书’都为动词，‘讽’是背诵，‘书’是书写”，此说也得到了《二年律令》的多种注本的认可，故此处在引用律文B时直接将“风（讽）”与“书”断开。参见李学勤：《试说张家山简〈史律〉》，载《文物》2002年第4期，第70页；冨谷至编：《江陵張家山二四七號墓出土漢律令の研究 譯注篇》，朋友书店2006年版，第301页；Anthony J. Barbieri-Low, Robin D. S. Yates, *Law, State, and Society in Early Imperial China: A Study with Critical Edition and Translation of the Legal Texts from Zhangjiashan Tomb no. 247 Volume 1*, Brill, 2015, pp. 1092-1093。

② 有关律文B所提及的“十五篇”，整理小组认为，“指《史籀篇》”，但学界对这一解释颇有争议，故此处不明示“十五篇”之所指。参见张家山二四七号汉墓竹简整理小组：《张家山汉墓竹简〔二四七号墓〕》，文物出版社2006年版，第81页；彭浩、陈伟、［日］工藤元男主编：《二年律令与奏谳书：张家山二四七号汉墓出土法律文献释读》，上海古籍出版社2007年版，第297页。

③ 有关“八體（体）”之含义，参见张家山二四七号汉墓竹简整理小组：《张家山汉墓竹简〔二四七号墓〕》，文物出版社2006年版，第81页。

④ 池田雄一曾指出，唐张怀瓘的《书断》云“（程邈）为隶书三千字，秦之始皇，善之，用为御史”，而《苍颉篇》共三千三百字，除去重复者，或许也与程邈作成的三千字隶书相近。因此，在日常政务中使用的必要文字数大约在三千字左右就足够了，此即所谓有用文字数。西汉时期的有用文字数大约就是三千字。到了西汉末年，随着培养官吏走上正轨，对官吏的质量有所提高，有用文字数增长到五千多字；东汉之后，班固将其增加到了六千多字。参见池田雄一：《中国古代の聚落と地方行政》，汲古书院2002年版，第663—682页。由此看来，《二年律令・史律》所说的“五千字以上”其实是超过日常政务中使用的必要文字数的，足见秦及汉初统治者对史学童之文字学习的要求是较高的。

第二部分为进阶考核即以“八体”书写文字，最优秀者可拔擢为县令史，最劣者不得为史，其他人或许就都正式“揄史”了。简而言之，欲为史者必须集中时间钻研文字，而其“揄史”之路又是由严格的考试搭建起来的。

然而，如果仅仅把史学童学习文字的目的单纯地界定为掌握每个字符，那或许就低估了秦的学室在史官培养上的作用。首先，近年来，已有学者指出，如《苍颉篇》之类的秦汉时期的字书并非单纯的文字教科书，而是内含明确的意识形态色彩和教化意味，其普及目的“不仅仅在于教人识字，还在于宣传主流意识形态，弘扬统治者所认可的价值观”。① 笔者此前在考察睡简《为吏之道》的习字教材部分时也曾罗列该部分所收文字与秦律令中的法律术语之间的对应关系。② 这样看来，史学童在学习文字的同时亦可大致掌握朝廷的基本为政思路即“法治”和秦法摘要。其次，所谓“八體（体）”亦即八种书体无疑各有其适用场合，其中的“秦隶”就主要被用来书写行政文书。③ 可以想见，为了通过“八體（体）”之试而日复一日地练习“秦隶”应可使史学童在一定程度上达到传世文献在评价“文法吏”时频频使用的“善史书”“能史书”之类的词汇④所包含的书体标准，从而为他们入吏后应付繁重的文书写作任务打

① 参见杨振红、贾丽英：《北大藏汉简〈苍颉篇·颛顼〉校释与解读》，载杨振红、邬文玲主编：《简帛研究》(2016 春夏卷)，广西师范大学出版社 2016 年版，第 250 页。

② 参见拙文：《秦法治观再考——以秦简所见两种吏道文本为基础》，载《政法论坛》2018 年第 6 期，第 41 页。另外，里耶简 8-461 号木方记载了秦曾使用的众多旧名词在秦统一六国前后被更改为新名词的条目。这些条目对官吏保证其摘抄之律令文、撰写之官文书的准确性无疑有着极为重要的意义，因此，胡平生、游逸飞皆认为，此木方乃某基层小吏的个人备忘录以为日常工作之参考。参见胡平生：《里耶秦简 8-455 号木方性质刍议》，载武汉大学简帛研究中心主办：《简帛》(第四辑)，上海古籍出版社 2009 年版，第 25 页；游逸飞：《里耶秦简 8-455 号木方选释》，载武汉大学简帛研究中心主办：《简帛》(第六辑)，上海古籍出版社 2011 年版，第 88 页。8-461 号木方所载的内容或许不能被确定为识字教材，但亦可说明，在当时的郡县官吏中确实存在着汇编法律术语或行政文书惯用语以便自己参考或学习的做法。

③ 冨谷至曾指出，史官在书写行政文书时使用隶书的悬针、波磔之类的技法可以从整体视觉效果上体现行政文书的权威性和公信力。参见冨谷至：《文書行政の漢帝国 木簡·竹簡の時代》，名古屋大学出版会 2010 年版，第 151—154 页。此说对我们理解“秦隶”何以主要被用来书写行政文书颇具启发性，值得关注。

④ 有关此类词汇中的“史书”，学界主要提出了两种解释。其一，于豪亮、冨谷至等认为，“史书”与书体有关；其二，于振波等认为，“史书”是指书面表达能力而非书体。事实上，如邢义田、汪桂海、刘涛等所云，“史书”可指称书体，但有时亦可指文书的遣词用字或官文书本身。也就是说，“史书”是兼具书体和书写能力或书写结果之双重含义的词汇。参见于振波：《秦汉法律与社会》，湖南人民出版社 2000 年，(转下页)

下良好基础。再次，里耶简所收大量习字简不能说尽为学室教学的废弃物，但考虑到已为吏者以撰写文书为重要日常工作，似无必要再反复描摹文字，把习字简中的相当一部分与学室教学联系起来应当是合理的。那么，摘抄在习字简上的文字是否有某种倾向性呢？以下将表列几条习字简以备分析：

表 1－5

简　号	内　　容	出　处
8－172	丗五年六月辛酉□拙诎之☐ 一一一一一一一一四升见	
8－202	迁陵☐ 迁迁迁迁☐	
8－882	泥沂乡斤守沂阳守沂邑里士五（伍）	
8－1437	丗六年十月枳枳□枳枳如如丞□□昌埜 枳枳里野枳野里它言言食□乡乡武昌 丗年□当 枳枳□□□□□□□□□□□□□□□□令□□ 昌里大男昌武武武止武武武武武规规买 昌武武出五买 昌昌武乡貉何故有何有有有有有□有买 昌里大男子　　貉阎咎有有□有　　买	《校释（第一卷）》
8－1942	☐赀二甲□ ☐赀赀赀	
备注	《校释（第一卷）》是指陈伟主编《里耶秦简牍校释（第一卷）》（武汉大学出版社 2012 年版）。	

（接上页）第 212—215 页；刘涛：《长沙东牌楼东汉简牍的书体、书法与书写者——兼谈汉朝课吏之法、“史书”与“八体六书”》，载长沙市文物考古研究所、中国文物研究所编：《长沙东牌楼东汉简牍》，文物出版社 2006 年版，第 90—92 页；汪桂海：《秦汉简牍探研》，文津出版社 2009 年版，第 34—46 页；冨谷至：《文書行政の漢帝国 木簡・竹簡の時代》，名古屋大学出版会 2010 年版，第 169 页；邢义田：《治国安邦：法制、行政与军事》，中华书局 2011 年版，第 650 页；［日］大西克也：《秦汉楚地隶书及关于“史书”的考察》，载武汉大学简帛研究中心主办：《简帛》（第六辑），上海古籍出版社 2011 年版，第 449—450 页；于振波：《简牍与秦汉社会》，湖南大学出版社 2012 年，第 328—331 页；杨英：《张家山汉简〈二年律令・史律〉之“史书”及周至汉初史官职掌之变》，载卜宪群、杨振红主编：《简帛研究》（2011），广西师范大学出版社 2013 年版，第 61—63 页；于豪亮：《于豪亮学术论集》，上海古籍出版社 2015 年版，第 135 页；等等。

从表中所列习字简的内容来看，简文应当都与行政文书有关，如，“卅五年”“卅六年”等用以纪年的文字在官文书中就可谓常见；又如，“迁陵”“昌里”“乡”之类的文字显然是迁陵县官府中的小吏在撰写涉及地名的官文书时经常会要用到的；再如，“赀”作为秦律令中出现频率较高的财产刑也屡屡见诸官文书以示律令之规定的实效。以此为据，应可认为，史学童在学室中不会忽略对字书之整体的学习，但更会集中精力反复琢磨与入吏后可能任职的岗位密切相关的常用文字。① 通过上述三个方向的考察，形成如下推断就是很自然的：秦的学室不只是纯粹的文字学习机构，更是以辅佐长官执行律令及处理官文书为基本职责的县及各级政府中的书记官之职业技能的养成地；其学员在正式入吏之前就已具备了成为合格“文法吏”或者说技术官僚的潜质，从而自觉地被纳入了“以法为教，以吏为师”的整体政治运转模式中。

然而，有关秦县之史职的选用，还有一个问题令人感到颇为困惑。诚然，秦律规定，只有“史子”才能入学室学为“史”，但随着秦的领土及人口膨胀所带来的行政机构的迅速增多及政务复杂化的大幅度提升，所谓“史子”的数量真的足以匹配行政运转对书记官之规模的需求吗？以迁陵县为吏，据鲁家亮统计，曾任县令史者竟达 42 人之多，② 若再加上尉史、诸“官”之史，县政府中的史职官吏的人数想必较为可观。迁陵县不过边陲小县，如果将估算范围扩至所有的县乃至郡、中央，史职的数量或许将达到惊人的程度，秦恐怕没有那么多的史官世家来提供一应史职的合格人选。对此问题，《二年律令·史律》为我们提供了思考时人之对策的线索：

> □□，大（太）史官之；郡，郡守官之。卜，大（太）卜官之。史、人〈卜〉不足，乃除佐。③

① 有关文字学习与史学童的为吏素养之形成的关系，亦可参见拙文：《秦县中的史类吏员研究》，载《中国人民大学学报》2017 年第 6 期，第 149—151 页。

② 参见鲁家亮：《里耶秦简所见秦迁陵县的令史》，载西北师范大学历史文化学院、甘肃简牍博物馆、河西学院河西史地与文化研究中心、兰州城市学院简牍研究所编：《简牍学研究》（第七辑），甘肃人民出版社 2018 年版，第 33—44 页。

③ 彭浩、陈伟、［日］工藤元男主编：《二年律令与奏谳书：张家山二四七号汉墓出土法律文献释读》，上海古籍出版社 2007 年版，第 302 页。

可见，秦及汉初的统治者显然已意识到史官世家之子不足以填充各类史职，因此就允许以“佐”为“史”。[①] 高村武幸还指出，至迟从战国至秦统一，随着识字率的提高，文字已非特殊知识，识字者通过军功或家资进入官僚队伍并任史职的情况也是存在的，这同样构成了对作为世业之“史”的冲击。[②] 换言之，由于世袭史官的培养不敷文书行政之全面展开的需求，非世袭的多种身份者也被选用为“某史”，这使得作为世业的史官变成了开放性职业。一旦世袭身份的荣耀消散，史官终于彻底沦为奋斗在文官政治第一线的不起眼人物——“文法吏”。

上文已指出，秦领土和人口的膨胀将导致作为政务之实际操办者的官吏数量的不足，而其严峻程度在各地当然有所不同，大量选用官吏的最迫切需求毫无疑问来自于“新地”。对此，秦统治者又是如何应对的呢？

三、新地吏

所谓“新地”，泛泛而论，当然可以被视为相对于关中而言的秦的新土或入秦不久之领土的统称，[③] 但以学者们对文献的解读为据，似乎是有特指的，即秦王政即位以后新占领的土地。[④] 众所周知，秦王政“奋六世之余烈”，频频遣将东出，其发动的十年灭国战争促成了秦领土的极速增长。对志在严格贯彻中央集权的秦来说，由于此类六国故土上的官吏不可能皆熟悉秦法，如何在设置于新地的郡县中配齐官吏以推行秦政就非常自然地成了一个问题。

① 有关这一点，陈侃理和马增荣等均曾做过较为详细的阐发。参见陈侃理：《睡虎地秦简〈编年记〉中“喜”的宦历》，载《国学学刊》2015 年第 4 期，第 48—49 页；Tsang Wing Ma, Scribes, Assistants, and the Materiality of Administrative Documents in Qin-Early Han China: Excavated Evidence from Liye, Shuihudi, and Zhangjiashan, in *T'oung Pao* 103-4-5, 2017, pp. 304-306。

② 参见高村武幸：《漢代の地方官吏と地域社会》，汲古书院 2008 年版，第 88—107 页。

③ 参见张金光：《秦制研究》，上海古籍出版社 2004 年版，第 829 页。

④ 参见孙闻博：《秦汉帝国“新地”与徙、戍的推行——兼论秦汉时期的内外观念与内外政策特征》，载《古代文明》2015 年第 2 期，第 66 页；张韶光：《试论简牍所见秦对边远地区的管辖》，载《史学月刊》2020 年第 8 期，第 14—15 页。

新地吏队伍无疑可以通过多种方法来组建，但若要解燃眉之急，最直接有效者无过于从故地选派一批对秦法熟稔于胸的老吏直接充实新地的官府岗位。然而，如果从故地的所有官吏中抽调，那一方面或将导致故地一时难以填补由此造成的职位空缺，另一方面又容易引发被抽调者的不满情绪，毕竟新地政局不稳，治安状况不佳，① 到新地为吏似如危险之征程。大概正是基于这些顾虑，秦统治者颁布了一系列新令以解决问题：

A. ●令曰：御史节（即）发县官吏及丞相、御史、执法发卒史以下到县官佐、史，皆毋敢名发。其发治狱者官必遣尝治狱二岁以上。不从令，皆赀二甲，其丞、长史、正、监、守丞有（又）夺各一攻（功），史与为者为新地吏二岁。御史名发县官吏□书律者，不用此令。 ●卒令丙九（岳麓简 1289/168＋1914/169＋1887/170 所收秦令）

B. □□坐一□，丞、令、令史、官啬夫、吏主者夺爵各一级，无爵者以（?）官为新地吏四岁。执法令都吏循行案举不如令〚者〛，论之，而上夺爵者名丞相，丞相上御史。都官有购赏贳责（债）不出者，如县。 ●内史官共（岳麓简 J38/269＋1662/270 所收秦令）

C.（缺简）以上及唯（虽）不盈三，一岁病不视事盈三月以上者，皆免。病有瘳，令为新地吏及戍如吏有适过废、免为新地吏及戍者。●迁吏令甲（岳麓简 1865/276＋1791/277 所收秦令）

D. 诸吏为詐（诈）以免去吏者，卒史、丞、尉以上上御史，属、尉佐及乘车以下上丞相。丞相、御史先予新地远犨害郡，备，【以】次予之，皆令从其吏事新地四岁，日备免之。日未备而詐（诈）故为它，赀、

① 如，出土于睡虎地 4 号秦墓的 6 号木牍所载惊写给中的家书就提到，“新地多盗，衷（中）唯毋方行新地，急急急”。陈伟主编：《秦简牍合集（壹·上）》，武汉大学出版社 2014 年版，第 637 页。又如，张家山汉简《奏谳书》所收“南郡卒史盖庐、挚、朔，叚（假）卒史瞗复攸庳等狱簿”也记载了发生于新地的一次新黔首暴动，其引用的令文甚至明言“所取荆新地多群盗”云云。参见彭浩、陈伟、［日］工藤元男主编：《二年律令与奏谳书：张家山二四七号汉墓出土法律文献释读》，上海古籍出版社 2007 年版，第 364—365 页。

废以免去吏，驾（加）罪一等。[①]（岳麓简 1866＋J71－3/248＋1720/249 所收秦令）

观上引令文 A、B、D，官吏如因某种违法行为而被罚为废官，则可通过任新地吏继续为官以摆脱废官身份，岳麓简 1036/053＋1010/054＋1011/055 所收制书很明确地表达了这一意思：

E. 定阴忠言：律曰："显大夫有辠当废以上勿擅断，必请之。"今南郡司马庆故为冤句令，誰（诈）课，当废官，令以故秩为新地吏四岁而勿废，请论庆。制书曰："诸当废而为新地吏勿废者，即非废。已后此等勿言。" ●廿六[②]

又，根据令文 C 的规定，官吏因病而在一年内无法工作达三个月以上，将被免官，但亦可通过任新地吏的方式继续其宦途。另外，综合上引五条令文，还可发现：(1) 在令文 B 中，违法之官应是被直接派往某新地为吏，但据令文 D，如官吏以"为誰（诈）以免去吏"之故而被派往新地，则须先到"远犨害郡"为吏，后再到略近之新地为吏，此可明任新地吏的方式当与官吏所犯罪行之别有关；(2) 揆诸令文 B、D、E，任新地吏一次或一个阶段原则上很可能是以四年为时限的，时限届满即可回归故土，此即"日备免之"四字之所指，[③] 而令文 A 所说的"为新地吏二岁"似乎更应理解为对类似从犯（"与为者"）的吏的减轻处理。[④] 概言之，为了满足新地在补充官吏上的急切需求，

① 此处所引四条令文分别出自陈松长主编：《岳麓书院藏秦简（伍）》，上海辞书出版社 2017 年版，第 110—111、187、190 页；陈松长主编：《岳麓书院藏秦简（陆）》，上海辞书出版社 2020 年版，第 178 页。

② 陈松长主编：《岳麓书院藏秦简（伍）》，上海辞书出版社 2017 年版，第 56—57 页。

③ 对涉及新地吏问题的简牍文献所提及的"日备归""日备免之"等语词，吴方基已有详细论述，颇值参考。参见吴方基：《新出秦简与秦代县级政务运行机制》，中华书局 2021 年版，第 214—221 页。

④ 除了此处所探讨的五条令文之外，岳麓简收入的其他有关新地吏的令文还提到了"新地为官未盈六岁"（1018/030）、"誰（诈）避者皆为新地吏二岁"（1926/268）等文句，吴方基则据一应令文将新地吏任期分为二年、四年及因加罪延长期限者 （转下页）

秦统治者以令打破了律有关任用废官为吏的禁止性规定。此举既可在惩治废官的同时利用其行政经验强化秦对“新黔首”的统治，亦可以“日备免之”淡化任新地吏的处罚意味，激励被派往新地的废官、被免之官尽职尽责。具有如此一箭双雕之功效的政略自然不能仅停留在纸面上，令文 E 所说南郡司马庆就是废官被派往新地为吏的实例，而里耶简 9－1881 所载鲁阳县守丞发给尉的官文书就直接提到了“遣新地吏令”：

> 十一月甲寅，鲁阳守丞印下尉：以律令从吏（事）。今亟日夜遣，毋出寅夕。唯毋失期。失期，致啬夫、吏主者。它尽如遣新地吏令。痈手。（9－1881 正）①

如《里耶秦简牍校释（第二卷）》所说，所谓“遣新地吏令”的内容很可能涉及前引岳麓简提到的派废官等为新地吏的规定。除此之外，游逸飞、鲁家亮、吴方基等皆曾表列迁陵县吏中的外籍人士；游逸飞则更进一步指出这些官吏主要来自于洞庭郡的邻近郡，这表明新地吏的调遣以邻近郡为优先。②检索各表，外籍官吏有任县丞之类的长吏者，这或可用秦县官吏选任上的避籍制度来解释，但外籍人士频频担任令史、尉史、冗佐、狱佐之类的小吏就确实能证明秦曾从故地向新地的县输出大量官吏这一点了，而在这些官吏中

（接上页）三种情形。参见吴方基：《新出秦简与秦代县级政务运行机制》，中华书局 2021 年版，第 221—225 页。吴说有其史料根据，可谓经严谨考证所得之结论。然而，因加罪延长期限者不能被视为新地吏的常规任期是不言自明的。另外，1926/268 因前有缺简，无法判断“詐（诈）避者皆为新地吏二岁”究竟缘何而起，且如此处对令文 A 中的“为新地吏二岁”之考察所示，1018/030 中的“六岁”、1926/268 中的“二岁”有可能各为“四岁”因遇到应加重、减轻之情形而被调整后的结果。这样看来，吴说能否完全成立似乎还有待更进一步的证明。

① 陈伟主编：《里耶秦简牍校释（第二卷）》，武汉大学出版社 2018 年版，第 383 页。

② 参见游逸飞：《制造“地方政府”——战国至汉初郡制新考》，台湾大学出版中心 2021 年版，第 187 页；鲁家亮：《里耶秦简所见秦迁陵县吏员的构成与来源》，载李学勤主编：《出土文献》（第十三辑），中西书局 2018 年版，第 206—207 页；吴方基：《新出秦简与秦代县级政务运行机制》，中华书局 2021 年版，第 229—231 页。另外，郑威也曾指出，迁陵县吏中的外籍人士多有从巴蜀迁转而来者，这似乎也能说明新地吏调遣以邻近郡为优先。参见郑威：《里耶秦简牍所见巴蜀史地三题》，载《四川师范大学学报》（社会科学版）2015 年第 2 期，第 148—149 页。

毫无疑问是存在着废官或被免之官的，里耶简 8－1516 所载迁陵县发给沮县的回文即提供了例证：

> 廿六年十二月癸丑朔庚申，迁陵守禄敢言之：沮守瘳言：课廿四年畜息子得钱殿。沮守周主。为新地吏，令县论言史（事）。●问之，周不在迁陵。敢言之。（8－1516 正）①

位于故秦的沮县的官吏之所以致书迁陵县以询问周之所在，当是因为作为原沮县官吏的周以考课居末位亦即失职之故而被派往迁陵县这一新地任吏，而沮县尚不知此人是否已到任。从迁陵县的回复来看，周或许正在赴任途中，也可能不知所踪，但无论如何，像周这样的有过之官吏会被遣往位于新地的各县则是可以肯定的，他们必须在如迁陵县一般的新地之官府的各个岗位上勤勉工作以期回到故土甚至开创仕途新局面。②

上文有关新地吏之选用的探讨基本都是围绕着有过错之官吏的迁转展开的，似乎给人造成了一种新地吏皆源于秦故地之废官或被免之官的印象，但正如于振波早已指出的，来自于秦之“故地”的新地吏不可能全都是被免职或废黜的官吏，而且“新地吏”也并非皆为外籍人士。③ 事实上，检索鲁家亮所绘表格，④ 就可以发现，迁陵县本地人既有承担邮人之类的差役者，也不乏任佐、史之类下层官吏者。更值得注意的是里耶简的如下记载：

① 陈伟主编：《里耶秦简牍校释（第一卷）》，武汉大学出版社 2012 年版，第 343 页。
② 应当指出，郑威等的研究成果可以帮助我们更详细地了解废官或被免之官任迁陵县吏的现象，值得参考。参见郑威：《里耶部分涉楚简牍解析》，载楚文化研究会编：《楚文化研究论集》（第十一集），上海古籍出版社 2015 年版，第 347—349 页；华楠：《里耶秦简所见“冗佐”刍议》，载刘玉堂主编：《楚学论丛》（第六辑），湖北人民出版社 2017 年版，第 70—76 页；鲁家亮：《里耶秦简所见秦迁陵县吏员的构成与来源》，载李学勤主编：《出土文献》（第十三辑），中西书局 2018 年版，第 208—210 页。
③ 参见于振波：《秦律令中的“新黔首”与“新地吏”》，载《中国史研究》2009 年第 3 期，第 78 页。
④ 参见鲁家亮：《里耶秦简所见秦迁陵县吏员的构成与来源》，载李学勤主编：《出土文献》（第十三辑），中西书局 2018 年版，第 210—211 页。

(1) 廿六年七月庚辰朔乙未，迁陵拔谓学佴：学童拾有鞫，与狱史畸徼执，其亡，不得。上奔牒而定名事里、它坐、亡年日月、论云何、何罪、赦或覆问之毋有。与狱史畸以律封守、上牒。(14-18 正)

七月乙未，牢臣分㦰以来/亭手。　畸手。(14-18 背)

(2) 廿六年七月庚辰朔乙未，学佴亭敢言之：令曰：童拾☑史畸执定言。今问之，毋学童拾。敢言之。☑ (15-172 正)

即令守□行☑ (15-172 背)①

这两份文书虽分布在不同的土层，但从内容上看，应当是有联系的。有关(1)(2)中的"学佴"，前文在探讨"揄史"时所引用的《二年律令·史律》条文也曾提及，其所指当是学室中的教员。(1)收入了一个叫"拔"的官吏发给学佴亭的文书，要求亭核实一个涉嫌违法、名为"拾"的学童的基本信息；(2)则为学佴亭的回文，其主旨是说"经核实，学室中没有叫'拾'的学童"("今问之，毋学童拾")。两份文书的往来显然说明，迁陵县已如秦故地的县一样设置了学室，学佴则对入学室的学童严加管理，故得以清晰确定学室中是否有某人。进一步论，里耶简 15-146 云，"☑直学佴，令教以甲子、算、马、大杂"，② 学佴所传授的知识应与为吏的基本素质即"能书会计"有关；而且，如鲁家亮所指出的，学佴亭极有可能是来自于洞庭郡之外的熟识秦法和秦政者，③ 其职责就是通过传授为吏知识来培养迁陵县的官吏后备人员，进而将秦政从故地复制到新地。换言之，迁陵置县的时间是秦王政二十五年；④ 置县后不久，迁陵学室就成立了，其培养对象不用说就是迁陵"新黔首"，而这些"新黔首"又通过考试取吏、推择为吏等方式被选用为吏，与大

① 张春龙：《里耶秦简中迁陵县学官和相关记录》，载清华大学出土文献研究与保护中心编：《出土文献》(第一辑)，中西书局 2010 年版，第 232—233 页。
② 张春龙：《里耶秦简中迁陵县学官和相关记录》，载清华大学出土文献研究与保护中心编：《出土文献》(第一辑)，中西书局 2010 年版，第 232 页。
③ 参见鲁家亮：《里耶秦简所见秦迁陵县吏员的构成与来源》，载李学勤主编：《出土文献》(第十三辑)，中西书局 2018 年版，第 206 页。
④ 里耶简 8-757 明确记载："今迁陵廿五年为县"。陈伟主编：《里耶秦简牍校释(第一卷)》，武汉大学出版社 2012 年版，第 217 页。

量涌入的外籍人士一起组成了"新地吏"这一群体。毋庸赘言，此做法不应是迁陵县的特有现象，毕竟由秦故地输出废官等充实新地官府的职位只是寻求短期效果的应急之举。岳麓简 1774/273 收入的一条《迁吏令》的残文就提到：

> 以次为置守、学佴。①

观岳麓简所收《迁吏令》诸条，其内容多涉及官吏因违法而被处罚或迁转至他处为吏之事，因此上引令文很可能谈到了对被迁转至他处为吏者安排新岗位的办法。由此可知，一部分官吏会被派往他处任学佴，其工作任务不用说与学佴亭之所为大致一致。正因为新地各县之学室的建立及学佴的教导，部分新黔首成为了秦的新官僚，秦统治者则期望借他们之手降低在原六国故地上推广秦法、秦政或将遇到的阻力。

不过，新地吏终究不同于故秦之吏。以废官等被派往新地的故秦人论，朝廷本期望以恩威并重的方式激励他们在新地实施秦政，但他们有可能因故土的各种关系的存在而对新地心不在焉，也有可能与新黔首结成利益集团而对朝廷政令阳奉阴违；对被选用为吏的新黔首来说，他们本就是当地人，即便为秦吏，也难免心向当地，而且同样有可能利用政务之便与秦故地的官吏勾连以至于破坏秦故地的政治秩序。如此，严格约束新地吏的言行可谓理所当然，岳麓简就记载了一些有关新地吏之管理的法令。如，前文在探讨任废官为新地吏时曾引用的令文 D 提到，"日未备而詐（诈）故为它，赀、废以免去吏，驾（加）罪一等"，其意显然是要以刑罚强迫废官在任新地吏期间尽职尽责、谨小慎微。又如，岳麓简 1018/030＋1014/031＋1015/032 所收秦令载：

> 廿六年正月丙申以来，新地为官未盈六岁节（即）有反盗若有敬

① 陈松长主编：《岳麓书院藏秦简（伍）》，上海辞书出版社 2017 年版，第 188 页。

（警），其吏自佐史以上去繇（徭）使私谒之它郡县官，事已行，皆以彼（被）陈（阵）去敌律论之。吏遣许者，与同罪。以反盗、敬（警）事故繇（徭）使，不用此令。 ●十八①

据此令，除了因“反盗”或“敬（警）事”而出差并与“它郡县官”联络之外，新地吏在任职六年内遇到“反盗”或“敬（警）事”及因其他事务而出差却因私人目的拜见“它郡县官”，都将以“彼（被）陈（阵）去敌律”论处。这无疑是要减少新地吏与故地的联系，督促他们在新地敬业工作或防止他们对故地的政治稳定带来不良影响。再如，岳麓简 0895/039＋1113/040＋1137/041 所收秦令曰：

●新地吏及其舍人敢受新黔首钱财、酒肉、它物，及有卖买、叚（假）赁、贷于新黔首而故贵赋〈贱〉其贾（价），皆坐其所受及故为贵赋（贱）之臧（赃）、叚（假）赁费、贷息，与盗同法。其贳买新黔首奴婢畜产及它物盈三月以上而弗予钱者坐所贳贾〈买〉钱数，亦与盗同法。②

细读本条令文，其中自然有禁止新地吏欺压新黔首以免激化秦与原六国臣民之矛盾的用心，但未必没有如下意图：防止废官等因收受贿赂而与新黔首串通一气以至于忘记其故秦人立场，或告诫甫任秦吏的新黔首应时刻牢记朝廷对廉洁奉公之吏德的强调③。

概言之，面对新地迫切需要补充官吏的现实，秦统治者采取了双管齐下的举措即输出故地之吏并培养新黔首为吏，其目的是在抑制新地吏对秦政造成不良影响之诸种可能的基础上发挥他们普及秦法、推广秦政的积极作用。

① 陈松长主编：《岳麓书院藏秦简（伍）》，上海辞书出版社 2017 年版，第 48—49 页。
② 陈松长主编：《岳麓书院藏秦简（伍）》，上海辞书出版社 2017 年版，第 51—52 页。
③ 睡简《语书》就提到“凡良吏明灋（法）律令……有（又）廉絜（洁）敦悫而好佐上”云云，《为吏之道》亦曰“吏有五善……二曰清廉毋谤”。陈伟主编：《秦简牍合集（壹·上）》，武汉大学出版社 2014 年版，第 34、326 页。

此乃秦统治者的期望，但无法忽视的是这种期望的浓厚中央集权色彩。换言之，无论是在故地，还是在新地，官吏都只能是执行秦法的技术官僚，县官府作为技术官僚的汇集地也都只能是君主的代言人，这本是秦在商鞅变法时期甚至更早就已界定的县衙及官吏的基本角色。然而，对在有着数百年发展史的土地上成长起来的六国臣民而言，真正成为问题的恰恰是通过所谓双管齐下的官吏选用之法来保障的秦法、秦政本身。结果，作为秦帝国之缩影且不乏技术官僚的迁陵县终究无法避免被卷入秦末战争的命运，只留下了承载于简牍之上的众多官文书，而它们则向后人传达着秦王朝所秉持的完全统合天下以定于一尊的政治理想。

小　结

本章始于对商鞅变法时期秦县制之确立过程的考察。应当指出，商鞅的变法举措颇多，而孝公时期秦在全境推行县制乃变法的总结性环节，因此，秦县实为秦确立和维护中央集权、以农战统一庶民之言行的诸多政治举措的基本实践场域；同时，由于时值战国年代，此县制又带上了较为明显的时代烙印，即有一定的军事据点的色彩。如此种种其实在很大程度上指明了秦统治者在构想与县有关的各项具体制度时的方向性，这在县的官府机构设置及官吏选用上就得到了某种程度的体现。有关前者，作为整体的县官府是由县廷和诸官组合而成的。一方面，县廷是长吏与令史、令佐等的办公场所，而在长吏内部，因为所谓军事色彩的影响，县尉在地位上未必不如县丞，至少可与县丞相比抗；另一方面，诸官为县的具体办事机构，它们与县廷之间保持着所谓“空间和制度上的双重距离”，但是从县廷与诸官之关系的发展趋势上说，县廷的权力是逐渐扩张的，这与所谓中央集权无疑有着密不可分的联系。有关后者，无论是从官吏的选用方式、当选资格及选用程序上看，还是以应时势之需而推出的新地吏选用及管理对策论，其目的其实皆在于造就熟悉秦法及文书流转过程的技术官僚，进而确保秦政能够在各个层面得到落实以维护中央的权威。本章起始部分曾指出本章的考察意在明确秦县“治理之主体亦即县官府的基本面貌”。至此，县官府的概貌已大致勾勒完毕，接下来的问题则是所谓治理究竟是怎样展开的，以下两章将尝试作出回答。

第二章

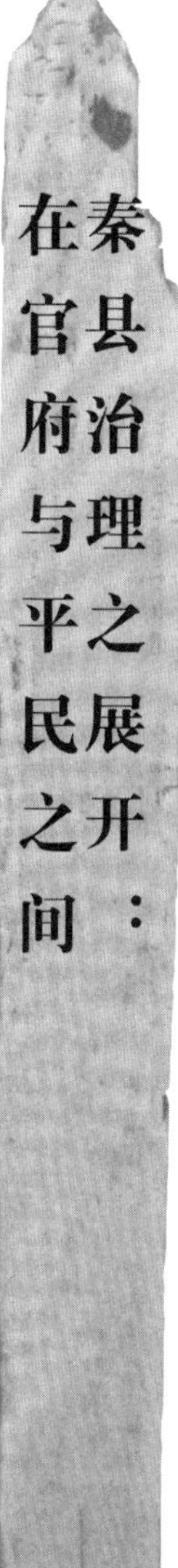

秦县治理之展开：在官府与平民之间

春秋战国以降，县官府长期被定位为君主权力在民众面前的直接代言人，自应不分巨细地负责其所辖的一方土地上的各类政务，但这并不意味着历朝历代县衙面对同类政务所考虑的问题无甚区别；相反，不同的历史背景会使各时代的县衙对同类政务的处理表现出略有差异的政治考虑。在这一点上，法史学界以往在研究历代法制时习惯于按照现代部门法思维对相关史料予以类别化介绍。如此而为虽使史料所记载的秦的县政以一种现代人较易理解的方式展现出来，但也在一定程度上割裂了各项政务的关联性，进而导致秦政自身的运转逻辑未能获得整体性说明。有鉴于此，本章将从对秦县治理的几个基本事项的探讨出发来思考秦政究竟如何展开。不过，需要先行指出的是，此处所说的“秦县治理”乃官府与一般平民之间的政治关系之形成途径的概括。至于官府内部的政务信息流转以及刑徒等官方劳动力在秦县治理中究竟发挥了什么样的作用，则主要留待下一章来考察。

第一节　户籍管理与授田

在科技不够发达的古代社会，各种事务都不得不倚赖人力尤其是为数众多的农人来完成，所以，历朝历代统治者无不重视对人口的掌控。这既有赖于可明确黎庶之基本信息的为政技术，又须以提供一定的生产环境而使民众定居为前提条件。显然，前者与户籍管理相关，后者则涉及田土经营，以下就将对秦县官府如何处理这两项重要政务略作考察。

一、户籍的基本内容及县对户籍的管理

应当指出，依靠户籍制度来掌控人口并非自古已然。在上古时期，由于族为社会的基本构成单位，以族系民的现实导致“户”在统治者的观念中无

异于模糊性存在，立户、编制户籍当然也无必要。不过，至迟从西周中后期开始，土地流转、天灾、战乱等因素就使部分民众从族居状态中脱离了，[①] 如何掌控人口、确定民数遂成为君主必须关注的政治问题，《国语·周语上》所载周宣王“料民于太原”一事应该就是在这样的历史背景下发生的，但此事只是实行于局部地区的人口调查，而非政府机构统一主持的编户。[②] 到春秋战国时代，一方面，礼崩乐坏、“戎马生于郊”（《老子·第四十六章》）的社会乱象使人口流动呈司空见惯之势；另一方面，“争于力气”（《韩非子·五蠹》）的政治局面又凸显了控制人口的重要性。由之，以户为单位而登记户的基本信息及其变动的户籍制度开始出现。在秦，从《史记》的记载来看，户籍制度似始于秦献公十年（公元前 375 年）的“为户籍相伍”[③]。更进一步，商鞅学派主张“四境之内，丈夫女子皆有名于上，生者著，死者削”[④]，而商鞅变法的各项举措如“令民为什伍，而相牧司连坐”“民有二男以上不分异者，倍其赋”“宗室非有军功论，不得为属籍”等又皆与户籍密切相关，户籍制度在某种程度上就演变为秦政的一块基石。[⑤] 那么，秦的户籍到底记载了哪些信息，县官府又是如何管理户籍的？

（一）户籍的基本内容

有关秦户籍究竟提到了哪些信息，张金光很早就指出，秦的户籍采综合式，除了记录民户之各成员的姓名、性别、貌状、籍贯等要素之外，还会罗列民户的受田数、租赋徭役完给情况等。[⑥] 换言之，秦的户籍是民户之人口及资产的合编簿。此说曾得到不少学者的认可或响应，[⑦] 而且似乎也能在简

---

① 参见杜正胜：《编户齐民：传统政治社会结构之形成》，联经出版事业股份有限公司 2018 年版，第 22—23 页；拙文：《从君主命令到令、律之别——先秦法律形式变迁史纲》，载《清华法学》2020 年第 2 期，第 168—169 页。

② 参见张金光：《秦制研究》，上海古籍出版社 2004 年版，第 775 页。

③《史记·秦始皇本纪》。

④《商君书·境内》。

⑤ 参见张金光：《秦制研究》，上海古籍出版社 2004 年版，第 777 页；渡边信一郎：《中國古代の财政と國家》，汲古书院 2010 年版，第 12 页。

⑥ 参见张金光：《秦制研究》，上海古籍出版社 2004 年版，第 778—788 页。

⑦ 有关与张说相似的各种观点，韩树峰已有所梳理。参见韩树峰：《论汉魏时期户籍文书的著录内容》，载卜宪群、杨振红主编：《简帛研究》（2014），广西师范大学出版社 2014 年版，第 248—249 页。

牍文献中找到佐证，如睡简《封诊式·封守》所记载的对“有鞫者”的查封就以家户成员及资产为对象：

> 乡某爰书：某县丞某书，封有鞫者某里士五（伍）甲家室、妻、子、臣妾、衣器、畜产。①

但正如张金光本人所说，“因为秦户籍的原件未有发现，其具体形式无法确知”，② 而里耶出土的户籍残简就提供了进一步思考秦户籍之形式的契机。

这批残简分别出土于里耶古城北护城壕中段底部的凹坑和一号井中，以下将表列一部分以便探讨。

表 2-1

出土地	具体内容			
北护城壕	第一栏 南阳户人荆不更□得 第二栏 妻曰嗛 第三栏 子小上造台 子小上造宁 子小上造定 第四栏 子小女虖 子小女移 子小女平 第五栏 五（伍）长 (K1/25/50)	第一栏 南阳户人荆不更宋午 弟不更熊 弟不更卫 第二栏 熊妻曰□□ 卫妻曰有 第三栏 子小上【造】传 【子小上】造逐 【子】小上造□ 熊子小上造 第四栏 熊子【小女子】阿 第五栏 臣曰襦（K2/23）	第一栏 南阳户人荆不更郑不实 第二栏 妻曰有 第三栏 子小上造虒▨（K48）	第一栏 南阳户人荆不更緐喜 子不更衍 第二栏 妻大女子媐 隶大女子华 第三栏 子小上造章 子小上造狁 第四栏 子小女子赵▨ 子小女子见▨（K49）

① 陈伟主编：《秦简牍合集（壹·上）》，武汉大学出版社 2014 年版，第 288 页。
② 张金光：《秦制研究》，上海古籍出版社 2004 年版，第 788 页。

续 表

<table>
<tr><th>出土地</th><th colspan="13">具体内容</th></tr>
<tr><td rowspan="2">一号井</td><td>A</td><td colspan="4">东成户人大夫寡晏。☒
子小女子女巳。☒
子小女子不唯。☒（9－567）</td><td colspan="4">东成户人士五（伍）夫。☒
妻大女子沙。☒
子小女子泽若。☒
子小女子伤。☒
子小男子嘉。☒
夫下妻曰泥。☒（9－2037＋9－2059）</td><td colspan="4">高里户人小上造匽☒
弟小女子检。☒
下妻曰婴。（9－2045＋9－2237）</td></tr>
<tr><td>B</td><td colspan="3">☒伍长。
大女二人。
小男一人。
小女一人。
四人。（9－1530）</td><td colspan="3">不更舆里寎它☒
厚□夫。☒
大女二人。
廿六年繇（徭）☒（9－1667）</td><td colspan="3">不更舆里□豕☒
□大女三人。
小女二人。
……繇（徭）□七日……☒（9－1707）</td><td colspan="3">南里户人官大夫布。☒
口数六人。☒
大男子一人。☒
大女子一人。☒
小男子三人。☒（9－2295）</td></tr>
<tr><td>备注</td><td colspan="13">（1）出土于北护城壕的残简分别出自里耶秦简博物馆、出土文献与中国古代文明研究协同创新中心中国人民大学中心编著：《里耶秦简博物馆藏秦简》，中西书局2016年版，第211、212页。（2）出土于一号井的残简分别出自陈伟主编：《里耶秦简牍校释（第二卷）》，武汉大学出版社2018年版，第157、322—323、345、350、408、409、465页。</td></tr>
</table>

关于上表，至少有以下三方面内容值得思考。第一，里耶古城为秦迁陵县治所在地，出土于一号井中的官文书则基本属于县廷的行政档案，但上表所列K1/25/50等木牍却出土于北护城壕，因此，它们皆非县廷之物是可以确定的，张荣强就断言，"里耶出土的这批户版是迁陵县某乡保管的户籍，更准确点，就是迁陵县某乡南阳里户籍"。[①] 那么，有没有可能进一步推测"某乡"到底是哪个乡？迁陵县下辖三个乡：都乡、贰春乡、启陵乡。都乡之所以被冠以"都"字，当然是因为县廷就设于都乡的地域范围之内。如此，都乡啬夫的官署很可能就在距离县廷不远处，北护城壕中出土的户版若与县廷无关，则极有可能是都乡之物。另外，据晏昌贵考证，"南阳里"本为楚国里名，秦

① 张荣强：《汉唐籍帐制度研究》，商务印书馆2010年版，第25页。

在占领该地后将其分为南里与阳里，前者属贰春乡，后者则属都乡。① 或许就是因为阳里被划归都乡，秦吏为统计原南阳里的人口而编制的户版也一并为都乡所保管了。第二，观北护城壕出土的若干户版，其书写不仅全部分栏明确，而且遵循着相对固定的格式要求，如下表所示：

表 2－2②

栏序号	具 体 内 容
第一栏	大男子：某地户人/爵/姓名
第二栏	大女子：妻/母、妾、隶/名
第三栏	子（男子）：子/爵/名
第四栏	子（女子）：女/名
第五栏	备注栏，一般记录“臣”及是否担任伍长； 如无相关内容，则留白。
备　注	（1）“母”也有被书写在第四栏的情况，如 K42/46、K13/48。之所以如此，或如刘欣宁所说，“登于第四栏者，应为已达免老年龄，赋役身分同于‘小女’”。 （2）有关 K42/46 及 K13/48 号户版，参见湖南省文物考古研究所编著：《里耶发掘报告》，岳麓书社 2007 年版，第 204—206 页。

以南阳里户版为参照，一号井出土的 A 组户籍残简所载的内容与南阳里户版相似。一般认为，秦汉时代，户籍最初是在乡里编制的，③ 一式两份，正本留

① 参见晏昌贵：《秦简牍地理研究》，武汉大学出版社 2017 年版，第 231 页。

② 本表是以邢义田梳理的“户籍格式表”为基础，以《里耶发掘报告》等对秦户籍之格式的总结为补充作成的。参见湖南省文物考古研究所编著：《里耶发掘报告》，岳麓书社 2007 年版，第 208—209 页；刘欣宁：《里耶户籍简牍与“小上造”再探》，载简帛网 http://www.bsm.org.cn/?qinjian/4961.html，发布时间：2007 年 11 月 20 日；刘敏：《关于里耶秦“户籍”档案简的几点臆测》，载《历史档案》2008 年第 4 期，第 33—34 页；田旭东：《里耶秦简所见的秦代户籍格式和相关问题》，载《四川文物》2009 年第 1 期，第 52—53 页；黎明钊：《里耶秦简：户籍档案的探讨》，载《中国史研究》2009 年第 2 期，第 6—11 页；张荣强：《汉唐籍帐制度研究》，商务印书馆 2010 年版，第 15 页；邢义田：《治国安邦：法制、行政与军事》，中华书局 2011 年版，第 302 页；韩树峰：《里耶秦户籍简三题》，载杨振红、邬文玲主编：《简帛研究》（2016 春夏卷），广西师范大学出版社 2016 年版，第 71 页；袁延胜：《秦汉简牍户籍资料研究》，人民出版社 2018 年版，第 7—12 页。

③ 参见邢义田：《治国安邦：法制、行政与军事》，中华书局 2011 年版，第 240 页。

乡，副本呈送县廷。① 既然南阳里户版归乡保管，一号井出土的官文书又多为县廷之物，那么，所谓内容的雷同性或许已能说明，A组户籍残简乃迁陵县下辖各乡上呈县廷的户籍副本。问题在于，副本是否仅为正本的单纯复制？在此，不妨先浏览下列A组残简的图版：

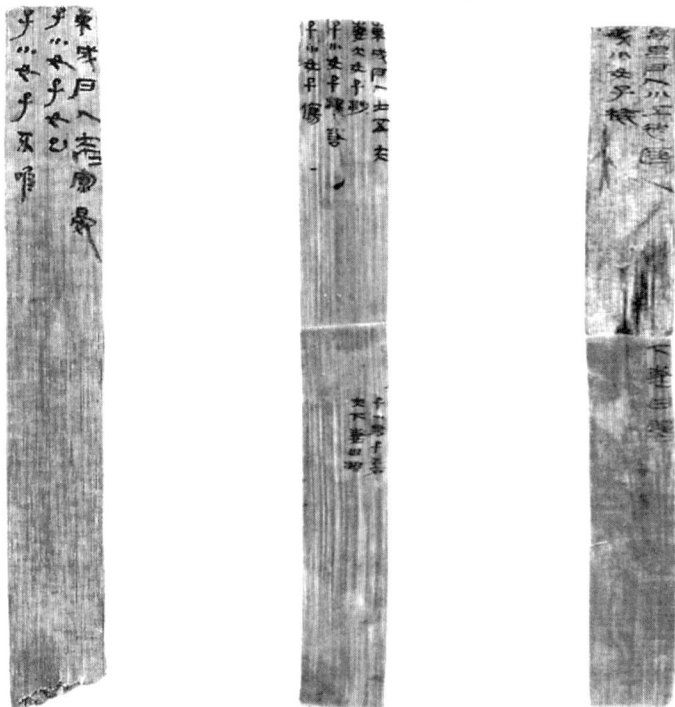

图2-1　9-567　　图2-2　9-2037+9-2059　图2-3　9-2045+9-2237

显然，三块木牍对家户成员之信息的记载都采取了简单的从右往左依次罗列而非分栏书写的方式。如前所述，南阳里户版很可能归都乡保管，而9-2045+9-2237号牍所提及的高里又下辖于都乡，② 二者在记载家户成员之信息的复杂程度上的迥然不同在很大程度上已揭示，乡上呈给县廷的户籍副本

① 如，《二年律令·户律》就提到“恒以八月令乡部啬夫、吏、令史相杂案户籍，副臧（藏）其廷”云云。另外，张荣强曾对乡里之户籍的正副本等有所论述，或可参考。参见张荣强：《汉唐籍帐制度研究》，商务印书馆2010年版，第33页；同氏：《读岳麓秦简论秦汉户籍制度》，载《晋阳学刊》2013年第4期，第54页。

② 有关高里的行政隶属关系，参见晏昌贵：《秦简牍地理研究》，武汉大学出版社2017年版，第206页。

与其说是乡所保存的户籍正本的单纯复制，还不如说是户籍正本被简化的产物。另外，9－567及9－2037＋9－2059二牍所提及的东成里下辖于贰春乡，[①]这又表明在简化正本的基础上制作副本并将其呈送给县廷的做法并非一乡之所为，似具有一定的普遍性。更进一步，若浏览出土于一号井的B组残简，就会发现，其记载不仅如A组残简一样不分栏，而且把除了户主之外的家户成员的名讳一并省略了。对此种差异的形成原因，若作稍大胆的推测，那很可能就在于县廷会对乡上呈的户籍副本予以再整理。也就是说，在秦县政府中大概存在着两种户籍，一种是乡保管的最为详细的基础户籍（或户版），另一种是县廷据乡呈送的户籍副本而制作并保管的简化户籍。可是，为何如此呢？私见以为，一方面，当与乡、县的官府在行政运转中的角色不同有关：前者是诸多政务的直接执行者，对民户的信息掌握得越详细就越有利于针对性地落实政命；后者是县政之执行情况的统筹把控者和监督者，从对前者加以考课和完成上计的角度上说，掌握某户之户主的基本信息和户内男女的人数或许就足够了。另一方面，也需要考虑简牍时代书写材料对行政的影响，即随着书写内容的增多，作为文字之载体的简牍的数量也必然增多，制作、运输、保管官文书的不便程度就会提升以至于无形中推动了行政成本的上涨，[②]因此，乡所编制的户版的正本、乡呈送给县廷的户籍副本及县廷据副本制作的户籍就不得不各有详略。第三，关于户籍残简的“具体内容”，也有几个问题点值得关注。(1)《二年律令·置后律》曰：

死毋子男代户，令父若母，毋父母令寡，毋寡令女，毋女令孙，毋

① 有关东成里的行政隶属关系，参见晏昌贵：《秦简牍地理研究》，武汉大学出版社2017年版，第222页。

② 参见邢义田：《地不爱宝：汉代的简牍》，中华书局2011年版，第11—14页；韩树峰：《论汉魏时期户籍文书的著录内容》，载卜宪群、杨振红主编：《简帛研究》(2014)，广西师范大学出版社2014年版，第257—259页；张荣强：《中国古代书写载体与户籍制度的演变》，载《武汉大学学报》2019年第3期，第95—96、99页；张荣强：《简纸更替与中国古代基层统治重心的上移》，载《中国社会科学》2019年第9期，第184—185页。

孙令耳孙，毋耳孙令大父母，毋大父母令同产子代户。同产子代户，必同居数。弃妻子不得与后妻子争后。①

《奏谳书》所载案例二十一被认为发生于秦时，其文辞提到，“故律曰：死□以男为后。毋男以父母，毋父母以妻，毋妻以子女为后”。② 可见，在秦及汉初，户主死后，应当首先由“子男”即儿子代户，但从前列 9－2045＋9－2237 号户籍残简来看，代户的“子男”未必要成年。若“毋子男代户”，丈夫在世时不得为户的妻子③就具备了立户资格，前列 9－567 号户籍残简的记载就证明了这一点；而且，在“毋寡”的情况下，女儿亦可立户。这表明，在秦及汉初，女子是有一定的立户资格的。④ 也就是说，秦时，户主并非必须为成年男子，当然也未必皆有能力为整个户承担各种法律责任。正因为此，秦的户版或户籍⑤以“户人”称呼户主，而此称呼本身“不过是政府为了识别每户，立籍时加派给首位成员的一个符号而已，可以说形式意义大于实际意义”。⑥

(2) 南阳里户版在记录户主时都提到了“荆不更”三字。“不更”乃秦汉时代

① 彭浩、陈伟、［日］工藤元男主编：《二年律令与奏谳书：张家山二四七号汉墓出土法律文献释读》，上海古籍出版社 2007 年版，第 238 页。

② 彭浩、陈伟、［日］工藤元男主编：《二年律令与奏谳书：张家山二四七号汉墓出土法律文献释读》，上海古籍出版社 2007 年版，第 374 页。

③《二年律令·户律》就规定：“为人妻者不得为户”。彭浩、陈伟、［日］工藤元男主编：《二年律令与奏谳书：张家山二四七号汉墓出土法律文献释读》，上海古籍出版社 2007 年版，第 227 页。

④ 对秦及汉初女子的立户问题的更详细介绍，参见徐世虹：《张家山二年律令简所见汉代的继承法》，载《政法论坛》2002 年第 5 期，第 12—13 页；［韩］尹在硕：《秦汉妇女的继产承户》，载《史学月刊》2009 年第 12 期，第 115—120 页。

⑤《周礼·天官·冢宰》：“宫伯掌王官之士庶子，凡在版者。”“郑注”引“郑司农云”：“版，名籍也，以版为之。今时乡户籍谓之户版。”又，《周礼·春官·宗伯》：“大胥掌学士之版，以待致诸子。”“郑注”引“郑司农云”：“版，籍也。今时乡户籍，世谓之户版。”可见，户籍与户版应可通用。

⑥ 韩树峰：《汉魏法律与社会——以简牍、文书为中心的考察》，社会科学文献出版社 2011 年版，第 125 页。文霞曾言“秦汉时期的‘户人’作为一户之主肩负着更多的法律责任”云云。参见文霞：《秦汉奴婢的法律地位》，社会科学文献出版社 2016 年版，第 154 页。事实上，正如韩树峰已指出的，在现有资料中几乎看不到先秦、秦汉“户人”代表一户承担法律责任的记载，户主的法律责任的强化是在魏晋南北朝时期逐渐完成的。参见本注所引韩树峰书，第 109—113 页。

的二十等爵[①]的第四级，而在爵称前注明“荆”字的目的当如邢义田、张荣强所指出的，就在于说明这些爵位只是秦为了笼络原楚民而广泛赐予的，与“故秦”的可享受种种待遇的爵位有别。[②] 换言之，此处的“不更”在很大程度上只具有宣示秦王之恩泽的形式意义，但仍然在户版上被明确标出。其之所以如此，当是因为商鞅变法后，秦的社会秩序以君主赏赐的军功爵为基础而非依靠种种习俗逐渐形成；[③] 以此为参照，对楚地民众赐爵其实也就意味着楚地的社会秩序今后将由秦王的权力而非楚的传统来塑造和维持。更进一步说，以一君万民的权力框架论，即便是形式意义上的爵也显得颇为重要，具有实质意义的爵级及无爵身份“士伍”[④] 当然就必须在户籍上体现出来，毕竟它决定了臣民可以从君主处获得何种程度的利益以及须承担多少与之相适应的义务，进而揭示了君民关系的多样化构成。(3) 在睡简公布以后，学者们都注意到秦曾以身高为标准来确定庶民之长幼；同时，据《史记·秦始皇本纪》，“（秦王政）十六年……初令男子书年”，即秦王政十六年之后，年龄逐渐取代身高以为确定长幼的标准，至里耶简的时代当然也是如此。然而，表 2-1 所列户籍残简都以“大”“小”而非年龄来标识长幼。尽管难以肯定“大”“小”的准确含义究竟是什么，[⑤] 但它们作为可同时用来概括身体外形

---

① 应当指出，二十等爵制不是在商鞅变法时期就已经确立了，而是从商鞅变法至汉初逐渐形成的。参见朱绍侯：《军功爵制考论》，商务印书馆 2008 年版，第 51—52 页。此处所云“秦汉时代的二十等爵”只是一种便于论述的笼统概括，并不是说军功爵制自创设之后从未变化。

② 参见邢义田：《龙山里耶秦迁陵县城遗址出土某乡南阳里户籍简试探》，载简帛网 http://www.bsm.org.cn/?qinjian/4954.html，发布时间：2007 年 11 月 3 日；张荣强：《汉唐籍帐制度研究》，商务印书馆 2010 年版，第 29 页。

③ 参见［日］西嶋定生：《中国古代帝国的形成与结构——二十等爵制研究》，武尚清译，中华书局 2004 年版，第 440—457 页。

④ 刘海年指出，“士伍”是指无爵或被夺爵后的成丁。参见刘海年：《战国秦代法制管窥》，法律出版社 2006 年版，第 318 页。

⑤ 山田胜芳曾详细估算秦王政十六年之前与“大”和“小”相对应的身高以及十六年之后与“大”和“小”相对应的年龄，凌文超则梳理了秦汉魏晋时期作为户籍身分的“大”和“小”的演化过程。二者于了解“大”与“小”的含义皆有一定的启发性，或可参考。参见山田胜芳：《秦漢財政収入の研究》，汲古书院 1993 年版，第 195—197 页；凌文超：《秦汉魏晋丁中制衍生史论》，河南人民出版社 2019 年版，第 134—144 页。

和年龄的词汇显然反映了秦以身高来确定长幼的习惯做法在户籍中的残留。应当指出，以从事劳作、承担徭役等论，身体发育程度不用说比年龄高低更为重要，身高无疑就很直观地体现了个体的身体状况是否已足以承担劳作。换言之，户版或户籍以“大”“小”这类具有双重含义的词汇来标识长幼暗示着户籍的重要功能之一是为征发赋役提供便利，① 表2-1之“备注”所说的“母”在南阳里户版中或被书写于第二栏或被书写于第四栏以及B组残简中的9-1667、9-1707均提及“繇（徭）”云云其实也都说明了这一点。(4) 无论是在南阳里户版中，还是在A组、B组户籍残简中，均未见关于民户所拥有的田宅、畜产等家资的记载。这表明，在乡编制基础户籍及县整理户籍时，民户的人员信息和家资情况都被有意识地分开了，而对前者的密切关注正是户籍的任务。综合上述三个方面的考察，可以认为，秦的户籍在乡官处及在县廷所呈现出来的样态很可能有所不同，但其内容并非“综合式”是可以肯定的，亦即主要包括户主及户的成员的基本信息而与家产无涉。

当然，这并不是说秦县官府不关注民户的家产。岳麓简《为狱等状四种》记载了“识劫婉案”的处理流程。有关争讼之开始，简文提到：

> 十八年八月丙戌，大女子婉自告曰：七月为子小走马羛（义）占家訾（赀）。羛（义）当□大夫建、公卒昌、士五（伍）積、喜、遗钱六万八千三百，有券，婉匿不占吏为訾（赀）。婉有市布肆一、舍客室一。公士识劫婉曰：以肆、室鼠（予）识。不鼠（予）识，识且告婉匿訾（赀）。婉恐，即以肆、室鼠（予）识；为建等折弃券，弗责。先自告，告识劫婉。②

① 有关这一点，刘欣宁和鹫尾祐子也有阐述。参见刘欣宁：《里耶户籍简牍与“小上造”再探》，载简帛网 http://www.bsm.org.cn/?qinjian/4961.html，发布时间：2007年11月20日；鹫尾祐子：《中国古代の專制国家と民間社会——家族・風俗・公私》，立命馆东洋史学会2009年版，第168—169页。

② 朱汉民、陈松长主编：《岳麓书院藏秦简（叁）》，上海辞书出版社2013年版，第153—154页。

观两处划线部分，“走马”乃二十等爵的第三级“簪裹”在秦始皇二十六年（公元前221年）前的称呼，[①]“为子小走马羛（义）占家訾（赀）”一句则清晰地表明秦统治者是要求民众向官府申报家产的；[②]㛐之所以会被识恐吓，就是因为㛐“匿不占赀”即申报家资不详尽以期隐匿部分家产。而从鞫状所说的“㛐匿訾（赀），税直过六百六十钱”来看，秦朝廷应该已设定了“匿赀”行为的若干量刑等级。综合这些信息，民众占訾可以说绝非单纯的习惯性做法，而是由秦律或令规定并保障其实施的一种制度。与之相适应，县中官府自然要对民户之资产登记造册，与户籍有别的其他籍册遂纷纷出现。又，《二年律令·户律》规定：

A. ① 民宅园户籍、年细籍、田比地籍、田合籍、田租籍，谨副上县廷，皆以箧若匣匮盛，缄闭，以令若丞、官啬夫印封，独别为府，封府户；节（即）有当治为者，令史、吏主者完封奏（湊）令若丞印，啬夫发，即杂治为；其事（?）已，辄复缄闭封臧（藏），不从律者罚金各四两。其或为詐（诈）伪，有增减也，而弗能得，赎耐。官恒先计雠□籍□不相（?）复者，辄劾论之。② 民欲先令相分田宅、奴婢、财物，乡部啬夫身听其令，皆叄辨券书之，辄上如户籍。有争者，以券书从事；毋券书，勿听。所分田宅，不为户，得有之，至八月书户。留难先令，弗为券书，罚金一两。[③]

---

① 陈松长、周海锋等皆认为，“走马”与“簪裹”实为同一爵级在秦始皇二十六年前后的不同称呼。陈松长等甚至据此认为，《商君书》中的“簪裹”应是汉代经生更改的结果，因此，传世的《商君书》是汉代人的修订本；周海锋则提出，除了“走马”“簪裹”之外，秦的第三等爵还有一个异称——“谋人”。参见陈松长等：《岳麓书院藏秦简的整理与研究》，中西书局2014年版，第239—242页；陈松长等：《岳麓秦简与秦代法律制度研究》，经济科学出版社2019年版，第224—228页；周海锋：《秦官吏法研究》，西北大学出版社2021年版，第36页。

② 南玉泉也以“识劫㛐案”为据来分析秦的财产登记制度及占訾。其详细论述参见南玉泉：《从封建到帝国的礼法嬗变：先秦两汉法律史论集》，中国政法大学出版社2020年版，第92—99页。

③ 彭浩、陈伟、[日]工藤元男主编：《二年律令与奏谳书：张家山二四七号汉墓出土法律文献释读》，上海古籍出版社2007年版，第223—224页。

律文A的①部分记载了多种籍，如田比地籍等；仅从字面含义上看，就可知这些籍的内容与田土等资产有关。汉承秦制，秦县官府保存着关乎民户之资产状况的籍册可以通过上引《户律》条文获得更为清晰的说明。

问题在于，多有学者据律文A认为，户籍是由民宅园户籍、年细籍、田比地籍、田合籍、田租籍等五种子籍构成的体系。① 然而，前文已多次指出，秦的户籍并未登记民户的资产情况，那么，这是不是意味着户籍的基本样态从秦至汉初经历了某种变化呢？此处，不妨再次浏览律文A。尽管学者们大多认可田比地籍是记录民户所占有的土地之四至的籍册，对田合籍及田租籍的内容则多有争议，② 但田比地籍、田合籍、田租籍都属于田籍则是毋庸置

① 参见杨振红：《出土简牍与秦汉社会》，广西师范大学出版社2009年版，第170页；邢义田：《治国安邦：法制、行政与军事》，中华书局2011年版，第299—300页；臧知非：《秦汉土地赋役制度研究》，中央编译出版社2017年版，第356页；袁延胜：《秦汉简牍户籍资料研究》，人民出版社2018年版，第67页。

② 有关"田合籍"三字，整理小组原释作"田命籍"，邢义田、三国时代出土文字资料研究班等国内外学者则据此对其含义提出了各种推测。参见曹旅宁：《张家山汉律研究》，中华书局2005年版，第131页；冨谷至编：《江陵張家山二四七號墓出土漢律令の研究 譯注篇》，朋友书店2006年版，第218页；朱红林：《张家山汉简〈二年律令〉研究》，黑龙江人民出版社2008年版，250页；邢义田：《治国安邦：法制、行政与军事》，中华书局2011年版，第300页；臧知非：《秦汉土地赋役制度研究》，中央编译出版社2017年版，第358页；晋文：《秦汉土地制度研究》，社会科学文献出版社2021年版，第288—291页；等等。但是，何有祖据图版指出，"田命籍"当释为"田合籍"。此说得到了杨振红、李安敦（Anthony J. Barbieri-Low）、叶山及袁延胜等国内外学者的认可。不过，在"田合籍"的含义上，《二年律令与奏谳书》认为，"似指按乡汇合统计的田亩簿书"。对此，李安敦、叶山表示认可，何有祖与杨振红较为谨慎地主张"待考"，袁延胜则主张"可能既是记载所有田地情况的总籍（包括耕地和非耕地，国有和私有的田地），同时它也是记载每户所有田地情况的总籍"。参见彭浩、陈伟、［日］工藤元男主编：《二年律令与奏谳书：张家山二四七号汉墓出土法律文献释读》，上海古籍出版社2007年版，第224页；杨振红：《出土简牍与秦汉社会》，广西师范大学出版社2009年版，第136页；Anthony J. Barbieri-Low, Robin D. S. Yates, *Law, State, and Society in Early Imperial China: A Study with Critical Edition and Translation of the Legal Texts from Zhangjiashan Tomb no. 247 Volume 1*, Brill, 2015, p. 817；袁延胜：《秦汉简牍户籍资料研究》，人民出版社2018年版，第93页；何有祖：《新出秦汉简帛丛考》，科学出版社2021年版，第6页。事实上，若"田合籍"之意乃"按乡汇合统计的田亩簿书"，则①的语句无异于在关乎单个民户的各类籍册中突然插入乡的统计性籍册，可谓略显怪异，因此"田合籍"似乎不能解释为"按乡汇合统计的田亩簿书"，或是指"某户所占有的土地的合计"。至于"田租籍"之所指，学者们基本上都认可此种籍册与田租征收有关，只不过对其明细究竟是涉及可收租之田的数量还是涉及每户应交及实际交纳的田租的数量存在不同的看法。参见本注所引朱红林书，253页；本注所引杨振红书，第135—136页；本注所引臧知非书，第358页；本注所引袁延胜书，第98页；本注所引晋文书，第295页；等等。

疑的。而且，从②部分来看，若庶民欲通过“先令”分配田宅、奴婢、财物，乡啬夫须制作叁辨券，并“辄上如户籍”亦即“如修改户籍一样将田宅等的变动情况（登记在相应的籍册上并）向县廷呈报”。与田有关的籍册无非就是上列“田比地籍”等三者，“辄上如户籍”一语就很明显在户籍与田籍之间划出了界限。另外，《二年律令·户律》又曰：

B. ①恒以八月令乡部啬夫、吏、令史相杂案户籍，副臧（藏）其廷。②其移徙者，辄移户及年籍爵细徙所，并封。留弗移，移并不封，及实不徙数盈十日，皆罚金四两；数在所正、典弗告，与同罪。乡部啬夫、吏主及案户者弗得，罚金各一两。①

如对比《户律》条文B之②与《户律》条文A之①，就会发现，“户及年籍爵细”似可与“民宅园户籍”“年细籍”相对应，而“田比地籍”“田合籍”“田租籍”等三种田籍则未出现在条文B之②中。原因其实不难想见，那就是，在民户迁徙时，对迁入地官府而言，民户在其原居住地的田土信息并无多大意义，田籍自然没有必要随民户一同迁移。由此看来，张荣强对秦汉时期的户籍与田籍加以严格区分的主张应当说是非常正确的。② 不过，条文A之①提及“民宅园户籍”“年细籍”，条文B之①与②又分别说到“户籍”“户及年籍爵细”，那么，从两条律文各自论及的术语之内含上说，“民宅园户籍”是不是意味着户籍载有民户之宅园的信息，“年细籍”又指什么，“户籍”能否被视为“户及年籍爵细”之省称；从两条律文所载之术语的对应关系出发，“民宅园户籍”“年细籍”是否各自等同于“户籍”“年籍爵细”？对这一系列问题，学者们多认为，“民宅园户籍”一词内含户籍载有民户之宅园信息的意思，“年细籍”与“年籍爵细”相对应，乃登记民户成员的年龄、生卒、爵级之详细情况的籍册；张荣强更进一步指出，当时的户籍有广狭二义，狭义户

---

① 彭浩、陈伟、［日］工藤元男主编：《二年律令与奏谳书：张家山二四七号汉墓出土法律文献释读》，上海古籍出版社2007年版，第222页。

② 参见张荣强：《汉唐籍帐制度研究》，商务印书馆2010年版，第256—257页。

籍即“民宅园户籍”，广义户籍则包括“民宅园户籍”与“年细籍”。① 毋庸置疑，学者们的主张自有其合理性，但未免令人感到怀疑：倘若当时确有包括“民宅园户籍”与“年细籍”在内的广义户籍，那么，为何律文 B 之②不把“户及年籍爵细”简省为“户籍”呢？如此不是正可保持①与②在用语上的一致性吗？基于同样的理由，“户籍”在律文 A 之①与②、律文 B 之①与②各有不同的称谓难道不会导致用法者面对律文产生无所适从之感吗？事实上，一直以来，学者们都是以“民宅园户籍”“年细籍”“户及年籍爵细”等文字不存在释读问题为前提来推论其含义的，但此前提本身恰恰需要再审视。之前，在反复比对图版的基础上，彭浩、陈剑就曾指出，“民宅园户籍”之“园”乃“图”字；陈剑又强调，“年细籍”与“户及年籍爵细”之“细”当释为“䌷”。② 据彭浩与陈剑的释读意见，首先就可以对“民宅园户籍”之所指及其与“户籍”之关系稍作反思。也就是说，所谓“民宅园户籍”应为“民宅图户籍”，似可断读为“民宅图、户籍”。如此一来，律文 A 及 B 各处在提及户籍时就不存在“民宅园户籍”与“户籍”的术语混用问题了，而且，可以明确，民户的住宅信息是通过图的形式被记录的而非附着于户籍之上；也正因为此，在民户迁徙时，考虑到其原住地的住宅情况对迁入地官府来说并无意义，宅图也如田籍一样实无必要随民户一并迁走，律文 B 之②自然就不必提及宅图了。其次，对“䌷”，陈剑以《管子·禁藏》、居延汉简及银雀山汉简的相关记载为据将其解释为“籍”的同义语，所以，改释“年细籍”而来的“年䌷籍”“或是对记录有关‘年’的信息的簿籍‘䌷’本身又加以登记而形

① 参见朱红林：《张家山汉简〈二年律令〉研究》，黑龙江人民出版社 2008 年版，247—248 页；杨振红：《出土简牍与秦汉社会》，广西师范大学出版社 2009 年版，第 135 页；张荣强：《汉唐籍帐制度研究》，商务印书馆 2010 年版，第 255—257 页；邢义田：《治国安邦：法制、行政与军事》，中华书局 2011 年版，第 299 页；王彦辉：《秦汉户籍管理与赋役制度研究》，中华书局 2016 年版，第 83—89 页；臧知非：《秦汉土地赋役制度研究》，中央编译出版社 2017 年版，第 356—357 页；袁延胜：《秦汉简牍户籍资料研究》，人民出版社 2018 年版，第 76、80 页。

② 参见彭浩：《数学与汉代的国土管理》，载中国古中世史学会编：《中國古中世史研究》第二十一辑，2009 年，第 153—161 页；陈剑：《读秦汉简札记三篇》，载复旦大学出土文献与古文字研究中心编：《出土文献与古文字研究》（第四辑），上海古籍出版社 2011 年版，第 358—360 页。

成的簿籍，或是将‘年细’本身加以编联汇总而成之‘籍’”，“户及年籍爵细”则当断读为“户及年籍、爵细”，可谓“户籍”“年籍”“爵细”之概括。[①]有关“细”与“籍”的同义关系，笔者完全认可，而且，除了陈剑所提及的文献之外，《史记·太史公自序》“细史记石室金匮之书”一句之“索隐”曰，“如淳云：‘抽彻旧书故事而次述之。’……小颜云：‘细谓缀集之也’”，如淳与颜师古对“细”的解释亦可与“籍”相关联。不过，在“年细籍”的含义上，如果取陈剑所说的第一个“或是”，实在很难想象为何官府需要反复登记用以标识年龄的那些简单的数字；倘若取第二个“或是”，因为一块木牍的空间已足够承载标识某户成员之姓名与年龄的文字，所谓“编联汇总”就意味着“年细籍”的内容只能是对若干户（而非一户之若干成员）的年龄信息的统计，但这样一来，包含如此意义上的“年细籍”的律文A之①部分的文句无疑是在关乎一户的各类籍册中突然插入了记载多户之信息的籍册，略显怪异。所以，“年细籍”的含义似不能按陈剑的推测来理解，或可视作“年籍”与“爵细”之合称，又或可理解为书手在抄写“年爵籍”时因联想到“爵细”而发生的误笔；换言之，不妨仍将其视为关于民户之成员的年龄、爵级之详细情况的籍册。概括而言，参照以上对《户律》条文A与B的多方面的考察，可以对两条律文的文字及句读做如下调整：

A. 民宅图、户籍、年细籍、田比地籍、田合籍、田租籍，谨副上县廷，皆以箧若匣匮盛，缄闭，以令若丞、官啬夫印封，独别为府，封府户；节（即）有当治为者，令史、吏主者完封奏（凑）令若丞印，啬夫发，即杂治为；其事（?）已，辄复缄闭封臧（藏），不从律者罚金各四两。其或为詐（诈）伪，有增减也，而弗能得，赎耐。官恒先计雠□籍□不相（?）复者，辄劾论之。民欲先令相分田宅、奴婢、财物，乡部啬夫身听其令，皆叁辨券书之，辄上如户籍。有争者，以券书从事；毋券书，勿听。所分田宅，不为户，得有之，至八月书户。留难先令，弗为

① 参见陈剑：《读秦汉简札记三篇》，载复旦大学出土文献与古文字研究中心编：《出土文献与古文字研究》（第四辑），上海古籍出版社2011年版，第362—366页。

券书，罚金一两。

B. 恒以八月令乡部啬夫、吏、令史相杂案户籍，副臧（藏）其廷。其移徙者，辄移户及年籍、爵细徙所，并封。留弗移，移并不封，及实不徙数盈十日，皆罚金四两；数在所正、典弗告，与同罪。乡部啬夫、吏主及案户者弗得，罚金各一两。

由此，已能基本确定，上引《户律》A、B两条之划线部分中的"户籍"是有固定含义的，其中并无有关田宅等家产的信息，登记此类内容者乃宅图、田籍等籍册。这种户籍与里耶户籍残简所展现出来的只记载民户之成员的姓名、状貌等基本信息的秦户籍显然是一脉相承的，正如韩树峰所指出的，"湖南里耶出土的秦户版大概就是秦汉户籍的基本形式，也就是说，秦汉乃至整个简牍时代的户籍只是各个家庭成员最基本的政治和自然状况的记录，也是历史上最简洁的户籍"。[①] 那么，此种极简户籍在秦县官府中又是如何被编制和保管的呢？

（二）秦县官府对户籍的编制和保管

前文已指出，秦县的户籍最初是在乡里编制的；其造册时间从前引《户律》A、B所说的"至八月书户""恒以八月令乡部啬夫、吏、令史相杂案户籍"皆可看出为每年的八月，这当然与秦以十月为岁首，八月已近年末上计之时有关。不过，编制户籍是需要基础数据的。从这一点出发，与其说编制户籍是在八月一蹴而就的，还不如说它是一个过程。首先，《二年律令·户律》提到：

诸（?）民皆自占年。小未能自占，而毋（无）父母、同产为占者，

① 韩树峰：《论汉魏时期户籍文书的著录内容》，载卜宪群、杨振红主编：《简帛研究》(2014)，广西师范大学出版社2014年版，第260页。应当指出，胡平生曾据松柏汉墓出土《二年西乡户口簿》、天长汉简所载某县《户口簿》及平壤出土乐浪郡《户口簿》总结汉代乡、县、郡三级户籍的格式，其中皆无田宅等家产信息。这亦可说明，秦汉时代的户籍确实是只记载了民户之成员"最基本的政治和自然状况"。参见胡平生：《新出汉简户口簿籍研究》，载中国文化遗产研究院编：《出土文献研究》（第十辑），中华书局2011年版，第263—264页。

吏以□比定其年。自占、占子、同产年，不以实三岁以上，皆耐。产子者恒以户时占其□□罚金四两。①

可见，汉初，朝廷是要求民众随时“自占年”即自行申报姓名、年龄等信息的。这种做法显然承秦而来，里耶简的记载可谓例证：

表 2-3

组　号	具 体 内 容	出　处
第一组	嫸皙色，长二尺五寸，年五月，典和占。 浮皙色，长六尺六寸，年卅岁，典和占。（8-550）	《校释（第一卷）》
第二组	南里小女子苗，卅五年徙为阳里户人大女婴隶。（8-863+8-1504）	《校释（第一卷）》
	卅二年六月乙巳朔壬申，都乡守武爰书：高里士五（伍）武自言以大奴幸、甘多，大婢言、言子益等，牝马一匹予子小男子产。典私占。初手。（8-1443正+8-1455正）	
	卅五年七月戊子朔己酉，都乡守沈爰书：高里士五（伍）广自言：谒以大奴良、完，小奴嚋、饶，大婢阑、愿、多、□，禾稼、衣器、钱六万，尽以予子大女子阳里胡，凡十一物，同券齿。典弘占。（8-1554正）	
	卅三年十月甲辰朔乙巳，贰春乡守福爰书：东成大夫年自言以小奴处予子同里小上造辨∠。典朝占。福手。（10-1157）	《里耶秦简博物馆藏秦简》
备注	《校释（第一卷）》《里耶秦简博物馆藏秦简》分别指陈伟主编《里耶秦简牍校释（第一卷）》（武汉大学出版社 2012 年版），里耶秦简博物馆、出土文献与中国古代文明研究协同创新中心中国人民大学中心编著《里耶秦简博物馆藏秦简》（中西书局 2016 年版）。	

从表 2-3 所列两组简文的具体内容来看，无论是在户内成员不变，还是在各种原因导致户内成员变动的情况下，民众都需要向官府申报与户籍所载内容

① 彭浩、陈伟、[日] 工藤元男主编：《二年律令与奏谳书：张家山二四七号汉墓出土法律文献释读》，上海古籍出版社 2007 年版，第 222 页。

有关的信息，[①] 而且这项工作如上表中的史料的划线部分所示应当是在里中完成的。究其原因，一方面可能是为了给民众“自占”提供便利，另一方面大概也是为了确保“自占”信息的准确性，毕竟相比于乡吏，典、老等对里中民户更为熟悉。其次，在民众“自占”及里典登记姓名、年龄等信息后，编制户籍的基础数据宣告齐备；至八月，乡吏就开始造册亦即正式编制户籍。在此过程中，乡吏的主要工作有两项。第一，对到场的民众当面核实其“自占”的信息，此即所谓“八月案比”[②]。其目的无疑就是要在保证“自占”信息准确的基础上重点关注“罢癃”“新傅”“年老”等情况。[③] 当然，这并不是说，“罢癃”“新傅”等也须注记在户籍上，而是说通过“案比”来了解编户民的年龄、爵级、身体状况等并将其记录在各类籍册上[④]。正因为此，秦《傅律》规定：

匿敖童，及占瘩（癃）不审，典、老赎耐。●百姓不当老，至老时不用请，敢为酢（诈）伪者，赀二甲；典、老弗告，赀各一甲；伍人，户一盾，皆罨（迁）之。[⑤]（睡简《秦律杂抄》）

第二，以户为单位，以官文书的习惯用语如爵称、“小”“大”等来标识核实后的信息，其结果就是南阳里户版那样的户籍了；与此同时，乡还会以其保管的户籍正本为据制作副本以便呈送给县廷。毋庸赘言，在这两项工作中，第一项具有关键性意义，但既然要“案比”即对民众当面核查“自占”是否

① 尤其需要注意的是，如陈伟已指出的，时人对“隶”必须像 8-863+8-1504 所记载的那样报告官府并登入户籍。其原因或许在于，较之民户的其他成员，隶在身份上相对特殊，“一方面类似于子女，户主主导其婚嫁，分予其财产，并对其犯罪负连坐责任；另一方面，隶不需要对所依附的家庭犯罪连坐，显示其法律地位比较低，与奴婢近似”。参见陈伟：《秦简牍校读及所见制度考察》，武汉大学出版社 2017 年版，第 180 页。

②《东观汉记·卷三》云：“方今八月案比之时。”又，《后汉书·江革列传》“李贤注”曰：“案验以比之，犹今貌阅也。”

③ 参见张荣强：《简纸更替与中国古代基层统治重心的上移》，载《中国社会科学》2019 年第 9 期，第 183 页。

④ 松柏汉墓出土的简册就收入了《罢癃簿》《新傅簿》《免老簿》等。参见荆州博物馆：《湖北荆州纪南松柏汉墓发掘简报》，载《文物》2008 年第 4 期，第 29—32 页。这表明，秦汉时期的户籍也许并未注记“罢癃”“新傅”“年老”等信息。

⑤ 陈伟主编：《秦简牍合集（壹·上）》，武汉大学出版社 2014 年版，第 183 页。

属实，那么，考虑到秦时的交通条件及县、乡的幅员，为何编制基础户籍不得不在乡里进行也就很容易理解了。①

不过，这并不是说县廷在户籍管理上的作用只限于被动地接收和保管副本。事实上，如“恒以八月令乡部啬夫、吏、令史相杂案户籍”等律文之语句所示，县廷会派遣令史与乡吏一起编制户籍以防止乡吏营私舞弊，实现县廷对全县编户民之基本情况的掌握。除此之外，县廷似乎还会以乡呈送的户籍副本为据对户籍信息予以再整理。一方面，如前文在考察里耶出土的户籍残简时已指出的，县廷会简化户籍副本以便核算口数。另一方面，县廷也将统计户数，如里耶简 8－487＋8－2004 记载：

> 卅四年八月癸巳朔癸卯，户曹令史雗疏书廿八年以尽卅三年见户数牍北（背）、移狱具集上，如请史书。/雗手。（8－487＋8－2004 正）
>
> 廿八年见百九十一户。
>
> 廿九年见百六十六户。
>
> 卅年见百五十五户。
>
> 卅一年见百五十九户。
>
> 卅二年见百六十一户。
>
> 卅三年见百六十三户。（8－2004 背）②

这无疑是县廷户曹令史对本县自秦始皇二十八年（公元前 219 年）至三十三年间每一年全县需承担租赋的户数即“见户”的合并统计。③ 其之所以如此，

① 参见邢义田：《治国安邦：法制、行政与军事》，中华书局 2011 年版，第 220—224 页。

② 陈伟主编：《里耶秦简牍校释（第一卷）》，武汉大学出版社 2012 年版，第 166 页。

③ 里耶简还提到了“积户”，如 8－927 载“廿七年，迁陵贰春乡积户☐亡者二人。衛（率）之，万五千三户而☐☐”，8－1716 又云“卅五年迁陵贰春乡积户二万一千三百☐毋将阳阑亡乏户☐”。陈伟主编：《里耶秦简牍校释（第一卷）》，武汉大学出版社 2012 年版，第 250、388 页。由于这些文字与此处所引 8－487＋8－2004 中的“见户”一样与迁陵县的户数统计有关，因此，学者们对究竟是“积户”还是“见户”更贴近迁陵县的实际户数多有争论。张春龙就认为，“积户”即迁陵县的实际户数，可见，“当时的迁陵土地广袤，人口众多”。陈伟、唐俊峰、王伟、孙兆华、宫宅洁、于洪涛、（转下页）

固然是为了考课和上计的便利，但未必没有以户籍数据为基础推动其他县政有针对性且高效展开的意图。换言之，从乡里编制、保管户籍并向县廷呈送其副本，到县廷在保管副本的同时对户籍数据予以再整理的整个过程其实也是秦统治者掌握编户民的大致状况并为其他县政之展开做准备的过程。然而，多数县政之实施都意味着庶民需要为君主尽义务，倘若君主不对庶民给予一定的利益以为尽义务的前提，所谓一君万民的权力结构就很难长期维持。或许正因为此，以立户为契机，秦统治者遂要求县官府对民户授田以便为庶民提供基本的生产条件，使其安土重迁。①

二、授田与劝农

古代中国奉行“普天之下，莫非王土”的理念，而在商鞅实行田制改革以后，这种理念在秦被完全制度化，② 但这并不是说“王土莫非官田”。事实

(接上页) 晋文等皆否认“积户”为实际户数，但于“见户”之含义，则分别提出了“承担租赋之户数”说（陈、唐、宫宅）、“核验后的实际户数”说（王、孙、于）及“每年经核验的新增承担租赋之户数”说（晋）。参见张春龙：《里耶秦简所见的户籍和人口管理》，载中国社会科学院考古研究所、中国社会科学院历史研究所、湖南省文物考古研究所编：《里耶古城·秦简与秦文化研究——中国里耶古城·秦简与秦文化国际学术研讨会论文集》，科学出版社 2009 年版，第 194—195 页；唐俊峰：《里耶秦简所示秦代的“见户”与“积户”——兼论秦代迁陵县的户数》，载简帛网 http://www.bsm.org.cn/?qinjian/6165.html，发布时间：2014 年 2 月 8 日；王伟、孙兆华：《“积户”与“见户”：里耶秦简所见迁陵编户数量》，载《四川文物》2014 年第 2 期，第 62—64 页；宫宅洁：《秦代遷陵縣志初稿——里耶秦簡より見た秦の占領支配と駐屯軍》，载《東洋史研究》第七十五卷第一号，2016 年，第 10 页；陈伟：《秦简牍校读及所见制度考察》，武汉大学出版社 2017 年版，第 147 页；于洪涛：《里耶秦简经济文书分类整理与研究》，知识产权出版社 2019 年版，第 200 页；晋文：《秦汉土地制度研究》，社会科学文献出版社 2021 年，第 250—269 页。应当指出，虽然目前尚无法确定“积户”到底如何统计而来，但“积户”乃有关户的积数而非实数则是可以肯定的。对“见户”，学者们大致认可其含义涉及承担租赋的民户数这一点，但该词究竟是指当年全县承担租赋之户的总数还是此类户的新增数则不得而知。然而，若说“见户”是每年承担租赋之户的新增数，按照 8－487＋8－2004 所载，迁陵县承担租赋之户的数量未免增长过快，因此，尽管目前的史料尚不足以支持详细论证，但似仍以“见户”为当年全县承担租赋之户的总数为妥，具体如何有待后考。

① 在这一点上，近年来，王彦辉、鲁西奇曾做过较为深刻的论述，值得参考。参见王彦辉：《秦汉时期的乡里控制与邑、聚变迁》，载《史学月刊》2013 年第 5 期，第 26 页；鲁西奇：《“下县的皇权”：中国古代乡里制度及其实质》，载《北京大学学报（哲学社会科学版）》2019 年第 4 期，第 76—77 页。

② 张金光曾非常精到地指出，“商鞅实行的田制改革，其实质就是土地国有化……要之，一切土地所有权皆在国家”。张金光：《秦制研究》，上海古籍出版社 2004 年版，第 1—2 页。

上，秦县中的田地基本上可分为官田（或公田）[1] 和民田。二者的差异当然不是在土地所有权层面上的，而是体现在经营方式上。官田是由田官及其佐吏直接管理的，如里耶简 8－63 所载：

廿六年三月壬午朔癸卯，左公田丁敢言之：佐州里烦故为公田吏，徙属。事荅不备，分负各十五石少半斗，直钱三百一十四。烦冗佐署迁陵。今上责校券二，谒告迁陵令官计者定，以钱三百一十四受旬阳左公田钱计，问可（何）计付，署计年为报。敢言之。

三月辛亥，旬阳丞滂敢告迁陵丞主：写移，移券，可为报。敢告主。/兼手。（8－63 正）[2]

“丁”及“烦”就是旬阳县专门管理公田的官吏。公田的主要劳动力由徒隶、戍卒等构成，其产出乃县官府的财源。[3] 与之相比，民田是由政府授予民众耕作的，其产出则只有一部分作为租税交给官府。本部分所欲探讨的“授田”之“田”就是指民田。

那么，秦县官府究竟如何对庶民授田或者说“行田”[4] 呢？首先，需注意的是，商鞅变法提倡“有军功者，各以率受上爵……明尊卑爵秩等级，各以差次名田宅，臣妾衣服以家次”，所以，在商鞅变法之后，“行田”无疑是以爵级为指针

① 刘鹏指出，“公田”与“官田”乃秦政府直接经营的土地在秦统一前和统一后的不同称谓。参见刘鹏：《秦县级公田的劳动力供给与垦种运作》，载《北京社会科学》2019 年第 12 期，第 48 页。

② 陈伟主编：《里耶秦简牍校释（第一卷）》，武汉大学出版社 2012 年版，第 48 页。

③ 加藤繁曾指出，在秦及西汉时期存在着帝室财政和国家财政两套财政系统，公田收入乃帝室财政的组成部分。参见［日］加藤繁：《中国经济史考证》（上），吴杰译，中华书局 2012 年版，第 25—126 页。其后学则根据睡简及传世文献的记载对其观点予以修正，认为公田不止属于少府，也属于中央、地方各官府，乃各主管官府的财源。参见重近启树：《秦漢税役体系の研究》，汲古书院 1999 年版，第 61 页。里耶简等新近公布的史料的记载似乎也说明了这一点。

④ 吴荣曾曾指出，秦以“行田”为概括官府对平民之授田行为的专门词汇。参见吴荣曾：《读史丛考》，中华书局 2014 年版，第 103 页。杨振红认可此说并进一步强调，“行田”乃“以爵位名田宅制”的一项具体实施手段。参见杨振红：《出土简牍与秦汉社会》，广西师范大学出版社 2009 年版，第 166 页。

进行的。此处，可再次看出，爵位绝非虚荣，其背后的实益才是秦人推崇军功爵的真正原因。① 但是，爵位究竟怎样影响“行田”呢？《二年律令·户律》曰：

> 关内侯九十五顷，大庶长九十顷，驷车庶长八十八顷，大上造八十六顷，少上造八十四顷，右更八十二顷，中更八十顷，左更七十八顷，右庶长七十六顷，左庶长七十四顷，五大夫廿五顷，公乘廿顷，公大夫九顷，官大夫七顷，大夫五顷，不更四顷，簪裹三顷，上造二顷，公士一顷半顷，公卒、士五（伍）、庶人各一顷，司寇、隐官各五十亩。不幸死者，令其后先择田，乃行其余。它子男欲为户，以受其杀田予之。其已前为户而毋田宅，田宅不盈，得以盈。宅不比，不得。②

观上引律文，授田数量的下降似乎有一定的规律性：(1) 从关内侯至大庶长按五顷/爵级的标准递减，从大庶长至左庶长则按两顷/爵级的标准递减；(2) 从左庶长至五大夫出现授田数大幅度减少的现象，从五大夫至公乘又按五顷/爵级的标准递减；(3) 从公乘至公大夫再次出现授田数大幅度减少的现象，从公大夫至大夫又按两顷/爵级的标准递减；(4) 从大夫至上造按一顷/爵级的标准递减，从上造至司寇、隐官则按半顷即五十亩/级的标准递减。朱绍侯曾参照三国魏刘劭所撰《爵制》对二十等军功爵的分级将《二年律令》所示汉初的军功爵划分为侯级爵、卿级爵、大夫级爵、小爵等四大等级，侯级爵包括第二十级彻侯和第十九级关内侯，卿级爵乃第十八级大庶长至第十级左庶长之总称，大夫级爵是指第九级五大夫至第五级大夫，小爵则为第四级不更至第一级公士之概括。③ 从授田数量下降的所谓规律性上看，此说确有一定的解释力，但大夫级爵和小爵的划分至少从“行田”来看似乎略有不妥。如，以

① 朱绍侯曾概括颁行军功爵的三道手续即劳、论、赐，授田就是第三道手续即“赐”的一部分。朱绍侯：《军功爵制考论》，商务印书馆 2008 年版，第 54 页。从这一点说，“行田”之时可谓立有军功者在乡里乡亲面前展现其沙场征战之意义的时刻。

② 彭浩、陈伟、［日］工藤元男主编：《二年律令与奏谳书：张家山二四七号汉墓出土法律文献释读》，上海古籍出版社 2007 年版，第 216—217 页。

③ 参见朱绍侯：《军功爵制考论》，商务印书馆 2008 年版，第 43、233—241 页。

公乘至公大夫的授田数的大幅度减少论，就很难认为，公大夫、官大夫、大夫与五大夫、公乘在爵制序列中处于类似地位。又如，从不更到上造的授田下降标准为每级一顷，但从上造至公士的授田下降标准则为每级半顷，与公士至司寇、隐官的授田下降标准保持一致；这似乎说明公士由“行田”反映出来的身份等级更接近公卒、士伍而非在小爵系列内的不更、簪褭、上造，其原因大概就在于公士虽为一级爵，但其实也不过是从无爵到有爵的过渡，与牢固地处在爵制序列中的上造等略有差异。换言之，“行田”规则或许是，先按照“①关内侯—②大庶长……左庶长—③五大夫、公乘—④公大夫……大夫—⑤不更……上造—⑥公士……司寇、隐官”这样的若干爵级区间初步设定授田数量之级差，再根据每个爵级区间内部各爵位（或身份）之高低来细分授田数量。在此过程中，有爵与无爵、高爵与低爵各自所能带来的实益之别可以说获得了极为清晰的展现。当然，《二年律令》所反映的是汉初的制度，但汉承秦制，秦的“以差次名田宅”应当也采取了类似的做法，只不过每一爵级所能获得的土地的数量未必与《二年律令》的规定相一致而已。从这一点出发，我们就很容易理解前文所提及的里耶出土的秦户籍残简何以均明列户主的爵级乃至无爵身份了。

其次，以上文所云据爵位“行田”之法为前提，或可进一步思考若干问题。第一，“行田”究竟是以户还是以庶民个体为单位？《二年律令·户律》规定：

> 诸不为户，有田宅附令人名，及为人名田宅者，皆令以卒戍边二岁，没入田宅县官。为人名田宅，能先告，除其罪，有（又）畀之所名田宅，它如律令。①

以划线部分观之，“不为户”即未能立户者是不能“名田宅”的，所以，若“不为户者”将其田宅登记在他人的田籍之上，本人及帮助其登记田宅者“皆

① 彭浩、陈伟、［日］工藤元男主编：《二年律令与奏谳书：张家山二四七号汉墓出土法律文献释读》，上海古籍出版社 2007 年版，第 221 页。需要说明，此处在引用简文时参考杨振红的观点而对原文的句读有所调整。参见杨振红：《出土简牍与秦汉社会》，广西师范大学出版社 2009 年版，第 130 页。

令以卒戍边二岁”。由此看来，要完成授田并编制田籍的整个过程须以立户为前提，“行田”从根本上说是以户为单位进行的。前引《户律》条文中的“不幸死者，令其后先择田，乃行其余。它子男欲为户，以受其杀田予之”一句表达了“非后子”即除了承户之子以外的其他儿子如不分户，就不能继承田产之意，这显然也表明立户是合法占有田宅或者说“行田”最终完成的必备条件。① 第二，土地的数量终究是有限的，官府又如何确保据爵级“行田”能成为一项长期执行的国策呢？《二年律令》收入了如下两条律文：

> 疾死置后者，彻侯后子为彻侯，其毋（无）适（嫡）子，以孺子[子]、[良][人]子。关内侯后子为关内侯，卿[侯]〈后〉子为公乘，[五][大][夫]后子为公大夫，公乘后子为官大夫，公大夫后子为大夫，官大夫后子为不更，大夫后子为簪褭，不更后子为上造，簪褭后子为公士，其毋（无）适（嫡）子，以下妻子、偏妻子。（《置后律》）
>
> 不为后而傅者，关内侯子二人为不更，它子为簪褭；卿子二人为不更，它子为上造；五大夫子二人为簪褭，它子为上造；公乘、公大夫子二人为上造，它子为公士；官大夫及大夫子为公士；不更至上造子为公卒。当士为上造以上者，以适（嫡）子；毋（无）适（嫡）子，以扁（偏）妻子、孽子，皆先以长者。若次其父所以，所以未傅，须其傅，各以其傅时父定爵士之。父前死者，以死时爵。当为父爵后而傅者，士之如不为后者。（《傅律》）②

从这两条律文来看，除了彻侯及关内侯的“后子”仍能继承其父的爵位之外，其他有爵者之后子及关内侯以下的有爵者的“非后子”在傅籍时被认定的爵

① 多田麻希子主张，秦及西汉初期，以“室”“户”来指示作为居住单位的家，又以“同居”来指称作为经济单位的家。参见多田麻希子：《秦漢時代の家族と国家》，专修大学出版局 2020 年版，第 60 页。但仅从“以爵位名田宅”制度的执行以立户为前提这一点来看，对“户”“同居”等做如此界定似乎就不太妥当。

② 彭浩、陈伟、[日]工藤元男主编：《二年律令与奏谳书：张家山二四七号汉墓出土法律文献释读》，上海古籍出版社 2007 年版，第 233、235 页。

级无一例外地都远低于其父的爵级。如此一来，父辈据爵级获得的田地显然是无法被子辈满额继承的，多余部分自然只能返还给官府并进入新的“行田”循环中。而且，据《置后律》《傅律》所设定的继承规则，历若干代之后，高爵者的后裔将成为无爵者，“富者恒富”的状态是很难维持的。也就是说，正是通过爵位的降级继承，官府得以不断收回并再分授田地以确保据爵级“行田”之法能被长期执行。① 第三，“行田”究竟是怎样进行的？四川青川郝家坪出土的16号木牍记载了秦武王二年的律文：

> 二年十一月己酉朔朔日，王命丞相戊（茂）、内史匽氏臂更脩（修）为《田律》：田广一步，袤八则，为畛。畮（亩）二畛，一百（陌）道。百畮（亩）为顷，一千（阡）道。道广三步。封高四尺。大称其高。捋（埒）高尺，下厚二尺。以秋八月，脩（修）封捋（埒），正疆畔，及發千（阡）百（陌）之大草。九月，大除道及阪险。十月为桥，脩（修）波隄，利津[illegible]鲜草。虽非除道之时，而有陷败不可行，辄为之。章手②

所谓“更脩（修）为《田律》”乃再次重申、修治《田律》之意；③ 也就是说，很可能从商鞅变法开始，秦已按照“田广一步，袤八则，为畛”、“二畛”为亩、百亩为顷的标准并通过设置阡陌对全境田土予以规范化分割，且以封、埒标识田界。④ 而“行田”无非就是官府据爵级把较为整齐划一的土地分配

① 如杨振红已指出的，“战国时期各国变法的一个重要目标就是打破世卿世禄制……商鞅在秦国也提出‘宗室非有军功论，不得为属籍’，主张以耕战作为功赏的唯一依据。爵位减级继承的规定正是他们变法精神的体现或者延续。它与‘以爵位名田宅’制相结合，不仅在身份上而且在以田宅为主的财富上，打破了‘贵者恒为贵，富者恒为富’的局面”。杨振红：《出土简牍与秦汉社会》，广西师范大学出版社2009年版，第140—141页。

② 陈伟主编：《秦简牍合集（贰）》，武汉大学出版社2014年版，第190页。

③ 有关“更脩（修）为《田律》”之含义，学者们曾提出各种观点。不过，根据目前已公布的秦及汉初的《田律》条文，似以黄盛璋说为是。参见黄盛璋：《青川新出秦田律木牍及其相关问题》，载《文物》1982年第9期，第71—72页；同氏：《青川秦牍〈田律〉争议问题总议》，载《农业考古》1987年第2期，第130页；南玉泉：《从封建到帝国的礼法嬗变：先秦两汉法律史论集》，中国政法大学出版社2020年版，第64—66页。

④ 参见张金光：《秦制研究》，上海古籍出版社2004年版，第116—135页；南玉泉：《从封建到帝国的礼法嬗变：先秦两汉法律史论集》，中国政法大学出版社2020年版，第66—77页。

给需授田者，同时将田地信息记录在田籍之上而已。

当然，官府所给予的只不过是一定面积的土地，使其真正成为适合耕作的农田仍有赖于受田者的劳作。正因为此，鼓励民众垦田成了秦县官府的一项以劝农为指针的重要政务，如里耶简就提到了“垦田课”①，也收入了记录庶民向官府汇报垦田情况的官文书：

> 卅五年三月庚寅朔丙辰，贰春乡兹爰书：南里寡妇慭自言：谒豤（垦）草田故桒（桑）地百廿步，在故步北，恒以为桒（桑）田。(9-15 正)
>
> 卅三年六月庚子朔丁巳，【田】守武爰书：高里士五（伍）吾武【自】言：谒豤（垦）草田六亩武门外，能恒借以为田。典缦占。(9-2344 正)②

不过，对以农战为基本国策的秦而言，朝廷在劝农上对县的要求自不会仅限于鼓励垦荒。如，睡简《田律》曰：

> 雨为湗〈澍〉，及诱（秀）粟，辄以书言湗〈澍〉稼、诱（秀）粟及豤（垦）田畼毋（无）稼者顷数。稼已生后而雨，亦辄言雨少多，所利顷数。早〈旱〉及暴风雨、水潦、夆（蠭）蚰、群它物伤稼者，亦辄言其顷数。近县令轻足行其书，远县令邮行之，尽八月□□之。　田律③

此律文要求官吏及时上报降雨、抽穗、垦田及不利于农耕的天灾等情况，其目的不用说就在于催促县官府掌握本县的农业进展以便统筹管理。又如，同为睡简《田律》云：

---

① 陈伟主编：《里耶秦简牍校释（第二卷）》，武汉大学出版社 2018 年版，第 377 页。另外，里耶简 8-1763 还记载了迁陵县官府对本县垦田数的统计，“☑当豤（垦）田十六亩。☑已豤（垦）田十九亩”（陈伟主编：《里耶秦简牍校释（第一卷）》，武汉大学出版社 2012 年版，第 388 页）；里耶简 9-40 刻意摘录的“律曰：已豤（垦）田，辄上其数及户数，户婴之”（陈伟主编：《里耶秦简牍校释（第二卷）》，武汉大学出版社 2018 年版，第 49 页）也表明迁陵县官府极为重视垦田之事。

② 陈伟主编：《里耶秦简牍校释（第二卷）》，武汉大学出版社 2018 年版，第 21、477 页。

③ 陈伟主编：《秦简牍合集（壹·上）》，武汉大学出版社 2014 年版，第 42 页。

春二月，毋敢伐材木山林及雍（壅）隄水不〈泉〉。夏月，毋敢夜草为灰，取生荔麛𪊨（卵）㲉，毋□□□□□□□毒鱼鳖，置穽罔（网），到七月而纵之。唯不幸死而伐绾（棺）享（椁）者，是不用时。邑之紤（近）皂及它禁苑者，麛时毋敢将犬以之田。百姓犬入禁苑中而不追兽及捕兽者，勿敢杀；其追兽及捕兽者，杀之。河禁所杀犬，皆完入公；其它禁苑杀者，食其肉而入皮。 田律①

此律文又要求县官府根据天时引导黎庶取用自然资源，且不得不分缘由地杀害进入禁苑中的民犬。再如，《田律》还要求县官吏严格禁止百姓在农作期间饮酒以免耽误生产：

百姓居田舍者毋敢醢（酤）酉（酒），田啬夫、部佐谨禁御之，有不从令者有辠（罪）。 田律②

更有甚者，《仓律》还明确限定了庶民在耕种作物时向每亩田地播撒的种子的数量：

种：稻、麻亩用二斗大半斗，禾、麦一斗，黍、荅亩大半斗，叔（菽）亩半斗。利田畴，其有不尽此数者，可殹（也）。其有本者，称议种之。 仓③

如上种种都体现了秦统治者对农事的强调，但其间也时时能让人感受到一种政府统制农业生产的意味。换言之，在秦统治者看来，农事之成败固然有赖于黎庶的耕作状况，但更取决于官吏的勤政程度与管理水平。正因为此，大

① 陈伟主编：《秦简牍合集（壹·上）》，武汉大学出版社 2014 年版，第 44 页。
② 陈伟主编：《秦简牍合集（壹·上）》，武汉大学出版社 2014 年版，第 50 页。另外，有关本条律文之主旨，王彦辉的解说较为合理，或可参考。参见王彦辉：《田啬夫、田典考释——对秦及汉初设置两套基层管理机构的一点思考》，载《东北师大学报（哲学社会科学版）》2010 年第 2 期，第 54 页。
③ 陈伟主编：《秦简牍合集（壹·上）》，武汉大学出版社 2014 年版，第 69 页。

概在秦统一前后，随着战国时代的七雄争霸进入尾声，在秦县的官吏群体中出现了对农政懈怠甚至扰乱的苗头，秦统治者遂颁布法令约束官吏的言行。如，岳麓简 0325/366＋0752/374＋0015/372＋0317/367＋0318/368＋J59/369＋J58/370＋0717/371 所收令文云：

> ●郡及关外黔首有欲入见亲、市中县【道，毋□】禁锢者殹（也），许之，【□止】十二月。复到其县，毋后田。田时县毋□□。①【令非复】□□战□如故□【然，而苗】或穜或稺，相去歜（甚）。今兹非有军殹（也），黔首之急春【农】一殹（也）而尌（树）不同，是吏不以田为事殹（也）。②或者以尌穜时繇（徭）黔首而不顾其时。③及令所谓春秋试射者，皆必以春秋闲时殹（也）；今县或以黔首急耕、穜、治苗时已乃试之，而亦曰春秋试射之令殹（也）。此非明吏所以用黔首殹（也）。丞相其以制明告郡县，及毋令吏以苛繇（徭）夺黔首春夏时。令皆明焉，以为恒。不从令者，赀丞、令、令史、尉、尉史、士吏、发弩各二甲。[1]

这篇很可能颁布于秦始皇二十六年[2]（公元前221年）的令文先规定了黔首到“中县道”拜见亲人或做买卖的时限以免其回到居住之县时已错过农时，又罗列了县官吏们的三种不利农事的为政举措，即不引导黔首准时插苗、在播种之时对黔首征发徭役、在耕作的重要时节组织黔首演习成为材官的技能即射箭。可见，正如作为整理小组成员的欧扬给予令文的名字“毋夺田时令”[3]

---

① 陈松长主编：《岳麓书院藏秦简（肆）》，上海辞书出版社 2015 年版，第 216—219 页。另外，对记载令文的若干枚简的编联问题，欧扬及陈伟皆有详论，但欧扬所述是对整理小组之编联方案的解说，陈伟则把 0015/372、0752/374 两支简纳入整理小组所罗列的六枚简中，并对文字、句读做了重新整理。参见欧扬：《岳麓秦简“毋夺田时令”探析》，载《湖南大学学报（社会科学版）》2015 年第 3 期，第 26 页；陈伟：《岳麓秦简“毋夺田时令”文本复原和相关问题探讨》，载《江汉考古》2021 年第 6 期，第 260—265 页。对比二说，后者的考证似更为精深，故此处引令文时基本采纳了陈说的编联及考释方案，唯句读略有调整。

② 参见陈伟：《岳麓秦简“毋夺田时令”文本复原和相关问题探讨》，载《江汉考古》2021 年第 6 期，第 265 页。

③ 参见欧扬：《岳麓秦简“毋夺田时令”探析》，载《湖南大学学报（社会科学版）》2015 年第 3 期，第 25 页。

所示，令文主旨乃要求县官吏在执行各项政务时应充分考虑避开农时，其末尾“丞相其以制明告郡县，及毋令吏以苛繇（徭）夺黔首春夏时”“令皆明焉，以为恒”两句则透露出了朝廷对已破坏农政或蠢蠢欲动的县官吏们的警示之意。又如，岳麓简 1721/243＋1808/244＋1811/245 载：

> ●县官田者或夺黔首水以自灃（溉）其田，恶吏不事田，有为此以害黔首稼。黔首引水以灃（溉）田者，以水多少[为]均，及有先后次。县官田者亦当以其均，而不殹（也），直以威多夺黔首水，不须其次，甚非殹（也）。有如此者，[皆][当][以]大犯令律论之。　●县官田令甲　廿二①

据划线部分可知，在黔首引水灌溉田地时，其各自的引水量多少和引水先后次序是有规则可循的，而此种规则即便是经营官田之吏也不能破坏。令文的要义显然就是要禁止经营官田之吏与黔首抢夺水源以至于扰乱民田耕作。概言之，从目前所能见到的秦简牍记载的法律文献来看，秦对农政的重视从统一前到统一后是一以贯之的，其关注的重点则为官吏尤其是直接与黔首接触的县官吏们的农业管理水平，此亦为秦提倡的“明主治吏不治民”②“以法为教，以吏为师”之政略使然。

如前所述，授田可视为君主对黎庶之给予，有所予自然是为了有所取，那么，在以立户为前提并对庶民授田以使其获得基本生存条件后，县官府又将要求编户民付出什么以为其受田之反馈呢？下一节将围绕此问题及其延伸问题展开。

第二节　财政收支与民力征用

有关上一节末尾所提出的问题，如果要先行给出答案的话，那无非就是

---

① 陈松长主编：《岳麓书院藏秦简（陆）》，上海辞书出版社 2020 年版，第 176—177 页。
②《韩非子·外储说右下》。

编户民需要向官府输出物力和人力。前者构成了秦县财政收入的重要组成部分，后者则与徭戍紧密相关。以下将先对前者略作考察且一并分析秦县的其他财政收入及财政支出情况。

一、财政收支

在秦汉时代的编户民所需承担之赋税的名目上，虽然田租、刍稾税、算赋、口赋、户赋等各类名词都曾被学界提及，[①] 但近年来的研究对这些税目是否皆为秦制的组成部分提出了些许质疑。首先，关于"口赋"，尽管汉代文献提到"至秦则不然……田租口赋，盐铁之利，二十倍于古"（《汉书·食货志上》），"秦之时……入刍稿，头会箕赋，输于少府"（《淮南子·泛论训》），但如第一章第一节因考察商鞅变法的第一阶段而论及"初为赋"问题时所指出的，在目前已公布的秦简牍文献中似乎找不到对"口赋""口钱"的记载，因此，按口征赋恐怕不是从战国秦至秦统一持续存在的制度。[②] 其次，关于"算赋"，以往，学者们多据《汉书·高帝纪上》中的"（四年）八月，初为算赋"一语及"如淳曰"引《汉仪注》所云"民年十五以上至五十六出赋钱，人百二十为一算，为治库兵车马"等史料将"算赋"视为固定税种即对成年人征收的人头税，并参照《汉书·晁错传》中的"今秦之发卒也……死事之后不得一算之复"及《后汉书·南蛮西南夷列传》中的"秦昭襄王时……十妻不算"云云推测"算赋"在秦时就已存在，只是制度化程度不够高而已。[③] 不过，山田胜芳、杨振红等均指出，"算"乃计算、算筹之意，可引申为计算单位而被适用于众多领域，因此，所谓"算赋"的初始含义无非就是"算"被用于征赋或者"算"加"赋"亦即"以算为单位征收赋"；由之，究竟如何理解《汉书·高帝纪上》《汉仪注》等的记载乃至于秦汉时期是

① 有关这一点的总结，参见王彦辉：《秦汉户籍管理与赋役制度研究》，中华书局 2016 年版，第 162 页。

② 朱德贵认为，按丁口征赋乃秦并天下后才出现的，或可备一说。参见朱德贵：《新出简牍与秦汉赋役制度研究》，中国人民大学出版社 2021 年版，第 225—226 页。

③ 对此，黄今言的论述颇具代表性。参见黄今言：《秦汉赋役制度研究》，江西教育出版社 1988 年版，第 211—212 页。

否存在作为税种之一的“算赋”就都成为了学者们的争论焦点。① 综合以上两个方面的论述，揆诸现有文献，目前相对确定的秦编户民所需承担之赋税似乎只有田租、刍稾税和户赋。

（一）财政收入

那么，秦编户民所需缴纳的田租、刍稾税和户赋的内涵究竟如何呢？以下将分述之。

1. 田租。有关秦田租的征收方式和税率，传世文献极少提及，但简牍文献却揭示了不少信息。龙岗秦简所收秦律曰：

> 不遗程、败程租者□，不以败程租之。▨
>
> 盗田，一町当遗三程者，□□□……▨
>
> 詐（诈）一程若二程□□□□□□▨
>
> 程田以为臧（赃），与同灋（法）。田一町，尽□盈□希▨②

简文中的“程”“程租”“程田”等词汇引起了学者们的关注。杨振红在认可南玉泉等所指出的秦律以“程”而非田亩数量为收租标准③的基础上提出，秦的田租征收实行“程租制”：由于当时百姓的耕地被分为“垦田”和“不垦”两种，田租征收则只以当年的垦田为对象，因此收取田租的关键步骤就是“程田”即统计应交纳田租之土地的数量，所谓“程田以为臧”“遗程”等诸

① 杨振红就据“算”“算赋”之本义否定了作为税种之一的“算赋”的存在，并将“算赋”理解为一种征税方式。山田胜芳、臧知非、朱德贵等也认可“算”之本义指计算、算筹，“算赋”则指“以算为单位征收赋”，但又均主张“算赋”无疑是存在的税种之一，并分别提出了“算赋乃汉对承秦而来之赋的改名”“算赋乃徭役货币化之结果且有其自身的演变过程”“算赋即赋钱（成丁税）”诸说。参见山田胜芳：《秦漢財政収入の研究》，汲古书院 1993 年版，第 163—168、189—195 页；杨振红：《出土简牍与秦汉社会（续编）》，广西师范大学出版社 2015 年版，第 162—176 页；臧知非：《秦汉土地赋役制度研究》，中央编译出版社 2017 年版，第 266—300 页；朱德贵：《新出简牍与秦汉赋役制度研究》，中国人民大学出版社 2021 年版，第 227—244 页。

② 陈伟主编：《秦简牍合集（贰）》，武汉大学出版社 2014 年版，第 72、73、75、77 页。

③ 参见南玉泉：《龙岗秦简所见程田制度及其相关问题》，载李学勤、谢桂华主编：《简帛研究》（2001 上册），广西师范大学出版社 2001 年版，第 237—238 页。

条就是针对“程田”过程中的违法行为设定的；① 王勇则认为，所谓“程田”是指从总农田中划出部分税田作为农田产量的采样标本，并根据税田产量确定“程”以为对其余农田征收田租的标准。② 二说皆有其理，但若从王说，则“程田”应为征收田租的前置步骤且只能是官吏行为，而龙岗简所载“遗程”“盗田”“程田以为臧”等不法行为的主体似乎不限于官吏，因此，对“程田”，杨说基本可取，但尚有可细化之处。第一，“垦田”是否全部都必须交租？里耶简 8－1519 载：

> 迁陵卅五年豤（垦）田與五十二顷九十五亩，税田四顷□□
> 户百五十二，租六百七十七石。衔（率）之，亩一石五；
> 户婴四石四斗五升，奇不衔（率）六斗。（8－1519 正）
> 启田九顷十亩，租九十七石六斗。
> 都田十七顷五十一亩，租二百卌一石。
> 贰田廿六顷卅四亩，租三百卅九石三。
> 凡田七十顷卌二亩。●租凡九百一十。
> 六百七十七石。（8－1519 背）③

显然，如简文首句所示，垦田中只有一部分是需要交租的，谓之“税田”④。至于其亩数，《里耶秦简牍校释（第一卷）》指出，“原释文未释。以下文‘率之亩一石五’推算，税田应为 4 顷 51 亩”，⑤ 税田占垦田的比率为

① 参见杨振红：《从新出简牍看秦汉时期的田租征收》，载武汉大学简帛研究中心主办：《简帛》（第三辑），上海古籍出版社 2008 年版，第 338 页。
② 参见王勇：《税田与取程：秦代田租征收方式蠡测》，载杨振红、邬文玲主编：《简帛研究》（2016 秋冬卷），广西师范大学出版社 2017 年版，第 91 页。
③ 陈伟主编：《里耶秦简牍校释（第一卷）》，武汉大学出版社 2012 年版，第 345—346 页。
④ 有关 8－1519 所载“税田”之含义，亦可参见臧知非：《秦汉土地赋役制度研究》，中央编译出版社 2017 年版，第 213 页。
⑤ 陈伟主编：《里耶秦简牍校释（第一卷）》，武汉大学出版社 2012 年版，第 347 页。另外，晋文将“四顷□□”释为“四顷【卌二】”。参见晋文：《秦汉土地制度研究》，社会科学文献出版社 2021 年，第 319 页。但是，观图版，“顷”后确有两字，第一字“[illegible]”或可释为“卌”；第二字“[illegible]”则无法确定，但似非“二”。

8.52%。第二，“不垦”田是否无须交租？若再次浏览 8－1519，就会发现秦始皇三十五年（公元前 212 年）迁陵县的田土及其征得田租的总数分别为 70.42 顷、910 石，但垦田数及从税田收取的田租数分别为 52.95 顷、677 石，两个数据各自的差额 17.47 顷、233 石只能分别被认为是“不垦”田数及从此类田收取的田租数。换言之，“不垦”田也是要交租的，其目的如周海锋所云，很可能是“为了有效地防止抛荒”。①

进一步论，税田及田租数的确定当然也是按照某种比率进行的，不可能由官吏肆意妄为，8－1519 所提及的“衛（率）之”就是明证，但比率究竟是多少呢？从迁陵县的情况来看，税田占垦田的比率接近 1∶12，这表明秦曾实行“十二税一”之制，且税田又按照每亩 1.5 石的标准征收田租。问题在于，据晋文对岳麓简《数》及北京大学藏秦简牍《算书》的考证来看，秦在确定“税田”时采取了“十税一”“十二税一”“十五税一”等多种标准，② 其中必然蕴藏着秦统治者对各地田土之丰饶程度、政治形势及农作经验等的总结，但也令人怀疑更细化的田租征收标准即“每亩 1.5 石”是否为适用于秦全境之制。此处不禁令人联想到《史记·汉兴以来将相名臣年表》“（文帝）十三年”条所提及的“田租税律”。龙岗秦简所收律文规定，“租者且出以律，告典、田典，典、田典令黔首皆智（知）之，及写律予租☐”。③ 从整句文字来看，其中的“律”很可能是与“田租税律”相似的律条；④ 我们甚至可以认

① 参见陈松长等：《岳麓秦简与秦代法律制度研究》，经济科学出版社 2019 年版，第 142 页。

② 参见晋文：《秦汉土地制度研究》，社会科学文献出版社 2021 年，第 316—320 页。有关“税田”比率问题，彭浩、于振波、张荣强等都有所论述，但晋文说后出转精，故此处仅简要介绍晋文说。参见彭浩：《谈秦汉数书中的“舆田”及相关问题》，载简帛网 http://www.bsm.org.cn/?qinjian/5478.html，发布时间：2010 年 8 月 6 日；于振波：《秦简所见田租的征收》，载《湖南大学学报（社会科学版）》2012 年第 5 期，第 8—10 页；张荣强：《简纸更替与中国古代基层统治重心的上移》，载《中国社会科学》2019 年第 9 期，第 187 页。

③ 陈伟主编：《秦简牍合集（贰）》，武汉大学出版社 2014 年版，第 86 页。

④ 在岳麓简及张家山汉简所收秦、汉律条文中多有被写作“……律”的词汇（如岳麓简 1930/006 所提及的“舍匿罪人律”、《二年律令·盗律》所载“私自假律”等）并非实指律篇，而指律条的现象，因此，从“田租税律”这一名称来看，此四字很可能亦非律篇名，而是对律条的简称。有关这一点，亦可参见山田胜芳：《秦漢財政收入の研究》，汲古书院 1993 年版，第 61—63 页；杨振红：《出土简牍与秦汉社会（续 （转下页）

为，二者为一事或存在着前后继承关系。那么，可否据此推测，秦时的“田租税律”对各主要区域如何确定税田数及每亩税田如何收租的标准有所规定呢？从目前的史料情况来看，给出确定的结论当然是不可能的，这里仅提出此问以待后考。

2. 刍稾税。虽然刍稾税和田租一样都是针对土地所收之税，但如下引岳麓简 1278/106＋1282/107＋1283/108 记载的《田律》条文之划线部分所示，二者确实是各有其用途的不同税种：

> 租禾稼、顷刍稾，尽一岁不觱（毕）入及诸贷它县官者，书到其县官，盈卅日弗入及有逋不入者，赀其人及官啬夫、吏主者各一甲，丞、令、令史各一盾。逋其入而死、亡、有罪毋（无）后不可得者，有（又）令官啬夫、吏代偿。①

事实上，二者的差异不仅仅体现在名称上，而且也体现在征收方式上。睡简《田律》曰：

> 入顷刍稾，以其受田之数，无豤（垦）不豤（垦），顷入刍三石、稾二石。刍自黄䵒及蘑束以上皆受之。入刍稾，相输度，可殹（也）。田律②

前文已指出，田租是以“垦田”中的“税田”及“不垦”田为对象征收的，但刍稿税则不问“垦田”与否，只根据民户的受田总数并按照每顷刍三石、

（接上页）编）》，广西师范大学出版社 2015 年版，第 157 页。另外，《汉书·沟洫志》云：“今内史稻田租挈重，不与郡同，其议减。令吏民勉农……勿使失时。”重近启树认为，“租挈”之“挈”乃“挈令”之意，因为租、税尤其是租需要与公田之“假”的费用（即租佃费）严格区分，所以要特别在法令的名称上表现出来。参见重近启树：《秦漢税役体系の研究》，汲古书院 1999 年版，第 38—39 页。此说于思考“田租税律”亦不无启发，值得注意。

① 陈松长主编：《岳麓书院藏秦简（肆）》，上海辞书出版社 2015 年版，第 103 页。

② 陈伟主编：《秦简牍合集（壹·上）》，武汉大学出版社 2014 年版，第 47 页。

稾二石的征收标准来计算。而且，刍与稾之间是可以互相折算的，此即所谓“相输度，可殹（也）”。[①] 另外，《二年律令·田律》载：

> 入顷刍稾，顷入刍三石；上郡地恶，顷入二石；稾皆二石。令各入其岁所有，毋入陈，不从令者罚黄金四两。收入刍稾，县各度一岁用刍稾，足其县用，其余令顷入五十五钱以当刍稾。刍一石当十五钱，稾一石当五钱。[②]

以划线部分论，尽管刍稾税是根据授田总数来计算的，但征收刍、稾之实物却以县使用刍、稾的实际需求为额度，多余部分可交钱折抵，而“刍一石当十五钱，稾一石当五钱”则更证明了刍、稾之间的可折算性。此种兼用实物与钱交刍稾税的做法在里耶简中也能见到实例。里耶简 9－2284 提到：

> 卅三年四月辛丑朔丙寅，贰春乡守吾敢言之：令曰：以二尺牒疏书见刍稾、茭石数，各别署积所上，会五月朔日廷。问之，毋当令者。敢言之。(9－2284 正)
>
> 五月庚辰日中，佐胥以来。/圂发。　吾手。(9－2284 背)[③]

“以二尺牒疏书见刍稾、茭石数，各别署积所上”一句就表明迁陵县的黔首是需要交纳刍稾实物的；而里耶简 9－543＋9－570＋9－835 又曰：

> ☑刍稾志。
>
> 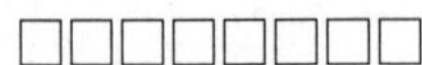
>
> ●凡千一百七钱。

① 参见杨振红：《出土简牍与秦汉社会（续编）》，广西师范大学出版社 2015 年版，第 156—157 页。
② 彭浩、陈伟、[日] 工藤元男主编：《二年律令与奏谳书：张家山二四七号汉墓出土法律文献释读》，上海古籍出版社 2007 年版，第 187 页。
③ 陈伟主编：《里耶秦简牍校释（第二卷）》，武汉大学出版社 2018 年版，第 452 页。

都乡黔首田启陵界中，一顷卌一亩，钱八十五。

都乡黔首田贰【春界中者，二顷卌七亩，钱百卌九。】

●未入者十五☑（9-543+9-570+9-835）①

显然，迁陵县也允许黔首以钱交纳刍稾税，其实质恐怕是都乡黔首以钱折抵其跨乡占有之田所应出的刍稾实物。至于以钱折抵实物的比例，很可能也是以“足其县用”为设定标准的。不过，《二年律令·户律》曰：“卿以上所自田户田，不租，不出顷刍稾。”② 可见，在汉初，拥有相当于卿以上地位之爵级者是不必交纳田租和刍稾税的，秦时是否如此尚无法肯定，但从秦统治者对军功爵的高度重视来看，高爵者免交田租和刍稾税是极有可能的。

3. 户赋。虽然在今人看来，户赋与田租、刍稾税一样也是秦统治者对编户民征收的税钱，但据《汉书·食货志》，古人是将“赋”与“税”视为两个截然不同的概念的：前者源于军事，指“共车马甲兵士徒之役，充实府库赐予之用”；后者则源于“十一而籍”的助法，指“公田什一及工商虞衡之入”。正因为此，“赋”的初义是君主基于“武事”而向臣民临时征发军役或征收军需物资。③ 自春秋后期至战国，随着战争规模的扩大，“赋”逐渐成为了全体民户均须承担的一种常税。尽管此类信息皆为史籍所传达者，但在以往的研究中，囿于史料，学者们对秦汉时期的户赋的含义乃至其存在均多有争议，④ 近年来公布的简牍文献则终于证实了秦汉时期之户赋的存在并展现了其部分实态。于秦的户赋，岳麓简 1287/118＋1230/119＋1180/120 所收《金布律》

① 陈伟主编：《里耶秦简牍校释（第二卷）》，武汉大学出版社 2018 年版，第 152 页。

② 彭浩、陈伟、［日］工藤元男主编：《二年律令与奏谳书：张家山二四七号汉墓出土法律文献释读》，上海古籍出版社 2007 年版，第 218 页。

③ 有关“赋”“税”之别及“赋”的初始含义，参见黄今言：《秦汉赋役制度研究》，江西教育出版社 1988 年版，第 196—199 页；增渊龙夫：《中国古代の社会と国家》，岩波书店 1996 年版，第 269—278 页；朱德贵：《新出简牍与秦汉赋役制度研究》，中国人民大学出版社 2021 年版，第 199—200 页。

④ 对相关学说的评述，参见朱圣明：《秦至汉初“户赋”详考——以秦汉简牍为中心》，载《中国社会经济史研究》2014 年第 1 期，第 152 页；邬文玲：《里耶秦简所见“户赋”及相关问题琐议》，载武汉大学简帛研究中心主办：《简帛》（第八辑），上海古籍出版社 2013 年版，第 215—216 页；朱德贵：《新出简牍与秦汉赋役制度研究》，中国人民大学出版社 2021 年版，第 195—199 页。

条文就提到：

> 出户赋者，自泰庶长以下，十月户出刍一石十五斤；五月户出十六钱，其欲出布者，许之。十月户赋，以十二月朔日入之，五月户赋，以六月望日入之，岁输泰守。十月户赋不入刍而入钱者，入十六钱。□吏先为（?）印，敛，毋令典、老挟户赋钱。①

可见，秦的户赋是分十月、五月两季征收的。前者按照每户交纳户刍一石十五斤的标准征收，亦可折成十六钱；后者则按每户十六钱的标准征收，亦可折成布，其原因无非就在于秦保留着以布为通货的历史遗迹②。除了岳麓简记载的《金布律》条文，里耶简所收官文书也内含与秦户赋有关的信息：

> A. 丗四年，启陵乡见户、当出户赋者志：☑
> 见户廿八户，当出茧十斤八两。☑（8－518）
> B. 户刍钱六十四。　丗五年。☑（8－1165）
> C. 卅四年贰春乡见【户】☑
> 见户六十户，当出茧廿【二】☑（9－661）③

据B，秦县官府可谓确实执行了以刍交赋及以钱抵刍的规定，而据A和C，又可肯定，作为户赋征收内容之一的实物不局限于律文所规定的“刍”，而是根据各县的实际情况略作变通，如迁陵县官府所征收的用以充抵户赋的实物就

① 陈松长主编：《岳麓书院藏秦简（肆）》，上海辞书出版社2015年版，第107页。
② 睡简所收《金布律》就提到了钱与布的比价以及用于流通的布的标准尺寸：“钱十一当一布。其出入钱以当金、布，以律”“布袤八尺，福（幅）广二尺五寸。布恶，其广袤不如式者，不行。”陈伟主编：《秦简牍合集（壹·上）》，武汉大学出版社2014年版，第91页。另外，柿沼阳平曾对秦时钱、金、布的关系及其成因做过颇为详细的论述，值得参考。参见柿沼阳平：《中国古代貨幣経済史研究》，汲古书院2011年版，第163页。
③ 此处所引三段简文分别出自陈伟主编：《里耶秦简牍校释（第一卷）》，武汉大学出版社2012年版，第172、286页；陈伟主编：《里耶秦简牍校释（第二卷）》，武汉大学出版社2018年版，第173页。

包括刍和茧。由此，亦可看出，秦虽崇尚“以法为教”，但在执行法律时也并未臻于极其机械的程度。或许正是因为秦对户赋之征收的设计颇为合理，上引秦《金布律》条文几乎原封不动为汉初的律文所沿袭，只不过律文归属从《金布律》转变为《田律》而已，“卿以下，五月户出赋十六钱，十月户出刍一石，足其县用，余以入顷刍律入钱”。①

以上简要介绍了秦编户民所须承担的主要税种，此可谓民户因从官府受田而不得不付出的物质代价。不过，秦县官府的财政收入不止民户上交的田租、刍稾税和户赋，还包括“山川园池市井租税之入”（《史记·平准书》）及其他来源，此处也一并略作介绍。岳麓简 1411/121＋1399/122＋1403/123 所载《金布律》条文曰：

> 官府为作务、市受钱，及受赍、租、质、它稍入钱，皆官为缿，谨为缿空（孔），媭（须）毋令钱能出，以令若丞印封缿而入，与入钱者叁辨券之，辄入钱缿中，令入钱者见其入。月一输缿钱，及上券中辨其县

① 彭浩、陈伟、［日］工藤元男主编：《二年律令与奏谳书：张家山二四七号汉墓出土法律文献释读》，上海古籍出版社 2007 年版，第 193 页。不过，有关《二年律令·田律》此条，陈松长认为，“卿以下”实指“卿级爵以下”亦即“第十级左庶长以下”，因此，较之岳麓简《金布律》中的“泰庶长以下”，《二年律令》所设定的户赋之征收对象的范围有所缩小。参见陈松长：《秦代“户赋”新证》，载《湖南大学学报（社会科学版）》2016 年第 4 期。不过，三国时代出土文字资料研究班、专修大学《二年律令》研究会等均已指出的，“卿以下”当是“卿及其以下”之意，因此，如京都大学“秦代出土文字史料研究”班、齐继伟、王勇、朱红林等所说，《二年律令·田律》“卿以下”仍应被视作岳麓简《金布律》之“泰庶长以下”的同义语。参见冨谷至编：《江陵張家山二四七號墓出土漢律令の研究 譯注篇》，朋友书店 2006 年版，第 168 页；专修大学《二年律令》研究会：《張家山漢簡〈二年律令〉（六）——田律·□市律·行書律》，载《專修史学》第 40 号，2006 年，第 67 页；Anthony J. Barbieri-Low，Robin D. S. Yates，*Law，State，and Society in Early Imperial China：A Study with Critical Edition and Translation of the Legal Texts from Zhangjiashan Tomb no. 247 Volume 1*，Brill，2015，p. 701；周海锋：《岳麓书院藏秦简〈金布律〉研究》，载邬文玲主编：《简帛研究》（2017 春夏卷），广西师范大学出版社 2017 年版，第 181 页；“秦代出土文字史料の研究”班：《嶽麓書院所藏簡〈秦律令（壹）〉譯注稿 その（二）》，载《東方學報》第九十三册，2018 年，第 18 页；陈松长等：《岳麓秦简与秦代法律制度研究》，经济科学出版社 2019 年版，第 170 页；齐继伟：《秦汉赋役制度丛考》，湖南大学 2019 年博士学位论文，第 28 页；朱红林：《〈岳麓书院藏秦简（肆）〉疏证》，上海古籍出版社 2021 年版，第 126 页。

廷，月未尽而缿盈者，辄输之，不如律，赀一甲。①

从大类上说，划线部分提到了秦县官府的两种收入，即“作务、市受钱”和包括“齎、租、质”等在内的“稍入钱”②。在前者，有关“作务”，睡简整理小组在对《秦律十八种》所收《关市律》条文③做注时提出，“作务……即从事于手工业”，④ 但从里耶简 8－145 所收官文书将“作务”与“为笥”“为席”“治枲”“做庙”“做园”等并列的情况⑤来看，把“作务”泛泛地理解为“从

① 陈松长主编：《岳麓书院藏秦简（肆）》，上海辞书出版社 2015 年版，第 108 页。另外，有关本条，李力主张释文应调整为“官府为作务市受钱，及受赍（齎）、租、质、它稍入钱，皆官为缿，谨为缿空，婴毋令钱能出，以令若丞印封缿，而人与入钱者参辨券【书】之，辄入钱缿中，令入钱者见其入。月一输缿钱，及上券中辨其县廷；月未尽而缿盈者，辄输之。不如律，赀一甲”。参见徐世虹等：《秦律研究》，武汉大学出版社 2017 年版，第 278 页。

② 有关“齎”“租”“质”“它稍入钱”之关系，徐世虹持并列说；邬文玲与李力皆认为，“齎”“租”“质”皆属“稍入钱”之范畴，“它稍入钱”则为剔除此三者之后的“稍入钱”。参见《第二届“出土文献与法律史研究”学术研讨会纪要》，载王沛主编：《出土文献与法律史研究》（第二辑），上海人民出版社 2013 年版，第 253 页；邬文玲：《里耶秦简所见“户赋”及相关问题琐议》，载武汉大学简帛研究中心主办：《简帛》（第八辑），上海古籍出版社 2013 年版，第 224—225 页；李力：《关于秦汉简牍所见“稍入钱”一词的讨论》，载《国学学刊》2015 年第 4 期，第 107 页。从律文的表述来看，似以后说为是。

③ 睡简《秦律十八种》所收《关市律》条文曰，“为作务及官府市，受钱必辄入其钱缿中，令市者见其入，不从令者赀一甲。　关市”。陈伟主编：《秦简牍合集（壹·上）》，武汉大学出版社 2014 年版，第 104 页。其内容与此处所探讨的岳麓简《金布律》条文存在相似之处，故陈松长认为，《秦律十八种》中的《关市律》实为《金布律》，简文末尾署有“关市”二字乃抄手所抄写的底本有误或抄手本身误抄所致；陈伟则主张，此种现象或可归因于内容相似的律文同时被收入《关市》《金布》两篇律中。参见陈松长等：《岳麓书院藏秦简的整理与研究》，中西书局 2014 年版，第 269—277 页；陈伟等：《秦简牍整理与研究》，经济科学出版社 2017 年版，第 80 页。与陈松长说、陈伟说不同，李力指出，《关市律》所云“为作务及官府市”可理解为“为作务市”及“为官府市”，前者乃“各种手工业者或手工业作坊自产自销其产品的交易行为”，后者为“进行官府买卖的行为”，因此，将睡简《关市律》条文与岳麓简《金布律》条文视为一事并不妥当。参见徐世虹等：《秦律研究》，武汉大学出版社 2017 年版，第 287—295 页。综合而言，三说皆有其理，因此，《关市律》条文之归属究竟如何或可再思考。

④ 睡虎地秦墓竹简整理小组编：《睡虎地秦墓竹简》，文物出版社 1990 年版，第 43 页。

⑤ 参见陈伟主编：《里耶秦简牍校释（第一卷）》，武汉大学出版社 2012 年版，第 85 页。

事于手工业”或许不够准确。① 里耶简还提到：

课上金布副……作务（8－454）

仓课志……作务产钱课（8－495）

作务入钱。(8－1272)②

上引史料均揭示了作务与“产钱”之间的关联性，《汉书·酷吏传》又有“无市籍商贩作务”一语，邬文玲遂认为“‘作务’很可能是指售卖人员，类似于今天的售货员”。③ 这一解释显然比睡简整理小组之说更为精细，但未免失之过窄。岳麓简 1992/68＋1946/69 所载《亡律》条文曰：

隶臣妾及诸当作县[道]官者仆、庸为它作务，其钱财当入县道官而逋未入去亡者，有（又）坐逋钱财臧，与盗同法。④

据划线部分，律文将“仆”与“庸为它作务”并列，这表明“仆”也是“作务”的一种；而且，“它作务”乃概括性词汇，其外延不应仅指向售卖行为。

① 参见陈松长等：《岳麓秦简与秦代法律制度研究》，经济科学出版社 2019 年版，第 171—172 页。

② 陈伟主编：《里耶秦简牍校释（第一卷）》，武汉大学出版社 2012 年版，第 152、169、303 页。

③ 邬文玲：《里耶秦简所见“户赋”及相关问题琐议》，载武汉大学简帛研究中心主办：《简帛》（第八辑），上海古籍出版社 2013 年版，第 228 页。

④ 陈松长主编：《岳麓书院藏秦简（肆）》，上海辞书出版社 2015 年版，第 61 页。有关本条律文，整理小组的原句读为“隶臣妾及诸当作县[道]官者、仆、庸，为它作务……”。如此句读将作为概称的“隶臣妾”“诸当作县[道]官者”与含义相对确定的“仆”“庸”并列，略显怪异。对此，陈伟指出，“仆”为使动用法或前脱一动词，其意为“出仆”；“庸”则为受雇佣之意，当下读，亦即“仆”与“庸为它作务”并列。京都大学“秦代出土文字史料研究”班则把律文起首的句读调整为“隶臣妾及诸当作县[道]官者，仆、庸为它作务……”，也以“仆”“庸为它作务”为并列语词。参见陈伟：《岳麓秦简肆商校（四）》，载简帛网 http://www.bsm.org.cn/?qinjian/7423.html，发布时间：2016 年 11 月 30 日；“秦代出土文字史料の研究”班：《嶽麓書院所藏簡〈秦律令（壹）〉譯注稿 その（一）》，载《東方學報》第九十二册，2017 年，第 203 页。陈伟说及京大说均较为合理地解决了整理小组原句读的令人不解之处，故此处引律文时据二说对原句读有所调整。

因此，所谓“作务”如高震寰所说，或许应略泛化地解释为“‘产钱’之劳动”。① 参考此处所引《亡律》条文及里耶简的记载，岳麓简《金布律》提到的“官府为作务”大概是官府应某人之需而令徒隶等为他们劳作，“受钱”则源于此辈向官府申请租用徒隶等的花费。有关“市”，王勇认为，这恐怕不是指官府直接经营大范围的商业贸易，而是指官府基于各种原因变卖官有财物。② 揆诸秦的“重农抑商”之国策及古代中国统治者对官府从事商业活动的一贯态度，王说应当是较为合理的。至于“官府为……市受钱”的具体内容，似可从两个方面来把握。其一，睡简《秦律十八种》中的《厩苑律》《仓律》《金布律》等诸篇提到了县出卖在本地死亡的被驾用之“公马牛”的肉、“猪、鸡之息子不用者”“公器不可缮者”等的规定。③ 毋庸赘言，律文具有普遍适用性，此类“市受钱”应为各县皆可期待的财政收入，而里耶简的记载即可谓明证：

表 2-4

行号	具体内容	出处
①	畜官课志：徒隶牧畜死负、剥卖课，徒隶牧畜畜死不请课，马产子课，畜牛死亡课，畜牛产子课，畜羊死亡课，畜羊产子课。●凡八课。(8-490+8-501)	《校释（第一卷）》
②	仓课志：畜彘鸡狗产子课，畜彘鸡狗死亡课，徒隶死亡课，徒隶产子课，作务产钱课，徒隶行繇（徭）课，畜雁死亡课，畜雁产子课。●凡▨ (8-495)	《校释（第一卷）》
③	第一栏　贰春乡畜员牝彘一豮一豭一 第二栏　牝犬一牡犬一雌鸡五雄鸡一 (10-4)	《里耶秦简博物馆藏秦简》
备注	(1)《校释》第一卷是指陈伟主编：《里耶秦简牍校释（第二卷）》，武汉大学出版社 2012 年版。(2)《里耶秦简博物馆藏秦简》是指里耶秦简博物馆、出土文献与中国古代文明研究协同创新中心中国人民大学中心编著：《里耶秦简博物馆藏秦简》，中西书局 2016 年版。	

① 参见高震寰：《试论秦简中的“作务”》，载《法制史研究》（第三十三期），2018 年，第 28 页。另外，朱红林将“作务”解释为“出租劳动力”，亦可通。参见朱红林：《〈岳麓书院藏秦简（肆）〉疏证》，上海古籍出版社 2021 年版，第 131 页。

② 参见陈松长等：《岳麓秦简与秦代法律制度研究》，经济科学出版社 2019 年版，第 172 页。

③ 参见陈伟主编：《秦简牍合集（壹·上）》，武汉大学出版社 2014 年版，第 55、89、100 页。

③乃贰春乡乡官对本乡所养之牲畜的统计，其之所以如此，当是因为各类牲畜能为本县带来“市受钱”，而观①②，县廷会就本县所蓄养的六畜、雁的“死亡”“产子”情况考课畜官和仓官，其重要目的无非也是为了保障本县的财政收入。其二，除了律文所示具有普遍意义的“市受钱”之外，某些县还可能因特殊情况收获“市受钱”。以迁陵县为例，该地在秦时曾发生虎患；虎作为野生动物当然只能被视为掌控“普天之土”的君主的专有资源，官府又以“复除”即免除赋役、徭役为奖励发动民众猎杀虎。[①] 或许正因为此，虎肉就须上交官府以为官有财物，官府则会适时地出卖虎肉：

> 卅五年十月壬辰朔乙酉，少内守履出黔首所得虎肉二斗，卖于更戍士五（伍）城父□里阳所，取钱卌。衛（率）之，斗廿钱。　令史就视平。　魋手。(9－56＋9－1209＋9－1245＋9－1928＋9－1973)
>
> 卅五年十月壬戌朔乙酉，少内守履出黔首所得虎……妾迁所，取钱廿一。衛（率）之，斗廿钱半钱。　令史就视平。☑（9－186＋9－1215＋9－1295＋9－1999)[②]

其收入大概也就成了“市受钱”的一部分，尽管此种收入在稳定性上必不如售卖《厩苑律》《仓律》《金布律》等提及的官有财物而所得之钱款。

在后者，关于“齎”，睡简整理小组将其释为“通资字，资财”，[③] 彭浩则对其进一步予以精确化即《齎律》所规定的府库内各类公物的价值，[④] 因此，作为县之财政收入的“齎钱”，从秦律的规定来看，或专指对损坏的公物予以

---

① 有关里耶秦简所载迁陵县对虎患的治理，参见庄小霞：《里耶秦简所见秦“得虎复除”制度考释——兼说中古时期湖南地区的虎患》，载中国文化遗产研究院编：《出土文献研究》（第十七辑），中西书局 2018 年版，第 115—128 页。

② 陈伟主编：《里耶秦简牍校释（第二卷）》，武汉大学出版社 2018 年版，第 57、84 页。

③ 睡虎地秦墓竹简整理小组编：《睡虎地秦墓竹简》，文物出版社 1990 年版，第 44 页。

④ 参见彭浩：《睡虎地秦简“王室祠”与〈齎律〉考辨》，载武汉大学简帛研究中心主办：《简帛》（第一辑），上海古籍出版社 2006 年版，第 243—245 页。

赔偿之钱款。① 所谓“租”，如学者们已指出的，当为市租与盐矿之租等，② 而参照《二年律令·关市律》所云“市贩匿不自占租，坐所匿租臧（赃）为盗，没入其所贩卖及贾钱县官，夺之死〈列〉”，③“自占租”即商人主动申报纳税乃征收市租的主要方式。至于“质”，之前学者们已提出“契税”说、“抵押（或担保）之钱”说、“官府为大型交易提供质剂而收取的租金”说、“担保之方式”说等，④ 可谓皆有其理。此处不妨再浏览一下作为探讨“质钱”含义之重要依据的岳麓简 1415/198＋1428/199＋1300/200＋1301/201＋1351/202＋0990/203＋（缺简）＋1226/204＋J42/205＋1263/206 所收《金布律》条文：

●金布律曰：① 黔首卖马牛勿献（谳）廷，县官其买殹（也），与和

---

① 如，睡简《秦律十八种》所收《工律》条文曰，“公器官□久，久之。不可久者，以髼久之。其或叚（假）公器，归之，久必乃受之。敝而粪者，靡蚩其久……其久靡不可智（知）者，令赍赏（偿）”。又如，《效律》云，“效公器赢、不备，以赍律论及赏（偿），毋赍者乃直（值）之”。陈伟主编：《秦简牍合集（壹·上）》，武汉大学出版社 2014 年版，第 109、141 页。另，有关“赍钱”之所指，亦可参考王四维说。参见王四维：《秦县少内财政职能及其管理制度》，载《史学月刊》2020 年第 11 期，第 7 页。

② 参见杨振红：《从张家山汉简看秦汉时期的市租》，载［日］井上徹、杨振红编：《中日学者论中国古代城市社会》，三秦出版社 2007 年版，第 55 页；“秦代出土文字史料の研究”班：《嶽麓書院所藏簡〈秦律令（壹）〉譯注稿 その（二）》，载《東方學報》第九十三册，2018 年，第 20 页；陈松长等：《岳麓秦简与秦代法律制度研究》，经济科学出版社 2019 年版，第 172 页。朱红林据《二年律令·田律》所云“收入刍稾，县各度一岁用刍稾，足其县用，其余令顷入五十五钱以当刍稾。刍一石当十五钱，稾一石当五钱”一句认为，此处所探讨的岳麓简《金布律》中的“租”也包括田租中的货币部分。参见朱红林：《〈岳麓书院藏秦简（肆）〉疏证》，上海古籍出版社 2021 年版，第 132—133 页。但，正如前文已指出的，《二年律令·田律》的这一条涉及刍稾税而非田租之征收，并且，从岳麓简《金布律》的前后文来看，刍稾税与“官府为作务、市受钱”“赍”“质”“它稍入钱”等明显不同，故朱说或有不妥。

③ 彭浩、陈伟、［日］工藤元男主编：《二年律令与奏谳书：张家山二四七号汉墓出土法律文献释读》，上海古籍出版社 2007 年版，第 196 页。

④ 对相关学说的评述，参见陈伟：《关于秦与汉初“入钱缿中”律的几个问题》，载《考古》2012 年第 8 期，第 72 页；徐世虹：《也说质钱》，载王沛主编：《出土文献与法律史研究》（第二辑），上海人民出版社 2013 年版，第 3 页；贺旭英：《秦汉“质钱”小考》，载中国文化遗产研究院编：《出土文献研究》（第十四辑），中西书局 2015 年版，第 224—225 页；李力：《秦汉律所见“质钱”考辨》，载《法学研究》2015 年第 2 期，第 176—184 页；周海锋：《岳麓书院藏秦简〈金布律〉研究》，载邬文玲主编：《简帛研究》（2017 春夏卷），广西师范大学出版社 2017 年版，第 188—189 页；陈松长等：《岳麓秦简与秦代法律制度研究》，经济科学出版社 2019 年版，第 179 页。

市若室，勿敢强。买及卖马牛、奴婢它乡、它县，吏为（?）取传书及致以归及（?）免（?）；弗为书，官啬夫吏主者，赀各二甲，丞、令、令史弗得，赀各一甲。其有事关外，以私马牛羊行而欲行卖之及取传卖它县，县皆为传，而欲徙卖它县者，发其传为质。黔首卖奴卑（婢）、马牛及买者，各出廿二钱以质市亭。② 皇帝其买奴卑（婢）、马，以县官马牛羊贸黔首马牛羊及买，以为义者，以平贾（价）买之，辄予其主钱。而令虚质、毋出钱、过旬不质，赀吏主者一甲，而以不质律论。黔首自告，吏弗为质，除。黔首其为大隃取义，亦先以平贾（价）直之。③ 质奴婢、马、牛者，各质其乡，乡远都市，欲徙（缺简）老为占者皆嵒（迁）之。舍室为里人盗卖马、牛、人，典、老见其盗及虽弗见或告盗，为占质，黥为城旦，弗见及莫告盗，赎耐；其伍、同居及一典，弗坐。④ 卖奴卑（婢）、马、牛者，皆以帛书质，不从令者赀一甲。卖半马半牛者，毋质诸乡。①

上引律文大致上是由四层意思合成的：① 黔首可在本地及他乡卖马牛、奴婢，但须在本地“为质”或凭借“传”而在他乡“为质”，且买卖双方皆应为此至市亭支付廿二钱；② 官府若买黔首之马、奴婢或以官马、牛、羊交换黔首之马、牛、羊，亦禁止不为黔首“为质”、错误“为质”即“虚质”或不令黔首交“为质”支出；③ 黔首因卖奴婢、马、牛而必须“为质”者，应先在其乡“质”，典、老负责“占质”；④“质”须以帛书为之，若因为马、牛价值较高，仅出让一半所有权，则不得“为质”。从这四层意思出发，可以发现，“质”在四段简文中时而为动词，时而为名词，但从根本上都指向官府在马、牛、羊、奴婢买卖中必须实施的行为，并且此种行为似乎是分乡和市亭两个地点进行的。之所以如此，或是因为马、牛、羊、奴婢买卖为当时的大宗贸易，确保标的物无瑕疵以避免今后不发生纠纷应为交易双方及官府的共同期待，故官府要求交易双方先向最了解标的物状况的典、老“占质”亦即申请“为

① 陈松长主编：《岳麓书院藏秦简（肆）》，上海辞书出版社 2015 年版，第 133—136 页。

质”（典、老自然要检查马、牛、羊、奴婢是否有瑕疵）；再赴市亭，出示典、老“占质”的结果并交钱以取得官府出具的买卖完成的凭证。换言之，作为当时的一种经济现象的“质”其实是从“各质其乡”开始直至最终获得“质”文书的过程，故“质”字在简文中或作动词或作名词，①所说的买卖双方“各出廿二钱”则因与“为质”有关而被称为“质钱”。这样看来，若姑且不穷究秦汉时期是否存在所谓“质剂”，“质钱”确实可以视作“官府为大型交易提供质剂而收取”的费用，而交付“质钱”的目的无非在于获取官府为交易提供担保的凭证或者借助官府的权威来保证交易一劳永逸地完成。[①] 最后，有关“它稍入钱”，“稍入”似指“逐渐”“定期”进账之小额收入，[②] 所以，“它稍入钱”无疑就是各种定期进账之小额收入的概称。那么，所谓“小额收入”包括哪些呢？《二年律令·金布律》云：

> 官为作务、市及受租、质钱，皆为缿，封以令、丞印而入，与叁辨券之，辄入钱缿中，上中辨其廷。质者勿与券。租、质、户赋、园池入钱，县道官勿敢擅用，三月一上见金、钱数二千石官，二千石官上丞相、御史。[③]

本条与前引岳麓简1411/121＋1399/122＋1403/123所收《金布律》条文颇为相似，其划线部分“租、质、户赋、园池入钱”与岳麓简《金布律》中的

① 在这一点上，王勇也曾做出较为合理的概括，值得参考。参见陈松长等：《岳麓秦简与秦代法律制度研究》，经济科学出版社2019年版，第179页。

② 参见郭浩：《秦汉时期现金管理刍议——以岳麓秦简、居延汉简“稍入钱”为例》，载《中国社会经济史研究》2013年第3期，第1—3页；李力：《关于秦汉简牍所见“稍入钱”一词的讨论》，载《国学学刊》2015年第4期，第104页；“秦代出土文字史料の研究”班：《嶽麓書院所藏簡〈秦律令（壹）〉譯注稿その（二）》，载《東方學報》第九十三册，2018年，第21页；朱红林：《〈岳麓书院藏秦简（肆）〉疏证》，上海古籍出版社2021年版，第134页。

③ 彭浩、陈伟、［日］工藤元男主编：《二年律令与奏谳书：张家山二四七号汉墓出土法律文献释读》，上海古籍出版社2007年版，第254页。另外，有关本条，李力认为，释文应调整为“官为作务市【受钱】，及受租、质钱，皆为缿，封以令、丞印，而人与叁辨券【书】之，辄入钱缿中，上中辨其廷。质者勿与券。租、质、户赋、园池入钱，县官道毋敢擅用，三月一上见金、钱数二千石官，二千石官上丞相、御史”。参见徐世虹等：《秦律研究》，武汉大学出版社2017年版，第283页。

“齎、租、质、它稍入钱”好像存在一定的对应关系，故邬文玲认为，“稍入钱”包括户赋、园池钱等。① 应当指出，里耶简 8－455 载“贰春乡枝（枳）枸志”、9－869 提到“橘园橘志”，而 8－454 所收“课上金布副”又把“池课”“园课”与“作务”“市课”等并列，② 因此，将园池钱纳入“稍入钱”中或许没有太大问题。但是，对于户赋，一方面，其为每个民户皆须承担的税种，恐怕不能算“小额收入”，而且从前引岳麓简 1287/118＋1230/119＋1180/120 所收《金布律》的规定来看，户赋包括实物和钱两部分（尽管实物部分亦可折合成钱），这与“齎”“租”“质”等本就以入钱为指向不可等量齐观；另一方面，若对比岳麓简《金布律》对户赋和“齎”“租”“质”的输送方式的不同规定，“十月户赋，以十二月朔日入之，五月户赋，以六月望日入之，岁输泰守”在灵活程度上显然不如“月一输銗钱，及上券中辨其县廷，月未尽而銗盈者，辄输之”，这也表明户赋似乎不能被视为“它稍入钱”之一。当然，所谓“它稍入钱”不会只包括园池钱，里耶简 8－454 还以“赀、赎、责（债）”与“池课”“园课”等并列，③ 8－2226＋8－2227 又云“☐买铁铜，租质入钱，赀责隃（逾）岁，买请铜锡”；④ 或许，里耶简频频提及的赀罚及追债所得也是“它稍入钱”的组成部分。⑤ 概言之，“齎、租、质、它稍入钱”一语尤其是“它稍入钱”这一概括性称谓表明，秦统治者期望县官府广泛地介入经济生活中以全面掌控社会经济并从中汲取金钱收入，而这些

① 参见邬文玲：《里耶秦简所见“户赋”及相关问题琐议》，载武汉大学简帛研究中心主办：《简帛》（第八辑），上海古籍出版社 2013 年版，第 226 页。

② 参见陈伟主编：《里耶秦简牍校释（第一卷）》，武汉大学出版社 2012 年版，第 152—153 页；陈伟主编：《里耶秦简牍校释（第二卷）》，武汉大学出版社 2018 年版，第 217 页。

③ 参见陈伟主编：《里耶秦简牍校释（第一卷）》，武汉大学出版社 2012 年版，第 152—153 页。

④ 陈伟主编：《里耶秦简牍校释（第一卷）》，武汉大学出版社 2012 年版，第 447 页。

⑤ 里耶简 8－149＋8－489、8－300、8－565 等皆为赀罚之实例，参见陈伟主编：《里耶秦简牍校释（第一卷）》，武汉大学出版社 2012 年版，第 89—90、131、180 页。至于追债，睡简《秦律十八种·金布律》就有所规定：“有责（债）于公及赀、赎者居它县，辄移居县责之。公有责（债）百姓未赏（偿），亦移其县，县赏（偿）。”陈伟主编：《秦简牍合集（壹·上）》，武汉大学出版社 2014 年版，第 94 页。而里耶简 9－1 至 9－12 十二块木牍的记载可谓典型实例。参见陈伟主编：《里耶秦简牍校释（第二卷）》，武汉大学出版社 2018 年版，第 1—19 页。

收入则与“官为作务、市受钱”一起补充财政所需。①

值得一提的是，在秦简牍文献中还能见到官府保有各类物资的记载，如下表所示：

表 2－5

简　号	具 体 内 容	出　处
8－458	迁陵库真见兵。甲三百卌九。甲宛廿一。鞮瞀卌九。胄廿八。弩二百五十一。臂九十七。弦千八百一。矢四万九百□。輆（戟）二百五十一。	《校释（第一卷）》
8－1562	廿八年七月戊戌朔乙巳，启陵乡赵敢言之：令令启陵捕献鸟，得明渠雌一……	
8－1735	廿七年羽赋二千五【百】☐	
9－1164	☐铜四两，敝纬四斤二两。	《校释（第二卷）》
9－1207＋9－1922＋9－2137＋9－2143	……□□□□□□□□□□□……【巾十六，橐十一，幭】十七，笥卅二，□十六，☐□□九，【絮】一斤七两，缄十，丝一钧五斤十两十二朱（铢），缊三石三钧十四斤十两……□一，两一，衡一，丈二。袍四，襦四，绔四，帬（裙）四。●凡七百卅五物，同券齿。	
备注	(1)《校释（第一卷）》是指陈伟主编：《里耶秦简牍校释（第一卷）》，武汉大学出版社 2012 年版；《校释（第二卷）》是指陈伟主编：《里耶秦简牍校释（第二卷）》，武汉大学出版社 2018 年版。 (2) 有关 8－458 所载“迁陵库真见兵”数字，《校释（第一卷）》写作，“迁陵库真□”，引文据李均明、陈伟说补“见兵”二字。参见李均明：《耕耘录——简牍研究丛稿》，人民美术出版社 2015 年版，第 56 页；陈伟等：《秦简牍整理与研究》，经济科学出版社 2017 年版，第 50 页。	

① 需要指出，新出荆州胡家草场西汉简所收《少府令》云：“伐取材木山林，大三韦（围）以上，十税一；不盈十，直（值）贾（价）十钱税一钱。”荆州博物馆、武汉大学简帛研究中心编著：《荆州胡家草场西汉简牍选粹》，文物出版社 2021 年版，第 197 页。可见，汉初曾以律令明示归少府管理的伐木税的征收比率。这不禁令人联想，以“山川园池市井租税之入”为财政收入之组成部分的秦是否也存在类似规定。

续 表

简　号	具 体 内 容	出　处
备注	(3) 8－1735 提到“羽赋”，这似乎表明至少在迁陵县，黔首交纳羽毛以充军赋是被允许的，沈刚即持此说（参见沈刚：《秦简所见地方行政制度研究》，中国社会科学出版社 2021 年版，第 347、350 页）。但是，正如杨小亮所指出的，里耶简只记载了刑徒“捕羽”的例子，并无向黔首征收羽赋的记录，因此“羽赋”可能并非秦的正式税种，而是具有“特贡”的意味（参见杨小亮：《里耶简中有关“捕羽成鍭”的记录》，载中国文化遗产研究院编：《出土文献研究（第十一辑）》，中西书局 2012 年版，第 148 页）。另外，王子今未明言“羽赋”究竟是否为正式税种，又认为“羽赋”很可能用来满足以羽毛为华贵装饰之需求，未必用于军事（参见王子今：《说“捕羽”》，载里耶秦简博物馆、出土文献与中国古代文明研究协同创新中心中国人民大学中心编著：《里耶秦简博物馆藏秦简》，中西书局 2016 年版，第 213、225 页；同氏：《里耶秦简“捕羽”的消费主题》，载《湖南大学学报（社会科学版）》2016 年第 4 期，第 29—31 页）。从目前的史料情况来看，虽然“羽赋”的用途究竟如何尚无法肯定，但将其视为秦的正式税种还需谨慎。如里耶简 9－992 提到，“钱少，不□以买羽备赋☐”（陈伟主编：《里耶秦简牍校释（第二卷）》，武汉大学出版社 2018 年版，第 239 页）；这似乎就表明“羽赋”并非向黔首征收的税种，遂有官府组织刑徒“捕羽”的数量尚未达到要求以至于不得不出钱购买“羽”的现象。	

若不以今日之货币经济目古代之经济现象，适度放宽对古代政府之“财政”的理解，则表 2－5 所列一应物资自然也都是县的财政收入的构成要素。至此，我们已可形成如下认识：秦县官府确实通过向被授田的编户民征收田租、刍稾税、户赋及其他途径积聚了大量的物资和钱财，进而搭建起了战国时代的秦国及统一后的秦帝国的财政基础。那么，如此规模的物资和钱财又是怎样被支出的呢？

（二）财政支出

从大方向上说，秦县的财政支出主要因本县使用和跨县输送而产生，以下将尝试着对这两类支出稍作介绍。

1. 本县使用。首先，对民户上交的田租即“禾”和刍稾税的实物部分即刍稾，县中的主管之“官”须向县廷汇报二者的石数，[①] 县廷则派员监督仓官、乡官的“禾”仓、刍稾仓建设及水火防护情况，并在简册上记下每一堆“禾”与刍稾的数量以为呈送给上峰的“廥籍”，同时确定第一个供使用的粮仓及刍稾仓，如睡简《秦律十八种·效律》及岳麓简 1413/169＋1297/170 记载的《内史杂律》所示：

> 入禾，万【石一积而】比黎之为户，籍之曰：“其廥禾若干石，仓啬夫某、佐某、史某、稟人某。”是县入之，县啬夫若丞及仓、乡相杂以封印之，而遗仓啬夫及离邑仓佐主稟者各一户，以气（饩）人。其出禾，有（又）书其出者，如入禾然。　效
>
> ●内史杂律曰：刍稾廥、仓、库实官积，垣高毋下丈四尺，它蘠（墙）财（裁）为候，晦令人宿候。二人备火，财（裁）为【池】□水官中，不可为池者财（裁）为池官旁。[②]

对县所保存的粮草，一方面，中央会统一调拨其一部分来充实全境主要粮仓，睡简《秦律十八种·仓律》中的“栎阳二万石一积，咸阳十万一积”[③] 及《史记·郦生陆贾列传》中的“夫敖仓，天下转输久矣，臣闻其下乃有藏粟甚多”等文字皆可为例证；[④] 而在秦末关东反秦势力纷起时，冯去疾、李斯及冯劫劝谏二世曰，“关东群盗并起，秦发兵诛击，所杀亡甚众，然犹不止。盗多，

---

① 如睡简《秦律十八种·田律》所示，“禾、刍稾贇（撤）木、荐，辄上石数县廷。勿用，复以薦盖”。陈伟主编：《秦简牍合集（壹·上）》，武汉大学出版社 2014 年版，第 48 页。

② 两条律文分别出自陈伟主编：《秦简牍合集（壹·上）》，武汉大学出版社 2014 年版，第 139 页；陈松长主编：《岳麓书院藏秦简（肆）》，上海辞书出版社 2015 年版，第 124 页。需要指出的是，睡简《秦律十八种·仓律》也频频提及禾、刍稾的入仓、保管、造籍等事宜，如“入禾稼、刍稾，辄为廥籍，上内史”云云（陈伟主编：《秦简牍合集（壹·上）》，武汉大学出版社 2014 年版，第 64 页）。因内容与此处所引《效律》条文类似，故不再详列。另外，有关岳麓简《内史杂律》条文，陈伟已对整理小组的原释读、句读法予以调整，此处据改。参见陈伟：《岳麓秦简肆商校（二）》，载简帛网 http://www.bsm.org.cn/?qinjian/6662.html，发布时间：2016 年 3 月 28 日。

③ 陈伟主编：《秦简牍合集（壹·上）》，武汉大学出版社 2014 年版，第 60 页。

④ 有关秦的粮食传输与粮仓建设，蔡万进已有较为详细的论述。参见蔡万进：《秦国粮食经济研究》，大象出版社 2009 年版，第 86—88 页。

皆以戍漕转作事苦，赋税大也”,① 所谓“戍漕转作事”很可能也与粮食运输有关。另一方面，大概是因为粮草运输不便且经常要被廪出，所以，中央也允许各县保留一部分以供其使用并通过“廥籍”等官文书所载的数据来掌握各县的粮食、刍稾出入情况。那么，到底有哪些支出项目呢？第一，从简牍所载秦律条文来看，包括官啬夫、佐史及刑徒等在内的所谓“月食者”可按月“稟食”：

> 官长及吏以公车牛稟其月食及公牛乘马之稟，可殹（也）……　司空（睡简《秦律十八种·司空律》）
>
> 隶臣妾其从事公，隶臣月禾二石，隶妾一石半；其不从事，勿稟。小城旦、隶臣作者，月禾一石半石；未能作者，月禾一石。小妾、舂作者，月禾一石二斗半斗；未能作者，月禾一石。婴儿之毋（无）母者各半石；虽有母而与其母冗居公者，亦稟之，禾月半石。隶臣田者，以二月月禀二石半石，到九月尽而止其半石。舂，月一石半石。隶臣、城旦高不盈六尺五寸，隶妾、舂高不盈六尺二寸，皆为小；高五尺二寸，皆作之。　仓（睡简《秦律十八种·仓律》）
>
> 月食者已致稟而公使有传食，及告归尽月不来者，止其后朔食，而以其来日致其食；有秩吏不止。　仓②（睡简《秦律十八种·仓律》）

而上引《司空律》条文中的“公牛乘马之稟”一语无疑暗示，刍稾会被用于饲养公家的牛马等牲畜。③ 除了“月食”之外，也有按日“稟食”的情况，如睡简《秦律十八种·仓律》就提到，“日食城旦，尽月而以其余益为后九月稟

①《史记·秦始皇本纪》。
② 陈伟主编：《秦简牍合集（壹·上）》，武汉大学出版社 2014 年版，第 74、77、118 页。
③ 有关公家之马牛的“稟食”，睡简《田律》等也有所规定，如“乘马服牛稟，过二月弗稾、弗致者，皆止，勿稟、致”。陈伟主编：《秦简牍合集（壹·上）》，武汉大学出版社 2014 年版，第 49 页。

所”。① 进一步论，在里耶简中，有关“稟食”的记录可谓俯拾皆是，如下表所示：

表 2-6

行号	具体内容	出处
①	径廥粟米一石九斗五升六分升五。　世一年正月甲寅朔丁巳，司空守增、佐得出以食舂、小城旦渭等卌七人，积卌七日，日四升六分升一。令史□视平。　得手。(8-212+8-426+8-1632)	《校释（第一卷）》
②	世年六月丁亥朔甲辰，田官守敬敢言之：疏书日食牍北（背）上。敢言之。城旦、鬼薪十八人。小城旦十人。舂廿二人。小舂三人。隶妾居赀三人。戊申，水下五刻，佐壬以来。/尚半。　逐手。(8-1566)	
③	▨稟人廉出稟乡夫七月食。▨却手。(8-1238)	
④	稻一石一斗八升。　世一年五月乙卯，仓是、史感、稟人援出稟迁陵丞昌。●四月、五月食。令史尚视平。感手。(8-1345+8-2245)	
⑤	径廥粟米三石七斗少半升。●世一年十二月甲申，仓妃、史感、稟人窯出稟冗作大女韱十月、十一月、十二月食。令史犴视平。感手。(8-1239+8-1334)	
⑥	丙廥粟米一石二斗半斗。世一年十二月庚寅启陵乡守增、佐直、稟人小出稟大隶妾徒十二月食。令史逐视平。　直手。(8-1590+8-1839)	
⑦	丙廥粟米二石。　令史扁视平。世一年十月乙酉，仓守妃、佐富、稟人援出稟屯戍士五（伍）孱陵咸阴敞臣。富手。(8-1545)	
⑧	径廥粟米一石八斗泰半。世一年七月辛亥朔癸酉，田官守敬、佐壬、稟人蓉出稟屯戍簪袅襄完里黑、士五（伍）朐忍松涂增六月食，各九斗少半。令史逐视平。敦长簪裹襄坏（褭）德中里悍出。　壬手。(8-1574+8-1787)	
备注	(1)《校释（第一卷）》是指陈伟主编：《里耶秦简牍校释（第一卷）》，武汉大学出版社 2012 年版。 (2) 8-1590 与 8-1839 两枚木牍之缀合参考了谢坤的编联方案。参见谢坤：《秦简牍所见仓储制度研究》，上海古籍出版社 2021 年版，第 73 页。	

① 陈伟主编：《秦简牍合集（壹·上）》，武汉大学出版社 2014 年版，第 86 页。

可见，在迁陵县，不仅“禀食”对象多元，包括乡啬夫（③）、县丞（④）、徒隶（⑤⑥）、屯戍士卒（⑦⑧）等，“禀食”方式确可分为“日食”（①②）、“月食”（③④⑤⑥⑧）两种，而且，作为县廷之代表的令史在各类“禀食”的实例中几乎不缺席。这表明，秦律的规定是得到切实执行的，县廷严密监督着粮食与刍稾的支出。至于“禀食”程序，如谢坤的研究已指出的，无非是由“开仓”“量谷”“记录”“封仓”四个环节构成，[①] 此处不再赘述。第二，在秦的整个行政网络中，各县都只是上下沟通的一个环节，因此对各县而言，因公务迎来送往当然是颇为频繁的。前引《仓律》条文提到“月食者已致禀而公使有传食”，所谓“公使”就是指因公出差者，而“有传食”三字则要求“公使”路过之县的驿站当为他们提供膳食等。同为《仓律》还罗列了所谓“公使”的部分成员，并规定作为其目的地且为他们提供口粮的县应向其派出县发出文书以便其派出县相应地扣除他们在本县的“禀食”量：

> 宦者、都官吏、都官人有事上为将，令县貣（贷）之，辄移其禀县，禀县以减其禀。已禀者，移居县责之。　仓[②]（睡简《秦律十八种·仓律》）

此外，睡简所收《传食律》及《仓律》又分别就县对不同身份之“公使”应提供的膳食差异以及如何饲养“公使”所驾乘之马等问题做了明确的规定。[③] 如此种种皆说明，因公务所需而对出差人员提供的膳食及为马匹安排的草料必是县的财政开支的重要组成部分，也必然涉及作为田租而上交的“禾”及刍稾的使用。里耶简收入了记载此类财政开支之实例的官文书，如 5－1 提到：

> A. 元年七月庚子朔丁未，仓守阳敢言之：“狱佐辨、平、士吏贺具

① 参见谢坤：《秦简牍所见仓储制度研究》，上海古籍出版社 2021 年版，第 61—67 页。
② 陈伟主编：《秦简牍合集（壹·上）》，武汉大学出版社 2014 年版，第 72 页。
③ 参见陈伟主编：《秦简牍合集（壹·上）》，武汉大学出版社 2014 年版，第 75、141—143 页。

狱县官，食尽甲寅。谒告过所县乡以次续食，雨留不能，投宿、赍。来复传。零阳田能自食。当腾期卌日。敢言之。”/七月戊申，零阳龏移过所县乡。/齮手。/

B. 七月庚子朔癸亥，迁陵守丞固告仓啬夫：“以律令从事。”/嘉手。(5-1正)

C. 迁陵食辨、平尽己巳旦□□□□迁陵。

D. 七月癸亥旦，士五（伍）臂以来。/嘉发。(5-1背)[①]

据A，零阳县狱佐辨、平及士吏贺为办理狱讼之事而出差至它县，零阳仓守则向县廷发出上行文书。该文书先保证“零阳田能自食”即零阳县的粮食是足够的[②]；再以“谒告过所县乡……投宿、赍”一语强调，为了方便狱佐辨等办理差事，期望县廷告知狱佐辨等路过的县乡为他们提供膳食，且进一步提出如下意愿：若狱佐辨等因避雨耽误行程以至于超过了在某县滞留的期限，盼此县为他们提供食宿和粮食、物资；最后，请求县廷抄写此文书并在三十日内送抵狱佐辨等的出差目的地。从“零阳龏移过所县乡”来看，零阳县廷显然是按照仓守的意见办理了，紧随于此的就是B，亦即在零阳县廷发出文书十五日后，收到文书的迁陵县廷要求本县负责粮草保存之事的仓啬夫“以律令从事”。继之，迁陵县仓啬夫很快就收到了来自于县廷的文书（D），并为狱佐辨等提供膳食、物资（C）[③]。又如，里耶简8-1517载：

卅五年三月庚寅朔辛亥，仓衔敢言之：疏书吏、徒上事尉府者牍北（背），食皆尽三月，迁陵田能自食。谒告过所县，以县乡次续食如律。

① 陈伟主编：《里耶秦简牍校释（第一卷）》，武汉大学出版社2012年版，第1页。有关里耶简5-1的句读，邬文玲已有详细探讨，此处据改。参见徐世虹等：《秦律研究》，武汉大学出版社2017年版，第319—328页。

② 参见余津铭：《里耶秦简“续食简”研究》，载武汉大学简帛研究中心主办：《简帛》（第十六辑），上海古籍出版社2018年版，第137页。

③ 至于C部分的“□□□□迁陵”，邬文玲推测，此数字大概涉及士吏贺的“传食”情况，其之所以要与“狱佐辨”等的“传食”情况分别书写，或是因为士吏贺未能进入迁陵县境内。参见徐世虹等：《秦律研究》，武汉大学出版社2017年版，第325页。

雨留不能，投宿、赍。当腾腾。来复传。敢言之。(8-1517 正)

令佐温。

更戍士五城父阳翟执。

更戍士五城父西中痤。

胥手。(8-1517 背)①

如果说 5-1 乃迁陵县迎来它县“公使”并为其解决“传食”问题的记录，那么，8-1517 就是以迁陵县派出本县“公使”并请求它县为他们解决“传食”问题为主要内容的官文书；其正面无非就是提出请求的理由，而其背面则为本县“公使”的名录。对比 5-1 之 A 部分与 8-1517 正面的文字，可以想见，倘若令佐温等三人要从公干路过之县“禀食”，其具体流程应当也跟零阳县狱佐辨等的经历雷同。也就是说，“公使”乃各类政务信息的移动承载者，为了保证其差事的顺利完成，各县需要为他们办理“传食”事宜；这在表象上是以出发县的仓官→出发县的县廷→途经县的县廷→途经县的仓官为路线的文书流程进行的，而在实质上推动此流程之展开的无疑就是《传食律》《仓律》等律令的规定。由之，作为各县财政收入的粮草频频被支出，县廷则也像在按月或按日“禀食”的场合中一样严格监控征收上来的粮草的流向。

其次，对户赋、刍禀税之金钱部分、官府“为作务、市受钱”及各类稍入钱，应当先予以明确的是，县究竟能否保留这些钱款以供己用。出于论述之便，以下将再次引用前文曾提及的三条秦汉律：

A. 十月户赋，以十二月朔日入之，五月户赋，以六月望日入之，岁输泰守。(岳麓简 1230/119《金布律》)

B. 官府为作务、市受钱，及受赍、租、质、它稍入钱，皆官为銗，谨为銗空(孔)，婴(须)毋令钱能出……月一输銗钱，及上券中辨其县

① 陈伟主编：《里耶秦简牍校释(第一卷)》，武汉大学出版社 2012 年版，第 344—345 页。需要指出，有关“雨留不能，投宿、赍”一语的句读，《校释(第一卷)》原作“雨留不能投宿赍”，今据邬文玲对 5-1 中的相同文字的句读意见做出调整。

廷，月未尽而𧶼盈者，辄输之，不如律，赀一甲。（岳麓简1411/121＋1399/122＋1403/123《金布律》）

C. 官为作务、市及受租、质钱，皆为𧶼……租、质、户赋、园池入钱，县官道勿敢擅用，三月一上见金、钱数二千石官，二千石官上丞相、御史。（张家山汉简《二年律令·金布律》）

毋庸赘言，上引律文展现了若干与户赋、稍入钱等的归属有关的信息：(1) 若浏览律文C之前后并对其两处划线部分稍作对比，似可认为，在汉初，除了官府“为作务、市受钱”之外，市租、质钱、户赋、园池入钱等“山川园池市井（肆）租税之入”皆不得为地方所截留，[①] 须按三月一次的频率上报中央。(2) 据A及《汉书·食货志》所云“至于始皇……收泰半之赋”，秦亦如汉初一样将户赋纳入中央财政的范畴，但可能在输送频率上不如汉初那么高。(3) 初看起来，B和C颇为相似，但若仔细比较二者，又很容易发现差异之所在。其一，B云“月一输𧶼钱”，C则曰“三月一上见金、钱数”，此貌似报送钱款之频率的差异。不过，徐世虹已指出，这种差异乃“前者输县、后者上二千石所致”。[②] 其二，所谓“输县”并不意味着一应钱款皆归县官府所用；问题的关键在于，从律文C的划线部分来看，“租、质、户赋、园池入钱”似乎是专门被罗列出来以示对县道官不可擅用之钱款种类的强调，但律文B的划线部分却无此类单列项。这种表达方式之不同或许说明一应钱款在律文B的视野中是被统一处理的。前文已指出，“它稍入钱”包括园池钱，而在律文C中，园池钱就必须被输送到中央；以此为据，或可推测，律文B的划线部分所列的各类款项大概都会向中央输送。又，在里耶简中还能见到如下文字：

皆当为禁钱□☑（8-13）[③]

① 参见杨振红：《出土简牍与秦汉社会（续编）》，广西师范大学出版社2015年版，第288页。
② 参见徐世虹：《也说质钱》，载王沛主编：《出土文献与法律史研究》（第二辑），上海人民出版社2013年版，第2—3页。
③ 陈伟主编：《里耶秦简牍校释（第一卷）》，武汉大学出版社2012年版，第31页。

据《史记·秦始皇本纪》“集解”引“应劭曰”，“掌山泽陂池之税，名曰禁钱，以给私养，自别为藏。少者小也，故称少府”，① 所谓“禁钱”乃需要输入少府的钱款，园池钱正是其中之一。进一步论，里耶简 8-13 中的“皆”“禁钱”三字似乎就说明了秦县中确实存在着将包括园池钱在内的各种款项输往中央的情况，可谓此处之推测的旁证。② 综合以上三点认识，私见以为，户赋、官府“为作务、市受钱”、各类稍入钱很可能都不是县官府能够自由支配的，而且考虑到钱款在输送的便利性上胜于粮食、刍稾等实物，刍稾税的金钱部分或许亦非县官府所能截留者。但是，以常理论，钱款从各县输往中央，再由中央统一调拨给各县必将增加财政流转的成本，也难免令人感到多此一举，所以，秦应该也允许各县保留一部分钱款而“由地方官府自助开支”以为君主之“恩典”的体现③，只不过如前引“收泰半之赋”所示，输往中央之钱款的比率大概远高于存留在地方之钱款的比率。这无疑是秦的中央集权体制在财政上的体现。④ 然而，秦县官府的钱款支出却较为多样，里耶简 8-454 就提到“县官有买用钱”⑤；其中既有小额开支，如里耶简 9-1931+9-2169 所载：

> 卅四年十一月【丁卯朔】甲午，仓守壬、佐却出钱千五百一十八钱，以衣大隶妾婴等廿八人冬衣，人五十五，其二人各【卌】☐（9-1931+

---

① 另外，《汉书·贾捐之传》“师古曰”也提到：“少府钱主供天子，故曰禁钱。”

② 事实上，加藤繁很早就指出，在汉代，与国家财政有别的帝室财政是由山泽税、江海陂湖税、园税、市井税、口赋、苑囿池籞的收入、公田收入、献物和酎金、铸钱等构成的，而且此种情况很可能在秦代就已存在。参见［日］加藤繁：《中国经济史考证》（上），吴杰译，中华书局 2012 年版，第 25—126 页。不得不说，如此处所引里耶简 8-13 等简牍文献所揭示的信息或许能在一定程度上加强加藤繁之推测的说服力。

③ 参见邬文玲：《里耶秦简所见“户赋”及相关问题琐议》，载武汉大学简帛研究中心主办：《简帛》（第八辑），上海古籍出版社 2013 年版，第 227 页。

④ 或许也正因为此，如山田胜芳、渡边信一郎等已指出的，随着汉初中央权力的相对弱化，汉廷不得不重新划定地方上供中央之财物占地方财政收入的比例以为对秦时的“中央集权式财政”的缓和，而财政的重心就向地方郡国倾斜了。参见山田胜芳：《秦漢财政收入の研究》，汲古书院 1993 年版，第 157 页；渡边信一郎：《中國古代の财政と國家》，汲古书院 2010 年版，第 49—55 页。

⑤ 陈伟主编：《里耶秦简牍校释（第一卷）》，武汉大学出版社 2012 年版，第 153 页。

9－2169)①

也有大笔开支，如里耶简多处提到的购买奴婢、徒隶之款项：

> 卅一年十月乙酉朔朔日，贰春乡守☐
> 大奴一人直（值）钱四千三百。☐
> 小奴一人直（值）钱二千五百。☐
> ●凡直（值）钱六千八百。☐（8－1287）
> 廿九年少内☐
> 买徒隶用钱三万三千□☐
> 少内根、佐之主。☐（9－1406）②

另外，虽然目前似乎尚未见到记载秦县官府为吏员们发放俸钱的简文，但据居延汉简记载：

> 第四候史郅□　十二月奉钱九百（286.5）
> 第廿八燧长程丰　十月奉九百（286.17）
> ☐□□□啬夫王光　十一月奉钱七百廿　十二月辛酉自取□☐（3.18）
> 　　候史吏已取
> 吞远部　吞北燧长为已取　今取三千六百
> 　　万年燧长已取（112.29）
> 出赋钱八万一百　给佐史八十九人十月奉（161.5）③

① 陈伟主编：《里耶秦简牍校释（第二卷）》，武汉大学出版社 2018 年版，第 395—396 页。
② 此处所引两份公文书分别出自陈伟主编：《里耶秦简牍校释（第一卷）》，武汉大学出版社 2012 年版，第 306—307 页；陈伟主编：《里耶秦简牍校释（第二卷）》，武汉大学出版社 2018 年版，第 300 页。
③ 谢桂华、李均明、朱国炤：《居延汉简释文合校》，文物出版社 1987 年版，第 2、183、265、482、483 页。

汉代地方官吏的俸钱应当是由所在地官府发放的。[1] 以之为参照，或许可认为秦县的情况亦如此。概言之，若将秦县官府的各类钱款支出汇总起来，其数额想必也不小，但秦又奉行“中央集权式财政”模式，结果，里耶简 8-427 记载的“稍入不能自给廿六年徒□☐”[2] 及 8-560 所云“用钱八万，毋见钱”[3] 之类的财政紧张现象就出现了。

最后，有关秦县官府保管的各类物资在县内的支出情况，睡简《秦律十八种》所收《厩苑律》《金布律》条文分别提到“叚（假）铁器”“百姓叚（假）公器”[4]，可见，借给黔首劳作是物资的支出项目之一。《秦律十八种·金布律》又曰：

> 受（授）衣者，夏衣以四月尽六月稟之，冬衣以九月尽十一月稟之，过时者勿稟。后计冬衣来年。囚有寒者为褐衣。为𦅫布一，用枲三斤。为褐以稟衣：大褐一，用枲十八斤，直（值）六十钱；中褐一，用枲十四斤，直（值）卌六钱；小褐一，用枲十一斤，直（值）卅六钱。已稟衣，有馀褐十以上，输大内，与计偕。都官有用□□□□其官，隶臣妾、舂城旦毋用。在咸阳者致其衣大内，在它县者致衣从事之县。县、大内皆听其官致，以律稟衣。　金布[5]

此为对刑徒发放衣物的规定。另外，里耶简 9-2291 极为详细地展现了县中使用锦、幔、布等纺织品的预算：

> 锦一丈五尺八寸，度给县用足。

① 参见佐原康夫：《漢代都市機構の研究》，汲古书院 2002 年，第 462 页；李天虹：《居延汉简簿籍分类研究》，科学出版社 2003 年版，第 35—36 页；[日] 永田英正：《居延汉简研究》，张学锋译，广西师范大学出版社 2007 年版，第 389—390 页。
② 陈伟主编：《里耶秦简牍校释（第一卷）》，武汉大学出版社 2012 年版，第 146 页。
③ 陈伟主编：《里耶秦简牍校释（第一卷）》，武汉大学出版社 2012 年版，第 179 页。
④ 陈伟主编：《秦简牍合集（壹·上）》，武汉大学出版社 2014 年版，第 55、96 页。
⑤ 陈伟主编：《秦简牍合集（壹·上）》，武汉大学出版社 2014 年版，第 102 页。

缦三百廿五丈三尺四寸半寸，度给县不足三百卅八丈。

白布四百三丈六尺九寸，度给用不足四百一十一丈。

大枲卅六石廿四斤二两廿二朱（铢），度给县用不足百五十五石。

锦帷二堵，度给县用足。

缣帷一堵，度给县用足。

组缨一，度给县用足。

络袍二，度给县用足。

襦袍二，度给县用足。

布帷一堵，度给县用足。

缦帷二堵，度给县用足。

络锦八尺六寸。(9－2291)①

由此看来，尽管据目前的史料，尚不足以穷尽式地罗列秦县官府的各类物资支出项，但诸多物资会在县中被使用则是毋庸置疑的。

2. 跨县输送。前文已述，秦实行“中央集权式财政”，因此，将某县的钱款、物资移往它县以补其不足无疑是正常且频繁的，跨县物资流动遂全面展开。里耶简就有多处提到迁陵县向它县输出钱物之事，如下表所示：

表 2－7

输送物资种类	具　体　内　容	出　处
兵器	迁陵已计：卅四年余见弩臂百六十九。 ●凡百六十九。 出弩臂四输益阳。 出弩臂三输临沅。 ●凡出七。 今九月见弩臂百六十二。(8－151)	《校释（第一卷）》
钱款	付鄢少内金钱计钱万六千七百九十七。 □。(8－1023)	

① 陈伟主编：《里耶秦简牍校释（第二卷）》，武汉大学出版社 2018 年版，第 463—464 页。

续 表

输送物资种类	具 体 内 容	出 处
兵器	廿七年三月丙午朔己酉，库后敢言之：兵当输内史，在贰春□□□□五石一钧七斤，度用船六丈以上者四樓（艘）。谒令司空遣吏、船徒取。敢言之。☐（8-1510正）	《校释（第一卷）》
备注	《校释（第一卷）》是指陈伟主编：《里耶秦简牍校释（第一卷）》，武汉大学出版社2012年版。	

进一步论，在全国一盘棋的情况下，既然对它县的合理钱物需求亦须满足，那么，对指向中央的上贡就更应成为县财政运转之要务。在这一点上，从里耶简的记载来看，所谓上贡首先是常规性的。如，8-768提及“四时献者上”，《校释（第一卷）》将其解释为“四时进献于皇帝”，① 此即按时节上贡之意。又如，9-31载：

> 廿八年二月辛未朔庚寅，贰春乡守行敢言之：廿八年岁赋献黄二、白翰二、黑翰二、明（明）渠鸟二、鷩鸟四。令令乡求捕，毋出三月。乡毋吏、徒，行独居，莫求捕。捕爰用吏、徒多。谒令官有吏、徒者将求捕，如廿七年捕爰，乃可以得爰。敢言之。(9-31正)
>
> 仓□已付。……
>
> 二月戊戌□□□□□□□□□士五（伍）程人以来。/除半。　行手。(9-31背)②

① 陈伟主编：《里耶秦简牍校释（第一卷）》，武汉大学出版社2012年版，第222页。至于“四时献者上”的具体内容如何，似难以从里耶简中找到启示。8-855所载“下临沅请定献枳枸程，程　已”是否与所谓“四时献者上”有关？另外，8-1751+8-2207载，“锦缯一丈五尺八寸。　卅五年九月丁亥朔朔日，少内守绕出以为【献】☐令佐俱监。☐”，以简文提及的时间“九月”已接近年末这一点为据，不知是否能认为年末上贡“锦缯”就是每年的“四时献者上”的最后内容？这里，仅提出此类问题以待后考。

② 陈伟主编：《里耶秦简牍校释（第二卷）》，武汉大学出版社2018年版，第43—44页。

简文划线部分中的“岁赋献”三字表明，迁陵县廷令贰春乡捕捉的各类鸟似乎与“四时献”有别。考虑到表2-5所列8-1735提到的“羽赋”，或可认为，迁陵县当是多种珍奇鸟类的栖居地，故除了须上交“羽赋”之外，每年还应向中央进贡一定数量的鸟以供宫中玩乐。其次，上贡也不乏基于君主之临时性需求而为者。如，里耶简8-769曰：

> 卅五年八月丁巳朔己未，启陵乡守狐敢言之：廷下令书曰取鲛鱼与山今卢（鲈）鱼献之。问津吏徒莫智（知）。●问智（知）此鱼者具署物色，以书言。●问之启陵乡吏、黔首、官徒，莫智（知）。敢言之。●户（8-769正）曹。
>
> 八月□□□邮人□以来。/□发。 狐手。(8-769背)①

据8-769正面，迁陵县廷应是收到了中央下发的要求该县捕“鲛鱼与山今卢（鲈）鱼”并进献给皇帝的诏令，但渡口的“吏徒”却皆不知诏令所说的“鲛鱼与山今卢（鲈）鱼”究竟为何物，县廷遂发出文书，要求各乡查问“此鱼”的外形或表征等。结果，启陵乡竟然无人知晓。其原因实在无从考证，② 但从简文所透露出来的迁陵县廷及启陵乡的不知所措感来看，“取鲛鱼与山今卢（鲈）鱼献之”令书的到来不用说是具有突然性的，亦可证明所谓上贡也有可能具有临时性，此种临时性上贡与常规性上贡一起推动了县的各类物资向中央输送。当然，此处所罗列者皆不过迁陵县之事例，但在奉行一君万民之政治架构的时代，各县向它县或中央输出钱物的现象毋宁说是极为自然的，③

① 陈伟主编：《里耶秦简牍校释（第一卷）》，武汉大学出版社2012年版，第222页。
② 李斯、李笔戎提出了一种推测，即所谓“鲛鱼”乃“蛟鱼”，“山今鲈鱼”或为纬书中提及的“大鲈鱼”；8-769提到的“取鲛鱼与山今卢（鲈）鱼献之”或与秦始皇统一六国后因推崇“水德”而为的各种政治实践有关，故“鲛鱼与山今卢（鲈）鱼”皆有一定的神秘色彩以至于在迁陵县内无人知晓其详细情况。参见李斯、李笔戎：《里耶“取鲛鱼”简与秦统一初期的文化建构》，载杨振红、邬文玲主编：《简帛研究》（2016年秋冬卷），广西师范大学出版社2017年版，第119—124页。
③ 前文已提及的粮草及户赋、各类“稍入钱”等的输送即为实例，此处不再赘述。

而且其数量、方式等也必须据中央或代表中央之机构的指令来确定。① 由之，秦较为发达的水陆交通②就有了用武之地，全国的物资则在中央的统一掌控下进入了流动状态。

通过以上对秦县的财政收支情况的简要介绍，可以发现，秦统治者不仅要求县官府收取各种实物和钱款，更在钱物的分配上表现出一种向中央倾斜的态势。不过，县官府也保留了一部分钱物以为各类政务得以展开之经济前提，而其重要组成部分当然就来自于编户民上交的租、刍稾税、户赋等。正如本节起始部分所说，此为编户民因“行田”所得而不得不对朝廷输出物力的显现，但朝廷希望编户民的奉献不限于物力，还有人力。这就涉及秦县对民力的征用了，下文将就此稍作考察。

二、民力征用

一般而言，可被纯粹视作编户民对朝廷之奉献的民力征用现象主要是指史籍所云之“月为更卒”“徭戍”“戍徭”，或者说成年男子一生须承担的力役与兵役③。此处之所以要强调所谓“民力征用”之所指，是因为涉及某些概念性问题。第一，在秦汉时代，“徭”并非专指成年男子所承担的徭役，另有“奴徭”“吏徭”等其他含义，而所谓“行徭”乃“受差使而外出服役”之泛称。④ 尽管如此，各

① 如，岳麓简 1918/308＋0558/309＋0358/310＋0357/311 所收《内史郡二千石官共令》提到：“●制诏丞相御史：兵事毕矣，诸当得购赏贳责（债）者，令县皆亟予之。令到县，县各尽以见（现）钱不禁者，勿令巨辠。令县皆亟予之。▍丞相御史请：令到县，县各尽以见（现）钱不禁者，亟予之，不足，各请其属所执法，执法调均；不足，乃请御史，请以禁钱贷之，以所贷多少为偿，久易（易）期，有钱弗予，过一金，赀二甲。”陈松长主编：《岳麓书院藏秦简（肆）》，上海辞书出版社 2015 年版，第 197—198 页。此令文提及的负责“调均”即在若干县之间调配钱物的“执法”官就是隶属于御史寺系统的监察官员。不过，有关“执法”官及此处所引简文的编联问题，本书第五章将另做介绍，这里不再展开。

② 参见王子今：《秦汉交通史稿》，中国人民大学出版社 2013 年版，第 24—60、69—92 页。

③ 值得注意的是，学者们的研究已指出，秦汉时代的女子也须承担徭役，但考虑到此种徭役相对较轻且具有临时性，故本部分不再详加展开。参见山田胜芳：《秦漢財政収入の研究》，汲古书院 1993 年版，第 336—339 页；渡边信一郎：《中國古代の財政と國家》，汲古书院 2010 年版，第 91—92 页。

④ 对此，王彦辉、孙闻博、广濑薰雄等皆有详论。参见王彦辉：《秦汉徭戍制度补论——兼与杨振红、廣瀬熏雄商榷》，载《史学月刊》2015 年第 10 期，第 44—45 页；孙闻博：《秦汉军制演变史稿》，中国社会科学出版社 2016 年版，第 289 页；［日］广濑薰雄：《简帛研究论集》，上海古籍出版社 2019 年版，第 486—489 页。

类“徭”当然是不能混同的，所以，作为“民力征用”之体现的“徭”只能是狭义上的，亦即作为国家正役的“徭”。第二，秦县官府调用民力的情况较多，但并非皆为“徭戍”。如，岳麓简 1255/151＋1371/152＋1381/153 所收《徭律》及《二年律令·徭律》分别规定：

> 补缮邑院、除田道桥、穿汲〈波（陂）〉池、渐（堑）奴苑，皆县黔首利殹（也），自不更以下及都官，及诸除有为殹（也），及八更、其皖老而皆不直（值）更者，皆为之；冗宦及冗官者，勿与。除邮道、桥、驼〈驰〉道，行外者，令从户□□徒为之，勿以为繇（徭）。[①]（岳麓简 1255/151＋1371/152＋1381/153《徭律》）

> 补缮邑院，除道桥，穿波（陂）池，治沟渠，堑奴苑，自公大夫以下，〼勿以为繇（徭）。[②]（张家山汉简《二年律令·徭律》）

显然，“补缮邑院”等皆为编户民所在聚落之生活、生产正常展开之必需，因此，秦统治者将其视作“县黔首利”，为此而调用民力并非编户民对朝廷之纯粹奉献的证明，自然就“勿以为繇（徭）”了。[③] 那么，作为编户民对朝廷之奉献的“月为更卒”“徭戍”究竟是怎样构成的呢？以往学者们在分析秦汉时期编户民所承担的力役与兵役时基本都是以《汉书·食货志上》所载董仲舒上奏文及《汉旧仪》的各一段话为依据展开的：

① 陈松长主编：《岳麓书院藏秦简（肆）》，上海辞书出版社 2015 年版，第 118 页。需要指出，对引文中的“自不更以下……有为殹（也）”部分，整理小组的原句读是“自不更以下及都官及诸除有为殹（也）”，但“自不更以下……不直（值）更者”一句罗列了各种被官府调用以完成“补缮邑院”等事务的人群，而整理小组的句读似不利于辨明究竟有哪些人被调用，故此处据京都大学“秦代出土文字史料研究”班的意见在“都官”处断开，并将“都官”理解为隶属于都官之徒隶、在都官服杂役之民等的代称。参见“秦代出土文字史料の研究”班：《嶽麓書院所藏簡〈秦律令（壹）〉譯注稿 その（二）》，载《東方學報》第九十三册，2018 年，第 48、50 页。

② 彭浩、陈伟、[日] 工藤元男主编：《二年律令与奏谳书：张家山二四七号汉墓出土法律文献释读》，上海古籍出版社 2007 年版，第 248 页。

③ 参见鷲尾祐子：《中国古代の專制国家と民間社会——家族·風俗·公私》，立命馆大学东洋史学会 2009 年，第 71 页。

又加月为更卒，已，复为正一岁，屯戍一岁，力役三十倍于古。（《汉书·食货志上》）

民年二十三为正，一岁而以为卫士，一岁为材官骑士，习射御骑驰战阵。（《汉旧仪》）①

由于对“正”是指一种身份即正卒，还是指兵役本身或兵役的一种形式这一问题存在不同见解，学者们对秦汉时期成年男子承担力役与兵役的具体情况也提出了各种观点。② 不过，在互相争鸣的过程中，某些更合理的意见似乎也在形成：(1)“正”或以释作“正卒”为是，因此，《汉书·食货志上》所载董仲舒奏言的句读似可改为“又加月为更卒，已复为正，一岁屯戍，一岁力役，三十倍于古”；③ (2) 所谓“月为更卒”乃15岁以上未傅籍者、睆老及正卒皆须承担的每年一个月的劳役，由于其劳役地点在本县中，故渡边信一郎将其概括为“内徭”；④ (3) 除了 (2) 所说的每年一个月的“更卒”之役外，男子在傅籍即成为正卒后还须承担一年的兵役（或可称为“戍役”），且须远离其居县以完成一年的力役（亦即史籍提到的“外徭”），但无论是兵役，还

① ［清］孙星衍等辑：《汉官六种》，周天游点校，中华书局1990年版，第81页。
② 有关一应观点的总结，参见杨振红：《出土简牍与秦汉社会（续编）》，广西师范大学出版社2015年版，第181—183页；臧知非：《秦汉土地赋役制度研究》，中央编译出版社2017年版，第324—325页；朱德贵：《新出简牍与秦汉赋役制度研究》，中国人民大学出版社2021年版，第246—250页；王彦辉：《秦汉时期的“更”与“徭”》，载《中国社会科学》2022年第2期，第186—187页。
③ 参见杨振红：《出土简牍与秦汉社会（续编）》，广西师范大学出版社2015年版，第183—185页；王彦辉：《秦汉时期的“更”与“徭”》，载《中国社会科学》2022年第2期，第186—187页。
④ 参见重近启树：《秦漢税役体系の研究》，汲古书院1999年版，第145—146、149—151页；［日］渡边信一郎：《汉代国家的社会性劳动的编制》，庄佩珍译，载［日］佐竹靖彦主编：《殷周秦汉史学的基本问题》，中华书局2008年版，第292页；杨振红：《出土简牍与秦汉社会（续编）》，广西师范大学出版社2015年版，第197—202页；王彦辉：《秦汉时期的“更”与“徭”》，载《中国社会科学》2022年第2期，第191—194页。另外，臧知非虽认可“月为更卒”是指“服一个月更役”，但又认为，董仲舒之言只不过是“法律性表述”，秦汉时期的更役实况究竟如何恐怕是因时因地而异的。参见臧知非：《秦汉土地赋役制度研究》，中央编译出版社2017年版，第311—324页。又，朱德贵也主张秦民在十五至十七岁这个年龄段只服部分劳役，但又将秦民的“始傅”年龄界定为十五岁。参见朱德贵：《岳麓秦简课役年龄中的几个问题》，载西北师范大学历史文化学院、甘肃简牍博物馆、河西学院河西史地与文化研究中心、兰州城市学院简牍研究所编：《简牍学研究》（第七辑），甘肃人民出版社2018年版，第72页。

是力役，都采取“更”之累积的方式（即每年一个月、在傅籍期间内总计一年）来完成，岁更乃汉家之制。[①]（4）材官骑士的每年集中训练即“春秋射”或“都试”可以折抵徭戍，[②] 但如《二年律令·史律》所提及的“若干更”就不能与涉及徭役的“更”混同。[③] 以这些认识为基础，我们就可以有针对性地探讨秦县官府如何征用民力了。

（一）“内徭”与“外徭”

以上文的考察为据，对秦的男子而言，是否被傅籍将决定其承担的力役与兵役之内容的差异。正是在此意义上，张金光等认为，傅籍并非列入户籍之意，而是指被编入役册或者说徭役籍册。[④] 在此过程中，县的官吏须核实编户民是否达到被编入役册（或从役册上被削除）的条件则是毋庸置疑的。至于具体应核实哪些信息，身高、年龄（是否达到十七岁）、健康状况（“罢癃”与否）自不待言，如睡简《秦律杂抄》所收《傅律》就规定：

匿敖童，及占瘁（癃）不审，典、老赎耐。[⑤]

① 参见杨振红：《出土简牍与秦汉社会（续编）》，广西师范大学出版社 2015 年版，第186—206 页；宫宅洁：《秦代徭役·兵役制度の再検討》，载《東方學報》第九十四册，2019 年，第 25—26 页；沈刚：《秦简所见地方行政制度研究》，中国社会科学出版社 2021 年版，第 277—280、290 页；王彦辉：《秦汉时期的“更”与“徭”》，载《中国社会科学》2022 年第 2 期，第 187—191 页。不过，王彦辉似又在一般正卒与材官骑士间做了区分，认为材官骑士须服两年兵役，且遇战事时，还会被临时征发。参见王彦辉：《论秦汉时期的正卒与材官骑士》，载《历史研究》2015 年第 4 期，第 54—59 页。

② 参见杨振红：《出土简牍与秦汉社会（续编）》，广西师范大学出版社 2015 年版，第191—193、209 页；孙闻博：《秦汉军制演变史稿》，中国社会科学出版社 2016 年，第290 页。

③ 参见广瀬薰雄：《秦漢律令研究》，汲古书院 2010 年版，第 314—315 页；宫宅洁：《漢代官僚組織の最下層：“官”と“民”のはざま》，载《東方學報》第八十七册，2012 年，第 5—31 页；杨振红：《出土简牍与秦汉社会（续编）》，广西师范大学出版社 2015 年版，第 210—222 页；臧知非：《秦汉土地赋役制度研究》，中央编译出版社2017 年版，第 314—317 页；王彦辉：《秦汉时期的“更”与“徭”》，载《中国社会科学》2022 年第 2 期，第 196—199 页。

④ 参见山田胜芳：《秦漢財政収入の研究》，汲古书院 1993 年版，第 195—197 页；重近启树：《秦漢税役体系の研究》，汲古书院 1999 年版，第 183—188、221 页；张金光：《秦制研究》，上海古籍出版社 2004 年版，第 205—206 页；徐世虹：《汉律中有关行为能力及责任年龄用语考述》，载卜宪群、杨振红主编：《简帛研究》（2004），广西师范大学出版社 2006 年版，第 219 页。

⑤ 陈伟主编：《秦简牍合集（壹·上）》，武汉大学出版社 2014 年版，第 183 页。

更为重要者则为某男子是否有爵位及其爵级，毕竟在推崇军功爵制的秦，爵位直接影响着时人被列于徭役籍册上的时限之长短，如被视为秦律之继承者的《二年律令·傅律》就明确了拥有不同爵级者被认定为“免老”“睆老”的年龄之别及其子嗣被编入役册之年龄的差异：

大夫以上年五十八，不更六十二，簪裹六十三，上造六十四，公士六十五，公卒以下六十六，皆为免老。

不更年五十八，簪裹五十九，上造六十，公士六十一，公卒、士五（伍）六十二，皆为睆老。

不更以下子年廿岁，大夫以上至五大夫子及小爵不更以下至上造年廿二岁，卿以上子及小爵大夫以上年廿四岁，皆傅之。①

在明确了编户民的一应信息并制作役册之后，县官府大致掌握了本县可征发之民力的规模，所谓“内徭”“外徭”就可以此为基础正式启动。

首先，“内徭”与“外徭”各包括哪些内容呢？睡简《秦律十八种·徭律》有如下两段：

A. 御中发征，乏弗行，赀二甲。失期三日到五日，谇；六日到旬，赀一盾；过旬，赀一甲……兴徒以为邑中之红（功）者，令結（竫）堵卒岁。未卒堵坏，司空将红（功）及君子主堵者有辠（罪），令其徒复垣之，勿计为繇（徭）……

B. 县毋敢擅坏更公舍官府及廷，其有欲坏更殹（也），必潚之。欲以城旦舂益为公舍官府及补缮之，为之，勿潚。县为恒事及潚有为殹（也），吏程攻（功），赢员及减员自二日以上，为不察。上之所兴，其程攻（功）而不当者，如县然。度攻（功）必令司空与匠度之，毋独令匠。

① 彭浩、陈伟、［日］工藤元男主编：《二年律令与奏谳书：张家山二四七号汉墓出土法律文献释读》，上海古籍出版社 2007 年版，第 231、232、234 页。

> 其不审，以律论度者，而以其实为繇（徭）徒计。 徭律[①]

律文A段落与B段落的各两处划线部分显然皆存在着互相对应关系。从“邑中之红（功）”“县为恒事及灋有为殹（也）”所指示的徭役地点来看，此二者当与“内徭”有关，而“御中发征”“上之所兴”无疑就是指“外徭”。[②] 当然，以两段律文论，“内徭”的具体内容是明确的，亦即为官府修筑垣墙、衙署。这肯定不是“内徭”的全部，但由此可知，“内徭”很可能涉及县域（而非编户民之居住聚落）的公共基础设施建设之类的事宜。至于“外徭”，上引两段律文并未详述其具体内容，但杨振红据《二年律令·徭律》指出，“委输传送”乃“外徭”之一；王彦辉则罗列了更多细目，如随军转运粮草、营陵建宫等朝廷主持的各类事业即“御中发征”、输送兵器等郡上请或承命兴发之徭役。[③] 换句话说，所谓“外徭”无非就是为了完成军国大事而在中央或郡的统一指挥下展开的力役。

其次，秦县官府如何管理“兴徭”之事？岳麓简1232/147＋1257/148＋1269/149＋1408/150所收《徭律》曰：

> 兴繇（徭）及车牛，及兴繇（徭）而不当者，及擅俾（使）人属弟子、人复复子、小敖童、弩（奴），乡啬夫、吏主者，赀各二甲。尉、尉史、士吏、丞、令、令史见及或告而弗劾，与同罪；弗见莫告，赀各一甲。给邑中事，传送委输，先悉县官车牛及徒给之；其急不可留，乃兴繇（徭）如律。不先悉县官车牛徒，而兴黔首及其车牛以发繇（徭），力足以均而弗均，论之。[④]

① 陈伟主编：《秦简牍合集（壹·上）》，武汉大学出版社2014年版，第112—113页。
② 参见彭浩：《睡虎地秦墓竹简〈徭律〉补说》，载武汉大学简帛研究中心主办：《简帛》（第五辑），上海古籍出版社2010年版，第7—9页。
③ 参见杨振红：《出土简牍与秦汉社会（续编）》，广西师范大学出版社2015年版，第199—200页；王彦辉：《秦汉时期的“更”与“徭”》，载《中国社会科学》2022年第2期，第189—190页。
④ 陈松长主编：《岳麓书院藏秦简（肆）》，上海辞书出版社2015年版，第116—117页。关于本条律文之起始即“兴繇（徭）及车牛，及兴繇（徭）而不当者” （转下页）

据本条，官府首先需要注意的是，兴“内徭”或“外徭”都以征发徒隶为原则，只有在“急不可留”即事务紧急的情况下，才能征发普通编户民。里耶简 9－2283 所载即为其实例：

> 廿七年二月丙子朔庚寅，洞庭守礼谓县啬夫、卒史嘉、段（假）卒史榖、属尉：① 令曰：“传送委输，必先【行】城旦舂、隶臣妾、居赀赎责（债）。急事不可留，乃兴繇（徭）。”② 今洞庭兵输内史，及巴、南郡、苍梧【输甲】兵，当传者多。节（即）传之，必先悉行乘城卒、隶臣妾、城旦舂、鬼薪白粲、居赀赎责（债）、司寇、【隐】官践更县者。田时殹（也），不欲兴黔首。嘉、榖、尉各谨案所部县卒、徒隶、居赀赎责（债）、司寇、隐官践更县者薄（簿），③ 有可令传甲兵县弗令传之而兴黔首，兴黔首可省少弗省而多【兴者】，辄劾移县，县亟以律令具论当坐者，言名、夬（决）泰守府。嘉、榖、尉在所县上书嘉、榖、【尉】。令人日夜端行，它如律令……（9－2283 正）①

上引史料乃洞庭郡下发给迁陵县的官文书，其中的①部分申明了秦法关于“兴徭”以征发徒隶为原则的规定，而观②③两部分，似可读出如下一层意思：此次“兴徭”关乎紧急情况即军械输送，很可能要征发黔首，但又正逢农耕时节，故洞庭郡向迁陵县强调，尽量先征发徒隶，所谓“有可令传甲兵，

（接上页）一句的句读，整理小组并未在“车牛”后断开。京都大学“秦代出土文字史料研究”班指出，根据原句读，“兴繇（徭）及车牛”与“兴繇（徭）而不当”等一样应为“兴徭”过程中发生的违法行为，但其违法性究竟何在令人费解，这或许要归咎于简文的两种可能性笔误：“车牛”前原应有修饰语以示此种车牛不可成为“兴徭”之对象，而书手则漏写了修饰语；“及兴繇（徭）”三字为衍文。参见“秦代出土文字史料の研究”班：《嶽麓書院所藏簡〈秦律令（壹）〉譯注稿 その（二）》，载《東方學報》第九十三册，2018 年，第 45—46 页。应当指出，京大研究班的质疑是合理的，但未必须用漏抄或衍文来解释。朱红林认为，“据秦律规定，黔首家中的车牛一般情况下是不能随便征发的，只有在紧急情况下才可以征发”，“兴繇（徭）及车牛”之所以要被处罚，就是因为官吏擅自征发了黔首的车牛。参见朱红林：《〈岳麓书院藏秦简（肆）〉疏证》，上海古籍出版社 2021 年版，第 170 页。此说较为合理地化解了京大读简班的质疑，故此处引律文时在“车牛”后断开。

① 陈伟主编：《里耶秦简牍校释（第二卷）》，武汉大学出版社 2018 年版，第 447—448 页。

县弗令传之而兴黔首……辄劾移县”；如确须征发黔首，则以必要人数为限，所谓“可省少弗省少而多兴者，辄劾移县”。可见，来自洞庭郡的官文书对“兴徭”征发黔首一事持极为谨慎的态度，亦可谓对《徭律》之规定的贯彻。当然，即便是能征发编户民，县的主管官吏也不能不加区分地笼统为之。一方面，如岳麓简 1374/154＋1406－1/155 记载的《徭律》条文所示：

> 毋敢倳（使）叚（假）典居旬于官府；毋令士五（伍）为吏养、养马；毋令典、老行书；令居赀责（债）、司寇、隶臣妾行书。①

对类似徭役的某些力役，官府是不能征用部分黔首来劳作的。另一方面，如前引书于岳麓简 1232/147＋1257/148＋1269/149＋1408/150 上的《徭律》条文提到的，“兴徭”不能随意征用四类人，即①“人属弟子”，或指畴官、官吏的私人门生；② ②“人复复子”，或指因其父母年老而被免除徭役者；③ ③“小敖童”，当为“敖童”之同义语，乃已达到一定年龄（或身高标准）但尚未傅籍的男子；④ ④“詧（奴）”，应指私奴。⑤ 不过，这也不是说此四类

① 陈松长主编：《岳麓书院藏秦简（肆）》，上海辞书出版社 2015 年版，第 119 页。

② 参见“秦代出土文字史料の研究”班：《嶽麓書院所藏簡〈秦律令（壹）〉譯注稿その（二）》，载《東方學報》第九十三册，2018 年，第 46 页；陈松长等：《岳麓秦简与秦代法律制度研究》，经济科学出版社 2019 年版，第 81 页；朱红林：《〈岳麓书院藏秦简（肆）〉疏证》，上海古籍出版社 2021 年版，第 170 页。另外，岳麓简 1219/156 又提到“发繇（徭），兴有爵以下到人弟子、复子”云云，“人属弟子”或许就是 1219/156 简文中的“人弟子”。

③ 参见“秦代出土文字史料の研究”班：《嶽麓書院所藏簡〈秦律令（壹）〉譯注稿その（二）》，载《東方學報》第九十三册，2018 年，第 46 页。据前一个注所引用的岳麓简 1219/156 的简文，“人复复子”的含义可能与“人复子”之所指相同。

④ 参见凌文超：《“敖童”新解》，载北京大学历史学系、北京大学中国古代史研究中心编：《祝总斌先生九十华诞颂寿论文集》，中华书局 2020 年版，第 105—106 页。

⑤ 有关“詧”，整理小组认为，或指“詧箭射手”，或可假借为“奴”；周海锋倾向于前者，京大研究班则倾向于后者。参见陈松长主编：《岳麓书院藏秦简（肆）》，上海辞书出版社 2015 年版，第 166 页；“秦代出土文字史料の研究”班：《嶽麓書院所藏簡〈秦律令（壹）〉譯注稿 その（二）》，载《東方學報》第九十三册，2018 年，第 46—47 页；周海锋：《岳麓书院藏秦简〈徭律〉研究》，载西北师范大学历史文化学院、甘肃简牍博物馆、河西学院河西史地与文化研究中心、兰州城市学院简牍研究所编：《简牍学研究》（第八辑），甘肃人民出版社 2019 年版，第 26 页。事实上，从律文的论述来看，“詧”与“人属弟子”“人复复子”“小敖童”并列。若将其释为“詧箭射手”，则是以一种职业的从业者与某人之私属或子嗣、未届傅籍年龄者并列，未免 （转下页）

人无论如何都不能被征用。书于岳麓简 1295/156＋1294/157＋1236/158＋1231/159 上的《徭律》条文就规定，县在向“执法”汇报“兴徭”事由及所需人数并获得批准后，是可以征发①②两类人的；同时，若“兴徭”事由为“载粟”，且敖童并非“寡子独与老父老母居”或“独与瘥（癃）病母居”，则县征发敖童也是被允许的。[①]此外，岳麓简 1267/188＋1273/189 所载《戍律》曰：

> 城塞陛鄣多陕（决）坏不修，徒隶少不足治，以闲时岁一兴大夫以下至弟子、复子无复不复，各旬以缮之。[②]

也就是说，在需要修缮“城塞陛鄣”且徒隶人数不足，又适逢“闲时”，官府是可以十日为限征发“人弟子”“人复子”的。或许，正是因为律令文明确规定了一般黔首不应承担的力役的种类以及无须承担徭役的黔首在何种情况下又可被征用等复杂事项，所以，县官府似须按月制作“徭簿”以统计能被征发者的人数，从而确保“兴徭”合法地完成，如里耶简 9－2478 所示：

> 卅年□□□月迁陵□□□当繇（徭）簿。
>
> 不……
>
> 不……
>
> ……
>
> ……□人。
>
> ……人。
>
> ……人。

（接上页）略显怪异。而且，岳麓简 1294/159 提到“毋敢擅俥（使）敖童、私属、奴”（陈松长主编：《岳麓书院藏秦简（肆）》，上海辞书出版社 2015 年版，第 120 页）云云，或可与此处所引律文对读。因此，应以京大研究班之说为妥。

① 参见陈松长主编：《岳麓书院藏秦简（肆）》，上海辞书出版社 2015 年版，第 119—120 页。

② 陈松长主编：《岳麓书院藏秦简（肆）》，上海辞书出版社 2015 年版，第 130 页。

……人。(9-2478)[①]

如前文多次强调的，徭役本质上是一种人力输出，因此，被列入“徭簿”者如长期至服役处劳作，自然会对农耕等生产活动造成不良影响，[②] 官吏大致掌握其服役状况遂成为必需。岳麓简 1241/244＋1242/245＋1363/246＋1386/247 所载《徭律》条文云：

A. 岁与繇（徭）徒人为三尺券一，书其厚焉。

B. 节（即）发繇（徭），乡啬夫必身与典以券行之。田时先行富有贤人，以闲时行贫者，皆月券书其行月及所为日数，而署其都发及县请。其当行而病及不存，署于券，后有繇（徭）而聂（蹑）行之。

C. 节（即）券繇（徭），令典各操其里繇（徭）徒券来，与券，以畀繇（徭）徒，勿征赘，勿令费日。其移徙者，辄移其行繇（徭）数徙所。尽岁而更为券，各取其当聂（蹑）及有赢者日数，皆署新券以聂（蹑）。[③]

律文可以“节（即）发繇（徭）”“节（即）券繇（徭）”为分界点划为三段。A 显然是说，官府需要为每个被征用之黔首即“徭簿”所统计的“徭徒”制作一副三尺长的徭券，并在其上明示“徭徒”之家产多少、家庭成员数量（“书其厚”）[④] 以为“发徭”之参考。据 B，在“发繇（徭）”时，乡啬夫与

---

① 陈伟主编：《里耶秦简牍校释（第二卷）》，武汉大学出版社 2018 年版，第 496 页。

② 如，前文曾提及的“毋夺田时令”就强调，“毋令吏以苛繇（徭）夺黔首春夏时”；又如，前引里耶简 9-2283 所载洞庭郡下发给属县的官文书也说，“田时殹（也），不欲兴黔首”。

③ 陈松长主编：《岳麓书院藏秦简（肆）》，上海辞书出版社 2015 年版，第 149—150 页。需要指出，此处所引简文之文字释读、句读据陈伟说有所调整。参见陈伟：《秦简牍校读及所见制度考察》，武汉大学出版社 2017 年版，第 196 页。

④ 有关“书其厚”之“厚”，岳麓简整理小组将其释为“财物多少”，王萍则据里耶简 9-1707 中的“厚大女三人……”、9-1667 中的“厚二（?）夫……”等文句将其解为“徭徒之子女”。参见陈松长主编：《岳麓书院藏秦简（肆）》，上海辞书出版社 2015 年版，第 173 页，“注释”[二百二十四]；王萍：《简牍所见秦代徭戍程序考论》，（转下页）

里典应当是根据券书点卯的，此券书则应写明“徭徒”出行及承担力役的时间、所谓力役到底是源自常规性的大规模征发还是县就某些特殊情况向上级申请并获得批准后征发的；①而且，农忙时征发富人，农闲时则征发贫者，其目的不用说就在于防止贫寒之家因劳动力被抽调而导致农事荒废以至于举家陷入破败之境地。另外，如黔首在官吏“发繇（徭）”时故意逃避，这就构成了睡简《法律答问》所提及的“逋事”之罪；② 如因病及不在当地而无法报到，官吏应将此情况记录在“徭券”之上以待后续“发徭”时追补即“聂（蹑）行之”。C所说的应当是黔首服徭役结束后的事务，亦即里典将“徭徒”之徭券交给乡啬夫并与乡啬夫一起登记“徭徒”的力役完成程度（很可能还要在徭券上制作刻齿），以确保征发“徭徒”之人数及其承担力役的时间未超实际需求（“勿征赘，勿令费日”）③；在此过程中，若发现“徭徒”服役时间

（接上页）载《中国社会经济史研究》2022年第2期，第9—10页。事实上，在传世及出土文献中，以“厚”为财物及以“厚”为人丁的用例皆存在，而且官府在发徭时对徭徒之家产、家庭劳动力状况均加以调查也是极为可能的，因此，对所谓“厚”的理解似不必采取非此即彼的态度。大概正是基于如此考虑，京都大学“秦代出土文字史料研究”班在把“厚”释为“财产”的同时又提到，从里耶秦简的用例来看，“厚”“不仅仅指金钱或财物，也有可能指某户在户主被征发后的剩余劳动力”。参见“秦代出土文字史料の研究”班：《嶽麓書院所藏簡〈秦律令（壹）〉譯注稿 その（三）》，载《東方學報》第九十五册，2020年，第175页。这里即暂从此说。

① 陈伟及京都大学“秦代出土文字史料研究”班都认为，“徭券”之上很可能还会有与所谓“其行月及所为日数”相对应的刻齿。参见陈伟：《秦简牍校读及所见制度考察》，武汉大学出版社2017年版，第206页；“秦代出土文字史料の研究”班：《嶽麓書院所藏簡〈秦律令（壹）〉譯注稿 その（三）》，载《東方學報》第九十五册，2020年，第176页。已出土的秦汉时期的券书确实往往以刻齿与券书所记录的数字相配合，因此，“徭券”之上也有刻齿是完全可能的。有关秦汉时期的刻齿简的详细介绍，参见张俊民：《悬泉置出土刻齿简牍概说》，载武汉大学简帛研究中心主办：《简帛》（第七辑），上海古籍出版社2012年版，第235—256页；大川隆俊、籾山明、张春龙：《里耶秦簡中の刻齒簡と“數”中の未解読簡》，载《大阪產業大学論集 人文・社会科学編》18，2013年，第20—37页。

② 参见陈伟主编：《秦简牍合集（壹・上）》，武汉大学出版社2014年版，第262页。

③ 有关“勿征赘，勿令费日”一句，陈伟主张，其含义是指“不让这些徭徒花费——自行前往券徭的时间”；朱红林则认为，考虑到秦律要求官吏在征发徭役时应尽量精准合理地估算所需人力物力，“勿征赘，勿令费日”当与秦律就徭役中的“赢员”“减员”等的规定相对应。参见陈伟：《秦简牍校读及所见制度考察》，武汉大学出版社2017年版，第205页；朱红林：《〈岳麓书院藏秦简（肆）〉疏证》，上海古籍出版社2021年版，第285页。此处所分析的《徭律》的C部分提到“各取其当聂（蹑）及有赢者日数”，故朱说或许更为可取。不过，陈伟的解释亦不乏合理性，可备一说。

不足或有余，应把相关信息写在新的徭券之上。结合A、B、C三部分，可以看出，秦统治者对官吏“兴徭”的程序是从头到尾、无遗漏地予以设计的，其既欲征用民力又要防止耗尽民力的意图可谓一览无遗。正因为此，如里耶简8-1539所示：

> 卅五年九月丁亥朔乙卯，贰春乡守辨敢言之：上不更以下繇（徭）计二牒。敢言之。(8-1539)①

乡啬夫（及县廷）能相对准确地总结其对徭役之征发的管理以接收上峰的考课，而前文所列编户民须承担的每年一个月的“内徭”及由累积而成的一年“外徭”也才有可能被较准确地落实。当然，这并不是要否定通说关于秦徭役繁重的判断，但所谓徭役繁重多少取决于某个或某些统治者的个人意志，而观制度本身，不得不认为，秦的徭役管理内含较强的理性控制因素，此或为秦在战国时代能长期保有强大动员能力的重要原因。那么，秦对编户民之兵役又是如何设计的呢？

（二）戍役

从战国至秦统一，军事可谓主要政务之一，但正如张金光已指出的，“若攻城野战，在国家称为‘军兴’，服役者称为‘从军者’，此似不在戍徭力役之列，由国家临时兴发”，② 因此，作为常规性民力征用现象的兵役主要是指已傅籍的成年男子被遣至某地屯戍、宿卫之类。他们往往被称为“戍卒”，故此种兵役亦可被大致概括为“戍役”。同时，前文已指出，编户民所须承担的兵役和力役皆以“更”之累积的方式来完成，所以，里耶简又频频提及“更戍”“更戍卒”等词汇：

---

① 陈伟主编：《里耶秦简牍校释（第一卷）》，武汉大学出版社2012年版，第353页。

② 张金光：《秦制研究》，上海古籍出版社2004年版，第224页。

表 2-8

行号	具 体 内 容	出 处
①	卅四年九月癸亥朔乙酉，畜□☒盖侍食羸病马无小，谒令官遣☒病者无小，今止行书徒更戍城父柘□☒之。/卅五年十一月辛卯朔朔日，迁陵□☒（8-143 正）	《校释（第一卷）》
②	更戍昼二甲。更戍【五】二甲。更戍【登】二甲。更戍婴二甲。更戍□二甲。更戍裚赎耐。二。更戍得赎耐。更戍堂赎耐。更戍齿赎耐。更戍暴赎耐。（8-489）	
③	☒人忠出贷更戍士五（伍）城父阳郑得☒（8-850）	
④	☒稟人忠出贷更戍城父士五（伍）阳耀倗八月九月☒（8-980）	
⑤	☒【守】处、稟人婴出稟更戍虞吉里上造□。☒【令】佐章视平。　处手。（9-268）	《校释（第二卷）》
⑥	☒朔丁巳，仓守处、僳（稟）人婴出稟更戍留荣阳不更詹。☒令佐章视平。　处手。（9-363）	
⑦	更戍卒士五（伍）城父成里产，长七尺四寸，黑色，年卅一岁，族☒卅四年六月甲午朔甲辰，尉探迁陵守丞衔前，令☒（9-757）	
⑧	更戍卒城父公士西平贺长七尺五寸，年廿九岁，族苏☒卅四年甲午朔甲辰，令佐章探迁陵守丞昌前，令☒（9-885）	
备注	(1)《校释（第一卷）》是指陈伟主编:《里耶秦简牍校释（第一卷）》，武汉大学出版社 2012 年版。(2)《校释（第二卷）》是指陈伟主编:《里耶秦简牍校释（第二卷）》，武汉大学出版社 2018 年版。	

那么，秦县官府是如何征发戍役的呢？对此问题，以目前已公布的秦简牍文献论，似乎只能在零星的几条《戍律》中见到相关规定：

A. 下爵欲代上爵、上爵代下爵及毋（无）爵欲代有爵者戍，皆许之。以弱代者及不同县而相代，勿许。【不当相代】而擅相代，赀二甲；虽当相代而不谒书于吏，其庸代人者及取代者，赀各一甲。（岳麓简

1414-1/182+1298/183)

B. 戍者月更。君子守官四旬以上为除戍一更。遣戍，同居毋并行。不从律，赀二甲。戍在署，父母、妻死，遣归葬；告县，县令拾日。繇（徭）发，亲父母、泰父母、妻、子死，遣归葬。已葬，辄聂（蹑）以平其繇（徭）。[①]（岳麓简 1299/184+1238/185）

据律文 B，征发戍役以一户限一人为原则；[②] 并且，据律文 A，秦是允许庸人代役的，[③] 但体弱者代健壮者、不同县者互相替代则在被禁止之列。另外，虽然在两条律文中见不到如前引《徭律》条文详载的以券书发徭那样的征发方式，但考虑到兵役的重要性绝不逊于徭役，且律文 A 提到“不谒书于吏”，律文 B 以“辄聂（蹑）以平其繇（徭）”指称在戍者补足为安葬父母、妻子而离开役地之时间的行为似又表明“戍”与“徭”之间存在着一定的相通性，[④] 戍役之征发必定也是以记载被征发者、役地、服役时间等信息的文书为据开始的。

进一步的问题是，在被征发者到达役地后，当地官府又怎样管理他们。首先，以表 2-8⑦⑧两行所列简文观之，县官府很可能是要登记被征发者的

---

① 陈松长主编：《岳麓书院藏秦简（肆）》，上海辞书出版社 2015 年版，第 128、129 页。

② 睡简《秦律杂抄》也收入了同样的规定，“同居毋并行，县啬夫、尉及士吏行戍不以律，赀二甲”（陈伟主编：《秦简牍合集（壹·上）》，武汉大学出版社 2014 年版，第 189 页）。尹伟琴、戴世君据睡虎地 4 号秦墓出土的两块木牍所揭示的惊与黑夫两兄弟同时出征一事认为，“同居毋并行”并非一户不得征发两人以上服兵役之意，而是指“在特定空间上对特定人员的活动作出间隔”。参见尹伟琴、戴世君：《秦律三种辨正》，载《浙江社会科学》2007 年第 2 期，第 162 页。但是，正如前文所引张金光说已指出的，“攻城野战”与“戍徭力役”不可等同，因此以惊与黑夫同时参战为据重新界定“同居毋并行”之含义似有不妥。

③ 此前，因史料有限，学者们似认为，自战国至秦，庸人代役是不被允许的。参见石洋：《两汉三国时期“佣”群体的历史演变——以民间雇佣为中心》，载《中国史研究》2014 年第 3 期，第 54 页。另外，对岳麓简《戍律》所提及的“庸代”，朱德贵依托汉简对类似现象的记载做了更为详细的推测，或可参考。参见朱德贵：《新出简牍与秦汉赋役制度研究》，中国人民大学出版社 2021 年版，第 278—284 页。

④ 王彦辉还指出，“当时表达徭役和兵役的习惯用语，出土法律文献一般称‘繇戍’，传世典籍或称‘徭戍’或称‘徭役’，即在时人的观念中‘戍’也是‘徭’的一种”。王彦辉：《秦汉时期的“更”与“徭”》，载《中国社会科学》2022 年第 2 期，第 185 页。

基本情况以便戍卒管理之展开的。其次，戍卒所从事的劳作大概率也是由当地官吏分配的，那么，他们到底要承担哪些任务呢？既为兵役，很容易想见的就是屯戍、宿卫等，里耶简即在多处提及“屯戍”二字：

☐佐富、禀人出禀屯戍☐（8－81）

径廥粟米一石八斗泰半。　　卅一年七月辛亥朔癸酉，田官守敬、佐壬、禀人蓉出禀屯戍簪裊襄完里黑、士五（伍）朐忍松涂增六月食，各九斗少半。　令史逐视平。　敦长簪裹襄坏（褱）德中里悍出。　壬手。(8－1574＋8－1787)①

《里耶秦简牍校释（第一卷）》对 8－81 中的“屯戍”作注曰，“屯戍，驻防”。② 可见，戍卒到达役地后确实是需要承担军事性任务的。但是，其工作负担似乎不限于此。前引岳麓简 1267/188＋1273/189 所收《戍律》就提到“城塞陛鄣多陕（决）坏不修”云云，睡简《秦律杂抄》也有“戍者城及补城，令姑（嫴）堵一岁”的记载；③ 这些都表明，戍卒应当也会被当地官吏派去修补城墙。而里耶简 8－106 又曰：

☐迁陵戍卒多为吏仆，吏仆☐（8－106）④

① 陈伟主编:《里耶秦简牍校释（第一卷）》，武汉大学出版社 2012 年版，第 58、363 页。需要指出的是，朱德贵、刘鹏皆认为，“更戍”不仅在服役期限、粮食廪给等方面与“屯戍”有别，而且常附有“屯戍”所无的“赎耐”“赀甲”等处罚，因此，二者显然不能混同。参见朱德贵:《秦简所见“更戍”和“屯戍”制度新解》，载《兰州学刊》2013 年第 11 期，第 49—54 页；刘鹏:《简牍所见秦代的行戍群体》，载邬文玲主编:《简帛研究》(2017 秋冬卷)，广西师范大学出版社 2018 年版，第 77 页。不过，有关二者在服役期限、粮食廪给等方面的差异，沈刚已给出较为合理的解释（参见沈刚:《秦简所见地方行政制度研究》，中国社会科学出版社 2021 年版，第 286—289 页）；至于“附有‘赎耐’‘赀甲’等处罚”云云，其依据乃表 2－8 第②行所列里耶简的记载，但此类处罚也可能是由戍卒在服役期间的违法行为所致，未必能成为将“更戍”卒与“屯戍”卒区别开来的标准。因此，朱德贵、刘鹏说或可再思考。

② 陈伟主编:《里耶秦简牍校释（第一卷）》，武汉大学出版社 2012 年版，第 58 页。

③ 陈伟主编:《秦简牍合集（壹・上）》，武汉大学出版社 2014 年版，第 190 页。

④ 陈伟主编:《里耶秦简牍校释（第一卷）》，武汉大学出版社 2012 年版，第 63 页。

此亦可谓戍卒从事非军事性杂务之明证。这样看来，戍役在一定程度上可被视为“外徭”的升级，即一则或许因役地在边境而显得距离更远，二则因还包含着军事性任务而显得“役”务更重。最后，书于岳麓简 1215/186＋J46/187 上的《戍律》条文云：

> （缺简）而舍之，缺其更，以书谢于将吏。其疾病有瘳、已葬、劾已而遣往拾日于署，为书以告将吏。所【将】疾病有瘳、已葬、劾已而敢弗遣拾日，赀尉、尉史、士吏主者各二甲，丞、令、令史各一甲。①

据划线部分可知，戍卒在服役期间如遭遇疾病、前引岳麓简 1299/184＋1238/185 所提及的因父母或妻子去世而需归葬、被卷入“狱治”等情形，是可以告假的，但必须在事务处理完毕后回到役地补足因告假而缺少的服役时间，作为役地之县的官吏则会据官文书明确其补役日数，所谓“为书以告将吏”云云即与此相关。里耶简 8－140 载：

> A. ☐朔甲午，尉守傰敢言之：迁陵丞昌曰：屯戍士五（伍）桑唐赵归☐日已，以乃十一月戊寅遣之署。迁陵曰：赵不到，具为报。●问：审以廿☐【署】，不智（知）赵不到故，谒告迁陵以从事。敢言之。/六月甲午，临沮丞秃敢告迁陵丞主、令史，可以律令从事。敢告主。/胥手。
>
> B. 九月庚戌朔丁卯，迁陵丞昌告尉主，以律令从事。/气手。/九月戊辰旦，守府快行。（8－140 正）
>
> C. ☐倍手。（8－140 背）②

牍文 A 部分提到，来自于临沮县且在迁陵县服戍役的士伍赵大概是因为遇到了岳麓简 1215/186＋J46/187 所列的告假情形而回到了临沮县，但不知何故

① 陈松长主编：《岳麓书院藏秦简（肆）》，上海辞书出版社 2015 年版，第 129—130 页。
② 陈伟主编：《里耶秦简牍校释（第一卷）》，武汉大学出版社 2012 年版，第 80 页。

一直未能重返迁陵县补役，迁陵县廷遂致书临沮县询问相关情况。然而，收到临沮县廷发来的质询文书的临沮尉守傰在调查后也不明赵何以未到迁陵县，只能回复“审以廿☐【署】，不智（知）赵不到故”。B 和 C 两部分所记载的无疑就是迁陵县廷在收到临沮县廷的回文后与本县县尉之间的信息沟通了。此牍文展现了上引岳麓简 1215/186＋J46/187 的划线部分律文在实际行政场景中的运用。虽然赵补役一事的后续处理究竟如何不得而知，但律文与牍文的相互印证却足以让我们认识到，秦县官府对兵役的管理如同对力役的管理一样颇为规范和严格，秦人能守住并开拓疆土，终至“吞二周而亡诸侯”绝非偶然。

还需要说明的是，除了上引岳麓简记载的律令文所规范的戍役之外，秦简牍文献又提到了“冗募群戍卒”“罚戍”“适（谪）戍”（里耶简 8－132、8－429、8－899 等）、“赀戍”（睡简《秦律杂抄》）[①] 之类的词汇，似乎秦的“戍役”显得极为复杂。但正如沈刚等已详尽指出的，此类群体被征发各有其理由，如身份特殊（《汉书·晁错传》中的“先发吏有谪及赘婿、贾人，后以尝有市籍者，又后以大父母、父母尝有市籍者，后入闾，取其左”[②] 一语或与此有关）、有罪、替亲属赎身等，[③] 故不能与编户民所承担的常规性戍役等同。至于如此种种之“戍”的出现原因，如王焕林所说，或在于“并吞六国的进程中，秦的疆域也在不断拓展，单纯的征兵戍边，自然会越来越不敷

① 陈伟主编：《里耶秦简牍校释（第一卷）》，武汉大学出版社 2012 年版，第 70、147、245 页；陈伟主编：《秦简牍合集（壹·上）》，武汉大学出版社 2014 年版，第 174 页。

② 有关“闾左”何以成为一种特殊身份，于振波曾做出较为精彩的解释，或可参考。参见于振波：《简牍与秦汉社会》，湖南大学出版社 2012 年版，第 132—155 页。

③ 参见宫宅洁：《秦代遷陵縣志初稿——里耶秦簡より見た秦の占领支配と駐屯軍》，载《東洋史研究》第七十五卷第一号，2016 年，第 14—18 页；周海锋：《岳麓秦简〈戍律〉及相关问题研究》，载张德芳主编：《甘肃省第三届简牍学国际学术研讨会论文集》，上海辞书出版社 2017 年版，第 458—463 页；刘鹏：《简牍所见秦代的行戍群体》，载邬文玲主编：《简帛研究》（2017 秋冬卷），广西师范大学出版社 2018 年版，第 77—78 页；王勇：《里耶秦简所见迁陵戍卒》，载姚远主编：《出土文献与法律史研究》（第七辑），上海人民出版社 2018 年版，第 109—110 页；沈刚：《秦简所见地方行政制度研究》，中国社会科学出版社 2021 年版，第 280—286 页。

用”。① 不过，由于本部分所探讨的皆为编户民在一般情况下对朝廷的人力奉献，对“罚戍”“赀戍”等就不做过多的展开了。

概言之，以上略显冗长的考察试图回答一个问题，即秦统治者如何以县官府为中介调动因立户而得以受田的秦民的物力、人力。在这一点上，不得不说，县的官吏们依据律令之规定而实施的行政举措确实在相当程度上体现了朝廷对民力的掌控。不过，此种掌控的实现必定要以社会秩序尚可，从而编户民之生活、农作能较平稳地进行为背景。那么，秦县官府在维持社会治安、处理狱讼方面又有着什么样的表现呢？

第三节　治安与“狱治”

有关秦县官府如何管理社会治安，高恒的论著已做出概括性陈述，其要旨大致包括：① 什伍连坐、禁私斗等乃秦时与社会治安相关的基本制度；② 县尉及其统领的亭长等官吏负责治安事宜；③ 巡逻防盗、发生案情后捕盗、盘查过往行人等皆为官府维持治安的重要手段。② 近年来新公布的秦简牍文献不仅展现出了对高说已述及的问题点予以细化或深化的可能，③ 而且还内藏着不少新问题点。不过，在以生活相对简单的乡里乡亲为基本成员的秦县社会，常规性的巡逻防盗、案发后捕盗等事务自然是治安管理之必备，但无论如何，所谓治安管理的关键其实就在于维持编户民社会之构成的稳定性，包括控制编户民的无序流动、防止外来人口尤其是逃亡者潜藏在乡里聚落中以至于形成威胁社会秩序的不安定因素等。基于此，以下将围绕官吏对

① 王焕林：《里耶秦简所见戍卒索隐》，载卜宪群、杨振红主编：《简帛研究》（2005），广西师范大学出版社 2008 年版，第 71 页。

② 参见高恒：《秦汉法制考论》，厦门大学出版社 1994 年版，第 98—103、110 页。

③ 如，本书第一章第二节已揭示秦县内其职责涉及治安的官吏的多样性；又如，里耶简 8-439+8-519+8-5379、9-1112 等所收官文书还展示了亭长抓捕逃亡者或盗贼的实态。参见陈伟主编：《里耶秦简牍校释（第一卷）》，武汉大学出版社 2012 年版，第 149 页；陈伟主编：《里耶秦简牍校释（第二卷）》，武汉大学出版社 2018 年版，第 260 页。

人口流动的管控来考察秦县的治安管理问题。

一、伍邻制、逃亡者与治安

《史记·商君列传》载，“令民为什伍，而相牧司连坐。不告奸者腰斩，告奸者与斩敌首同赏，匿奸者与降敌同罚”。也就是说，商鞅变法的主旨之一就是要把秦民的主要信息登记于户籍之上，对民户予以什伍编制，并以“与斩敌首同赏”“连坐”等赏罚并用的手段促使被编入什伍之中的黔首互相告发罪行。这无疑是将治安管理视为一种由官府主导、庶民被卷入其间的政务。若以简牍文献证之，睡简《法律答问》等提到：

A. 贼入甲室，贼伤甲，甲号寇，其四邻、典、老皆不出存，不闻号寇，问当论不当？审不存，不当论；典老虽不存，当论。（睡简《法律答问》）

B. 可（何）谓“四邻”？“四邻”即伍人谓殹（也）。[①]（睡简《法律答问》）

C. □诸犯令者，其同【居】、典、伍或□告相除，除其当坐者；同居、典、伍弗□告，乡啬夫得之，除乡啬夫及令、丞……□论其典、伍□□，乡【部啬夫】……论其乡部啬夫及同居、典、伍。 ●廷甲十四[②]（岳麓简 1910/206＋（缺简）＋1901/207 所收秦令）

D. 自五大夫以下，比地为伍，以辨□为信，居处相察，出入相司。有为盗贼及亡者，辄谒吏、典。田典更挟里门籥（钥），以时开；伏闭门，止行及作田者；其献酒及乘置乘传，以节使，救水火，追盗贼，皆得行。不从律，罚金二两。[③]（张家山汉简《二年律令·户律》）

---

① 睡简《法律答问》中的两段文句皆出自陈伟主编：《秦简牍合集（壹·上）》，武汉大学出版社 2014 年版，第 234 页。

② 陈松长主编：《岳麓书院藏秦简（伍）》，上海辞书出版社 2017 年版，第 136—137 页。

③ 彭浩、陈伟、［日］工藤元男主编：《二年律令与奏谳书：张家山二四七号汉墓出土法律文献释读》，上海古籍出版社 2007 年版，第 215 页。

显然，“四邻、典、老皆不出存”“‘四邻’即伍人谓殹（也）”“比地为伍”云云皆能证明，编伍确为秦汉官府管理人口的基本举措。而本章第一节表2-1所引的若干秦户版清晰记载了“五长”“伍长”字样这一点更说明，编伍并非单纯地将五家编为一组，而是带有较强的公权力介入聚落社会的色彩。进一步说，睡简《法律答问》所云“伍人相告，且以辟辠（罪），不审，以所辟辠（罪）辠（罪）之”①、C中的“其同【居】、典、伍或□告相除，除其当坐者；同居、典、伍弗□告，乡啬夫得之，除乡啬夫及令、丞”及D中的“居处相察，出入相司”又皆表明，《史记·商君列传》论及之“什伍连坐”“告奸”之法也真切地被落实到了秦民的生活中并延续到了汉代。但是，正如张金光、罗开玉等已指出的，传世及简牍文献中其实见不到有关秦的乡里存在“什”之编制的记载，② 因此，所谓“什伍”编制即伍制；同时，从被编入“伍”中的每一户皆与四邻形成连带责任的角度上说，所谓“什伍”编制的更准确称呼应为张金光所强调的“伍邻制”③。此制度的执行无疑会在乡里划出众多小型熟人群体，对某户之情况最了解者乃其伍之四邻亦可谓理所当然，所以，如律文C的划线部分所示，一旦某户“为盗贼”或逃亡者潜入某户，被设定为对此类情况相当敏锐的同伍之人就应立即向官吏、田典汇报，官府对盗贼或逃亡者的调查、追捕遂被启动。这样看来，所谓编伍无异于在构筑维持治安的社会力量。

当然，即便排除为了服徭役、兵役而不得不远赴他乡的情况，秦民也不可能安土重迁到一辈子不移徙的程度，但从治安管理出发，所谓移徙自非庶民可率性而为之事。前人已指出，在汉代，编户民出行应当携带通行证即“传”（有些“传”还附有记载与出行者姓名、出行事由等信息不同的出行追

① 陈伟主编：《秦简牍合集（壹·上）》，武汉大学出版社2014年版，第233页。

② 参见罗开玉：《秦国“什伍”、“伍人”考——读云梦秦简札记》，载《四川大学学报（哲学社会科学版）》1981年第2期，第86—87页；吴益中：《秦什伍连坐制度初探》，载《北京师院学报（社会科学版）》1988年第2期，第71—73页；张金光：《秦制研究》，上海古籍出版社2004年版，第602—605页。

③ 对此处所列张金光说，本书第一章第一节已有所提及，故不再指明出处。

加事项的“致”），西北出土的汉简的相关记载已证明这一点；① 至于“传”的申请程序，据冨谷至的总结，大致如下：

> 时人在出于某种目的而准备出行时，需要向官府申请发放“传”（所谓“为传”）。官府在确认申请者无限制出行的事由后就可以向此人发放“传”，此人即得到“传”（所谓“得传”）。“传”上一般会有要求此人出行时通过的关、县等放行的明示。②

但检索目前已公布的秦简牍文献，与作为编户民出于私人原因而移徙之通行证的“传”有关的官文书似乎无从得见。然而，这并不是说秦民出行不需要任何凭证。事实上，张家山汉简《津关令》频频提及私用之“传”，③ 此不啻为秦时民众出行须持有“传”的旁证。另外，睡简《法律答问》载：

> “发伪书，弗智（知），赀二甲。”今咸阳发伪传，弗智（知），即复封传它县，它县亦传其县次，到关而得，今当独咸阳坐以赀，且它县当尽赀？咸阳及它县发弗智（知）者当皆赀。④

简文以对发“伪传”时究竟应当对哪些机构“赀二甲”这一问题的回答为例

① 有关这方面的研究，参见大庭脩：《秦漢法制史の研究》，创文社 1982 年版，第 594—598 页；［日］藤田胜久：《〈张家山汉简·津关令〉与汉墓简牍——传与致的情报传达》，载武汉大学简帛研究中心主办：《简帛》（第二辑），上海古籍出版社 2007 年版，第 443—452 页；陈直：《居延汉简研究》，中华书局 2009 年，第 45—47 页；李均明：《秦汉简牍文书分类辑解》，文物出版社 2009 年版，第 61、64—65 页；冨谷至：《文書行政の漢帝国 木簡·竹簡の時代》，名古屋大学出版社 2010 年版，第 276—304 页；李均明：《简牍法制论稿》，广西师范大学出版社 2011 年版，第 226—228 页；鹰取祐司：《秦漢官文書の基礎的研究》，汲古书院 2015 年版，第 65—73 页。

② 参见冨谷至：《文書行政の漢帝国 木簡·竹簡の時代》，名古屋大学出版社 2010 年版，第 283 页。

③ 如，“相国下〈上〉内史书言，函谷关上女子厠传，从子虽不封二千石官，内史奏，诏曰：入，令吏以县次送至徙所县。县问，审有引书，毋怪，□□□等比。●相国、御史复请，制曰：可”。彭浩、陈伟、［日］工藤元男主编：《二年律令与奏谳书：张家山二四七号汉墓出土法律文献释读》，上海古籍出版社 2007 年版，第 314—315 页。

④ 陈伟主编：《秦简牍合集（壹·上）》，武汉大学出版社 2014 年版，第 218 页。

来解释“发伪书，弗智（知），赀二甲”的准确含义，而“复封传它县，它县亦传其县次，到关而得”云云很清晰地说明此处的“传”应当与汉代的“传”相同；只不过，其所指到底是因公出差而使用者，或是因私出行之必备物，抑或是二者兼具尚无法判断。与之相比，本章第二节在探讨“质钱”时曾引用的岳麓简1415/198＋1428/199＋1300/200所载《金布律》条文就明确提到了编户民因私出行而持有的“传”。为了方便论述，此处将再次引用这三支简的简文于下：

> 买及卖马牛、奴婢它乡、它县，吏为（?）取传书及致以归及（?）免（?）；弗为书，官啬夫吏主者，赀各二甲，丞、令、令史弗得，赀各一甲。其有事关外，以私马牛羊行而欲行卖之及取传卖它县，县皆为传，而欲徙卖它县者，发其传为质。

简文中的“传”是编户民因赴外地买卖马牛、奴婢而申请的，其性质无疑就是私人出行之通行证。另外，由于出行目的明确，且以马牛、奴婢为标的物的大宗交易的完成须具备官府制作的证明标的物无瑕疵的“质”，因此，或可想见，“传”上除了写有出行者姓名、出行事由等内容，可能还会以若干文字说明马牛等并无不适合交易的各类情形，所谓“发其传为质”当归因于此。那么，既然秦民出行也需要“传”，其申请程序又如何呢？岳麓简1404/132＋1290/133＋1292/134所收《尉卒律》云：

> 缘故徼县及郡县黔齿〈首〉、县属而有所之，必谒于尉；尉听，可许者为期日。所之它县，不谒自五日以上，缘故徼县，赀一甲；典、老弗告，赀一盾。非缘故徼县殹（也），赀一盾；典、老弗告，治（笞）□□。尉令不谨，黔首失令，尉、尉史、士吏主者赀各一甲，丞、令、令史各一盾。①

---

① 陈松长主编：《岳麓书院藏秦简（肆）》，上海辞书出版社2015年版，第111—112页。

关于“故徼”，虽有学者据里耶简8－461所载“边塞曰故塞。毋塞者曰故徼”而将其意解释为存在于秦统一前的秦与六国之间的边界线或秦及六国的所有边界线，[①] 但以新近研究观之，该词或指止于昭襄王终年的秦的边境线。[②] 在“故徼”以内的领土是由秦故地及已被秦长期占领的原六国之地构成的，乃秦全境之核心区域，因此，“缘故徼县”即位于边境线上的县实际上承担着极为重要的防御任务，其地位自非其他郡县可比。律文对“缘故徼县”黔首和其他郡县黔首擅自离开原居住地的违法行为区别对待的根源即在于此，而判断“擅自”与否的标准不用说就是指黔首在出行前是否“谒于尉”且“尉听”。也就是说，无论何处的黔首欲移徙，都必须向县尉汇报并获得许可，而许可的标志很可能就是“传”的发放。此规定展示了秦在“传”之申请程序的设计上与汉的相似性，秦民的流动无疑是在官府严格管控之下的。不过，考虑到秦民的居住地未必皆在县城周围以及各县内部的交通状况，如果所谓“谒于尉”要求欲移徙的每个编户民都亲自向县尉汇报出行意愿及申请、领取“传”，那终究是难以想象的。毋宁说，此类程序都是通过乡里机构的上传下达来完成的。

以上述取“传”出行之类的规定为前提，编户民未向官府汇报而迁移自然就会被视为人口的非法流动亦即逃亡。岳麓简0185/091＋2080/092所载《亡律》条文曰：

阑亡盈十二月而得，耐。不盈十二月为将阳，毄（系）城旦舂。☑

① 参见游逸飞：《里耶秦简8－455号木方选释》，载武汉大学简帛研究中心主办：《简帛》（第六辑），上海古籍出版社2011年，第100—101页；陈伟主编：《里耶秦简牍校释（第一卷）》，武汉大学出版社2012年版，第158—159页；“秦代出土文字史料の研究”班：《嶽麓書院所藏簡〈秦律令（壹）〉譯注稿 その（一）》，载《東方學報》第九十二册，2017年，第212页；［韩］琴载元：《秦及汉初黄河沿线地带郡县与河津管理体系》，载武汉大学简帛研究中心主办：《简帛》（第十六辑），上海古籍出版社2018年，第235页。

② 参见张韶光：《试论简牍所见秦对边远地区的管辖》，载《史学月刊》2020年第8期，第18—19页。另外，欧扬主张，所谓“故徼”乃秦惠文王末年的秦的边境。参见欧扬：《岳麓秦简“毋夺田时令”探析》，载《湖南大学学报（社会科学版）》2015年第3期，第27页。对此说，张韶光已有所指正，可以参考。

□其遁殴（也），事；其毋遁殴（也），笞五十。其工殴（也），笞五十，有（又）毄（系）城旦舂，拾遁事。①

尽管本条划线部分并未明示行为主体，但如张传玺已指出的，从简文设定的各种刑罚即“耐”“毄（系）城旦舂”等来看，行为主体不可能是刑徒。② 此外，张家山汉简《二年律令·亡律》收入了一条在规范语言、规范结构等方面均与上引岳麓简《亡律》颇为相似的律文：

吏民亡，盈卒岁，耐；不盈卒岁，毄（系）城旦舂。公士、公士妻以上作官府，皆偿亡日。其自出殴（也），笞五十，给逋事。皆籍亡日，軵数盈卒岁而得，亦耐之。③

此律文的划线部分清晰地以“吏民”一词指称逃亡行为的主体，其具体含义如周海锋所说很可能偏重“民”或者“吏之民”而非兼容官吏与平民。④ 若对读两条律文的划线部分，似可进一步确定，书于岳麓简 0185/091＋2080/092

① 陈松长主编：《岳麓书院藏秦简（肆）》，上海辞书出版社 2015 年版，第 69 页。需要说明，简 2080/092 末尾有“人属”二字，但“拾遁事”之后有勾识符号。这表明“人属”与“拾遁事”之间可断开，或为《亡律》另一条之组成部分。纪婷婷、张驰就据简的背划线关系指出，简 1945/077 可排在简 2080/092 之后，二者之间约缺一简。参见纪婷婷、张驰：《〈岳麓肆·亡律〉编联刍议》，载李学勤主编：《出土文献》（第十三辑），中西书局 2018 年版，第 261—262 页。有鉴于此，这里的引文省略了“人属”二字。

② 参见张传玺：《秦及汉初逃亡犯罪的刑罚适用和处理程序》，载《法学研究》2020 年第 3 期，第 194 页。

③ 彭浩、陈伟、[日] 工藤元男主编：《二年律令与奏谳书：张家山二四七号汉墓出土法律文献释读》，上海古籍出版社 2007 年版，第 153 页。需要说明，此处在引用律文时已据冨谷至编《江陵張家山二四七號墓出土漢律令の研究 譯注篇》的解释对原文句读略作调整。参见冨谷至编：《江陵張家山二四七號墓出土漢律令の研究 譯注篇》，朋友书店 2006 年版，第 100 页。

④ 参见陈松长等：《岳麓秦简与秦代法律制度研究》，经济科学出版社 2019 年版，第 34—36 页。之前，也有学者认为，《二年律令·亡律》中的“吏民亡”乃官吏逃亡与平民逃亡之合称。参见冨谷至编：《江陵張家山二四七號墓出土漢律令の研究 譯注篇》，朋友书店 2006 年版，第 101 页；闫晓君：《秦汉法律研究》，法律出版社 2012 年版，第 235—236 页。对此说，周海锋已据岳麓简《亡律》诸条予以修正，值得参考。

上的《亡律》条文也是针对普通编户民逃亡的处罚规定。也就是说，普遍编户民逃亡在一年以上的，为“阑亡”，[①] 其处罚为“耐”；不到一年的，为“将阳”，其处罚为“毄（系）城旦舂”。同时，以《二年律令》中的“其自出殹（也），笞五十，给逋事”一语为参照，岳麓简所载“☐☐其逋殹（也），事；其毋逋殹（也），笞五十”云云应当也是对阑亡、将阳者自出的减刑规定，但既然“其毋逋殹（也），笞五十”，“逋殹（也）”在可惩罚性上又重于“毋逋殹（也）”，那么，“其逋殹（也），事”就不应该被理解为逃亡者在自出后仅须完成其本应履行的某种义务而已，[②] 而是指“其逋殹（也），笞五十，事”的省略。若非如此，岂不是意味着以自出为前提，“毋逋殹（也）”在处罚上反而重于“逋殹（也）”？至于县的官吏们如何掌握“盈十二月”“不盈十二月”“逋殹（也）”“毋逋殹（也）”之类的信息，观岳麓简所载如下两条《尉卒律》的规定：

> 黔首将阳及诸亡者，已有奔书及亡毋（无）奔书盈三月者，辄筋〈削〉爵以为士五（伍）；有爵寡，以为毋（无）爵寡；其小爵及公士以上子年盈十八岁以上，亦筋〈削〉小爵。爵而傅及公士以上子皆籍以为士五（伍）。乡官辄上奔书县廷，廷转臧（藏）狱，狱史月案计日，盈三月即辟问乡官，不出者，辄以令论，削其爵，皆校计之。（岳麓简 1234/135+1259/136+1258/137+1270/138《尉卒律》）
>
> 为计，乡啬夫及典、老月辟其乡里之入谷、徙、除及死、亡者，谒于尉，尉月牒部之，到十月乃比其牒，里相就殹（也）以会计。黔［首］之阑亡者卒岁而不归，结其计，籍书其初亡之年月于结，善臧（藏）以

① 有关“阑亡”之含义，彭浩、邹水杰还强调其与“阑关”不存在必然联系。参见彭浩：《“将阳”与“将阳亡”》，载简帛网 http://www.bsm.org.cn/?hanjian/5922.html，发布时间：2012 年 9 月 23 日；邹水杰：《论秦及汉初简牍中有关逃亡的法律》，载《湖南师范大学社会科学学报》2019 年第 1 期，第 19—20 页。

② 京都大学“秦代出土文字史料研究”班似乎就持这种观点。参见“秦代出土文字史料の研究”班：《嶽麓書院所藏簡〈秦律令（壹）〉譯注稿 その（一）》，载《東方學報》第九十二册，2017 年，第 219 页。

戒其得。[1]（岳麓简 1397/140+1372/141《尉卒律》）

逃亡行为发生后，乡官会在接到同伍之人的汇报或主动发现情况之后将逃亡者的信息等登记在奔书之上，并将其送至县廷；随后，县廷会核算逃亡时间，满三月后则询问乡官逃亡者是否自出，对不自出者削爵；至年终上计之时，县尉将统计阑亡者人数并把阑亡者姓名、逃亡起始时间书于籍册之上。换言之，对待违法的人口流动，秦县的官吏们是通过文书掌控其动向的，否则，里耶简记载的“毋将阳阑亡乏户☐”（8－1716）、“迁陵卅三年将阳乏户”（9－721）[2] 等也就难以出现了；而且，大概正是在此过程中，逃亡者是否还有其他义务未履行即“逋殴（也）”“毋逋殴（也）”也被调查清楚了。

不过，以上考察皆以黔首的单纯逃亡行为为对象，若黔首因犯罪而逃亡，县的官吏自会启动另一番处理程序。岳麓简《亡律》频频提及“会之”“命之”，其含义当可参照《二年律令·具律》的如下条文来理解：

> 有罪当完城旦舂、鬼新（薪）白粲以上而亡，<u>以其罪命之</u>；耐隶臣妾罪以下，<u>论令出会之</u>。其以亡为罪，当完城旦舂、鬼新（薪）白粲以上不得者，<u>亦以其罪论命之</u>。[3]

据此条，若黔首因犯有完城旦舂、鬼薪白粲以上之重罪而逃亡或者某类特殊群体因逃亡日期累积而应被判处完城旦舂、鬼薪白粲以上之重罪，县官府会

---

① 陈松长主编：《岳麓书院藏秦简（肆）》，上海辞书出版社 2015 年版，第 112—113、114 页。需要指出，整理小组将此处所引第二条《尉卒律》中的“入毂”之“毂”字释为“穀”，但如京都大学“秦代出土文字史料研究”班已指出的，本条律文是围绕着县对人口的管理展开的，“入穀”显然与律文主旨不合，“入毂”或为婴儿出生之意，故此处不从整理小组的意见。参见“秦代出土文字史料の研究”班：《嶽麓書院所藏簡〈秦律令（壹）〉譯注稿 その（二）》，载《東方學報》第九十三册，2018 年，第 36 页。

② 陈伟主编：《里耶秦简牍校释（第一卷）》，武汉大学出版社 2012 年版，第 381 页；陈伟主编：《里耶秦简牍校释（第二卷）》，武汉大学出版社 2018 年版，第 191 页。

③ 彭浩、陈伟、［日］工藤元男主编：《二年律令与奏谳书：张家山二四七号汉墓出土法律文献释读》，上海古籍出版社 2007 年版，第 141 页。

“以其罪命之”即“确定其罪名并开始通缉”①；若黔首因犯有耐隶臣妾以下之罪而逃亡，则“论令出会之”即“给予黔首一定的期限来接受与本罪相应对的处罚以免在原刑罚之上又累加因逃亡而形成的责任”。至于如何“以其罪命之”“论令出会之”，不用说就是通过通缉令之类的官文书的散布来完成的，而此类官文书的内容，如以里耶简所收对“从人”即威胁秦统治的政治犯②的通缉文书③为参照：

〼□言为人白皙色，隋，恶发须，长可七尺三寸，年可六十四。〼燕，今不智（知）死产、存所，毋内孙。(8-534)

故邯郸韩审里大男子吴骚，为人黄皙色，隋（椭）面，长七尺三寸〼年至今可六十三、四岁，行到端，毋它疵瑕，不智（知）衣服、死产、

---

① 有关法律术语“命”的含义，学者们或从户籍登记出发或以“狱治”程序为立足点提出了众多主张。从目前已公布的秦及汉初律令文来看，“命”确实经常被用来指称“狱治”之环节。至于学者们的具体观点及从“狱治”程序出发如何理解“命”，参见中国人民大学法学院法律史料研读班：《岳麓书院藏秦律令简集注（一）》，载邬文玲、戴卫红主编：《简帛研究》（2021 春夏卷），广西师范大学出版社 2021 年版，第 189—190 页。

② 有关“从人”，李洪财、杨振红、董飞皆认为“从”与战国时代的合纵有关，但李、杨主张该词大体上是指合纵反秦的六国贵族，董则认为其含义为主张合纵的纵横家群体；吴雪飞、孟峰把“从”理解为“跟从”，但前者认为“从人”“可能指六国追随国君抗秦之人，或者与抗秦之人有牵连关系之人”，后者则将其限定为“秦国境内反叛者的家吏、舍人”。参见李洪财：《秦简牍“从人”考》，载《文物》2016 年第 12 期，第 66—67 页；吴雪飞：《〈岳麓简五〉所见“从人”考》，载简帛网 http://www.bsm.org.cn/?qinjian/7785.html，发布时间：2018 年 4 月 13 日；杨振红：《秦“从人”简与战国秦汉时期的“合从”》，载《文史哲》2020 年第 3 期，第 134—136 页；孟峰：《秦简牍“从人”考论》，载《史学月刊》2021 年第 4 期，第 25 页；董飞：《出土秦简所见“从人”问题研究》，载《西安财经大学学报》2022 年第 1 期，第 127 页。诸说皆有其理，以目前的史料情况论，恐怕难以判断何者更胜，因此，这里只将“从人”概括为“威胁秦之统治的政治犯”。

③ 对此处所引文书之性质的考证，参见石洋：《论里耶秦简中的几份通缉文书》，载邬文玲、戴卫红主编：《简帛研究》（2019 春夏卷），广西师范大学出版社 2019 年版，第 74—81 页。另外，里耶简 15-259 载：“廿六年端月己丑上軴乡爰书　人黑色长可六月六尺九寸□　端月甲戌上□乡奚敢言之　二月癸丑新武陵丞赾敢告□。”（里耶秦简博物馆、出土文献与中国古代文明研究协同创新中心中国人民大学中心编著：《里耶秦简博物馆藏秦简》，中西书局 2016 年版，第 141 页）石洋认为，此牍所记载的是对盗贼之类有罪者的通缉文书，但仅看牍文，似乎很难判断该文书的性质。因此，该牍文是否为对盗贼等罪犯的通缉文书或许还需要再思考。

在所☐（8-894）①

应大致包括逃亡者的姓名、年龄、体貌特征等并明示与“不智（知）死产、存所”相似的信息。不过，无论如何，“以其罪命之”与“论令出会之”是有本质区别的，即秦法试图以消除逃亡之责任为条件鼓励因轻罪而逃亡者自动归案。正因为此，逃亡者即便是在案件审理已启动但尚未判决之时自首，也仍能被视为“会”：

有罪去亡，弗会，已狱及已劾未论而自出者，为会。鞫，罪不得减。（岳麓简 2087/015《亡律》）②

问题在于，如逃亡者无视县官府的通知即“弗会”或“不会”，又当如何处置？观岳麓简 2044/040＋2048/041＋2101/042＋1989/043（＋1932/023）、1981/017＋1974/018、2047/066 所载《亡律》诸条：

A. 不会毄（系）城旦舂者，以亡律谕〈论〉之。不会收及隶臣妾之耐，皆以亡律论之。不会司寇之耐者，以其【狱鞫已】论，其审当此【耐为不会，耐为鬼薪】。不会笞及除，未盈卒岁而得，以将阳廦（癖）；卒岁而得，以阑癖，有（又）行其笞。【赀赎未入，去亡及不会赀赎而得，如居赀赎去亡之法。】

B.（缺简）及诸当隶臣妾者亡，以日六钱计之，及司寇冗作及当践

---

① 陈伟主编：《里耶秦简牍校释（第一卷）》，武汉大学出版社 2012 年版，第 176、244 页。

② 陈松长主编：《岳麓书院藏秦简（肆）》，上海辞书出版社 2015 年版，第 43 页。有关《亡律》此条，整理小组的句读是“有罪去亡，弗会，已狱及已劾未论而自出者，为会，鞫，罪不得减”，今据京都大学“秦代出土文字史料研究”班及中国人民大学法学院法律史料研读班的观点而对其略作调整。参见“秦代出土文字史料の研究”班：《嶽麓書院所藏簡〈秦律令（壹）〉譯注稿 その（一）》，载《東方學報》第九十二册，2017 年，第 155、156—157 页；中国人民大学法学院法律史料研读班：《岳麓书院藏秦律令简集注（一）》，载邬文玲、戴卫红主编：《简帛研究》（2021 春夏卷），广西师范大学出版社 2021 年版，第 191、192—194 页。

更者亡，皆以其当冗作及当践更日，日六钱计之，皆与盗同法。

C. 十四年七月辛丑以来，诸居赀赎责（债）未备而去亡者，坐其未备钱数，与盗同法。①

县官府须区分逃亡者之本罪来确定其逃亡行为应受之处罚，此即律文 A 之主旨。具体而言，(1) 对本罪之处罚为系城旦舂者，当据《亡律》追究其逃亡之罪，但遗憾的是，检索目前已公布的秦及汉初的《亡律》，似未见直陈此问题者；(2) 若本罪之处罚是耐为隶臣妾②，亦当据《亡律》追究其逃亡之罪，即律文 B 所规定的以“日六钱”乘以逃亡日数并参照盗罪条文来量刑，所谓“与盗同法”③；(3) 如本罪之处罚是耐为司寇，须以罪犯在判词确定其本罪之处罚后不“出会”为前提，将其应受之刑从耐为司寇提升为耐为鬼薪；(4) 对本罪之处罚为笞者，则除了笞之外，另须计算“不会”时日是否超一年并判处与将阳或阑亡相对应的刑罚，即前引岳麓简 0185/091＋2080/092 提到的“阑亡盈十二月而得，耐。不盈十二月为将阳，毄（系）城旦舂”；(5) 对本罪之处罚为赀赎者，当明确有罪者未交之钱款的数额并参照“居赀

① 陈松长主编：《岳麓书院藏秦简（肆）》，上海辞书出版社 2015 年版，第 44、52—53、60 页。应当指出，整理小组并未将简 1932/023 接在 1989/043 之后，但如京都大学“秦代出土文字史料研究”班所指出的，简 1923/023 同样涉及对逃亡而“不会”的处罚，似可与简 2044/040＋2048/041＋2101/042＋1989/043 连为一组以便分析，故此处亦将简 1932/023 列于 1989/043 之后。参见“秦代出土文字史料の研究”班：《嶽麓書院所藏簡〈秦律令（壹）〉譯注稿 その（一）》，载《東方學報》第九十二册，2017 年，第 181—183 页。

② 有关律文 A 中的“隶臣妾之耐”“司寇之耐”，如京都大学“秦代出土文字史料研究”班所说，之前未见“〇〇之耐”的实例，“隶臣妾之耐”“司寇之耐”或应被视作“耐为隶臣妾”“耐为司寇”的同义语。参见“秦代出土文字史料の研究”班：《嶽麓書院所藏簡〈秦律令（壹）〉譯注稿 その（一）》，载《東方學報》第九十二册，2017 年，第 179 页。

③ 有关秦汉律对如何据盗之数额定罪，学界已有较多研究。对相关观点的总结，参见中国政法大学中国法制史基础史料研读会：《睡虎地秦简法律文书集释（七）：〈法律答问〉1～60 简》，载中国政法大学古籍整理研究所编：《中国古代法律文献研究》（第十二辑），社会科学文献出版社 2018 年版，第 58—59 页；拙文：《唐以前盗罪之变迁研究》，载《法学研究》2022 年第 1 期，第 138—139 页。另外，有关秦汉律中的“与某同法”之含义，参见冨谷至：《二年律令に見える法律用語—その（一）》，载《東方學報》第七十六册，2004 年，第 228 页；朱红林：《张家山汉简〈二年律令〉研究》，黑龙江人民出版社 2008 年，第 97 页。

赎去亡之法”即律文C“与盗同法”。如此，县的官吏就能根据逃亡者之本罪是重罪或轻罪、何种轻罪启动不同的“狱治”处理程序、有差别地追究逃亡责任，其目的无疑就在于防止有罪者长期逃亡以至于其本人因逃亡地不断增多而切实成为社会治安的流动威胁因素，甚至聚集起反抗政府的群体力量。

毋庸赘言，遏制逃亡行为不可能仅依靠对逃亡者的惩处或威吓来实现，还需要有效地阻止编户民对逃亡者的收容。据纪婷婷、张驰对载有《亡律》的岳麓简诸条之编联的复原方案，其中一组如下：

A. 人奴婢，黥为城旦舂。主匿黥为城旦舂以下到耐罪，各与同法；（简2041/016）主匿亡收、隶臣妾，耐为隶臣妾。其室人存而年十八岁者，各与其疑同法，其奴婢弗坐；典、田（简1965/003）典、伍不告，赀一盾。其匿□□归里中，赀典、田典一甲，伍一盾。匿罪人虽弗敝（蔽）貍（埋），智（知）其请（情），舍其室……（简2150－1＋2150－2/004）（缺简）为匿之。（简2017/079）廿年后九月戊戌以来，其前死及去而后遝者，尽论之如律。（简2010/070）【廿五年五月戊戌以来，匿亡人及将阳者其室，主匿赎死罪以下，皆与同罪。亡人罪轻于……（简2088/045）（缺简）而舍之，皆赀一甲。（简2042/002）匿罪人当赀二甲以上到赎死，室人存而年十八岁以上者，赀各一甲，其奴婢弗坐，典、里典（简1966/001）】

B. 盗贼旞（遂）者及诸亡坐所去亡与盗同法者当黥城旦舂以上，及命者，亡城旦舂、鬼薪白粲舍人（简2011/060）室、人舍、官舍，主舍者不智（知）其亡，赎耐。其室人、舍人存而年十八岁者及典、田典不告，赀一甲；伍（简1984/061）不告，赀一盾。当完为城旦舂以下到耐罪，及亡收、司寇、隶臣妾，奴婢阑亡者舍（简1977/062）人室、人舍、官舍，主舍者不智（知）其亡，赀二甲。其室人、舍人存而年十八岁以上者及典、田典、伍不告，（简2040/063）赀一盾。（简1979/064）廿年后九月戊戌以来，其前死及去乃后遝者，尽论之如律。卿，其家啬夫是

坐之。(简 2089/044)[①]

该组律文可分为两段，A 段基本指向对“匿”即知情而收容逃亡者之行为的处罚，B 段则涉及对“舍”即不知情而收容逃亡者之行为的处罚。[②] 从 A 段来看，“人奴婢，黥为城旦舂”一语甚为突兀，其前或许另有内容；该句以下则根据逃亡者的身份之别设定了对“匿”之主犯的惩罚及连坐者的责任，如下表所示：

表 2－9

逃亡者身份	“匿”之主犯的责任	连坐情况
黥为城旦舂以下到耐罪	“与同法”，即参酌与逃亡者之本罪相对应的刑罚来量刑	除奴婢外，隐匿行为之主犯的家人如年满十八岁，须参酌主犯应受之刑罚来量刑。
		里典、田典、隐匿行为之主犯的同伍者，赀一盾；如隐匿地点在里中，则里典、田典赀一甲，同伍者赀一盾。

① 纪婷婷、张驰：《〈岳麓肆·亡律〉编联刍议》，载李学勤主编：《出土文献》(第十三辑)，中西书局 2018 年版，第 266—267 页。需要指出，此处在引用律文时对纪、张方案的句读略有调整；尤其是对简 2088/045 中的“其室”二字，其原属下读，与“主”字相连，今据鲁家亮、京都大学“秦代出土文字史料研究”班之说改为上读。参见鲁家亮：《岳麓书院藏秦简〈亡律〉零拾》，载王捷主编：《出土文献与法律史研究》(第六辑)，法律出版社 2017 年版，第 127 页；“秦代出土文字史料の研究”班：《嶽麓書院所藏簡〈秦律令（壹）〉譯注稿 その（一）》，载《東方學報》第九十二册，2017 年，第 186 页。而且，为了方便分析，此处的引文将简 2088/045＋2042/002＋1966/001 从简 2089/044 之后挪至简 2010/070 之后。

② 有关“舍”与“匿”之含义，参见陈松长、刘欣欣：《秦汉〈亡律〉“舍匿罪人”探析》，载邬文玲主编：《简帛研究》(2017 春夏卷)，广西师范大学出版社 2017 年版，第 77—80 页；“秦代出土文字史料の研究”班：《嶽麓書院所藏簡〈秦律令（壹）〉譯注稿 その（一）》，载《東方學報》第九十二册，2017 年，第 137 页；华东政法大学出土法律文献研读班：《岳麓简秦律令释读（一）》，载王沛主编：《出土文献与法律史研究》(第八辑)，法律出版社 2020 年版，第 150 页；中国人民大学法学院法律史料研读班：《岳麓书院藏秦律令简集注（一）》，载邬文玲、戴卫红主编：《简帛研究》(2021 春夏卷)，广西师范大学出版社 2021 年版，第 158 页。

续 表

逃亡者身份	“匿”之主犯的责任	连 坐 情 况
“收人”（即因他人犯罪而应被“收”者）	耐为隶臣妾	除奴婢外，隐匿行为之主犯的家人如年满十八岁，亦须参酌主犯应受之刑罚来量刑。
隶臣妾		里典、田典、隐匿行为之主犯的同伍者，赀一盾；如隐匿地点在里中，则里典、田典赀一甲，同伍者赀一盾。

简 2150－1＋2150－2/004＋（缺简）＋2014/079 似为对“匿”之概念的强调，即区分“匿”与“舍”的关键只在于“知情”与否，至于是否必须采取“敝（蔽）貍（埋）”之类的方法则在所不问。又，对简 2010/070，如本书第一章已指出的，“廿年后九月戊戌以来”一语显然表明该简所载令文乃对之前已存在的《亡律》的追加；其之所以如此，无非是因为之前已存在的《亡律》未能就如下问题做出规定：倘若县官府是在逃亡者死亡或离开被“匿”即隐蔽场所后才知晓其身份并开始追查，那么，知情而收容行为之主犯及其他人员是否仍应按照既有规定承担责任？同样，观“廿五年五月戊戌以来”一句，书于简 2088/045＋（缺简）＋2042/002＋1966/001 的令文无疑亦为对既有《亡律》的追加，其目的是填补秦律在隐匿本罪为财产刑的逃亡者将招致何种惩罚这一问题上的规范漏洞。概言之，对“匿”各类逃亡者的行为，秦法不仅惩处主犯，连坐其家人，设定里典、田典、主犯同伍之人的刑罚以强调其伺察之责，而且还通过补充性条款将有关“匿”的规制真正编织成一张严密的法网。此种倾向在 B 段铺陈对“舍”即不知情而收容逃亡者之行为的处罚时也表现得极为明显，如下表所示：

表 2 - 10

<table>
<tr><th>结构</th><th>逃亡者身份①</th><th>“舍”之主犯的责任</th><th>连坐情况</th></tr>
<tr><td rowspan="7">基础规范</td><td>在逃的应处黥城旦舂以上之刑的盗贼</td><td rowspan="4">赎耐</td><td rowspan="2">主犯之家人或“人舍”“官舍”中的居住者如年满十八岁以上，赀一甲。</td></tr>
<tr><td>因逃亡而“与盗同法”以至于应处黥城旦舂以上之刑者</td></tr>
<tr><td>因某种犯罪而应被处以完城旦舂、鬼薪白粲之刑且已被定罪、通缉的在逃者</td><td rowspan="2">里典、田典，赀一甲；主犯之同伍者，赀一盾。</td></tr>
<tr><td>在逃而（尚未被定罪、通缉）的鬼薪白粲、城旦舂</td></tr>
<tr><td>因某种罪行而应被处以完城旦舂以下至耐的刑罚的在逃者</td><td rowspan="3">赀二甲</td><td>主犯之家人或“人舍”“官舍”中的居住者如年满十八岁以上，赀一盾。</td></tr>
<tr><td>在逃的“收人”、司寇、隶臣妾</td><td rowspan="2">里典、田典、主犯之同伍者，赀一盾。</td></tr>
<tr><td>逃亡在一年以上的奴婢</td></tr>
<tr><td>补充规范</td><td colspan="3">如在“廿年后九月戊戌”以后“舍”逃亡者，且官府是在逃亡者死亡或离开被“舍”之地后才知晓其身份并开始追查，“舍”之主犯及相关人员仍应据基础规范追究责任；但，若被“舍”之地为拥有卿之地位者的私宅，则仅追究卿之家啬夫的责任以为一种例外。</td></tr>
</table>

① 本栏的第一至第四行中的内容涉及对简 2011/060 所云“盗贼旞（遂）者及诸亡坐所去亡与盗同法者当黥城旦舂以上及命者亡城旦舂鬼薪白粲”一句的理解。京都大学“秦代出土文字史料研究”班认为，该句包含四类主体，即“盗贼旞（遂）者”“诸亡坐所去亡与盗同法者当黥城旦舂以上”“命者”“亡城旦舂、鬼薪白粲”；陈迪则主张，“当黥城旦舂以上”乃对“盗贼旞（遂）者”及“诸亡坐所去亡与盗同法者”的修饰语。参见“秦代出土文字史料の研究”班：《嶽麓書院所藏簡〈秦律令（壹）〉譯注稿その（一）》，载《東方學報》第九十二册，2017 年，第 200 页；陈迪：《岳麓书院藏秦简（肆）60—64 简试析》，载邬文玲、戴卫红主编：《简帛研究》（2018 秋冬卷），广西师范大学出版社 2019 年版，第 134—138 页。应当指出，由于简 1977/062 明示了对不知情隐匿“当完为城旦舂以下到耐罪”者的行为的惩罚，因此，考虑到律文对作为罪行的“舍”之威慑的完整性，简 2011/060 所列举的逃亡者应当皆为与完为城旦舂以上之刑相关联的犯罪者。但是，对“盗贼”行为的惩罚涉及多个刑等，或有位于完城旦舂以下者，故在理解“盗贼旞（遂）者”时，若不以“当黥城旦舂以上”为限定语，恐有失偏颇。有鉴于此，表 2 - 10 之“逃亡者身份”栏的第一行对“盗贼旞（遂）者”的解释取陈迪说。另外，石洋指出，虽然将“旞（遂）”解释为“逃亡”无误，但似可进一步深入，即此字暗含着“逸出某个界限”的意思，可指“成功逃掉”。或可备一说。参见石洋：《岳麓秦简肆〈亡律〉所见“旞”字补说——兼论几则关联律文的理解》，载邬文玲、戴卫红主编：《简帛研究》（2020 春夏卷），广西师范大学出版社 2020 年版，第 96 页。

进一步论，单纯地对逃亡者的“舍”“匿”已为法网所不容，利用逃亡者谋取利益自然更有可责性，而A/B两段《亡律》条文就成了惩罚这种行为的“准据法”：

（缺简）取罪人、群亡人以为庸，智（知）其请（情），为匿之。不智（知）其请（情），取过五日以上，以舍罪人律论之。廿年后九月戊戌以来，取罪人、群亡人以为庸，虽前死及去而后遝者，论之如律。①（岳麓简 2012/075＋1985/076《亡律》）

以上所述皆以单纯逃亡或因犯罪而逃亡之编户民的逃亡地乃普通的县为前提，若逃亡地为位于秦土之核心的关中之县，秦律对如何惩罚“舍”“匿”行为又另有规定：

男女去阑亡、将阳，来入之中县、道，无少长，舍人室，室主舍者，智（知）其请（情），以律䙴（迁）之；典、伍不告，赀典一甲，伍一盾。不智（知）其请（情），主舍，赀二甲；典、伍不告，赀一盾。舍之过旬乃论之。舍，其乡部课之，卒岁，乡部吏弗能得，它人捕之，男女无少长，伍（五）人，谇乡部啬夫；廿人，赀乡部啬夫一盾；卅人以上，赀乡部啬夫一甲，令丞谇，乡部吏主者，与乡部啬夫同罪。其亡居日都官、执法属官、禁苑、园、邑、作务、官道畍（界）中，其啬夫吏、典、伍及舍者坐之，如此律。②（岳麓简 1990/054＋1940/055＋2057/056＋

① 陈松长主编：《岳麓书院藏秦简（肆）》，上海辞书出版社 2015 年版，第 63—64 页。

② 陈松长主编：《岳麓书院藏秦简（肆）》，上海辞书出版社 2015 年版，第 56—57 页。需要指出，整理小组将简 2106/053 与简 1990/054 编联在一起，但如京都大学“秦代出土文字史料研究”班所说，简 2106/053 在文字之后留有很大一段空白，且若两简相连，则书于简 2106/053 上的“……函谷关外人”不知为何在简 1990/054 上被写成了“……函谷关外男女”，故两简似以不编联在一起为是。参见“秦代出土文字史料の研究”班：《嶽麓書院所藏簡〈秦律令（壹）〉譯注稿 その（一）》，载《東方學報》第九十二册，2017 年，第 193 页。另外，有关“男女去阑亡将阳”一句，整理小组的原句读是“男女去，阑亡、将阳”，今据邹水杰说改。参见邹水杰：《论秦及汉初简牍中有关逃亡的法律》，载《湖南师范大学社会科学学报》2019 年第 1 期，第 20 页。

2111/057《亡律》）

可见，编户民如知情而“舍”（即“匿”）阑亡、将阳至“中县道”者，将被处以迁刑；若不知情而“舍”之，则当赀二甲。前引A段律文中的第二条追加法提到，“匿亡人及将阳者其室，主匿赎死罪以下，皆与同罪”；换言之，编户民如“匿”逃亡至普通县的将阳者，将被处以与将阳者应受之刑一样的惩罚，即前引岳麓简0185/091+2080/092所载《亡律》条文所说的“系城旦舂”。而且，该条云“阑亡盈十二月而得，耐。不盈十二月为将阳，毄（系）城旦舂”，这表明“耐”在刑等上高于“系城旦舂”。另据温俊萍考证，秦时，迁刑与耐刑在刑罚体系中地位相近，① 因此，律文对“主匿”将阳至“中县道”者设定的刑罚似乎高于与“主匿”将阳至普通县者的行为相对应的刑罚。虽然以目前所能见到的秦律论，尚无法确知“主匿”阑亡至“中县道”者、“主舍”阑亡或将阳至“中县道”者是否在量刑上重于发生在普通县的类似情况，② 但以“主匿”将阳“中县道”者的场合为参照，持肯定态度或许是合适的，其原因当然就在于“中县道”地处政治中心，其对治安良好程度的要求应更胜于普通县。

前段就秦法如何以刑罚遏制编户民“舍”“匿”身份可查明的单纯逃亡或有罪逃亡者做了简单介绍，但现实中想必也存在着出于各种原因（如此类外来者的原住县官府遗失了记载此人之信息的籍册）而无法查明其信息的闯入乡里社会的外来者，他们同样是县的治安的潜在威胁。因此，秦法以“亡不

① 参见温俊萍：《秦迁刑考略》，载王捷主编：《出土文献与法律史研究》（第六辑），法律出版社2017年版，第289—290页。冨谷至也曾推测迁刑在刑等上低于耐刑，但据张家山汉简《二年律令·具律》，又有所保留地认为迁刑或与耐刑相近。冨谷至：《漢唐法制史研究》，创文社2016年版，第290—291页。事实上，综合冨谷及温俊萍各自在论著中提及的秦汉律的记载，很难断定迁刑在刑等上低于耐刑，主张二者相近可能更为稳妥。

② 前引律文B段曰，“当完为城旦舂以下到耐罪，及亡收、司寇、隶臣妾，奴婢阑亡者舍人室、人舍、官舍，主舍者不智（知）其亡，赀二甲”，“舍”“奴婢阑亡者”的主犯将被处以“赀二甲”。由此，或可认为，与“舍”阑亡之普通人相对应的刑罚应轻于赀二甲，但此处所探讨的“舍”阑亡至“中县道”的主犯则会被处以赀二甲，这似乎表明“主舍”阑亡至“中县道”在量刑上重于发生在普通县的类似情况。不过，毕竟目前未能见到秦律对“主舍”普通人阑亡将引致之刑罚的明确规定，所以，此处姑且提出一种推断，以备后考。

仁邑里、官者”名之,[①] 并禁止编户民收容此类人员:

【匿】亡不仁邑里、【官】者,赀二甲。[②] (岳麓简 2083/029《亡律》)

而以岳麓简 1978/024＋1996/025＋2027/026＋1937/027＋2060/028 所收《亡律》的规定来看:

亡不仁邑里、官,毋以智(知)何人殹(也),中县道官诣咸阳,郡〚县〛道诣其郡都县,皆毄(系)城旦舂,槫作仓,苦,令舂勿出,将司之如城旦舂。其小年未盈十四岁者槫作,事之如隶臣妾然。令人智(知)其所,为人识,而以律论之。其奴婢之毋(无)罪者殹(也),黥其雝〈颜〉頯,畀其主。咸阳及郡都县恒以计时上不仁邑里及官者数狱属所执法,县道官别之,且令都吏时覆治之,以论失者;覆治之而即言请(情)者,以自出律论之。[③]

对此类人员,秦统治者要求县的官吏在调查其身份的同时向咸阳或郡汇报,并对他们处以“毄(系)城旦舂”之刑。更进一步,一旦查明其身份,县的官吏就须据律文追究其逃亡之罪,但如果身份尚未被查明的“亡不仁邑里、

① 有关“亡不仁邑里、官者”的含义,参见欧扬:《岳麓秦简〈亡律〉“亡不仁邑里、官”条探析》,载杨振红、邬文玲主编:《简帛研究》(2016 春夏卷),广西师范大学出版社 2016 年版,第 173—176 页。

② 陈松长主编:《岳麓书院藏秦简(肆)》,上海辞书出版社 2015 年版,第 48 页。

③ 陈松长主编:《岳麓书院藏秦简(肆)》,上海辞书出版社 2015 年版,第 46—48 页。需要说明,此处的引文对整理小组的句读略有调整。另,有关“槫作仓,苦”之“苦”字,学者们对其应释作何字及含义如何提出了不同的观点;不过,以岳麓简 0921/016 所载“……已论轮〈输〉其完城旦舂洞庭,洞庭守处难亡所苦作,谨将司,令终身”(陈松长主编:《岳麓书院藏秦简(伍)》,上海辞书出版社 2017 年版,第 44 页)一语观之,似仍应将此字释为“苦”并将其义解为“使……艰苦”。参见中国人民大学法学院法律史料研读班:《岳麓书院藏秦律令简集注(二)》,载邬文玲、戴卫红主编:《简帛研究》(2021 秋冬卷),广西师范大学出版社 2022 年版,第 157—158 页。

官者”在“都吏”“覆治”即郡指派某官吏主理一应案件①时坦白其实情，则应将此行为视作“自出”。如与前引以“匿”诸亡人为规制对象的A段律文联系起来考察此处所探讨的“亡不仁邑里、官”条，则此条之设立目的似更耐人寻味。在古代中国的相对封闭的乡里社会，除非官府曾广泛宣读通缉令之类的文书或外来者身上有因被黥、髡或耐而留下的明显标记，对普通编户民而言，任何外来者其实都只是“亡不仁邑里、官”者，其身份是很难直接被确定的。在此种情况下，一方面，编户民只要知情收容此类人员，就会被处以赀二甲；另一方面，从“令人智（知）其所，为人识，而以律论之”一语来看，所谓“赀二甲”必是以官府对外来者调查无果并确认其为“亡不仁邑里、官”者为前提。换言之，如果外来者的身份被锁定为前引A段律文所罗列的“黥为城旦舂以下到耐罪”“亡收、隶臣妾”等，收容他们的编户民将面临的处罚就将是比“赀二甲”更重的“与同法”“耐为隶臣妾”等。所以，面对不明身份的乡里社会的闯入者，为了避免被“赀二甲”，更为了避免因官府查明闯入者身份而给自己带来更为严厉的惩罚，编户民的最合理选择无疑是第一时间向官府举报“亡不仁邑里、官”者在乡里出现的事实以图尽速摆脱干系。由此，我们就能看出，“亡不仁邑里、官”条与前引详列对“舍”“匿”诸亡人之行为的惩罚的A/B两段律文共同构筑起了指向共同目标的规范群，而此目标即为以刑罚打击编户民收容逃亡者的行为，使逃亡者的踪迹尽快被暴露，进而展开追捕、审判活动以消灭威胁县之治安的潜在因素。

总的来说，秦统治者试图通过编伍、严格控制人口流动及打击逃亡行为等保持各县乡里社会之成员的稳定性，进而使编户民安居乐业，形成一种良好的治安局面。不过，即便如此，而且，即便如《商君书·说民》所强调的：

① 有关“覆治”之所指，参见［日］水间大辅：《秦汉时期承担覆狱的机关与官吏》，载武汉大学简帛研究中心主办：《简帛》（第七辑），上海古籍出版社2012年版，第277、293—294页；杨振红、王安宇：《秦汉诉讼中的“覆”及相关问题》，载《史学月刊》2017年第12期，第13页；南玉泉：《从封建到帝国的礼法嬗变：先秦两汉法律史论集》，中国政法大学出版社2020年版，第219—220页。

断家王，断官强，断君弱……有奸必告之，则民断于心。上令而民知所以应，器成于家而行于官，则事断于家。故王者刑赏断于民心，器用断于家。

秦统治者致力于使秦法为编户民所熟知，在以“饥而求食，劳而求佚，苦则索乐，辱则求荣”① 为本性的黔首们聚居的乡里社会终究难以避免各类纠纷的发生，处理狱讼遂成为县官府必须妥善应对的与维持治安关联密切的政务，下文将对此问题略加阐发。

二、“狱治”与“狱留”

从秦律令简的记载来看，时人或以“狱治”之类的词汇来指称处理狱讼之事，如：

诸亡县官器者，必狱治，臧（赃）不盈百廿钱，其官自治，勿狱。②（岳麓简 1402/116《金布律》）

毋庸赘言，秦既“以法为教”，自然也会对“狱治”程序有所规范以确保各类案件被顺利解决。然则，“狱治”程序究竟如何？

（一）“狱治”之展开

关于“狱治”程序，先贤们已有众多研究，此处从案件被告发即现代诉讼法学所说的“告诉”开始简要介绍其基本环节。

1. 告诉。众所周知，秦汉时代的告诉方式主要包括告和劾两种。③ 前者

①《商君书·算地》。

② 陈松长主编：《岳麓书院藏秦简（肆）》，上海辞书出版社 2015 年版，第 106 页。

③ 徐世虹认为，在汉代，告与劾是两个适用对象截然不同的法律概念，但从睡简的记载来看，秦时，起诉行为通称“告”，劾制尚未出现。参见徐世虹：《汉劾制管窥》，载杨一凡总主编、高旭晨卷主编：《中国法制史考证 甲编第三卷》，中国社会科学出版社 2003 年版，第 274—275 页。然而，检索睡简、岳麓简等的简文，“劾”的用例可谓多见且往往与狱讼之事相关，宫宅洁据此指出劾制或可追溯至战国秦。参见宫宅洁：《中国古代刑制史の研究》，京都大学学术出版会 2011 年版，第 295—297 页。这样看来，劾制的出现时间似早于汉代。

乃当事人自行告发案件（“自告”）、自首（“自出”）及伍人、典老告发案件的合称，后者则为官吏在调查的基础上纠举案件。① 无论是告还是劾，原则上都应当至县廷为之，② 但基于地广人稀、交通不便等因素，至乡官处为之亦在许可之列，如睡简《封诊式·亡自出》就记载：

乡某爰书：男子甲自诣，辞曰："士五（伍），居某里，以迺二月不识日去亡，毋（无）它坐，今来自出。"③

《二年律令·具律》也提到：

① 有关“劾”究竟何指，学者们曾提出各种看法，如① 官吏对刑事审判之诉讼程序的启动行为（鹰取祐司、闫晓君、唐俊峰等说）、② 检举官吏罪行并提请审判机关案验判决的行为（高恒、程政举说）、③ 官吏告发官吏之弹劾行为（徐世虹说）、④ 官员搜集证据并向司法机关指控犯罪的行为（陈晓枫、宫宅洁、籾山明说），等等。参见陈晓枫：《两汉劾制辨正》，载《法学评论》1989 年第 3 期，第 36—37 页；徐世虹：《汉劾制管窥》，载杨一凡总主编、高旭晨卷主编：《中国法制史考证 甲编第三卷》，中国社会科学出版社 2003 年版，第 275 页；籾山明：《中国古代訴訟制度の研究》，京都大学学术出版会 2006 年版，第 59—60 页；高恒：《秦汉简牍中法制文书辑考》，社会科学文献出版社 2008 年版，第 302 页；宫宅洁：《中国古代刑制史の研究》，京都大学学术出版会 2011 年版，第 286—295 页；闫晓君：《秦汉法律研究》，法律出版社 2012 年版，第 80 页；程政举：《汉代诉讼程序考》，载《法学评论》2013 年第 2 期，第 116—117 页；鹰取祐司：《秦漢官文書の基礎的研究》，汲古书院 2015 年版，第 513—527 页；唐俊峰：《秦汉劾文书格式演变初探》，载中国政法大学法律古籍编：《中国古代法律文献研究》（第十一辑），社会科学文献出版社 2017 年版，第 132 页。应当指出，以现有的传世及出土文献为据，正如鹰取祐司详细指出的，劾的对象确实不限于官吏，因此，这里对“劾”的解释基本认可①④二说，尤其是较之①更为详细的④。另外，杨小亮曾探讨汉代基层官吏如何因“值符”而举劾犯罪，其论述也对理解秦汉时期的“劾”的内含颇有参考意义。参见杨小亮：《略论东汉“直符”及其举劾犯罪的司法流程》，载中国政法大学法律古籍整理研究所编：《中国古代法律文献研究》（第九辑），中国政法大学出版社 2015 年版，第 176—186 页。

② 值得注意的是，岳麓简所收秦令曰：“都官治狱者，各治其官人之狱，毋治黔首狱。其官人亡若有它论而得，其官在县界中而就近自告都官，都官听，书其告，各移其县。县异远都官旁县者，移旁县。其官人之狱有与黔首连者，移黔首县，黔首县异远其旁县者，亦移旁县，县皆亟治论之。有不从令者，赀二甲。其御史、丞相、执法所下都官，都官所治它官狱者治之。 ●廷卒甲二”（陈松长主编：《岳麓书院藏秦简（伍）》，上海辞书出版社 2017 年版，第 119—120 页）。易言之，县与都官在“狱治”方面是有分工的，所以，因告或劾而被县廷受理的案件除了“廷卒甲二”令文所云都官“移其县”“移旁县”者之外，应当不会是在都官下辖人员即“官人”之间发生的。

③ 陈伟主编：《秦简牍合集（壹·上）》，武汉大学出版社 2014 年版，第 318 页。

诸欲告罪人及有罪先自告而远其县廷者，皆得告所在乡。乡官谨听，书其告，上县道官，廷士吏亦得听告。①

可以想见，当时，居住地坐落于县廷周围者毕竟是少数，“狱治”在大多数情况下很可能都是以某人至乡官处告发案件为起点的；之后，乡官就须审核提起告诉者及其所告之事是否在有关告诉的各类限制之内。② 尤其值得一提的是，秦法对家庭成员因家庭内部之事而互相告诉的行为所持的态度。睡简《法律答问》云：

“公室告”〚何〛殹（也）？“非公室告”可（何）殹（也）？贼杀伤、盗它人为“公室”；子盗父母，父母擅杀、刑、髡子及奴妾，不为“公室告”。

“子告父母，臣妾告主，非公室告，勿听。”●可（何）谓“非公室告”？●主擅杀、刑、髡其子、臣妾，是谓“非公室告”，勿听。而行告，告者辠（罪）。辠（罪）已行，它人有（又）袭其告告之，亦不当听。③

也就是说，若“父母（或主）擅杀、刑、髡其子、臣妾”，子、臣妾或家中其他成员（“它人”）④“行告”，以及“子盗父母”，父母或家中其他成员“行告”，县官府不予受理，所谓“非公室告”；但正如籾山明已指出的，这并不

① 彭浩、陈伟、［日］工藤元男主编：《二年律令与奏谳书：张家山二四七号汉墓出土法律文献释读》，上海古籍出版社 2007 年版，第 132 页。

② 有关秦法设定的各类告诉限制情形，参见刘海年：《战国秦代法制管窥》，法律出版社 2006 年版，第 176—179 页。

③ 陈伟主编：《秦简牍合集（壹·上）》，武汉大学出版社 2014 年版，第 236、237 页。

④ 有关第二段简文中的“它人”，学者们曾提出各种解释，具体参见中国政法大学中国法制史基础史料研读会：《睡虎地秦简法律文书集释（八）：〈法律答问〉61～110 简》，载中国政法大学法律古籍整理研究所编：《中国古代法律文献研究》（第十三辑），社会科学文献出版社 2019 年版，第 65—67 页。此处取何四维、于振波说，理由参见 A. F. P. Hulsewé, *Remnants of Ch'in Law: an Annotated Translation of the Ch'in Legal and Administrative Rules of the 3rd Century B. C. Discovered in Yǘn-meng Perfecture, Hubei Province, in 1975*, Brill, 1985, p. 148, note 6；于振波：《简牍与秦汉社会》，湖南大学出版社 2012 年版，第 270—271 页。

意味着里典、同伍之人就不能“行告”,[1] 否则就不会出现“‘擅杀、刑、髡其后子，谳之’”[2] 的法律规定了。然而，在子女不孝的情况下，如果父母“行告”且要求官府处死其子女，则官府不仅要受理案件，还应立即将子女抓捕到案：

> 免老告人以为不孝，谒杀，当三环之不？不当环，亟执勿失。[3]

进一步说，即使父母不告，官府也要求同居之人、伍人及里典主动告发以便及时纠举此类案件，如岳麓简所收令文提到的：

> 【自】㊀以来，殴泰父母，弃市；奊訽詈之，黥为城旦舂。殴主母，黥为城旦舂；奊訽詈之，完为城旦舂。殴威公，完为【舂；奊】訽詈之，耐为隶妾；奴外妻如妇。殴兄、姊、叚（假）母，耐为隶臣妾，奊訽詈之，赎黥。同居、典、伍弗告，乡啬夫☑　●廷甲　●十三[4]（岳麓简1604/203＋1598/204＋1157/205 所收秦令）
>
> ●自今以来，有殴詈其父母者，辄捕以律论，典智（知）弗告，䙴（迁）。乡部啬夫智（知）弗捕论，赀二甲㊁废；弗智（知），典及父母、伍人赀各二甲，乡部啬夫及令、丞、尉赀各一甲，㊂，免乡部啬夫。[5]（岳麓简 0178/191＋0188/192 所收秦令）

---

① 参见籾山明：《中国古代訴訟制度の研究》，京都大学学术出版会 2006 年版，第63—64 页。

② 陈伟主编：《秦简牍合集（壹・上）》，武汉大学出版社 2014 年版，第 233 页。有关此处所引简文中的“环”字，学者们曾提出“三宥”“三审终审”“三次劝返”“反复调查”等诸说，具体参见中国政法大学中国法制史基础史料研读会：《睡虎地秦简法律文书集释（八）：〈法律答问〉61～110 简》，载中国政法大学法律古籍整理研究所编：《中国古代法律文献研究》（第十三辑），社会科学文献出版社 2019 年版，第 57—58 页。综合而言，朱红林对“三次劝返”说的详述似略胜。参见朱红林：《张家山汉简〈二年律令〉研究》，黑龙江人民出版社 2008 年版，第 80—95 页。

③ 陈伟主编：《秦简牍合集（壹・上）》，武汉大学出版社 2014 年版，第 235 页。

④ 陈松长主编：《岳麓书院藏秦简（伍）》，上海辞书出版社 2017 年版，第 135—136 页。

⑤ 陈松长主编：《岳麓书院藏秦简（陆）》，上海辞书出版社 2020 年版，第 148 页。

由此看来，为了维护孝道等家庭伦理，秦法明确表达了以公权力介入家庭内部事务的意向。不过，有关这一点，本章下一节还会有所阐述，此处暂时止步。在确认告诉成立之后，如前引《封诊式·亡自出》中的“乡某爰书”及《二年律令·具律》中的“乡官谨听，书其告，上县道官”所示，乡官会制作记载告诉之辞的官文书并将其发送给县廷，或许同时还会限制涉案人员的人身自由。[①] 如此，“狱治”的启动环节就完成了。

2.“封守”、调查与逮捕。在确认“行告”者的告诉之辞或乡官发来的官文书后，倘若被告在本县，县廷可能会发出要求乡里“封守”即查封其资产、看守其家人的“爰书”[②]，如本章第一节已提到的睡简《封诊式·封守》所云，“乡某爰书：以某县丞某书，封有鞫者某里士五（伍）甲家室、妻、子、臣妾、衣器、畜产”。与此同时，县廷还会发出所谓“征书”，要求当事人主动到县廷或要求乡官遣送此人到县廷接受讯问，如岳麓简 1392/230＋1427/231 所收《具律》条文记载：

> 有狱论，征书到其人存所县官，吏已告而弗会及吏留弗告、告弗遣，二日到五日，赀各一盾；过五日到十日，赀一甲；过十日到廿日，赀二甲；后有盈十日，辄驾（加）赀一甲。[③]

当然，县廷也可能会派员奔赴案发地，如证据较为充分，则直接逮捕被告，睡简《封诊式·盗自告》所载“某里公士甲自告曰……即令〖令〗史某往执丙”[④] 云云即为其示例；若证据不足，则采取先调查情况、再决定下一步行

① 在这一点上，正如宫宅洁所指出的，虽说县衙是处理狱讼的中心机构，但乡亭作为“派出机构”也成为了“狱治”的一环。参见［日］宫宅洁：《秦汉时期的审判制度》，徐世虹译，载杨一凡总主编、［日］寺田浩明编主编、［日］籾山明卷主编：《中国法制史考证 丙编第一卷》，中国社会科学出版社 2003 年版，第 292—296 页。

② 有关“爰书”，多有学者将其限定为诉讼领域所使用的文书，但经籾山明详细考证，此界定恐过于狭窄，“爰书”实为主管官吏所制作的对特定事项予以公证的文书。对解释“爰书”之诸说的评述及“爰书”之定义，参见籾山明：《中国古代訴訟制度の研究》，京都大学学术出版会 2006 年版，第 166—169、211—223 页。

③ 陈松长主编：《岳麓书院藏秦简（肆）》，上海辞书出版社 2015 年版，第 144 页。

④ 陈伟主编：《秦简牍合集（壹·上）》，武汉大学出版社 2014 年版，第 291—292 页。

动的处理方式，《封诊式》频频提到的“令令史某诊”① 或为此“狱治”环节的概括，而一旦案情相对清晰且不利于被告，其人自然也会被逮捕。当然，如下情形无疑也是存在的：被告在县廷征召、调查之前或之后逃亡，又或者现居于它县。对此，县廷将发布以传讯或逮捕此人到案为内容的“逻书”②。在“封守”、调查、逮捕完成后，被告应会与这一环节中形成的各类文书一起到达县廷，县廷问案遂正式开始。

3.“鞫狱”（或“鞫讯”）与判决。所谓“县廷问案的正式开始”其实也就是“鞫狱”或“鞫讯”的开始。以往，学界多认为，“鞫”乃县廷审讯结束之后的“狱治”环节。③ 不过，以近年来的研究观之，“鞫”实为由讯问、诘问、诊问、验等各个环节构成的“狱治”程序的整体性称谓，而在其进行过程中不用说存在着如《封诊式·有鞫》所载，④ 需要它县官府协助调查被告之姓名、身份、籍贯、是否犯有前科等信息的情形，也会有如前引岳麓简

---

① 如，《封诊式》的《告臣》《贼死》《经死》《穴盗》《出子》等诸篇皆有此记载，此处不再具引。

② 宫宅洁与高震寰皆从“逻”与“逮”通用出发，并区分“逻”的适用情形之别而将“逻书”定义为“传讯状”或“通缉文书”“逮捕文书”。不过，高震寰也指出，“逻”的对象也可能包括证物。参见［日］宫宅洁：《秦汉时期的审判制度》，载杨一凡总主编、［日］寺田浩明编主编、［日］籾山明卷主编：《中国法制史考证 丙编第一卷》，中国社会科学出版社 2003 年版，第 296—300 页；高震寰：《试论秦汉的“逻（逮）”、“逮捕”制度》，载《“中研院”历史语言研究所集刊》第九十一本第三分，2020 年，第 421—429 页。与宫宅说、高说有所不同，孟峰认为，“逻”训为“及”，并无逮捕之义，但可引申为“传召”；正是因为秦的审判程序包括传召这一环节，所以需要向涉案人员发出传召文书，此即“逻书”。刘自稳对“逻书”的解释似乎也持与孟峰说相似的思路，但又认为“逻书”的核心功能在于“申请遣送”。参见孟峰：《试说秦汉简牍中的逻与逻书》，载《宁夏大学学报（人文社会科学版）》2019 年第 2 期，第 126—129 页；刘自稳：《逻书新论——基于湖南益阳兔子山遗址 J7⑥：6 木牍的考察》，载《文物》2021 年第 6 期，第 90—92 页。综合诸说，或可认为，“逻”的本义恐怕难以直接被释为“逮”，但从其语义的引申及在“狱治”中的应用来看，将“逻书”理解为“传讯状”“逮捕文书”应无大误。

③ 南玉泉在《中国法制通史（第二卷）》中指出，“案件审讯后，作出判决，并‘读鞫’”，似将“鞫”置于审讯之后。张建国、宫宅洁、程政举更明言，“鞫”为“讯”、诊问或“案验”结束后的“狱治”环节。参见张晋藩总主编、徐世虹卷主编：《中国法制通史（第二卷 战国秦汉）》，法律出版社 1999 年版，第 181 页；张建国：《帝制时代的中国法》，法律出版社 1999 年版，第 311 页；［日］宫宅洁：《秦汉时期的审判制度》，载杨一凡总主编、［日］寺田浩明编主编、［日］籾山明卷主编：《中国法制史考证 丙编第一卷》，中国社会科学出版社 2003 年版，第 311—312 页；程政举：《汉代诉讼程序考》，载《法学评论》2013 年第 2 期，第 120—121 页。

④ 参见陈伟主编：《秦简牍合集（壹·上）》，武汉大学出版社 2014 年版，第 286 页。

1392/230＋1427/231 所示，以文书征召涉案人员到县廷接受审问的情况。官吏们将一应环节形成的以“它如……”“毋解”“它如辞”等词汇作结的各类文书加以汇总，就做成了作为“鞫狱”之最终成果的“鞫书”，其目的在于明示案件事实以为判决之根据。[①] 在官吏“读鞫”（即宣读“鞫书”）以便向被告再次确认案件事实之后，县廷如认为可以据事实准确适用律令文，则会做出判决，此即“论”；如对适用律令文存疑，则以“吏当”“吏议”“或曰”之类的词汇提示有关判决的不同意见[②]并由县廷官吏向上峰“谳”即请求上峰裁决，[③] 而“报”即为指称上峰给出裁决意见之行为的法律术语[④]。在判决确

① 有关“鞫”的程序意义及文书意义的详尽解说，参见闫晓君：《秦汉法律研究》，法律出版社 2012 年版，第 84—88 页；[日] 籾山明：《简牍文书学与法制史——以里耶秦简为例》，载柳立言主编：《史料与法史学》，“中研院”历史语言研究所 2016 年版，第 66 页；徐世虹：《秦汉“鞫”文书谫识——以湖南益阳兔子山、长沙五一广场出土木牍为中心》，载武汉大学简帛研究中心主办：《简帛》（第十七辑），上海古籍出版社 2018 年版，第 270—276 页；于洪涛：《秦汉法律简牍中的“鞫”研究——兼论秦汉刑事诉讼中的相关问题》，载邬文玲、戴卫红主编：《简帛研究》（2018 春夏卷），广西师范大学出版社 2018 年版，第 113—129 页。另外，陶安认为，“鞫”与一般的讯问、诘问等有别，前者为县令丞主导的审理程序，后者则是狱吏主导的与预审相似的行为。[德] 陶安：《岳麓秦简〈为狱等状四种〉释文注释》，上海古籍出版社 2021 年版，第 74—75 页，［注释］“［三九］”。此论又将“鞫”与讯问等区别开来，但不得不说，在陶安所提及的《二年律令》简 102、里耶简 8－1743＋8－2015 等史料中似乎看不出明显的县令丞主导审理的意味。

② 闫晓君认为，“论”“当”皆指根据事实确定刑罚的“狱治”环节；程政举则指出，“论”的目的是定罪，“当”才是量刑行为。参见闫晓君：《秦汉法律研究》，法律出版社 2012 年版，第 88—91 页；程政举：《汉代诉讼程序考》，载《法学评论》2013 年第 2 期，第 121—122 页。不过，万荣在详考《汉书·刑法志》及张家山汉简等史料后已提出修正意见，颇值参考。参见万荣：《秦与汉初刑事诉讼程序中的判决：“论”、“当”、“报”》，载武汉大学简帛研究中心主办：《简帛》（第十一辑），上海古籍出版社 2015 年版，第 152 页。

③ 宫宅洁将县令、丞据令史等审讯之结果做出裁决的过程概括为“下僚起案，上官裁决”的“狱吏主导型”程序。此概括较为准确地揭示了县廷“狱治”的流程，值得注意。参见［日］宫宅洁：《秦汉时期的审判制度》，载杨一凡总主编、［日］寺田浩明编主编、［日］籾山明卷主编：《中国法制史考证 丙编第一卷》，中国社会科学出版社 2003 年版，第 316—319 页。

④ 张建国主张，“报”通常是指下级机关向上级机关奏报案件判决或疑狱的行为，但宫宅洁等皆认为，“报”乃上级机关向下级机关回复判决意见的行为。参见张建国：《帝制时代的中国法》，法律出版社 1999 年版，第 312—314 页；［日］宫宅洁：《秦汉时期的审判制度》，载杨一凡总主编、［日］寺田浩明编主编、［日］籾山明卷主编：《中国法制史考证 丙编第一卷》，中国社会科学出版社 2003 年版，第 314 页；程政举：《汉代诉讼程序考》，载《法学评论》2013 年第 2 期，第 122 页；朱潇：《岳麓书院藏秦简〈为狱等状四种〉与秦代法制研究》，中国政法大学出版社 2016 年版，第 185—188 页。综合来看，张建国说似不妥。

定并向被告及其家属宣读之后，县的“狱治”程序就基本结束了。不过，这当然不是说县的判决不可能被更改。事实上，秦汉律是允许被告及其家属对不当判决请求救济的，此即“乞鞫”，但这已非本县主导的政务处理行为，此处暂时不做过多展开。①

以上即为对秦县之“狱治”程序的简要介绍；观论述之前后，可以看出，所谓“狱治”与现代法学所说的刑事诉讼较为贴近。那么，秦县官府又是如何对待与现代法学所说的民事案件类似的纠纷呢？长期以来，法史学界都依据《周礼·秋官·大司寇》“郑注”所云“讼，谓以财货相告者……狱，谓相告以罪名者”一语认为，古代中国自西周时代开始就已存在“狱”“讼”或者说现代法学所强调的刑事诉讼、民事诉讼之别，② 这对秦而言果真适用吗？对此，首先应当看到的是，如南玉泉对载有“讼”字的西周青铜器铭文的考证已指出的，在西周时代，“狱”“讼”并非区分刑事、民事诉讼的专用语词，所谓“狱”“讼”之别乃郑玄据汉制比附周制的结果。③ 进一步的问题是，在汉代，诉讼程序上的明显的“狱”“讼”之别是否真的存在。张建国在考察居延新简所载《候粟君所责寇恩事》时指出：

> 从本案来看，民事诉讼的程序与刑事案件有所不同……处理民事案件的方式是，当出现争议时，一方告诉到官府，官府并不像刑事案件那样，把被告拘捕，而是先移送原告的起诉文书到被告所在地，然后让被告自己提供证辞，为其作自证笔录的可以是非司法机关的乡官。而且从

① 以往由于史料有限，学界虽将“乞鞫”理解为当事人及其家属因认为判决不当而请求救济的行为，但于其细节则不甚了解。近年来，杨振红、南玉泉等的研究进一步揭示了秦汉时代的“乞鞫”之制的具体内容：当事人及其家属可以两次提出“乞鞫”，但皆以判决被宣读之后的一年内为限；第一次“乞鞫”可在判决生效之前或之后为之，第二次“乞鞫”则以判决已被执行为前提；等等。参见杨振红：《秦汉“乞鞫”制度补遗》，载复旦大学出土文献与古文字研究中心编：《出土文献与古文字研究》（第六辑），上海古籍出版社 2015 年版，第 499—509 页；南玉泉：《从封建到帝国的礼法嬗变：先秦两汉法律史论集》，中国政法大学出版社 2020 年版，第 208—218 页。

② 对相关学说的总结，参见南玉泉：《从封建到帝国的礼法嬗变：先秦两汉法律史论集》，中国政法大学出版社 2020 年版，第 49—51 页。

③ 参见南玉泉：《从封建到帝国的礼法嬗变：先秦两汉法律史论集》，中国政法大学出版社 2020 年版，第 51—55 页。

县廷退回第一次都乡上报的文书的情况来看，县廷还是希望给当事人以改变证辞的机会，并非一味地单纯依赖可能要严厉得多的法庭审判。①

但是，正如籾山明在分析《驹罢劳病死》及《候粟君所责寇恩事》两份册书之后所说的，在汉代，一方面，轻微争讼会在乡里通过“谕解”或“训告”解决，官府则回避审理；另一方面，一旦争讼纳入官府审理的轨道，狱吏的讯问、以刑罚为处理结果等“狱治”的核心要素是随时都会出现的，因此，史籍在记载纠纷及其解决时的用字之别即“狱”“讼”并不等同于制度设计上的严格的民事、刑事诉讼二分。② 籾山明之论可谓抓住了问题的关键。也就是说，在中国古代，县官府代表君主统治庶民，其各项政务的顺利展开必须以政治秩序的稳定为前提，所以，官府对各类纠纷是否主动、积极介入其实就是以纠纷本身是否构成对政治秩序的挑战为判断标准的。各种刑案无疑是对政治秩序的不同程度的破坏，官府自然要慎重对待，“狱治”的复杂性无非基于此。而所谓“民事”纠纷一般来说不构成对政治秩序的威胁，因此，官府往往不予受理或采取与刑案处理程序有别的方式来寻求解决；但是，倘若“民事”纠纷不断激化，也有可能引发刑案，所谓“有别的方式”就只能是刑案处理程序的简化而非根本改变且保留着随时向“狱治”转变的可能。在这个意义上，过度放大中国古代“刑事”“民事”程序之别显然是有一定的风险的。若以此为前提思考秦县官府如何处理所谓“民事”纠纷，私见以为，尽管目前尚缺乏大量可供分析的秦的“民事”诉讼史料，但一则，史料缺乏本身似乎又暗示，秦时，很多“民事”纠纷是在官府未强势介入的情况下就通过里中的典、老之类人物的调处而被化解了，故未被记录在从秦县小吏之墓中出土的简册上；二则，今日所能见到的有限的史料已揭示，当时确实存在

① 张建国：《帝制时代的中国法》，法律出版社 1999 年版，第 335 页。除了张建国之外，徐世虹也曾从受理、提出、验问、判决、执行等五个方面详述汉代的民事诉讼程序，颇值参考。参见徐世虹：《汉代民事诉讼程序考述》，载《政法论坛》2001 年第 6 期，第 124—129 页。

② 参见籾山明：《中国古代訴訟制度の研究》，京都大学学术出版会 2006 年版，第 125—161 页。

着矛盾激化以至于非官府介入则难以消弭的“民事”纠纷，而官府大概是通过与“狱治”类似的程序来处理它们的，如睡简《封诊式·争牛》所记载的：

爰书：某里公士甲、士五（伍）乙诣牛一，黑牝曼縻（縻）有角，告曰：“此甲、乙牛殹（也），而亡，各识，共诣来争之。”即令令史某齿牛，牛六岁矣。[①]

亦即，对争财竞产之事，县廷也会像刑案发生时一样派遣令史等官吏奔赴乡里调查案件的具体情况。概言之，对崇尚法治的秦国而言，“狱治”的规范化毋宁说是非常自然的，各类案件在应然层面也均可通过狱讼处理程序的展开而获得解决，这显然是在制度上为县的社会秩序的维持提供了另一重保障。

（二）“狱留”

正因为狱讼处理对县的社会秩序之维持颇为重要，所以，秦法要求县的官吏们严格把握各“狱治”环节的时限。如，前引岳麓简1392/230＋1427/231所收《具律》条文就规定了官吏在收到“征书”后对涉案人员或相关机构的告知时限以及遣送涉案人员之时限；又如，岳麓简1419/232＋1425/233＋1304/234＋1353/235＋1312/236所载《狱校律》曰：

●狱校律曰：略妻及奴骚悍，斩为城旦，当输者，谨将之，勿庸（用）传□；到输所乃传之。畱（迁）者、畱（迁）者包及诸罪当输□及会狱治它县官而当传者，县官皆言狱断及行年日月及会狱治者行年日月其畱（迁）、输【所】、会狱治诣所县官属所执法，即亟遣。为质日，署行日，日行六十里。留弗亟遣过五日及留弗传过二日到十日，赀县令以下主者各二甲；其后弗遣复过五日，弗传过二日到十日，辄驾（加）赀

① 陈伟主编：《秦简牍合集（壹·上）》，武汉大学出版社2014年版，第296页。

二甲；留过二月，夺爵一级，毋（无）爵者，以卒戍江东、江南四岁。①

律文规定了被“斩为城旦”的“略妻及奴骚悍”、“罨（迁）者、罨（迁）者包”、“诸罪当输【巴蜀】”者及当赴它县参与“狱治”者的遣送问题，“即亟遣。为质日，署行日，日行六十里”云云及其后的各种惩罚无非也是要保证作为诉讼程序之一环的判决执行能按时完成。②

但是，这并不意味着秦县的政务实践能切实保证“狱治”的各环节均较高效、顺利地进行。岳麓简 1125/059＋0968/060＋0964/061＋（0081＋0932）/062 所收《内史郡二千石官共令》曰：

●制诏御史：闻狱多留或至数岁不决，令无罪者久毄（系）而有罪者久留，甚不善。其举留狱上之。御史请：至计，令执法上冣（最）者，各牒书上其余狱不决者，一牒署不决岁月日及毄（系）者人数为冣（最），偕上御史。御史奏之。其执法不将计而郡守丞将计者，亦上之。制曰：

---

① 陈松长主编：《岳麓书院藏秦简（肆）》，上海辞书出版社 2015 年版，第 145—146 页。需要指出的是，陈伟已对岳麓简 1419/232＋1425/233＋1304/234＋1353/235＋1312/236 的释文及句读有所调整，此处在引用简文时就参考了陈伟说，但对其中的一个主要论点持保留意见，即将“勿庸（用）传□。到输所乃传之”释为“勿庸（用）传〈傅〉箭〈踊〉，到输所乃传〈傅〉之”。此说是以雷海龙对“勿庸（用）传□。到输所乃传之”的释读即“勿庸（用）传〈傅〉，箭〈踊〉。到输所乃传〈傅〉之”（“落叶扫秋风”［雷海龙网名］：《〈岳麓书院藏秦简［肆］初读〉第 39 层帖》，载简帛网 http://www.bsm.org.cn/bbs/read.php?tid＝3331&fpage＝2&page＝4，发布时间为 2016 年 3 月 27 日）为基础作进一步推论的结果，认为“勿庸……乃传〈傅〉之”的意思是“不用给‘略妻及奴骚悍，斩为城旦，当输者’戴假肢，到达‘输所’之后才给他们戴假肢”。参见陈伟：《秦简牍校读及所见制度考察》，武汉大学出版社 2017 年版，第 187—188 页。然而，观“为质日”之前的律文整体，其中似乎包含着并列的两层含义，即“略妻及奴骚悍，斩为城旦，当输者”“毋庸传”和“罨（迁）者、罨（迁）者包及诸罪当输□及会狱治它县官”者“当传”，而在“当传”部分就明示了“县官皆言”亦即“传”的内容（“狱断及行年日月”“会狱治者行年日月”），因此，所谓“当传”之“传”很明显是与文书传达之类的信息有关的，“毋庸传”“到输所乃传之”中的“传”或许也以如此理解为是，简文的相应位置的“傅”字或为“传”字之混写。

② 有关秦律令对“狱治”环节之时限的规定，李婧嵘已有详论，颇值参考。参见李婧嵘：《秦汉简牍所见诉讼期限研究》，载邬文玲、戴卫红主编：《简帛研究》（2019 春夏卷），广西师范大学出版社 2019 年版，第 192—196 页。

可。●卅六 ■廷内史郡二千石官共令 ●第己 ●今辛①

以大庭脩所概括的秦汉令的发布方式论,② 上引令文显然是通过君主下达命令、臣下予以奏请并获得君主首肯的程序形成的，而君主之所以会要求御史统计“留狱”即“狱治”淹滞状况，应当是因为在各地的上奏中频频见到与之有关的论述，所谓“闻狱多留或至数岁不决”当指此。事实上，里耶简8-133的记载确能证明上引令文的划线部分所记之弊政并非空穴来风：

> 廿七年八月甲戌朔壬辰，酉阳县狱狱史启敢□▨启治所狱留须，敢言之。●封迁陵丞▨（8-133正）③

或许正是因为各地执法、郡守丞统计并上报的“狱留”情况颇为严重，又或许是要在执法、郡守丞统计“狱留”情况的同时未雨绸缪，秦朝廷接二连三地颁布令以规划“狱留”的缓解之法：

> A. ●罪人久毄（系）留不决，大费殹（也）。●诸执法、县官所治而当上奏当者：●其罪当耐以下，皆令先决论之，而上其奏夬（决）。●其都吏及诸它吏所自受诏治而当先决论者，各令其治所县官以法决论之，

① 陈松长主编：《岳麓书院藏秦简（伍）》，上海辞书出版社2017年版，第58—59页。

② 大庭脩总结了汉代皇帝发布命令的三种方式：第一，皇帝依据自身意志而单方面发出命令，此为最重要的命令，采取制书的形式；第二，官吏在授权范围内为履行自己的职责而建言献策，其建议被皇帝认可后，作为皇帝的命令予以颁布；第三，皇帝出于自身意志下达命令，但命令对象是部分特定的官僚，这些官僚需要对此作出回答。从内容上看，一种是皇帝就政策向官僚征询意见，在采纳了某种意见后，或再度下令，或直接以此意见为命令，其结果可归为第一种或第二种形式。另一种就是虽以政策大纲或皇帝意志为目标指向，但实现这一目标的具体立法则委托给官吏，其结果即为由第一种形式和第二种形式合并而成的第三种形式。参见大庭脩：《秦汉法制史の研究》，创文社1982年，第208—212页。

③ 陈伟主编：《里耶秦简牍校释（第一卷）》，武汉大学出版社2012年版，第70页。另外，温俊萍还曾搜集其他秦及汉初简牍对秦地方官府的“留狱”情况的记载，或可参考。参见温俊萍：《岳麓秦简与秦代社会控制研究》，湖南大学2019年博士学位论文，第76页。

乃以其奏夬（决）闻。●其已前上奏当而未报者，亦以其当决论之。●其奏决有物故，却而当论者，以后却当更论之。 ●十六（岳麓简1034/078+1007/079+1006/080+0999/081所收秦令）①

B. □□不当及留不留，当出者亟出之，唯毋多留黔首□狱为毄（系）□□之□□☑（岳麓简1944/079所收秦令）②

据前文对“狱治”程序之“‘鞫狱’与判决”环节的介绍，令文A划线部分提到的“奏当”应当是指执法、县官府就法律适用的存疑之处呈请上峰指示的行为。此举固然有助于降低判决失误的可能性，但若“奏当”过多，自会导致上峰无法对所有“奏当”均及时回复，“狱留”也就难以避免。有鉴于此，令文A所提及的“狱留”缓解之法就是要减少“奏当”：除了令文发布前的“奏决”因某种理由而被“却”即退回，故须重新论罪（“更论之”）之外，令文发布前尚未判决的应处“耐以下”之刑的案件、令文发布前已“奏当”且尚未收到上峰之回复即“报”的案件皆不必考虑“奏当”环节而“决论之”。从令文B来看，由于秦的“狱治”程序之设计较为周密，每一环节又须尽量追求结果的准确性，③ 因此，若某案件颇为复杂或多个案件堆积，则超期办案似为顺理成章之事，自然容易引发因涉案人员“久系留不决”所导致的“大费”亦即人力物力的过度消耗，④ 所谓“狱留”缓解之法也就无外乎引文划线部分所说的提高办案效率，缩短对涉案黔首的羁押时间了。毋庸赘言，“狱留”的成因必定是复杂的，如，吏治不佳以至于办案故意拖延就有可能是

① 陈松长主编：《岳麓书院藏秦简（伍）》，上海辞书出版社2017年版，第65—66页。
② 陈松长主编：《岳麓书院藏秦简（陆）》，上海辞书出版社2020年版，第74页。
③ 以“鞫狱”时的讯问、诘问为例，睡简《封诊式·讯狱》就记载：“凡讯狱，必先尽听其言而书之，各展其辞，虽智（知）其訑，勿庸辄诘。其辞已尽书而毋（无）解，乃以诘者诘之。诘之有（又）尽听书其解辞，有（又）视它毋（无）解者以复诘之。诘之极而数訑，更言不服，其律当治（笞）谅（掠）者，乃治（笞）谅（掠）。治（笞）谅（掠）之必书曰：爰书：以某数更言，毋（无）解辞，治（笞）讯某。”陈伟主编：《秦简牍合集（壹·上）》，武汉大学出版社2014年版，第284页。这显然阐发了一种极其谨慎、内敛的审问态度，其重要目的当然就是为了防止官吏讯问草率、滥用“箠楚”而导致冤狱。
④ 参见马力：《岳麓书院藏秦简（伍）举留狱上计诏初读》，载邬文玲、戴卫红主编：《简帛研究》（2019春夏卷），广西师范大学出版社2019年版，第117—118页。

其中之一；[①] 又如，王符在《潜夫论·爱日》中提及东汉时期的诉讼爆炸现象，[②] 籾山明、夫马进则都注意到此时乡亭可受理诉讼给民众带来的诉讼上的便利与诉讼爆炸之间的关联性，[③] 但前文已述，此种诉讼之便利在秦时就已存在，所以，大概也无法否定这种便利所带来的诉讼多发造成“狱留”之可能。不过，综合令文 A/B 的规定，可以看出，秦统治者或许已注意到前述各种原因，但另外又将“狱留”归咎于“狱治”程序之若干环节的运转不畅。事实上，所谓“运转不畅”实为秦对“以法为教”的极度推崇贯彻到“狱治”之中所生成的必然现象。换言之，免“奏当”、快速办案云云或有利于“狱留”案件之减少，但由此导致的判决不当、草率结案等又很可能构成对秦的严整“狱治”程序、法治主义乃至社会秩序的破坏，此诚可谓“兴一利则必生一弊”之辩证法的实例了。

尽管如此，对“狱留”的关注并积极寻求解决之道本身表明秦统治者确实极为在意“狱治”程序能否持续正常运转。究其原因，无非就在于“狱治”程序的高效实施意味着各类纠纷被及时解决，编户民生活其间的乡里社会之秩序的稳定性得到了一定程度的保证，而这正是县的各项政务得以顺利推行的前提。当然，乡里的稳定生活环境的维持不可能仅依赖捕盗、扼制黔首逃亡、“狱治”等来塑造，移风易俗以使编户民的日常生活融入官府所认可的文化秩序同样不容忽视。在这方面，秦统治者又期望县官府如何作为呢？

① 有关这一点，拙文已有所涉及。参见拙文：《简牍所见秦县少吏研究》，载《中国法学》2017 年第 4 期，第 201—202 页。

②《潜夫论·爱日》云：“万官挠民，令长自衒，百姓废农桑而趋府庭者，非朝晡不得通，非意气不得见，讼不讼辄连月日，举室释作，以相瞻视。辞人之家，辄请邻里应对送饷……今自三府以下，至于县道乡亭，及从事、督邮有典之司，民废农桑而守之辞讼告诉及以官事应对吏者，一人之日废十万人。人复下计之，一人有事，二人获饷，是为日三十万人离其业也。以中农率之，则是岁三百万口受其饥也。”

③ 参见夫马进：《中国訴訟社会史概論》，载夫马进主编：《中国訴訟社会史の研究》，京都大学学术出版会 2011 年版，第 41 页；籾山明：《後漢後半期の訴訟と社会——長沙東牌樓出土一〇〇一號木牘を中心に》，载夫马进主编：《中国訴訟社会史の研究》，京都大学学术出版会 2011 年版，第 145—146 页。

第四节　规范伦常与管理祠祀

虽然秦的平民如同今人一样具有多重身份，但其日常生活也主要是在家以及里社之类的聚落中展开的，因此，从社会秩序之建构的彻底性以及以此为背景而实现的政治统治对民间的渗入出发，所谓“移风易俗”的主要任务就在于如何引导家庭伦理和里社的文化习惯。以下就主要从这两个方面展开考察。

一、家庭伦常与家内秩序

有关秦的家内秩序，汉人多有论述，如贾谊在《新书·时变》中提到：

> 商君违礼义，弃伦理，并心于进取，行之二岁，秦俗日败。秦人有子，家富子壮则出分，家贫子壮则出赘。假父耰锄杖篲，耳虑有德色矣；母取瓢椀箕帚，虑立讯语。抱哺其子，与公并踞；妇姑不相说，则反唇而睨。其慈子嗜利而轻简父母也，虑非有伦理也，其不同禽兽仅焉耳。

一幅“父不父、子不子”的画面可谓跃然纸上，须为之负责者则为法家巨子商鞅及其为政举措。而司马谈所著《论六家之要旨》又概括法家之学曰：

> 法家不别亲疏，不殊贵贱，一断于法，则亲亲尊尊之恩绝矣。可以行一时之计，而不可长用也，故曰“严而少恩”。若尊主卑臣，明分职不得相逾越，虽百家弗能改也。①

既然秦崇奉“不别亲疏，不殊贵贱”以至于“亲亲尊尊之恩绝”的法家之学，那么，《新书·时变》所描述的家庭乱象的出现就可谓顺理成章。应当指出，此种对法家学说、秦政及秦社会实况的评价长期影响着学者们看待秦史的态

---

①《史记·太史公自序》。

度以至于秦法、秦政与伦常无涉或不重视礼治精神成为了一种通说。①

然而，载有众多法律文献的睡简的出土对通说带来了冲击；简文提到的对“不孝”的严惩、对“非公室告”与“公室告”的区分、对有爵者的刑罚优待等在在表明，秦法并不排斥伦常、等级。故，有学者又指出，秦律也受到了儒家思想的影响，儒法两家在秦时就已表现出合流之趋势。② 此说在一定程度上深化了学界有关秦法与伦常、等级之关系的认识，睡简公布之后出土的秦及汉初简牍确实也展示了秦律令及与秦律令存在继承关系的汉初律令对家庭秩序之建构的介入：

表 2－11

行号	律　　文	出　处
①	妻悍而夫殴笞之，非以兵刃也，虽伤之，毋罪。	张家山汉简《二年律令·贼律》
②	妻殴夫，耐为隶妾。	
③	子贼杀伤父母，奴婢贼杀伤主、主父母妻子，皆枭其首市。	
④	子牧杀父母，殴詈泰父母、父母、叚（假）大母、主母、后母，及父母告子不孝，皆弃市。其子有罪当城旦舂、鬼薪白粲以上，及为人奴婢者，父母告不孝，勿听。年七十以上告子不孝，必三环之。三环之各不同日而尚告，乃听之。教人不孝，黥为城旦舂。	
⑤	父母殴笞子及奴婢，子及奴婢以殴笞辜死，令赎死。	
⑥	妇贼伤、殴詈夫之泰父母、父母、主母、后母，皆弃市。	
⑦	殴兄姊及亲父母之同产，耐为隶臣妾。其奊訽詈之，赎黥。	

① 如，瞿同祖就认为，秦汉律乃深受法家学说之影响、对亲疏贵贱不予区别对待的同一性行为规范；又如，余英时直言，秦“以吏为师”是以政治秩序代替文化秩序，因此，如父慈子孝之类的基本价值观往往被置之不理。参见瞿同祖：《瞿同祖法学论著集》，中国政法大学出版社 1998 年版，第 361—362 页；余英时：《士与中国文化》，上海人民出版社 2003 年版，第 149—150 页。

② 参见崔永东：《金文简帛中的刑法思想》，清华大学出版社 2000 年版，第 44—58 页；刘海年：《战国秦代法制管窥》，法律出版社 2006 年版，第 344—348 页。

续 表

行号	律 文	出 处
⑧	殴父偏妻父母、男子同产之妻、泰父母之同产，及夫父母之同产、夫之同产，若殴妻之父母，皆赎耐。其奊訽詈之，罚金四两。	张家山汉简《二年律令·贼律》
⑨	子杀伤、殴詈、投（牧）杀父母，父母告子不孝，及奴婢杀伤、殴、投（牧）杀主、主子父母及告杀，其奴婢及子亡已命而自出者，不得为自出。	岳麓简 1980/013＋2086/014《亡律》
备注	(1) ①—⑧所列张家山汉简《二年律令·贼律》条文均出自彭浩、陈伟、［日］工藤元男主编：《二年律令与奏谳书：张家山二四七号汉墓出土法律文献释读》，上海古籍出版社 2007 年版，第 103—107 页。 (2) ⑨所列律文出自陈松长主编：《岳麓书院藏秦简（肆）》，上海辞书出版社 2015 年版，第 43 页；另外，引文句读及文字通假据中国人民大学法学院法律史料研读班之意见所有调整。参见中国人民大学法学院法律史料研读班：《岳麓书院藏秦律令简集注（一）》，载邬文玲、戴卫红主编：《简帛研究》（2021 春夏卷），广西师范大学出版社 2021 年版，第 186 页。	

然而，问题的关键在于，秦法重视家庭伦常的原因是否一定能被归结为儒家思想之影响。事实上，如文化人类学者或法律人类学者已指出的，即便在史前时代，人类社会的存续也或多或少地有赖于家庭伦理和等级分层，① 至文明时代则更是如此。所以，若说务实的法家诸子会忽略伦常和等级来思考政治秩序的重构，那终究是难以想象的，如《韩非子·忠孝》就说：

> 臣事君，子事父，妻事夫，三者顺则天下治，三者逆则天下乱。此天下之常道也，明王贤臣而弗易也。

这无异于法家学者对伦常、等级之重视的标志性宣言。由此观之，将秦法中的维护家庭伦常的规定直接与儒家思想挂钩显然是不妥的。不过，在先秦时

① 参见［英］西蒙·罗伯茨：《秩序与争议——法律人类学导论》，沈伟、张铮译，上海交通大学出版社 2012 年版，第 16—28 页；［美］埃尔曼·塞维斯：《国家与文明的起源：文化演进的过程》，龚辛、郭璐莎、陈力子译，上海古籍出版社 2019 年版，第 290—297 页。

代，儒法两家之间的差异确实又是存在的，那么，究竟怎样理解两家之间的学说竞争呢？在这一点上，杨振红的主张颇值注意：

> 礼与法律是中国古代国家用以构建和维护国家、社会、家庭秩序的两个相辅相成、不可或缺的手段。它们本身并非对立的概念和关系，对立的只是先秦时期儒法两家的社会主张而已。儒家主张礼治，法家主张法治。虽然儒法两家的政治理想和达成理想的方法不同，但都旨在建立一个贵贱、尊卑、亲疏、长幼有序的等级社会。因此，李悝、商鞅所创制的法律，其主要特征也“表现在家族主义和阶级概念上”，是一部“因贵贱、尊卑、长幼、亲疏而异其施”的法律。中国法律之儒家化说的前提——“秦、汉的法律是法家所制定的，其中并无儒家思想的成份在内”，是对秦汉律特质以及中国历史上儒家、法家思想的误读。①

也就是说，先秦时代的儒法两家在社会、政治秩序之建构的目标上并无二致，只是各自所持的达成目标的方法有所不同。既如此，更进一步的问题就是，推崇“以法为教，以吏为师”的秦是以何种手段来引导编户民的家庭秩序往朝廷所认可的方向靠拢？

首先，以一夫一妇为主要成员的核心家庭的建立应当得到县官府的认可，否则，就不受官府保护，如书于岳麓简 1099/188＋1087/189 之上的令文即规定：

> ●十三年三月辛丑以来，取（娶）妇嫁女必叁辨券。不券而讼，乃勿听，如廷律。前此令不券讼者，治之如内史律。●谨布令，令黔首明

① 杨振红：《从出土秦汉律看中国古代的“礼”、“法”观念及其法律体现——中国古代法律之儒家化说商兑》，载《中国史研究》2010 年第 4 期，第 106 页。另外，于儒法之争及“法律儒家化”之说，李若晖也有较为详细的评述，或可参考。参见李若晖：《久旷大仪——汉代儒学政制研究》，商务印书馆 2018 年版，第 254—258 页。

智（知）。 ●廷卒□[①]

而在核心家庭内部，正如表2－11中的律文对如何处罚亲属相犯之行为的规定所暗示的，卑亲属的地位自然不如尊亲属，作为尊亲属的母（“妻”）的地位又不如同作为尊亲属的父（“夫”），因此，秦统治者所认可的家庭秩序无疑是以家父为顶点的。即便家父已去世，官府仍须以父系血脉为标准来判断亲属的范围以及家产归属。岳麓简1025/001＋1107/002＋1108/003＋1023/004＋1024/005＋1027/006＋1026/007＋0916/008所收令文曰：

① ●廿六年十二月戊寅以来，禁毋敢谓母之后夫叚（假）父，不同父者毋敢相仁（认）为兄、姊、弟，犯令者耐隶臣妾；而毋得相为夫妻，相为夫妻及相与奸者，皆黥为城旦舂。② 有子者，毋得以其前夫、前夫子之财嫁及入姨夫及予后夫、后夫子及予所与奸者；犯令及受者，皆与盗同法。母更嫁，子敢以其财予母之后夫、后夫子者，弃市；其受者，与盗同法。前令予及以嫁入姨夫而今有见存者环（还）之，及相与同居共作务钱财者亟相与会计分异相去；令到盈六月而弗环（还）及不分异相去者，皆与盗同法。虽不身相予而以它巧譔（诈）相予者，以相受予论之。③ 有后夫者不得告罪其前夫子。能捕耐罪一人购钱二千，完城旦舂罪一人购钱三千，刑城旦舂以上之罪一人购钱四千。④ 女子寡，有子及毋子而欲毋稼（嫁）者，许之。谨布令，令黔首尽▨【智（知）之。毋】巨（歫）罪。有□□除，毋用此令者，黥为城旦。 ●二[②]

对上引令文，若予以细分，大致可看出两层含义。第一，据④，秦时，丧夫之女子守寡或改嫁应该都是为法律所认可的。第二，一旦改嫁，就会引发三个方面的问题。（A）睡简《法律答问》载，“‘父盗子，不为盗。’●今叚

① 陈松长主编：《岳麓书院藏秦简（伍）》，上海辞书出版社2017年版，第130—131页。

② 陈松长主编：《岳麓书院藏秦简（伍）》，上海辞书出版社2017年版，第39—41页。

(假）父盗叚（假）子，可（何）论？当为盗”。[①] 这表明，在睡简的时代，前夫之子与其母的后夫[②]之间尚可成立父子关系，但法律对此种父子关系与血缘父子是有严格区分的。上引令文之①部分显然是对这种思路的进一步推进，直接否定了所谓的“假父”“假子”关系，更以“耐隶臣妾”之刑否定了同母异父的兄弟姐妹关系，以较“耐隶臣妾”更重的“黥为城旦舂”之刑禁止同母异父的男女为婚及发生性行为，其目的不用说就是为了严格维护父系血脉的纯粹性。(B) 据②，若有子之寡妻改嫁，则无论是寡妻，还是子，皆不得将已故之家父的财产转让给“姨夫”(或指寡妻所招之“赘婿”[③])、寡妻之后夫、寡妻与后夫所生之子等。令文如此规定的意图就在于防止父系家产流失于外姓；正因为此，同样是转让财产的行为，由于子乃已故家父之血脉的直接继承者，其处罚（“弃市”）自然重于寡妻的“与盗同法”。(C) 据③，寡妻不得因其与亡夫之婚姻关系结束而告发其与亡夫所生之子的罪行，且法律将根据寡妻所告之罪给予捕获寡妻者不同程度的悬赏。令文所云或试图通过鼓励他人抓捕告发亲子之罪的寡妻来扼制寡妻因进入又一段婚姻而断决自已与其“前夫子”的母子关系，但未必不能被视为对已故之家父的血脉的一重保护。由此看来，家庭在秦人的视界中乃以父系血脉为基准展开的人际关系的载体，秦法推崇家父在家庭内部的权威也就是极为自然之事了。

大概正是基于这种对家庭的理解，秦法极力维护孝道。一方面，如前文在介绍“狱治”程序时已指出的，对“子盗父母”“父母擅杀、刑、髡其子”的案件，父母、子或家中其他成员“行告”，县官府是不予受理的。但是，若父母状告子女“不孝”，则官府非但要受理，而且“不当环，亟执勿失”。另外，岳麓简 1179/208＋1694/209 所载令文曰：

① 陈伟主编：《秦简牍合集（壹·上）》，武汉大学出版社 2014 年版，第 202 页。

② 张以静指出，秦统一以前，时人习惯以“叚（假）父”指称母之后夫，因此，《法律答问》所说的“叚（假）父”亦当被理解为母之后夫。参见张以静：《秦汉“叚父”称谓及“不同父者”间的关系试探》，载邬文玲、戴卫红主编：《简帛研究》(2019 春夏卷)，广西师范大学出版社 2019 年版，第 124—125 页。

③ 有关“姨夫”之所指，参见王博凯：《〈岳麓书院藏秦简（伍）〉研究二题》，载李学勤主编：《出土文献》(第十五辑)，中西书局 2019 年版，第 264—267 页。

黔首有子而更取（娶）妻，其子非不孝殹（也），以其后妻故，告杀、署（迁）其子。有如此者，尽传其所以告▨吏自佐以上，毋敢罚黔首。不从令者赀二甲，免。　十七①

可见，若黔首以娶“后妻”之故而欲“告杀、罨（迁）”其与前妻所生之子，县的官吏是可以对其予以处罚的，只不过如“尽传其所以告▨吏自佐以上，毋敢罚黔首”一句所示，似须等待上峰之回复；然而，从划线部分来看，若黔首所告之内容为其子“不孝”，似乎又另当别论。这无疑也反映了秦法对“不孝”行为所持的严厉否定态度。当然，也应当看到，尽管秦法肯定父母之于子女的绝对权威，但仍要求父母通过“告”来实现他们对“不孝”之子女的惩戒；换言之，对家庭伦理的强化是以公权力的认可为前提的。另一方面，所谓“不孝”乃是子女冒犯父母的诸多行为的组合体；② 对这些行为，即便父母不告，官府也会主动追究。岳麓简 1686/196＋1621/197＋1620/198 所收令文曰：

律曰：黔首不田作，市贩出入不时，不听父母笱若与父母言，父母、典、伍弗忍告，令乡啬夫数谦（廉）问，捕毄（系）【献廷】。其罪当完城旦以上，其父母、典、伍弗先告，赀其父若母二甲，典、伍各一甲。乡啬夫弗得，赀一甲，令、丞一盾。有【犯律者】辄以律论及其当坐者，乡啬夫弗得，以律论及其令、丞，有（又）免乡啬夫。　●廷甲　十一③

有关令文的划线部分，如整理小组所释，“笱”通“诟”，乃谩骂之意，而

① 陈松长主编：《岳麓书院藏秦简（伍）》，上海辞书出版社 2017 年版，第 137 页。引文句读据陶磊说略有调整，参见陶磊：《读〈岳麓书院藏秦简（伍）〉札记》，载简帛网 http://www.bsm.org.cn/?qinjian/7916.html，发布时间：2018 年 7 月 1 日。

② 有关秦汉时期的“不孝”罪的内含，参见徐世虹：《秦汉简牍中的不孝罪诉讼》，载《华东政法大学学报》2006 年第 3 期，第 128 页。

③ 陈松长主编：《岳麓书院藏秦简（伍）》，上海辞书出版社 2017 年版，第 133—134 页。

“言”则指怨言。[1] 由此观之，令文所引律文强调，倘若子女不听父母之指责或对父母有怨言，而父母不忍告发，那么，乡啬夫就应主动调查，并将“不孝”之子女押送到县廷。更值得一提的是，如县廷认为被押送者“当完城旦以上”，父母、典、伍均受赀罚。这无异于把父母惩戒子女“不孝”的权利转变成了父母、典、伍的共同义务，而前文在介绍“狱治”程序时曾引用的书于岳麓简1604/203＋1598/204＋1157/205及0178/191＋0188/192上的两条令文的规定也揭示了类似的信息：

> 【自】[今]以来，殴泰父母，弃市；奊訽詈之，黥为城旦舂……同居、典、伍弗告，乡啬夫☐
>
> ●自今以来，有殴詈其父母者，辄捕以律论，典智（知）弗告，䙴（迁）。乡部啬夫智（知）弗捕论，赀二甲[而]废；弗智（知），典及父母、伍人赀各二甲……

除了以刑罚手段迫使父母、典、伍等揭发“不孝”子女之外，秦统治者还对黔首的孝悌之举予以表彰：

> ●黔首或事父母孝，事兄姊忠敬，亲弟（悌）兹（慈）爱，居邑里长老衛（率）黔首为善，有如此者，牒书☐（缺简）□别之，衛（率）之千户毋过上一人。上之必谨以实，当上弗上，不当上而上□□☐[2]
>
> 【岳麓简1165/199＋（1189＋C4－1－9）所收秦令】

于此，我们可以明显地体会到秦统治者对家庭伦常的重视，而且也能清晰地看出推崇法家精神的秦政在构建家庭秩序的方法上与先秦儒家所说的为政思路确有极大差异，亦即，前者期望以严厉的法律手段或者说刑赏“二柄”来

① 参见陈松长主编：《岳麓书院藏秦简（伍）》，上海辞书出版社2017年版，第158页，“注释”［一百四十一］［一百四十二］。

② 陈松长主编：《岳麓书院藏秦简（伍）》，上海辞书出版社2017年版，第134页。

提升平民的道德水准，[①] 后者则强调伦理秩序的形成最终有赖于“道之以德，齐之以礼”[②] 或者说德教的力量。

当然，秦编户民不仅是家庭的成员，更是里的成员，因此，官府若欲将他们的伦常观念和言行完全纳入自身所期待的文化秩序中，就不能只思考庶民在家中当如何，更须关注他们作为里之一员的生活状态应怎样。毋庸赘言，里民的生活是由劳作、日常交往、包括祭社和腊祭等在内的祠祀等构成的，[③] 前文所列岳麓简中的令文提到的“黔首不田作，市贩出入不时……”“居邑里长老衛（率）黔首为善”云云就体现了秦统治者以律令建设里民之生活状态的意图。另外，由于祠祀具有聚合里中庶民之精神世界的作用且可被视为各地风俗的重要代表，因此，对志在实现从言行到观念之全面一统的秦而言，管理祠祀必定会成为各级官府均须慎重对待的政务。那么，县官府在其中的角色又如何呢？

二、祠祀管理与精神统一

秦的祠祀包括国家祭祀和民间祭祀，二者内部又各有复杂成分。以前者为例，正如学者们已指出的，由于秦的祭祀传统实行多神崇拜，在统一过程中又不断融入东方因素，因此，所谓国家祭祀还可细分为“王室祠”与“公祠”两个系统，较为重要的“王室祠”有四帝、陈宝、宗庙、伏祠、腊祠、

---

① 应当指出，如齐继伟所总结的，秦曾在民间设“三老”以“掌教化”，始皇帝出于表彰巴寡妇清为贞妇之目的而为其筑女怀清台等史实皆表明，秦并非完全不重视教化。参见齐继伟：《简牍所见秦代“为不善”罪——兼述秦代法律与伦常秩序》，载《史学月刊》2022 年第 1 期，第 29—30 页。但是，正如先秦儒家也重视法律对民众之言行的约束，但最终仍信任德教为型塑社会秩序的根本性力量一样，秦政对德教的重视终究无改于其对“以法为教”的极度推崇。

②《论语·为政》。

③ 杨宽、张金光、池田雄一等对中国古代村社之共同生活均有所介绍。尤其是张金光的论述，不仅详细且以秦里民的共同生活为专题，而且提炼出了“官社经济体制”这一概念以总括秦的社会政治经济组织体系，颇值关注。参见池田雄一：《中国古代の聚落と地方行政》，汲古书院 2002 年版，第 414—429 页；张金光：《秦制研究》，上海古籍出版社 2004 年版，第 356—390 页；杨宽：《古史新探》，上海人民出版社 2016 年版，第 131—135 页。

五祀等，而“公祠”则指祠先农、祠窨、祠隄等。[①] 可以想见，对县官府来说，并非国家祭祀的所有项目都必须在本地操办，而从现有文献的记载来看，县官府所管理的主要包括如下几种祭祀。

1. 特定神祇之祭祀。岳麓简 0624/321 所收令文曰：

> 如下邽庙者辄坏，更为庙便地洁清所，弗更而祠焉，皆弃市。各谨明告县道令、丞及吏主[②]

可见，下邽县承担着维修庙宇并祭祀亦即“更而祠”之责，而且，从“弃市”这一量刑幅度来看，下邽县的祭祀之责似乎并不轻。那么，“下邽庙”供奉什么呢?《史记·封禅书》云：“而雍有日、月、参、辰、南北斗、荧惑、太白、岁星、填星、[辰星]、二十八宿、风伯、雨师、四海、九臣、十四臣、诸布、诸严、诸逑之属，百有余庙。西亦有数十祠。于湖有周天子祠。于下邽有天神。”据此，或可认为，“下邽庙”的祭祀对象是天神。[③] 此外，如目黑杏子已指出的，简文起首的“如下邽庙者”数字之前应当还有其他内容，否则，简文文义恐难以理解；进一步论，“下邽庙”当为某一类庙的代表。[④] 这样看来，秦选定若干县承担特定神祇的祭祀之责应当是很有可能的。

2. 宗庙之祭祀。岳麓简 0055（2）-3/325 提到，“●泰上皇祠庙在县道

---

① 参见彭浩：《睡虎地秦简“王室祠”与〈齎律〉考辨》，载武汉大学简帛研究中心主办：《简帛》（第一辑），上海古籍出版社 2006 年版，第 240—243 页；田天：《秦汉国家祭祀史稿》，三联书店 2015 年版，第 59—68、82—89 页；史党社：《秦祭祀研究》，西北大学出版社 2021 年版，第 1—12 页。

② 陈松长主编：《岳麓书院藏秦简（肆）》，上海辞书出版社 2015 年版，第 201 页。

③ 范云飞似认为，“下邽庙”是指秦在下邽县设立的宗庙，但目黑杏子对范说已有所辨正，或可参考。参见范云飞：《岳麓秦简“内史郡二千石官共令第己”释证》，武汉大学简帛研究中心主办：《简帛》（第十九辑），上海古籍出版社 2019 年版，第 141 页；目黑杏子：《秦代県下の“廟”——里耶秦簡と嶽麓書院藏秦簡“秦律令”にみえる諸廟の考察》，载高村武幸编：《周縁領域からみた秦漢帝国》，六一书房 2017 年版，第 31 页。

④ 参见目黑杏子：《秦代県下の“廟”——里耶秦簡と嶽麓書院藏秦簡“秦律令”にみえる諸廟の考察》，载高村武幸编：《周縁領域からみた秦漢帝国》，六一书房 2017 年版，第 30 页。

者……☐”，[①] 这表明秦曾在各县道设立“泰上皇祠庙”，其目的无疑就在于通过各县道祭祀“泰上皇”来宣扬“天下一家”的政治理念以巩固秦对其全域的统治。正因为此，秦统治者以令文强调地方官吏的“行庙”亦即“巡视”“循行”宗庙[②]之责：

A. 更五日一行庙，令史旬一行，令若丞月行庙□□□☐（岳麓简J47/322所收令文）

B. 令都吏有事县道者循行之，毋过月归（?），当缮治者辄缮治之，不□□者□□□□有不□□[③]（岳麓简0327/326所收令文）

有关令文A中的“更”，目黑杏子将其释为“交替”，[④] 但令文显然是在罗列各类群体“行庙”的频率，所以，或应像范云飞所理解的那样，此字实指与“令史”“令若丞”并列的某类人（如服徭役者）。[⑤] 也即是说，据令文A，县中的“更”者、令史、县令或县丞的“行庙”频率分别是五日一次、十日一次、每月一次。里耶简又记载：

廿六年六月壬子，迁陵□、【丞】敦狐为令史更行庙诏：令史行☐失期。行庙者必谨视中□各自署庙所质日。行先道旁曹始，以坐次相属。（8－138正＋8－174正＋8－522正＋8－523正）

---

① 陈松长主编：《岳麓书院藏秦简（肆）》，上海辞书出版社2015年版，第202页。

② 有关“行庙”之含义，参见范云飞：《岳麓秦简“内史郡二千石官共令第己”释证》，武汉大学简帛研究中心主办：《简帛》（第十九辑），上海古籍出版社2019年版，第135页。

③ 陈松长主编：《岳麓书院藏秦简（肆）》，上海辞书出版社2015年版，第201、203页。需要说明，有关令文B，整理小组的原释文为“令部吏有事县道者循行之”，现据陈伟说略作调整。参见陈伟：《岳麓秦简肆商校（三）》，载简帛网 http://www.bsm.org.cn/?qinjian/6664.html，发布时间：2016年3月29日。

④ 参见目黑杏子：《秦代県下の“廟”——里耶秦簡と嶽麓書院藏秦簡“秦律令”にみえる諸廟の考察》，载高村武幸编：《周縁领域からみた秦漢帝国》，六一书房2017年版，第30页。

⑤ 参见范云飞：《从出土秦简看秦汉的地方庙制：关于“行庙”的再思考》，载简帛网 http://www.bsm.org.cn/?qinjian/6698.html，发布时间：2016年5月3日。

十一月己未，令史庆行庙。十一月己巳，令史慶行庙。十二月戊辰，令史阳行庙。十二月己丑，令史夫行庙。□□□□令史韦行。端月丁未，令史慶行庙。□□□□，令史庆行庙。□月癸酉，令史犯行庙。二月壬午，令史行行庙。二月壬辰，令史莫邪行庙。二月壬寅，令史釦行庙。四月丙申，史戎夫行庙。五月丙午，史釦行庙。五月丙辰，令史上行庙。五月乙丑，令史□□□。六月癸巳，令史除行庙。（8-138背+8-174背+8-522背+8-523背）①

四枚木牍正面所说的“令史行▨失期”云云当是迁陵县令、丞告诫令史们按照“质日”明示的“行庙”时间依次“行庙”，而四枚木牍背面的文字就是令史们的“行庙”记录。从鲁家亮、目黑杏子的统计来看，除了秦始皇二十七年（公元前220年）三月的“行庙”记录有缺之外，其他月份的“行庙”基本上都是以前后两次间隔约十天的频率进行的，② 这表明令文A的规定在很大程度上是得到执行的。而据令文B，秦统治者似乎唯恐县中人员不按固定频率“行庙”，故又要求到县道出差的郡吏（“都吏有事县道者”）顺便巡视宗庙的维护情况。一旦县中人员及都吏发现宗庙需修缮或扩建，县官府往往会命令徒隶“作庙”，里耶简所收“作徒簿”多有此类记载（如里耶简8-145、8-681等③）。概言之，简牍文献频频提及“行庙”“作庙”乃秦县官府承担着宗庙管理之责以及秦统治者期望通过县道祠祀活动强化统治之意图的真实反映。

3. 祠“先农”“窨”“隄”等。此类祠祀以农神、灶神及堤防神等为对象，④ 与平民之日常生活的关联性更为直接和密切，所以，县官府重视此类

① 陈伟主编：《里耶秦简牍校释（第一卷）》，武汉大学出版社2012年版，第78页。

② 参见鲁家亮：《里耶秦简“令史行庙”文书再探》，载杨振红、邬文玲主编：《简帛研究》（2014），广西师范大学出版社2014年版，第45—47页；目黑杏子：《秦代県下の“廟”——里耶秦簡と嶽麓書院藏秦簡“秦律令”にみえる諸廟の考察》，载高村武幸编：《周縁領域からみた秦漢帝国》，六一书房2017年版，第27—28页。

③ 参见陈伟主编：《里耶秦简牍校释（第一卷）》，武汉大学出版社2012年版，第85、202页。

④ 有关“先农”“窨”“堤”所指之神祇，张春龙、彭浩、史志龙、魏永康、尹在硕等都有所解释，似以尹在硕之说较为全面。参见张春龙：《里耶秦简祠先农、祠 （转下页）

祭祀活动自然有代表君主为本县之平民祈求神明带来福祉之意。为便于分析，以下先就里耶简记载较多的迁陵县官府祠先农、祠窨的情况稍作展示：

表 2－12

祠祀种类	简　文	出　处
祠先农	卅二年三月丁丑朔丙申，仓是、佐狗出牂一以祠☐（14－286）	张春龙文
	卅二年三月丁丑朔丙申，仓是、佐狗出黍米四斗以祠先农。（14－656＋15－434）	
	卅二年三月丁丑朔丙申，仓是、佐狗杂出祠先农余彻羊头一、足四，卖于城旦赫所，取钱四☐（14－300＋14－764）	
	卅二年三月丁丑朔丙申，仓是、佐狗出祠［先］农余肉汁二斗，卖于城旦□所☐（14－654）	
	卅二年三月丁丑朔丙申，仓是、佐狗出祠［先］农余彻酒一斗半斗卖于城旦冣所，取钱一。衛之一斗半斗一钱。令史尚视平，狗手。（14－650＋14－652）	
	卅二年三月丁丑朔丙申，仓是、佐狗出祠［先］农余彻豚肉一斗半斗卖于城旦赫所，取钱四。令史尚视平，狗手。（14－649＋14－679）	
祠窨	卅五年六月戊午朔己巳，库建、佐般出卖祠窨余彻酒二斗八升于□☐衛（率）之，斗二钱。　令史歡监。☐（8－907＋8－923＋8－1422）	《校释（第一卷）》
	卅五年六月戊午朔己巳，库建、佐般出卖祠窨□☐令史歡监。☐（8－993）	

（接上页）窨和祠隄校券》，载武汉大学简帛研究中心主办：《简帛》（第二辑），上海古籍出版社 2007 年版，第 395—396 页；彭浩：《读里耶“祠先农”简》，载中国文物研究所编：《出土文献研究》（第八辑），上海古籍出版社 2007 年版，第 20 页；史志龙：《秦“祠先农”简再探》，载武汉大学简帛研究中心主办：《简帛》（第五辑），上海古籍出版社 2010 年版，第 85—86 页；魏永康：《报本开新：战国秦汉时期的先农信仰研究》，载《民俗研究》2014 年第 2 期，第 107—109 页；［韩］尹在硕：《里耶秦简所见秦代县廷祭祀活动》，载杜常顺、杨振红主编：《汉晋时期国家与社会论集》，广西师范大学出版社 2016 年版，第 102 页。

续 表

祠祀种类	简　　文	出　处
祠窨	廿五年六月戊午朔己巳，库建、佐般出卖祠窨□□□一胸于隶臣徐，所取钱一。　令史歠监。　般手。(8－1002＋8－1091)	《校释（第一卷）》
	廿五年六月戊午朔己巳，库建、佐般出卖祠窨余彻脯一朐于□□□，所取钱一。　令史歠监。　般手。(8－1055＋8－1579)	
备注	张春龙文、《校释（第一卷）》分别指张春龙所著《里耶秦简祠先农、祠窨和祠隄校券》（载武汉大学简帛研究中心主办：《简帛》[第二辑]，上海古籍出版社 2007 年版，第 393—396 页）、陈伟主编《里耶秦简牍校释（第一卷）》（武汉大学出版社 2012 年版）。	

观上表，祠先农、祠窨分别是在一年的三月、六月举行的，其祭品各由仓、库负责筹措，县廷则派令史监督仓、库对祭品的管理；正是在此过程中，上引券书被制作并保管[①]。值得注意的是，迁陵县官府对祭品的处理方式。彭浩、史志龙、田旭东皆主张，参与祭祀的贵族、官吏和平民大概都能分得一部分祭品（所谓“分胙”），而城旦之类的刑徒则无权分得祭品，只能出钱购买之以求获得神明的护佑；沈刚则认为，里耶简 15－490 所载祠先农券书还提到“卅二年三月丁丑朔丙申，仓是、佐狗出祠先农余彻肉二斗，卖于大〼”[②]，但检索秦简牍，几乎未见以“大……”称呼刑徒的记载，因此，券书所说的“大〼”或指“大男”“大女”之类的平民，售卖祭品当与身份无关。[③] 应当

① 对祠先农、祠窨券书之形成过程的简要概括，参见［韩］尹在硕：《里耶秦简所见秦代县廷祭祀活动》，载杜常顺、杨振红主编：《汉晋时期国家与社会论集》，广西师范大学出版社 2016 年版，第 102 页。

② 张春龙：《里耶秦简祠先农、祠窨和祠隄校券》，载武汉大学简帛研究中心主办：《简帛》（第二辑），上海古籍出版社 2007 年版，第 394 页。

③ 参见彭浩：《读里耶“祠先农”简》，载中国文物研究所编：《出土文献研究》（第八辑），上海古籍出版社 2007 年版，第 22 页；史志龙：《秦“祠先农”简再探》，载武汉大学简帛研究中心主办：《简帛》（第五辑），上海古籍出版社 2010 年版，第 83—84 页；田旭东：《秦简中的“祠五祀”与“祠先农”》，载文化遗产研究与保护技术教育部重点实验室、西北大学丝绸之路文化遗产保护与考古学研究中心、边疆考古与中国文化认同协同创新中心、西北大学唐仲英文化遗产研究与保护技术实验室编：《西部考古》（第 12 辑），科学出版社 2017 年版，第 222 页；沈刚：《秦简所见地方行政制度研究》，中国社会科学出版社 2021 年版，第 403—405 页。

指出，沈刚的观察颇为敏锐，但或有略显绝对之嫌。一则，从《国语·周语上》及《诗经》的《七月》《楚茨》《大田》等诸篇的记载①来看，聚落共同体的成员在祭祀完成后分享祭品乃古已有之的传统，其目的当是展示聚落领袖人物为聚落成员祈福之意；倘若秦县祠先农、祠窨之祭品仅用于出售，那又如何显示官府为民祈福之意呢？二则，更值得注意的是，祠先农、祠窨券书皆以"余……"明示，官府出售之祭品乃剩余之物，那么，在此之前，官府已对祭品有所处理是可以肯定的，而此种先行处理很可能就是"分胙"，因此，"卖于大〼""卖于城旦"或许亦可理解为因"分胙"而剩余的祭品将被无差别地出售给平民、刑徒。综合这两方面考虑，似可认为彭浩等的观点略胜；换言之，尽管出售祭品以收取钱财是对牛羊肉等难以保存之官有物的理智处理方式，也符合秦法对待此类物品的一贯态度，② 但"分胙"显然是祭品的首要流向，其作为祠先农、祠窨仪式的狂欢环节充分体现了朝廷通过祭祀来凝聚民力、收拢民心的意图。

当然，秦县官府所管理的祠祀当不限于上述几种，睡简《法律答问》所收的法律条文"公祠未闑，盗其具，当赀以下耐为隶臣"③ 似乎就能说明县官府需要管理被统称为"公祠"的多种祠祀。另外，县官府在国家祭祀上的贡献也不限于直接操办祠祀活动。如，岳麓简所收令文曰：

---

①《国语·周语上》："毕，宰夫陈飨，膳宰监之。膳夫赞王，王歆大牢，班尝之，庶人终食"；《诗经·豳风·七月》："朋酒斯飨，曰杀羔羊，跻彼公堂。称彼兕觥，万寿无疆"；《诗经·小雅·楚茨》："楚楚者茨，言抽其棘。自昔何为，我艺黍稷。我黍与与，我稷翼翼。我仓既盈，我庾维亿。以为酒食，以享以祀。以妥以侑，以介景福。济济跄跄，絜尔牛羊，以往烝尝。或剥或亨，或肆或将。祝祭于祊，祀事孔明。先祖是皇，神保是飨。孝孙有庆，报以介福，万寿无疆。执爨踖踖，为俎孔硕。或燔或炙，君妇莫莫。为豆孔庶，为宾为客。献酬交错，礼仪卒度，笑语卒获。神保是格，报以介福，万寿攸酢……尔肴既将，莫怨具庆。既醉既饱，小大稽首。神嗜饮食，使君寿考。孔惠孔时，维其尽之。子子孙孙，勿替引之。"《诗经·小雅·大田》："馌彼南亩，田畯至喜。来方禋祀，以其骍黑，与其黍稷。以享以祀，以介景福。"

② 如，睡简《秦律十八种》就载："将牧公马牛……其乘服公马牛亡马者而死县，县诊而杂买（卖）其肉，即入其筋、革、角，及索（索）入其贾钱。钱少律者，令其人备之而告官，官告马牛县出之。"陈伟主编：《秦简牍合集（壹·上）》，武汉大学出版社2014年版，第55页。

③ 陈伟主编：《秦简牍合集（壹·上）》，武汉大学出版社2014年版，第204页。

令曰：县官所给祠，吏、黔首、徒隶给事祠所，斋者，祠未闕（阕）而敢奸，若与其妻、婢并□，皆弃市，其□□（缺简）（岳麓简（1170＋1172）/307 所收秦令）

●诸斋者皆斋官府及寺舍，不从令者，赀二甲。 ●八[①]（岳麓简 2093/128 所收秦令）

可见，为了体现县中祠祀的神圣性，参与祠祀的“吏、黔首、徒隶”是需要到官府及祠所斋戒直至祠祀结束的，而监管之责不用说就归于县官府。又如，岳麓简 2194/084＋2016/085＋2008/086 所载《亡律》条文曰：

<u>虏学炊（吹）栒（枸）邑、坏德、杜阳、阴密、沂阳及在左乐、乐府者</u>，及左乐、乐府讴隶臣妾，免为学子、炊（吹）人，已免而亡，得及自出，盈三月以为隶臣妾；不盈三月，笞五十，籍亡日，后复亡，軵盈三日，亦复以为隶臣妾。皆复炊（吹）讴。[②]

京都大学“秦代出土文字史料研究”班指出，划线部分所列栒（枸）邑、杜阳、阴密三县皆接近秦的旧都雍城，其内部或存有以四畤为首的各种祭祀所需要的设施，所以，“虏”学“吹”即奏乐技术于此三县也就可以理解了。[③]以之为参考，坏德、沂阳既然与栒（枸）邑等三县并列而成为“虏”学“吹”

① 两条令文分别出自陈松长主编：《岳麓书院藏秦简（伍）》，上海辞书出版社 2017 年版，第 200 页；陈松长主编：《岳麓书院藏秦简（陆）》，上海辞书出版社 2020 年版，第 108 页。

② 陈松长主编：《岳麓书院藏秦简（肆）》，上海辞书出版社 2015 年版，第 66—67 页。需要指出，整理小组将 2055/087 简接在 2008/086 简之后，释为“皆复炊（吹）讴于(?)官”。但是，一方面，正如纪婷婷、张驰已指出的，从背划线来看，2008/086 简之后当接 2009/047 简而非 2055/087 简；另一方面，又如京都大学“秦代出土文字史料研究”班所云，2055/087 简上的文字能否释为“于（?）官”似可商榷，所以，此处之引文并未采纳整理小组的编联方案。参见“秦代出土文字史料の研究”班：《嶽麓書院所藏簡〈秦律令（壹）〉譯注稿 その（一）》，载《東方學報》第九十二册，2017 年，第 216 页；纪婷婷、张驰：《〈岳麓肆·亡律〉编联刍议》，载李学勤主编：《出土文献》（第十三辑），中西书局 2018 年版，第 258 页。

③ 参见“秦代出土文字史料の研究”班：《嶽麓書院所藏簡〈秦律令（壹）〉譯注稿 その（一）》，载《東方學報》第九十二册，2017 年，第 216 页。

之地，或许也是因为此二县与秦的国家祭祀有关。总起来说，秦县或直接参与对宗庙中的神主、先农等的祠祀活动，或如上引《亡律》条文所示，为国家祭祀提供辅助，可谓秦通过祠祀强化统治之政略的重要执行者。

不过，正如前文已指出的，秦的祭祀是由国家祭祀和民间祭祀构成的。那么，对民间祭祀，县官府又是怎样管理的呢？一方面，应当看到，秦对一部分古已有之的民间祠祀活动是予以认可的。如，对腊祭即年终大典，《史记·秦本纪》就记载，秦惠文王“十二年，初腊”；始皇帝“三十一年十二月，更名腊曰‘嘉平’。赐黔首里六石米，二羊”①。秦统治者之所以重视腊祭，原因或许可归结为两点。其一，《说文解自·卷四下》云，“腊，冬至后三戌，腊祭百神”。可见，腊祭的重要内容是里民祭祀百神，如前文所说的官府于三月举行的祠先农在民间就是于腊祭之时展开的：

●先农：以腊日，令女子之市买牛胙、市酒。过街，即行捧（拜），言曰：“人皆祠泰父，我独祠先农。”到困下，为一席，东乡（向），三腏，以酒沃，祝曰：“某以壶露、牛胙，为先农除舍。先农笱（苟）令某禾多一邑，先农桓（恒）先泰父食。”②

这样一来，腊祭就具有了明显的为里民祈福的意义。其二，以睡简《封诊式·毒言》之记载为参照：

丙家节（即）有祠，召甲等，甲等不肯来，亦未尝召丙饮。里节（即）有祠，丙与里人及甲等会饮食，皆莫肯与丙共桮（杯）器。甲等及里人弟兄及它人智（知）丙者，皆难与丙饮食。③

---

①《史记·秦始皇本纪》。

② 湖北省荆州市周梁玉桥遗址博物馆编：《关沮秦汉墓简牍》，中华书局2001年版，第132页。

③ 陈伟主编：《秦简牍合集（壹·上）》，武汉大学出版社2014年版，第316页。

腊祭使用过的“牛胙”“市酒”“三腏”等很可能由里民共享。[①] 由此，腊祭成为了聚落成员借宴饮以增进其乡谊的重要机缘，亦可谓农人难得的休息时光，[②] 这对乡里秩序的稳定和来年之农作的展开无疑是有一定的帮助的。当然，无论如何，朝廷所推行的“赐黔首里六石米，二羊”之类的支持腊祭的举动都要靠县官府去落实，县官府承担着代表君主认可民间祠祀活动的责任。

另一方面，秦统治者对民间祠祀活动的限制和打击也是实际存在的，其判断标准则具有强烈的以我为主的倾向。如，《韩非子·外储说右下》载，秦昭襄王时，因王有恙，百姓为其祈祷；待王痊愈，又在“非社腊之时”“杀牛塞祷”。郎中阎遏、公孙衍认为，百姓能在君主生病时为君主祈祷证明昭襄王实得民心，遂向昭襄王拜贺。未曾想到，昭襄王非但无喜乐之意，还“赀其里正与伍老二甲”。事后，阎、公孙二人问起缘由，昭襄王的回答颇值玩味：

> 子何故不知于此。彼民之所以为我用者，非以吾爱之为我用者也，以吾势之为我用者也。吾释势与民相收，若是，吾适不爱，而民因不为我用也，故遂绝爱道也。

在昭襄王看来，君主控驭万民的根源在于“势”亦即权力。君权体现在各个方面，对各类祠祀活动之举行时间的规制即为其中之一。如今，民众在非腊祭之时“杀牛塞祷”实为对君主所认可的祭祀秩序的破坏；君主若对其放任自流，自然会导致“民因不为我用”。此处，我们似可看到秦统治者以其对祠祀时间的自我意识来管控民间祭祀活动的意图。[③] 又如，睡简《法律答问》载：

---

①《史记·陈丞相世家》所载“里中社，平为宰，分肉食甚均”一语亦可证明，里中祠祀活动结束后，参与祠祀者会分享祭品。

② 如，《吕氏春秋·孟冬纪》就提到：“是月也……祠于公社及门闾，飨先祖五祀，劳农夫以休息之。”

③ 金秉骏在考察汉代统治者对祠祀的管理时指出，由于各地风俗有别，会在不同时间举行不同的祭祀，而官府既不可能全部参与，又不能对民间多样化的祭祀活动放任不管，因此，官府就只能以统一时间的方式来管理各地的祭祀活动以免出现祭祀过于混乱的现象。此说对理解《韩非子·外储说右下》所揭示的祭祀时间之明确化与君权之强化的关联性颇有助益，或可参考。参见［韩］金秉骏：《汉代伏日与腊日：节日与地方统治》，载杨振红、邬文玲主编：《简帛研究》（2016春夏卷），广西师范大学出版社2016年版，第319—320页。

> "擅兴奇祠，赀二甲。"可（何）如为"奇"？王室所当祠固有矣，擅有鬼立（位）殹（也），为"奇"，它不为。①

显然，"奇祠"是被禁止的，但何为"奇祠"却取决于是否在"王室祠"的名目之内。也就是说，民众祭祀某种鬼神的合法性只能来源于君权的确认，而非所谓传统、习惯之类的因素。从这一点上，同样可以看出，秦统治者是要将民间祠祀完全纳入公权力之约束的轨道以统一民众的精神世界的。睡简《语书》所载南郡太守腾对其辖下之县道啬夫的训示提到："古者，民各有乡俗，其所利及好恶不同，或不便于民，害于邦。是以圣王作为灋（法）度，以矫端民心，去其邪避（僻），除其恶俗。"② 此语可谓准确表达了秦统治者对移风易俗的理解即伴随着政治权力从中央到县、乡、里的延伸而实现政治秩序对文化秩序的规训，民间祠祀为官方所认可或被官方取缔无疑正是所谓移风易俗的实例。

总而言之，本节考察了秦统治者对家庭伦常与祠祀活动的态度，而此种考察的展开不时透露出如下信息：被称为"虎狼之国"的秦从未对文化秩序建设掉以轻心，且试图将"以法为教，以吏为师"的为政手段运用到对文化秩序的管理中。也就是说，在高度集权的秦政的视野中，规制吏民的行为只是实现统一的一个步骤，天下风俗皆秦化才是统一的完成。由此，我们就能更为深刻地认识琅玡刻石所称颂的始皇帝的功业了："维二十八年，皇帝作始……匡饬异俗，陵水经地……皇帝之明，临察四方。尊卑贵贱，不逾次行……六亲相保，终无寇贼。驩欣奉教，尽知法式。"

小　结

本章据秦县治理之基本事项的展开思考秦的官府与平民之间的政治关系

① 陈伟主编：《秦简牍合集（壹·上）》，武汉大学出版社 2014 年版，第 260 页。
② 陈伟主编：《秦简牍合集（壹·上）》，武汉大学出版社 2014 年版，第 30 页。

究竟如何形成。应当指出，县官府以平民为对象而实施的各种政务在相互之间都是具有某种联系的，很难说何者为始、何者为终，也很难判断何者更为重要。但是，正如《商君书·去强》所强调的，“强国知十三之数：境内仓口之数、壮男壮女之数、老弱之数、官士之数、以言说取食者之数、利民之数、马牛刍稿之数”，掌控人口资源并使民户不断地为国家输出人力、物力无疑是置身于大争之世中的秦一直处于强国地位并最终完成统一大业的关键。为此，一方面，县官府作为君主的代表就极为重视对平民之户籍的编制以及在此基础上进行的按爵位授田之事，否则，令庶民安土重迁就无从实现；另一方面，对民户而言，一定数量的土地是他们从政府处获得的实益，但作为代价，他们又不得不向政府上缴田租、刍稾税、户赋等并进入徭戍大军。这两方面的结合极为清晰地揭示了古代社会中民众的生存需求与官府的政治统治之间的无法分割的联系，也说明“田制、户籍、乡里制度三端，紧密地联系在一起，构成专制主义王朝国家控制乡村的三个支柱”① 这一政治现象的成立确实与秦政卓有关联。当然，正如本章第三、第四节所介绍的，平民生活其间的乡、里之社会秩序的建构仅仅依靠立户、授田是不够的，还须在社会治安之维持、纠纷解决、家庭伦常之确立及祠祀管理等各方面详加规划，进至完成对平民之言行与精神生活的全面控驭。不过，前文已反复强调，上述种种只是驻足于官府与平民之间探讨秦县之政务的基本面貌；事实上，所谓秦县治理的有效展开还须倚赖官府内部的政务信息流转以及官府对刑徒之类的官方劳动力的使用，下一章就将对此类问题稍作探讨。

① 鲁西奇：《“下县的皇权”：中国古代乡里制度及其实质》，载《北京大学学报》2019年第4期，第76页。

第三章

秦县治理之展开的另一向度：政务信息流转与刑徒役使

秦县治理是由无数行政过程构成的整体，在官府与平民之间展开的政务活动自然是其重要成分，但政务信息在官府内部的顺畅流转以及官府对官方劳力的有效使用于县政之完成而言同样不可或缺，本章将对此类问题略作考察。

第一节　官文书与官吏：两种移动的政务信息载体

本书第一章已指出，在上古三代时期，血族聚居之邑乃社会的基本构成单位，所谓"国"也就是一个个的邑。由于这种"邑制国家"[①] 幅员小、人口少，国事又以血族聚居之故而等同于家事，因此，行政往往是以"议事以制"亦即口头讨论的方式进行的，如《诗经·小雅·皇皇者华》所示，"载驰载驱，周爰咨诹""载驰载驱，周爰咨谋"。至春秋时代，随着土地开发、因征伐而并邑的不断推进，列国的疆域和人口较上古"邑制国家"均有大幅度增长，其政事之数量和繁琐程度亦非"邑制国家"可比，传统的"议事以制"自然难以适应新形势。《左传·昭公六年》记载的叔向批评子产"铸刑书"之辞无疑就是对此种政治现实的反映："昔先王议事以制，不为刑辟，惧民之有争心也……民知争端矣，将弃礼而征于书。锥刀之末，将尽争之。乱狱滋丰，贿赂并行，终子之世，郑其败乎！"而子产的回复"若吾子之言，侨不才，不能及子孙，吾以救世也"则表明"议事以制"作为一种行政运转方式而失去其往日的实用性已不可逆转。到战国年代，七雄领土更大、人口更多，行政

① 有关上古中国的国家形态，国内外学者的概括颇为多样，宫崎市定等提出的"都市国家论"及松丸道雄等主张的"邑制国家论"尤其具有代表性。参见松丸道雄：《殷周国家の構造》，载《岩波講座世界歴史 4 東アジア世界の形成 I》，岩波书店 1970 年版，第 55—60 页；宫崎市定：《宫崎市定全集 3》，岩波书店 1991 年版，第 114—127、136—139 页。不过，正如李峰的对各种主要概括的评述所指出的，"邑制国家论""最能反映西周国家的内部组织原则……可能对于解释西周国家具有重要价值"。参见李峰：《西周的政体：中国早期的官僚制度和国家》，吴敏娜、胡晓军、许景昭、侯昱文译，三联书店 2010 年版，第 285—288、295—296 页。

层级增加和政事的高度复杂化从根本上否定了政务运转以口头交流为主导方式的可能；否则，各类官员就必须频繁地离开其工作地，将大量精力耗费在旅途上，这显然是不经济的，也使其工作地的政务因官员经常出差而被耽误。在此情况下，时人必然会越来越重视不以官吏本人的移动为政务信息交流之必要前提的行政运转方式：

> 它以惯常使用的书写语言而制成的文书为媒介，通过在物理上相隔离的双方之间的收发信而使行政上的必要信息具备实践之可能。①

此即“文书行政”。② 而睡简《秦律十八种·内史杂律》曰：

> 有事请殹（也），必以书，毋口请，毋羁（羁）请。　内史杂③

可见，秦律清晰规定上奏、汇报等都必须以书面而非口头为之，亦不得由他人代为传达。这也表明，秦从商鞅变法之后的某一时间点开始就已是文书行政的坚定执行者。④ 至始皇帝时代，“书同文字”之策的推出在很大程度上也是为了保证文书行政在秦帝国的全域能够顺利实施。⑤ 那么，秦县治理又是

① 高村武幸：《文書行政のはじまり》，载籾山明、ロータール・フォン・ファルケンウゼン编：《秦帝国の誕生—古代史研究のクロスロード—》，六一书房 2020 年版，第 70 页。

② 对先秦国家形态之演变如何影响行政运转方式这一问题的详述，参见拙文：《职位、文书与国家——秦官僚制中的史官研究》，载《现代法学》2018 年第 2 期，第 51—54 页。

③ 陈伟主编：《秦简牍合集（壹·上）》，武汉大学出版社 2014 年版，第 146 页。

④ 永田英正也曾据睡简之记载指出，文书行政在秦代已经很发达，但囿于当时的史料情况，又不无遗憾地表示秦的文书行政的详细内容及过程有待后考。参见［日］永田英正：《居延汉简研究》，张学锋译，广西师范大学出版社 2007 年版，第 321 页。

⑤ 有关“书同文字”，以往，今人只能据《史记·秦始皇本纪》的记载了解始皇帝统一六国后曾推出此举措这一史事，至于其详情则不得而知。本书第一章之脚注曾提及的被称为“更名方”的里耶简 8-461 号木牍的出土有力地改变了此种状况，书于木牍之上的诸条文句以“……曰……”“曰……曰……”“毋敢曰……曰……”等形式展现了始皇帝统一各类用语的决心，这与官文书撰写之间的关联性不用说是极为明显的。关于里耶简 8-461 之记载的详情，参见陈伟主编：《里耶秦简牍校释（第一卷）》，武汉大学出版社 2012 年版，第 155—157 页。

怎样通过官文书流转而展开的呢？

一、官文书流转与政务信息沟通

所谓流转不用说是一个过程性概念，内含制作、传送、归档、保管、废弃等各环节。以下将分主要环节来展示秦县行政依托官文书而被推进的大致情况。

（一）官文书的制作

毋庸赘言，官文书流转始于官文书的制作。粗略言之，此环节主要由三个步骤构成。

1. 第一步无疑就是准备书写材料。战国秦汉时代的书写材料较为多样，最主要的自然是简牍。有关简与牍的区别及其刮治过程，陈梦家、大庭脩等均已做过详细介绍，① 但书写材料的此种整备在战国时代的诸雄是否皆由法律来规范呢？对此问题，囿于史料，目前无法给出较为全面的答案，但至少可以肯定，对推崇法治的秦人而言，书写材料的制作是不能在法律的约束之外的。如，在原材料选择方面，睡简《秦律十八种·内史杂律》曰：

> 令县及都官取柳及木楘（柔）可用书者，方之以书；毋（无）方者乃用版。其县山之多荓者，以荓缠书；毋（无）荓者以蒲、蔺以枲萷（𦆠）之。各以其㯉〈获〉时多积之。　司空②

又如，岳麓简 1718/115＋1729/116……1722/118＋1814/119＋1848/120＋1852/121＋1702/122 所收《卒令》条文云：

> A. 用牍者，一牍毋过五行。五行者，牍广一寸九分寸八；四行者，牍广一寸泰半寸；●三行者，牍广一寸半寸……●用疏者，如故。不从

---

① 参见大庭脩：《木簡》，学生社 1979 年版，第 16—26 页；陈梦家：《汉简缀述》，中华书局 1980 年版，第 292—295 页。

② 陈伟主编：《秦简牍合集（壹·上）》，武汉大学出版社 2014 年版，第 120 页。

令及牍广不中过十分寸一，皆赀二甲。

B. 请：自今以来，诸县官上对、请书者，牍厚毋下十分寸一，二行牒厚毋下十五分寸一。厚过程者，毋得各过其厚之半。为程，牍牒各一。不从令者，赀一甲。御史上议：御牍尺二寸，官券牒尺六寸。●制曰：更尺一寸牍牒。 ●卒令丙四①

A 部分显然设定了牍的三种宽度且指出“疏”的规格“如故”；B 部分先提到牍与牒之厚度的最低标准，又以“制曰”规定了牍与牒的长度。由之，牍、疏、牒的尺寸都被明确化。至于秦法何以关注如此细致的问题，很可能是因为诸多官文书在繁简程度及性质上有所不同，一眼即可发现的尺寸差异则能引导从县到中央的各级官府的吏员们在撰写文书时便捷地选定书写材料以免造成书写材料浪费、与文书性质不匹配及文字过密或过疏等各类瑕疵。换言之，在秦法的视界中，准备书写材料不只意味着对竹、木的刮削、磨光、杀青、刻契口等工序，更须时刻考虑如下问题：怎样以书写材料的形制助力未来文书行政的顺利展开。在这一点上，不得不说，冨谷至将简牍概括为“四维书写材料”或“视觉简牍”② 确实是颇为精到的。

2. 在各类书写材料准备妥当后，官文书制作的第二步亦即文书内容的撰写就开始了。在此过程中，政务信息被准确记录是理所当然的书写要求，故秦及汉初的律文都包含对误写文书之官吏予以处罚的规定：

●贼律曰：为券书，少多其实，人户、马、牛以上，羊、犬、彘二以上及诸误而可直（值）者过六百六十钱，皆为大误；误羊、犬、彘及直（值）不盈六百六十以下及为书而误、脱字为小误。小误，赀一盾；大

① 陈松长主编：《岳麓书院藏秦简（伍）》，上海辞书出版社 2017 年版，第 106—108 页。

② 对所谓“四维书写材料”或“视觉简牍”的详细阐发，参见［日］冨谷至：《木简竹简述说的古代中国——书写材料的文化史》，刘恒武译，人民出版社 2007 年版，第 65—66 页；冨谷至：《文書行政の漢帝国　木簡・竹簡の時代》，名古屋大学出版社 2010 年版，第 393—409 页。

误，赀一甲。误，毋（无）所害□□□□殹（也），减罪一等。[1]【岳麓简1244/225+（1246+1395）/226+1364/227《贼律》】

诸上书及有言也而谩，完为城旦舂。其误不审，罚金四两。[2]（张家山汉简《二年律令·贼律》）

☑【□□】□而误多少其实，及误脱字，罚金一两。误，其事可行者，勿论。[3]（张家山汉简《二年律令·贼律》）

不过，包括县在内的各行政层级的官吏们所须遵守的书写规则并不仅限于此。首先，官文书既可根据其所涉政事之别，亦可根据其发件者与收件者之层级关系的差异划分成不同种类，而不同种类的官文书则需要依托书写格式或用语来展现各自的独特性。如，睡简《封诊式》就收入了众多官文书模板，[4] 此处仅举二例：

（封守）乡某爰书：以某县丞某书，封有鞫者某里士五（伍）甲家室、妻、子、臣妾、衣器、畜产。●甲室、人：一宇二内，各有户，内室皆瓦盖，木大具，门桑十木。●妻曰某，亡，不会封。●子大女子某，未有夫。●子小男子某，高六尺五寸。●臣某，妾小女子某。●牡犬一。●几讯典某某、甲伍公士某某："甲党（倘）有当封守而某等脱弗占书，且有辠（罪）。"某等皆言曰："甲封具此，毋（无）它当封者。"即以甲封付某等，与里人更守之，侍令。

（覆）敢告某县主：男子某辞曰："士五（伍），居某县某里，去亡。"可定名事里，所坐论云可（何），可（何）辠（罪）赦，【或（又）】覆

---

① 陈松长主编：《岳麓书院藏秦简（肆）》，上海辞书出版社2015年版，第142—143页。

② 彭浩、陈伟、[日]工藤元男主编：《二年律令与奏谳书：张家山二四七号汉墓出土法律文献释读》，上海古籍出版社2007年版，第95页。

③ 彭浩、陈伟、[日]工藤元男主编：《二年律令与奏谳书：张家山二四七号汉墓出土法律文献释读》，上海古籍出版社2007年版，第97页。

④ 邢义田对《封诊式》所载文书程式也有所探讨，或可参考。参见邢义田：《治国安邦：法制、行政与军事》，中华书局2011年版，第465—466页。

问毋（无）有，几籍亡，亡及逋事各几可（何）日，遣识者当腾腾，皆为报，敢告主。[①]

两种官文书模板各有其名表明它们是与固定的政务相匹配的，不能套用到其他行政流程中。另外，虽然两种模板的用语多有可根据具体情况替换之处，但其整体框架显然是确定的，部分文句应当也是不能随意更改的，如“与里人更守之，侍令”“遣识者当腾腾，皆为报，敢告主”之类；也就是说，遇有“封守”“覆（狱）”之时，官吏应当在坚持文书固定结构及用语的基础上填充政务处理所需要的实际信息。《封诊式》所收入者不过部分类别的官文书的书写模板，而从已公布的秦简牍的记载中还可归纳出与各种政务行为相对应的“逻书”（里耶简 8-133 等）、“謓书”（里耶简 9-2315 等）、“辟书”（里耶简 8-680 等）[②] 等文书类别。对这些文书，尽管目前尚未见到如《封诊式·封守》《覆》那样的关于其书写格式的明确总结，但以里耶简所收官文书中频频出现的“放（仿）式……”（里耶简 8-768、9-1492、9-1857 等）[③] 为据，似可认为，“逻书”等至少应有固定框架或结构。[④] 其之所以如此，一方面自然是为了让书写者时刻提醒自己把与政务处理相关的重要信息写在各类文书的相应位置上，另一方面也是为了方便阅读者迅速捕获文书的有用内容。易言之，在政务繁多以至于文书泛滥的情况下，所谓文书的格式化实际上是降低书写与阅读之时间成本，提高行政信息流转之准确度和速度的必需。

以上所说涉及据政事之别而加以区分的各类官文书的书写格式问题，现在将换个角度即文书的发件者与收件者之层级关系的差异来探讨各类官文书

① 陈伟主编：《秦简牍合集（壹·上）》，武汉大学出版社 2014 年版，第 288、291 页。

② 参见陈伟主编：《里耶秦简牍校释（第一卷）》，武汉大学出版社 2012 年版，第 70、202 页；陈伟主编：《里耶秦简牍校释（第二卷）》，武汉大学出版社 2018 年版，第 470 页。

③ 参见陈伟主编：《里耶秦简牍校释（第一卷）》，武汉大学出版社 2012 年版，第 222 页；陈伟主编：《里耶秦简牍校释（第二卷）》，武汉大学出版社 2018 年版，第 318、372 页。

④ 如，刘自稳就曾在对比里耶简 8-133 与益阳兔子山汉简 J7⑥：6 之记载的基础上总结“逻书”的结构。参见刘自稳：《逻书新论——基于湖南益阳兔子山遗址 J7⑥：6 木牍的考察》，载《文物》2021 年第 6 期，第 88—89 页。

的自我标识方式。在行政流程中，此机构与彼机构之间的层级关系无外乎三种，即下级对上级、上级对下级、平级；与之相适应，官文书亦可分为三种，即上行文书、下行文书、平移文书。以往，国内外众多学者曾据汉简的记载总结汉代各官僚机构间的往来文书的标志性用语，如在上行文书中往往会使用“敢言之”三字，而在下行和平移文书中经常会出现“敢告”“告”“谓”“移”之类的语词，至于究竟以何者为妥则与发件人和收件人之间的地位落差程度有关。① 事实上，随着里耶简等秦简牍所载大量秦代官文书的面世，可以发现，在官府机构间的往来文书的用语上也存在极为明显的“汉承秦制”现象，表 3-1 所示即为例证。②

表 3-1③

文书性质	文书内容	出处
上行文书	卅二年三月丁丑朔朔日，迁陵丞昌敢言之：令曰上葆缮牛车薄（簿），恒会四月朔日泰（太）守府。●问之迁陵毋当令者，敢言之。（8-62 正）	《校释（第一卷）》
	卅年十一月庚申朔丙子，发弩守涓敢言之：廷下御史书曰县□治狱及覆狱者，或一人独讯囚，啬夫长、丞、正、监非能与□□殹，不参不便。书到尉言。●今已到，敢言之。（8-141 正+8-668 正）	

① 参见大庭脩：《木簡》，学生社 1979 年版，第 155—157 页；汪桂海：《汉代官文书制度》，广西教育出版社 1999 年版，第 98—100 页；［日］角谷常子：《中国古代下达文书的书式》，载卜宪群、杨振红主编：《简帛研究》（2007），广西师范大学出版社 2010 年版，第 173、180 页；鹰取祐司：《秦漢官文書の基礎的研究》，汲古书院 2015 年版，第 98—104 页；吴方基：《新出简牍与秦代县级政务运行机制研究》，中华书局 2021 年版，第 167—168 页；等等。

② 有关这一点，汪桂海的总结也颇具参考价值。参见汪桂海：《秦汉简牍探研》，文津出版社 2009 年版，第 12 页。

③ 有关在本表“下行文书”“平移文书”两行中出现的“敢告主”的“主”，学者们提出了各种不同的看法。综合而言，诸说大致可分为两派。一派认为“主”是指负责人，但其内部对所谓“负责人”的具体理解有所不同。如，卜宪群、胡平生、鹰取祐司等主张，“主”乃某事之主管者；刘晓满指出，“主”乃对事务承担主要责任者；青木俊介则强调，“主”乃实际处理文书或业务的郡县长官、次官及郡县各职能机构之主官身边的近侍。另一派认为“主”为文书用语，但其内部同样存在细微的观点差异。如，陈松长、邬文玲、土口史记均主张，“主”为发文者对收文者的称谓，带有尊敬之意；邹水杰则强调，“主”已符号化为一种文书程序用语。与此两派皆有不同，吴（转下页）

续 表

文书性质	文 书 内 容	出 处
下行文书	卅一年后九月庚辰朔辛巳，迁陵丞昌谓仓啬夫：令史言以辛巳视事，以律令假养，袭令史朝走启。定其符。它如律令。(8-1560正)	《校释（第二卷）》
	廿七年十一月戊申朔癸亥，洞庭叚（假）守昌谓迁陵丞：迁陵上坐反适（谪）辠（罪）当均输郡中者六十六人，今皆输迁陵。其听书从事，它如律令。●以新武陵印行事。十二月丁酉，迁陵守丞敦狐告司空主：以律令从事。/夫手。走郤即行。(9-23正)	

(接上页) 方基注意到发文者对收文者称“主”是以秦始皇三十五年为限的，此后则直接称呼官名，故此种称呼的变化与始皇帝统一天下后的“书同文字”政策有关，称“主”者实际上就是指收文者个人或某机构的长官。参见陈松长：《〈湘西里耶秦代简牍选释〉校读（八则）》，载甘肃省文物考古研究所、西北师范大学文学院历史系编：《简牍学研究》(第四辑)，甘肃人民出版社 2004 年版，第 22 页；卜宪群：《秦汉之际乡里吏员杂考——以里耶秦简为中心的探讨》，载《南都学坛》2006 年第 1 期，第 3 页；胡平生：《里耶简所见秦朝行政文书的制作与传送》，载卜宪群、杨振红主编：《简帛研究》(2008)，广西师范大学出版社 2010 年版，第 30—54 页；邹水杰：《秦代简牍文书“敢告某某主”格式考》，载卜宪群、杨振红主编：《简帛研究》(2009)，广西师范大学出版社 2011 年版，第 85—87 页；土口史记：《戦国・秦代の県——県廷と官の関係をめぐって一考察》，载《史林》第九十五卷第一号，2012 年，第 15 页；邬文玲：《“守”、“主”称谓与秦代官文书用语》，载中国文化遗产研究院编：《出土文献研究》(第十二辑)，中西书局 2013 年版，第 163 页；刘晓满：《秦汉官吏称“主”与行政责任》，载《史学月刊》2015 年第 12 期，第 47—49 页；鹰取祐司：《秦漢官文書の基礎的研究》，汲古书院 2015 年版，第 107 页；青木俊介：《里耶秦簡の公文書における“某主”について——岳麓秦簡・興律の規定をてがかり》，载高村武幸、广濑薰雄、渡边英幸编：《周縁領域からみた秦漢帝国 2》，六一书房 2019 年版，第 44—45 页；吴方基：《新出简牍与秦代县级政务运行机制研究》，中华书局 2021 年版，第 112—121 页。目前看来，以最新研究成果即青木说及吴方基说观之，秦代官文书中的“敢告主”之“主”是有其实指的，不应如邹水杰所说的那样纯粹被定位为一种官文书套语。但是，即便如此，其他诸说在阐述“实指”究竟何解时似乎都是既提出了合理的见解，又不乏可商榷之处。以青木说为例，青木氏据以论述其观点的例证之一是“某主”用于太守之间、令丞之间、啬夫之间的平行文书中，但提及“司空主”三字的本表所列 9-23 号木牍记载的官文书恰恰是下行文书。再看吴方基说，吴氏认为，如“丞主”这样的称“主”者是指冠以某官名的收文者个人，如“乡主”之类的称“主”者则指某机构的实际长官。然而，在前者，令人不解的是，发件方既然要在官文书中指明具体的收件人，那么，只要写“丞”就够了，为何还要加上“主”字呢？在后者，并非所有政务皆由各机构的长官亲自办理应是当时官员们的常识，因此，发件方在以“敢告某主”“告某主”之类的词汇来提示文书所示政务之执行者时似乎不太可能将“某主”明确界定为各机构的主官。考虑到现有诸说对一应史料已做出足够多样但又难言完全融贯的解释，这里也只能暂停对秦代官文书中的“主”之含义的探讨，留待今后再分析。

续 表

文书性质	文 书 内 容	出 处
平移文书	八月乙巳朔己未，门浅□丞敢告临沅丞主：腾真书，当腾腾，敢告主。/定手。（8－66 正＋8－208 正）	《校释（第一卷）》
	卅年十月辛卯朔乙未，贰春乡守绰敢告司空主，主令鬼薪轸、小城旦干人为贰春乡捕鸟及羽。羽皆已备，今已以甲午属司空佐田，可定薄（簿）。敢告主。（8－1515 正）	
备注	《校释（第一卷）》是指陈伟主编：《里耶秦简牍校释（第一卷）》，武汉大学出版社 2012 年版；《校释（第二卷）》是指陈伟主编：《里耶秦简牍校释（第二卷）》，武汉大学出版社 2018 年版。	

当然，可用来判断秦官府间的往来文书之性质的标志性语词并不限于表 3－1 所列“敢言之”“告”“谓”“敢告”等。仅以里耶简收入的与迁陵县各级机构有关的众多官文书为例，在上行和平移文书中就经常能见到“谒＋○”的文字组合。如，里耶简 8－136＋8－144 载：

> ☐□月己亥朔辛丑，仓守敬敢言之：令下覆狱遝迁陵隶臣邓☐□□名吏（事）、它坐、遣言。●问之有名吏（事），定，故旬阳隶臣，以约为☐□□史，有遝耐罪以上，毄（系）迁陵未夬（决），毋遣殹。谒报覆狱治所，敢言（8－136 正＋8－144 正）
>
> ☐□□刻刻下六，小史夷吾以来。/朝半。　尚手。（8－136 背＋8－144 背）①

据划线部分，可以看出，仓守敬之所以要发送这份文书，是因为收到了主持覆狱的上官要求迁陵仓官调查涉案人员即隶臣邓某之基本情况的命令。“谒报覆狱治所，敢言”一语自然是说迁陵仓官对上官的命令有所反馈，但正如鹰

① 陈伟主编：《里耶秦简牍校释（第一卷）》，武汉大学出版社 2012 年版，第 76 页。

取祐司已指出的，作为文书用语的“谒”所欲表达的意思并非传达，而是请求，[①] 那么，“谒报”也就含有“请求向对方汇报”之意，下对上的谦谨姿态则通过此二字展现出来。事实上，在里耶简所收官文书中，“谒＋〇”的文字组合还有谒告、谒令、谒遣等，其意无非也就是“请求向对方报告”“请求对方命令……”“请求对方派遣……”等，[②] 它们与“敢言之”之类的词汇一起确立了上行或平移文书的略显退让的语气。与之相对，在下行文书中，既有“以律令从事”“它如律令”“听书从事”等命令下级机构根据法律或上级之指示执行政务的提示语，[③] 也能见到意指上级拒绝下级提起的政务申请或要求下级就政务予以解释、答复的固定词汇。在前者，如第一章第二节曾引用的里耶简 8－135 所载“迁陵守丞敦狐却之……”及 8－157 所载“迁陵丞昌却之启陵……”中的“却”[④] 即为其代表；在后者，如沈刚已指出的，“应令”“应书”可谓其实例。[⑤] 若结合上下文研读这些用语，往往能隐隐约约地感受到上级对下级的斥责、强制语气，如里耶简 8－1564 所示：

> 癄（应）令及书所问且弗癄（应），弗癄（应）而云当坐之状何如？其谨桉（案）致，更上，奏史展薄（簿）留日，毋腾却它（8－1564）[⑥]

前文已指出，官文书模板的确立可以“降低书写与阅读之时间成本，提高行

① 参见鹰取祐司：《秦漢官文書の基礎的研究》，汲古书院 2015 年版，第 182—186 页。
② 有关里耶简所收官文书中的“谒＋〇”的文字组合的含义，沈刚的考证较为详细，颇值参考。参见沈刚：《秦简所见地方行政制度研究》，中国社会科学出版社 2021 年版，第 166—176 页。
③ 参见鹰取祐司：《秦漢官文書の基礎的研究》，汲古书院 2015 年版，第 157—173 页；吴方基：《新出简牍与秦代县级政务运行机制研究》，中华书局 2021 年版，第 112—121 页。另外，鹰取祐司还指出，“以律令从事”和“它如律令”并非含义相同或均无内涵的文书套语，其差异在于二者均提及的“律令”是否有实指。此说对思考官文书之习惯用语的功能颇具启发性，或可关注。
④ 胡平生认为，里耶简 8－135 及 8－157 中的“却”应为“诘”之误释，但邢义田已有所辨正。参见胡平生：《读里耶秦简札记》，载甘肃省文物考古研究所、西北师范大学文学院历史系编：《简牍学研究》（第四辑），甘肃人民出版社 2004 年版，第 7—9 页；邢义田：《治国安邦：法制、行政与军事》，中华书局 2011 年版，第 476 页。
⑤ 参见沈刚：《秦简所见地方行政制度研究》，中国社会科学出版社 2021 年版，第 176—182 页。
⑥ 陈伟主编：《里耶秦简牍校释（第一卷）》，武汉大学出版社 2012 年版，第 361 页。

政信息流转之准确度和速度”，那么，上列“敢言之”“敢告”“谒＋〇”“却”等可被视为“格式化语言”的词汇在官文书中的频频出现究竟有何意义呢？从表面上说，正如前文已多次强调的，这些词汇乃界定文书之性质的标志，但隐藏于其背后的或许是如下考虑：一方面，官吏们对这些词汇的习惯性使用有助于促成权力边界观念在其头脑中的日益明确化，进而推动存在于官僚体制内部的科层意识的强化；另一方面，此类词汇的准确书写将为载有官文书的简牍的编联提供便利，政务流转的整个过程遂被清晰地展示出来，核查行政执行情况、追责等也就有了较为可靠的根据，这对官僚政治的维持显然是颇为重要的。在此意义上，可以认为，“格式化语言”的设定与文书模板之确立一样并不纯粹是为了书写的便利，更内含秦朝廷对文书进入官僚政治的实际场域后应发挥何种功能以及能否发挥这种功能的深刻思考。

其次，官吏们书写官文书除了要遵循文书格式和准确使用各类专门用语之外，还须注意官文书的整体观感。前文在考察牍牒之尺寸时已提及的岳麓简《卒令》条文又有如下规定：

A. ●诸上对、请、奏者，其事不同者，勿令同编及勿连属，事（使）别编之。有请，必物一牒，各㔷（彻）之，令易〈易〉智（知）。其一事而过百牒者，别之，毋过百牒而为一编。必皆散取其急辤（辞），令约具别白易〈易〉智（知）殹（也）。其狱奏殹（也），各约为鞫审，具傅其律令，令各与其当比编而署律令下曰：“以此当某某”。及具署罪人毄（系）不毄（系）。（岳麓简 1698/112＋1707/113＋1712/114）

B. 虽同编者，必章【片/栚】之，令可别报、縈却殹（也）……●皆谨调讙〈护〉好浮书之，尺二寸牍一行毋过廿六字，●尺牍一行毋过廿二字。书过一章者，章次之，辤（辞）所当止皆腏之，以别易（易）智（知）为故。（岳麓简 1712/114……＋1729/116＋1731/117）

C. 书却，上对而复与却书及事（使）俱上者，縈编之。过廿牒，阶（界）其方，江（空）其上而署之曰：此以右若左若干牒，前对、请若前奏。（岳麓简 1731/117＋1722/118）

据A段，划线部分的令文提纲挈领式地规定，撰写官文书并将书写完毕的简牍予以编联应当分事项为之，禁止将涉及不同政务的官文书简混编在一起。之后，令文又分请、狱奏两种情况设定了官文书书写和编联的整体要求。在前者，“必物一牒，各徶（彻）之”“散取其急辤（辞）”即“用一份官文书记载对一件政事的请示，且书写其最为紧要的信息”乃基本原则，其目的不用说就是要让官吏们分门别类且简明扼要地将政事书于必备数量的简牍之上以便收件者快速掌握政务状况（“令昜〈易〉智（知）”“令约具别白昜〈易〉智（知）”）并及时地给出处理意见。但是，正如C段所示，在秦的文书流转中，为了确保上下各级机构对某一政务的展开过程有着清晰的掌握，后一份文书往往会在复制前一份文书之内容的基础上增添新文辞。岳麓简（1794＋1856－1）/186＋1785/187所收令文也强调了这一点：

> ☐节（即）吏有请若上书者，有言殹（也）。其所请、言节（即）已行而后有（又）有请、言其等者，必尽具写其前所已行，与奏偕上。以为恒。●廷卒乙①

此种“文件集”性质的文书形成方式②无疑将使后来者的用简数量不断增加甚至过百，如此必然导致摊开后的文书所占空间颇大并给阅读带来不便，所以，《卒令》才说“其一事而过百牒者，别之，毋过百牒而为一编”。③在后

① 陈松长主编：《岳麓书院藏秦简（伍）》，上海辞书出版社2017年版，第130页。

② 冨谷至据编缀和收卷方式的差异将简册分成书籍简和文档简两种，后者可谓通过分次追加和汇订而成的类似“文件集”性质的书册。参见［日］冨谷至：《木简竹简述说的古代中国——书写材料的文化史》，刘恒武译，人民出版社2007年版，第45—49页。

③ 苏俊林曾对秦律令文及官文书中提到的“牒”的含义详加考证。其结论是，“牒”可指材质或文书，“若干牒”可指用简或文书数量，但在文书中，尤其是在文书所载“名词＋数词＋牒”“上若干牒”“为/上奏若干牒”等用语的场合，“若干牒”往往表示附在呈文上的若干文书。参见苏俊林：《秦简牍中“牒”字的使用及含义》，载武汉大学简帛研究中心主办：《简帛》（第二十辑），上海古籍出版社2020年版，第168页。参照此说，岳麓简1698/112＋1707/113＋1712/114＋1718/115所收《卒令》中的“牒”字似乎就不能做统一理解：“必物一牒”之“牒”或许可被视为文书，但对“过百牒”之“百牒”，解释为用简数量应当比解释为文书数量显得更为合理，否则，实在难以想象什么样的政务会产生百份以上的往来文书。

者，令文显然是在强调，狱奏文书也应当择要撰之。其目的自然也在于减轻收件者的阅读负担，且提高其对所奏之事的了解的准确度。B段所说较之A段的内容更进了一步。其划线部分指出，虽然记录同一政务之相关情况的文书简能编联在一起，但这并不意味着各份官文书可以混作一团，而是必须以“章”即“条”或“段”① 的形式分开。如此，则收件人既可对单个或若干官文书所说之政事予以反馈（“别报”），亦可对全部官文书构成的整体予以驳斥（“繴却”）。至撰写各“章”时，官吏们又须注意简牍的尺寸对书写的限制。也就是说，木牍的宽度能决定木牍可容纳之文字的行数，其长度则能决定每一行可容纳之文字的个数，因此，官吏们在木牍上书写每一行均应注意该行可容纳之文字的最大值即26字或22字以免文字过密对阅读造成不良影响；如文书内容超过一“章”，则应分条或段书写，在语意中止处做标记即“腏之”，② 其目的就在于“别易（易）智（知）”即防止各“章”混写以至于增加阅读的负担。综合三段简文，可以看出，为了避免因官文书的阅读难题而导致政务处理陷入低效率或出现错误，秦法对书写规则可谓有着极为细致的设计。

为了给日后追责提供依据，文书的末尾就必须有落款。检索里耶简所收的迁陵县保管的各类官文书，落款一般是以“某手”“某半”“某发”之类的形式出现的；其位置往往紧邻正文或书于牍背左上方的收文记录的末尾，也可能是牍背左下方。至于其含义，邢义田和陈伟均已指出，“某半”与“某

① 参见徐世虹：《秦汉法律的编纂》，载中国中古世史学会编：《中國古中世史研究》第二十四辑，2010年，第214—215页。

② 有关“章次之，辨（辞）所当止皆腏之”一句，整理小组在“章次之”之后断开并认为“腏”乃“标记”之意；陈伟则指出“章次之”之后不当断开并将该句之文意解释为“在存在分章的场合，各章内行文，即使遇到语意中止的情形，也连续书写；以免与各章之间留白转行混淆”。参见陈松长主编：《岳麓书院藏秦简（伍）》，上海辞书出版社2017年版，第154页，“注释”［四十九］；陈伟：《〈岳麓书院藏秦简（伍）〉校读（续四）》，载简帛网 http://www.bsm.org.cn/?qinjian/7774.html，发布时间：2018年3月31日。陈伟说确有其理，但如文书的一“章”内容较多，“遇到语意中止的情形，也连续书写”，则难免导致文书层次不明，阅读的难度将因此而提升，这与“以别易（易）智（知）为故”似显矛盾。因此，这里仍遵从整理小组的意见。

发”实为一事，皆指启封，但二者在使用时间上有别；① 单育辰及黎明钊、马增荣又强调，“某手”未必指“某人所书”，“某发”则可被解释为“某人启封”，且黎、马二人进一步指出，“某手”之“手”意为“经手”，具体可指抄写、校对、收、发、启封、核实等各环节，而“某”则可能是作为一众经手人的属吏们中的职级较高者或代表。② 在落款之后，官文书之主体的制作就基本完成了。当然，还应强调的是，包括县在内的各级官府的属吏们在撰写官文书时多采取一式两份即正本、副本齐备的方式。从里耶简所收官文书来看，正本往往被称为“真书”“真簿”，副本则被称为“副”，③ 如下表所示：

表 3－2

文本类别	具　体　内　容	出　处
正本	上真书谒环。(8－655 正)	《校释（第一卷）》
	八月乙巳朔己未，门浅□丞敢告临沅丞主：腾真书，当腾腾，敢告主。/定手。（8－66 正＋8－208 正）	

① 邢义田认为，以秦始皇三十一年为界，之前官文书均用“半”表示启封，之后则改为“发”；陈伟则主张，“半”改为“发”是在秦始皇三十年六月至九月发生的。参见邢义田：《“手”、“半”“曰梧曰荆”与“迁陵公”——里耶秦简初读之一》，载简帛网 http://www.bsm.org.cn/?qinjian/5871.html，发布时间：2012 年 5 月 7 日；陈伟等：《秦简牍整理与研究》，经济科学出版社 2017 年版，第 10—11 页。后者因晚出而能参考更多的史料，故其准确性似略胜于前者。

② 参见黎明钊、马增荣：《试论里耶秦牍与秦代文书学的几个问题》，载武汉大学简帛研究中心主办：《简帛》（第五辑），上海古籍出版社 2010 年版，第 71—73 页；单育辰：《里耶秦公文流转研究》，载武汉大学简帛研究中心主办：《简帛》（第九辑），上海古籍出版社 2013 年版，第 199—200 页。另外，汪桂海还通过对比秦的官文书与汉的官文书指出，虽然二者的末尾均署有经手文书的小吏之名，但前者以“手”接在名字之后，后者则在名字之前加署职衔而无“手”字为缀。参见汪桂海：《秦汉简牍探研》，文津出版社 2009 年版，第 13 页。由此可见，“某手”或为秦官文书的特征。

③ 当然，所谓“真书”“真簿”“副”只不过是时人对文书之正本、副本的称谓，并不意味着正本、副本的文句中一定会有“真”“副”字样，所以，判断文书为正本抑或副本时需考虑多方面因素。如，土口史记就指出，一般来说，文书如果记有“某以来”字样以为领受记录，则为移送至收件方的文书正本；若附有“某行某”之类的送信记录，则基本上是发件方所保留的副本，因为被移送的正本中实际上是不会有送件记录的。参见土口史记：《里耶秦簡にみる秦代縣下の官制構造》，载《東洋史研究》第七十三卷第四号，2015 年，第 6 页。

续表

文本类别	具体内容	出处
正本	可（何）故不腾书？近所官亘（恒）曰上真书。（8－130正＋8－190正＋8－193正）	《校释（第一卷）》
	卒真薄（簿）。（8－133正）	
	十月丁巳，南郡守恒下真书洞庭☐（8－228）	
	卅一年七月辛亥朔甲子，司空守□敢言之……上真书。书癸亥到，甲子起，留一日。案致问治而留。敢言之。（8－648正）	
副本	课上金布副。（8－454）	《校释（第二卷）》
	卅年九月丙辰朔己巳，田官守敬敢言之……具志已前上，遣佐壬操副诣廷。敢言之。（9－982）	
	计籍志，副具此中。（16－752）	《里耶秦简博物馆藏秦简》
备注	（1）《校释（第一卷）》《校释（第二卷）》《里耶秦简博物馆藏秦简》分别指陈伟主编《里耶秦简牍校释（第一卷）》（武汉大学出版社2012年版）、陈伟主编《里耶秦简牍校释（第二卷）》（武汉大学出版社2018年版）和里耶秦简博物馆、出土文献与中国古代文明研究协同创新中心中国人民大学中心编著《里耶秦简博物馆藏秦简》（中西书局2016年版）。 （2）本表"正本"之第二行提到"腾真书，当腾腾"一语。胡平生曾指出，秦官文书中出现的"当腾腾"字样应读为"当誊誊"，意指"应当移写抄录的部门就抄录给他们"。参见胡平生：《里耶简所见秦朝行政文书的制作与传送》，载卜宪群、杨振红主编：《简帛研究》（2008），广西师范大学出版社2010年版，第48页。从这一点上，更可看出所谓"真书"确有正本之意。 （3）上一章在分析秦汉时代的户籍时曾引用过的《二年律令·户律》条文提到，"恒以八月令乡部啬夫、吏、令史相杂案户籍，副臧（藏）其廷"，其中的"副"字当指户籍副本，此可谓秦称官文书之副本为"副"的有力旁证。	

"真"与"副"齐备的目的无疑是为了留底以免今后在政务执行出现问题而需要追查时无据可考，但应当引起注意的是，如沈刚已指出的，正本、副本皆可作为底案而被保存，因此，何为正本、何为副本是根据行政的实际需要来确定的。①

① 参见沈刚：《秦简所见地方行政制度研究》，中国社会科学出版社2021年版，第241—242页。

3. 上一段之所以强调“官文书之主体的制作”基本完成，是因为官文书在进入流转之前须附上“署”（一种覆盖在文书之上的平板简）①；否则，官文书的流转是根本无法展开的。在此意义上，或可将“署”视为官文书之必备附件，把附件与主体合而为一即为官文书制作的第三步亦即最终步骤。那么，“署”究竟有何用处呢？对此，只要对“署”所载的信息略作展示，即可知其究竟：

表 3－3

行号	具 体 内 容	出 处
①	迁陵以邮行洞庭。（8－32）	《校释（第一卷）》
②	☐迁陵以邮利足行洞庭，急。（8－90）	
③	廷户曹发。（8－263）	
④	迁陵金布发【洞】☐（8－304）	
⑤	迁陵以邮利足行洞☐（8－527 背）	
⑥	迁陵主仓发洞庭。（8－922）	
⑦	贰春乡以邮行。（8－1147）	
⑧	廷仓曹发。（9－181）	《校释（第二卷）》
⑨	迁陵狱东发，以邮行，洞庭。（9－610）	
⑩	迁陵以邮行。急急。洞庭。（9－1459）	
备注	《校释（第一卷）》是指陈伟主编：《里耶秦简牍校释（第一卷）》，武汉大学出版社 2012 年版；《校释（第二卷）》是指陈伟主编：《里耶秦简牍校释（第二卷）》，武汉大学出版社 2018 年版。	

① 里耶简整理者曾将里耶出土的带封泥槽的木块称为“封检”，并把同地出土的长方形木板称为“检”。学者们在据此分析秦律令对作为简牍之一种的“检”及官文书封缄制度的规定时遇到了难解之处，遂提出诸多解释。陈伟、吴方基在结合实物评述既往观点并解读律令文后指出，带有封泥槽的木块为律令文所说的“检”，覆于“检”之上的长方形木板则是律令文中的“署”。目前看来，此说对各类史料做出了融贯的解释，当可采信。参见陈伟等：《秦简牍整理与研究》，经济科学出版社 2017 年版，第 12—18 页；吴方基：《新出简牍与秦代县级政务运行机制研究》，中华书局 2021 年版，第 129—139 页。

观上表，至少能得出如下几点认识。(a) 有关“……行……”，如晏昌贵等已指出的，“行”之前为文书的收件地；① “……发”则指定收件地的某机构为启封者，而所谓“指定”既有发件方主动为之者，亦有如下引律文所示乃基于其他机构之要求而被动为之者：

> 诸书求报者，皆告，令署某曹发；弗告曹，报者署报书中某手。告而弗署；署而环（还）；及弗告，及不署手，赀各一甲。②（岳麓简 0798/281＋0794/282《兴律》）

无论如何，表3－3每一行所列之“署”显然皆载有收件方信息，此或为“署”的应有内容。(b) 有些“署”不仅以县名为收件地，而且还在“……行……”的文句中以“行”之后的文字显示作为收件地的某县所属之郡③，但有些“署”就不书县名。其之所以如此，当是因为部分文书（如③⑦⑧）只在县内流转，无需在“署”上展示作为收件方之信息的县名，而跨县文书（如①②

① 参见“日安”［晏昌贵网名］：《里耶识小》，载简帛研究网 http://222.jianbo.org/admin3/list.asp?id=1034，发布时间：2003年11月2日；［日］藤田胜久：《里耶秦简所见秦代郡县的文书传递》，载武汉大学简帛研究中心主办：《简帛》（第八辑），上海古籍出版社2013年版，第185—189页；游逸飞：《制造“地方政府”——战国至汉初郡制新考》，台湾大学出版中心2021年版，第146—148页。

② 陈松长主编：《岳麓书院藏秦简（肆）》，上海辞书出版社2015年版，第161页。需要说明，此处在引用简文时参考了青木俊介、史达（Thies Staack）说而对原文句读有所调整。参见青木俊介：《岳麓秦簡“興律”の開封者通知に関する規定》，载“中国古代簡牘の横断領域的研究”网 http://www.aa.tufs.ac.jp/users/Ejina/note/note23(Aoki).html，收稿时间：2017年3月14日；Thies Staack，“Drafting,”“Copying,” and “Adding Notes”: On the Semantic Field of “Writing” as Reflected by Qin and Early Han Legal and Administrative Documents, in *Bamboo and Silk*, Vol. 2 Issue. 2, Brill Press, 2019, pp. 300－301。

③ 有关在“……行……”文句中“行”之后的文字的含义，晏昌贵将其视为发件地，但单印飞、吴方基的研究已较具说服力地证明其应指“行”之前的县所属之郡。参见“日安”［晏昌贵网名］：《里耶识小》，载简帛研究网 http://222.jianbo.org/admin3/list.asp?id=1034，发布时间：2003年11月2日；单印飞：《秦代封检题署新探——以里耶秦简为中心》，载中国文化遗产研究院编：《出土文献研究》（第十六辑），中西书局2017年版，第176—186页；吴方基：《新出简牍与秦代县级政务运行机制研究》，中华书局2021年版，第144—150页。

④⑤⑥⑨⑩）则不得不明示县名以免寄送出错。[①]（c）有些“署”载有文书传递方式（如①②⑤⑦⑨⑩），有些则无，这应当是与文书的重要性或性质有关。据陈伟总结，秦的文书传递方式可分为“以邮行”“以次行”和专人行书三种。“以邮行”利用密集的邮站，以邮人“负以疾走”即背负邮袋而快速接力的方式实现高效率的文书传递；“以次行”则利用县道网络以较长距离和较慢速度接力的方式灵活、广泛地完成文书传递；专人行书大概是基于县内文书往来之频繁或向收件方汇报相关情况之所需而派特定人传送文书。[②] 也就是说，“以邮行”须依赖特殊职业者即“邮人”和特殊渠道即邮站而展开，较其他两种行书方式有着明显的差异。有鉴于此，秦律令及与秦律令存在继承关系的汉初之律遂皆对哪些文书能“以邮行”做出了明确规定：

表 3-4

类　别	律　令　文	出　　处
秦律令	二千石官书不急者，毋以邮行。	岳麓简 1250/192 + 1368/193《行书律》
	县请制，唯故徼外盗，以邮行之，其它毋敢擅令邮行书。	岳麓简 1417/197《行书律》

① 对此，土口史记有较为详细的阐发，值得参考。参见土口史记：《里耶秦簡にみる秦代縣下の官制構造》，载《東洋史研究》第七十三卷第四号，2015 年，第 13 页。另外，岳麓简 1160/223 载，“●封书，毋勒其事于署。书以邮行及以县次传送行者，皆勒书郡名于署，不从令，赀一甲。●卒令丙四 重”。陈松长主编：《岳麓书院藏秦简（陆）》，上海辞书出版社 2020 年版，第 170 页。可见，在文书需跨县传送时，附于文书之上的“署”非但要明示收件县的名字，甚至还要记载该县所属之郡的名字。

② 参见陈伟：《燕说集》，商务印书馆 2011 年版，第 382 页；陈伟等：《秦简牍整理与研究》，经济科学出版社 2017 年版，第 18—35 页。应当指出，高敏、高荣似将秦汉简牍文献所提到的“以邮行”“以次行”“以轻足行”“以亭行”“乘传‘驰行’”“吏马驰行”等视为并列的文书传递方式，但事实上，它们相互之间存在着一定的重叠关系，冨谷至甚至认为“行者走”“吏马驰行”之类的词汇不过是没有实际意义的纯粹文书习语。李均明据《二年律令·行书律》及西北汉简的记载将汉代文书传递方式概括为“以邮行”“逐亭传递”“派人直接送去”三种，可谓对汉代文书传递之基本方式的相对清晰的概括。陈伟在总结秦的文书传递的基本方式时就参考了李均明说。参见高敏：《秦汉邮传制度考略》，载《历史研究》1985 年第 3 期，第 72—74 页；高荣：《简牍所见秦汉邮书传递方式考辨》，载《中国历史文物》2007 年第 6 期，第 63—70 页；冨谷至：《文書行政の漢帝国 木簡・竹簡の時代》，名古屋大学出版社 2010 年版，第 198—200 页；李均明：《简牍法制论稿》，广西师范大学出版社 2011 年版，第 199 页。

续表

类别	律令文	出处
秦律令	●恒署书皆以邮行。 ●卒令丙二	岳麓简 1173/108 所收秦令
汉初律	一邮邮十二室，长安广邮廿四室，敬（警）事邮十八室……令邮人行制书、急书，复，勿令为它事。	张家山汉简《二年律令·行书律》
	书不急，擅以邮行，罚金二两。	
	诸狱辟书五百里以上，及郡县官相付受财物当校计者书，皆以邮行。	
备注	(1) 秦律令分别出自陈松长主编：《岳麓书院藏秦简（肆）》，上海辞书出版社 2015 年版，第 131—132、133 页；陈松长主编：《岳麓书院藏秦简（伍）》，上海辞书出版社 2017 年版，第 103 页。(2) 汉初律分别出自彭浩、陈伟、［日］工藤元男主编：《二年律令与奏谳书：张家山二四七号汉墓出土法律文献释读》，上海古籍出版社 2007 年版，第 45、46、47 页。	

可见，制书、急书、恒署书①、寄送距离较远的辟书亦即“狱治”调查函②、须核对的郡县官府之间的财物交接文书等是需要“以邮行”的。虽然无法断言秦及汉初允许“以邮行”的文书仅限于制书、急书等，但律令文清晰地许可或禁止某类文书“以邮行”这一事实足以说明，表 3－3 所列写有“以邮行”字样的“署”应该都是与某种特定文书相配合使用的，而第②行、第⑩行中的“署”标明“急”“急急”无非也是为了强调即将传送的文书为“急书”或紧急程度高，故须“以邮行”这一点。进一步论，或许也正是为了衬

① 有关恒署书，周海锋泛泛地将其界定为“当时按照一定程序签署过的文书……一般是紧急且重要的文书”；唐俊峰对其特点罗列如下：发信者为郡级长官、由行书速度较快的邮人传递、收信方须在文书到达后向发信方确认已收到文书。参见唐俊峰：《受令简和恒署书：读〈里耶秦简（贰）〉札记两则》，载武汉大学简帛研究中心主办：《简帛》（第十九辑），上海古籍出版社 2019 年版，第 123 页；周海锋：《岳麓秦简〈卒令丙〉研究》，载王捷主编：《出土文献与法律史研究》（第九辑），上海人民出版社 2020 年版，第 126 页。唐说显然较周说更为详实，但从目前的史料情况来看，恒署书的性质究竟如何似乎尚难下断言。

② 有关“辟书”之性质，参见陈伟等：《秦简牍整理与研究》，经济科学出版社 2017 年版，第 34 页。

托将要传送的文书及传送方式本身的特殊性，秦律令更规定“以邮行”所使用的“署”须与带有封泥槽的“检”同时出现：

●令曰：书当以邮行，为检令高可以旁见印章，坚约之，书检上应署，令并负以疾走。不从令，赀一甲。 ●卒令丙三①

亦即，在“以邮行”的场合，背面转抄“署”上之文字的“检”应与文书捆绑在一起并封泥、钤印，“署”则很可能覆盖于“检”的表面而被一并捆扎。②如此，各类特定文书就在邮件形态上与其他文书区别开来，③包括县在内的各级机构的官吏们就能相对准确地将此类文书交到邮人手上。综合上述三个方面的认识，“署”所载者无外乎收件方、启封者、传递方式、文书紧急程度等信息，④这对文书流转而言有着极为重要的指引作用可谓不言自明。于此，我们就能明白为何官文书制作必须在“署”被作成并与文书本身合为一体后才能宣告最终完成。继之，官文书就进入了传送环节。

（二）官文书的传送

首先，官文书传送的实际执行者是谁？如前所述，“以邮行”者无疑由邮人为之，而采取其他传送方式者从里耶简的记载来看似乎对服劳者的身份并

① 陈松长主编：《岳麓书院藏秦简（伍）》，上海辞书出版社 2017 年版，第 104 页。

② 有关“检”“署”合并使用之具体样态的介绍，参见青木俊介：《封検の形態発展——“平板検”の使用方法の考察から》，载籾山明、佐藤信编：《文獻と遺物の境界II——中國出土簡牘史料の生態的研究》，东京外国语大学亚洲非洲语言文化研究所 2014 年版，第 229—246 页；陈伟等：《秦简牍整理与研究》，经济科学出版社 2017 年版，第 15 页。

③ 陈伟曾对湖南省文物考古研究所撰写的《里耶一号井的封检和束》（载湖南省文物考古研究所编：《湖南考古辑刊》（第八集），岳麓书社 2009 年版，第 65—70 页）一文所公布的可确定被用于文书传递的 48 件“检”做过考察。其结果是，除了 4 件因文字残缺而无法确认其指示的传递方式之外，其余 44 件无一例外都是“以邮行”。可见，“检”与“署”合用确实是区别各类文书之邮件形态的重要标志。参见陈伟等：《秦简牍整理与研究》，经济科学出版社 2017 年版，第 14 页。

④ 有关“署”所载之信息的总结，亦可参见陈伟等：《秦简牍整理与研究》，经济科学出版社 2017 年版，第 17 页；单印飞：《秦代封检题署新探——以里耶秦简为中心》，载中国文化遗产研究院编：《出土文献研究》（第十六辑），中西书局 2017 年版，第 186 页。

无严格限定；只不过考虑到传送文书乃千里奔忙之事，须身强体健者为之，故秦律对文书传送者的年龄资格有所规定。如，下引睡简《秦律十八种·行书律》就禁止“老弱”的隶臣妾承担“行书”之责：

行传书、受书，必书其起及到日月夙莫（暮），以辄相报殹（也）。书有亡者，亟告官。隶臣妾老弱及不可诚仁者勿令。书廷辟有曰报，宜到不来者，追之。　行书①

又如，岳麓简1377/196所收《行书律》曰：

毋敢令年未盈十四岁者行县官恒书，不从令者，赀一甲。②

所谓“恒书”，据睡简《封诊式·迁子》所载，或为被处以迁者的执行文书，③而其传送任务则必须由年满十四岁者担任。

但是，无论如何，为了包括县在内的各级官府能及时了解政务信息并有所反馈，文书传递的效率是必须得到保证的。对此，秦律令做了多重规定。据睡简及岳麓简所载：

行命书及书署急者，辄行之；不急者，日觱（毕），勿敢留。留者以

① 陈伟主编：《秦简牍合集（壹·上）》，武汉大学出版社2014年版，第144页。
② 陈松长主编：《岳麓书院藏秦简（肆）》，上海辞书出版社2015年版，第133页。
③ 睡简《封诊式·迁子》载：“爰书：某甲士五（伍）甲告曰：‘谒鋈亲子同里士五（伍）丙足，䙴（迁）蜀边县，令终身毋得去䙴（迁）所。敢告。’告灋（废）丘主：士五（伍）咸阳才（在）某里曰丙，坐父甲谒鋈其足，䙴（迁）蜀边县，令终身毋得去䙴（迁）所。论之，䙴（迁）丙如甲告，以律包。今鋈丙足，令吏徒将传及恒书一封诣令史，可受代吏徒，以县次传诣成都，成都上恒书大（太）守处，以律食。灋（废）丘已传，为报。敢告主。”陈伟主编：《秦简牍合集（壹·上）》，武汉大学出版社2014年版，第302—303页。唐俊峰据此指出，恒书乃“被判迁刑至边境地区犯人的断罪文书”。唐俊峰：《受令简和恒署书：读〈里耶秦简（贰）〉札记两则》，载武汉大学简帛研究中心主办：《简帛》（第十九辑），上海古籍出版社2019年版，第123页。但是，细读简文，“告灋（废）丘主”之后似乎是对案情、量刑及其执行方式的简要介绍，而非单纯的有关甲因某罪而被判处某刑的说明，所以，相比于“断罪文书”，“恒书”或许更应被视为判决后的刑罚执行文书。

律论之。　行书[1]（睡简《秦律十八种·行书律》）

传行书，署急辄行；不辄行，赀二甲。不急者，日觱（毕）。留三日，赀一盾；四日【以】上，赀一甲。[2]（岳麓简 1250/192＋1368/193《行书律》）

可见，除了命书（或制书）与急书必须在制作完毕后立刻发出之外，其他文书的发出时限为一日。[3] 至于文书的送达时限，考虑到其传送距离因目的地之差异而有所不同，由律令予以统一规定似乎是不大可能的，但这并不意味着官府完全无法预测文书传送究竟需要耗费多少时间。《史记·萧相国世家》曰：

沛公至咸阳，诸将皆争走金帛财物之府分之，何独先入收秦丞相御史律令图书藏之……汉王所以具知天下阸塞，户口多少，强弱之处，民所疾苦者，以何具得秦图书也。

从“知天下阸塞”一语观之，萧何所收的“图”中应有秦的天下舆地图，而下引里耶简所提及的或可被视为中央对地方官府发布的制作舆地图的法令正可谓其旁证：

其旁郡县与椄（接）界者毋下二县，以□为审，即令卒史主者操图诣御史，御史案雠更并，定为舆地图。有不雠、非实者，自守以下主者（8－224＋8－412＋8－1415）[4]

① 陈伟主编：《秦简牍合集（壹·上）》，武汉大学出版社 2014 年版，第 143 页。
② 陈松长主编：《岳麓书院藏秦简（肆）》，上海辞书出版社 2015 年版，第 131 页
③ 岳麓简 1310/031 载：“●律曰：[治][书]，【书】[已]具，留弗[行]，[盈]五日[到]十日，赀一甲；过十日到廿日，赀二甲；后盈十日，辄驾（加）一甲。有（缺简）。”陈松长主编：《岳麓书院藏秦简（陆）》，上海辞书出版社 2020 年版，第 57 页。据此，官文书的发出时限似为四日，与此处所探讨的睡简、岳麓简《行书律》的规定皆不同。至于为何如此，囿于史料，实在难以判断，留待后考。
④ 陈伟主编：《里耶秦简牍校释（第一卷）》，武汉大学出版社 2012 年版，第 118 页。

另外，北京大学藏秦简牍《道里书》及里耶简所收地名里程木牍以“○○到○○……里”的方式罗列了此地到彼地的距离，如：

□阳到顿丘百八十四里。顿丘到虚百卌六里。虚到衍氏百九十五里。衍氏到启封三百五里。启封到长武九十三里。长武到傿陵八十七里。傿陵到许九十八里。□☑（里耶简 17－14 正）①

由此看来，秦的各级官府可以通过查阅舆地图与《道里书》之类的简册了解诸多文书的传送路线和距离。② 而据《二年律令·行书律》，“以邮行”的速度是由法律明确予以规定的；③ 至于其他文书传递方式的速度要求，虽未见已公布的秦及汉初律令简提及类似规定，但若说当时对此毫无约束，那终究是难以想象的。这样一来，既然官府对文书的传送路线、距离及速度均有所掌握，文书的传送时限也就大致被确定了。正因为此，岳麓简所收律令文又云：

A. □律曰：传书受及行之，必书其起及到日月夙莫（暮），以相报，报宜到不来者，追之。书有亡者，亟告其县官。不从令者，丞、令、令史主者赀各一甲。（岳麓简 1271/223＋1243/224《□律》）

B. ●令曰：诸传书，其封毁，所过县官【辄复封以令、丞印】；封缠解，辄缠而封其上，毋去故封。不从令，赀丞、令、【令】史一甲。 ●卒令乙十一（岳麓简 1755/103＋1772/104 所收秦令）

① 有关北京大学藏秦简牍《道里书》及里耶简所收地名里程木牍的详情，参见张春龙、龙京沙：《里耶秦简三枚地名里程木牍略析》，载武汉大学简帛研究中心主办：《简帛》（第一辑），上海古籍出版社 2006 年版，第 265—268 页；北京大学出土文献研究所：《北京大学藏秦简牍概述》，载《文物》2012 年第 6 期，第 67—68 页。另外，辛德勇对这些简牍展开了综合研究，其论述极具参考价值。参见辛德勇：《北京大学藏水陆里程简册初步研究》，载李学勤主编：《出土文献》（第四辑），中西书局 2013 年版，第 177—279 页。

② 游逸飞也曾提出类似的观点，或可参考。参见游逸飞：《制造“地方政府”——战国至汉初郡制新考》，台湾大学出版中心 2021 年版，第 170—173 页。

③《二年律令·行书律》曰：“邮人行书，一日一夜行二百里。”彭浩、陈伟、［日］工藤元男主编：《二年律令与奏谳书：张家山二四七号汉墓出土法律文献释读》，上海古籍出版社 2007 年版，第 203 页。

C. ●邮书过县廷，县廷各课其畍（界）中，留者辄却论，署徼〈檄〉曰某县官课之。已却论☐（缺简）① （岳麓简 1152－1/214 所收秦令）

发件方需要在官文书中提示文书的发出时间（如 A 的划线部分所示），以便于一则借此明确收件方发给自己的表述文书已收到之意的回报文书应当在何时抵达，二则为沿途各县及收件方考察文书传送是否被耽搁提供依据；与之相对应，沿途各县需要对文书传送情况加以考课（如 C 所示），在检查封泥等完好与否（如 B 所示）的同时核实文书是否按时到达本地，对延误者则以檄记录"留"的相关信息。

当然，官文书传送最终是否如期完成应由文书传送之目的地的官府来确认。若是，文书传送者的工作可谓合格；若否，据沿途之"檄"的记录而对其追究责任就顺理成章地开始了。以邮人行书为例，岳麓简 1805/133 所收秦令就规定：

●令曰：邮人行书，留半日，赀一盾；一日，赀一甲；二日，赀二甲；三日，赎耐；过三日以上，耐。 ●卒令丙五十②

不过，无论如何，收件方似须在官文书到达后一边回文发件方以说明自己收到文书之事（如上引岳麓简 1271/223＋1243/224 记载的律文中的"以相报"三字所示），③ 一边抄录文书之副本以便存档甚至进一步往下级机构传递。发

① 此处所引三条律令文分别出自陈松长主编：《岳麓书院藏秦简（肆）》，上海辞书出版社 2015 年版，第 142 页；陈松长主编：《岳麓书院藏秦简（伍）》，上海辞书出版社 2017 年版，第 102 页；陈松长主编：《岳麓书院藏秦简（陆）》，上海辞书出版社 2020 年版，第 167 页。

② 陈松长主编：《岳麓书院藏秦简（伍）》，上海辞书出版社 2017 年版，第 112 页。

③ 此处或需思考一个问题，即在上级机构向下级机构发送官文书的场合，下级是应当在收到文书后立即回文以说明自己收到文书一事并在政务处理完毕后向上级另发一份官文书，还是应当在收到文书后先处理政务，再将文书到达及政务执行情况一并载于发给上级机构的回文中。从逻辑上说，前者似显复杂且容易导致上下级之间的政务信息传递出现混乱。而据岳麓简（1679＋1673）/100＋1667/101 记载： （转下页）

件方倘若根据自己预估的回文到达时间迟迟未见回文，就会对收件方发出“追书”以追索对方的回复，此即岳麓简1271/223＋1243/224所说的“追之”。①如，里耶简9-1至9-12收入的十二份文辞雷同的跨县追债文书就涉及所谓“追书”，以下仅择其一略作分析②：

A. 卅三年三月辛未朔戊戌，司空腾敢言之：阳陵下里士五（伍）不识有赀余钱千七百廿八。不识戍洞庭郡，不智（知）何县署。今为钱校券一上，谒言洞庭尉，令署所县责，以受阳陵司空——司空不名计。问何县官计付，署计年名为报。已訾责其家，家贫弗能入。有物故，弗服。

(接上页)

●令曰：制书下及受制有问议者，皆为薄（簿），署初到初受所及上年日月、官别留日数、传留状，与对皆（偕）上。不从令，赀一甲。 ●卒令乙五（陈松长主编：《岳麓书院藏秦简（伍）》，上海辞书出版社2017年版，第101页）

各级官府在收到制书或被制书质询时，必须在处理完官文书所列政务之后再回文并以作为回文之附件的“簿留简”记录政务执行情况及因此而耗费的时间。此外，从里耶简9-2315所收官文书观之：

廿八年九月戊戌朔癸亥，贰春乡守畸敢言之：廷下平春君居段舍人南昌平智大夫加讂书曰：各谦（廉）求其界中。得弗得，亟言，薄留日。今谦（廉）求弗得，为薄留一牒下。敢言之。(9-2315正)

九月丁卯旦，南里不更除鱼以来。/彻半。 壬手。(9-2315背)(陈伟主编：《里耶秦简牍校释（第二卷）》，武汉大学出版社2018年版，第470页)

可见，在收到讂书即通缉文书时，各级官府亦可在执行政务之后回文并以“簿留简”附之。然而，制书、讂书皆有特殊性，是否能把官府对这两种文书的处理方式推广至其他文书似乎还需再斟酌。进一步论，有关本注之起始所提出的问题，根据目前的史料情况，或许只能推测“在收到文书后先处理政务，再将文书到达及政务执行情况一并载于发给上级机构的回文中”更为合理，是否确为如此则有待后考。有关“簿留”之含义及“簿留简”的研究，参见伊强：《里耶秦简“展……日”的释读》，载杨振红、邬文玲主编：《简帛研究》(2016秋冬卷)，广西师范大学出版社2017年版，第142—146页；吴方基：《新出简牍与秦代县级政务运行机制研究》，中华书局2021年版，第152—160页。

① 前引睡简《秦律十八种·行书律》条文中就有“追之”二字，以往学者似多将其理解为含有惩戒之意的“追查”。对此，刘自稳已有所辨正，颇值参考。参见刘自稳：《里耶秦简中的追书现象——以睡虎地秦简一则行书律说起》，载中国文化遗产研究院编：《出土文献研究》(第十六辑)，中西书局2017年版，第151页。

② 本书第一章在分析县廷于文书行政中的作用时曾简要介绍里耶简9-1所载官文书的流转过程。由于收入9-1至9-12中的十二份官文书文辞雷同，因此，前文对9-1所示文书流转过程的揭示可为此处之探讨的参照。

毋听流辞以环书，道远。报署主责发。敢言之。/

B. 四月壬寅，阳陵守丞恬敢言之：写上，谒报，署金（9-3正）布发。敢言之。/堪手。

C. 卅四年七月甲子朔辛卯，阳陵遬敢言之：未得报，谒追。敢言之。/堪手。

D. 卅五年四月己未朔乙丑，洞庭叚（假）尉觿谓迁陵丞：阳陵卒署迁陵，以律令从事，报之。/嘉手。以洞庭司马印行事。 敬手。(9-3背)①

9-1至9-12所收文书的追债对象皆为秦始皇三十三年（公元前214年）被派往洞庭郡戍守的阳陵县黔首。② 据A，一位名为“不识”的男子显然就是这批戍卒的一员，且从追债文书流转之始发机构为阳陵县司空及“余钱千七百廿八”云云来看，此人在被遣戍前应处于居赀未完状态；但是，因阳陵县司空不知此人身处洞庭郡何县，而秦律又允许跨县追讨债务，③ 故阳陵县司空于是年三月辛未朔戊戌日（3月28日）向阳陵县廷发出文书，请求县廷拜托洞庭郡调查不识之所在并代为讨债，而且还附上了作为官府间的债权转移及审计凭证的“校券”④。继之，如B所示，四月壬寅（4月2日），阳陵县廷向洞庭郡发出文书并请求洞庭郡回文（所谓“谒报”）。然而，据C，或是因为文书传送出现了严重故障，经一年有余，回文仍未出现，所以，阳陵县于秦始皇三十四年七月甲子朔辛卯日（7月28日）向洞庭郡发出“追书”以追索

① 陈伟主编：《里耶秦简牍校释（第二卷）》，武汉大学出版社2018年版，第11—12页。

② 宋艳萍、邢学敏据此推测，里耶简9-1至9-12所提及的阳陵县派遣的戍卒或与《史记·秦始皇本纪》所载秦始皇三十三年，秦发兵攻取岭南之地并向此地大规模遣戍一事有关。参见宋艳萍、邢学敏：《里耶秦简“阳陵卒”简蠡测》，载卜宪群、杨振红主编：《简帛研究》(2004)，广西师范大学出版社2006年版，第127页。

③ 本书第二章在考察秦县的财政收支时曾提及秦律对跨县债务之追讨的规定，此处将再次引用以便参看：“有责（债）于公及赀、赎者居它县，辄移居县责之。公有责（债）百姓未赏（偿），亦移其县，县赏（偿）。 金布律。”

④ 有关“校券”在跨县追债政务中的作用，参见马怡：《里耶秦简中几组涉及校券的官文书》，载武汉大学简帛研究中心主办：《简帛》（第三辑），上海古籍出版社2008年版，第202—204页；张艳蕊：《里耶秦简债务文书初探》，载卜宪群、杨振红主编：《简帛研究》(2012)，广西师范大学出版社2013年版，第72—77页；吴方基：《新出简牍与秦代县级政务运行机制研究》，中华书局2021年版，第261—263页。

回复，其标志就是“未得报，谒追”数字。但颇值玩味的是，“追书”大概也出现了传送障碍或者并未引起洞庭郡的重视，洞庭假尉居然是在“追书”发出近八个月后的秦始皇三十五年四月己未朔乙丑日（4 月 7 日）才命令阳陵县“以律令从事，报之”。这样看来，在官文书流转过程中，一旦出现收发双方失联的情况，以一次性的“追书”来补救或许是不够的。正因为此，里耶简 9-2314 提到“与此二追，未报，谒追”，① 更极端的甚至会引发“三追”“四追”：

A. 卅三年三月辛未朔癸未，库守□敢言之：守府书曰：义陵□□□用度□五件，其取二件。迁陵今写守□□为信符一封……谒告迁陵。符到，谒报，报署工用发。□。敢言之。

B. 三月辛未朔己丑，库□敢言之：谒重。敢言之。郑手。

C. 三月辛未朔□□，库□敢言之：谒重。敢言之。/郑手。

D. 四月辛丑朔壬寅，库守□言之：书与已三追，谒重。敢言之。/郑手。（9-1871 正+9-1883 正+9-1893 正+9-2469 正+9-2471 正）

E. 四月辛丑朔己酉，库□□敢言之：书与已四追，至今未报。谒重。敢言之。/郑手

F. 四月辛丑朔庚戌，□……【丞】欧敢告迁陵丞主：移。敢告主。/□手。/五月庚午朔辛卯，迁陵守丞殷告库主：书皆已下，听书，以律令从事。/圂手。/五月辛卯旦，隶妾□行。

G. 五月己丑日中，酉阳隶妾亭以来。/横发。　郑手。（9-1871 背+9-1883 背+9-1893 背+9-2469 背+9-2471 背）②

上引木牍所载者当为迁陵县保管的某县发给本县的官文书。从 F、G 两部分来看，文书是在秦始皇三十三年四月辛丑朔庚戌日（4 月 10 日）从某县发出的，

① 陈伟主编：《里耶秦简牍校释（第二卷）》，武汉大学出版社 2018 年版，第 469 页。

② 陈伟主编：《里耶秦简牍校释（第二卷）》，武汉大学出版社 2018 年版，第 378—379 页。此处在引用简文时据张显成、唐强说对原文有所调整，参见张显成、唐强：《通过里耶秦简“义陵用度简”的复原看秦代官文书的生成、传递和存档》，载《档案学通讯》2021 年第 2 期，第 73 页。

其到达时间为五月己丑日（5 月 20 日），而在两天后的五月庚午朔辛卯日（5 月 22 日），迁陵县廷就发文给本县库官，要求库官按照文书所说处理政务（亦即 A 所云“义陵□□□用度□五件，其取二件”）。可见，文书流转在到达迁陵县后可谓顺畅而迅速，但在作为始发地的县则较为尴尬。据 A 至 E，文书的最初发出者是某县的库官，发出时间为秦始皇三十三年三月辛未朔癸未日（3 月 13 日），但不知何故，县廷的回文一直没有出现，库官只能于三月辛未朔己丑日（3 月 19 日）、三月辛未朔□□（3 月某日）①、四月辛丑朔壬寅日（4 月 2 日）、四月辛丑朔己酉日（4 月 9 日）先后四次以“追书”请求县廷确认是否收到其文书。尽管以最终结果（如 F 部分所示）论，这份文书不像前文提及的阳陵县追债文书一样长期未被处理，库官的不懈催促似乎起到了一定的作用，但“三追”“四追”本身无疑表明，所谓“追书”作为文书流转不畅的补救措施其实效果有限，而且还暗示，秦的官吏们大概出于种种原因而并未将朝廷对文书行政之高效率的期待彻底转变为现实。不过，考虑到当时的科技条件，面对行政意见未得反馈的情况，各级官府确实很难想到比发送“追书”更便捷、有效的办法，而各类行政信息的交流在大多数情况下也就只能通过此地发文、邮人等传送文书、彼地回文的顺利或不顺利地反复进行来完成了。

（三）官文书的归档、保管与废弃

虽然前文将官文书的制作与传送分成两部分来介绍，但这并不意味着制作与传送是文书流转过程中截然分开的两个环节。换言之，某文书的上传下达和行政的展开会不断催生新文书，且为了给政务执行情况之调查或行政追责提供依据，官文书的归档和保管自然就成了包括县在内的各级官府的日常工作。

那么，如何归档和保管呢？有关这一点，籾山明、沈刚已有较为详细的研究，② 此处将以二者之论述为基础对秦县官府的文书归档和保管工作稍作

① 张显成、唐强据每一份“追书”与其前一份文书的发送时间间隔推测“三月辛未朔□□”为 3 月 26 日前后。参见张显成、唐强：《通过里耶秦简“义陵用度简”的复原看秦代官文书的生成、传递和存档》，载《档案学通讯》2021 年第 2 期，第 77 页。

② 参见［日］籾山明：《简牍文书学与法制史——以里耶秦简为例》，载柳立言主编：《史料与法史学》，“中研院”历史语言研究所 2016 年版，第 37—68 页；沈刚：《秦简所见地方行政制度研究》，中国社会科学出版社 2021 年版，第 242—249 页。

介绍。作为这种作业的第一步，县廷会把围绕某政务之执行而产生的一应文书汇总起来，并将其与简头涂黑的标题简一起捆扎。里耶出土的被统称为“御史问直络帬（裙）程书”的一组简即为此归档步骤的典型实例，以下先根据文书流转之先后顺序罗列其释文：

① ■御史问直络帬（裙）程书。(8-153)

② 制书曰：举事可为恒程者上丞相，上洞庭络帬（裙）程【直】书。 □手。廿二年二月丁未朔□亥，御史丞去疾：丞相令曰举事可为恒程者□上帬（裙）直。即應（应）令，弗應（应），谨案致……庭□。/□手。(8-159 正)

三月丁丑朔壬辰，【洞庭】□□□□□□□□□□□□□令□□□索、门浅、上衍、零阳□□□以次传□□□□□书到相报□□□□门浅、上衍、零阳言书到，署□□发。□□□□一书以洞庭发弩印行事□□恒署。酉阳报□□□署令发。/四月□丑水十一刻刻下五□□□□迁陵□，酉阳署令发。□□□□【布令】□。(8-159 背)

③ 廿二年四月丙午朔甲寅，迁陵守丞色敢告酉阳丞主：令史下络帬（裙）直书已到，敢告主。(8-158 正)

四月丙辰旦，守府快行旁。 欣手。(8-158 背)

④ 廿二年四月丙午朔甲寅，少内守是敢言之：廷下御史书举事可为恒程者、洞庭上帬（裙）直，书到言。今书已到，敢言之。(8-152 正)

四月甲寅日中，佐处以来。/欣发。 处手。(8-152 背)①

观②至④，所谓“御史问直络帬（裙）程书”的流转过程应当是这样的：制书

① 陈伟主编：《里耶秦简牍校释（第一卷）》，武汉大学出版社 2012 年版，第 92、93、94、95—96 页。引文据于洪涛说对原释文之文字及句读略有调整。参见于洪涛：《里耶简“御史问直络帬程书”传递复原》，载王沛主编：《出土文献与法律史研究》（第二辑），上海人民出版社 2013 年版，第 44—46 页。

于秦始皇三十二年二月丁未朔辛亥[①]日（2月5日）发出，并于三月丁丑朔壬辰日（3月26日）抵达洞庭郡；随后，洞庭郡分两个方向对郡内各县依次传送（即8－159背提到的"以次传"）制书之抄本，[②] 迁陵县则于四月丙午朔甲寅日（4月9日）收到了酉阳县发来的制书之抄本的再抄文书；继之，迁陵县于当日回文酉阳县以确认再抄文书已收到并转发文书给本县少内，发给酉阳县的回文在两日后的四月丙辰日（4月11日）送出，本县少内的回文则在4月9日当天就抵达县廷了。值得注意的是，从图版上看，被粘连在一起的四枚木牍[③]上的笔迹似乎都不太一样：

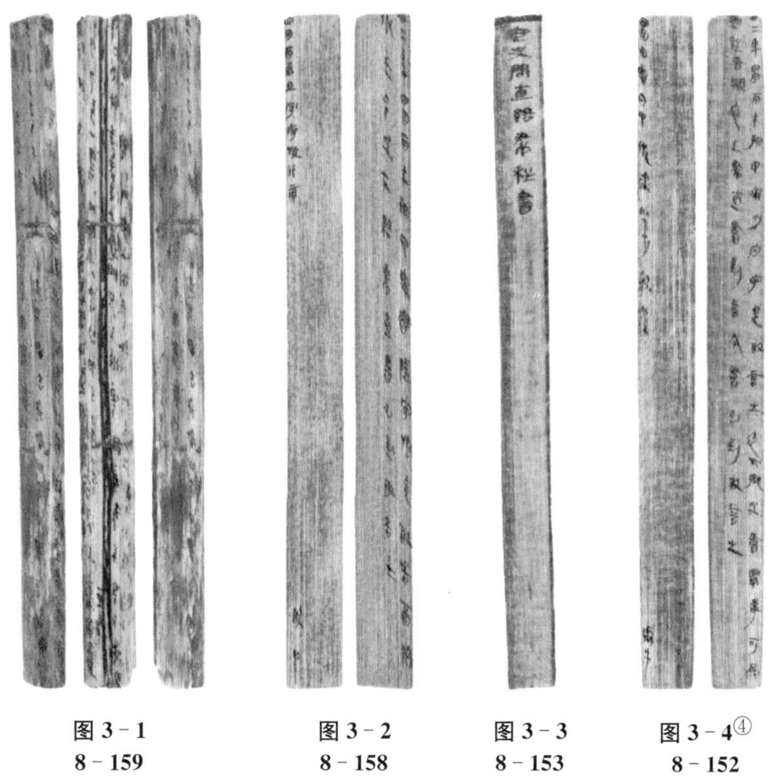

图3－1 8－159　**图3－2 8－158**　**图3－3 8－153**　**图3－4[④] 8－152**

① 《里耶秦简牍校释（第一卷）》疑"卅二年二月丁未朔□亥"中的"□"为"辛"。参见陈伟主编：《里耶秦简牍校释（第一卷）》，武汉大学出版社2012年版，第97页。

② 参见于洪涛：《里耶简"御史问直络帬程书"传递复原》，载王沛主编：《出土文献与法律史研究》（第二辑），上海人民出版社2013年版，第58页。

③ 有关这一组简的出土状态，参见邢义田：《治国安邦：法制、行政与军事》，中华书局2011年版，第481页，注⑳。

④ 湖南省文物考古研究所编著：《里耶秦简（壹）》，文物出版社2012年版，第35—38页。

这表明，整组文书并非一次撰写而成，毋宁说是迁陵县廷将各流转环节所涉及的不同机构撰写并发给县廷的文书汇编在一起且附上标题简（即 8-153）的产物。此种汇编工作的不断进行无疑会形成众多与"御史问直络帬（裙）程书"相似的"文件集"，文书归档和保管的第二步遂以此为基础展开，即以列曹为单位对相关"文件集"进一步予以汇总。所谓"进一步汇总"也并不是简单地堆积成组的官文书，而是先要把这些"文件集"按照其关联机构之别分类并附上标识"库"（里耶简 8-1036）、"仓"（里耶简 8-1315）、"都乡"（里耶简 8-1359）① 等机构名的签牌（如图 3-5、图 3-6、图 3-7 所示），再以被称为"笥"的竹制容器收纳已分类完毕的"文件集"并将"一端弧形，一端平方，有个别作长方形的。近弧顶处有两孔或四孔"② 的笥牌（如图 3-8 所示）与容器相连。

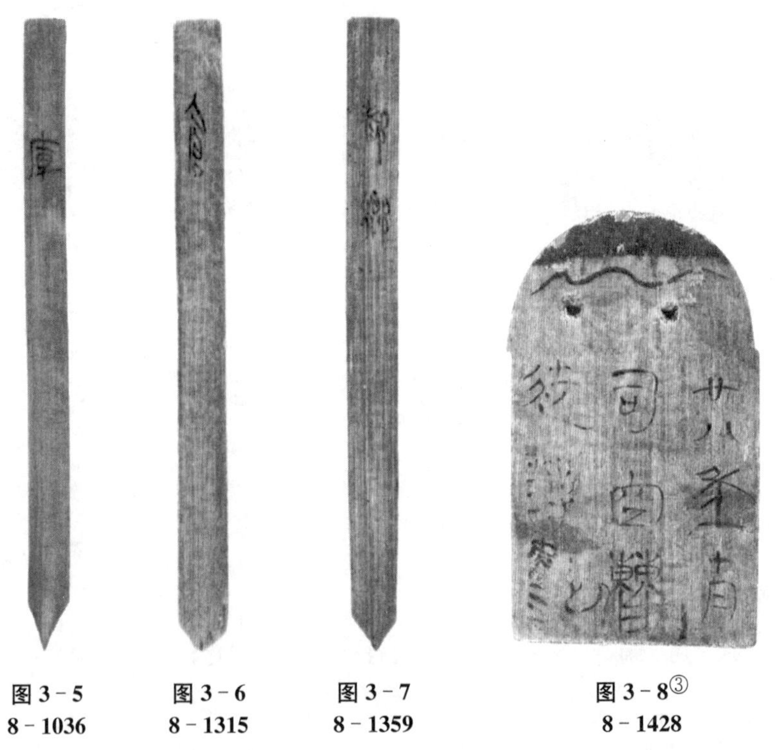

图 3-5 8-1036　图 3-6 8-1315　图 3-7 8-1359　图 3-8③ 8-1428

① 陈伟主编：《里耶秦简牍校释（第一卷）》，武汉大学出版社 2012 年版，第 266、310、315 页。

② 湖南省文物考古研究所编著：《里耶发掘报告》，岳麓书社 2007 年版，第 180 页。

③ 湖南省文物考古研究所编著：《里耶秦简（壹）》，文物出版社 2012 年版，第 140、164、168、173 页。

如里耶简 8－1428 所载：

廿八年十月　司空曹徒薄（簿）　已尽（8－1428）[①]

由于此类笥牌之上往往写有曹名、“文件集”所涉事项及说明“文件集”已全部收入之意的“已尽”字样，官吏们就可以据此实施文书归档和保管的第三步，亦即以一段时间为限，将盛有“文件集”的笥按照事项或曹为标准放入更大的笥[②]中并附上笥牌，如下引简文所示：

卅四年迁陵课笥（8－906）

卅二年十月以来廷仓、司空曹已笥。（9－1131）

卅三年十月以尽【五】月吏曹已事笥。（9－1132）

迁陵廷尉曹【卅】一年、卅二年期会已事笥。（9－2313）[③]

至于所谓“一段时间”是否明确地以季度、半年、年度为单位，从简文记载来看，答案似乎是否定的，这或许与“文件集”及笥的分类标准本就多元有关。在以大笥收纳小笥后，大笥将被搬入“书府”即专门存放文书档案的府库[④]之中，官文书的归档和保管就宣告结束了。

进一步的问题是，秦是否已确立官文书废弃制度；如果是的话，档案保管周期又如何。遗憾的是，据现有史料，给出有说服力的答案似乎是不

① 陈伟主编：《里耶秦简牍校释（第一卷）》，武汉大学出版社 2012 年版，第 323 页。

② 里耶简 9－14 提到“竹笥一合。竹小笥一合”（陈伟主编：《里耶秦简牍校释（第二卷）》，武汉大学出版社 2018 年版，第 20 页）云云，这表明笥应当是有大小之别的。

③ 陈伟主编：《里耶秦简牍校释（第一卷）》，武汉大学出版社 2012 年版，第 246 页；陈伟主编：《里耶秦简牍校释（第二卷）》，武汉大学出版社 2018 年版，第 266、469 页。

④ 睡简《秦律十八种·内史杂律》曰：“毋敢以火入臧（藏）府、书府中。吏已收臧（藏），官啬夫及吏夜更行官。毋火，乃闭门户。令令史循其廷府。节（即）新为吏舍，毋依臧（藏）府、书府。”陈伟主编：《秦简牍合集（壹·上）》，武汉大学出版社 2014 年版，第 150 页。律文中的“书府”极有可能就是专门存放文书档案的府库。

可能的。但是，汪桂海的研究曾指出，在“以文书御天下”① 的汉代，众多官文书会根据其重要性的差异被永久保存或在保存十年左右被毁弃，毁弃方式大致不出焚烧土埋和随地丢弃两种。② 以此为参照，考虑到秦高度发达的文书行政所产生的文书量，很难想象秦时尚无官文书废弃之制。当然，至于其具体情况如何，就只能期待今后可能出现的新史料来提供相关信息了。

以上通过三个部分的介绍展示了官文书从被制作到被毁弃的生命历程，但毋庸置疑的是，所谓三个部分的设计不过是出于行文方便而为之，并不意味着每份官文书都能顺畅地经历三个部分所罗列的流转环节，也不意味着包括县在内的各级官府在某一时刻只介入文书行政的一个阶段。历史事实毋宁是，各级官府在同一时刻参与了官文书运转的所有环节；与之相适应，以政府的整体为场域，一份官文书的诞生与另一份官文书的消失很可能是同时进行的，而在此过程中，又一份官文书正在从此地到彼地的路途中。换言之，官文书作为一种流动的信息载体成为了凝聚秦政的重要力量，促使各级官府进入永不停歇的行政对话状态，官僚政治的运转实况以及社会治理的效果也由此被生动地揭示出来。③

二、官吏徭使与政务运行

虽然前文一直在强调官文书流转之于政务信息沟通的重要性，但事实上，所谓信息沟通以及政务处理是无法仅依赖官文书的上传下达来完成的。如，岳麓简所收秦令曰：

①《论衡·别通》。
② 参见汪桂海：《汉代官文书制度》，广西教育出版社 1999 年版，第 227—232 页。
③ 籾山明曾强调，“书式和样式是文件本身所具有的，不会变化，而功能随着文件所处的政治、社会环境及它和其他文件的关系会发生变化。因此，从研究功能的角度来说，文书或纪录可以理解为时间、空间中移动的，具有多次性功能的东西”。[日] 籾山明：《简牍文书学与法制史——以里耶秦简为例》，载柳立言主编：《史料与法史学》，“中研院”历史语言研究所 2016 年版，第 39 页。此语可谓对研究简牍所载官文书提供了重要的方法论指引。

A. ●令曰：有发繇（徭）事（使），为官狱史者，大县必遣其治狱冣（最）久者，县四人，小县及都官各二人，乃遣其余。令到已前发（?）者，令卒其事，遣诣其县官。以攻（功）劳次除以为叚（假）廷史、叚（假）卒史、叚（假）属者，不用此令。 ●县盈万户以上为【大】，不盈万以下为小。 ●迁吏归吏群除令丁廿八（岳麓简 1885/282＋1888/283＋1904/284 所收秦令）

B. ●令曰：郡及中县官吏千石下繇（徭）傳（使），有事它县官而行，闻其父母死，过咸阳者，自言□□□已，复之有事所；其归而已葬（葬）者，令居家五日，亦之有事所。其不过咸阳者，自言过所县官，县官听书言亦遣归如令。其自言县官，县官为致书，自言丞相，丞相为致书，皆诣其居县，居县以案□▨（缺简）① （岳麓简 1150/296＋1690/297＋J41/298 所收秦令）

令文 A 对大县、小县及都官如何派遣官吏至它县任狱史做了规定，令文 B 则涉及至它县办理政事的“郡及中县官吏千石下”在遇到“父母死”等事由时可以通过何种程序暂别和回到政事处理地这一问题。可见，在秦政的运行过程中，令文所说的“徭使”亦即官吏离开任职地，奔赴他处办公应当是常见之事，亦可谓文书行政的重要补充。以下将据秦简牍所载之实例展示官吏“徭使”与秦县政务之展开的关联性。

1. 调查政务相关情况。于此方面，最典型的事例就是，在“狱治”进行过程中，为确保判决之事实基础的准确性，县廷往往会派遣令史或狱史赴案发地侦查、了解案情这一点，如下引简文所示：

某里公士甲自告曰……令〖令〗史某往执丙。（睡简《封诊式·盗自告》）

① 陈松长主编：《岳麓书院藏秦简（伍）》，上海辞书出版社 2017 年版，第 192、196—197 页。

某里士五（伍）甲告曰……即令令史己往执。[①]（睡简《封诊式·告子》）

六月癸卯，典赢告曰……即令狱史顺、去疢、忠文、□固追求贼……顺等求弗得，令狱史举阘代。[②]（张家山汉简《奏谳书》）

廿（二十）年十一月己未，私属喜曰……即令狱史彭沮、衷往诊……即令狱史触与彭沮、衷求其盗。[③]（岳麓简《为狱等状四种》）

毋庸赘言，侦查、了解案情的结果会被记录在文书之上以为对县廷之报告，但同样甚至更详细的信息经令史或狱史之口而为县廷负责鞫狱的吏员所知悉也是可以想见的，这或许能增强讯问、诘问等环节的针对性。另外，赴案发地的令史或狱史回到县廷后又承担起鞫狱之任务也是有可能的，其对案情的熟悉程度于提升审讯效率自然有利。由此看来，官吏亲至某地调查而获取的政务信息是可以作为文书之记载的证明或扩充而对行政运行发挥积极作用的。

2. 护送或押解离县人员。里耶简载：

尉敬敢再𢬸（拜）谒丞公：校长宽以迁陵船徙卒史【酉阳，酉阳】□□【船】□元（沅）陵，宽以船属酉阳校长徐。（8-167 正+8-472 正+8-1011）[④]

从划线部分来看，作为郡吏的卒史或因某事到洞庭郡下辖若干县公干，其在迁陵县处理完公务后将赴酉阳县，迁陵县尉遂令校长宽护送此人至酉阳，宽

① 陈伟主编：《秦简牍合集（壹·上）》，武汉大学出版社 2014 年版，第 304 页。另，有关《封诊式·盗自告》文书，因本书第二章第三节已引用，故此处不再赘言出处。
② 彭浩、陈伟、[日] 工藤元男主编：《二年律令与奏谳书：张家山二四七号汉墓出土法律文献释读》，上海古籍出版社 2007 年版，第 377 页。
③ 朱汉民、陈松长主编：《岳麓书院藏秦简（叁）》，上海辞书出版社 2013 年版，第 185—186 页。
④ 陈伟主编：《里耶秦简牍校释（第一卷）》，武汉大学出版社 2012 年版，第 101 页。

就进入了"徭使"状态。除了在本县出差的官吏之外，被征发的戍卒、须输送至远处劳作的刑徒等也是主要的离县者。对此类人物，为了保证他们准时到达目的地①和防止他们逃跑，县官府必须派官吏押解。如，《史记·高帝纪上》就记载，刘邦"为县送徒骊山"。又如，第二章第三节曾引用的岳麓简《狱校律》条文的一部分提到：

> 略妻及奴骚悍，斩为城旦，当输者，谨将之，勿庸（用）传□；到输所乃传之。（岳麓简 1419/232 所收《狱校律》）

据"谨将之"三字可知，对被处以"斩为城旦"的"略妻"者及"骚悍"之奴的输送是需要在官吏的押解之下进行的，而且在到达目的地之后，负责押送的官吏大概需要以口头方式向"输所"的官吏说明文书未及表达的意思、输送过程中发生的事故等信息以便"输所"的官吏对如何管理被输送者做更周全的规划。再如，里耶简 9－2289 所收"司空守圂徒作簿"曰"一人传送酉阳……二人传送酉阳"，② 10－673 又云"鬼薪苍输铁官，廿八年三月丙辰断，

① 岳麓简 0992/238＋0792/239 所收《兴律》条文就规定："发征及有传送殹（也），及诸有期会而失期，事乏者，赀二甲，废。其非乏事【殹（也），及书已具】留弗行，盈五日，赀一盾；五日到十日，赀一甲；过十日到廿日，赀二甲；后有盈十日，辄驾（加）一甲。"陈松长主编：《岳麓书院藏秦简（肆）》，上海辞书出版社 2015 年版，第 147 页。应当指出，0992/238 简有残断，简文止于"其非乏事"四字。张家山汉简《二年律令·行书律》中的一条律文可与岳麓简 0992/238＋0792/239 所收《兴律》条文对读：

> 发征及有传送，若诸有期会而失期，乏事，罚金二两。非乏事也，及书已具，留弗行，行书而留旬，皆盈一日罚金二两。（彭浩、陈伟、［日］工藤元男主编：《二年律令与奏谳书：张家山二四七号汉墓出土法律文献释读》，上海古籍出版社 2007 年版，第 202 页）

据此，岳麓简整理小组将 0992/238 简之残断部分的简文补为"【殹（也），及书已具】"并加上断简符号。不过，在补释之后，《兴律》条文的文意可谓完整，而且观图版，0992/238 简的残断部分所能容纳的字数似乎也不过五个左右，因此，断简符号应可删除。

② 陈伟主编：《里耶秦简牍校释（第二卷）》，武汉大学出版社 2018 年版，第 456—457 页。有关里耶简所见"徒作簿"，本章第二节将详加考察，此处不再展开。

戍午行",[①] 这些都表明刑徒输送乃县官府的常规工作，其中自然也不会缺乏因押解刑徒而"徭使"的官吏的身影。他们从此地到彼地的前行以及对沿途发生的各种情况的处理其实就是对与刑徒传输有关的官文书所载之信息的阐释和补充。

3. 采集、购买与运送物资。虽然各县会生产和储备常规物资，但用度何时及出于何种原因而突然增加是难以预测的，物资紧缺状态的出现自然也无法避免；至于产地特定的物资，各县陷入储备不足的情况无疑更非鲜见。面对这类问题，县官府既可通过向上级或它县申请物资输送来解决，亦可至它县采集、购买物资，而在后一场合，县派遣官吏"徭使"可谓理所当然。如，里耶简 12-447 正面云：

> ☑敢言之。遣佐□将徒遣采锡苍☑ (12-447a)[②]

王勇认为，"苍"很可能是指苍梧郡,[③] 故简文大意是说，佐某被迁陵县派往苍梧郡采集锡。又如，下引里耶简的简文记载了迁陵县少内长官华令其下属却等赴巴郡涪陵县买盐之事：

> 涪陵来以买盐急，却即道下，以券与却，靡千钱。除少内，□却、道下操养钱来视。华购而出之。(8-650 正+8-1462 正)[④]

与某县申请输送或采集、购买物资相适应，它县在向该县运送物资时无疑也要派遣官吏随行以免物资遗失，如里耶简 9-1479 就提到"十人与佐畸偕载

① 里耶秦简博物馆、出土文献与中国古代文明研究协同创新中心中国人民大学中心编著:《里耶秦简博物馆藏秦简》，中西书局 2016 年版，第 129 页。
② 里耶秦简博物馆、出土文献与中国古代文明研究协同创新中心中国人民大学中心编著:《里耶秦简博物馆藏秦简》，中西书局 2016 年版，第 132 页。
③ 参见王勇:《里耶秦简所见地方官吏的徭使》，载《社会科学》2019 年第 5 期，第 156 页。
④ 陈伟主编:《里耶秦简牍校释（第一卷）》，武汉大学出版社 2012 年版，第 191 页。

粟门浅四月□☐"① 云云。倘若运送对象是进呈中央的贡献物，派遣官吏看护当然更不可少，下引两段里耶简简文即为其实例：

廿八年七月戊戌朔乙巳，启陵乡赵敢言之：令令启陵捕献鸟，得明渠雌一。以鸟及书属尉史文，令输。文不肎（肯）受，即发鸟送书，削去其名，以予小史适。适弗敢受，即詈适。已有（又）道船中出操枏〈楫〉以走赵，奊訽詈赵。谒上狱治，当论论。敢言之。令史上见其詈赵。（8-1562 正）

锦缯一丈五尺八寸。　卅五年九月丁亥朔朔日，少内守绕出以为【献】☐令佐俱监。☐（8-1751+8-2207）②

进一步论，尽管史料本身并无明确记载，但物资采购和输送作为一种过程不应仅体现为对物资的购买、送达，其间必然包含着供给地官吏与需求地官吏之间就物资本身展开的清点、核验行为，甚至有关物资之素材、生产及储备等情况的介绍也可能会在他们不经意的交谈中出现。如此，由政务本身引申出来的丰富的社会信息就会以"徭使"的官吏为媒介而为若干官府所共享并成为其今后处理政务时的参考，这种信息传播效果或许是相对严谨、规范、就事论事的官文书较难实现的。

4. 校雠律令。秦律令极为繁密且尚未典籍化，因此，很可能是为了记诵、检索或适用之方便，包括县在内的各级地方的官府往往会对律令文予以摘抄、整理。但，漏抄、错抄、编联错误之类的问题终究是难以避免的，所以，地方官府往往会派遣官吏赴某地校雠律令。里耶简 6-4 就记载了迁陵县廷派令史至沅陵校雠律令之事：

□年四月□□朔己卯，迁陵守丞敦狐告船官□：令史懬雠律令沅陵，

① 陈伟主编：《里耶秦简牍校释（第二卷）》，武汉大学出版社 2018 年版，第 316 页。
② 陈伟主编：《里耶秦简牍校释（第一卷）》，武汉大学出版社 2012 年版，第 359—360、386 页。

其假船二樓，勿留。(6-4)①

在校雠过程中，官吏们就如何理解律令文、自己在适用律令时遇到的难题等略作交流的可能性是存在的，这在某种程度上有助于提升参与校雠律令之各方未来据律令执行政务的妥当性。

5. 传送文书。前文已指出，秦的文书传递方式之一为专人行书。若采取此种传递方式，且又须就文书所论之政事向收件方做较详细的说明或应对收件方的追问，县官府往往会派遣官吏“行书”，如里耶简 8-1149+8-1484 所示：

> 卅四年后九月壬戌〈辰〉朔辛酉，迁陵守丞兹敢言之：迁陵道里毋蛮更者。敢言之。(8-1449 正+8-1484 正)
>
> 十月己卯旦，令佐平行。　平手。(8-1449+8-1484 背)②

如此，官吏“徭使”遂成为行政信息之沟通充分展开的途径。

6. 参与政务讨论。县官府在处理政务时可能会随时征召涉事官吏接受质询，被征召者就不得不因公出差了，如里耶简 8-770 所提到的“乡守恬”即为接到县廷的征召而“徭使”者：

> 卅五年五月己丑朔庚子，迁陵守丞律告启陵乡啬夫：乡守恬有论事，以旦食遣自致，它有律令。(8-770 正)
>
> 五月庚子，□守恬□□。　敬手。(8-770 背)③

此外，在县廷内部，如岳麓简《为狱等状四种》及张家山汉简《奏谳书》记载的“吏议”二字所示，官吏们往往会通过讨论来决策；④ 又如里耶简所示：

---

① 陈伟主编：《里耶秦简牍校释（第一卷）》，武汉大学出版社 2012 年版，第 19 页。
② 陈伟主编：《里耶秦简牍校释（第一卷）》，武汉大学出版社 2012 年版，第 328 页。
③ 陈伟主编：《里耶秦简牍校释（第一卷）》，武汉大学出版社 2012 年版，第 223 页。
④ 参见高村武幸：《秦・漢時代地方行政における意思決定過程》，载《東洋学報》第九十七卷第一号，2015 年，第 10—11 页；秦涛：《律令时代的“议事以制”：汉代集议制研究》，中国法制出版社 2018 年版，第 259—265 页。

卅年廷金布期会已事。(9－2310)

司空曹、仓曹期会式令☐。(9－2311)

迁陵廷尉曹【卅】一年、卅二年期会已事笥。(9－2313)①

列曹还以"期会"即按预定时间开会②的方式汇总与本曹相关的政务的处理情况。无论是随时讨论还是定期会议，征召远离县廷所在地的相关吏员列席会议都是极有可能的，③ 其目的不用说就在于以相关吏员的"徭使"最大程度地保证政务交流建基于充分而准确的信息之上。

7."上事"及上计。县的政务多有因郡之命令而展开者，亦有因与他县相关联而非本县所能单独决定者。在这种情况下，县往往主动或被动派遣官吏至郡府汇报政务实施情况，里耶简中频频提到的"上事"应指此：

一人与吏上事泰守府。(8－1586)

四人与吏上事守府。(9－2289 正)

一人与吏上事守府。☒ (9－2297)④

除了临时"上事"之外，县每年还须定期上计以接受上峰的考核。此时，县廷也会派遣吏员带队赴上官所在地执行上计任务，如里耶简所示：

① 陈伟主编：《里耶秦简牍校释（第二卷）》，武汉大学出版社 2018 年版，第 468 页。有关 9－2313 简，前文已有引用，此处不再标明出处。

② 对作为秦汉时代之行政术语的"期会"的含义，李均明在研究居延汉简所见汉代召会制度时已有讨论，值得参考。参见李均明：《简牍法制论稿》，广西师范大学出版社 2011 年版，第 130—139 页。

③ 对此，高村武幸已有较为详细的论述，或可参考。参见高村武幸：《秦・漢時代地方行政における意思決定過程》，载《東洋学報》第九十七卷第一号，2015 年，第 11—14 页。

④ 陈伟主编：《里耶秦简牍校释（第一卷）》，武汉大学出版社 2012 年版，第 365 页；陈伟主编：《里耶秦简牍校释（第二卷）》，武汉大学出版社 2018 年版，第 456、466 页。

一人与令史上上计□□（8-1472 正）

男十六人与吏上计……女廿三人与吏上计（10-1170）①

在“上事”或上计的过程中，上官不可能不咨询任何问题，“徭使”之县吏的回复无疑构成了对官文书所说之内容的必要补充，从而推动了某些政务或上计的顺利完成。

上列诸项必定不是官吏“徭使”之缘由的全部，但已足以表明，在秦政的实际运行场景中，官吏亲自至他处办公的现象可谓常见之事。以政务信息之运转论，“徭使”之吏不仅与官文书一样皆为移动的信息载体，而且还以其对信息之理解或阐述的灵活性而构成了对官文书的有力补充。尽管如此，“徭使”无疑也意味着一段时间的岗位缺员。如果时间较短，对“徭使”之吏的本职工作的影响或许并不大，但倘若时间较长，如里耶简 8-197 中的“至今未得其代，居吏少，不足以给事”② 一句所示，其本职工作就会有荒废之虞，而从秦简牍上的文句来看，超期乃至长期“徭使”的情况其实并不少见。如，据里耶简 8-754＋8-1007 的记载，一位名为“渠”的乡啬夫和一位名为“获”的史应赴贰春乡，却因“误诣它乡”“失道百六十七里”，③ “徭使”超期。又如，里耶简 9-2032 云，“五月己巳夕，仓佐处不居官志，三千里繇（徭）”，④ 如此长距离“徭使”必定导致仓佐处长期不在岗。尤其值得注意的是，周家台秦简所收可谓私人工作备忘录的《三十四年质日》⑤ 的记载：

① 陈伟主编：《里耶秦简牍校释（第一卷）》，武汉大学出版社 2012 年版，第 335 页；里耶秦简博物馆、出土文献与中国古代文明研究协同创新中心中国人民大学中心编著：《里耶秦简博物馆藏秦简》，中西书局 2016 年版，第 130 页。

② 陈伟主编：《里耶秦简牍校释（第一卷）》，武汉大学出版社 2012 年版，第 109 页。

③ 参见陈伟主编：《里耶秦简牍校释（第一卷）》，武汉大学出版社 2012 年版，第 216 页。

④ 陈伟主编：《里耶秦简牍校释（第二卷）》，武汉大学出版社 2018 年版，第 407 页。

⑤ 目前已公布的秦“质日简”除了此处所说的《三十四年质日》外，还有岳麓简所收《二十七年质日》《卅四年质日》《卅五年私质日》。学者们多认为“质日简”为私人文书，但高村武幸又指出，与周家台秦简所收《三十四年质日》几乎不载私事这一点相比，尹湾汉简所收《元延二年日记》则同时记录公事和私事，更具个人日记的色彩，此差异似乎反映了某种时代变化。参见高村武幸：《漢代の地方官吏と地域社会》，汲古书院 2008 年版，第 177—178 页；苏俊林：《关于“质日”简的名称与性质》，载《湖南大学学报（社会科学版）》2010 年第 4 期，第 22 页；陈松长等：《岳麓书院 （转下页）

表 3-5

十月	十一月	十二月	正月	二月	三月
戊戌	丁卯	丁酉	丁卯 嘉平视事	丙申 宿竞（竟）陵	乙丑 治竞（竟）陵
己亥	戊辰	戊戌	戊辰	丁酉 宿井韓（韩）乡	丙寅 治竞（竟）陵
庚子	己巳	己亥	己巳	戊戌 宿江陵	丁卯 宿□上
辛丑	庚午	庚子	庚午	己亥	戊辰 宿路阴
壬寅	辛未	辛丑	辛未	庚子	己巳 宿江陵
癸卯	壬申	壬寅	壬申	辛丑	庚午 到江陵
甲辰	癸酉	癸卯	癸酉	壬寅	辛未 治后府
乙巳	甲戌	甲辰	甲戌	癸卯	壬申 治
丙午	乙亥	乙巳	乙亥	甲辰	癸酉 治
丁未	丙子	丙午	丙子	乙巳	甲戌
戊申	丁丑	丁未	丁丑	丙午	乙亥
己酉	戊寅	戊申	戊寅	丁未 起江陵	丙子
庚戌	己卯	己酉	己卯	戊申 宿黄邮	丁丑
辛亥	庚辰	庚戌	庚辰	己酉 宿竞（竟）陵	戊寅

（接上页）藏秦简的整理与研究》，中西书局 2014 年版，第 100—108 页；陈侃理：《出土秦汉历书综论》，载杨振红、邬文玲主编：《简帛研究》（2016 秋冬卷），广西师范大学出版社 2017 年版，第 50 页。据高村说，似可认为，即便秦“质日简”确为私人文书，但其功能究竟如何也还是可以再思考的。

续 表

十月	十一月	十二月	正月	二月	三月
壬子	辛巳	辛亥	辛巳	庚戌 宿都乡	己卯
癸丑	壬午	壬子	壬午	辛亥 宿铁官	庚辰
甲寅	癸未	癸丑	癸未	壬子 治铁官	辛巳 赐
乙卯	甲申	甲寅	甲申	癸丑 治铁官	壬午
丙辰	乙酉	乙卯	乙酉	甲寅 宿都乡	癸未 奏上
丁巳	丙戌	丙辰 守丞登， 史竖、除到	丙戌	乙卯 宿就（竟）陵	甲申 史奥（彻）行
戊午	丁亥	丁巳 守丞登，□史□、 □之□□	丁亥 史除不坐掾曹。 从公，宿长道	丙辰 治就（竟）陵	乙酉
己未	戊子	戊午	戊子 宿迣赢邑北上蒲	丁巳 治就（竟）陵	丙戌 后事已
庚申	己丑	己未	己丑 宿迣离涌西	戊午 治就（竟）陵	丁亥 治就（竟）陵
辛酉	庚寅	庚申	庚寅 宿迣□□邮北	己未 治就（竟）陵	戊子
壬戌	辛卯	辛酉 嘉平	辛卯 宿迣罗涌西	庚申 治就（竟）陵	己丑 论修、赐
癸亥	壬辰	壬戌	壬辰 宿迣离涌东	辛酉 治就（竟）陵	庚寅
甲子	癸巳	癸亥	癸巳 宿区邑	壬戌 治就（竟）陵	辛卯
乙丑	甲午	甲子	甲午 宿就（竟）陵	癸亥 治就（竟）陵	壬辰
丙寅	乙未	乙丑 史但觳（系）	乙未 宿寻平	甲子 治就（竟）陵	癸巳

续 表

十月	十一月	十二月	正月	二月	三月
	丙申				甲午 并左曹
四月	五月	六月	七月	八月	九月
乙未	甲子	甲午	癸亥	癸巳	癸亥
丙申	乙丑	乙未	甲子	甲午	甲子
丁酉	丙寅	丙申	乙丑	乙未	乙丑
戊戌	丁卯	丁酉	丙寅	丙申	丙寅
己亥	戊辰	戊戌	丁卯	丁酉	丁卯
庚子	己巳	己亥	戊辰	戊戌	戊辰
辛丑	庚午	庚子	己巳	己亥	己巳
壬寅	辛未	辛丑	庚午	庚子	庚午
癸卯	壬申	壬寅	辛未	辛丑	辛未
甲辰	癸酉	癸卯	壬申	壬寅	壬申
乙巳	甲戌	甲辰	癸酉	癸卯	癸酉
丙午	乙亥	乙巳	甲戌	甲辰	甲戌
丁未	丙子	丙午	乙亥	乙巳	乙亥
戊申	丁丑	丁未 去左曹，坐南廥	丙子	丙午	丙子
己酉	戊寅	戊申	丁丑	丁未	丁丑
庚戌	己卯	己酉	戊寅	戊申	戊寅
辛亥	庚辰	庚戌	己卯	己酉	己卯
壬子	辛巳	辛亥 就逮□陵	庚辰	庚戌	庚辰
癸丑	壬午	壬子	辛巳	辛亥	辛巳
甲寅	癸未	癸丑	壬午	壬子	壬午
乙卯	甲申	甲寅	癸未	癸丑	癸未

续 表

四月	五月	六月	七月	八月	九月
丙辰	乙酉	乙卯	甲申	甲寅	甲申
丁巳	丙戌	丙辰	乙酉	乙卯	乙酉
戊午	丁亥	丁巳	丙戌	丙辰	丙戌
己未	戊子	戊午	丁亥	丁巳	丁亥
庚申	乙丑	己未	戊子	戊午	戊子
辛丑〈酉〉	庚寅	庚申	己丑	乙未	己丑
壬戌	辛卯	辛丑〈酉〉	庚寅	庚申	庚寅
癸亥	壬辰	壬戌	辛卯	辛丑〈酉〉	辛卯
	癸巳		壬辰		壬辰
备注	本表据周家台秦简《三十四年质日》之记载所作。至于《三十四年质日》之释文，参见陈伟主编：《秦简牍合集（叁）》，武汉大学出版社 2014 年版，第 8—11 页。				

观此表，秦始皇三十四年（公元前 213 年）的正月、二月、三月，墓主人均多次被分配“徭使”任务；于二月，竟至 70%以上的时间都在差旅中度过。倘若因事出紧急等缘由，“徭使”之吏未在其出差前将手上的工作交代清楚，其任职地的政务很可能直接陷入混乱状态，如里耶简 9－50 就提到了贰春乡守兹在未能交托为其私印所封之粮仓的管理事务的情况下外出“徭使”导致其他官吏无法合乎规范地开启粮仓以确定粮食是否充足之事：

卅四年二月丙申朔己亥，贰春乡守平敢言之：廷令平代乡兹守贰春乡，今兹下之廷而不属平以仓粟米。问之，有（又）不告平以其数。即封仓以私印去。兹繇（徭）使未智（知）远近，而仓封以私印，所用备盗贼粮尽在仓中。节（即）盗贼发，吏不敢蜀（独）发仓，毋以智（知）粟米备不备，有恐乏追者粮食。节（即）兹复环（还）之官，可殴（也）；（9－50 正）不环（还），谒遣令史与平杂料之。谒报，署□发。敢言之。

二月甲辰日中时，典辆以来。/壬发。　平手。(9-50背)[①]

官吏“徭使”既为必需，又容易引发行政运转之不畅，秦统治者自然要考虑如何在发挥其作用的同时克服其缺陷。那么，方法何在呢？里耶简中频频出现“官名+守”或“守+官名”的组合。对其中的“守”，先贤们曾提出长官说、试职说、临时代理或兼摄说、试用加兼摄说、文书习语说、难以定论说等各种观点，[②] 但从目前的研究来看，临时代理或兼摄说逐渐得到了学者们的认可，[③] 高震寰对“守”及其相关概念“假”“行”的辨析尤其值得注意。即，“守”与“行”皆为制度性措施且含义相近，只不过前者侧重于所守之官而意指以本职临时代理它官，后者则侧重于兼摄之职而意指以本职临时兼理它官所负责之事；“假”乃非制度的应急措施，其意是出于完成政务之需求而权宜假号；秦简中多见“守”，几乎未见“行”。[④] 也就是说，对官吏“徭使”

① 陈伟主编：《里耶秦简牍校释（第二卷）》，武汉大学出版社2018年版，第54页。

② 对一应观点的总结，参见王伟：《秦守官、假官制度综考——以秦汉简牍资料为中心》，载杨振红、邬文玲主编：《简帛研究》（2016秋冬卷），广西师范大学出版社2017年版，第61—64页；陈松长等：《秦代官制考论》，中西书局2018年版，第113—118页。

③ 事实上，大庭脩在研究汉代官吏兼任制度时就已指出，“守”有临时代理、兼摄之意。学者们将里耶简所载“官名+守”或“守+官名”之组合中的“守”解释为“代理、兼摄”既证明大庭脩之说对研究秦官僚制亦具有不容忽视的参考价值，也揭示了“汉承秦制”在官制上的体现。参见大庭脩：《秦漢法制史の研究》，创文社1982年版，第541页；李学勤：《初读里耶秦简》，载《文物》2003年第1期，第77页；陈志国：《里耶秦简之“守”和“守丞”释义及其它》，载《中国历史文物》2006年第3期，第57页；土口史记：《戦国・秦代の県——県廷と官の関係をめぐって一考察》，载《史林》第九十五卷第一号，2012年，第15页；孙闻博：《里耶秦简“守”、“守丞”新考》，载卜宪群、杨振红主编：《简帛研究》（2010），广西师范大学出版社2012年版，第74—75页；高震寰：《试论秦汉简牍中“守”、“假”、“行”》，载王沛主编：《出土文献与法律史研究》（第四辑），上海人民出版社2015年版，第79页；袁延胜、时军军：《再论里耶秦简中的“守”和“守官”》，载《古代文明》2019年第2期，第59—60页；沈刚：《秦简所见地方行政制度研究》，中国社会科学出版社2021年版，第60—72页；周海锋：《秦官吏法研究》，西北大学出版社2021年版，第41—55页。

④ 参见高震寰：《试论秦汉简牍中“守”、“假”、“行”》，载王沛主编：《出土文献与法律史研究》（第四辑），上海人民出版社2015年版，第58—79页。不过，有关“守”与“假”之所指，此处还有二说需略加分析。其一，王伟认为，“守”的重点不是代理或兼摄职权，而是居守于官署。参见王伟：《秦守官、假官制度综考——以秦（转下页）

而导致的短期或长期岗位缺员现象，包括县在内的各行政层级的官府是通过守官之制即令在岗官吏代理或兼摄“徭使”者之职责来降低官吏“徭使”对行政运转的不良影响的。①

上文从官文书运转和官吏“徭使”两个方面考察了官府内部的政务信息流动。与之相伴随，秦县的各种行政力量被调动起来，所谓社会治理也由此被推进。当然，除了据官文书所说思考社会治理如何展开以及派遣官吏亲赴各地办公之外，县官府还会动用其掌握的劳动力即役使刑徒来处理多种政务，下一节将对此略作考察。

第二节　刑徒使役与管理

于修筑城郭或官衙、建设道路、整治河津桥梁、输送物资等各类政事，虽然秦县官府可以征发黔首为之，但正如第二章第一节曾提到的岳麓简“毋夺田时令”及里耶简 9－2283、16－5、16－6 收入的官文书所引令文②展示出

(接上页) 汉简牍资料为中心》，载杨振红、邬文玲主编：《简帛研究》(2016 秋冬卷)，广西师范大学出版社 2017 年版，第 75 页。此说试图对“守”何以能产生代理或兼摄之意展开更具根本性的解释，但若将其说反过来，即因代理或兼摄职权而不得不居守于官署，那也未必不能成立。因此，王说对“守”的所谓重点的刻意界定或许还可再商榷。其二，周海锋指出，秦简牍所见的“守”与“假”皆指代理，只是前者适用于县级官府，后者则与郡级官府有关。参见周海锋：《秦官吏法研究》，西北大学出版社 2021 年版，第 55—58 页。然而，检索里耶简之记载，“假”官现象在县级官府中似乎也是存在的，如里耶简 8－919 就提到“谓令佐唐叚（假）为畜官☐”(陈伟主编：《里耶秦简牍校释（第一卷）》，武汉大学出版社 2012 年版，第 249 也)，里耶简 8－1559 正面亦载“卅一年五月壬子朔辛巳……叚（假）仓兹敢言之……”。

① 当然，这并不是说秦统治者确立“守”官或官吏代理之制只是为了解决“徭使”导致官僚政治运转不畅的问题。事实上，于洪涛就曾列举其他原因，即“因为官吏从正式任命到上任，需要有多项文书的往来，秦代交通并不是十分发达，往来文书最快也需要数月，所以在官府缺员的情况下，一般就会找能力相当者代理官职”。参见于洪涛：《里耶秦简经济文书分类整理与研究》，知识产权出版社 2019 年版，第 53 页。但是，不得不说，“徭使”所引发的短期或长期缺员至少应当是官吏代理之制出现的重要原因。

② 里耶简 9－2283、16－5、16－6 记载了同一条令文，其文句曰：“传送委输，必先悉行城旦舂、隶臣妾、居赀赎责（债）；急事不可留，乃兴繇（徭）。”陈伟主编：《里耶秦简牍校释（第二卷）》，武汉大学出版社 2018 年版，第 448 页；里耶秦简博物馆、出土文献与中国古代文明研究协同创新中心中国人民大学中心编著：《里耶秦简博物馆藏秦简》，中西书局 2016 年版，第 207 页。不过，对这三块木牍所载官文书，本书第五章将有所探讨，此处不再展开。

来的那样，出于不妨碍农时等考虑，调动刑徒承担重劳力作业乃官府的首要选择，这也与刑徒在本质上为官奴隶的身份①相适应。那么，刑徒从何而来呢？

一、刑徒之来源

在今人看来，所谓刑徒理所当然是指因犯罪而被强制要求服劳役者，但事实上，秦时刑徒的来源颇为多样，以下将稍作罗列。

1. 战俘。睡简《秦律杂抄》云："寇降，以为隶臣。"② 这表明，秦军在战争中俘获的敌方军民若未被杀、赏赐或卖给私人，就会成为刑徒。

2. 罪囚。以史籍对秦法的评价即"秦法繁于秋荼，而网密于凝脂"③论，时人动辄得咎是极为可能的，因此，以罪获刑或为刑徒的主要形成途径。这又可细分为三种情况。其一，因犯罪而被判处城旦舂、鬼薪白粲、隶臣妾、司寇、候④等刑罚以至于直接成为刑徒。此类刑罚虽名目繁多且皆

① 参见吴荣曾：《先秦两汉史研究》，中华书局 1995 年版，第 160—161 页；张政烺：《张政烺文集 文史丛考》，中华书局 2012 年版，第 58 页。

② 陈伟主编：《秦简牍合集（壹·上）》，武汉大学出版社 2014 年版，第 188 页。

③《盐铁论·刑德》。

④ 通说主张，"候"为秦劳役刑的下限，但冨谷至、韩树峰及宫宅洁在考察秦汉时期的劳役刑时似乎都将"候"排除在外；只不过冨谷并未明言理由，韩、宫宅则简要地说明了原因，即秦律较少提及"候"，且在现有汉代史料中缺乏有关"候"的记载。参见［日］冨谷至：《秦汉刑罚制度研究》，柴生芳、朱恒晔译，广西师范大学出版社 2006 年版，第 22—32 页；韩树峰：《汉魏法律与社会——以简牍、文书为中心的考察》，社会科学文献出版社 2011 年版，第 73 页；宫宅洁：《中国古代刑制史の研究》，京都大学学术出版会 2011 年版，第 78 页；中国政法大学中国法制史基础史料研读会：《睡虎地秦简法律文书集释（五）：〈秦律十八种〉（〈效〉——〈属邦〉）、〈效〉》，载中国政法大学法律古籍整理研究所编：《中国古代法律文献研究》（第十辑），社会科学文献出版社 2016 年版，第 69 页。事实上，"候"在睡简中只出现了三次（《秦律十八种》一次、《秦律杂抄》两次），在被提及的频率上确实远逊于其他劳役刑，但若据此就将"候"排除在劳役刑体系之外似乎也有所不妥，毕竟目前尚无法否定存在如下情况的可能性：因为"候"相比于其他劳役刑而言具有某种特殊性（参见高震寰：《从劳动力运用角度看秦汉刑徒管理制度的发展》，台湾大学文学院历史系 2017 年博士论文，第 15—19 页），所以，与"候"有关的律文本就不多，被睡简收入者自然更少。不过，韩、宫宅所指出的现有汉代史料未提及"候"这一点也的确值得注意。对此，或许可以认为，在秦至汉初的某一时刻，作为刑罚的"候"消失了，如水间大辅就据龙岗秦简中未见有关"候"的记载而推断，"候"可能在秦统一之前就已被废除。参见水间大辅：《秦漢刑法研究》，知泉书馆 2007 年版，第 58 页。但，龙岗秦简残断较为严重，其所收律令文并不多且规范领域较为狭窄，据此推断"候"的废止时间恐怕风险较大。因此，有关"候"之行用阶段的考证或许还有待今后更多新资料的出现来展开。

无刑期,[①] 但基本上可被划分为城旦舂加鬼薪白粲与隶臣妾至候两等，二者在附加刑样态及刑徒待遇上迥然有别,[②] 故如学者们已指出的，时人似以“徒隶”“隶徒”概称城旦舂、鬼薪白粲、隶臣妾以便与司寇等相区分，而隶臣妾与城旦舂、鬼薪白粲在社会身份上又有所不同。[③] 其二，被判处赀、赎刑[④]或欠政府钱款者因无力支付而只能以劳役来抵偿，遂成为刑徒，此即所

---

① 有关秦的劳役刑是否有刑期，最初，刘海年等提出有期说，高恒等则力主无期说，但无期说逐渐成为主流。至《二年律令》公布，邢义田曾据汉初律文中的“系城旦舂六岁”“偿日作县官罪”等文句修正无期说，其观点被籾山明概括为“新有期说”。目前看来，比较稳妥的观点或许是，秦的劳役刑基本上是无期的，但有期化的尝试也已在进行中。由于相关研究极为丰富，此处不再一一罗列，仅提示有关有期说、无期说、新有期说以及对诸说予以总结的代表性论著。参见高恒:《秦汉法制论考》，厦门大学出版社 1994 年版，第 86—92 页；瀬川敬也:《秦代刑罰の再検討——いわゆる“劳役刑”を中心に——》，载《鷹陵史学》第二十四号，1998 年，第 21—42 页；刘海年:《战国秦代法制管窥》，法律出版社 2006 年版，第 275—299 页；籾山明:《中国古代訴訟制度の研究》，京都大学学术出版会 2006 年版，第 230—272 页；游逸飞:《说“系城旦舂”——秦汉刑期制度新论》，载《新史学》二十卷三期，2009 年，第 2—11 页；陶安あんど:《秦漢刑罰体系の研究》，东京外国语大学亚洲非洲语言文化研究所 2009 年版，第 329—336 页；邢义田:《治国安邦：法制、行政与军事》，中华书局 2011 年版，第 101—124 页；宫宅洁:《中国古代刑制史の研究》，京都大学学术出版会 2011 年版，第 80—96 页。

② 有关这一刑等区分，韩树峰、石冈浩、陶安皆有详细论述，颇值参考。参见石冈浩:《収制度の廃止にみる前漢文帝刑法改革の発端——爵制の混乱から刑罰の破綻へ》，载《歴史学研究》第 805 号，2005 年，第 2—9 页；陶安あんど:《秦漢刑罰体系の研究》，东京外国语大学亚洲非洲语言文化研究所 2009 年版，第 54—99 页；韩树峰:《汉魏法律与社会——以简牍、文书为中心的考察》，社会科学文献出版社 2011 年版，第 50—61 页。

③ 李力和贾丽英皆认为，“徒隶”乃泛称；在不同时代、不同语境中，其所指对象并不完全相同。参见李力:《论“徒隶”的身份——从新出土里耶秦简入手》，载中国文物研究所编:《出土文献研究》(第八辑)，上海古籍出版社 2007 年版，第 40 页；贾丽英:《里耶秦简所见“徒隶”身份及监管官署》，载宪群、杨振红主编:《简帛研究》(2013)，广西师范大学出版社 2014 年版，第 72 页。此说是在综合分析传世与出土文献之诸多用例的基础上概括出来的，自有其合理性，但正如吕利、石冈浩、孙闻博、沈刚所指出的，在秦及汉初的律令文、官文书中，徒隶似有其特殊含义，乃城旦舂、鬼薪白粲、隶臣妾之合称，且城旦舂、鬼薪白粲与隶臣妾在社会身份上分属两个阶层。参见吕利:《律简身份法考论：秦汉初期国家秩序中的身份》，法律出版社 2011 年版，第 265—266 页；石冈浩:《秦漢代の徒隷と司寇——官署に隷属する有職刑徒》，载《史学雑誌》第 121 卷第 1 号，2012 年，第 1—8 页；孙闻博:《秦及汉初的司寇与徒隶》，载《中国史研究》2015 年第 3 期，第 80—89 页；沈刚:《秦简所见地方行政制度研究》，中国社会科学出版社 2021 年版，第 302—306 页。

④ 有关“赀”之本义与刑罚义、“居赀”之所指以及赀刑的等级，陶安、石洋均有较为详细的阐述，颇值参考。参见陶安あんど:《秦漢刑罰体系の研究》，东京外国语大学亚洲非洲语言文化研究所 2009 年版，第 54—99 页；石洋:《战国秦汉间“赀”的字义演变及其意义》，载《华东政法大学学报》2013 年第 4 期，第 150—160 页。(转下页)

谓“居赀赎债”。[①]由于赀、赎、债所涉钱款的额度是固定的，秦律又确立了居赀赎债者每日劳作所能折抵的钱数：

> 有辠（罪）以赀赎及有责（债）于公，以其令日问之，其弗能入及赏（偿），以令日居之，日居八钱；公食者，日居六钱。[②]

因此，居赀赎债者在某种程度上可被视为与城旦舂、隶臣妾等有别的有期劳役刑徒。其三，如游逸飞已指出的，从战国秦至汉初，“系城旦舂”最初为居赀赎债的执行样态，后在保持此定位的基础上又衍生出另一重含义，即权宜式或局部使用的令刑罚体系之轻重等差变得更为合理的有期劳役刑，[③] 故因罪而被系城旦舂者也就成为了另一种有期劳役刑徒。

（接上页）有关秦及汉初的赎刑，目前仍有学者主张，其性质为替代刑。参见雷安军：《新出土金文所见西周罚金刑研究》，载《中国法学》2020 年第 2 期，第 191 页。但国内外很多学者均已指出，秦及汉初的赎刑既可为本刑，亦可为替代刑，此应为对秦及汉初之赎刑的较为准确的理解。参见角谷常子：《秦漢時代の贖刑》，载梅原郁编：《前近代中國の刑罰》，京都大学人文科学研究所 1996 年版，第 93—94 页；张建国：《论西汉初期的赎》，载《政法论坛》2002 年第 5 期，第 36—42 页；［日］冨谷至：《秦汉刑罚制度研究》，柴生芳、朱恒晔译，广西师范大学出版社 2006 年版，第 38—43 页；水间大辅：《秦漢刑法研究》，知泉书馆 2007 年版，第 63—66 页；陶安あんど：《秦漢刑罰体系の研究》，东京外国语大学亚洲非洲语言文化研究所 2009 年版，第 113 页；韩树峰：《汉魏法律与社会——以简牍、文书为中心的考察》，社会科学文献出版社 2011 年版，第 26—34 页；南玉泉：《读秦汉简牍再论赎刑》，载中国政法大学法律古籍整理研究所编：《中国古代法律文献研究》（第五辑），社会科学文献出版社 2012 年版，第 70—78 页。

① 参见张金光：《秦制研究》，上海古籍出版社 2004 年版，第 553—563 页。

② 陈伟主编：《秦简牍合集（壹・上）》，武汉大学出版社 2014 年版，第 120 页。

③ 徐世虹、韩树峰、邢义田等都注意到了“系城旦舂”的存在对战国秦至汉初的劳役刑变迁的重要意义，游逸飞则在总结诸说的基础上系统论述了“系城旦舂”的性质、功能及发展历程，颇值注意。参见徐世虹：《“三环之”、“刑复城旦舂”、“系城旦舂某岁”解——读〈二年律令〉札记》，载中国文物研究所编：《出土文献研究》（第六辑），上海古籍出版社 2004 年版，第 83—87 页；游逸飞：《说“系城旦舂”——秦汉刑期制度新论》，载《新史学》（二十卷三期），2009 年，第 22—49 页；韩树峰：《汉魏法律与社会——以简牍、文书为中心的考察》，社会科学文献出版社 2011 年版，第 65—68 页；邢义田：《治国安邦：法制、行政与军事》，中华书局 2011 年版，第 102—108 页。另外，还须指出，囿于史料，游逸飞用以论证“系城旦舂”于秦至汉初已有独立刑种之地位的最强有力的根据是《二年律令》之《具律》《亡律》诸条，但《二年律令》为汉初的法律，据之说明秦时“系城旦舂”的性质终究略有风险。不过，岳麓简 0185/091 及 2129/037＋2091/083＋2071/039 所收《亡律》条文曰： （转下页）

3. 为罪犯所牵连者。在传统中国，某人受他人罪行之牵连而成为刑徒的现象屡见不鲜，这在秦时也不例外，如"收"即为其中之一。据秦及汉初的律文尤其是《二年律令·收律》的规定，所谓"收"乃针对犯有"完城旦、鬼薪以上、及坐奸府（腐）"者①实施的将其妻、"未满十七岁、未婚、没有爵位和未独立成户"的子女②、田宅、财产等收入官府的处罚行为。此制的创设原理如石原辽平之推测所说或与鼓励农战、推崇军功的政策有关，因为被收的妻、子女、田宅、财产可充实国家所需的劳动力及军功赏赐物。③ 从"狱治"程序上说，"收"发生在对犯罪者本人"论"罪之前，而在开始执行对犯罪者本人判处的刑罚时，被收者的身份也随之改变，其方向有三，即因"爵偿、免除及赎"回归庶人行列、被卖给个人以为私奴婢及"以为隶臣妾"。④ 在第三个方向上，收人自然成为了官府可以役使的刑徒。除了"收"

（接上页）

> 阑亡盈十二月而得，耐。不盈十二月为将阳，毄（系）城旦舂。
>
> 奴婢毄（系）城旦舂而去亡者，毄（系）六岁者，黥其雔（颜）頯；毄（系）八岁者，斩左止；毄（系）十岁、十二岁者，城旦黥之，皆畀其主。其老小不当刑者，毄（系）六岁者，毄（系）八岁；毄（系）八岁者，毄（系）十岁；毄（系）十岁者，毄（系）十二岁。皆毋备其前毄（系）日。（陈松长主编：《岳麓书院藏秦简（肆）》，上海辞书出版社 2015 年版，第 51、69 页）

这两条秦律皆提到了似为独立刑种的"系城旦舂"，于强化游逸飞之观点的说服力可谓有所裨益。

① 彭浩、陈伟、［日］工藤元男主编：《二年律令与奏谳书：张家山二四七号汉墓出土法律文献释读》，上海古籍出版社 2007 年版，第 159 页。另外，角谷常子认为，"收"及"相坐"有所不同，前者为对犯罪者本人的处罚，后者则指向对连坐者的科刑。此区分于理解"收"的刑罚效果不无裨益，或可参考。参见角谷常子：《秦漢時代における家族連坐について》，载冨谷至编：《江陵張家山二四七號墓出土漢律令の研究 論考篇》，朋友书店 2006 年版，第 194 页。

② 参见宫宅洁：《中国古代刑制史の研究》，京都大学学术出版会 2011 年版，第 126 页。

③ 参见石原辽平：《収の原理と淵源》，载东洋文库中国古代地域史研究编：《張家山漢簡"二年律令"の研究》，东洋文库 2014 年版，第 166—167 页。

④ 参见舒哲岚：《秦汉律中的"收人"》，载《古代文明》2018 年第 3 期，第 64—70 页。不过，有关此处所提及的"庶人"，在简牍文献大量公布之前，学者们多认为春秋战国之后的"庶人"即"庶民""平民"的同义语，但随着秦汉简牍的陆续出土尤其是近二十年间，作为法律术语的"庶人"究竟何指引发了学者们的激烈争论并大致形成了"专称说"（曹旅宁、椎名一雄、林炳德皆倡此说，但又各有偏重）、"泛称说"（以陶安为代表）、"专称泛称并存说"（以鹰取祐司为代表）、"过渡性身份说"（以吕利、贾丽英等为代表）、"歧视性用语说"（以王彦辉为代表）等诸多观点。参见斯维至：《论庶人》，载《社会科学战线》1978 年第 2 期，第 103—106 页；何兹全：《众人和（转下页）

之外，还可注意的是，个体在成为刑徒后所生之子女同样是刑徒的来源。如，秦律提及的“小城旦、隶臣”“小舂、妾”“小隶臣妾”①显然就是对城旦、隶臣所生之子女的称呼；而据岳麓简1256/160＋1268/161所收《傅律》条文之规定：

> 隶臣以庶人为妻，若群司寇、隶臣妻，怀子，其夫免若冗以免、已拜免，子乃产，皆如其已免吏（事）之子。②

除非成为隶臣之妻的庶人女子或者各类司寇、隶臣之妻在司寇、隶臣已被

（接上页）庶民》，载《史学月刊》1985年第1期，第21页；曹旅宁：《秦汉法律简牍中的“庶人”身份及法律地位问题》，载《咸阳师范学院学报》2007年第3期，第12—14页；吕利：《律简身份法考论：秦汉初期国家秩序中的身份》，法律出版社2011年版，第206—207页；［德］陶安：《秦汉律“庶人”概念辩正》，载武汉大学简帛研究中心主办：《简帛》（第七辑），上海古籍出版社2012年版，第266—275页；［日］椎名一雄：《张家山汉简〈二年律令〉所见爵制——以对“庶人”的理解为中心》，孙闻博译，载卜宪群、杨振红主编：《简帛研究》（2013），广西师范大学出版社2014年版，第244—250页；王彦辉：《论秦及汉初身份秩序中的“庶人”》，载《历史研究》2018年第4期，第20—31页；［日］鹰取祐司：《秦汉时代的庶人再考——对特定身份说的批评》，陈捷译，载武汉大学简帛研究中心主办：《简帛》（第十八辑），上海古籍出版社2019年版，第77—83页；贾丽英：《庶人：秦汉社会爵制身份与刑徒身份的衔接》，载《山西大学学报（哲学社会科学版）》2019年第6期，第24页；［韩］林炳德：《秦汉律所见“庶人”概念与存在形态——论陶安、吕利、椎名一雄的相关见解》，［韩］李瑾华译，载西北师范大学历史文化学院、甘肃简牍博物馆、河西学院河西史地与文化研究中心、兰州城市学院简牍研究所编：《简牍学研究》（第九辑），甘肃人民出版社2020年版，第175—180页；［韩］林炳德：《秦、汉律中的庶人——对庶人泛称说的驳议》，载武汉大学简帛研究中心主办：《简帛》（第二十二辑），上海古籍出版社2021年版，第181页。尽管如此，提出各种主张的学者们其实都注意到了由刑徒、奴婢、收人等基于各种原因转变而来的“庶人”与一般平民在社会待遇上的差异，因此，被收者回归庶人行列也并不意味着他们已完全摆脱其亲属之罪行给他们带来的不良影响。另外，姚琴的研究又指出，因其亲属坐“为不善”或“从人”之罪而被收者似乎是不能被赎免为庶人的。参见姚琴：《岳麓秦简新见收人律文考论》，载西北师范大学历史文化学院、甘肃简牍博物馆、河西学院河西史地与文化研究中心、兰州城市学院简牍研究所编：《简牍学研究》（第十辑），甘肃人民出版社2020年版，第33页。此论于考察被收者的身份改变而言也是值得注意的。

① 参见陈伟主编：《秦简牍合集（壹·上）》，武汉大学出版社2014年版，第77、84页。

② 陈松长主编：《岳麓书院藏秦简（肆）》，上海辞书出版社2015年版，第121页。

“免”之后产子，否则，隶臣、司寇所生之子的身份就仍是刑徒。[①] 也就是说，城旦、隶臣、司寇之身份具有代际延续性，这大概亦可被视为因牵连而获刑的实例。以上所论皆为有罪者祸及其亲属的情况，但正如闫晓君在区分“收”与连坐、缘坐时已指出的，秦汉时代，因受他人之罪行的牵连而入刑者还有可能是邻伍等人物，[②] 这当然也成为了可能的刑徒产生渠道。

刑徒身份并非一成不变，上文所列“爵偿”“免除”“赎”均有可能使刑徒恢复庶人身份。[③] 然而，或可注意的是，以秦法之繁密程度论，已恢复庶人身份者再次入罪以至于成为刑徒也是完全可能的。换言之，秦的刑徒生产机制内含较强的循环性，这与多样化的刑徒来源共同保证了秦得以维持一支数量可观的刑徒队伍，所谓“赭衣塞路，囹圄成市”[④]。毋庸赘言，出于各种原因而成为刑徒实为各县皆有的现象，[⑤] 但这并不意味着各县能将所有刑徒

① 张家山汉简《二年律令·傅律》曰：“不更以下子年廿岁，大夫以上至五大夫子及小爵不更以下至上造年廿二岁，卿以上子及小爵大夫以上年廿四岁，皆傅之。公士、公卒及士五（伍）、司寇、隐官子，皆为士五（伍）。畴官各从其父畴，有学师者学之。”彭浩、陈伟、［日］工藤元男主编：《二年律令与奏谳书：张家山二四七号汉墓出土法律文献释读》，上海古籍出版社 2007 年版，第 234 页。这表明，在汉初，司寇之子的身份已非刑徒。此为秦律与汉初律在对刑徒之子的态度上的一大区别。

② 参见闫晓君：《秦汉法律研究》，法律出版社 2012 年，第 286—287 页。

③ 有关“爵偿”，睡简《秦律十八种·军爵律》就提到，“欲归爵二级以免亲父母为隶臣妾者一人，及隶臣斩首为公士，谒归公士而免故妻隶妾一人者，许之，免以为庶人。工隶臣斩首及人为斩首以免者，皆令为工。其不完者，以为隐官工”；有关“免除”，《秦律十八种·司空律》有如下规定，“百姓有母及同牲（生）为隶妾，非適（谪）辠（罪）殹（也）而欲为冗边五岁，毋赏（偿）兴日，以免一人为庶人，许之”；有关“赎”，《秦律十八种·仓律》曰，“隶臣欲以人丁粼者二人赎，许之。其老当免老、小高五尺以下及隶妾欲以丁粼者一人赎，许之。赎者皆以男子，以其赎为隶臣。女子操敃红及服者，不得赎。边县者，复数其县”。陈伟主编：《秦简牍合集（壹·上）》，武汉大学出版社 2014 年版，第 88、131、133 页。不过，此处只是对刑徒能以“爵偿”“免除”“赎”的方式恢复庶人身份之事由的随意摘录。对此类事由的更详细的介绍，参见孙晓丹：《秦汉刑徒制度研究》，中国政法大学 2018 年博士学位论文，第 124—148 页。

④《汉书·刑法志》曰：“至于秦始皇，兼吞战国，遂毁先王之法，灭礼谊之官，专任刑罚，躬操文墨，昼断狱，夜理书，自程决事日县石之一。而奸邪并生，赭衣塞路，囹圄成市，天下愁怨，溃而叛之。”虽然“赭衣塞路，囹圄成市”云云不免夸大，又被限定为始皇帝时期的社会现象，但秦法的大部分是在战国时代制定并延续至秦统一六国之后的，所以，此种概括在一定程度上应当是对秦长期维持着较为庞大的刑徒队伍这一点的揭示。

⑤ 如，里耶简 8-533 就记载了戌等七人成为迁陵县官府治下之刑徒一事：“戌有罪为鬼薪。䣛城旦。赢城旦。欬城旦。瘳城旦。滕司寇☑。憎司寇。☑。”陈伟主编：《里耶秦简牍校释（第一卷）》，武汉大学出版社 2012 年版，第 175 页。

留在原地以供役使。第二章第三节已引用的岳麓简 1419/232＋1425/233＋1304/234 所收《狱校律》条文就提到：

> 䙴（迁）者、䙴（迁）者包及诸罪当输□及会狱治它县官而当传者，县官皆言狱断及行年日月及会狱治者行年日月其䙴（迁）、输【所】、会狱治诣所县官属所执法，即亟遣。（岳麓简 1419/232＋1425/233＋1304/234《狱校律》）

从划线部分来看，因犯某些罪而沦为刑徒者应当被“输”即被押送至“输所”，而且大概是出于刑徒管理之需，作为押送之出发地的县还要通过官文书把“狱断及行年日月”告知“输所”所在县的“属所执法”。另外，里耶简 9－23 号木牍的正面记载：

> 廿七年十一月戊申朔癸亥，洞庭叚（假）守昌谓迁陵丞：迁陵上坐反适（谪）辠（罪）当均输郡中者六十六人，今皆输迁陵。其听书从事，它如律令。●以新武陵印行事。
>
> 十二月丁酉，迁陵守丞敦狐告司空主：以律令从事。/夫手。走郤即行。（9－23 正）①

据划线部分可知，迁陵县官府不能随意役使其控制的六十六个刑徒，而是要上报洞庭郡，请求郡府明示如何在郡内分配和押送此六十六人；只不过，郡府的回复是“今皆输迁陵”，所以，这些刑徒就成了迁陵县官府所掌握的劳动力。如此看来，各县官府在向上级机构汇报后须往他县“输”刑徒的情况应非稀见；与之相适应，各县官府实际能够使役的刑徒群体有可能皆为因在本县犯罪或基于其他缘由而成为刑徒者，也可能由此类人物与从他县“输”入的刑徒共同构成。那么，秦县究竟是怎样使役刑徒的呢？

① 陈伟主编：《里耶秦简牍校释（第二卷）》，武汉大学出版社 2018 年版，第 35 页。

二、刑徒之劳役

刑徒乃秦县官府所掌握的重要劳动力资源，对他们的使役当然要做到有章可循。首要问题就是设定具体负责刑徒管理的机构。有关这一点，以往学者们往往认为，县的刑徒管理机构是司空，① 但里耶秦简揭示了更为复杂的信息，如下表所示：

表 3 - 6

行号	具 体 内 容	出 处
①	司空曹计录……赀责计，徒计。凡五计。(8 - 480)	《校释（第一卷）》
②	司空课志……舂产子课……。(8 - 486)	
③	仓曹计录……徒计……凡十计。(8 - 481)	
④	仓课志……徒隶死亡课，徒隶产子课，作务产钱课，徒隶行繇（徭）课……●凡☑ (8 - 495)	
备注	《校释（第一卷）》是指陈伟主编：《里耶秦简牍校释（第一卷）》，武汉大学出版社 2012 年版。	

可见，作为诸官之成员的司空和仓皆有刑徒管理之责，与二者相对应的县廷中的司空曹和仓曹则对其工作予以监督；至于司空和仓的分工，前者所控制的刑徒包括隶妾系舂、城旦、丈城旦、舂、司空居赀、居赀赎债、鬼薪、白粲、小城旦、隶妾居赀、小舂，后者所控制的刑徒主要是隶臣妾。② 那么，为

① 相关论述的总结，参见宋杰：《秦汉国家统治机构中的“司空”》，载《历史研究》2011 年第 4 期，第 15—22 页；邹水杰：《也论里耶秦简之“司空”》，载《南都学坛（人文社会科学学报）》2014 年第 5 期，第 3—4 页。

② 有关作为诸官之成员的司空和仓皆管理刑徒这一点及二者的分工，学界已有较为充分的论述。具体参见高震寰：《从〈里耶秦简（壹）〉“作徒簿”管窥秦代刑徒制度》，载中国文化遗产研究院编：《出土文献研究》（第十二辑），中西书局 2013 年版，第 136—137 页；贾丽英：《里耶秦简所见“徒隶”身份及监管官署》，载卜宪群、杨振红主编：《简帛研究》（2013），广西师范大学出版社 2014 年版，第 73—81 页；鲁家亮：《再读里耶秦简 8 - 145+9 - 2294》，载邬文玲主编：《简帛研究》（2017 春夏卷），广西师范大学出版社 2017 年版，第 141 页；沈刚：《秦简所见地方行政制度研究》，中国社会科学出版社 2021 年版，第 297—299 页。

何会有这种分工，又为何司空和仓各自掌握的刑徒中皆无司寇呢？一方面，《二年律令·户律》有如下规定：

A. 隶臣妾、城旦舂、鬼薪白粲家室居民里中者，以亡论之。

B. 关内侯九十五顷……司寇、隐官各五十亩……

C. 彻侯受百五宅……司寇、隐官半宅。欲为户者，许之。①

据A反推，司寇是可以居住在民里之中的，且据B/C，司寇还可立户并保有一定数量的田宅。换言之，司寇承担劳役是以保持其于原籍所在地之基本生活为前提的。究其原因，如宫宅洁所说，或在于司寇之役务包含与维持治安相涉者，故令他们远离原籍所在地恐怕不尽合理。② 如此，作为“户人”的司寇可谓与“不列于国版，不为国家编户”的隶臣妾等③有别，其各自的管理者自然也应有所区分。另一方面，如前文已指出的，隶臣妾与城旦舂、鬼薪白粲分属于不同的刑等，将二者的掌控权分别划归仓和司空的理据很可能就在于此，而“隶妾系舂”“隶妾居赀”不由仓而由司空管理似亦可证明这一点，因为“隶妾系舂”“隶妾居赀”当为隶妾以再犯罪之故而形成的身份，其在刑等上较单纯的隶妾为高以至于向城旦舂等接近了。总起来说，对刑徒的分而治之显然包含着秦县官府对各类刑徒在刑等、社会身份等方面之差异的考虑。

---

① 彭浩、陈伟、［日］工藤元男主编：《二年律令与奏谳书：张家山二四七号汉墓出土法律文献释读》，上海古籍出版社2007年版，第216、218页。

② 参见宫宅洁：《中国古代刑制史の研究》，京都大学学术出版会2011年版，第122页。另外，有关秦及汉初之司寇在身份序列中的位置及其生活、经济状况，陶安等也有较为精到的概括。参见陶安あんど：《秦漢刑罰体系の研究》，东京外国语大学亚洲非洲语言文化研究所2009年版，第69—80页；吕利：《律简身份法考论：秦汉初期国家秩序中的身份》，法律出版社2011年版，第266—268页；石冈浩：《秦漢代の徒隷と司寇——官署に隸属する有職刑徒》，载《史学雑誌》第121卷第1号，2012年，第8—14页；孙闻博：《秦及汉初的司寇与徒隶》，载《中国史研究》2015年第3期，第76—80页；贾丽英：《秦汉简所见司寇》，载邬文玲、戴卫红主编：《简帛研究》（2019春夏卷），广西师范大学出版社2019年版，第174页。

③ 参见张金光：《秦制研究》，上海古籍出版社2004年版，第545—546页。

其次，在刑徒役使之事正式展开后，仓和司空要对各机构分配刑徒，里耶简所收“徒作簿”和“作徒簿”可谓其证明。此处不妨先考察“徒作”与“作徒”究竟是同一词组的两种写法，还是有着不同含义。以下各举两例以便对此问题稍作探讨：

表 3－7

分　类	具　体　内　容	出　处
徒作簿	卅二年十月己酉朔乙亥，司空守圂徒作簿。 城旦司寇一人。鬼薪廿人。城旦八十七人。仗（丈）城旦九人。隶臣毄（系）城旦三人。隶臣居赀五人。 ●凡百廿五人。 其五人付贰春。一人付少内。四人有逮。二人付库。二人作园：平、□。二人付畜官。二人徒养：臣、益。二人作务：惊、亥。四人与吏上事守府。五人除道沅陵。三人作庙。廿三人付田官。三人削廷：央、闲、赫。一人学车酉阳。五人缮官：宵、金、廄、椑、鲤。三人付叚（假）仓信。二人付仓。六人治邸。一人取篓（蒸）：廏。二人伐椠：强、童。二人伐材：刚、聚。二人付都乡。三人付尉。一人治观。一人付启陵。二人为笥：移、昭。八人捕羽：操、宽、未、衷、丁、圂、辰、却。七人市工用。八人与吏上计。一人为炭：剧。九人上省。二人病：复、卯。一人传送酉阳。 □□【八】人。□□十三人。隶妾毄（系）舂八人。隶妾居赀十一人。受仓隶妾七人。●凡八十七人。 其二人付畜官。四人付贰春。廿四人付田官。二人除道沅陵。四人徒养：枼、痤、蔡、复。二人取芒：阮、道。一人守船：遏。三人司寇：菽、类、款。二人付都乡。三人付尉。一人付田。二人付少内。七人取篓（蒸）：□、林、娆、粲、鲜、夜、吴。六人捕羽：刻、嫭、卑、鬻、娃、变。二人付启陵。三人付仓。二人付库。二人传送酉阳。一人为笥：齐。一人为席：姱。三人治臬：梜、兹、缘。五人毄（系）：嫭、般、橐、南、儋。二人上眚（省）。一人作庙。一人作务：青。一人作园：夕。 ●小城旦九人：其一人付少内。六人付田官。一人捕羽：强。一人与吏上计。 ●小舂五人。其三人付田官。一人徒养：姊。一人病：谈。（9－2289正）	《校释（第二卷）》

续 表

分 类	具 体 内 容	出 处
徒作簿	卅一年九月庚戌朔癸亥，司空色徒作薄（簿）。 城旦、司寇□人，鬼薪廿人…… 一人做园：平。一人付畜官：质。六人作□□□□□□□。□人□□□。 □人□□□□春□□□。 一人为□：剧。一人买牛：困。□人司空：□。□□□□□□。二人捕羽：操、缴。一人为席：别。□□□□□□。（11-249）	湖南省文物考古研究所文
作徒簿	卅年十二月乙卯，畜□□□作徒薄（簿）。受司空居赀一人。受仓隶妾三人，小隶臣一人。凡六人。【一人】牧马武陵：获。一人牧牛：敬。一人牧羊：□。一人为连武陵薄（簿）：□。一人病：燕。一人取菅：宛。（8-199 正+8-688 正+8-1017 正+9-1895 背）	《校释（第一卷）》
	卅二年五月丙子朔庚子，库武作徒薄（簿）：受司空城旦九人、鬼薪一人、舂三人；受仓隶臣二人。●凡十五人。其十二人为薁：奖、庆忌、敫、敫、船、何、冣、交、颉、徐、娃、聚；一人紱：窜。二人捕羽：亥、罗。（8-1069 正+8-1434 正+8-1520 正）卅二年五月丙子朔庚子，库武敢言之：疏书作徒日薄（簿）一牒。敢言之。横手。五月庚子日中时，佐横以来。/圂发。（8-1069 背+8-1434 背+8-1520 背）	
备注	（1）《校释（第一卷）》是指陈伟主编：《里耶秦简牍校释（第一卷）》，武汉大学出版社 2012 年版；《校释（第二卷）》是指陈伟主编：《里耶秦简牍校释（第二卷）》，武汉大学出版社 2018 年版。（2）“湖南省文物考古研究所文”是指湖南省文物考古研究所：《龙山里耶秦简之“徒簿”》，载中国文化遗产研究院编：《出土文献研究》（第十二辑），中西书局 2013 年版，第 101—131 页。	

通过对比上引“徒作簿”与“作徒簿”，可以看出，二者皆以“受”“付”表示某机构对刑徒的接收或交付行为，明确某机构掌控的各类刑徒的人数，并罗列刑徒所承担之劳役的内容，所以，刘自稳将二者视为同一性质的文书①不可谓不妥。然而，同样不容忽视的是二者的差异：（1）前者的所属机构皆为

① 参见刘自稳：《里耶秦简所见“徒作簿”呈送方式考察》，载《中国人民大学学报》2018 年第 3 期，第 54 页。

司空，而后者的所属机构则颇为多样①；(2) 在刑徒的“受”“付”上，前者除了接收来自于仓的刑徒之外，基本上都是向其他机构交付刑徒，而后者则只是一味地接收刑徒。综合这两点，应当认为，“徒作簿”乃作为县的刑徒管理机构的司空（当然还有仓）记录其刑徒“受”“付”（主要是“付”）及刑徒使役情况的文书，“作徒簿”则为县的各职能机构制作的关于其从司空、仓接收刑徒并令他们从事劳作之实况的文书。② 在此意义上，若因二者指向各机构在刑徒使役过程中的功能之别而将其定位为“徒簿”的两个亚种也不能说不合理。进一步论，亦可推测，于刑徒使役的场合，县的各职能机构与司空、仓之间必定存在着申请、派遣的联动关系，且他们会分别记录刑徒的出入及劳役信息以为备案。

紧随于此的问题是，司空、仓自我保留及分配给各职能机构的刑徒究竟需要承担哪些劳役。卫宏所撰《汉官旧仪》曰：“秦制二十爵。男子赐爵一级以上，有罪以减，年五十六免。无爵为士伍，年六十乃免者，有罪，各尽其刑。凡有罪，男髡钳为城旦，城旦者，治城也；女为舂，舂者，治米也，皆作五岁。完四岁，鬼薪三岁。鬼薪者，男当为祠祀鬼神，伐山之薪蒸也；女为白粲者，以为祠祀择米也，皆作三岁。罪为司寇，司寇男备守，女为作，如司寇，皆作二岁。男为戍罚作，女为复作，皆一岁到三月。”③ 卫宏对秦刑徒所须承担的劳役的解说显然是依据“城旦舂”“鬼薪白粲”之类的刑罚名推测而来，或许也暗示秦人最初是秉持着名实相符的原则设定此类刑罚的，但从出土秦及汉初律令文及其他资料的记载来看，至少可以认为，随着时间的

① 除了表 3-7 所引两份“作徒簿”提到的畜官、库官之外，里耶简收入的其他“作徒簿”还展示了更为多样的簿册所属机构，如田官（8-285）、贰春乡（8-787）、启陵乡（8-801）、都乡（8-1425）、少内（8-2034）等。参见陈伟主编：《里耶秦简牍校释（第一卷）》，武汉大学出版社 2012 年版，第 128、227、229、322、421 页。

② 有关“徒作簿”与“作徒簿”的区别，鲁家亮也提出了类似的观点。参见鲁家亮：《里耶秦简所见迁陵三乡补论》，载《国学学刊》2015 年第 4 期，第 45 页。当然，司空、仓并非绝不能将其“受”“付”、使役刑徒的文书称为“作徒簿”，如里耶简 8-1559 正面就提到“叚（假）仓兹敢言之：上五月作徒薄及冣（最）卌牒”（陈伟主编：《里耶秦简牍校释［第一卷］》，武汉大学出版社 2012 年版，第 358 页），但“徒作簿”似乎是专属于司空和仓的。

③ ［清］孙星衍等辑：《汉官六种》，周天游点校，中华书局 1990 年版，第 85 页。

推进，各类刑徒所承担之劳役的种类大幅度增加，其繁杂程度远非卫宏说所能涵盖。有关这一点，宫宅洁曾做过详细的总结,① 以下将以其论述为主要参考表列各类刑徒之劳役的大致内容。

表 3－8

刑徒种类	劳役内容	相关证明资料	资料出处
城旦舂	土木工程	城旦之垣及它事而劳与垣等者，旦半夕参；其守署及为它事者，参食之。其病者，称议食之，令吏主。城旦舂、舂司寇、白粲操土攻（功），参食之；不操土攻（功），以律食之。	睡简《秦律十八种·仓律》
	守卫		
	手工业劳动	非岁红（功）及毋（无）命书，敢为它器，工师及丞赀各二甲。县工新献，殿，赀啬夫一甲，县啬夫、丞、吏、曹长各一盾。城旦为工殿者，治（笞）人百。大车殿，赀司空啬夫一盾，徒治（笞）五十。	睡简《秦律杂抄》
	物资运输	令曰：传送委输，必先【行】城旦舂、隶臣妾、居赀赎责（债）；急事不可留，乃兴繇（徭）。（9－2283 正）	《校释（第二卷）》
	炊事工作	徒隶不足以给仆、养，以居赀责（债）者给之，令出□，受钱毋过日八钱，过日八钱者，赀二甲，免。	岳麓简 1260/262＋1264/263《司空律》
	家畜牧养	马、牛、羊、獳彘、彘食人稼穑，罚主金马、牛各一两，四獳彘若十羊、彘当一牛，而令挢稼偿主。县官马、牛、羊，罚吏徒主者。贫弗能赏（偿）者，令居县官；□□城旦舂、鬼薪白粲也，笞百，县官皆为赏（偿）主，禁毋牧彘。	张家山汉简《二年律令·田律》
	监管刑徒	毋令居赀赎责（债）将城旦舂。城旦司寇不足以将，令隶臣妾将。居赀赎责（债）当与城旦舂作者，及城旦傅坚、城旦舂当将司者，廿人，城旦司寇一人将。司寇不踐，免城旦劳三岁以上者，以为城旦司寇。	睡简《秦律十八种·司空律》

① 参见宫宅洁：《中国古代刑制史の研究》，京都大学学术出版会 2011 年版，第 102—110 页。

续表

刑徒种类	劳役内容	相关证明资料	资料出处
鬼薪白粲	土木工程	本表前引睡简《秦律十八种·仓律》条文。	睡简《秦律十八种·仓律》
鬼薪白粲	手工业劳动	廿五年上郡守□造，高奴工师灶、丞申、工鬼薪诎。上郡武库，洛阳。	《集成》11406
鬼薪白粲	物资运输	本表前引里耶简9－2283正面牍文。	《校释（第二卷）》
鬼薪白粲	家畜牧养	本表前引张家山汉简《二年律令·田律》条文。	张家山汉简《二年律令·田律》
隶臣妾	土木工程	免隶臣妾、隶臣妾垣及为它事与垣等者，食男子旦半夕参，女子参。	睡简《秦律十八种·仓律》
隶臣妾	手工业劳动	隶臣、下吏、城旦与工从事者冬作，为矢程，赋之三日而当夏二日。	睡简《秦律十八种·工人程》
隶臣妾	物资运输	本表前引里耶简9－2283正面牍文。	《校释（第二卷）》
隶臣妾	御者及炊事工作	毋以隶妾为吏仆、养、官【守】府，隶臣少，不足以给仆、养，以居赀责（债）给之；及且令以隶妾为吏仆、养、官守府，有隶臣，辄伐〈代〉，仓厨守府如故。	岳麓简1370/165＋1382/166《仓律》
隶臣妾	监管刑徒	隶臣将城旦，亡之，完为城旦，收其外妻、子。子小未可别，令从母为收。	睡简《法律答问》
隶臣妾	参与“狱治”	某里士五（伍）甲告曰……即令令史己往执。令史己爰书：与牢隶臣某执丙，得某室。	睡简《封诊式·告子》
隶臣妾	文书传递	毋敢傳（使）叚（假）典居旬于官府；毋令士五（伍）为吏养、养马；毋令典、老行书；令居赀责（债）、司寇、隶臣妾行书。	岳麓简1374/154＋（1406－1）/155《徭律》
隶臣妾	耕作	隶臣田者，以二月月禀二石半石，到九月尽而止其半石。	睡简《秦律十八种·仓律》
司寇	物资运输	今洞庭兵输内史，及巴、南郡、苍梧【输甲】兵，当传者多。节（即）传之，必先悉行乘城卒、隶臣妾、城旦舂、鬼薪白粲、居赀赎责（债）、司寇、【隐】官践更县者。（9－2283正）	《校释（第二卷）》

续 表

刑徒种类	劳役内容	相关证明资料	资料出处
司寇	监管刑徒	毋令居赀赎责（债）将城旦舂……司寇不踐，免城旦劳三岁以上者，以为城旦司寇。	睡简《秦律十八种·仓律》
	文书传递	本表前引岳麓简所收《徭律》条文。	岳麓简 1374/154＋（1406－1）/155《徭律》
	参与“狱治”	举阑有（又）将司寇裘等⍁收置□□□□[而][从][之]□[不]□□□□□⍁⍁视行□不□，歙（饮）食靡大，疑为盗贼者，弗得。	张家山汉简《奏谳书》
居赀赎债等有期劳役刑徒	土木建设	东武居赀上造庆忌……东武东间居赀不更瞗……博昌居此（赀）用里不更余……	始皇陵秦俑坑考古发掘队文
	物资运输	传送委输，必先【行】城旦舂、隶臣妾、居赀赎责（债）；急事不可留，乃兴繇（徭）。（9－2283正）	《校释（第二卷）》
备注	(1)《校释（第二卷）》是指陈伟主编：《里耶秦简牍校释（第二卷）》，武汉大学出版社2018年版。(2) 睡简简文分别出自陈伟主编：《秦简牍合集（壹·上）》，武汉大学出版社2014年版，第77、85、87、110、128、178、243、304页。(3) 张家山汉简简文分别出自彭浩、陈伟、［日］工藤元男主编：《二年律令与奏谳书：张家山二四七号汉墓出土法律文献释读》，上海古籍出版社2007年版，第192、377页。(4) 岳麓简简文分别出自陈松长主编：《岳麓书院藏秦简（肆）》，上海辞书出版社2015年版，第119、122—123、155页。(5)“《集成》11406”指《殷周金文集成》所收11406号青铜戈，具体出处为中国社会科学院考古研究所编：《殷周金文集成》（第7册），中华书局2007年版，第6155页。(6)“始皇陵秦俑坑考古发掘队文”是指始皇陵秦俑坑考古发掘队：《秦始皇陵西侧赵背户村秦刑徒墓》，载《文物》1982年第3期，第6页。		

观上表，可以发现，(1) 除了“隶臣妾”这一刑名似乎并未指向某种特定劳役，故无法判断律令文等资料所提及的劳役内容是否与刑名的本有含义相符之外，其他种类的刑徒须承担的劳役显然超出了刑名本身所指的范围；(2) 如果暂时不考虑与各类刑徒皆有关联的土木工程、物资运输两项劳役内容，城旦舂、鬼薪白粲及隶臣妾在承担劳役的繁杂程度或强度上是明显高于司寇的。至于土木工程、物资运输出现在不同种类刑徒的劳役内容中的原因，或许要

稍作分析。以物资输送为例，上表所提及的里耶简 9－2283 号木牍之正面记载的令文规定，“传送委输，必先【行】城旦舂、隶臣妾、居赀赎责（债）；急事不可留，乃兴繇（徭）”，因此在上峰要求县向他处输送物资时，城旦舂、隶臣妾、居赀赎责（债）必然是先被征发的对象；只有在事态紧急、城旦舂等人数不够时，县官府才能兴徭，但考虑到在刑徒尚有余的情况下征发黔首的不合理性，故兴徭无疑又要以尽数征发刑徒仍不足以完成政务为前提，鬼薪白粲、司寇等遂被纳入物资输送队伍中，9－2283 号木牍正面所云“今洞庭兵输内史，及巴、南郡、苍梧【输甲】兵，当传者多”可谓明证。以此为参照，亦可想见，土木工程往往需要动用大量人力，且不乏与重要事项相关联者（如陵寝建设之类），所以就成了各类刑徒均有可能承担的劳役。换言之，一方面，秦的各种劳役刑均存在着“名实相分”① 的现象，但其轻重之别并未被完全混淆，而是以劳役之繁杂程度或强度为媒介体现出来；另一方面，在行政实践中，如遇对劳动力需求较大的工程建设、委输传送及其他紧急或重要事务，各类刑徒都会被征发以至于出现劳役的同质化和所谓“轻重之别”的形式化。② 事实上，劳役刑之外在形象的此种两面性在里耶简所收“徒簿”的记载中也有清晰的展现。如，以表 3－7 所引史料论，“司空守圂徒作簿”等文书提及的城旦舂、鬼薪、隶妾系舂、隶妾居赀等刑徒实际承担的劳役就完全不受其刑名之限定，要明确判断各种劳役究竟孰轻孰重似乎也是极为困难的，而如“捕羽”即准备进贡中央的羽赋之类较为重要的劳役则显然由各种刑徒一体承担③。概言之，大到整个秦国小到迁陵县的各个职能机构在相

① 冨谷至在考察秦汉劳役刑的演变时曾指出，在秦统一之前，劳役刑处于名实一致的状态，但在秦统一后不久，劳役刑的名实分离就开始了。参见［日］冨谷至：《秦汉刑罚制度研究》，柴生芳、朱恒晔译，广西师范大学出版社 2006 年版，第 84—85 页。但事实上，从表 3－8 所引史料来看，劳役刑“名实相分”的趋势在战国时代其实已经出现。

② 高震寰曾主张，秦的各种刑徒在劳动分工上既有差异，又有通融；差异体现了刑徒的政治等级之别，融通则反映了政务运转的现实需要。此论于理解秦的劳役刑的“名实相分”现象亦有所裨益，或可参考。参见高震寰：《从劳动力运用角度看秦汉刑徒管理制度的发展》，台湾大学文学院历史系 2017 年博士论文，第 51 页。

③ 除了表 3－7 所引“司空守圂徒作簿”“司空色徒作簿”及“库武作徒薄（簿）”外，在里耶简所收“徒簿”中，提及使役刑徒“捕羽”之事者还有不少，如 8－142 中的“都乡守舍徒薄（簿）”、9－1099 中的“少内作徒薄（簿）”、9－2341 中的“启陵乡守逐徒作薄（簿）”等。这些也能说明“捕羽”作为劳役之一或以关乎上交中央之贡赋以至于重要性较高的缘故而为各类刑徒所分担。

当程度上都需要通过刑徒的劳役来维持其正常运转，而以战国至统一秦的历史背景论，君主或官府的有为之举必定频发以至于不区分刑名而征调刑徒①也极有可能成为惯常之事。这一方面导致各级官府对刑徒需求量的激增，②另一方面又使劳役刑的刑名失去了指示劳役内容的功能，从而为汉文帝刑制改革对各类刑名注入新的含义——刑期做了铺垫。③

最后，司空和仓乃刑徒管理机构，其掌握的刑徒不用说每日都只能在劳役进行时散开并最终回到二者的控制之下，但由此二者派遣给其他职能机构的刑徒是否需要返回；如果是的话，又应在何时返回？里耶简 8－1515 载：

① 张新超称此种刑徒使役方式为“混合役使”。参见张新超：《秦代“城旦春”考辨——兼论秦律的一些特点》，载《史学月刊》2014 年第 10 期，第 31—32 页。

② 以迁陵县为例，据唐俊峰及王伟、孙兆华等的统计，其户数约为 300—400 户，其口数则在一两千人，而以刘自稳的推算观之，其日常掌握的徒隶的数量就达到了 340 人左右，足见徒隶占人口总数的比重之高。参见唐俊峰：《里耶秦简所示秦代的“见户”与“积户”——兼论秦代迁陵县的户数》，载简帛网 http://www.bsm.org.cn/?qinjian/6165.html，发布时间：2014 年 2 月 8 日；王伟、孙兆华：《“积户”与“见户”：里耶秦简所见迁陵编户数量》，载《四川文物》2014 年第 2 期，第 66 页；刘自稳：《里耶秦简 7－304 简文解析》，载邬文玲主编：《简帛研究》（2017 春夏卷），广西师范大学出版社 2017 年版，第 157—161 页。另外，里耶简还记载了迁陵县官府向洞庭郡汇报购买私奴婢以为徒隶之事：

> 卅三年二月壬寅朔朔日，迁陵守丞都敢言之：令曰恒以朔日上所买徒隶数。●问之，毋当令者，敢言之。（8－154 正）
>
> 卅二年九月甲戌朔朔日，迁陵守丞都敢☐以朔日上所买徒隶数守府。●问☐敢言之。☐（8－664 正＋8－1053 正＋8－2167 正）（陈伟主编：《里耶秦简牍校释（第一卷）》，武汉大学出版社 2012 年版，第 93、197 页）

这表明，尽管迁陵县已掌握规模尚可的刑徒群体，但如书于里耶简 8－986 上的简文“迁陵隶臣员不备十五人”（陈伟主编：《里耶秦简牍校释（第一卷）》，武汉大学出版社 2012 年版，第 257 页）所示，刑徒数量无法满足使役需求的难题大概还是会出现的，官府遂不得不向民间购买私奴婢来充实徒隶队伍。这从另一侧面展现了迁陵县官府对刑徒劳动力之需求的强烈。

③ 有关这一点，冨谷至已有颇为详细和精到的论述。参见［日］冨谷至：《秦汉刑罚制度研究》，柴生芳、朱恒晔译，广西师范大学出版社 2006 年版，第 81—104 页。另外，何有祖的研究又指出，秦时存在着某类劳役刑徒因劳作时间的积累而转变为另一类劳役刑徒的现象，这表明秦时似乎已有了刑期意识。参见何有祖：《里耶秦简“（牢）司寇守囚”及相关问题研究》，载西北师范大学历史文化学院、甘肃简牍博物馆、河西学院河西史地与文化研究中心、兰州城市学院简牍研究所编：《简牍学研究》（第六辑），甘肃人民出版社 2016 年版，第 97—101 页。此论与前文曾提及的学者们对“系城旦舂”的研究成果一样意在说明汉文帝刑制改革对刑期的创设绝非突发事件，而是从战国秦至汉的刑罚制度之自然演变的结果。何说显然为深入解读汉文帝刑制改革这一中国法律史上极具重要性的历史事件提供了又一个较有启发意义的视角，值得关注。

卅年十月辛卯朔乙未，贰春乡守绰敢告司空主，主令鬼薪轸、小城旦干人为贰春乡捕鸟及羽。羽皆已备，今已以甲午属司空佐田，可定薄（簿）。敢告主。(8-1515 正)

十月辛丑旦，隶臣良朱以来。/死半。　邛手。(8-1515 背)[①]

从此牍正面的文句来看，司空或是应贰春乡的申请而派出两名刑徒至该乡“捕鸟及羽”；在任务完成后，贰春乡就将二人交给了司空佐并向司空汇报“可定薄（簿）”即可更定簿册以注明二人已执行劳役这一点[②]。可见，分配给各职能机构的刑徒应当在劳役完毕后立即回到司空或仓的管控之下。当然，“可定薄（簿）”云云并不意味着司空、仓及其他机构只须以簿册记录刑徒的派出、接收和返回信息，对其劳役执行情况则不必书写在案。事实上，正如下引秦令条文的划线部分所示：

●令曰：县官□□𡨦（?）作，徒隶及徒隶免复属官作□□徒隶者自一以上及居隐除者，黔首居▨及诸作官府者，① <u>皆日勶薄（簿）之，上其廷；廷日校案次编，月尽为冣（最），固臧（藏），令可案殹（也）</u>。不从令，丞、令、令史、官啬夫、吏主者，赀各一甲。② <u>稗官去其廷过廿里到百里者，日薄（簿）之，而月一上廷，恒会朔日</u>。过百里者，上居所县廷，县廷案之，薄（簿）有不以实者而弗得，坐如其稗官令。　●内史仓曹令甲卅[③]（岳麓简 2142/251＋1854/252＋1925/253＋1921/254 所收秦令）

---

① 陈伟主编：《里耶秦简牍校释（第一卷）》，武汉大学出版社 2012 年版，第 343 页。

② 关于“可定簿”之释义，参见高震寰：《从〈里耶秦简（壹）〉“作徒簿”管窥秦代刑徒制度》，载中国文化遗产研究院编：《出土文献研究》（第十二辑），中西书局 2013 年版，第 137—138 页。

③ 陈松长主编：《岳麓书院藏秦简（伍）》，上海辞书出版社 2017 年版，第 181—182 页。另，齐继伟据简文残笔将令文起始的“县官□□𡨦（?）作”释为“黔首居县官作”，或可参考。参见齐继伟：《读〈岳麓书院藏秦简（伍）〉札记（三）》，载简帛网 http://www.bsm.org.cn/?qinjian/7731.html，发布时间：2018 年 3 月 9 日。

使役刑徒的诸官不仅应按日详列刑徒的劳役任务于簿册之上、将簿册副本发送给县廷，而且还须根据每日的记录作成每月的总账、将其发送给县廷以备核验（如令文之②部分所说）；县廷则每日对来自于诸官的副本予以检查和排序，并在此基础上按月汇总成册以便于"朔日"确认诸官之月账的虚实（如令文之①部分所说）。[①] 而里耶简所收官文书确实就提到了所谓"按日""按月"制作的"徒簿"。如，表3－7所列的几份"徒簿"似乎皆为"按日"制作者，"库武作徒薄（簿）"中的"疏书作徒日薄（簿）一牒"一句即为明证；又如，以收入下表中的史料论：

表3－9

行号	具体内容	出处
①	卅年八月贰春乡作徒薄（簿）。 城旦、鬼薪积九十人。仗城旦积卅人。舂、白粲积六十人。隶妾积百一十二人。●凡积二百九十二人。☑ 卅人甄。☑六人佐甄。☑廿二人负土。☑二人□瓦。☑（8－1143＋8－1631）	《校释（第一卷）》
②	廿八年十月司空曹徒薄（簿）已尽。（8－1428）	
③	卅四年十二月仓徒簿最。 大隶臣积九百九十人……●凡积四千三百七十六。 其男四百廿人吏养……男卅人与史谢具狱。 ●女五百一十人付田官……女卅人付库。（10－1170）	《里耶秦简博物馆藏秦简》
备注	(1)《校释（第一卷）》是指陈伟主编：《里耶秦简牍校释（第一卷）》，武汉大学出版社2012年版。(2)《里耶秦简博物馆藏秦简》是指里耶秦简博物馆、出土文献与中国古代文明研究协同创新中心中国人民大学中心编著：《里耶秦简博物馆藏秦简》，中西书局2016年版。	

①为贰春乡于秦始皇三十年（公元前217年）八月上呈给县廷的月"作徒簿"的概括性数据说明，②为司空曹将秦始皇二十八年十月本曹收到的诸多日

① 对记载刑徒劳役信息的一应文书的生成、其在诸官与县廷之间的传送情况以及二者据文书之记载核对刑徒劳役状况的流程，黄浩波的阐述较为详细，或可参考。参见黄浩波：《里耶秦简牍所见"计"文书及相关问题研究》，载杨振红、邬文玲主编：《简帛研究》（2016春夏卷），广西师范大学出版社2016年版，第92—106页。

"作徒簿"核验完毕并置于笥中的证明，③为仓官制作并提交给县廷的秦始皇三十四年十二月的月"徒作簿"的正文。由此可见，县的各机构显然在日、月"徒簿"的制作、传送及据"徒簿"核查刑徒使役情况等方面遵循了令的要求。进一步论，虽然前引"内史仓曹令甲卅"并未提及年"徒簿"的问题，但以里耶简的如下记载观之：

> 廿九年尽岁田官徒薄（簿）廷。(8－16)
>
> 廿九年□尽岁库及捕爰徒薄（簿）廷。(9－1116)
>
> 廿八年廷司空曹畜官作徒薄（簿）卅年。(9－1118)①

诸官和县廷其实都会制作年"徒簿"；这应与上计、考课等有所联系，也表明秦法中未必没有关于年"徒簿"之制作、保管的规定。换言之，于刑徒使役之事，县官府是以簿册为媒介，通过逐日观察、按月汇总和核对、年终统计及考校之依序展开的方式来管控的，此可谓秦以文书掌握行政全过程的生动实例。而且，在此过程中，县官府似乎还要评定刑徒在从事劳役时的表现优劣：

> 廿九年四月甲子朔辛巳，库守悍敢言之：御史令曰：各苐（第）官徒丁【粼】☑勮者为甲，次为乙，次为丙，各以其事勮（剧）易次之。●令曰各以□☑上。●今牒书当令者三牒，署苐（第）上。敢言之。☑(8－1514 正)
>
> 廿九年四月甲子朔戊子，田虎敢言之：御史书曰：各第官徒隶为甲、乙次。●问之，毋当令者。敢言之。(9－699 正＋9－802 正)②

---

① 陈伟主编：《里耶秦简牍校释（第一卷）》，武汉大学出版社 2012 年版，第 31 页；陈伟主编：《里耶秦简牍校释（第二卷）》，武汉大学出版社 2018 年版，第 262、263 页。

② 陈伟主编：《里耶秦简牍校释（第一卷）》，武汉大学出版社 2012 年版，第 342 页；陈伟主编：《里耶秦简牍校释（第二卷）》，武汉大学出版社 2018 年版，第 179 页。

其之所以如此，或是因为秦法允许刑徒通过计“劳”摆脱其在法律上的不利地位：

> 佐弋隶臣、汤家臣，免为士五（伍），属佐弋而亡者，论之，比寺车府。内官、中官隶臣妾、白粲以巧及劳免为士五（伍）、庶人、工、工隶隐官而复属内官、中官者，其或亡☐……☐☐论之，比寺车府。（岳麓简0782/007+2085/008+0796/009《亡律》）
>
> 寺车府、少府、中府、中车府、泰官、御府、特库、私官隶臣，免为士五（伍）、隐官，及隶妾以巧及劳免为庶人，复属其官者，其或亡盈三月以上而得及自出，耐以为隶臣妾，亡不盈三月以下而得及自出，笞五十，籍亡不盈三月者日数，后复亡，軵数盈三月以上得及自出，亦耐以为隶臣妾，皆复付其官。①（岳麓简1975/033+0170/034+2035/035+2033/036《亡律》）

而如何计“劳”大概就与官吏评定刑徒之劳作表现的结果有关。

以上粗略地探讨了秦县官府怎样掌控刑徒使役之事这一问题。从中可以看出，动用刑徒从事多样化的劳作实为官府完成行政任务之必需。那么，在官府的统一管理之下的刑徒本身的处境又如何？或者说，秦法对刑徒的待遇有着什么样的规定？

三、刑徒之待遇

如前所述，从战国至秦统一六国，随着朝廷对劳动力之需求的急速增长，秦的各种劳役刑均逐渐呈现出“名实相分”的变化趋势，刑徒实际承担的劳役则日益“同质化”。在这种情况下，各类刑徒之待遇的差异很自然地就成为了区分劳役刑轻重的重要标准。以下将主要从四个方面揭示各类刑徒的待遇之别。

---

① 陈松长主编：《岳麓书院藏秦简（肆）》，上海辞书出版社2015年版，第41、49—50页

1. 肉刑之施加。在睡简中经常能见到“刑+○”的文字组合，如下表所示：

表 3-10

词组	具体内容	出处
刑罪	公士以下居赎刑辠（罪）、死辠（罪）者，居于城旦舂，毋赤其衣，勿枸椟欙杕。	睡简《秦律十八种·司空律》
刑城旦	夫、妻、子五人共盗，皆当刑城旦，今中〈甲〉尽捕告之，问甲当购○几可（何）？人购二两。	睡简《法律答问》
刑鬼薪	“葆子狱未断而诬〚告人，其辠（罪）〛当刑鬼薪，勿刑，行其耐，有（又）毄（系）城旦六岁。”可（何）谓“当刑为鬼薪”？●当耐为鬼薪未断，以当刑隶臣及完城旦诬告人，是谓“当刑鬼薪”。	
刑隶臣	“葆子狱未断而诬告人，其辠（罪）当刑为隶臣，勿刑，行其耐，有（又）毄（系）城旦六岁。”●可（何）谓“当刑为隶臣”？【有收当耐未断，以当刑隶臣辠（罪）诬告人，是谓“当刑隶臣”。】	
备注	睡简简文分别出自陈伟主编：《秦简牍合集（壹·上）》，武汉大学出版社2014年版，第120、239、241、251页。	

据冨谷至的研究，秦律中的“刑”皆有特定含义即肉刑，[①] 因此，上表所引《司空律》条文中的“刑罪”作为与“死罪”并列的范畴[②]当为与肉刑相关联的各种刑罚的概称，而“刑城旦”“刑鬼薪”“刑隶臣”就是指被施加肉刑的城旦、鬼薪、隶臣。同时，检索秦简牍所载律令文，“刑”及其具体表现黥、劓、斩趾[③]等与司寇、候相连接的用例似乎无从得见，所以，所谓“刑罪”其实等同于“刑城旦”“刑鬼薪”“刑隶臣”的统称，肉刑则可被视为城旦、鬼

① 参见［日］冨谷至：《秦汉刑罚制度研究》，柴生芳、朱恒晔译，广西师范大学出版社2006年版，第9页。

② 于振波也曾明确指出，秦律中的肉刑一般只起划分刑等的作用。参见于振波：《秦汉法律与社会》，湖南人民出版社2000年版，第58—59页。

③ 需要指出的是，黥、劓、斩趾虽皆为“刑”的表现形式，但在功能上实有所不同，即黥为正刑，劓、斩趾则为附加刑。参见［日］冨谷至：《秦汉刑罚制度研究》，柴生芳、朱恒晔译，广西师范大学出版社2006年版，第21页。

薪、隶臣的刑徒身份标记。紧随于此的问题是，对司寇、候，又要通过何种方式标识其刑徒身份呢？从下引简文的记载来看：

●为听命书，灋（废）弗行，耐为侯（候）；不辟（避）席立，赀二甲，灋（废）。（睡简《秦律杂抄》）

当除弟子籍不得，置任不审，皆耐为侯（候）。使其弟子赢律，及治（笞）之，赀一甲；决革，二甲。除弟子律。（睡简《秦律杂抄》）

当耐司寇而以耐隶臣诬人，可（何）论？当耐为隶臣。■当耐为侯（候）辠（罪）诬人，可（何）论？当耐为司寇。（睡简《法律答问》）

●具律曰：诸使有传者，其有发征、辟问具殹（也）及它县官事，当以书而毋□欲（?）□□者，治所吏听行者，皆耐为司寇。① （岳麓简1385/228+1390/229《具律》）

包括县在内的各层级的官府都是以“耐”即剃除胡须或鬓须的方式为司寇、候的外在标记的。不过，如上引睡简《法律答问》所示，隶臣亦可被“耐”，而表3-10之“刑鬼薪”行还提到了“耐为鬼薪”；这些都表明“耐”并非专属于司寇、候的身份标记，也引申出了另一个问题，即秦法要求官府对鬼薪、隶臣或“刑”或“耐”究竟意味着什么。此处不妨向表3-10折回并再次浏览“刑鬼薪”“刑隶臣”两行中的史料。事实上，在已公布的出土秦律令文中，明确提及“刑鬼薪”“刑隶臣”者似乎只有这两行所列举的睡简《法律答问》的记载，而且其中的“勿刑，行其耐，有（又）毄（系）城旦六岁”一语表明，在葆子被判处“刑鬼薪”“刑隶臣”时，秦法主张不对其实施肉刑并以“耐”加“系城旦六岁”代之。究其缘由，一方面或在于葆子为特权阶层，另一方面也应是战国至汉初肉刑的发展趋势使然，即肉刑在刑罚体系中的地位下降，且其与城旦舂的结合、与鬼薪白粲或隶臣妾的脱离皆日趋固定以至于

① 四条简文分别出自陈伟主编：《秦简牍合集（壹·上）》，武汉大学出版社2014年版，第169、171、244页；陈松长主编：《岳麓书院藏秦简（肆）》，上海辞书出版社2015年版，第143—144页。

在《二年律令》中只能见到“刑城旦”，而无“刑鬼薪”“刑隶臣”①。于是，为了显现鬼薪白粲、隶臣妾作为刑徒的外在形象，“耐”就很自然地向这二者扩展其影响力了。当然，此语并不是指“刑鬼薪”“刑隶臣”与“耐鬼薪”“耐隶臣”之间存在着前后相续或取代与被取代关系，而是说这两对组合在秦的刑罚史上也许出现时间不同且并存过，但大概从战国年代的某一时期开始，因肉刑之重要性逐渐下滑，二者也相应地呈现出了此消彼长的发展态势。宫宅洁还注意到了《法律答问》对“当刑为鬼薪”“当刑为隶臣”展开的自问自答，并将其视为有关时人所不知的古老法律术语或废而不行的法律制度的解说，② 这可以说是从另一侧面揭示了肉刑与鬼薪、隶臣的组合对战国至汉初的刑罚体系的逐渐退出。由此看来，所谓秦法对鬼薪、隶臣或“刑”或“耐”是关于秦史上曾留下痕迹的刑罚制度的列举式记录，更是对战国至汉初刑罚史的一种演变趋势的真实反映，而这种演变的最终结果则是肉刑之附加与否作为一种标准将劳役刑的轻重区别开来，“耐罪”亦即“耐”与鬼薪白粲、隶臣妾或司寇之组合的统称也和“刑罪”一样成为了律令文用以标识刑等的范畴。③

2. 囚服与刑具的穿戴。据《荀子·正论》记载，战国时期曾流行“象刑”之说，“治古无肉刑而有象刑：墨黥；慅婴；共，艾毕；菲，对屦；杀，赭衣而不纯。治古如是”。此传言强调，在上古时代，由于天下大治，因此，君主

① 有关这一发展趋势的解说，参见韩树峰：《汉魏法律与社会——以简牍、文书为中心的考察》，社会科学文献出版社 2011 年版，第 70—73 页。

② 参见宫宅洁：《中国古代刑制史の研究》，京都大学学术出版会 2011 年版，第 114 页。

③ 如，岳麓简 1354/276＋1314/277 所收《索律》条文曰：“索（索）有脱不得者节（即）后得及自出，●讯索（索）时所居，其死罪，吏徒部索（索）弗得者，赎耐；城旦舂至刑罪，赀二甲；耐罪以下，赀一甲。”陈松长主编：《岳麓书院藏秦简（肆）》，上海辞书出版社 2015 年版，第 159—160 页。可见，尽管“城旦舂至刑罪”一语表明“刑鬼薪”“刑隶臣”等似乎尚未完全消失，但“死罪”“刑罪”“耐罪”显然已较为清晰地作为三个概括性刑等而出现了。另外，还应指出的是，城旦并非一定被“刑”，出土秦及汉初律令文所提及的“完城旦”就是不施加肉刑的城旦。但是，这并不影响以肉刑之附加与否来区分城旦舂与其他劳役刑的轻重，因为如宫宅洁已指出的，城旦的基础样态乃刑城旦，完城旦则只是被判处刑城旦者因有公士之爵而被减刑的结果。参见宫宅洁：《中国古代刑制史の研究》，京都大学学术出版会 2011 年版，第 117—118 页。

不嗜刑杀以至于对应处肉刑或死刑者不实际执行刑罚，并令犯罪者穿着特殊的衣物、鞋履以指示其罪犯身份，进而使此人感到羞耻。对这一世俗之说，荀子批评道：

> 是不然。以为治邪？则人固莫触罪，非独不用肉刑，亦不用象刑矣。以为人或触罪矣，而直轻其刑，然则是杀人者不死，伤人者不刑也。罪至重而刑至轻，庸人不知恶矣，乱莫大焉。凡刑人之本，禁暴恶恶，且惩其未也。杀人者不死而伤人者不刑，是谓惠暴而宽贼也，非恶恶也。故象刑殆非生于治古，并起于乱今也。

在荀子看来，以象刑惩治犯罪实为罪刑不相称，最终将引发社会秩序的混乱，故所谓象刑根本不足以成其为上古之治世的象征，只不过是时人将战国的社会现象比附至古代的结果。也就是说，在战国时代，以囚服、囚鞋等特制物品标识刑徒身份的做法是普遍存在的。正因为此，秦律对制作不同规格之囚服的用材数量及领取囚服的时间都做了明确的规定：

> 受（授）衣者，夏衣以四月尽六月稟之，冬衣以九月尽十一月稟之，过时者勿稟。后计冬衣来年。囚有寒者为褐衣。为幏布一，用枲三斤。为褐以稟衣：大褐一，用枲十八斤，直（值）六十钱；中褐一，用枲十四斤，直（值）卌六钱；小褐一，用枲十一斤，直（值）卅六钱……。
> 金布[①]（睡简《秦律十八种·金布律》）

---

① 本书第二章已引过该律文，此处不再标明出处。另外，《二年律令·金布律》有如下规定："诸冗作县官及徒隶，大男，冬稟布袍表里七丈、络絮四斤，绔（袴）二丈、絮二斤；大女及使小男，冬袍五丈六尺、絮三斤，绔（袴）丈八尺、絮二斤；未使小男及使小女，冬袍二丈八尺、絮一斤半斤；未使小女，冬袍二丈、絮一斤。夏皆稟禪，各半其丈数而勿稟绔（袴）。夏以四月尽六月，冬以九月尽十一月稟之。布皆八稯、七稯。以裘皮绔（袴）当袍绔（袴），可。"彭浩、陈伟、[日] 工藤元男主编：《二年律令与奏谳书：张家山二四七号汉墓出土法律文献释读》，上海古籍出版社 2007 年版，第 250—251 页。此或可为秦律对制作囚服的用材数量、领取囚服时间之规定的参照。

但是，这绝不意味着各类刑徒所穿戴的囚服或刑具毫无区别。岳麓简1375/167＋1412/168所收《司空律》条文曰：

城旦舂衣赤衣，冒赤氈，枸櫝杕之。诸当衣赤衣者，其衣物毋（无）小大及表里尽赤之；其衣裘者，赤其里，□反衣之。①

可见，城旦舂必须穿里外皆被染红的衣服（“赤衣”）或仅染红其里的裘衣（“衣裘者，赤其里”）、戴红色的帽子（“赤氈”）和械具（“枸櫝杕”）。不过，睡简《秦律十八种·司空律》中又有如下内容：

A. 公士以下居赎刑辠（罪）、死辠（罪）者，居于城旦舂，毋赤其衣，勿枸櫝欙杕。鬼薪白粲、群下吏毋耐者、人奴妾居赎赀责（债）于城旦，皆赤其衣，枸櫝欙杕，将司之；其或亡之，有辠（罪）。

B. 隶臣妾、城旦舂之司寇、居赀赎责（债）毄（系）城旦舂者，勿责衣食；其与城旦舂作者，衣食之如城旦舂。②

据A的划线部分，鬼薪白粲似乎是在因“居赎赀债”而系城旦舂时才须像城

---

① 陈松长主编：《岳麓书院藏秦简（肆）》，上海辞书出版社2015年版，第123页。需要指出，整理小组将“□反衣之”释作“□杖，衣之”。陈伟认为，从图版所示之字形及文意上看，“杖”当释作“反”，而“□”则为“令”或“而”；之所以要让刑徒将裘衣之里外反穿，是因为古人衣裘时以毛面朝外，但毛面不便于着色。参见陈伟：《秦简牍校读及所见制度考察》，武汉大学出版社2017年版，第183—184页。陈说甚为合理，但亦未确定“□”为何字，故此处之引文据陈说将“杖”写作“反”，保留“□”并对整理小组的句读稍作调整。

② 陈伟主编：《秦简牍合集（壹·上）》，武汉大学出版社2014年版，第120—121、126页。另外，有关“鬼薪白粲、群下吏毋耐者、人奴妾居赎赀责（债）于城旦”一句，睡简整理小组与《秦简牍合集》的句读皆为“鬼薪白粲，群下吏毋耐者，人奴妾居赎赀责（债）于城旦”；与此句读相适应，前者更将该句所涉主体理解为“鬼薪白粲”“群下吏毋耐者”“人奴妾居赎赀责（债）于城旦”三类（参见睡虎地秦墓竹简整理小组编：《睡虎地秦墓竹简》，文物出版社1990年版，第52页，“【译文】”）。但是，从其前后语句来看，律文的主题似乎一直都是某群体在“居于城旦舂”或“居于官府”时当如何穿囚服、戴械具及被监管。因此，整理小组之说未尽妥当，应将此句理解为“居赎赀责（债）于城旦的鬼薪白粲、群下吏毋耐者及人奴妾”。从这一点出发，此处之引文对睡简整理小组及《秦简牍合集》的句读有所调整。

旦舂那样穿染红的衣服并戴械具的，否则，律文就不必强调"赤其衣，枸櫝欙杕"了。而从B的划线部分来看，隶臣妾似乎也是在系城旦舂时才须穿染红的衣服；至于是否须戴械具，从字面上看或许是否定的。由这两点反推，可以认为，鬼薪白粲、隶臣妾在一般情况下所穿的囚服应当与城旦舂有所不同；① 进一步论，司寇在劳役刑序列中至少不会重于隶臣妾，因此其囚服也应有别于城旦舂所穿的"赤衣"。至于鬼薪白粲等的囚服究竟如何、相互间是否有差异以及鬼薪白粲、隶臣妾、司寇是否要戴械具或者须戴怎样的械具，从目前的史料情况看，尚难以判断，② 但这并不影响如下结论的形成：以囚服和刑具的穿戴情况为衡量劳役刑之轻重的标准确实是秦刑罚制度的内在逻辑之一。

3. 从事劳役的方式。本书第一章曾指出，秦县的某些小吏们的任职方式可分为"更""冗"两种。有意思的是，此类词汇在已公布的出土秦律令文指称刑徒从事劳役之方式时也出现了。如，睡简《秦律十八种·工人程》规定：

---

① 值得注意的是，岳麓简 1922/220＋1764/221＋1671/222＋1797/223 所收秦令云：

> ●诸当衣赤衣、冒擅（毡），枸椟杕及当钳及当盗戒（械）而擅解衣物以上弗服者，皆以自爵律论之；其罪鬼薪白粲以上，有（又）驾（加）罪一等。以作暑故初及卧、沐浴而解其赤衣、擅（毡）者，不用此令。敢为人解去此一物，及吏徒主将者擅弗令傅衣服，及智（知）其弗傅衣服而弗告劾论，皆以纵自爵罪论之；弗智（知），赀二甲；告劾，除。徒出【繇（徭）】，将吏坐之，居吏弗坐。诸当钳枸椟杕者，皆以钱〈铁〉当（铛）盗戒（械），戒（械）者皆胶致桎梏，不从令，赀二甲。 ●廷戊十七（陈松长主编：《岳麓书院藏秦简［伍］》，上海辞书出版社 2017 年版，第 141—142 页）

整理小组认为，简 1671/222 与简 1797/223 之间有缺简。但是，岳麓简 0165/037＋(J29＋J64－3）/038＋1477/039＋1444/040＋1451/041＋1435/042 收入了与"廷戊十七"内容极为相似的令文；若于二者之间展开对读并据简 1444/040 所载令文而在"廷戊十七"的"徒出"二字后补上"徭"字，则"廷戊十七"的文义可谓流畅，因此，补释应当是可取的，简 1671/222 与简 1797/223 之间也未必存在缺简。据补释后的"廷戊十七"的起始部分，似乎鬼薪白粲亦须"衣赤衣、冒擅（毡）"，这与此处之正文提到的"鬼薪白粲在一般情况下所穿的囚服应当与城旦舂有所不同"相矛盾。然而，令文的开头提到了用以塑造刑徒之外在形象的各种衣物、械具，与鬼薪白粲相关联者未必是"衣赤衣、冒擅（毡）"，因此，令文之言也不一定与正文所说相抵触。

② 宫宅洁推测，隶臣妾需从事文书传递工作，如戴械具，就难以保证文书传递的速度，故隶臣妾应该不会被强制戴械具；承担统领刑徒、参与维持治安等劳役的司寇或许也是如此。参见宫宅洁：《中国古代刑制史の研究》，京都大学学术出版会 2011 年版，第 111—112 页。宫宅的推测颇为合理，很有可能是成立的，但终究有待于更多的史料来证明。

冗隶妾二人当工一人，更隶妾四人当工〖一〗人，小隶臣妾可使者五人当工一人。　工人程①

律文明确提到了"冗隶妾""更隶妾"；整理小组似将前者理解为"做零散杂活的隶妾"，对后者则做了如下释义，"更，轮番更代。更隶妾当为以部分时间为官府服役的隶妾"②。不过，据整理小组的观点，恐怕很难将"冗隶妾""更隶妾"视作在指代对象上可明确加以区分的一对概念，也不易解释为何前者在工作熟练程度上超过后者以至于前者可"二人当工一人"，后者则须"四人当工〖一〗人"，但若以标识小吏之任职方式的"冗""更"来解释"冗隶妾""更隶妾"之"冗""更"，则这些难题皆可冰释。也就是说，隶臣妾的服役方式同样有更替与否的差异，长期服役者即"冗隶妾"在工作熟练程度上自然胜过轮班服役者即"更隶妾"。正因为此，尽管秦法频频规定隶臣妾可以向官府廪取衣食，但其前提条件也是极为明确的，那就是"从事公"或"冗"亦即隶臣妾进入服役状态，如下引睡简《秦律十八种·仓律》条文所示：

隶臣妾其从事公，隶臣月禾二石，隶妾一石半；其不从事，勿禀。更隶妾节（即）有急事，总冗，以律禀食；不急勿总。③

当然，即便是以各种刑徒为考察范围，这种服役方式上的"冗""更"之别也

① 陈伟主编：《秦简牍合集（壹·上）》，武汉大学出版社2014年版，第111页。
② 睡虎地秦墓竹简整理小组编：《睡虎地秦墓竹简》，文物出版社1990年版，第33、46页。
③ 陈伟主编：《秦简牍合集（壹·上）》，武汉大学出版社2014年版，第77、84页。另外，里耶简中多有隶臣妾从官府廪取粮食的记载，此亦可谓隶臣妾因"从事公"而食于官的证明。如，里耶简8-766曰，"径廥粟米一石二斗少半斗。卅一年十一月丙辰，仓守妃、史感、禀人援出禀大隶妾始。令史扁视平。感手"；又如，里耶简8-925+8-2195云，"粟米一石六斗二升半升。卅一年正月甲寅朔壬午，启陵乡守尚、佐冣、禀人小出禀大隶妾□、京、窯、茝、并、□人、☐乐窅、韩欧毋正月食，积卅九日，日三升泰半半升。令史气视平"。陈伟主编：《里耶秦简牍校释（第一卷）》，武汉大学出版社2012年版，第220—221、249页。

并非仅适用于隶臣妾。以岳麓简 1981/017＋1974/018 所收《亡律》条文为例：

> 及诸当隶臣妾者亡，以日六钱计之，及司寇冗作及当践更者亡，皆以其当冗作及当践更日，日六钱计之，皆与盗同法。①

司寇的服役方式显然亦可分为“冗”和“更”两种。那么，城旦舂又如何呢？不得不说，在现有史料中似乎找不到能证明城旦舂服劳役存在着定期、不定期之别的文句。由此看来，以从事劳役之方式是否可细分为思考的出发点，城旦舂与隶臣妾、司寇在刑罚等级上的距离感可谓显而易见。

4. 社会生活状态之改变。关于这一点，前文已有零散陈述，此处将予以汇总并稍作延伸。首先，前文在探讨刑徒来源时曾指出，对城旦、鬼薪，官府会“收”其妻、子、田宅、财产；这意味着被处以城旦、鬼薪者实已无家可归，也揭示了秦法对城旦等重劳役刑徒与社会之关系的设想，即他们必须被社会驱逐。为了最大程度地落实此种设想，一方面，据前引《二年律令·户律》条文，“隶臣妾、城旦舂、鬼薪白粲家室居民里中者，以亡论之”，城旦舂、鬼薪白粲之居所的坐落地被限定在远离民里之处；另一方面，秦律甚至严格规范城旦因服徭役而出行时的行走路线，竭尽全力地使其避开人声鼎沸的市场：

> 舂城旦出繇（徭）者，毋敢之市及留舍闠外；当行市中者，回，勿行。②（睡简《秦律十八种·司空律》）

如此种种显然是要保证城旦等重劳役刑徒无论在何种情况下，都与编户民社会保持足够的距离，其未犯罪前的生活状态可谓彻底宣告结束。与之相比，

① 陈松长主编：《岳麓书院藏秦简（肆）》，上海辞书出版社 2015 年版，第 44 页。
② 陈伟主编：《秦简牍合集（壹·上）》，武汉大学出版社 2014 年版，第 130 页。

官府对隶臣至少不“收”其妻、子，[①] 对司寇则似乎根本不考虑“收”，[②] 故隶臣、司寇与编户民社会之间仍存在或多或少的联系。可见，城旦舂、鬼薪白粲在原有社会生活状态的改变程度上远胜于隶臣、司寇，诸劳役刑在刑等上的高低之别于此可见一斑。其次，尽管官府对隶臣与对司寇一样皆维持其家庭完整，故隶臣只能在“从事公”时向官府廪取衣食，但隶臣之家在生活状态上与司寇之家终究有所不同。如，上文已提到的《二年律令·户律》条文强调，隶臣妾的居所与城旦舂、鬼薪白粲的居所一样应远离民里，[③] 而且，睡简《秦律十八种·司空律》《法律答问》皆提到的“外妻”一词[④]又表明隶臣与其妻是被强制分开居住的，但就像前文已指出的那样，从《二年律令·户律》条文反推，类似情况是不会发生在司寇身上的。又如，前文曾提到，《二年律令·户律》关于以军功爵名田宅的规定确立了官府对司寇授田宅的额度，却未及隶臣妾，更不必说城旦舂等重劳役刑徒；这表明，虽然司寇可占田宅的额度乃《户律》条文所罗列的一应数字的最低值，故其家的经济水平很可能因此而不如以往，[⑤] 但隶臣之家的经济生活因刑徒身份而被削弱的程度

---

① 至于隶臣的田宅、财产是否被“收”，在目前所能见到的秦及汉初文献中，似难以找到明确答案。不过，宫宅洁据《二年律令·户律》对授田的规定指出，由于授田对象不及隶臣，因此隶臣就不能占有一定数量的土地，官府自然要“收”其田宅。参见宫宅洁：《中国古代刑制史の研究》，京都大学学术出版会 2011 年版，第 180 页，“注(94)”。此论从逻辑上说是成立的，或可参考。

② 岳麓简 0587/329＋0638/330＋0681/331 所收秦令文曰：“泰上皇时内史言：西工室司寇、隐官、践更多贫不能自给糧（粮）。议：令县遣司寇入禾，其县毋（无）禾当貣者，告作所县偿及贷。西工室伐榦沮、南郑山，令沮、南郑听西工室致。其入禾者及吏移西工室。●二年曰：复用。”陈松长主编：《岳麓书院藏秦简（肆）》，上海辞书出版社 2015 年版，第 204 页。令文所说的司寇“自给糧（粮）”或许就可作为一个实例来证明司寇不会被“收”。

③ 谢坤曾据里耶简等出土文献对隶臣妾的居住状况做过更为详细的解说，亦可参考。参见谢坤：《秦简牍所见仓储制度研究》，上海古籍出版社 2021 年版，第 139—143 页。

④ 睡简《秦律十八种·司空律》曰：“隶臣妾、城旦舂之司寇、居赀赎责（债）、毄（系）城旦舂者，勿责衣食；其与城旦舂作者，衣食之如城旦舂。隶臣有妻妻更及有外妻者，责衣。人奴妾毄（系）城旦舂，貣（贷）衣食公，日未备而死者，出其衣食。”《法律答问》又云：“隶臣将城旦，亡之，完为城旦，收其外妻、子。子小未可别，令从母为收。”陈伟主编：《秦简牍合集（壹·上）》，武汉大学出版社 2014 年版，第 126、243 页。

⑤ 当然，司寇的社会生活状态因其刑徒身份而下滑的表现并不限于此。具体参见张新超：《试论秦汉刑罚中的司寇刑》，载《西南大学学报（社会科学版）》2018 年第 1 期，第 174—176 页。

显然更甚。概言之，以社会生活状态的改变程度为衡量标准，城旦舂、鬼薪白粲、隶臣妾、司寇作为劳役刑的轻重之别是可以有所展现的。更准确地说，此种轻重之别不仅仅指向刑罚的法律意义，更指向刑罚的社会意义，所谓劳役刑也确实可以被视为由爵制社会这一历史背景很自然地孕育出来的“身份刑”①。

以上是对秦法用以区分劳役刑之轻重的主要标准的介绍。这些标准与各类劳役刑之间并不存在一对一关系，或者说所谓劳役刑的轻重实际上是要根据附丽于诸多劳役刑之上的各类惩罚之效果差异的整体来做判断的。以城旦舂与隶臣妾的轻重之别为例，前者多是在被施以肉刑之后穿戴囚服、械具而长期从事劳役，且基本与编户民社会隔绝；后者则往往不附加肉刑，不穿戴囚服、械具，其劳役方式分为更替和长期两种，其与编户民社会的关系也未被彻底切断。如此，城旦舂在惩罚力度上就明显高于隶臣妾了。当然，由于史料不足，上文并未讨论秦法对“居赀赎债”之类的有期劳役刑徒设定的待遇，② 也无法否定除上述四个方面之外的其他可能性标准的存在，但即便如此，认为秦法对刑徒待遇以及与之相关的劳役刑的刑等有着较为精细的考虑可谓大致无误。究其原因，无非就在于，来源多样、数量可观的刑徒占总人

① 有关以“劳役刑”为“身份刑”的主要论述，参见鷹取祐司：《秦漢時代の刑罰と爵制的身份序列》，载《立命館文学》第608号，2008年，第27—37页；陶安あんど：《秦漢刑罰体系の研究》，东京外国语大学亚洲非洲语言文化研究所2009年版，第80—88页；邢义田：《地不爱宝：汉代的简牍》，中华书局2011年版，第181—182、185页。

② 当然，已公布的出土秦及汉初律令文也确实提到了居赀赎债的待遇问题。如，前文在讨论各类刑徒是否穿戴囚服、械具时曾引用睡简《秦律十八种·司空律》条文，其文句曰，“隶臣妾、城旦舂之司寇、居赀赎责（债）毄（系）城旦舂者，勿责衣食；其与城旦舂作者，衣食之如城旦舂”。据此反推，即可知，居赀赎债在一般情况下是不必穿囚服的。又如，岳麓简1423/274＋1306/275及0914/278＋0349/279所收律文曰：

> 居赀赎责（债）拾日坐罪入以作官府及当戍故徼，有故而作居县者，归田农，穜时、治苗时、檴（获）时各二旬。（岳麓简1423/274＋1306/275《司空律》）
>
> 冗募群戍卒及居赀赎责（债）戍者及冗佐史、均人史，皆二岁一归，取衣用，居家卅日，其□□□以归宁。居室卅日外往来，初行，日八十里；之署，日行七十里。当归取衣用，贫，毋（无）以归者，贷日，令庸以逋。（岳麓简0914/278＋0349/279《□律》）（陈松长主编：《岳麓书院藏秦简［肆］》，上海辞书出版社2015年版，第159—160页）

可见，刑徒身份对居赀赎债之家庭生活的影响相对有限。不过，秦及汉初律令文对居赀赎债的待遇是否有极为详细的规定或许还需要更多的史料来证明。

口的比重并不低，故不在其内部塑造地位差异也就意味着秦对等级社会的建构缺乏完整性。反过来说，周备的刑徒制度无疑有利于官府对刑徒之掌控与管理的有效展开，进而也为包括县在内的各层级之官府的行政运转提供了人力资源上的一重保证。

小　结

尽管秦县治理表现为一系列具体的行政行为，但县内各机构的为政举措不用说是应某种政务信息的指示而展开的。为此，本章第一节就考察了包括县官府在内的秦各级官府之间的信息流转方式。事实上，所谓信息流转无外乎是通过口头陈述和文书传达两种手段来完成的，但在春秋战国年代，随着列国疆域膨胀、人口规模扩大而引发的行政层级的增多及行政事务的复杂化，文书传达已成为政务信息交流的主要渠道。为此，秦律令对包括制作、传送、保管、废弃等各环节在内的官文书流转的全过程都予以规范，以此保证政务信息能高效地为各相关机构所知并付诸实施，而后续追责又有据可循。当然，这并不意味着秦的各级官府之间的信息沟通只倚赖书于简牍之上的官文书。相反，官吏在因各种缘由而徭使时会向对方传达政务信息或者就官文书所写的内容予以说明、解释、阐发，从而提高政务处理的灵活性和准确性。在此意义上，于政务信息之沟通，官吏的口头陈述可谓官文书之流转的必要补充。概言之，官文书与官吏可被视为两种活动的信息载体，他们共同揭示了官僚政治的运动轨迹。

另外，秦县治理必定伴随着官府指挥或命令黔首为某种行为的现象，但出于保证农时、维持黔首生活之平稳等各种原因，官府在因政务处理而须调用人手时往往会先役使官方劳动力即刑徒，本章第二节即为对秦的刑徒制度的简要介绍。秦的刑徒来源多样，人数亦众，实为官府无法忽视的人力资源。但是，正如出土秦律令文及官文书的记载所展示的，由于在战国至秦统一时期，繁杂的劳役使官府对劳动力的需求迅速增长，各类刑徒经常会被无差别地分配劳役任务，这导致秦的各类劳役刑出现了“名实相分”的现象。为此，秦法又确立了诸多可据以判断劳役刑之轻重的标准。一应设想使秦的刑徒制度较为周备，进而为包括县在内的各层级之官府对刑徒的有序使役和管理奠定了基础。

综合第二、第三两章的阐述，可以发现，秦县官府不仅职能广泛，而且掌握着不少人力、物力资源，可谓实实在在的秦政权的基石。有鉴于此，统治者自然要考虑如何牢固地掌控住县。在这方面，律与令的规范作用无疑是不可或缺的，但约束力量仅来自于律与令吗？下一章将对此问题稍作探讨。

第四章

秦县官府的为政准则

前一章的末尾提到，秦县官府负责县的各项政务且掌握着众多的人力、物力资源，这使得县成为了实实在在的国之基石。在此情况下，对秦统治者而言，倘若不能以各种约束来保证县官府兢兢业业地工作，其政治目标无疑就难以实现。那么，所谓约束究竟包括哪些呢？最容易让人联想到的当然是律与令，以下考察就将从律与令开始。

第一节　律与令及其传播

法家主张“明主治吏不治民”，又云“故明主慎法制。言不中法者，不听也；行不中法者，不高也；事不中法者，不为也”①。秦国政坛既然推崇法家思想，自然也会将各级官吏的言行纳入以律令为主体的秦法的控驭之下。这一点无论是从律令的规定，还是从律令的执行出发都能得到一定程度的证明。此处将首先围绕这两个方面简要介绍律令对县官府之权力的约束。

一、律令治吏之概观

以律令之规定论，在收入秦律令较多的睡简和岳麓简的记载中可以见到众多律令名，其大致情况如下表所示：

表 4－1

简牍之概称	名称类别	具　体　内　容
睡虎地秦墓竹简	律名	田律、厩苑律、仓律、金布律、关市律、工律、均工律、徭律、司空律、军爵律、置吏律、效律、传食律、行书律、内史杂律、尉杂律、属邦律、除吏律、游士律、除弟子律、中劳律、藏律、公车司马猎律、傅律、屯表律、戍律

① 《商君书・君臣》。

续 表

简牍之概称	名称类别	具 体 内 容
岳麓书院藏秦简	律名	亡律、田律、金布律、尉卒律、徭律、傅律、仓律、司空律、内史杂律、奔警律、戍律、行书律、置吏律、贼律、具律、狱校律、兴律、杂律、关市律、索律
	令名	内史郡二千石官共令、内史官共令、内史仓曹令、内史户曹令、内史旁金布令、四谒者令、四司空共令、四司空卒令、安台居=室=共令（即安台居室、居室共令）、□□□又它祠令、辞式令、尉郡卒令、郡卒令、廷卒令、卒令、县官田令、食官共令、给共令、赎令、迁吏令、捕盗贼令、挟兵令、稗官令
备注	本表对岳麓简所收之令名的罗列，参考了陈松长等所著《岳麓书院藏秦简的整理与研究》（中西书局 2014 年版，第 97 页）的相关论述。	

观一应令名，即可发现，这些令的大部分都是用来规范包括县在内的各层级之官府的施政行为的，而以令文论，似乎也确是如此①；至于律，其名称多指向某种政务，而其不少条文又提到了对不照章办事的官吏的处罚，因此，诸律之意旨也表现出了划定官吏之权力边界的倾向。当然，睡简和岳麓简所收律令文多与官府行为有关或许可由墓主人或简文之抄手的身份为官吏这一点来解释，未必能证实秦律令的功能倾向就是“治吏”，但至少表明秦制对“明主治吏不治民”的法家论调是有所贯彻的②。

① 如，书于岳麓简 1918/308＋0558/309＋0358/310＋0357/311 之上的《内史郡二千石官共令》“第戊”条就对县官府应当如何兑现“购赏贳责（债）”有所陈述：“●制诏丞相御史：兵事毕矣，诸当得购赏贳责（债）者，令县皆亟予之……丞相御史请：令到县，县各尽以见（现）钱不禁者亟予之，不足，各请其属所执法，执法调均；不足，乃请御史，请以禁钱贷之……。”陈松长主编：《岳麓书院藏秦简（肆）》，上海辞书出版社 2015 年版，第 197—198 页。又如，岳麓简 0120/099 所收秦令提到了对“给事酎所”的官府之行为的概括性要求：“诸官府给事酎所者皆谨如令，不如令者赀二甲。”陈松长主编：《岳麓书院藏秦简（陆）》，上海辞书出版社 2020 年版，第 98 页。

② 值得注意的是，《二年律令·置吏律》云：“官各有辨，非其官事勿敢为，非所听勿敢听。”彭浩、陈伟、［日］工藤元男主编：《二年律令与奏谳书：张家山二四七号汉墓出土法律文献释读》，上海古籍出版社 2007 年版，第 176 页。这显然是要求官吏严格按照法律的规定行使职权。以汉承秦制为前提，或许亦可将此律文视为秦以法治吏的重要旁证。

以律令之执行论，前三章已对县官府如何在人员选任、立户授田、徭役征发、刑徒管理等方面贯彻律令的规定加以展示，既有研究也曾据秦简牍所载县吏被问责的诸多事例来论证律令之实效①。此处将依托其他事项进一步思考秦县官府对律令的践行。首先，在里耶简所收迁陵县官文书的记载中经常能见到倶引律令文的现象：

□谓启陵乡啬夫：律曰：上户出五钱以（9－379）

☐□□□敢言之：律曰：与它郡县官相付☐□□□令写【别】券已□告迁陵□以□（9－1107 正）②

这表明，秦县官吏对援用律令文来论证其行政举措的正当性或合理性的做法大概是较为习惯的。其次，岳麓简 1009/066＋1008/067＋1000/068 所收令文曰：

●制诏御史：吏上奏当者，具傅所以当者律令、比行事固有令。以令当，各署其所用律令、比行事曰：以此当某。今多弗署者，不可案课，却问之，乃曰：以某律令某比行事当之，烦留而不应令。今其令，皆署之如令。　●五③

据令文，官吏呈送给上峰的论罪文书应当明示作为论罪之依据的律令文或“比行事”以免“不可案课”亦即无法检核适用法律的准确性。而岳麓简《为

① 参见于振波：《秦代吏治管窥》，载《湖南大学学报（社会科学版）》2013 年第 3 期，第 11—12 页；王勇：《从里耶秦简看秦代地方官吏的法律责任与惩处》，载邬文玲、戴卫红主编：《简帛研究》（2019 春夏卷），广西师范大学出版社 2019 年版，第 92—100 页。

② 陈伟主编：《里耶秦简牍校释（第二卷）》，武汉大学出版社 2018 年版，第 116、259 页。

③ 陈松长主编：《岳麓书院藏秦简（伍）》，上海辞书出版社 2017 年版，第 60—61 页。需要指出，有关“吏上奏当者，具傅所以当者律令、比行事固有令”一语，整理小组的句读是“吏上奏当者，具傅所以当者律令、比行事。固有令”，今据陈伟、徐世虹说改。参见陈伟：《〈岳麓书院藏秦简（伍）〉校读》，载简帛网 http://www.bsm.org.cn/?qinjian/7735.html，发布时间：2018 年 3 月 9 日；徐世虹：《决事比、廷行事、比行事》，载王沛主编：《出土文献与法律史研究》（第十辑），法律出版社 2021 年版，第 18—19 页。

狱等状四种》就收入了多份秦县官府请求上峰对如何论罪予以反馈的上行文书，其中的一份包含如下文字：

> 廿（二十）五年五月丁亥朔壬寅，州陵守绾、丞越敢潚（谳）之……●诊、问如告、辤（辞）。京州后降为秦。为秦之后，治、阆等乃群盗〖盗〗杀伤好等。律曰：产捕群盗一人，购金十四两。有（又）曰：它邦人□□□盗，非吏所兴，毋（无）什伍将长者捕之，购金二两。●鞫之：尸等产捕治、阆等，告群盗盗杀伤好等。治等秦人，邦亡荆；阆等荆人，亡，来入秦地，欲归羛（义），悔，不诣吏。以京州降为秦后，群【盗盗杀伤好】等。皆审。疑尸等购。它县论。敢潚（谳）之。●吏议：以捕群盗律购尸等。或曰：以捕它邦人【……。】①

“律曰”“有（又）曰”很明显就是被官吏选用为判决依据的两条律文的提示语；“吏议”部分则表明，州陵县官府之所以要“谳”即上奏，就是因为其内部对究竟选用哪一条律文存在争议。由此看来，前引令文所说的“具傅所以当者律令”在某种程度上确实已得到官吏们的遵守。② 更值得注意的是，如

---

① 朱汉民、陈松长主编：《岳麓书院藏秦简（叁）》，上海辞书出版社2013年版，第113—116页。

② 值得注意的是，张家山汉简《奏谳书》收入了若干份汉初的县吏就如何论罪呈请上峰予以反馈的文书，其中也不乏提及官吏拟适用之律令文者，如：

> ●十年七月辛卯朔癸巳，胡状、丞憙敢潚（谳）之……●诘阑：律所以禁从诸侯来诱者，令它国毋得取（娶）它国人也。阑虽不故来，而实诱汉民之齐国，即从诸侯来诱也，何解……●吏议：阑与清同类，当以从诸侯来诱论。●或曰：当以奸及匿黥舂罪论。
>
> ●胡丞憙敢潚（谳）之，十二月壬申，大夫荊诣女子符，告亡……·律：取（娶）亡人为妻，黥为城旦，弗智（知），非有减也。解虽弗智（知），当以取（娶）亡人为妻论，何解……●吏议：符有数明所，明嫁为解妻，解不智（知）其亡，不当论。●或曰：符虽已詐（诈）书名数，实亡人也。解虽不智（知）其请（情），当以取（娶）亡人为妻论，斩左止（趾）为城旦。（彭浩、陈伟、［日］工藤元男主编：《二年律令与奏谳书：张家山二四七号汉墓出土法律文献释读》，上海古籍出版社2007年版，第338—339、341页）

由此看来，在断罪引律令文这一点上，汉承秦制的痕迹亦清晰可辨。这应当（转下页）

苏俊林已指出的，《为狱等状四种》很可能是南郡编制而成的供从事实务之官员参考的法律文献，[①]收入其中的文书当具有一定的代表性或示范效应，因此，上引州陵县上奏文被收入《为狱等状四种》中这一事实未必不是南郡要求其下辖诸县之官吏一体贯彻令文之规定（即“具傅所以当者律令”）的暗示。进一步论，与南郡编制《为狱等状四种》相类似的现象在秦的其他郡无疑也是存在的，而在各种汇编成果中大概也不会缺少如州陵县上奏文那样“具傅所以当者律令”的文书，这几乎就是在秦的全域以典型事例号召官吏们养成严格执行律令的自觉。

通过以上两个方面的考察，可以看出，在一君万民的政治架构逐渐形成的战国至秦帝国时期，官僚群体作为君主控驭黎庶之必备辅助力量的角色日益清晰，如何防止各级官府消极怠政或肆意妄为则成为了君主必须考虑的问题，而秦统治者显然就充分意识到这一点并试图首先以律令来约束官吏们的为政言行。在此意义上，出土文献所收入的秦官文书频繁提及的“如律令”“以律令从事”等文辞似乎并非套话、虚言，而是对秦官场中普遍存在的据律令处理政务之意识的精要概括。[②] 当然，如邢义田所说，“依律令而治，则官吏须先明律令”，[③] 那么，在秦，律令究竟是如何传播并终至为基层官吏所掌握的呢?

二、律令的传播

有关秦律令的传播，以下将据目前已公布的秦简牍文献所能提供的相关

(接上页) 是由秦汉两朝在基本政略上皆坚持律令之治所使然。参见拙文:《秦汉时代的律令断罪》，载《北方法学》2012 年第 6 期，第 140—145 页。

① 参见苏俊林:《岳麓秦简〈奏谳文书〉的性质与编成》，邬文玲、戴卫红主编:《简帛研究》(2019 秋冬卷)，广西师范大学出版社 2020 年版，第 187 页。事实上，在苏俊林文之前，张忠炜曾在考证《奏谳书》收入的两则所谓“春秋案例”之素材来源的基础上将《奏谳书》的文献性质界定为供当时的小吏们学习在司法实践中运用法律之技术的律令学教本。参见张忠炜:《秦汉律令法系研究初编》，社会科学文献出版社 2012 年版，第 147—154 页。张说与苏说可谓异曲同工，于理解《为狱等状四种》的文献性质亦不乏助益。

② 有关这一判断，亦可参见［加］叶山:《迁陵县档案中秦法的证据——初步的研究》，胡川安译，载武汉大学简帛研究中心主办:《简帛》(第十辑)，上海古籍出版社 2015 年版，第 142 页；周海锋:《秦律令效力问题》，载中国文化遗产研究院编:《出土文献研究》(第十六辑)，中西书局 2017 年版，第 173 页。

③ 邢义田:《治国安邦：法制、行政与军事》，中华书局 2011 年版，第 59 页。

信息，从中央至郡县和县内部两个层面展开探讨。

（一）从中央至郡县的律令下达

上一章在考察官文书流转时曾对所谓“御史问直络帬（裙）程书”揭示的一份制书的下达过程有所陈述，其基本情况是：制书先从中央下发到洞庭郡，再由洞庭郡按两个方向传达至下辖各县，最后则由县廷抄送给县内机构。此制书的下达过程于分析律令从中央至郡县的传播方式而言亦不乏参照意义。究其原因，就在于，以多年来学界对秦汉诏、令、律之关系的研究成果论，国内外学者虽然在令甚至于律是否与诏无别这一问题上仍存争议，但似乎已形成如下基本判断：秦汉律令并非唐律令那样篇章及其顺序固定的典籍化的法律；在秦汉时代，令是依托于制书（在秦始皇二十六年“命为制”之前，当为“命书”）或诏书来制定和颁布的，律则多为对令予以简化、抽象化的结果且往往通过制书或诏书的下达而被颁行。① 既如此，所谓律令的传播无疑也应当像“御史问直络帬（裙）程书”所提及的那份制书的流转一样表现为由中央至郡，再继之以各县的下行过程；当然，在郡制尚未确立的情况下，无疑就是由中央直抵诸县了。此种下行之路实为秦的中央集权体制及行政层

① 参见陶安あんど：《法典編纂史再考——漢篇：再び文献史料を中心に据えて》，载《東洋文化研究所紀要》第百四十册，2000 年，第 49—53 页；滋贺秀三：《中国法制史論集 法典と刑罰》，创文社 2003 年版，第 33—35、39—42 页；徐世虹：《说“正律”与“旁章”》，载中国文物研究所编：《出土文献研究》（第八辑），上海古籍出版社 2007 年版，第 75 页；杨振红：《出土简牍与秦汉社会》，广西师范大学出版社 2009 年，第 56—68 页；广濑薰雄：《秦漢律令研究》，汲古书院 2010 年版，第 25—29、146—157 页；张忠炜：《秦汉律令法系研究初编》，社会科学文献出版社 2012 年版，第 92—93、125—132 页；孟彦弘：《出土文献与汉唐典制研究》，北京大学出版社 2015 年版，第 25 页；代国玺：《汉代公文形态新探》，载《中国史研究》2015 年第 2 期，第 31—35、38—42 页；于洪涛：《论敦煌悬泉汉简中的“厩令”——兼谈汉代“诏”、“令”、“律”的转化》，载《华东政法大学学报》2015 年第 4 期，第 142—149 页；冨谷至：《漢唐法制史研究》，创文社 2016 年，第 26—50、54—64 页；周海锋：《秦律令之流布及随葬律令性质问题》，载《华东政法大学学报》2016 年第 4 期，第 47 页；徐世虹等：《秦律研究》，武汉大学出版社 2017 年版，第 64—74、99—102 页。另外，大庭脩等否定了战国秦汉时代令典的存在并认为，尽管当时已有律典，但因为在律典之外另有律，所以，当时的律与魏晋隋唐时代的律终究有所不同。此说虽未对律典、令典在战国秦汉时代的存在予以全面否定，但显然意识到了战国秦汉律令与后世律令的差异，对我们认识秦汉律令的本相亦颇具启发性。参见大庭脩：《秦汉法制史の研究》，创文社 1982 年，第 6—17 页；堀敏一：《律令制と東アジア世界——私の中国史学（二）》，汲古书院 1994 年，第 33—38 页；张建国：《帝制时代的中国法》，法律出版社 1999 年，第 5—16 页；池田雄一：《中国古代の律令と社会》，汲古书院 2008 年版，第 327 页。

级设置的必然显现，本不必大书特书，更值得注意的其实是与律令下达有关的另外两个问题。

第一，律令的制定和生效时间如何判断？律令的制定时间之所以会成为问题，当归因于秦律令的产生方式。上文已指出，秦令是随着诏令的形成而被制定的，律则往往多由令转变而来，因此，从根本上说，秦律令源于诏令。那么，诏令又是怎样形成的呢？大庭脩曾总结过汉代诏令的三种制定方式：(1) 皇帝据个人意志直接发布诏令；(2) 官吏上奏，皇帝对其表示认可并发布诏令；(3) 皇帝就政事向官员征求意见，官员陈述己见，皇帝对其予以“制可”并发布诏令。① 而从简牍文献收入的秦诏令所包含的提示立法环节的语词来看，这三种制定方式其实也适用于秦，如下引简文所示：

A. ●东郡守言：东郡多食，食贱，徒隶老、庠（癃）病、毋（无）赖，县官当就食者，请止，勿遣就食。它有等比。【●制曰：可】。（岳麓简 0319/360 所收秦令）

B. ●御史言：予徒隶园有令，今或盗牧马牛羊徒隶园中，尽蹂其嫁（稼）。请：自今以来盗牧马、牛、羊徒隶园中一以上，皆赀二甲。吏废官，宦者出宦，而没其私马、牛、羊县官。有能捕、诇告犯此令☑□伤树木它嫁（稼）及食之，皆令偿之，或入盗牧者与同法。●请：诸盗牧马、牛、羊县官园者，皆用此令。　●廿（岳麓简 0962/035＋2108/036＋（1120＋C4－2－1－7）/037＋0930/038 所收秦令）

C. ●泰山守言：新黔首不更昌等夫妻盗，耐为鬼薪白粲，子当为收，柀（彼）有婴儿未可事，不能自食，别传输之，恐行死。议：令寄长其父母及亲所，勿庸别输。丞相议：年未盈八岁者令寄长其父母、亲所，盈八岁辄输之如令。琅邪（琊）郡比。　●十三☑（岳麓简 1114/037＋0918/038＋1935/039 所收秦令）

① 参见大庭脩：《秦汉法制史の研究》，创文社 1982 年，第 207—224 页。另外，有关此处所列之大庭说，本书第二章之脚注亦有所介绍，或可一并参看。

D. ●制诏御史：请当上奏者，耐罪以下先决之，有令。而丞相、御史尽主诸官所坐多不与它官等，丞相、御史官当坐官以论，耐罪以下当上奏当者，勿先决论，侍（待）奏当。 ▌廷内史郡二千石官共令 ●戊 ●今庚（岳麓简1459/061＋1461/062＋（J67－3＋J70－2＋J71－2＋J66－3＋J74－1）/063所收秦令）

E. ●延陵言：佐角坐县官田殿，赀二甲，贫不能入，角择除为符离冗佐，谒移角赀署所，署所令先居之延陵，不求赏（偿）钱以糴，有等比。●曰：可。 ●县官田令丙一[①]（岳麓简1858/246＋1860/247所收秦令）

既然如此，那么，秦诏令的制定过程（尤其是在第二、第三种情形下）往往就伴有郡（如A、C、E）[②] 或中央官吏（如B）的上奏、朝廷议论（如B、C）、君主直接布令（如D）或“制可”（如A、E）等环节。各个环节的完成时间当然是不同的，诏令的制定时间究竟以哪个环节的完成时间为准自然就需要考虑一番了。在这方面，秦统治者采取了如下对策：

●令曰：诸所上而为令，诏曰可，皆以书下日定其奏日下之；其当以

---

① 此处所引五条令文，分别出自陈松长主编：《岳麓书院藏秦简（肆）》，上海辞书出版社2015年版，第214页；陈松长主编：《岳麓书院藏秦简（伍）》，上海辞书出版社2017年版，第50—51、63页；陈松长主编：《岳麓书院藏秦简（陆）》，上海辞书出版社2020年版，第67—68、177—178页。另外，有关秦诏令的制定方式，先前发表的拙文也已有所考证，或可参考。参见拙文：《从君主命令到令、律之别——先秦法律形式变迁史纲》，载《清华法学》2020年第2期，第179—180页。

② 有关此处提及的令文E，虽然从文句上看，“延陵言”三字表明制定该令的程序最初是由延陵县官吏启动的，但如书于岳麓简1417/197之上的《行书律》条文所云，“县请制，唯故徼外盗，以邮行之，其它毋敢擅令邮行书”，县在一般情况下是不能直接“请制”的，因此，在令文E中，作为君主“制可”之对象的奏议应当是由延陵县所属的会稽郡上呈的。另外，张家山汉简《二年律令·置吏律》曰：“县道官有请而当为律令者，各请属所二千石官，二千石官上相国、御史，相国、御史案致，当请，请之，毋得径请者。径请者，罚金四两。”（彭浩、陈伟、[日]工藤元男主编：《二年律令与奏谳书：张家山二四七号汉墓出土法律文献释读》，上海古籍出版社2007年版，第179页）此律文似亦可为旁证。

时下，各以下时定之。●卒令乙廿七[①]（岳麓简1907/106所收秦令）

也就是说，以“书下日”即附有君主之“制可”的诏书的下发之日统合包括郡或中央官吏之上奏日在内的所有时间，或者说“书下日”即诏令的制定之日。如此，可被视为“行动中的法”[②]的诏令尽管是基于政务处理之实践并通过官文书的上传下达而生成的，但至少在形式上都成为了君权独断的产物。

然而，由于古代社会之通讯技术的拘囿，新诏令以及以制、诏为载体的律令是无法在被制定出来以后立即或不久就为各郡县官府所同时了解的，可决定各类诏令之制定时间的强大君权在诏令以及以制、诏为载体的律令的生效时间上不得不有所让步，如书于岳麓简1888/107之上的令文所示：

●新律令下，皆以至其县、都官廷日决。故有禁，律令后为罪名及减益罪者，以奏日决。●卒令乙廿二[③]

也就是说，在新律令将旧律令不视为罪的行为定为新罪名，或对同一罪行的处罚较旧律令有所调整的场合，各县、都官须以“奏日”即前引“卒令乙廿七”所说的“书下日”为新律令的生效时间；舍此，所谓生效时间都与承载律令文的制书或诏书到达县廷或都官的时间等同。与之相适应，岳麓简（1679+1673正）/100所收“卒令乙五”提到“制书下及受制有问议者，皆为薄（簿），署初到初受所及上年日月……”[④]，其中的“署初到初受所及上年月日”一句所指示的制书传送环节显然也就具备了确认新律令之生效时间的

① 陈松长主编：《岳麓书院藏秦简（伍）》，上海辞书出版社2017年版，第103页。需要指出，有关“皆以书下日定其奏日下之”一句，整理小组的句读是“皆以书下日定，其奏日下之”，今据陈伟说及李婧嵘与陈松长说改。参见陈伟：《岳麓书院藏秦简（伍）校读（续）》，载简帛网 http://www.bsm.org.cn/?qinjian/7741.html，发布时间：2018年3月10日；Li Jingrong, Chen Songchang: The Promulgation of Law in Qin and Western Han China, in *Early China*, Vol. 44, 2021, pp. 399-400。

② 有关“行动中的法”的含义，参见拙文：《“律令法”说之再思：以秦汉律令为视点》，载《法律科学》2022年第3期，第200页。

③ 陈松长主编：《岳麓书院藏秦简（伍）》，上海辞书出版社2017年版，第103页。

④ 陈松长主编：《岳麓书院藏秦简（伍）》，上海辞书出版社2017年版，第101页。

功能。结合“卒令乙廿七”“卒令乙卌二”两条令文的规定，可以看出，在诏令以及以制、诏为载体的律令从中央下发至郡县这一点上，秦统治者是试图在中央集权与因地制宜之间寻求平衡的。

第二，如前所述，秦律令并非唐律令那样的典籍化的法律，会随着行政实践的不断进行而被持续创制并发布，但这是否意味着在律令下发的过程中，中央朝廷与中央至地方的各官署对律令未加以编纂呢？答案当然是否定的，在秦简牍文献中随处可见的以某律篇或令篇统合一定数量的律文或令文的现象即为其明证。那么，所谓编纂又是如何展开的？在律和令呈现出典籍化样态的时代，律令条文的编纂实为立法程序的一个环节，编纂权不用说属于身处中央的立法者，但对不能以法典论之的秦律令而言，立法程序是以具有创设律令之功能的制诏的形成和下发为终端的，对条文的编纂则为后续事宜。正因为此，宫宅洁、广濑薰雄均强调，秦汉律令的编纂并非由中央朝廷主导，而是表现为各级官署对君主下发之诏敕的分类、整理；广濑甚至认为，律令编纂可由官吏个人来完成。① 二者之说显然充分考虑到了秦律令的制定和颁布须以制诏为依托这一点，体现出了进入历史语境的学术风格，颇值关注，但也不乏可商榷之处。

首先，今日所能见到的出土秦律令文本皆为抄本，摘抄哪些律令文、如何摘抄当与书手的个人意愿有关，但所谓摘抄实为对已编纂或未编纂之律令文的节录，不能与编纂等同，因此，广濑所说官吏个人亦可编纂律令这一点或是将摘抄与编纂二者混淆而形成的判断。

其次，有关律的编纂，先前发表的拙文已对其主体为中央朝廷有所论证，具体理由包括如下五点：① 在已公布的出土秦律文本中，律条被大致合理地归入各律篇，这应为律条从诏或令转变而来后被有意识地分类、编辑的结果，正符合《晋书·刑法志》所云“集类为篇”之意；② 岳麓简将已颁布许久的作为律之补充的令文直接缀于律文之后而非将其纳入律文之中表明，把令的规范部分抽取出来以为律并加以编纂的权力似乎是属于中央朝廷而非地方官

---

① 参见宫宅洁：《漢令の起源とその編纂》，载《中國史學》第五卷，1995 年，第 123—124 页；广濑薰雄：《秦漢律令研究》，汲古书院 2010 年版，第 116、165 页。

署甚至个人的；③律文频繁提及的“以……律论之”“与……同法”之类的语句体现了不同律文之间的内在联系，进而也暗示这些律文的汇集很可能是经过整体规划的，但倘若编纂行为是由地方各官署或个人实施的，那无疑就意味着刑罚权有可能被滥用；④《史记·太史公自序》所云“于是汉兴，萧何次律令”一语似可为秦汉时代的中央朝廷对律的篇章结构有所设计之旁证；⑤史料显示，秦汉时代的中央朝廷已编纂令，而律作为法律规范的成熟程度又高于令，故难以想象中央朝廷对律的编纂会持消极观望的态度。[①] 不过，此处所说的中央朝廷对律的编纂不是在明确的立法蓝图的指导下展开的，而是随着律持续从令转变过来以至于统治者自然而然地意识到了对其加以整理之必要的产物，因此，所谓编纂的成果并非呈高度典籍化的律。另外，前文已指出，今日所能见到的若干出土秦律文本的差异或导源于各抄手的个人意愿之别，但也未必不能据此推测作为多位抄手之摘抄对象的律文本本身各不相同。换言之，将律的编纂权归于中央朝廷并不意味着经编纂的律被下发至郡县时，官府不会对律再做整理。其之所以如此，很可能是因为中央朝廷的所谓编纂并非基于详细的立法蓝图而为之，只不过是对体量庞大的从令文不断转变而来的律文的粗疏归类与整治，故下发至郡县的律尽管已是编纂物，但未免仍不便于郡县官吏学习和熟练应用，所谓再整理也就变得顺理成章了。当然，郡县官府对律的二次整理很可能只是从中央朝廷的编纂物中抽取其政务实践所涉及的常用律文并加以汇集而已，不会肆意更改律文的实质内容、调整律文所属之律篇、改写该律篇之名称甚至生造律篇名，如《商君书·定分》所言，“有敢剟定法令，损益一字以上，罪死不赦”。

最后，有关令的编纂，问题似乎显得更为复杂。学界以往的研究已指出，汉令可分为干支令、事项令和挈令；干支令包括甲令、乙令、丙令，乃中央编纂物，而挈令则往往冠以官署名如廷尉挈令、乐浪挈令等，可谓中央至地

---

① 详细论说参见拙文：《“律令法”说之再思：以秦汉律令为视点》，载《法律科学》2022年第3期，第195—197页。

方的各官署的编纂物。[1] 这表明汉代的中央朝廷和各官署皆有令的编纂权。但据秦简牍的记载，可以看到，① 干支令无从得见；② 事项令则是存在的，如表 4-1 所列“卒令”“县官田令”“赎令”“迁吏令”“捕盗令”等；③ 与挈令相类似的“官署令”频现，如“内史郡二千石官共令”“内史官共令”等。如此种种是否能说明秦时令的编纂权的分配与汉代有所不同的？这里，首先要指出的是，在秦简牍中未能见到有关干支令的痕迹未必就能证明秦中央朝廷不参与令的编纂。究其原因，一则在于秦简牍所收的令并非秦令之全部，以之为据来论证秦时不存在干支令或与之相类似的编纂物未免说服力不足；二则在于众多事项令的实存。所谓事项令，顾名思义，应当是专门规范某类政务之运行的令；虽然其调整领域是被限定的，但其适用对象则是广泛的，亦即无论是什么层级的机构，只要其职责包括某特定政务在内，就必定为涉及该政务的事项令所约束。凡国栋从所谓特定政务出发，认为事项令有可能是由处理该政务的相关机构发布的，也可能是君主直接下达的。[2] 事实上，考虑到事项令所规制之官署的广泛性，此种令“由处理该政务的相关机构发布”显然不可思议，只能由中央朝廷在汇集一应令文、确定令名并附加条号后下发。《汉书·儒林传》记载：

弘为学官，悼道之郁滞，乃请曰：“丞相、御史言……请著功令。它如律令。”制曰：“可。”

可见，作为事项令之一的《功令》的编纂无疑就是在中央实施的。这虽是汉

① 参见大庭脩：《秦漢法制史の研究》，创文社 1982 年版，第 93—96 页；徐世虹：《汉代法律载体考述》，载杨一凡总主编、高旭晨卷主编：《中国法制史考证》（甲编 第三卷），中国社会科学出版社 2003 年版，第 158—161 页；籾山明：《秦漢出土文字史料の研究——形態·制度·社会》，创文社 2015 年，第 181—190 页；冨谷至：《漢唐法制史研究》，创文社 2016 年，第 38—44 页；徐世虹等：《秦律研究》，武汉大学出版社 2017 年版，第 79—84 页。

② 参见凡国栋：《秦汉出土法律文献所见“令”的编序问题——由松柏 1 号墓〈令〉丙第九木牍引发的思考》，载中国文化遗产研究院编：《出土文献研究》（第十辑），中华书局 2011 年版，第 165 页。

代的事例，但或许亦可作为旁证来说明秦中央朝廷会对令文予以编纂，简牍文献所见的众多事项令条文则很可能是地方官府根据行政实践之需从中央编纂物中抽取出来的。其次，秦简牍所载“官署令”的存在当可说明秦的中央至地方的各官署也有令的编纂权。① 问题在于，能编纂令的官署是否没有级别限制呢？其实，无论是从目前所能见到的秦“官署令”之令名所提及的官署名来看，还是揆诸汉挈令之令名所包含的机构或地域名，有关县或县级机构的称谓几乎都是无处可寻的。这表明，拥有令之编纂权的官署很可能仅限于中央或郡级机构。那么，他们在令的编纂方面又是怎样实践的呢？为了方便探讨，以下先通过表格对岳麓简所见“官署令”的令名加以分类罗列：

表 4－2

<table>
<tr><td>类别</td><td colspan="7">令名及出处</td></tr>
<tr><td rowspan="2">共令</td><td>令名</td><td>廷内史郡二千石官共令</td><td>内史郡二千石官共令</td><td>内史官共令</td><td>食官共令</td><td>安台居室居室共令</td><td>四司空共令</td></tr>
<tr><td>载有令名之简的简号</td><td>（0081＋0392）/0081</td><td>0355/307</td><td>1926/268</td><td>2018/097</td><td>2165/115</td><td>2005/118</td></tr>
<tr><td rowspan="2">非共令</td><td>令名</td><td colspan="2">内史户曹令</td><td colspan="2">内史仓曹令</td><td colspan="2">内史旁金布令</td></tr>
<tr><td>载有令名之简的简号</td><td colspan="2">1521/300</td><td colspan="2">1921/254</td><td colspan="2">1768/260</td></tr>
</table>

① 此外，在岳麓简中还能见到众多文末无令名而有条号的令文，如：

> ☐【言及】坐与私邑私家为不善，若为为不善以有罪者，尽输其收妻子、奴婢材官、左材官作，终身作远穷山，毋得去。议：诸隶臣、城旦、城旦司寇、鬼薪坐此物以有罪当收者，其妻子虽隶臣妾、城旦、城旦司寇、舂、白粲殹（也），皆轮〈输〉材官、左材官作，如令。 ●九
>
> 廿六年正月丙申以来，新地为官未盈六岁节（即）有反盗，若有敬（警），其吏自佐史以上去繇（徭）使，私谒之它郡县官，事已行，皆以彼（被）陈（阵）去敌律论之。吏遣许者，与同罪。以反盗敬（警）事故，繇（繇）使，不用此令。 ●十八（陈松长主编：《岳麓书院藏秦简［伍］》，上海辞书出版社 2017 年版，第 41—42、48—49 页）

这些令的编纂显然是初步且粗疏的。如果其编纂者是中央朝廷，似乎就很难想象，中央在编纂事项令的同时为何会无视众多只有条号的令文散落在各种事项令之外。因此，其编纂者很有可能是中央或地方的某官署，这亦可成为秦时各官署拥有令之编纂权的旁证。

续 表

类别	令名及出处
备注	（1）有关“共令”类令名，除了上列六种之外，岳麓简还提到了“给共令”一词。但以名称观之，该令显然不属于“官署令”，故“共令”一行未罗列该令名。 （2）从岳麓简的记载来看，“尉卒令”“郡卒令”“廷卒令”“尉郡卒令”“四司空卒令”等令名亦包含指向官署的文字，但其结构皆为“官署＋事项令名”，与表中所列“官署令”之令名的构造有所不同，因此，《尉卒令》等恐怕也不能与“官署令”等同，毋宁说是某官府根据实务所需从作为事项令的《卒令》中抽取某些条文并加以汇集而成。 （3）岳麓简中另有“四谒者令”之类的令名。从文字上看，“四谒者令”应当亦属于“官署令”之令名；而且，虽无“共”字，但很可能与“共令”接近。不过，为便于分类，本表“共令”行未提及“四谒者令”。

有关岳麓简所载“共令”中的“共”，学者们提出了“共同”“供给”“提供”诸说，[①] 但作为“官署令”之组成部分的“共令”中的“共”用“共同”或“提供”来解释其实都是可以说得通的，呈“官署名＋共令”结构的令名无非就是指各官署共同遵行或提供给各官署一并使用之令的意思。如果从这一点出发，综合考察表 4－2 所列令名中与内史有关的六种令名，那么，以“廷内史郡二千石官共令→内史郡二千石官共令→内史官共令→三种非共令”的顺序观之，令所涉及的官署在范围上逐步限缩、在层级上逐步下降。大概正是因为注意到了这一点，广濑薰雄认为，各官署对令的编纂是随着诏书的不间断下发而逐层展开的；也就是说，众多诏书在从中央下行至内史及诸郡的过程中会被编纂为“内史郡二千石官共令”，在内史一地则被编纂为“内史官共令”，在抵达内史的下属机构时又被编纂为“内史仓曹令”“内史户曹令”等。[②] 不得不说，此论实有洞见，但也令人颇感疑虑。最大的问题或在于，按照广濑对令名之形成逻辑的解释，如果说《廷内史郡二千石官共令》《内史郡二千石官共令》因以各郡为适用对象，故为岳麓简随葬之墓的墓主人的供职

① 参见凡国栋：《“挈令”新论》，武汉大学简帛研究中心主办：《简帛》（第五辑），上海古籍出版社 2010 年版，第 459—460 页；陈松长等：《岳麓秦简与秦代法律制度研究》，经济科学出版社 2019 年版，第 259—260 页。另外，南玉泉对有关“共令”之“共”的诸说都有所评述，颇值参考。参见徐世虹等：《秦律研究》，武汉大学出版社 2017 年版，第 88—92 页。

② 广濑薰雄：《秦漢律令研究》，汲古书院 2010 年版，第 108—110 页。

地即南郡所辖之江陵县的官府[①]所保存尚可理解，作为内史郡及其下属机构出于本部门实务之需而编纂的令文集的《内史官共令》《内史户曹令》等为何也会向江陵县下发并被保存呢？此困惑似乎是广濑提出的令的逐级下发编纂说所难以化解的，对各官署如何编纂令这一问题的思考方向自然需要稍作调整，即将令的编纂与令之下行的详细过程脱离开来。换言之，当诏书抵达中央某官署或各郡时，中央官署和各郡府是分别编纂令的。以郡府为例，主管官吏大概会根据令文所涉及之部门的差异而对令文加以分类、汇编并附加条号，《廷内史郡二千石官共令》《食官共令》《安台居室居室共令》《四司空共令》等令文集遂被制定出来；随后，对这些令文集进一步予以细化以为《内史郡二千石官共令》以及其条标呈“廷＋干支＋条号”之形式的《廷令》[②] 等编纂物；继之，又对《内史郡二千石官共令》等收入的令文再做分类并汇编为《内史官共令》等令文集，进而将《内史官共令》等收入的令文类别化为《内史仓曹令》《内史户曹令》《内史旁金布令》等。如此一来，与内史及其下属机构有关的令文集为何会在南郡下辖的江陵县出现就可以获得解答了：这些令文集并非由令之下行所涉及的各级机构分别编纂，而是南郡郡府对中央颁布的令予以整理、汇编的产物。进一步的问题是，各郡府为什么要对令做如此复杂的编纂呢？其原因或许较为多样，但可以想见的是，一方面，如前所述，秦令是在行政运转过程中不断出现的，其数量颇多，层层细化的编纂显然能为官吏们保管、检索、学习和使用令文提供便利；另一方面，如此编纂其实也可以起到检核下发至本郡的令文是否有误的作用，且经编纂而形成的诸多令文集的存在又为摘抄令文的官吏们保留了备查的可能。亦即，郡府试图在确保自身及其下辖各机构所保管的令之准确性的同时为官吏们熟练掌

① 有关岳麓简随葬之墓的墓主人的身份，如本书“绪论”部分的脚注所示，官宅洁所著《嶽麓書院所藏簡“亡律”解題》一文已有蠡测，此处不再具引此文。

② 在岳麓简所收诸令的末尾能见到“廷甲四”（1685/193）、“廷甲十”（1889/195）、“廷丙廿七”（1859/255）、“廷丁廿一”（1923/219）、“廷戊十二”（1682/295）、“廷戊十七”（1979/223）、“廷己八”（1964/226）等文字。整理小组认为“廷戊”为令名，又言“廷丙廿七”“廷戊十二”之“廷”皆为“廷令”之省称。参见陈松长主编：《岳麓书院藏秦简（陆）》，上海辞书出版社 2020 年版，“前言”。事实上，综合“廷甲四”等一应语词，可以看出，“廷戊”之“戊”显然是篇号，“廷戊十二”“廷戊十七”应为《廷令》之戊篇的第十二、十七条。

据令文的规定提供最大可能。当然，此处所说的中央官署或郡府对令的层层细化的编纂也不过是据秦简牍所载之令名做出的推测，有待于今后的研究来进一步证实，但中央官署或郡府皆在编纂令这一点应当是毋庸置疑的。

综上所述，在秦时，由于律和令作为法律规范的成熟程度有别，律在被制定出来后会经过中央朝廷的初步编纂而逐级传抄至县（其间可能还伴有郡的整理），令则在抵达郡后接受郡府之主管官吏的编纂并进一步以抄件的形式下行（不过，在郡制尚不成熟之时，令应当是由中央直接抄送给各县的）。如此，各县县廷自然会收到诸多律令文本。但是，也正因为这些律令文本乃中央、郡对朝廷制定之律令的逐级整理、传抄的结果，错误可谓难以避免；并且，基于行政实践的推进所引发的新诏令的不断出现或其他原因，对既有律令之内容、所属篇目或条号的更改想必也是极为常见的，如下引岳麓简所载令文的文末就展示了令文之所属篇目被调整的现象：

> 刍稾积五岁以上者以贷，黔首欲貣者，到收刍稾时而责（债）之……毋夺黔首时，内史布当用者。▎廷内史郡二千【石】官共令●第庚　●今壬[①]（岳麓简 0518/386＋0610/387＋0667/388＋0664/389＋1131/390 所收令文）

这样一来，倘若各县以存有瑕疵或过时的律令文本为据执行政务，那无异于对“以律令从事”这一为政方式的有意、无意的破坏。为此，“雠”即校对律令自然成了秦县的一项重要工作。睡简《秦律十八种·尉杂律》就提到“岁雠辟律于御史”，[②] 前章在介绍官吏徭使时曾引用的里耶简 6－4 亦载迁陵县廷

① 陈松长主编：《岳麓书院藏秦简（肆）》，上海辞书出版社 2015 年版，第 223—224 页。

② 陈伟主编：《秦简牍合集（壹·上）》，武汉大学出版社 2014 年版，第 150 页。需要指出，有关此处所引的《尉杂律》条文，整理小组将其解释为“廷尉到御史处核对法律条文”。睡虎地秦简整理小组：《睡虎地秦墓竹简》，文物出版社 1990 年，第 65 页。但正如学者们的研究已指出的，律篇名中的“尉”实指县尉，律文之意似应理解为“县每年皆须赴御史处校对律令”。参见于豪亮：《于豪亮学术文存》，中华书局 1985 年，第 101 页；中国政法大学中国法制史基础史料研读会：《睡虎地秦简法律文书集释（五）：〈秦律十八种〉（〈效〉——〈属邦〉）、〈效〉》，载中国政法大学法律古籍整理研究所编：《中国古代法律文献研究》（第十辑），社会科学文献出版社 2016 年版，第 75—76 页；拙文：《秦汉时代律令的传播》，载《法学评论》2017 年第 4 期，第 184—185 页。

派令史廛赴沅陵“雠律令”一事，而在岳麓简中又能见到若干记载令文的简之上标有校雠符号的现象，如下列简文图版中的黑框所示：

图 4－1 1035/065　图 4－2 1128＋C4－1－11/072　图 4－3 0865/084　图 4－4 1103/086　图 4－5 0005/031①

① 五枚简的图版出自陈松长主编:《岳麓书院藏秦简（伍）》，上海辞书出版社 2017 年版，第 60、62、67、198 页。

也就是说，有赖于中央、郡与县之间的律令文本之下发、校雠的反复进行，朝廷得以最大程度地确保各县所存有的律令文本与中央、郡的同类物保持一致，县官府熟悉律令并“以律令从事”的必备前提也就被塑造完毕了。

（二）律令在县内的流布

毋庸赘言，县廷并非律令之传播的终端，官府还须考虑如何使律令为县内各机构及供职其间的官吏们所掌握。毕竟，县的一应政务是需要各机构来落实的；如各机构及其吏员对律令缺乏了解，“以律令从事”最终将无法实现，县的长吏们也难免遭受各类处罚。那么，律令又是怎样为县内各机构及官吏们所熟识的呢？

首先，睡简《秦律十八种·内史杂律》云：“县各告都官在其县者，写其官之用律。”① 可见，县似乎会根据县内各机构的职能之别，对律令文加以区分，并确保与各机构之职能相关的律令文能进驻各机构。只不过，由于都官并非县官府的属下，因此县廷只能要求都官派遣吏员来抄写涉及其政务的律令文即“写其官之用律”；而对县的下辖机构，从前文已提及的“御史问直络帬（裙）程书”所揭示的制书流转过程来看，与各机构有关的律令文大概是由县廷抄写并下发的。不过，既然是分类抄写，就难免出现纰漏；而且，如前文已指出的，县廷所保管的律令文本身也可能因为中央朝廷、郡对律令的整理或编纂而出现内容、所属篇目或条号改变的情况。为了确保各机构所存留的律令文的准确性以及它们与中央、郡所保管的律令文的一致性，进而使各类政务运转遵照律令的规定展开，县廷还会像《尉杂律》要求自己“岁雠辟律于御史”一样要求各机构在收到律令文一段时间后派员到县廷“雠”即校对律令文，如里耶简 8－173 所示：

> 卅一年六月壬午朔庚戌，库武敢言之：廷书曰，令史操律令诣廷雠，署书到、吏起时。有追。●今以庚戌遣佐处雠。敢言之。（8－173 正）
>
> 七月壬子日中，佐处以来。/端发。　处手。（8－173 背）②

① 陈伟主编：《秦简牍合集（壹·上）》，武汉大学出版社 2014 年版，第 145 页。
② 陈伟主编：《里耶秦简牍校释（第一卷）》，武汉大学出版社 2012 年版，第 104 页。

上引牍文所提及的“廷书”不用说就是迁陵县廷下发给县内各职能机构的官文书，其内容显然是要求各职能机构派“史”类吏员赴县廷“雠”律令，而名为“武”的库啬夫则将此任务分配给了一位名为“处”的库佐。

其次，“以律令从事”尽管从表面上看是对县内各机构的要求，但本质上是对在县廷和诸官任职的官吏们的约束，因此，县官府必然会期待律令的规定为官吏们所熟知。然而，正如“泰山刻石”中的“治道运行，诸产得宜，皆有法式”① 一句所概括的那样，秦统治者所推出的体量庞大的法律固然有促成社会生活之方方面面有序化的功能，但也无可避免地造成了用法者即官吏们明习律令之难度的显著提升。如此，对官吏们来说，极为自然的选择就是从其工作机构所保管的律令文中摘录并汇总与其职务密切相关者以供自己反复研读并熟练应用，而所谓摘抄并汇总的成果大概就是今日所能见到的被学者们界定为抄本的各种出土秦律令文本。进一步论，或许正因为此类文本与摘抄者的职务有关，其暗藏的诸多令人不解之处也就不足为奇了。如，据《晋书・刑法志》，盗、贼二律当为战国秦汉律之重头，② 但在睡简、岳麓简所收律令文本中，为何作为律篇的《盗律》无处可寻且能见到的《贼律》条文也极为有限；又如，睡简在《秦律十八种》中已提到《效律》的若干条文，为何又单独开辟“效律”部分以详加收录该律篇的内容；再如，在睡简《秦律杂抄》中为何会出现相互间毫无逻辑联系的若干律文被一并列于某律篇之下的情况，如下引简文所示：

> 任灋（废）官者为吏，赀二甲。●有兴，除守啬夫、叚（假）佐居守者，上造以上不从令，赀二甲。●除士吏、发弩啬夫不如律，及发弩射不中，尉赀二甲。●发弩啬夫射不中，赀二甲，免，啬夫任之。●驾驺除四岁，不能驾御，赀教者一盾；免，赏（偿）四岁繇（徭）戍。除吏律。

① 《史记・秦始皇本纪》。

② 《晋书・刑法志》在记述秦汉律之历史渊源时论道：“是时承用秦汉旧律，其文起自魏文侯师李悝。悝撰次诸国法，著法经。以为王者之政，莫急于盗贼，故其律始于盗、贼。”

游士在，亡符，居县赀一甲；卒岁，责之。●有为故秦人出，削籍，上造以上为鬼薪，公士以下刑为城旦。●游士律。[①]

也就是说，官吏们为了避免因自己对日常政务的处理不合律令文的规定而招致处罚，往往会以其工作任务的顺利展开为目标制作便捷律令手册，而对该手册的日复一日、年复一年的研习和使用则无疑会推动律令的规定转变为官吏们在官府中的习惯性言行，县官府之行政运转“如律令”的可能性也就大幅度增长了。

以上是对律令如何在县内各机构及官吏群体间传播的简要介绍，但所谓律令在县内的流布是否仅限于此呢？答案当然是否定的。一方面，前文已述，秦律令的规定涉及社会生活的各个领域，自然就会以黔首为规范对象，而如本书第二章曾引用的《商君书·说民》所说，“断家王，断官强，断君弱……上令而民知所以应，器成于家而行于官，则事断于家。故王者刑赏断于民心，器用断于家”，秦统治者又期望黔首有遵行律令之自觉，故与黔首之生活密切相关的律令文似乎就应当为黔首所知；另一方面，秦统治者或许对作为朝廷之代表而与黔首直接接触的县吏们是否会严格贯彻“以律令从事”的为政方式略有疑虑，因此，又强调“吏明知民知法令也，故吏不敢以非法遇民，民不敢犯法以干法官也”，[②] 亦即以“民知法令”来约束县吏们据律令执行政务，黔首了解关乎其生活的律令文的规定遂成为朝廷治吏的辅助手段。或许正是基于这些考虑，秦统治者试图使律令文在县内的传播从官贯彻至民，下引秦简牍所载之官文书或律令文的划线部分即可谓其明证：

廿年四月丙戌朔丁亥，南郡守腾谓县、道啬夫……故腾为是而修瀍（法）律令、田令及为间私方而下之，令吏明布，令吏民皆明智（知）之，毋巨（歫）于辠（罪）。（睡简《语书》）

① 陈伟主编：《秦简牍合集（壹·上）》，武汉大学出版社2014年版，第166、169页。
② 《商君书·定分》。

租者且出以律，告典、田典，典、田典令黔首皆智（知）之，及写律予租☐。（《龙岗秦简》）

●十三年六月辛丑以来，明告黔首：相贷资缗者，必券书吏，其不券书而讼，乃勿听，如廷律。前此令不券书讼者，为治其缗，毋治其息，如内史律。（岳麓简 0630/301＋0609/302 所收秦令）

●十三年三月辛丑以来，取（娶）妇嫁女必叁辨券。不券而讼，乃勿听，如廷律。前此令不券讼者，治之如内史律。●谨布令，令黔首明智（知）。 ●廷卒□[①]（岳麓简 1099/188＋1087/189 所收秦令）

那么，所谓律令文向民间的传播又是以何种方式来完成的呢？岳麓简 1379/189＋0136/190 所收令文载：

令上丞相，乡部啬夫、令史、里即为读令，布令不谨，吏主【者赀二甲】，令、丞一甲，已布令后，吏、典、伍谦（廉）问不善当此令者，辄捕论。后恒以户时复申令县乡部吏治前及里治所。[②]

据“读令”二字可知，律令文是通过官吏们口头传达而为黔首所知的。上引岳麓简 0630/301＋0609/302 所收令文的划线部分中的“告”字似亦可说明这一点。事实上，在识字率不高的中国古代社会，对多数黔首而言，由官吏口诵律令文显然是他们了解律令文之规定的最便捷渠道。而且，在官吏口诵律令文时，黔首如遇不明之处，即可对官吏发问以及时摆脱困惑并增强对律令文之理解的准确性；同时，如《商君书·定分》所云：

主法令之吏，不告吏民之所问法令之所谓，皆以吏民之所问法令之

① 此处之四段简文的前三段分别出自陈伟主编：《秦简牍合集（壹·上）》，武汉大学出版社 2014 年，第 30 页；陈伟主编：《秦简牍合集（贰）》，武汉大学出版社 2014 年，第 86 页；陈松长主编：《岳麓书院藏秦简（肆）》，上海辞书出版社 2015 年版，第 194—195 页。第四段简文在本书第二章第四节已有引用，这里不再明示其出处。
② 陈松长主编：《岳麓书院藏秦简（陆）》，上海辞书出版社 2020 年版，第 147 页。

罪，各罪主法令之吏。

官吏如果对庶民就法令之含义提出的问题无法给出清晰的解释，就将被问罪，故为了免受处罚，官吏无疑要在口诵律令文之前对口诵对象做深入研习。由此看来，官吏口诵律令文不仅仅是黔首获取法律知识的最便捷之法，更能引发官与民之间就律令文展开交流，进而促成他们对法律知识之共享的过程；在此过程中，官吏自身的法律素养也有所提升，于“以律令从事”之为政方式的落实亦可谓不无裨益。不过，除了官吏口头传诵之外，秦县官府是否还曾采取其他方式向黔首公布律令呢？以既有的秦代出土文物观之，似难有答案。但是，据甘肃等地出土的汉代边境简牍对当时之律令传播的记载，汉代官府是通过在“扁书”上书写律令文和官吏口诵律令文配合使用的方式向黎庶公布律令的。① 既然在所谓口诵律令文这一点上，我们可以明显看出秦制与汉制之间的传承性，那么，或许也不应排除这样一种可能，即秦时亦有将律令文书于与“扁书”类似的载体之上以实现律令之公开的做法。当然，是否确为如此则有待于今后新发现或公布的史料来证明了。

总起来说，秦律令在被制定出来以后经历了从中央到县、从县官府到吏民的传播过程。在此过程中，律令被整理并开始生效，而处于中央、郡—县—民这一关系链中的县官府就必须据律令执行政务，否则，难免遭到上峰的处罚或黎庶的质疑。进一步的问题是，于律令之外，县官府是否还须面对其他外在准则对其为政举措的约束呢？

① 关于这一点，学界已有较多研究。对一应论述的总结，参见拙文：《秦汉时代律令的传播》，载《法学评论》2017 年第 4 期，第 188—191 页。另外，有关“扁书”之解说，参见胡平生：《“扁书”、“大扁书”考》，收入中国文物研究所、甘肃省文物考古研究所编：《敦煌悬泉月令诏条》，中华书局 2001 年版，第 49—51 页；马怡：《扁书试探》，载武汉大学简帛研究中心主办：《简帛》（第一辑），上海古籍出版社 2006 年版，第 415—428 页；［韩］金庆浩：《汉代文书行政和传递体系——以“元康五年诏书册”为中心》，载卜宪群、杨振红主编：《简帛研究》（2006），广西师范大学出版社 2008 年版，第 186 页；冨谷至：《文書行政の漢帝国——竹簡・木簡の時代》，名古屋大学出版会 2010 年版，第 121—127 页；徐燕斌：《汉简扁书辑考——兼论汉代法律传播的途径》，载《华东政法大学学报》2013 年第 2 期，第 50—54 页；佐藤达郎：《漢六朝時代の制度と文化・社会》，京都大学学术出版会 2021 年版，第 381—388 页。

第二节 律与令的周边

有关上一节末尾遗留的问题，学界以往的研究其实已有所解答；其基本倾向是，秦法的表现形式颇为多样。除了律、令，程、式、“廷行事”、课、“语书”“法律答问”等皆曾为不同论著所全部或部分提及。① 不得不说，对这些名词的罗列固然展示了秦法之构成的复杂性，但也未免失之粗疏。以睡简《法律答问》为例，诚然，其内容多为对秦律令文的解释，如下引简文所示：

律曰：“与盗同法”，有（又）曰：“与同罪”，此二物其同居、典、伍当坐之。云“与同罪”，云“反其罪”者，弗当坐。●人奴妾盗其主之父母，为盗主，且不为？同居者为盗主，不同居不为盗主。

“盗及者（诸）它皋（罪），同居所当坐。”可（何）谓“同居”？●户为“同居”，坐隶，隶不坐户谓殹（也）。②

然而，此类解释却未必能被视为与律、令一样具有普遍适用性的法规范。也就是说，将其纳入适用地域广泛的秦法之中的必备前提是《法律答问》由官方正式编撰并公布，但事实上，张金光就曾以“训吏教材”概称除《编年纪》以外的睡简诸篇，曹旅宁更沿此思路把《法律答问》界定为私人编写的“法律实务题集”，③ 因此，就《法律答问》对律令文的所有解释能否皆被视为国法的组成部分这一问题，即便无法断然否定，至少也令人颇感怀疑。与之相比，以“廷行事”“比行事”、式、课等为名的规范就具有较为明显的官方性

① 参见张晋藩总主编、徐世虹卷主编：《中国法制通史（第二卷 战国秦汉）》，法律出版社 1999 年版，第 65—66 页；刘海年：《战国秦代法制管窥》，法律出版社 2006 年版，第 60—63 页；［加］叶山：《迁陵县档案中秦法的证据——初步的研究》，胡川安译，载武汉大学简帛研究中心主办：《简帛》（第十辑），上海古籍出版社 2015 年版，第 129—141 页；闫晓君：《秦法律文化新探》，西北大学出版社 2021 年版，第 31—42 页。
② 陈伟主编：《秦简牍合集（壹·上）》，武汉大学出版社 2014 年版，第 202、203 页。
③ 有关张金光说，本书第一章在介绍秦县小吏的选用资格时已有所涉及，此处不再具引其出处。至于曹旅宁说，参见曹旅宁：《秦汉魏晋法制探微》，人民出版社 2013 年版，第 84—88 页。

质，大概皆可作为秦法之表现形式而对县官府产生一定的约束力。当然，其角色各不相同，以下将分述之。

一、“廷行事”与“比行事”

“廷行事”一词是随着睡简《法律答问》的公布而为学者们所知的。前文已指出，该篇汇集了有关秦律令文的私家解释，但其撰著者在回答各类疑问时频频提及“廷行事”的主张，这无疑应是包括县在内的各层级的官府在政务处理过程中经常参照“廷行事”的反映。至于“廷行事”的性质，学者们的判断颇为多样，但基本可分为如下两种：

A. 因该词汇出现在法律解释文本中，故可从诉讼活动的视角出发将其界定为法廷成例、断案成例或司法惯例。此可谓通说。

B.《法律答问》中的“廷行事”并非司法实践中的审判依据，故将其视为断案成例或司法惯例皆不妥；进一步论，“廷行事”乃“廷”与“行事”之合成，前者指“官府”，后者意为“行为、行动”而非“旧例成法”或“判例”，故“廷行事”即“官府行事”或“官府的既有实践”。此可谓新说。①

那么，究竟怎样理解呢？

首先，提出A说者以睡简整理小组为代表，其依据有二：(1)《汉书·翟方进传》云“时庆有章劾，自道：‘行事以赎论……留月余’”，王先谦《汉书补注》引“刘敞曰”提到“汉时人言行事、成事皆已行已成事也”；(2)王念孙《读书杂志·读汉书杂志第十二》“行事”条云，“行事者，言已行之事，

① 对有关“廷行事”之“通说”及“新说”的梳理，参见陈伟主编：《秦简牍合集（壹·上）》，武汉大学出版社2014年版，第220—221页；徐世虹：《决事比、廷行事、比行事》，载王沛主编：《出土文献与法律史研究》（第十辑），法律出版社2021年版，第13—14页。

旧例成法也。汉时人作文言‘行事’‘成事’者，意皆同”。① 主张 B 说者对王念孙的论述做了更为详细的研读，认为王念孙只强调“行事”具有“已行之事”的意思而未提及“旧例成法”这一义项，并在此基础上详引史料以便将“行事”的含义牢固限定为“已行之事”，进而把“廷行事”释作“官府行事”。② 这样看来，对王念孙说的认识于辨明“廷行事”的含义而言可谓颇为重要。有鉴于此，以下先俱引王念孙说：

> “昔齐桓前有尊周之功，后有灭项之罪，君子以功覆过，而为之讳。行事，贰师将军李广利”云云。师古曰：“行事，谓灭项之事。”刘敞曰：“‘讳行事’非辞也。‘讳’以上为句，行事者，言已行之事，旧例成法也。汉世人作文言‘行事’‘成事’者意皆同。”钱氏《考异》曰：“小颜解‘行事’为‘灭项之事’，是也。刘欲以‘行事’属下句，浅陋可笑。”
>
> 念孙案：“行事”二字乃总目下文之词，刘属下读是也。行者，往也。“往事”即下文所称李广利、常惠、郑吉三人之事。《汉纪》改“行事”为“近事”，“近事”亦“往事”也。然则“行事”为总目下文之词，明矣。若以“行事”上属为句，则大为不词。钱以颜说为是，刘说为浅陋，失之矣。《春秋繁露·俞序篇》云“仲尼之作《春秋》也，引史记，理往事”，又引孔子曰“吾因其行事而加乎王心焉”，“行事”即“往事”，谓春秋二百四十年之事也。《史记·自序》云：“子曰：‘我欲载之空言，不如见之于行事之深切著明也。’”本书《艺文志》云“仲尼与左丘明观鲁史记，据行事”，《刘向传》云“采传记行事，著《新序》《说苑》凡五十篇”，《司马迁传》云“考之行事，稽其成败兴坏之理”，《李寻传》云“案行事，考变易，讹言之效未尝不至”，《王尊传》云“府问诏书行事，尊无不对”，《翟方进传》云“时庆有章劾，自道行事，以赎论”，《儒林传》云“因鲁《春秋》，举十二公行事”，《货殖传·序》云“故列其行

---

① 参见睡虎地秦墓竹简整理小组编：《睡虎地秦墓竹简》，文物出版社 1990 年版，第 102 页。

② 参见杨一凡、刘笃才：《历代例考》，社会科学文献出版社 2009 年版，第 54—63 页。

事，以传世变云”，《匈奴传赞》云“察仲舒之论，考诸行事，乃知其未合于当时，而有阙于后世也”，又云“若乃征伐之功，秦汉行事，严尤论之当矣”，《王莽传》云“近观行事，高祖之约，非刘氏不王”，《叙传〈王命论〉》云“历古今之得失，验行事之成败”，又《艺文志》天文家有《汉五星彗客行事占验》八卷、《汉日旁气行事占验》三卷、《汉流星行事占验》八卷、《汉日旁气行事占验》十三卷、《汉日食月晕杂变行事占验》十三卷，皆谓“往事”为“行事”也。又《魏相传》云“相以为方今务在奉行故事而已，数条汉兴以来国家便宜行事，奏请施行”，是所谓“行事”者即故事也。又云“故事，诸上书者皆为二封，署其一曰‘副’，领尚书者先发副封，所言不善，屏去不奏”，“故事”二字亦是总目下文，与“行事”文同一例。①

引文起始所提到的“昔齐桓前有尊周之功，后有灭项之罪，君子以功覆过，而为之讳。行事，贰师将军李广利……”一语出自《汉书·陈汤传》。对其中的“行事”二字，颜师古认为，其应属上读，“君子以功覆过而为之讳行事”是说“君子”秉持以功覆过的评价准则而为齐桓公隐讳灭项之恶行；刘颁②则主张，“讳”之后当断读，“行事”实指汉武帝时代之旧事即贰师将军李广利虽功不抵过，却仍得武帝之嘉许的典故。钱大昕之《廿二史考异》以颜师古注为是而以刘攽说为非，“念孙案”无疑就是针对颜、刘二论及钱大昕之评述而发。据“念孙案”，王念孙显然支持刘攽说并为此罗列了众多可将“行事”释为“往事”而非“旧例成法”的例子。可见，正如有关“廷行事”之释义的B说的提出者所指明的那样，王念孙确实对刘攽将“行事”视作“已

① ［清］王念孙：《读书杂志（二）》，徐炜君、樊波成、虞思征、张靖伟等校点，上海古籍出版社 2017 年版，第 865—867 页。

② 应当指出，上引《读书杂志》之段落提到，“刘敞曰：‘“讳行事”非辞也。“讳”以上为句，行事者，言已行之事，旧例成法也。汉世人作文言“行事”“成事”者意皆同’”。但据王先谦《汉书补注》，此语之作者为刘攽。参见王先谦：《汉书补注（九）》，上海师范大学古籍整理研究所整理，上海古籍出版社 2012 年版，第 4712 页。对此，裘锡圭在其《读书札记四则》一文的注释中已辨证王念孙之误，故此处改引文所提及之“刘敞”为“刘攽”。参见裘锡圭：《裘锡圭学术文集卷 4　语言文字与古文献卷》，复旦大学出版社 2012 年版，第 481 页，注㉖。

行之事”极为认可，但这并不必然意味着他反对刘敛把“行事”理解为“旧例成法”。事实上，从“念孙案”的整体来看，他在“行事”可否释为“旧例成法”这一问题上是不置可否的；其之所以如此，与其说是因为他仅认可刘敛的部分观点，还不如说或是因为“行事”可否释为“旧例成法”与其参与的论辩无关，或是因为“旧例成法”亦不过“已行之事”，实无在已能证明其判断的情况下再横生枝节地论述“行事”可释为“旧例成法”之必要。换言之，以“念孙案”对“行事”的解读只涉及刘敛说之部分为据来否定刘敛对“行事”之含义的界定之一即“旧例成法”似显粗疏；而且，正因为“旧例成法”与“已行之事”之间并不存在非此即彼的关系，所以，即便认可“行事”指既有之“行为、行动”，也不必像B说那样否定“行事”有“成例”“成法”的意思。裘锡圭曾通过点评颜师古、刘敛、王念孙诸说表达其对“行事”之含义的理解：

> 颜师古注以“而为之讳行事”为句，认为“行事谓灭项之事”。刘敛批评说：“……‘行事’者，言已行之事，旧例成法也……。”王念孙《读书杂志·汉书第十二》“行事”条申刘说，举证甚多。此说已成定论。①

此论可谓公允。

其次，B说将“廷”释为“官府”；这在宽泛意义上当然是可以成立的，但未免有含糊其辞之嫌。何以言之？睡简《法律答问》记载：

> “辞者辞廷。”●今郡守为廷不为？为殹（也）。②

所谓“辞者辞廷”是说“诉讼应在‘廷’进行”。以此为前提，大概是因为在

---

① 裘锡圭：《裘锡圭学术文集卷4　语言文字与古文献卷》，复旦大学出版社2012年版，第481页。

② 陈伟主编：《秦简牍合集（壹·上）》，武汉大学出版社2014年版，第233页。

《法律答问》成书的年代，秦的郡制尚不成熟，郡官府的职能仍处于变动之中以至于官吏们对郡官府能否受理词讼有所疑虑，故有“今郡守为廷不为”之问。这里，之所以提及由“辞者辞廷”引申出来的问答，是因为其中蕴藏着一个较值得关注的信息，即并非所有机构皆可以“廷”为名。既然如此，将“廷行事”之“廷”视为“官府”之同义语就显得不甚妥当了；反过来说，“廷行事”之“廷”应当有其特定含义。那么，这个“廷”字究竟指什么呢？为了回答此问题，以下先表列《法律答问》中涉及“廷行事”的各条记载：

表 4－3

功能分类	编号	具 体 内 容	出 处
修正律令（A）	①	告人盗百一十，问盗百，告者可（何）论？当赀二甲。盗百，即端盗驾（加）十钱，问告者可（何）论？当赀一盾。赀一盾应律，虽然，廷行事以不审论，赀二甲。	《秦简牍合集（壹·上）》
	②	求盗追捕辠（罪）人，辠（罪）人格杀求盗，问杀人者为贼杀人，且斲（斗）杀？斲（斗）杀人，廷行事为贼。	
	③	可（何）如为“犯令”“灋（废）令”？律所谓者，令曰勿为，而为之，是谓“犯令”；令曰为之，弗为，是谓“灋（废）令”也。廷行事皆以“犯令”论。	
直接解决疑难案件（B）	④	甲告乙盗直（值）百一十，问乙盗卅，甲诬驾（加）乙五十，其卅不审，问甲当论不当？廷行事赀二甲。	
	⑤	盗封啬夫可（何）论？廷行事以伪写印。	
增补律令（C）	⑥	廷行事吏为诅伪，赀盾以上，行其论，有（又）灋（废）之。	
	⑦	廷行事有辠（罪）当萛（迁），已断已令，未行而死若亡，其所包当诣萛（迁）所。	
	⑧	“百姓有责（债），勿敢擅强质，擅强质及和受质者，皆赀二甲。”廷行事强质人者论，鼠（予）者不论；和受质者，鼠（予）者□论。	

续表

功能分类	编号	具体内容	出处
对律令予以细化（D）	⑨	实官户关不致，容指若抉，廷行事赀一甲。	《秦简牍合集（壹·上）》
	⑩	实官户扇不致，禾稼能出，廷行事赀一甲。	
	⑪	空仓中有荐，荐下有稼一石以上，廷行〚事〛赀一甲，令史监者一盾。	
	⑫	仓鼠穴几可（何）而当论及谇？廷行事鼠穴三以上赀一盾，二以下谇。鼷穴三当一鼠穴。	
备注	（1）本表所列简文分别出自陈伟主编：《秦简牍合集（壹·上）》，武汉大学出版社 2014 年版，第 209—210、211、218、219、222、252—253、255、256 页。 （2）顾凌云、金少华曾根据《法律答问》所提及的有关“廷行事”的各实例与秦律的关系而对这些“廷行事”予以分类。参见顾凌云、金少华：《廷行事的功能及其流变》，载《河北法学》2014 年第 8 期，第 88—91 页。本表的分类即参考了顾、金之说。不过，此说将⑤归入 C 类，但从文句上看，“廷行事以伪写印”与其说是对秦律的增补，还不如说是对疑难案件的解答，故本表将⑤归入 B 类。 （3）《法律答问》还有如下记载：“‘毋敢履锦履。’‘履〚锦〛履’之状可（何）如？律所谓者，以丝杂织履，履有文，乃为‘锦履’，以绵缦履不为，然而行事比焉。”（陈伟主编：《秦简牍合集（壹·上）》，武汉大学出版社 2014 年版，第 260 页）其中的“行事”或许是指“廷行事”，但因为其前并无“廷”字，且此字阙如之缘由不得而知，这里的“行事”与“廷行事”之间究竟是什么关系也就无法断定，所以，本表在罗列《法律答问》记载的关于“廷行事”的实例时暂不考虑“毋敢履锦履”云云提到的“行事”。		

以上表观之，目前所能见到的“廷行事”基本上皆关乎律令文的调整或适用，其目的无非就在于防止官吏们面对律令制定以后出现的新法律问题陷入不知所措之窘境，因此，“廷行事”之“廷”最有可能指从事“狱治”实践或以法律工作为其主要职责的机构，如县廷、郡廷、廷尉等。进一步论，一方面，既然如上表所示，“廷行事”具有对律令文予以增补、细化甚至修正的功能，那么，将其创设者归为县廷、郡廷之类的地方官署似乎就难以想象了。① 另一方面，

① 徐世虹据《二年律令·置吏律》简 219—220 及《汉书·张汤传》的记载指出，“官府行事若需要成为具有法律效力的援引依据，尤其是还要具有普遍适用性，（转下页）

在张家山汉简《奏谳书》所收奏谳文书中不乏与“廷”相关者，下表将逐录其概要：

表 4-4

行号	文书制作年份	具 体 内 容	出 处
①	汉高祖十一年	十一年八月甲申朔己丑，夷道汾丞嘉敢瀐（谳）之……吏当：毋忧当要（腰）斩，或曰不当论。·廷报：当要（腰）斩。	《二年律令与奏谳书》
②	汉高祖十年	●十年七月辛卯朔癸巳，胡状、丞憙敢瀐（谳）之……吏议：阑与清同类，当以从诸侯来诱论。·或曰：当以奸及匿黥舂罪论。十年八月庚申朔癸亥，大（太）仆不害行廷尉事，谓胡啬夫：瀐（谳）狱史阑，瀐（谳）固有审，廷以闻，阑当黥为城旦，它如律令。	
③	汉高祖十年	●胡丞憙敢瀐（谳）之，十二月壬申，大夫莇诣女子符，告亡……吏议：符有数明所，明嫁为解妻，解不智（知）其亡，不当论。·或曰：符虽已詐（诈）书名数，实亡人也。解虽不智（知）其请（情），当以取（娶）亡人为妻论，斩左止（趾）为城旦。·廷报曰：取（娶）亡人为妻论之，律白，不当瀐（谳）。	
④	汉高祖十年	十年七月辛卯朔甲寅，江陵余、丞骜敢瀐（谳）之……疑武、视罪，敢瀐（谳）之。谒报，署狱西廥发。·吏当：黥武为城旦舂，除视。·廷以闻，武当黥为城旦，除视。	
⑤	汉高祖时	●·汉中守瀐（谳）……狱治，不当为昌错告不孝，疑罪。·廷报：错告，当治。	
⑥	汉高祖时	●·北地守瀐（谳）……甑所臧（赃）过六百六十……疑罪。·廷报：甑、顺等受、行赇狂（枉）法也。	
⑦	汉高祖时	●·北地守瀐（谳）……戍卒官大夫有署出，弗得，疑罪。·廷报：有当赎耐。	

(接上页) 甚至可以突破律的规定，则不通过法定认可恐难以为之……在法无明文规定、例无许可援引的情况下，应无自由裁量的空间存在”。参见徐世虹：《决事比、廷行事、比行事》，载王沛主编：《出土文献与法律史研究》（第十辑），法律出版社 2021 年版，第 17 页。此说虽无明示“廷行事”之确立机构的意图，但于否定县廷、郡廷等地方官署为“廷行事”之创设者而言实不乏启发性。

续表

行号	文书制作年份	具体内容	出处
⑧	汉高祖时	●・蜀守灩（谳）……启詐（诈）簿曰治官府，疑罪。・廷报：启为伪书也。	《二年律令与奏谳书》
⑨	汉高祖时	●・蜀守灩（谳）……佐恬等诈簿为徒养，疑罪。・廷报：恬为伪书也。	
⑩	汉高祖时	●・蜀守灩（谳）：大夫犬……谋令大夫武……疑罪。・廷报：犬与武共为伪书也。	
⑪	汉高祖时	●・河东守灩（谳）：邮人官大夫内……詐（诈）更其徼（檄）书辟留，疑罪。・廷报：内当以为伪书论。	
⑫	汉高祖时	●・河东守灩（谳）……狱史令贤求，弗得……受豚、酒臧（赃）九十……疑罪。・廷报：贤当罚金四两。	
⑬	秦王政二年	四月丙辰，黥城旦讲气（乞）鞫……覆视其故狱……二年十月癸酉朔戊寅，廷尉兼谓汧啬夫：雍城旦讲气（乞）鞫曰：故乐人，居汧酫中，不盗牛，雍以讲为盗，论黥为城旦，不当。覆之，讲不盗牛。讲毄（系）子县，其除讲以为隐官，令自常（尚），畀其于于。妻子已卖者，县官为赎。它收已卖，以贾（价）畀之；及除坐者赀，赀已入环（还）之。腾书雍。	
⑭	秦王政时期	今杜滹女子甲夫公士丁疾死……甲与男子丙偕之棺后内中和奸。明旦，素告甲吏，吏捕得甲，疑甲罪。廷尉瑴、正始、监弘、廷史武等卅人议当之，皆曰……今廷史申繇（繇）使而后来，非廷尉当……瑴等曰：诚失之。	
备注	《二年律令与奏谳书》是指彭浩、陈伟、[日] 工藤元男主编：《二年律令与奏谳书：张家山二四七号汉墓出土法律文献释读》，上海古籍出版社 2007 年版；本表的十四段引文分别出自该书的第 332—333、338—339、341、343、345、347、348、349、350、359—360、374 页。		

据上表所引史料，或可得出两个判断：(1) 以“廷以闻”“廷报”等提示的“廷”的意见发挥了因下级官吏难以确定律令文之含义及适用情形而对律令文予以解释（①②③）、直接裁断疑难案件（④至⑫、⑭）、纠正冤假错案以重

申法律的权威（⑬）等多种作用，这与表4-3概括的“廷行事”的功能可谓如出一辙；（2）⑤至⑫中的官文书发出者皆为郡守，作为其上奏对象且主要负责法律工作的上级机构无疑就是廷尉，而⑬⑭又明示“廷尉”二字，因此，与此类官文书雷同的①至④中的“廷”应当也是指“廷尉”，[①] 而所谓“廷以闻”“廷报”等无非就是廷尉府在下级官吏对其法律实践中遇到的难题请求中央予以指示时给出的反馈意见。结合这两点认识，我们有理由相信，“廷行事”之“廷”极有可能亦指“廷尉”，[②]“廷”的“已行之事”与廷尉府因现实问题之催动而做出的法解释、判决意见等密切相关；在对“廷行事”的理解上，通说仍不乏合理性，但“廷”似不应被粗略地释作“法庭”云云。然则，另外值得注意的是，表4-3中的引文以极为简练的案件介绍、律令文摘录或设问来引出“廷行事”或径直论及“廷行事”云云，而“廷行事”本身也是以抽象、概括的罚则或规范语言的形象出现的；至于表4-4的各段引文，不仅案情、官吏们就法律适用形成的争议等皆被记录在案，而且“廷以闻”“廷报”等也载有人名之类的具体信息以至于不如“廷行事”简明扼要。通过对比二表所列的一应史料而揭示出来的此种内容相似、详略不同的现象可谓进一步思考“廷行事”与“廷以闻”“廷报”等之关系的线索。亦即，如果联想到《法律答问》以“甲”“乙”等符号来指代《奏谳书》之类的官文书所提及的复杂人名、以“问杀人者为贼杀人，且斲（斗）杀”等陈述来凝聚后者用“吏当……或曰……”“吏议……或曰……”之形式展开的官吏们的繁琐争议、以设问为后者之提问方式即在介绍案情后再强调“疑罪”二字的明快表达，那么，把“廷行事”视为“廷以闻”“廷报”等的简化毋宁说是非常自然的。换言之，在秦及汉初，面对地方官吏奏报的法律难题，廷尉府会予以反馈，而这些反馈意见想必又会被简化、整理和汇集，进而经郡下发至县官署，成

① 事实上，整理小组在为表4-4第①行所引官文书中的“廷”作注时就指出，“廷，朝廷，此指廷尉”。参见张家山二四七号汉墓竹简整理小组编著：《张家山汉墓竹简〔二四七号墓〕》，文物出版社2006年版，第92页。

② 对“廷行事”之“廷”的所指，陈公柔持同样看法；另外，先前已发表的拙文也略有论证。参见陈公柔：《先秦两汉考古学论丛》，文物出版社2005年版，第180页；拙文：《简牍所见秦县少吏研究》，载《中国法学》2017年第4期，第199页。

为县中官吏们在“狱治”实践中应予遵行的裁判准则，此即籾山明所概括的“司法经验的再分配”①。正因为“廷行事”乃以法律实践为基础而形成的对律令文的补充、细化或修正且代表着中央的立场，县中官吏在编撰《法律答问》之类的训吏教材时就不能不频频参考“廷行事”的内容了。

不过，这也并不意味着所有“廷行事”都是郡县官吏必须执行的为政准则。据前引岳麓简 1009/066 所收令文，“吏上奏当者，具傅所以当者律令、比行事固有令”，官吏在上奏文的“当”即论罪部分必须明示判决依据。既然“比行事”是作为定罪量刑的依据而发挥作用，那么，对其中的“行事”一词，似乎就不应做泛泛理解，而是需要将其与涉及法律解释及适用的“廷行事”联系起来。然而，同样值得注意的是，令文的用语为“比行事”而非“廷行事”。这就表明，只有可“比”即可比照适用②的“廷行事”才能像律令一样成为判准。那么，所谓“比行事”又是以何种方式与其他“廷行事”区别开来的呢？在目前所能见到的秦汉史料中似乎找不到“比行事”的实例，却有一些可用来思考此问题的线索。岳麓简 0640/357＋0635/358＋0526/359＋0319/360 所收令文曰：

> 县恒以十月鄰牒，书署当卖及就食状，须卒史、属粪兵，取省以令，令案视。当就食，其亲、所智（知）者卖之。隶臣妾、城旦、城旦舂司

① 参见籾山明：《中国古代訴訟制度の研究》，京都大学学术出版会 2006 年版，第 278—279 页。

② 睡简简文提及“比”者甚多，但在法律意义上使用且与“比行事”之“比”含义相同者基本都出现在《法律答问》中，如：

> “害盗别徼而盗，驾（加）罪之。”●可（何）谓“驾（加）罪”？●五人盗，臧（赃）一钱以上，斩左止，有（又）黥以为城旦；不盈五人，盗过六百六十钱，黥劓（劓）以为城旦；不盈六百六十到二百廿钱，黥为城旦；不盈二百廿以下到一钱，䙴（迁）之。求盗比此。
>
> 罢瘁（癃）守官府，亡而得，得比公瘁（癃）不得？得比焉。
>
> 内公孙毋（无）爵者当赎刑，得比公士赎耐不得？得比焉。（陈伟主编：《秦简牍合集（壹·上）》，武汉大学出版社 2014 年版，第 193、250、271 页）

其意如整理小组所说是指“同例可以比附”。参见睡虎地秦墓竹简整理小组编：《睡虎地秦墓竹简》，文物出版社 1990 年版，第 94 页。

寇、鬼薪、白粲及毄（系）城旦舂老、㾀（癃）病、毋（无）赖不能作者，遣就食蜀守。☒当就食，其亲、所智（知）欲买，勿令就食，许。其归，罪，不得卖。●东郡守言，东郡多食，食贱，徒隶老、㾀（癃）病、毋（无）赖，县官当就食者，请止，勿遣就食。它有等比。【●制曰，可】。①

本条令文由三部分构成：(1) 书写于第一个墨钉前的令文，该令文是在“东郡守言”被奏上之前就已经存在的，其内容涉及遣送隶臣妾、城旦等徒隶就食于蜀郡的规定；(2) 东郡守的奏议及中央官署对此奏议的处理意见，即东郡守因本郡粮食充足以至于价格低廉而呈请中央允许东郡下辖各县对前令予以变通执行（“勿遣就食”），中央官署则将“它有等比”（“遇到类似情况的其他官署应比照执行”）一语附于东郡守的奏议之后报请皇帝批准；(3) 皇帝的“制可”。② 此处欲强调的是，结合前文对“行事”及“比”的介绍，令文的第二部分似可作延伸性思考。换言之，既然“行事”是指“已行之事”“旧例成法”，那么，“东郡守言”无疑可被视为东郡之“行事”，“它有等比”一语则使东郡之“行事”成为了各地官府的为政准则。与之相似的事例在岳麓简的记载中还有若干，以下随意摘录其中的三则：

嚣园宣深有斗食啬夫、史各一人，毋与相杂稍廪月食者卖□息子。所以为秏□物及它当卖买者，令相监，毋（无）律令。议：令嚣园宣深啬夫若史相杂监，坐，如监令史，它有等比。▍内史二千石官共令☒（岳麓简 0639/341＋0680/342＋1520/343 所收秦令）

●令曰：叚（假）廷史、廷史、卒史覆狱乘傳（使）马，及乘马有物故不备，若益骖驷者。议：令得与书史、仆、走乘，毋得骖乘。它执法官得乘傳（使）马覆狱、行县官及它县官事者比。●内史旁金布令第乙

① 陈松长主编：《岳麓书院藏秦简（肆）》，上海辞书出版社 2015 年版，第 213—214 页。

② 有关本条令文的构成，亦可参见欧扬：《岳麓秦简所见秦比行事初探》，载李学勤主编：《出土文献研究》（第十四辑），中西书局 2019 年版，第 70—71 页。

九（岳麓简 1924/261＋1920/262 所收秦令）

●令曰：南阳守言：兴（?）吏捕罪人，报日封诊及它诸（?）官□□□□者，皆令得与书史、隶臣、它所与捕吏徒（缺简）〼□令 ●丞相议：如南阳议，它有等比。①（岳麓简 1919/300＋（缺简）＋0005/301 所收秦令）

如此看来，在秦政的日常运转中，各官署处理政务的某种尝试为朝廷议论所确认并因“它有等比”“它……比”等评价意见的添加以及君主的首肯而具备了可被其他官署援用之效力的现象应该是较为普通的。以此判断为前提，倘若廷尉府的某“行事”被整理且附上“它有等比”之类的语词，地方各级官府自然就能如援引律令文一样据“廷行事”定罪量刑了，这种“廷行事”极有可能就是前引岳麓简 1009/066 所收令文提到的“比行事”。也就是说，“比行事”与其他“廷行事”的区别很可能就在于明示其具体内容的官文书中是否载有“它有等比”之类的语词。不过，应当强调的是，在上引“东郡守言”等官署“行事”形成普遍适用性的四个例子中，诸多“行事”均已为令所吸收，其他官署所遵行的为政准则其实是令而非令文所载之“行事”。② 但，岳麓简 1009/066 论及的“比行事”乃与律令并列的存在，因此，“比行事”不应是严格立法程序的产物，终究只能被界定为由廷尉府基于“狱治”实践所作的法解释、判决意见转化而来的法规范。

概言之，法律一旦被制定出来，就有了较为固定的规范意涵，但社会生活的变化却从未停息，故法制落后于生活实为无可避免，此乃亘古不变之常理。面对这一难题，秦统治者将解困的部分希望寄托在以法律工作为本职的廷尉府基于实践而形成的对律令文的持续思考之上，思考的结果则被简化、

① 三段引文分别出自陈松长主编：《岳麓书院藏秦简（肆）》，上海辞书出版社 2015 年版，第 208 页；陈松长主编：《岳麓书院藏秦简（伍）》，上海辞书出版社 2017 年版，第 184、198 页。

② 有关这一点，徐世虹的论述可谓抽丝剥茧、切中肯綮。参见徐世虹：《决事比、廷行事、比行事》，载王沛主编：《出土文献与法律史研究》（第十辑），法律出版社 2021 年版，第 20—24 页。

整理并最终以被概称为“比行事”的律令文之补充的形象进入各县官府必须遵行的为政准则的范围之中。当然，正如本节起始部分已明确指出的，秦县的官吏们应予执行的除律令之外的为政准则颇为多样，“廷行事”或“比行事”不过其中之一，下文将转向另两种为政准则——课与程。

二、课与程

尽管在睡简出土之前已公布的汉代简牍中就能见到以“课”为名的官文书形式，如“邮书课”“表火课”等，[①] 但作为秦汉时代之法的一种表现形式的课却是因睡简《秦律杂抄》所收《牛羊课》的出现而为学者们所意识到的。有鉴于此，本部分的考察也将从对《牛羊课》的探讨开始。这里，先俱引《牛羊课》于下：

> 牛大牝十，其六毋（无）子，赀啬夫、佐各一盾。●羊牝十，其四毋（无）子，赀啬夫、佐各一盾。●牛羊课。[②]

睡简整理小组对“牛羊课”三字的注释是“关于考核牛羊的畜养的法律”，[③] 似未明言《牛羊课》乃“律”的一种，但既然此条隶属于《秦律杂抄》，且在睡简的该部分中还有“游士律”“藏律”“公车司马猎律”“傅律”“屯表律”等律名如“牛羊课”一样以墨钉加文字的方式出现在简文的末尾，[④] 那么，

① 对在西北地区出土的汉简所收的“课”类文书的介绍，参见李均明：《秦汉简牍文书分类辑解》，文物出版社2009年版，第425—428页；徐世虹等：《秦律研究》，武汉大学出版社2017年版，第128—130页。

② 陈伟主编：《秦简牍合集（壹·上）》，武汉大学出版社2014年版，第183页。

③ 睡虎地秦墓竹简整理小组编：《睡虎地秦墓竹简》，文物出版社1990年版，第87页。

④ 以图版观之，《秦律杂抄》基本上是由书手在四十余支简上连贯书写，而非在一简之上抄完一个条文后另起一简的方式撰制而成的，所以，自然就会出现某个或若干个相关法律条文的标题被书于一简之首并继之以其他条文的情况，也会有标题被两个不相关的条文夹杂在中间的现象。为此，用墨钉把标题与条文区别开来可谓必要。考虑到这一点，林清源就从对墨钉如何显示标题这一问题的思考出发将《秦律杂抄》中的标题书写方式概括为三种：(1) 若标题夹在同一简的上下两条律文之间，则在标题两端各加一个分隔符号；(2) 若标题位于简末，因标题之下已无文字，故其下方的分隔符号多数被省略；(3) 若标题位于简首，因标题之上无文字，故其上方的分隔符号往往被省略。参见林清源：《睡虎地秦简标题格式析论》，载《“中研院”历史语言研 （转下页）

将《牛羊课》的性质界定为“律”或许就是自然之事了。不过，据以得出此推论的前提本身恰恰是需要反思的。永田英正曾指出：

> 中国出版的《秦律十八种》释文，只是中国学者们的整理编排，绝不能说是已经恢复了《秦律十八种》本来的面目，这一点我们必须要有充分地认识。其他的法律文书，例如《效律》《秦律杂抄》也一样。对中国学者们的云梦秦简的整理方法，我为什么这样执拗地指出其中的问题，是因为云梦秦简与敦煌、居延发现的公文简牍不一样，属于书籍简牍，因此，已经释读编排，形成铅字，这宛然就是复原了的书籍了，以后的利用者往往会优先地利用释读成文的东西，而忘却了简牍编排中存在的各种问题。①

换言之，作为学者们的惯常研读对象的睡简文本是经人为整理的产物，简文编联与分组以及各部分的命名多渗透着整理者的主观认识，因此，纯粹以整理小组的判断为前提思考秦法难免会有风险。事实上，从季勋在睡简出土后不久发表的对这批简的介绍及睡虎地十一号秦墓的发掘简报来看，睡简在出土时共分为八组，其中的三组集中记载了秦的法律，而被安置在墓主腹下部的第三组就收入了《效律》《除吏律》《游士律》《除弟子律》《中劳律》《藏律》《公车司马猎律》《牛羊课》《傅律》《屯表律》《捕盗律》《戍律》及其他

(接上页) 究所集刊》第七十三本第四分，2002 年，第 778—780 页。应当指出，林说于重新检视整理小组对《秦律杂抄》中的法律标题的罗列及对理解各标题与哪些条文相连接皆较具启发。如，关于“公车司马猎律”，墨钉加“公车司马”四字在《秦律杂抄》简 26 的末尾，“猎律”加墨钉则在简 27 的起始，二者能否连为一词确实还有探讨余地。参见本注所引林清源文，第 790—793 页。不过，徐世虹已指出，“‘猎律’前应是与猎相关的条文，然而审视《秦律杂抄》律文，似并无与此相关者”。徐世虹等：《秦律研究》，武汉大学出版社 2017 年版，第 146 页，注⑤。因此，整理小组将简 26 末尾的“公车司马”与简 27 起首的“猎律”连读似乎又是妥当的。尽管如此，林清源所指出的《秦律杂抄》中的标题及相关问题的复杂性于准确理解该部分简文而言显然不乏参考意义，故此处借罗列《秦律杂抄》所载律名之机对其说稍作提示。

① [日] 永田英正：《居延汉简研究》，张学锋译，广西师范大学出版社 2007 年版，第 463 页。

标题不详的法条。① 整理小组最终将该组分成两部分，其一为《效律》，其名称之确立依据为《效律》首简背面的“效”字；其二即为《秦律杂抄》，其名称乃整理者拟定。由此看来，“秦律杂抄”四字很可能是整理小组以《除吏律》等被置于一处且又不像《效律》那样条文众多为由而赋予一应法条的总名，其中的“律”字未必是对抄手所摘录的各种法条之性质的准确概括，所以，《牛羊课》及其他标题不详的法条究竟是何种性质的规范或有再思考之必要。何四维曾对《牛羊课》提出这样的疑问：

> 我认为，载有本条之后续内容的简文遗失了。由于在最后数字之前有一个墨点，整理者遂将其视为标题“牛羊课”。但是，这其实造就了一个奇特的例外，毕竟其他标题都包含“律”字。②

何四维的推断即《牛羊课》并非某法条的全部内容无外乎如下逻辑发挥作用的结果：(1)《秦律杂抄》所收者应为“律”，且“除吏律”等标题中皆有“律”字，而“牛羊课”以“课”结尾，故不能被视为律文之标题；(2) 既如此，处于简的末端的此数字又因墨点的存在而与其前的律文分隔，那就只能认为它们是另一条律文的开始，但这条律文却无从得见。可是，倘若认为《牛羊课》的性质本就是课而非律，何四维的疑问自然就不存在了。以此立论，何四维说其实是以另一种逻辑或反向论证了将《牛羊课》排除在秦律之外的合理性。

那么，课究竟是一种什么样的法规范呢?《说文解字·卷三上》云：“课，试也”“试，用也……《虞书》曰‘明试以功’。”可见，作为动词的“课”有考试、考核之意，故对官吏的考核又被称为“考课”，睡简《语书》所说“有

① 参见季勋：《云梦睡虎地秦简概述》，载《文物》1976 年第 5 期，第 1—4 页；孝感地区第二期亦工亦农文物考古训练班：《湖北云梦睡虎地十一号秦墓发掘简报》，载《文物》1976 年第 6 期，第 3 页。

② A. F. P. Hulsewé, *Remnants of Ch'in Law: an Annotated Translation of the Ch'in Legal and Administrative Rules of the 3rd Century B. C. Discovered in Yün-meng Perfecture, Hu-bei Province, in 1975*, Brill, 1985, p. 115, note 3。

（又）且课县官独多犯令而令、丞弗得者”① 云云即为一例。考核官吏自应有章可循，所谓“章”亦即规则的称呼大概也就因经常出现在“课”的场合中而逐渐与表示考核之意的动词“课”联系起来，此或为课作为法规范的得名缘由。不过，这样的概括未免过于粗疏，参照秦朝廷考核官吏的实况来理解因“课”而课的逻辑无疑是理所应当的。考虑到这一点，里耶出土的记载秦迁陵县廷考课官吏之实态的众多“课志”简②就非常值得关注。不过，由于下一章还将集中探讨官吏考课问题，此处仅对“课志”简做简要介绍。

首先，在目前已公布的里耶简中能见到“田课志”（8－383）、“田官课志”（8－479）、“尉课志”（8－482）、“司空课志”（8－486）、“乡课志”（8－483）、“畜官课志”（8－490）、“仓课志”（8－495）等字样。以本书第一章所列迁陵县诸官为参考，所谓“课志”显然是以官为类别撰制的，也展示了县廷对各项行政事务之执行情况的密切关注。

其次，如徐世虹已概括的，此类简的撰写格式大致如下：“一般分两栏或三栏书写，首栏首行为‘某某课志’，下胪列各课，末以‘●凡某课’结束。”③ 既然“某某课志”中的“某某”指称县内诸官，那么，“下胪列各课”不用说就是对某官的诸种具体职责之履行情况的考核，如下引“仓课志”所示：

仓课志	作务产钱课	
畜彘鸡狗产子课	徒隶行繇（徭）课	
畜彘鸡狗死亡课	畜鴈死亡课	●凡☐（8－495）④
徒隶死亡课	畜鴈产子课	
徒隶产子课		

① 陈伟主编：《秦简牍合集（壹·上）》，武汉大学出版社 2014 年版，第 30 页。

② 有关“课志”简之文献性质的界定，参见李均明：《里耶秦简“计录”与“课志”解》，载武汉大学简帛研究中心主办：《简帛》（第八辑），上海古籍出版社 2013 年版，第 157 页。

③ 参见徐世虹等：《秦律研究》，武汉大学出版社 2017 年版，第 130 页。

④ 本书第二章第二节曾引用“仓课志”，故此处不再指明出处。

据“仓课志”，仓官的职责包括畜养猪、鸡、狗、鴈及管理徒隶等，这在前几章的论述中也已有所涉及。既然县廷要对仓官的一应具体工作进行考核，就不能不查阅相关规则，而在秦律中确实就有与仓官的职能有所关联的《仓律》。然而，检索睡简《秦律十八种·仓律》诸条，与徒隶管理相关者并未提及徒隶死亡、产子、作务、行徭等问题；与家禽、家畜之畜养有关者也只有如下一条：

> 畜鸡。离仓用犬者，畜犬期足。猪、鸡之息子不用者，卖之，别计其钱。仓①

但该条的规定较为抽象，若用于考课，则难免缺乏可操作性。也就是说，在睡简所收《仓律》中其实是难觅详尽的考课标准的，那么，在考课正式进行时，县廷官员应当将目光转向哪里呢？私见以为，那极有可能就是作为规范的课了。当然，书于睡简之上的法律文本乃秦法之摘抄，断言秦《仓律》中完全没有可据以考课仓官的详尽规定无疑是有风险的，但此处的推断本身也并非毫无根据。一则，关于家禽、家畜的畜养，上引《仓律》中的仅见的一条相关律文可谓内容完整且基本能涵盖对仓官予以考课的具体项目，因此，有理由相信所谓仅见的一条律文可能就是《仓律》以仓官在家禽、家畜之畜养方面的职责为对象设定的主要（甚至可能是全部）规定，较之更为细致乃至于数字化的考课标准自然就不在律中。二则，里耶简所收“畜官课志”云：

> 畜官课志　　　　畜牛死亡课
> 徒隶牧畜死负、剥卖课　　　　畜牛产子课
> 徒隶牧畜畜死不请课　　　　畜羊死亡课

① 陈伟主编：《秦简牍合集（壹·上）》，武汉大学出版社2014年版，第89页。另外，有关本条的“畜鸡离仓用犬者”数字的句读，睡简整理小组的观点是“畜鸡离仓。用犬者”，今据《秦简牍合集（壹·上）》（第89页，“【注释】［1］”）之意见改。

马产子课　　　　　　畜羊产子课

●凡八课。(8-490+8-501)[①]

在上列八项有关畜官的考课内容中，“畜牛产子课”“畜羊产子课”赫然在目，而前引《牛羊课》正是对负责牛羊之畜养的官吏在一定数量的成年母牛、母羊的不产子率达到何种程度时应如何处罚这一问题的细致规定，这种对应性不正是课乃设定考课标准之规范的明证吗？籾山明曾云“牛羊课之‘课’是与据标准考察业绩之行为有关的规定”，[②] 此语不得不说是从《牛羊课》出发对课的规范性质做出的准确理解。除此之外，上引“畜官课志”又提到“畜牛死亡课”，睡简《秦律十八种》所收如下条文似与之相关：

今课县、都官公服牛各一课，卒岁，十牛以上而三分一死；不【盈】十牛以下，及受服牛者卒岁死牛三以上，吏主者、徒食牛者及令、丞皆有辠（罪）。内史课县，大（太）仓课都官及受服者。　□□[③]

本条被书于《秦律十八种》简19—20之上，睡简整理小组将其与简16—18及简19前半段所记载的律文合为一条。另外，观图版，简20末尾有残缺；对此，睡简整理小组认为，全部律文“根据内容应属厩苑律”，遂在“者”字后补释“□□”以为“厩苑”二字之暗示。[④] 但是，一方面，如林清源已指出的，根据简的残缺部分的长度来看，此处最多仅能容纳一个字，故以“□□”补释标题显然并不妥当；[⑤] 另一方面，如徐世虹所说，简16—19所载条文涉

① 本书第二章第二节曾详引“畜官课志”，故此处不再指明出处。

② 籾山明：《雲夢睡虎地秦簡》，载滋贺秀三编：《中国法制史 基本資料の研究》，东京大学出版会1993年版，第104页。

③ 陈伟主编：《秦简牍合集（壹·上）》，武汉大学出版社2014年版，第55页。

④ 参见睡虎地秦墓竹简整理小组编：《睡虎地秦墓竹简》，文物出版社1990年版，第25页。

⑤ 参见林清源：《睡虎地秦简标题格式析论》，载《“中研院”历史语言研究所集刊》第七十三本第四分，2002年，第785—787页。

及公马牛死后的利益回收，[①] 书于简 19—20 之上的条文则意在加强对公有驾车用牛之死耗率的控制，二者虽皆欲维护公家利益，但在规制事项上终究有别，故不一定能合为一条。[②] 因此，简 16—19 及简 19—20 记载的两段法条各自独立且不全属于《厩苑律》甚至与之无关的可能性无疑是存在的。以这一判断为前提，若在《牛羊课》与上引简 19—20 收入的法条之间展开对比，二者在内容、结构上的雷同性可谓显而易见，所以，将后者视为课的一种未必不是考察该法条之性质的合理思路。换言之，在核实畜官负责畜养的牛的死亡率以确定是否对畜官予以追责时，县廷官吏会像在检视成年母牛、母羊的不产子率以明确畜官之责任时一样遵循课所设定的标准。进一步论，既然县廷对畜官的考核是据课展开的，而仓官与畜官一样位列县的诸官之中，那么，前文的推测即课为县廷用以考核仓官的准则不也是可以成立的吗？我们甚至不妨认为，对包括仓官、畜官之工作在内的可量化统计的诸种行政事务的考课，县廷往往都会寄望于明示其标准的相关规范提供操作上的指引。这很自然地引发了两重效应。其一，随着考课的反复进行，此类规范也不断地在考课之时发挥作用；久而久之，规范本身就会与“课”这种行为完全捆绑在一起，作为动词的“课”遂被名词化，如前引《秦律十八种》简 19—20 所载法律条文的首句“今课县、都官公服牛各一课”中的前后两个“课”即分别为动词和名词。[③] 而所谓“名词化”的最终结果不用说就是“课”成为了此类规范的专称。其二，作为规范的课的数量持续增加以至于形成了一定的规模。[④]

---

① 虽然本书第二章曾明示《秦律十八种》简 16—19 所载律文，但为了更清晰地展示文意，此处将再次引用该律文：“将牧公马牛，马〖牛〗死者，亟谒死所县，县亟诊而入之，其入之其弗亟而令败者，令以其未败直（值）尝（偿）之。其小隶臣疾死者，告其□□之；其非疾死者，以其诊书告官论之。其大厩、中厩、宫厩马牛殹（也），以其筋、革、角及其贾钱效，其人诣其官。其乘服公马牛亡马者而死县，县诊而杂买（卖）其肉，即入其筋、革、角，及索（索）入其贾钱。钱少律者，令其人备之而告官，官告马牛县出之。”出处于第二章已有说明。

② 参见徐世虹等：《秦律研究》，武汉大学出版社 2017 年版，第 128 页。

③ 有关“今课县、都官公服牛各一课”一句中的两个“课”之词性的说明，参见魏德胜：《〈睡虎地秦墓竹简〉语法研究》，首都师范大学出版社 2000 年版，第 127—128 页；徐世虹等：《秦律研究》，武汉大学出版社 2017 年版，第 127—128 页。

④ 事实上，里耶简中有“漆课”，出土于云梦睡虎地 M77 汉墓的竹简又收入了“工作课”。参见湖北省文物考古研究所、云梦县博物馆：《湖北云梦睡虎地 M77 发 （转下页）

里耶简16-521云：

岁并县官见积户数，以负筭以为程。●课省甲十一①

有关“课省甲十一”五字，如论者已指出的，“省”与“课”一样有考核、核验之义，“课省”为同义复合，② 故作为规范名称的“课省”亦即课，③ 而“甲十一”当指“甲编第十一”的意思。这样看来，秦官府已对课予以分编并附加序号，这无疑表明课的规模已较为可观。如此，县廷对诸官之政务处理情况的考课大概就能以量化且便捷的方式执行了，课也就顺理成章地成了县内各机构不能不关注的为政准则。当然，这并不是说，由于课的出现和积聚，对官吏的考核只需照课而行。事实上，前文已指出，《仓律》的规定就与仓官的职能多有关联，只不过因为律文较为抽象、概括，其在考课方面的操作性相对较弱，故为课提供了用武之地；而从目前所能见到的秦律令来看，如《仓律》一般与县的诸官之职能存在对应关系的律篇并不少，④ 所以，或许只能认为课是基于考课之需而形成的律的细则。隐藏在其背后的无疑就是志在称霸并最终统一六国的秦对战国政制演进的趋势之一即官僚制之完善的顺应，

（接上页）掘简报》，载《江汉考古》2008年第4期，第35页；湖南省文物考古研究所：《里耶秦简中和酒有关的记录》，载吴荣曾、汪桂海主编：《简牍与古代史研究》，北京大学出版社2012年版，第14页；黎明钊、唐俊峰：《里耶秦简所见秦代县官、曹组织的职能分野与行政互动》，载武汉大学简帛研究中心主办：《简帛》（第十三辑），上海古籍出版社2016年版，第137—138页。这些似乎皆为秦至汉初之课的数量较多的证明。

① 张春龙：《里耶秦简所见的户籍和人口管理》，载中国社会科学院考古研究所、中国社会科学院历史研究所、湖南省文物考古研究所编：《里耶古城·秦简与秦文化研究——中国里耶古城·秦简与秦文化国际学术研讨会论文集》，科学出版社2009年版，第188页。

② 参见徐世虹等：《秦律研究》，武汉大学出版社2017年版，第147页。

③ 里耶简9-2621载“课省□｜☐”（陈伟主编：《里耶秦简牍校释［第二卷］》，武汉大学出版社2018年版，第510页），其中的“课省”二字或许亦能做同样理解。

④ 徐世虹曾指出，“从诸课与律的对应关系，亦可看出秦律律名与行政机构或职官的职能具有一定的关系，如司空课—司空律，仓课—仓律，金布课—金布律，尉课—尉杂，田官课—田律，畜官课—厩苑律。此种对应关系，意味着律篇之设在以‘事类为篇’的另一面，又与行政机构的职能密切相关”。徐世虹等：《秦律研究》，武汉大学出版社2017年版，第141—142页。此语可谓简明扼要地点破了秦官府的行政分工对秦律之律篇设计的深刻影响，颇值注意。

以及战国法家因期望官僚政治的运转高度有序化而做出的对官吏考核之事的反复强调①对秦政的深刻影响。

行文至此，不禁联想到学界在罗列秦汉法律形式时经常提及的“程”。《说文解字·卷七上》云：“程，品也，十发为程，十程为分，十分为寸”“科，程也……斗量者也。”可见，“程”有计量之意，因而也能与考核、监督联系起来，如《汉书·谷永传》即论道“论材选士，必试于职，明度量以程能，考功实以定德”。于是，有关计量标准的规定也就成了官吏们在行政实践中应当予以遵守的一种法度，且因经常在“程”的场合为时人所参考，故逐渐被称为“程”。《史记·太史公自序》云：

于是汉兴，萧何次律令，韩信申军法，张苍为章程，叔孙通定礼仪。

据裴骃《集解》引“如淳曰”（“章，历数之章术也。程者，权衡丈尺斛斗之平法也”）及“瓒曰”（“茂陵书‘丞相为工用程数其中’，言百工用材多少之量及制度之程品者是也”），张苍所定“章程”即为计量准则，而计量对象则包括劳动力、做工用材等。另外，由于《汉书·高帝纪》如《史记·太史公自序》一样将“张苍定章程”与“萧何次律令”并列，因此，沈家本认为“章程非律令书也”。② 但是，睡简所载《工人程》三条的公布说明在与汉初相距不远的秦时就已有作为规范的程，而此三条被收入《秦律十八种》中似又表示程亦为律。那么，这是不是意味着程与律的关系从秦至汉初发生了明显的变化呢？对此问题，首先应当想到的是前文在探讨《牛羊课》的规范性质时曾提出的一个质疑意见，即在出土时被分为八组的睡简中，集中记载法律条文者有三组；《牛羊课》所在的第三组法律条文的总名“秦律杂抄”由整理小组拟定，其中的“律”字未必能准确指出收入该组的全部法律条文的性质。

① 如，《韩非子·外储说左上》载“申子曰”：“法者见功而与赏，因能而受官。”又如，《韩非子·二柄》云：“为人臣者陈而言，君以其言授之事，专以其事责其功。功当其事，事当其言，则赏；功不当其事，事不当其言，则罚。”

② ［清］沈家本：《历代刑法考》，邓经元、骈宇骞点校，中华书局1985年版，第1390页。

事实上，“秦律十八种”与“秦律杂抄”一样是整理小组为《工人程》所在的第二组法律条文拟定的总名，据此总名而将该组中的法律条文全部视为“律”或许也是有风险的。如循此思路且考虑到汉在制度建设上往往传承自秦，沈家本所云“章程非律令书也”就未必不适用于秦了。

当然，这并不意味着程与律令毫不相干。以目前所能见到的秦律令论，其文句涉及程者可谓屡见不鲜：

> 程禾、黍□□□□以书言年，别其数，以稟人。　仓（睡简《秦律十八种·仓律》）
>
> 为计，不同程者毋同其出。　工律（睡简《秦律十八种·工律》）
>
> □其官之吏□□□□□□□□□□□灋（法）律程籍，勿敢行，行者有辠（罪）。　尉杂（睡简《秦律十八种·尉杂律》）
>
> ●诸物之有程而当入县官者，其恶不如程而请吏入，其受请者及所请，皆坐恶不如程者与盗同法，臧（赃）不盈百一十钱者，皆耐以为司寇。　●十七[1]（岳麓简 1457/046+1483/047 所收秦令）

甚至有律、程连言者：

> 计脱实及出实多于律程，及不当出而出之，直（值）其贾（价），不盈廿二钱，除……[2]（睡简《效律》）

尤其值得注意的是上引以官营手工业为规范对象的《工律》[3] 的条文，其大意是说“计账时，不同规格的产品不能列入同一份账册中”。然而，“同程”

---

① 此处所引四条律文分别出自陈伟主编：《秦简牍合集（壹·上）》，武汉大学出版社 2014 年版，第 66、106、151 页；陈松长主编：《岳麓书院藏秦简（陆）》，上海辞书出版社 2020 年版，第 62—63 页。

② 陈伟主编：《秦简牍合集（壹·上）》，武汉大学出版社 2014 年版，第 164 页。

③ 睡简整理小组云，“工律，关于官营手工业的法律”。睡虎地秦墓竹简整理小组编：《睡虎地秦墓竹简》，文物出版社 1990 年版，第 43 页。

即同规格具体又指什么呢?《工律》的另一条给出了答案，“为器同物者，其小大、短长、广亦必等”。[①] 问题在于，此条的规定显得过于概括，各种产品的合格标准究竟如何仍是不得而知的，“为计，不同程者毋同其出”遂难以落实。在这种情况下，明示各类产品之规格的一览表式法规的存在是可以想见的，其名称即为“程”。何以如此肯定?原因无非就在于《工人程》的参照意义。也就是说，虽然在睡简所收《工律》中未见有关对为官府做工者之工作效率的监督，对不同性别、年龄、工龄的做工者的合理使用等方面的规定，但该律既然以官营手工业为规范对象，自不应忽略此类问题；可是，以此类问题为主旨的律文又势必要与相关的明细标准配合适用，结果，《工人程》很可能就顺应官府执行律文之规定的需求而被制定出来，正如其内容所示：

> 隶臣、下吏、城旦与工从事者冬作，为矢程，赋之三日而当夏二日。　工人程
>
> 冗隶妾二人当工一人，更隶妾四人当工〚一〛人，小隶臣妾可使者五人当工一人。　工人程
>
> 隶妾及女子用箴（针）为缗绣它物，女子一人当男子一人。　工人程[②]

比照《工人程》之创设逻辑，与“为计，不同程者毋同其出”之落实相适应的所谓“明示各类产品之规格的一览表式法规”无疑也会被冠以“某某程”之名。进一步论，程的形成方式其实已指明了在规范品格上不尽相同的律与程二者的紧密联系：律确立政务执行的基本准则，程作为计量性法规则据之

① 陈伟主编:《秦简牍合集（壹·上）》，武汉大学出版社 2014 年版，第 106 页。
② 此处所引《工人程》的第一、第二条，本书第三章已有引用，故不再标明出处；第三条出自陈伟主编:《秦简牍合集（壹·上）》，武汉大学出版社 2014 年版，第 111 页。

详列各种具体标准。①

不过，这样一来，如下问题就很自然地出现了：课与程皆具有统计、计量及考核之功能，二者之间又有何差别呢。有关此问题，只要仔细品读这两类规范的名称，或可知其端倪。课之所以被称为“课”，就是因为此类规范乃基于考课之需求而产生，其功能在计量与考核之间偏向于后者，故如《牛羊课》所示，课显然内含罚则；程之所以被称为“程”，当是因为其功能在计量与考核之间偏向于前者，故如《工人程》所示，罚则似乎是可有可无的。但是，无论如何，课与程的存在表明，秦统治者不仅制定了大量的律令以约束包括县在内的各层级官府的权力行使，更创设了细则性规范以配合律令实施，从而使“明主治吏不治民”的政略具备了较强的可操作性，这是我们观察秦政时不应等闲视之的一个侧面。还应指出的是，秦统治者为了治吏而确立的琐细制度并非只有课与程，以下就将对学界在探讨秦汉法律形式时经常论及的“式”稍作介绍。

三、式

“式”的本义，如南玉泉的考证所示，当指“样品”，② 又可引申为仪式、

---

① 在律与程的关系上，汪桂海的界定较为准确，或可参考。参见汪桂海：《秦汉简牍探研》，文津出版社 2009 年版，第 130—131 页。另外，闫晓君也认为“律令与章程是不可分的”，但又将程界定为“融合在律、令等法律形式中的一种具有计量性质的法律条款”，并在此认识的基础上罗列了睡简《工律》《徭律》《仓律》《金布律》《传食律》《效律》等诸律中的计量性法规。参见闫晓君：《秦汉法律研究》，法律出版社 2012 年版，第 38—47 页。闫说对程的解读颇为细致且不乏启发性，但把程完全视为律、令的组成部分似可商榷。事实上，一方面，在闫说列举的众多所谓“计量性法规”中，多有从其内容及标题来看整条皆为律者，如：

> 为粟廿斗，舂为米十斗；十斗，粲毁（毇）〈毁（毇）粲〉米六斗大半斗。麦十斗，为䴬三斗。叔（菽）、荅、麻十五斗为一石。●稟毁（毇）粺者，以十斗为石。 仓（睡简《秦律十八种·仓律》条文，陈伟主编：《秦简牍合集［壹·上］》，武汉大学出版社 2014 年版，第 72 页）

此类条文显然就不是律的组成部分，而是律本身了，自然也不能以程目之。另一方面，目前可被明确界定为程的《工人程》在规范性质上似乎又与律有所不同。以这两方面观之，将程纳入律、令之中或许就略显不妥。当然，闫说所指出的律、令条文中的计量性内容的大量存在也确实值得注意，至于这些内容与程之间究竟是什么关系有待于今后再探讨。

② 参见南玉泉：《从封建到帝国的礼法嬗变：先秦两汉法律史论集》，中国政法大学出版社 2020 年版，第 147—148 页。

范式等。因此，具有规范、模范之功用者皆可以“式”为名，法自然也不例外，如前文曾多次提到的《泰山刻石》中的“诸产得宜，皆有法式”一语及岳麓简所收《为吏治官及黔首》中的“与它官课有式，令能最”云云①就都以“式”为法律之泛称；《说文解字·卷五上》对“式”字的解释“式，法也”无疑也受到了战国秦汉时人以“式”指称法度之习惯的影响。以此为前提，论者更据现有史料将式视为秦汉法律形式之一，并按照调整对象之别而将其细分为有关物品规格之式、有关文书范本之式、有关政务处理程序之式三种。② 是说于深入解读法规范意义上的式不无裨益，但若将考察的时间段限缩至秦，或许另有些许问题需要做进一步说明。第一，在汉代，作为独立法律形式且以物品规格为调整范围的式或许是存在的，③ 但以目前已公布的秦简牍文献论，不仅未能见以物品规格为主旨，又以“某某式”为标题的法律条文，而且，即便是在因内容涉及物品规格而提及“式”的仅有的一条秦律中：

> 布袤八尺，福（幅）广二尺五寸。布恶，其广袤不如式者，不行。　金布④

“式”大概也只能被泛泛理解为样式而非一种独立法律形式的概称，毕竟律文本身已明示可作为通货使用的布的合格标准即“袤八尺，福（幅）广二尺五寸”，因此，在秦时是否有详列物品规格的式或许仍是存疑的。第二，为了证

① 朱汉民、陈松长主编：《岳麓书院藏秦简（壹）》，上海辞书出版社 2010 年版，第 149 页。

② 参见南玉泉：《从封建到帝国的礼法嬗变：先秦两汉法律史论集》，中国政法大学出版社 2020 年版，第 149—159 页。另外，高恒将式的调整对象分为各类文书之格式、实施律令或政策应遵循的要点、行政或司法活动的程序三类。参见高恒：《秦汉简牍中的法制文书辑考》，社会科学文献出版社 2008 年版，第 216—217 页。所论虽与南说有所不同，但在本质上其实并无差别。

③ 有关这方面的考证，参见汪桂海：《秦汉简牍探研》，文津出版社 2009 年版，第 125 页；南玉泉：《从封建到帝国的礼法嬗变：先秦两汉法律史论集》，中国政法大学出版社 2020 年版，第 150—152 页。

④ 陈伟主编：《秦简牍合集（壹·上）》，武汉大学出版社 2014 年版，第 91 页。

明秦时存在有关政务处理程序之式，论者曾提到仅见的两点例证：(1) 睡简所收具有法规范性质且以“式”为名的《封诊式》记载的格式化文书内含对“狱治”程序如何展开这一问题的陈述；(2)《封诊式》中的《治狱》《讯狱》两篇就审讯方式等做了清晰的原则性规定。① 然而，一方面，在《封诊式》中，除了《治狱》《讯狱》，其他各篇都是以“敢告某县主”“爰书”等文书用语起首的，如：

> 有鞫　敢告某县主：男子某有鞫，辞曰：“士五（伍），居某里。”可定名事里，所坐论云可（何），可（何）罪赦，或（又）覆问毋（无）有，遣识者以律封守，当騰騰，皆为报，敢告主。
>
> 群盗　爰书：某亭校长甲、求盗才（在）某里曰乙、丙缚诣男子丁，斩首一，具弩二、矢廿，告曰：“丁与此首人强攻群盗人，自昼甲将乙等徼循到某山，见丁与此首人而捕之。此弩矢丁及首人矢殹（也）。首人以此弩矢□□□□□□乙，而以剑伐收其首，山俭（险）不能出身山中。”丁辞曰：“士五（伍），居某里。此首某里士五（伍）戊殹（也），与丁以某时与某里士五（伍）己、庚、辛，强攻群盗某里公士某室，盗钱万，去亡。己等已前得。丁与戊去亡，流行毋（无）所主舍。自昼居某山，甲等而捕丁戊，戊射乙，而伐杀收首。皆毋（无）它坐辠（罪）。”●诊首毋诊身可殹（也）。②

这就表明，《封诊式》基本上仍应被视为文书范本的汇编或者说有关文书撰写之具体格式的规定；即便收入其中的官文书确实往往包含与“狱治”之运行有关的内容，也不能因此而将《封诊式》的性质界定为规制程序的法度。另一方面，有关《治狱》《讯狱》两篇，尽管其主题为审讯方式而非文书撰写：

① 参见南玉泉：《从封建到帝国的礼法嬗变：先秦两汉法律史论集》，中国政法大学出版社 2020 年版，第 156—158 页。

② 陈伟主编：《秦简牍合集（壹·上）》，武汉大学出版社 2014 年版，第 286、296—297 页。

治狱　治狱，能以书从迹其言，毋治（笞）谅（掠）而得人请（情）为上；治（笞）谅（掠）为下；有恐为败。

讯狱　凡讯狱，必先尽听其言而书之，各展其辞，虽智（知）其訑，勿庸辄诘。其辞已尽书而毋（无）解，乃以诘者诘之。诘之有（又）尽听书其解辞，有（又）视它毋（无）解者以复诘之。诘之极而数訑，更言不服，其律当治（笞）谅（掠）者，乃治（笞）谅（掠）。治（笞）谅（掠）之必书曰：爰书：以某数更言，毋（无）解辞，治（笞）讯某。①

但《封诊式》与《秦律十八种》《秦律杂抄》等一样应当亦由书手摘抄、汇编而成，故《治狱》《讯狱》二者与其他各篇的风格差异未必不能引申出另一重理解，即二者乃书手或他人对作为“狱治”程序之重要环节的治狱、讯狱须如何展开的总结，未必如其他各篇那样具有规范意义；而且，即便不是如此，上引史料的划线部分也显然能证明二者的内容并非与文书格式等问题完全无关。所以，无论怎样，据《治狱》《讯狱》而将《封诊式》的性质界定为程序之式与文书之式的混合都有不尽妥当之嫌。② 概言之，以现有史料论，在先贤已概括出来的三类具有法规范性质的式中，或许只有聚拢文书范本的式在秦时的存在是可以肯定的。

那么，此种明示文书格式的法规范何以必须成为包括县在内的各行政层级的官吏们的为政准则呢？关于这一问题，上一章第一节已多有涉及，此处将稍作概括。战国时代，随着列国领土扩大、人口增多，机构设置多层化与事务繁杂化可谓政治发展之必然。在这种情况下，通过各级官吏之间、官与民之间的频繁面对面交流来处理政事显然是不经济的，借助承载着各类信息的官文书的上传下达推动行政运转则顺理成章地在列国朝廷内部趋于流行，

① 睡简《封诊式·治狱》出自陈伟主编：《秦简牍合集（壹·上）》，武汉大学出版社2014年版，第283页。至于睡简《封诊式·讯狱》，本书第二章第三节已有引用，此处不再指明出处。

② 邢义田、汪桂海也认为，在秦汉时代，“式”乃被视为标准、规范者的通称，但睡简《封诊式》在本质上是文书程式的汇编。参见汪桂海：《秦汉简牍探研》，文津出版社2009年版，第125页；邢义田：《治国安邦：法制、行政与军事》，中华书局2011年版，第465—466、469页。

而睡简《秦律十八种》所收《内史杂律》条文“有事请殹（也），必以书，毋口请，毋羁（羁）请”就表明秦实为文书行政之拥趸。毋庸置疑，相比于“议事以制”，文书行政自有其优势，如，文书之流转能在避免各级官吏为汇报工作而经常外出以至于影响本职之履行的同时确保行政问题便捷、高效地为相关各方所掌握并形成解决方案；又如，文书的保管与备案使核实并准确追究行政责任的可能性得到了大幅度提升。然而，一旦各级官府沉迷于发挥文书行政之优势，各类文书的格式问题就必定会浮出水面。否则，一方面，文书之制作难免出现不得要领、详略不当的情况；另一方面，与此相关，官吏在阅读文书时又不易迅速找到关键信息①。由之，随着文书数量的持续增长，以便捷、高效为长处的文书行政反倒既加重了官吏们的工作强度和压力，又引发了行政运转的低效率甚至大量错误。换句话说，以文书行政成为主导性行政方式为前提，文书格式实为关乎行政能否流畅展开的重要因素。进一步论，在秦，既然各项政务究竟应当如何处置是由律令加以规制的，那么，文书格式的设定在很大程度上就要以方便律令执行为目标。如，上一章曾指出，对应被处以城旦舂、鬼薪白粲等重刑的犯罪者，官府须收其妻子、田宅、财产等；与之相适应，睡简《封诊式·封守》就要求官吏在遇到类似情况而书写“封守”即“查封并看守”文书时必须以固定格式凸显与收之执行有关的内容，如下引简文的划线部分所示：

封守　乡某爰书：以某县丞某书，封有鞫者某里士五（伍）甲家室、妻、子、臣妾、衣器、畜产。●甲室、人：一宇二内，各有户，内室皆瓦盖，木大具，门桑十木。●妻曰某，亡，不会封。●子大女子某，未有夫。●子小男子某，高六尺五寸。●臣某，妾小女子某。●牡犬一。●几讯典某某、甲伍公士某某：“甲党（倘）有当封守而某等脱弗占书，且有辠（罪）。”某等皆言曰：“甲封具此，毋（无）它当封者。”即以甲封

① 黎明钊、马增荣也曾提出类似的论断，“对特定内容的书写位置进行规范，其中一个重要目的是缩短阅读者在文书中找寻特定内容的时间，最终是为了提高行政效率”。黎明钊、马增荣：《试论里耶秦牍与秦代文书学的几个问题》，载武汉大学简帛研究中心主办：《简帛》（第五辑），上海古籍出版社2010年版，第64页。

付某等，与里人更守之，侍令。①

又如，睡简《封诊式·亡自出》载：

亡自出　乡某爰书：男子甲自诣，辞曰："士五（伍），居某里，以迺二月不识日去亡，毋（无）它坐，今来自出。"●问之□名事定，以二月丙子将阳亡，三月中逋筑宫廿日，四年三月丁未籍一亡五月十日，毋（无）它坐，莫覆问。以甲献典乙相诊，今令乙将之诣论，敢言之。②

之所以《封诊式》指示官吏在记录对逃亡者的讯问所得时应按固定顺序说明逃亡者的姓名和身份已获确认（"名事定"）、何时以何种方式逃亡（"以二月丙子将阳亡"）、因逃亡而躲避徭役的情况（"三月中逋筑宫廿日"）、在"自出"的逃亡之事以外是否另有逃亡行为（"四年三月丁未籍一亡五月十日"）等信息，③ 无非是因为此类因素皆关乎官府如何据律令而对逃亡者予以量刑。④ 这样看来，秦时，设定文书格式的式似乎可被视作律令的配套规范。

紧随于此的问题是，《汉书·宣帝纪》、同书《孔光传》分别载有"枢机周密，品、式备具""光以高第为尚书，观故事、品、式，数岁明习汉制及法令"云云，邢义田认为两句史料所提及的"式"皆指关乎文书格式的制度⑤；也就是说，汉时，式当为经中央整理、汇编而成的法规范，那么，秦式又如

① 陈伟主编：《秦简牍合集（壹·上）》，武汉大学出版社2014年版，第288页。

② 陈伟主编：《秦简牍合集（壹·上）》，武汉大学出版社2014年版，第318—319页。

③ 此处，有一点需要稍作解释，即《封诊式》所收者为文书范本而非政务运转中形成的真实文书，其指向无穷多样的人名、地名、时间等信息的部分自然当用"甲""乙""某"之类的抽象词汇来填充，但《亡自出》中恰恰就出现了"二月""三月""四年三月丁未"等含义极为具体的语词，这是否意味着《亡自出》并非文书范本或者其范本意义有限？对此，邢义田指出，"二月"等明确信息的出现只是为了举例，并不影响《亡自出》作为格式文书的性质；也就是说，所谓范本也可以使用语义特定的文辞。参见邢义田：《治国安邦：法制、行政与军事》，中华书局2011年版，第466页。

④ 有关这些因素对亡罪之量刑的影响，本书第二章第三节皆有所分析，此处不再详加展开。

⑤ 参见邢义田：《治国安邦：法制、行政与军事》，中华书局2011年版，第467页。

何呢？有没有可能只是各级官吏在日常公文撰写中形成的一种关于书写的习惯性规则呢？尽管在现有史料中未见秦朝廷曾确立有关文书格式之规定的明确记载，但若将秦式理解为官场的习惯性书写规则，那终究是难以想象的，毕竟书写具有极强的主观性。进一步论，官文书是有可能在秦的全域流转的（尽管未必会成为现实），因此，如果在秦国缺乏对众多官署皆可适用的据以确立各类文书之格式的制度，那么，此处的官吏在阅读彼处的官吏所写的文书时甚感不便的情况就必定会出现。换言之，所谓“式”实为一种制定法，而此种法度的最合适的创建者应该就是中央朝廷。事实上，以已公布的秦简牍文献为检索范围，似乎也可以找到将秦式视为中央确立之法规范的旁证。如，里耶简 8－704＋8－706 的正面载：

> ⧄□迁陵守丞齮【敢】言之：前日令史齮⧄
> ⧄□守书曰：课皆□𤸫（应）式、令，令齮定□⧄
> ⧄□课副及当食人口数，别小大为食⧄
> ⧄□□课副及□传上，有不定⧄（8－704 正＋8－706 正）①

此牍文显然与官吏考课有关，而作为考课标准的式与令并列这一点或许就表明，式和令一样源于中央。又如，里耶简还提到：

> A. 卅三年六月庚子朔丁未，迁陵守丞有敢言之：守府下四时献者上吏缺式曰：放（仿）式上。今牒书𤸫（应）书者一牒上。敢言之。（8－768 正）②
>
> B. 廿六年后九月己酉朔甲戌，□官守衷敢言之：令下制书曰：上□□受乘车、马、仆、养、走式八牒，放（仿）式上属所执法。毋当令者，亦言，薄留日。●问之，毋当令者，薄留一牒□。【敢】言之。（9－

① 陈伟主编：《里耶秦简牍校释（第一卷）》，武汉大学出版社 2012 年版，第 207 页。
② 陈伟主编：《里耶秦简牍校释（第一卷）》，武汉大学出版社 2012 年版，第 222 页。

1857 正)①

A 是迁陵县发给洞庭郡的上行文书；在文书中，迁陵守丞重复了洞庭郡发给迁陵县的下行文书的内容，亦即 A 的划线部分。以该部分的文句观之，迁陵县官府在用文书罗列本县敬呈中央的贡品时应当遵照文书范本即所谓“四时献者上吏缺式”的格式来完成，而这一文书范本则是郡府下发给迁陵县的。但是，由于该式关乎进贡文书之撰写，因此，其制定者很可能不是郡府，而是中央官府，郡府的职责或许只是将该式转抄给迁陵县。如果说把 A 所提及的式的制定者界定为中央官府还有推测成分，那么，B 中的式很明显就是由中央制定并下发的，因为“式八牒”“放（仿）式”云云皆为县廷转抄给“□官守”的制书的内容。综合此处所引用的里耶简的几段文字，我们似乎有理由相信，秦式是中央官府创制并要求各级官吏在撰写文书时加以遵守的有关文书格式的规范。② 而在里耶简中出现的其他提及法规范意义上之“式”的文句（如“群志式具此中”（8－94）、“☐放（仿）式□。有追□□式书有☐”（9－1492＋9－1509）③ 等）则真实地展现了式作为中央确立的一种为政准则对秦县官府之行政活动的约束力。

四、“太守令”与“守府书”

在战国秦汉时代尤其是从战国中后期开始，随着郡制的发展，县逐渐从直属于君主的地方行政层级转变为郡下辖的基层政权，郡守府的命令自然也成为了各县官吏无法等闲视之的为政准则。不过，囿于史料，学界以往的研究倾向于把郡守府的命令称为“地方性法规”且将关注的重点集中在汉代；

① 陈伟主编:《里耶秦简牍校释（第二卷）》，武汉大学出版社 2018 年版，第 372 页。

② 不过，里耶简 8－434 提到，“三月一上发黔首有治为不当计者守府上薄（簿）式”。陈伟主编:《里耶秦简牍校释（第一卷）》，武汉大学出版社 2012 年版，第 148 页。此文句揭示的是县与郡之间的行政往来，故简文提及的“式”的设立者为郡府的可能性是存在的，但同样不能排除的是，该式亦由中央政府制定并下发至各郡县。因此，仅据 8－434 所云似不足以证明郡府有制定式的权力。

③ 陈伟主编:《里耶秦简牍校释（第一卷）》，武汉大学出版社 2012 年版，第 60 页；陈伟主编:《里耶秦简牍校释（第二卷）》，武汉大学出版社 2018 年版，第 318 页。

至于秦，则多局限于对睡简《语书》的分析。[①] 近年来，随着新出土的秦简牍文献的陆续公布，对秦时的郡守府命令的探讨获得了进一步推进的可能。

首先，以"地方性法规"指代战国秦汉时期郡守府下发的政令实为现代法言法语对古代法律现象的比况，而在当时，此类政令无疑有其固定称谓。如，据汉代史料，郡守府下发的政令往往以"教""条教""记""府记""府书""条式""科令"等为名。[②] 那么，在秦时，其名称又如何？前文已述，在以睡简为秦制研究之主要史料的时代，学界在考察秦的郡守府命令时基本聚焦于《语书》之上，因为该部分收入了南郡太守腾下发给本郡所统辖的各县道之官吏的训诫文告。那么，能否据此认为秦时郡守府之命令就被称为"语书"呢？应当指出，被整理小组编订为"《语书》"者是由内容似乎存在相关性的两部分文字组成的，前一部分书写在八支简上，后一部分则记载于六支简上，"语书"二字就位于最末一简的简背。这样看来，"语书"与"秦律十八种""秦律杂抄"等不同，乃简册下葬之时就已存在的语词，所以，所谓南郡太守腾发布的训诫文告似乎确实是被命名为"语书"了。然而，若止步于此而将"语书"视为当时的郡守府命令的正式称谓，那或许仍面临着较大风险。其原因在于，一则，考虑到《语书》为抄本，即便如吴福助所说，其两部分内容皆为南郡太守腾之意志的表达，二者之间存在着主体与附件的关系，[③] 也无法排除"语书"这一名称本身实为抄手私人拟定的可能；二则，更为关键的是，陈侃理据《语书》后六简的出土号间断现象及其与《为吏之道》在内容、笔迹上的高度相似性指出，能与此六简编联者并非《语书》的前八简，而是《为吏之道》，[④] 所以，"语书"二字其实是被整理小组概称为"为吏

---

① 参见刘海年：《战国秦代法制管窥》，法律出版社 2006 年版，第 84—93 页；闫晓君：《秦汉法律研究》，法律出版社 2012 年版，第 67—68、76 页。

② 佐藤达郎曾对汉代的"条教"有所研究，闫晓君的论著更对汉代的"条教""府记""府书""条式""科令"等皆有所涉猎。参见佐藤达郎：《漢六朝時代の制度と文化・社会》，京都大学学术出版会 2021 年版，第 279—292 页；闫晓君：《秦汉法律研究》，法律出版社 2012 年版，第 68—71 页。

③ 参见吴福助：《睡虎地秦简论考》，文津出版社 1994 年，第 39—40 页。

④ 参见陈侃理：《睡虎地秦简"为吏之道"应更名"语书"——兼谈"语书"名义及秦简中类似文献的性质》，载李学勤主编：《出土文献》（第六辑），中西书局 2015 年版，第 246—257 页。

之道”的诸简所构成之篇章的题目，而与南郡太守腾发布的训诫文告无关。既然如此，秦时，郡守府命令到底被称为什么呢？这里，不妨将目光转向里耶简所收入的从秦县政务实践中产生的官文书：

廿六年十二月癸丑朔辛巳，尉守蜀敢告之：大（太）守令曰：秦人□□□侯中秦吏自捕取，岁上物数会九月朢（望）大（太）守府，毋有亦言。问之尉，毋当令者。敢告之。(8－67 正＋8－652 正)①

引文的划线部分乃尉守蜀发出的官文书对来自于郡守府的命令文的重述；“大（太）守令”数字明确显示，郡太守的命令是以“太守令”为名而被发布的。而里耶简 8－62 正面又记载了迁陵县丞发给洞庭郡的上行文书，其中也提到了郡守府下发的命令文的内容，如下列史料之划线部分所示：

卅二年三月丁丑朔朔日，迁陵丞昌敢言之：令曰：上葆缮牛车薄（簿），恒会四月朔日泰（太）守府。●问之迁陵毋当令者，敢言之。(8－62 正)

卅四年正月丁卯朔庚午，迁陵守丞配敢言之：令曰：上见（现）乘车，会二月朔日守府。今上当令者一牒，它毋当令者。敢言之。　兵曹。(9－49 正)②

据“令曰”二字可知，“太守令”还会被省称为“令”。换言之，“令”并非君主命令的专用语，亦可指郡发出的以其下辖各县为适用对象的行政命令。③

---

① 陈伟主编：《里耶秦简牍校释（第一卷）》，武汉大学出版社 2012 年版，第 52 页。

② 陈伟主编：《里耶秦简牍校释（第二卷）》，武汉大学出版社 2018 年版，第 53 页。另外，此处所列 8－62 号木牍的牍文在本书第三章第一节已有引用，故不再明示其出处。

③ 吴方基也曾据里耶简所载以“令”指称郡府甚至县廷发出的政令的实例指出，“秦代，不但中央存在‘令’这一法律形式，地方性法规也以此形式颁布”。参见吴方基：《简牍所见秦代地方性法规与行政管理》，载《鲁东大学学报（哲学社会科学版）》2016 年第 5 期，第 78 页。不过，考虑到君主命令与郡守府或县廷发出的政令在权威性、规范内容的概括性及适用地域的广泛性上终究有别，同被称为“令”的君主命令与地方性法规恐怕在形式上也会有所不同。至于此种差异的具体表现，只能寄望于今后新发现或公布的史料来揭示了。

另外，“太守令”无疑也要通过官文书来传达，故在迁陵县发出的官文书重申洞庭郡下发之政令时往往又能见到以“守府书”引领政令之内容的情况：

元年八月庚午朔朔日，迁陵守丞固敢言之：守府书曰：上真见兵，会九月朔日守府。●今上應（应）书者一牒。敢言之。/九月己亥朔己酉，迁陵【守】丞固（8－653正＋9－1370）敢言之：写重。敢言之。/赣手。☑

赣☑（8－653背）①

此时，“守府书”也就成了郡守府之命令的代称了。总起来说，以里耶简收入的官文书的记载论，“太守令”“守府书”应为秦时郡守府发布的以其辖区为适用范围的政令的正式名称。至于汉代史料经常提及的“教”“条教”之类的词汇在秦时是否也被用来指称郡守府之命令，目前尚不得而知。

其次，在众多“太守令”“守府书”中，以传达朝廷律令并要求各县道严格执行之为主要内容者必不在少数，但此类“太守令”所欲确立的各县道的为政准则在本质上就是朝廷律令，而非所谓“地方性法规”。那么，作为“地方性法规”的“太守令”“守府书”与朝廷律令之间的关系又如何呢？一方面，如上引里耶简8－62、8－67＋8－652、8－653＋9－1370、9－49等所示，郡守府发布的政令只适用于本郡统辖的各县道，具有彻底的地方性，但其主旨在于督促各县道将兵器、车辆等物资准时输送到郡府所在地，而此类重要物资的输送当然不可能是洞庭郡特有的行政事务，律令文也不会对其置之不理。因此，可以想见，“太守令”在不少场合是作为辅助或推动律令执行的手段而存在的。另一方面，睡简记录的南郡太守腾的训诫文告曰：

A. 古者，民各有乡俗，其所利及好恶不同，或不便于民，害于邦。

① 陈伟主编：《里耶秦简牍校释（第二卷）》，武汉大学出版社2018年版，第296页。

是以圣王作为灋（法）度，以矫端民心，去其邪避（僻），除其恶俗。灋（法）律未足，民多诈巧，故后有间令下者。凡灋（法）律令者，以教道（导）民，去其淫避（僻），除其恶俗，而使之之于为善殹（也）。

B. 今灋（法）律令已具矣，而吏民莫用，乡俗淫失（泆）之民不止，是即灋（废）主之明灋（法）殹（也），而长邪避（僻）淫失（泆）之民，甚害于邦，不便于民。故腾为是而修灋（法）律令、田令及为间私方而下之，令吏明布，令吏民皆明智（知）之，毋巨（歫）于辠（罪）。

C. 今灋（法）律令已布闻，吏【民】犯灋（法）为间私者不止，私好、乡俗之心不变。自从令、丞以下，智（知）而弗举论，是即明避主之明灋（法）殹（也），而养匿邪避（僻）之民。如此，则为人臣亦不忠矣。若弗智（知），是即不胜任、不智殹（也）。智（知）而弗敢论，是即不廉殹（也）。此皆大辠（罪）殹（也），而令、丞弗明智（知），甚不便。今且令人案行之，举劾不从令者，致以律，论及令、丞。有（又）且课县官独多犯令而令、丞弗得者，以令、丞闻。以次传；别书江陵布，以邮行。①

A段的大意是，为了“教道（导）民，去其淫避（僻），除其恶俗，而使之之于为善”，秦统治者先制定了“灋（法）律”，又通过布令来填补“灋（法）律”之疏漏；B段云，虽然朝廷已下达“灋（法）律令”，但南郡“吏民莫用，乡俗淫失（泆）之民不止”，故作为太守的腾不得不“修灋（法）律令、田令及为间私方”即“调整法律令、田令的规定以使其更为完备，并发布旨在推进朝廷意志之落实的补充性文件”②；C段指出，郡守府将强化对下辖各县道官吏执行法律令之情况的考课以期改变“吏【民】犯灋（法）为间私者不止，私好、乡俗之心不变”的现状。这样看来，“太守令”“守府书”是可

① 陈伟主编：《秦简牍合集（壹·上）》，武汉大学出版社2014年版，第30页。

② 有关“修灋（法）律令、田令及为间私方”一语中的“修”“间私方”等词汇的解释，参见睡虎地秦墓竹简整理小组编：《睡虎地秦墓竹简》，文物出版社1990年版，第14页。

以根据当地社会、民情的实际状况来修改朝廷律令的内容的，但如此而为的目的却并非使朝廷意志顺应地方社会，而是在于确保国家权力能更具针对性、更有效地掌控民间生活。综合上述两方面的考察，或可认为，“太守令”虽然只适用于某郡守府的下辖各官署或渗透着郡守府对本郡之风土人情的特殊性的理解，但在本质上实为朝廷律令在执行时的辅助或有限变通。其发布进而指导各县、道官吏展开行政活动正可谓秦的中央集权政治体制的应有之义。

至此，本节略显冗长的探讨已届尾声。倘若对本节的内容稍作总结，如下认识就会形成：尽管秦令是随着行政运转而被不断制定出来的，律则为令的转化，因此，较之魏晋以后的典籍化的律和令，秦律令的灵活性可谓显而易见，但是，秦律令终究也是具有普遍适用性的国法，其创设自然要经历一定的程序，其内容亦必定不乏抽象性，故律令面对纷繁复杂的行政实况难免表现出其在应对能力上的缺陷；在这种情况下，于律令的周边构筑针对性较强的各类补充性规范无疑是极为必要的，本节所讨论的“比行事”、课、程、式、“太守令”等即为所谓补充性规范的诸种表现形式。换言之，律令与“比行事”等编织起了一张规范之网，秦县官吏在行使权力时往往会感受到来自于这张网的强劲约束。然而，对各县的官吏们来说，无论如何，所谓法度终究是一种外力，如果其内心缺乏对一个合格的秦吏在官场上应当具备之公德的认识和确信，那么，外在规范网络恐怕也很难不打折扣地发挥作用。在此意义上，作为内在规范的吏德其实也必须成为官吏们应予遵行的为政准则。既然如此，秦统治者又是通过何种渠道在县的官吏群体中宣传和树立吏德的呢？

第三节　吏道文本与吏德

众所周知，秦推崇“以法为教，以吏为师”，但若问足以“为师”的吏究竟应具有何种素养，在秦简牍文献出土之前，答案大概只能局限于“明习律令”这一点。睡简《为吏之道》的公布使问题趋于复杂化，而近年来陆续摆在学者们面前的新发现的秦简牍所收入的几种吏道文本则推动了相关探讨的不断深入。可以说，一应吏道文本已成为学者们在思考秦朝廷所提倡之吏德时无法回避的史料，本节的论述就将以此类文献的性质为起点展开。

一、吏道文本的文献性质

今日所能见到的秦简牍中的吏道文本主要包括睡简《为吏之道》、岳麓简《为吏治官及黔首》、王家台秦简《政事之常》、北京大学藏秦简《从政之经》四种。关于这四者的文献性质，首要需要分析的是，它们是否皆为秦文献。事实上，对后三者，少有学者质疑其与秦政之间的紧密联系，但对《为吏之道》，情况就有所不同了。

《为吏之道》由五十一支简组成，分五栏书写。其内容除了吏德训诫之外，还包括识字读本、与《荀子·成相》所载语段风格相似的韵文及魏《奔命律》《户律》各一条。① 如此驳杂的构成要素难免令人产生一种联想，即该篇之主旨并非如何为吏，而两条魏律的存在则使该篇与秦政之间的距离似乎变得更为明显。另外，《为吏之道》的文辞不避秦孝公、秦惠文王、秦昭襄王、秦王政之讳，这好像也证明该篇与秦关系甚远。正是基于此处所列的两点理由，马雍很早就指出，“此卷疑系六国人杂抄之作，以其有关为吏之道，所以被喜收藏珍视，死后遂置于墓中。按始皇严禁私学，其议发于李斯，其令始于三十四年。喜之死在此前四年，当时书禁未起，故得私藏这类书籍。我们若用此卷来揭示秦国的‘法治’，恐有未谛之处”。② 多年后，曹旅宁又重

① 有关《为吏之道》之内容构成，参见睡虎地秦墓竹简整理小组编：《睡虎地秦墓竹简》，文物出版社1990年版，第167页。另外，林素清“以原整理者的简序为准，并参照‘▪’符的有无、简文性质，及文章文体、文句押韵现象等线索”对《为吏之道》做综合整理，进而将其内容分成十一章。参见林素清：《秦简〈为吏之道〉与〈为吏治官及黔首〉研究》，载武汉大学简帛研究中心主办：《简帛》（第八辑），上海古籍出版社2013年版，第279—282、289—297页。其分章方式于考察《为吏之道》的文献性质不乏参考价值，或可注意。

② 马雍：《读云梦秦简〈编年记〉书后》，载中华书局编辑部编：《云梦秦简研究》，中华书局1981年，第32—33页。

申了马雍之说。[1] 是说对《为吏之道》之成书背景及下葬原因的推测自然有其合理性，但亦不乏可商榷之处。首先，“为吏之道”这一名称是由整理小组据该篇首简之起始中的“凡为吏之道”一句拟定的，但正如前文提及的陈侃理的考证所指出的，《为吏之道》本应与《语书》的后六简相连，“语书”二字才是由《为吏之道》及《语书》的后六简共同组成的篇章的总名。所谓“语书”即关于“语”之书，而所谓“语”作为战国秦汉时代的一种文献类型既可收入由事而发的“事类之语”，亦可以单纯的“嘉言善语”、格言警句等“言类之语”为内容。[2] 换言之，吏德训诫、识字读本、韵文及魏律混杂在一起本就是由五十七支简构成的《语书》作为“语”类文献的应有之义，故该文献大概仍应被理解为由作为秦吏的喜或其他书手从各类题材的册书中截取部分内容并加以汇集的产物，而非“六国人杂抄之作”。进一步说，正因为《语书》为编纂物，其成员各有文献来源，所以，据《语书》的任何一个部分如魏律来判断其整体或其他部分的文献性质无疑是不妥当的。其次，有关避讳，陈垣在上世纪二十年代末就已指出：

> 秦初避讳，其法尚疏。汉因之，始有同训相代之字。然《史记》《汉书》于诸帝讳，有避有不避。其不避者固有由后人校改，然以现存东汉诸碑例之，则实有不尽避者。大约上书言事，不得触犯庙讳，当为通例。至若临文不讳，诗书不讳，礼有明训。汉时近古，宜尚自由，不能以后世之例绳之。[3]

可见，在秦汉时代，避讳并不如后世严格，以避讳为依据来考察秦汉文献的

① 参见曹旅宁：《秦律新探》，中国社会科学出版社 2002 年，第 65 页。
② 参见陈伟武：《试论简帛文献中的格言资料》，载武汉大学简帛研究中心主办：《简帛》（第四辑），上海古籍出版社 2009 年版，第 279—285 页；俞志慧：《古“语”有之：先秦思想的一种背景和资源》，华东师范大学出版社 2010 年版，第 17—44 页；陈侃理：《睡虎地秦简“为吏之道”应更名“语书”——兼谈“语书”名义及秦简中类似文献的性质》，载李学勤主编：《出土文献》（第六辑），中西书局 2015 年版，第 252—254 页。
③ 陈垣：《史讳举例》，中华书局 2012 年，第 189 页。

断代、书写者等问题是有相当大的风险的。近年来，随着简帛文献的不断公布，学者们通过对此类文献中“政”“邦”“盈”“荆”“皋”等文字之用例的分析进一步加强了这一观点的说服力并认为，秦简中的用字习惯是由文本来源、地域文化、时间流变等不同因素促成的，且在秦汉时代，避讳的严格执行主要局限在公文书领域。① 据此，作为私人抄本的《为吏之道》屡屡触犯秦国国讳显然就不足为怪了。概言之，以睡简所收诸篇多与秦的法律制度、行政运转有关这一点为背景，既然内容驳杂、不重避讳等现象皆不能成为否定《为吏之道》出于喜或其他秦人之手的明证，那么，至少《为吏之道》的吏德训诫部分还是可以与秦政联系起来的。

紧随于此的问题是，尽管《为吏之道》的吏德训诫部分与秦政相关，但该篇本身乃私人编纂物，那么，所谓吏德训诫究竟是朝廷对官吏的普遍要求的摘录，还是编纂者本人对如何为吏的心得体会呢？张金光似认可前者，主张《为吏之道》作为喜撰写的训练吏德的教材与秦朝廷可能统编过的一些学吏教材在基本精神上应是一致的；② 余英时倾向于后者，其理由是，《为吏之道》所提倡的吏德与通常理解的秦官方强调的为官素养即只注重执行法律有较大差异。③ 事实上，在仅能见到《为吏之道》这一种吏道文本的情况下，二说当然都有其合理性，但随着《为吏治官及黔首》等其他三种吏道文本的出现，对问题本身已可做更深入的探讨。首先，倘若在《为吏之道》与《为吏治官及黔首》之间展开文本比对，就会发现，二者之间存在着大段大段的相似之处，如下表所示：

① 参见［日］影山辉国：《关于汉代的避讳》，载李学勤、谢桂华主编：《简帛研究》(2002/2003)，广西师范大学出版社 2005 年，第 292—295 页；［美］来国龙：《避讳字与出土秦汉简帛的研究》，载卜宪群、杨振红主编：《简帛研究》(2006)，广西师范大学出版社 2008 年，第 132—133 页；［法］风仪诚：《秦代讳字、官方词语以及秦代用字习惯——从里耶秦简说起》，载武汉大学简帛研究中心主办：《简帛》（第七辑），上海古籍出版社 2012 年版，第 147—157 页；陈伟：《秦避讳“正”字问题再考察》，载中国文化遗产研究院编：《出土文献研究》（第十四辑），中西书局 2015 年版，第 105—106 页。

② 参见张金光：《秦制研究》，上海古籍出版社 2004 年版，第 721—727、734 页。

③ 参见余英时：《士与中国文化》，上海人民出版社 2003 年版，第 150—151 页。

表 4-5

行号	《为吏之道》之语段	《为吏治官及黔首》之语段
①	凡为吏之道，必精絜（洁）正直，慎谨坚固，审悉毋私，微密韱（纤）察，安静毋苛，审当赏罚。严刚毋暴，廉而毋刖，毋复期胜，毋以忿怒夬（决）。宽俗忠信，和平毋怨，悔过勿重。兹（慈）下勿陵，敬上勿犯。	精絜（洁）正直，慎谨掔（坚）固，审悉毋私，征（微）密咸祭（察），安倩（静）毋苛，审当赏罚。厰（严）刚毋暴，廉而毋俗（?），复悔其（期）胜，毋忿怒以夬（决），宽俗（裕）忠信，禾（和）平毋窻，悔过勿重。兹（慈）下勿淩（陵），敬士〈上〉勿犯。
②	听间（谏）勿塞。审智（知）民能，善度民力，劳以衛（率）之，正以桥（矫）之。反赦其身，止欲去顛（愿）。	听间（谏）勿塞，审智（知）民能，善度黔首力，劳以率之，正以挢之，反若其身。
③	临材（财）见利，不取句（苟）富；临难见死，不取句（苟）免。	临材（财）见利不取筍（苟）富，临难见死不取句（苟）免。
④	正行修身，过（祸）去福存。	正而行，修而身，祸与畐（福）邻。
⑤	吏有五善：一曰中（忠）信敬上，二曰精廉毋谤，三曰举事审当，四曰喜为善行，五曰龏（恭）敬多让。五者毕至，必有大赏。	吏有五善：一曰忠信敬上，二曰精廉无旁（谤），三曰举吏审当，四曰喜为善行，五曰龚（恭）敬多让。五者毕至，必有天当。
⑥	吏有五失：一曰夸以迣，二曰贵以大（泰），三曰擅裚（制）割，四曰犯上弗智（知）害，五曰贱士而贵货贝。一曰见民杲（倨）敖（傲），二曰不安其晁（朝），三曰居官善取，四曰受令不偻，五曰安家室忘官府。一曰不察所亲，不察所亲则怨数至；二曰不智（知）所使，不智（知）所使则以权衡求利；三曰兴事不当，兴事不当则民傷指；四曰善言隋（惰）行，则士毋所比；五曰非上，身及于死。	吏有五失：一曰视黔首渠（倨）骜（傲），二曰不安其朝，三曰居官善取，四曰受令不偻，五曰安家室忘官府。五者毕至是胃（谓）过主。吏有五过：一曰夸而夬，二曰贵而企，三曰亶（擅）折割，四曰犯上不智（知）害，五曰间（贱）士贵货贝。吏有五则：一曰不祭（察）所亲则韦（违）数至，二曰不智（知）所使则以權（权）索利，三曰举事不当则黔首譽（矫）指，四曰喜言隋（惰）行则黔首毋所比，五曰善非其上则身及于死。
备注	(1)《为吏之道》之语段分别出自陈伟主编：《秦简牍合集（壹·上）》，武汉大学出版社 2014 年版，第 322、326、327 页。(2)《为吏治官及黔首》之语段分别出自朱汉民、陈松长主编：《岳麓书院藏秦简（壹）》，上海辞书出版社 2010 年版，第 187、188—190 页。	

其次，王家台秦简《政事之常》以第一圈写有“员（圆）以生枋（方），正（政）事之常”八字的标题简为中心，向外层层扩散至四圈，而在其第二圈简的简文中，与《为吏之道》的文辞类似者亦有不少：

表 4-6

行号	《为吏之道》之语段	《政事之常》之语段
①	处如资，言如盟，出则敬，毋施当，昭如有光。	处如梁，言如盟，出则敬，毋褫张，炤如有光。
②	有严不治，与民有期，安驺而步，毋使民惧。	有严不治，与民有期，安殴而步，毋使民溥。
③	安而行之，使民望之。道傷（易）车利，精而勿致。	安而行之，事民望之，道易车利，静而毋致。
④	地修城固，民心乃宁。百事既成，民心既宁，既毋后忧，从政之经。不时怒，民将姚去。	坨修城固，民心乃殷，不时而怒，民将逃去，百事既成，民心乃宁，【既无】后忧，从政之经。
备注	(1)《为吏之道》之语段均出自陈伟主编：《秦简牍合集（壹·上）》，武汉大学出版社 2014 年版，第 335—336 页。(2)《政事之常》之语段均出自王明钦：《王家台秦墓竹简概述》，载［美］艾兰、邢文编：《新出简帛研究》，文物出版社 2004 年，第 40 页。	

若将视线转向北京大学藏秦简《从政之经》，所谓文本贴近的现象同样显见：

表 4-7

行号	《为吏之道》之语段	《从政之经》之语段
①	戒之戒之，材不可归；谨之谨之，谋不可遗；慎之慎之，言不可追；綦之綦〚之〛，食不可赏（偿）。	武之材不可归，谨之谋不可遗，慎之言不可追，帇帇之食不可尝也。
②	一曰不察所亲，不察所亲则怨数至；二曰不智（知）所使，不智（知）所使则以权衡求利；三曰兴事不当，兴事不当则民傷指；四曰善言隋（惰）行，则士毋所比；五曰非上，身及于死。	一曰不察亲，不察亲则怨数之（至）；二曰不智（知）所使，不智（知）所使则权衡利；三曰兴事不当，兴事不当则民傷指矣；四曰善言隋（惰）行则士毋比；五曰喜非其上，喜非其上则身及于死。

续 表

行号	《为吏之道》之语段	《从政之经》之语段
备注	(1)《为吏之道》之语段分别出自陈伟主编:《秦简牍合集(壹·上)》,武汉大学出版社 2014 年版,第 327、329 页。(2)《从政之经》之语段分别出自朱凤瀚:《北大藏秦简〈从政之经〉述要》,载《文物》2012 年第 6 期,第 76、77 页。	

四种吏道文本是从不同地点出土的,其书手必定不可能是同一人,但四者居然像以上三表所罗列的那样在语言上存在众多雷同之处。对此,如果不考虑几个书手共享着同一种官方文本,实在想不出还有什么更妥当的解释。

另外值得注意的是,《政事之常》的第二圈简与第三圈简、第三圈简与第四圈简之间的关系。在前者,第三圈简的简文似为对第二圈简之简文的注释。如,有关表 4-6 第①行中的“处如梁”一句,第三圈简的简文就论道:“处如梁以告静,言如盟以告正,出则敬有信德殹(也),勿褫张告民不贷(忒)殹(也),炤如有光则□□之极殹(也)。”① 又如,对第②行中的“有严不治”一句,第三圈简的简文解释曰:“有严不治敬王事矣,与民有期告之不再矣,安殹而步登于山矣,毋事民溥游于□矣。”② 通过这些注释,为吏者的言行应符合若干标准的原因得到了较为清晰的说明。在后者,第四圈简的简文或可被视作对第三圈简之简文的重申或强调。如,对“有严不治”四字,第四圈简之简文的论述为:“弗临以严则民不敬,与民无期则□几不正,安殹而步孰知吾请。”③ 像这样以第三圈注释第二圈、第四圈重申第三圈的做法与后世经学家在注经时使用“注”“疏”相类似,表明《政事之常》的制作者希望尽最大可能地避免文本阅读者对文本之含义的把握出现偏差。以此为前提,《政事之常》倘若并非官方吏道文本之摘录,而是制作者的个人仕宦经历的总结,故缺乏一定的权威性,又何必期待文本阅读者对其内涵的把握达到如此准确、

① 王明钦:《王家台秦墓竹简概述》,载[美]艾兰、邢文编:《新出简帛研究》,文物出版社 2004 年版,第 40 页。
② 王明钦:《王家台秦墓竹简概述》,载[美]艾兰、邢文编:《新出简帛研究》,文物出版社 2004 年版,第 40 页。
③ 王明钦:《王家台秦墓竹简概述》,载[美]艾兰、邢文编:《新出简帛研究》,文物出版社 2004 年版,第 40 页。

精到的程度呢？如果其制作者对吏道的私见恰恰与官方主张不符，岂非意味着阅读者对文本理解得越深刻，在实际工作中可能越显行为乖张？换言之，书写《政事之常》的简的圈层分布及各圈简文之间的关系可谓将其视为官方吏道文本之摘抄的旁证。从这一点出发，既然在《政事之常》与《为吏之道》之间、在《为吏之道》与《为吏治官及黔首》《从政之经》之间均存在者文本内容上的众多相似之处，那么，除了《政事之常》之外的三种吏道文本被界定为官方吏道文本之节录的可能性也就进一步加强了。

当然，四种吏道文本之间也不乏内容或用字上的差异，[①] 但此类差异大概是由书手在抄写官方文本时的误写、漏写或为了阅读之方便而改写、截取所致，[②] 不至于改变对四者之文献性质的判断即秦朝廷统一编纂的吏道教材的不同抄本。[③] 那么，这些抄本所反映出来的秦朝廷对吏德的要求究竟如何呢？

二、吏道文本所论之吏德

以往学者们在探讨吏道文本对吏德的阐发时往往会在其文句与传世的诸

① 如，《为吏之道》中有“怒能喜，乐能哀，智能愚（愚），壮能衰，恿（勇）能屈，刚能柔，仁能忍，强良不得”一句，但《为吏治官及黔首》则无；反过来，《为吏治官及黔首》中有“吏有六殆，不审所亲，不祭（察）所使，亲人不固”等文字，而《为吏之道》则缺。有关四种吏道文本在内容、用字上的差异的其他例子，参见肖永明：《读岳麓书院藏秦简〈为吏治官及黔首〉札记》，载《中国史研究》2009 年第 3 期，第 59—62 页；凡国栋：《岳麓秦简〈为吏治官及黔首〉与睡虎地秦简〈为吏之道〉编连互征一例》，载《江汉考古》2011 年第 4 期，第 107—110 页；林素清：《秦简〈为吏之道〉与〈为吏治官及黔首〉研究》，载武汉大学简帛研究中心主办：《简帛》（第八辑），上海古籍出版社 2012 年版，第 279—307 页；陈松长等：《岳麓书院藏秦简的整理与研究》，中西书局 2014 年版，第 129—131 页；朱凤瀚：《三种“为吏之道”题材之秦简部分简文对读》，载中国文化遗产研究院编：《出土文献研究》（第十四辑），中西书局 2015 年版，第 3—6 页。

② 黎明钊在肯定多种吏道文本之底本来自于官府的同时对其内容、用语差异做了多角度的推测，颇值参考。参见黎明钊：《岳麓秦简〈为吏治官及黔首〉读记：为吏之道的文本》，载卜宪群、杨振红主编：《简帛研究》（2011），广西师范大学出版社 2013 年版，第 34—35 页。

③ 类似结论，参见黎明钊：《岳麓秦简〈为吏治官及黔首〉读记：为吏之道的文本》，载卜宪群、杨振红主编：《简帛研究》（2011），广西师范大学出版社 2013 年版，第 30 页；陈松长等：《岳麓书院藏秦简的整理与研究》，中西书局 2014 年版，第 110—127 页；肖军伟：《秦简“为吏之道”类文献的性质及其功用》，载邬文玲、戴卫红主编：《简帛研究》（2021 秋冬卷），广西师范大学出版社 2022 年版，第 95—98 页。

子文献之间展开对比，并强调吏道文本在思想倾向上表现出了融合儒、法或儒、道、墨、法、阴阳诸家的倾向，[①] 笔者先前的研究也认同此说。[②] 不过，细思之，此论确有可商榷之处。其最主要的问题在于，先秦诸子虽各有其主张，但也共享着某些观点，仅根据吏道文本中的某一句或某几句与某学术流派之论著的只言片语相似或相同，就认为该文本体现了特定的某一家的思想，无异于对该文本之内涵的简单、粗疏处理。在这一点上，李锐针对学界有关《为吏之道》之思想倾向的解读提出的质疑就很值得注意："寻章摘句作为校勘训诂是非常正当的，但是要由之进而推断《为吏之道》的学派属性，则很危险。"[③] 换言之，在考察吏道文本所提倡的吏德时，仍应从文本本身的内部结构和整体思路出发展开更为深入的分析。

以岳麓简所收《为吏治官及黔首》为例，该篇共由 88 支简组成，除了三支简（1541/85、0072/86、1531/87）通栏书写之外，其他简大致分三栏或四栏书写。简文公布后，史达（Thies Staak）曾对简的排序稍作整理并认为，通栏书写的三简不应像整理小组所理解的那样全部连在一起，而是应分为在简序上相距甚远的两组即 1531/87＋0072/86 与 1541/85，该篇正文遂因此而被区隔为两部分。[④] 史达说得到了整理小组的认可，[⑤] 欧扬更在此基础上将被

① 参见高敏：《云梦秦简初探》，河南人民出版社 1981 年版，第 238—247 页；吴福助：《睡虎地秦简论考》，文津出版社 1994 年，第 180—198 页；刘海年：《战国秦代法制管窥》，法律出版社 2006 年版，第 344—348 页；连劭名：《睡虎地秦简〈为吏之道〉与古代思想》，载《江汉考古》2008 年第 4 期，第 92—96 页；肖永明：《读岳麓书院藏秦简〈为吏治官及黔首〉札记》，载《中国史研究》2009 年第 3 期，第 62—65 页；[韩] 金庆浩：《秦、汉初"士"与"吏"的性质——以〈为吏之道〉和〈为吏治官及黔首〉为中心》，载武汉大学简帛研究中心主办：《简帛》（第八辑），上海古籍出版社 2013 年版，第 319—325 页。

② 参见拙文：《秦法治观再考——以秦简所见两种吏道文本为基础》，载《政法论坛》2018 年第 6 期，第 41—42 页。

③ 李锐：《秦简〈为吏之道〉的思想主体分析》，载邬文玲、戴卫红主编：《简帛研究》（2017 春夏卷），广西师范大学出版社 2017 年版，第 92 页。

④ 参见 [德] 史达：《〈岳麓书院藏秦简·为吏治官及黔首〉的编联修订——以简背划线与反印字迹为依据》，黄海译，载王沛主编：《出土文献与法律史研究》（第三辑），上海人民出版社 2014 年版，第 89—99 页。

⑤ 参见陈松长主编：《岳麓书院藏秦简（壹—叁）释文修订本》，上海辞书出版社 2018 年版，第 36 页。

区隔开来的两部分界定为涉及官曹治事的“事章”与涉及官吏修身的“身章”。[①] 也就是说，《为吏治官及黔首》是以如下结构组织起来的：简 1531/87＋0072/86—“事章”—1541/85（＋1542/06 之上栏）[②] —“身章”。[③] 那么，此文本结构究竟试图传达一种什么样的吏德主张呢？岳麓简 1531/87 及 0072/86 云：

此治官、黔首及身之要也。与它官课有式，令能最。欲毋殿，欲毋罪，皆不可得。欲最之道把此。（1531/87 正）为吏治官及黔首（1531/87 反）

日视之，篓（屡）勿舍，风（讽）庸（诵）为首，精（精）正守事，劝毋失时，攻（功）成为保，审用律令，兴利除害，终身毋咎。（0072/086）[④]

简 1531/87 类似于总纲，其大意是，官吏如果期望在考课中获得优评，就应谨守《为吏治官及黔首》对吏德的解说。紧接着，简 0072/086 就为吏德的第一部分即“事章”提供了“导读”，指出“事章”的目的是帮助官吏们“审用律令”即“准确使用律令”以便在政务执行中“兴利除害”。可是，“事章”何以能发挥这种作用呢？那无非是因为如下表所示：

① 参见欧扬：《岳麓秦简〈为吏治官及黔首〉官曹事务类内容之溯源》，载《第七届“出土文献与法律史研究”学术研讨会论文集》，长沙 2017 年，第 310—312 页。

② 史达认为，简 1541/85 上的文句一直写到了 1542/06 的上栏。此说也得到了岳麓简整理小组的认可，《岳麓书院藏秦简（壹—叁）释文修订本》所列《为吏治官及黔首》的“分栏连读本”就将简 1541/85 的简文与简 1542/06 上栏的简文连在一起。参见［德］史达：《〈岳麓书院藏秦简·为吏治官及黔首〉的编联修订——以简背划线与反印字迹为依据》，黄海译，载王沛主编：《出土文献与法律史研究》（第三辑），上海人民出版社 2014 年版，第 90 页；陈松长主编：《岳麓书院藏秦简（壹—叁）释文修订本》，上海辞书出版社 2018 年版，第 50—51 页。

③ 对此文本结构的解说，亦可参见肖军伟：《秦简“为吏之道”类文献的性质及其功用》，载邬文玲、戴卫红主编：《简帛研究》（2021 秋冬卷），广西师范大学出版社 2022 年版，第 102—103 页。

④ 朱汉民、陈松长主编：《岳麓书院藏秦简（壹）》，上海辞书出版社 2010 年版，第 148、149 页。

表 4 - 8①

行号	"事章"语段	相关律令文
①	积索（索）求监	禾、刍稾积索（索）出日，上赢不备县廷。出之未索（索）而已备者，言县廷，廷令长吏杂封其廥，与出之，辄上数廷；其少，欲一县之，可殹（也）。廥才（在）都邑，当□□□□□□□□□者与杂出之。　仓
②	杨（炀）风必谨…… 库臧（藏）羽革	官府臧（藏）皮革，数穆（炀）风之。有蠹突者，赀官啬夫一甲。
③	官赢不备……亡器齐（齎）赏（偿）	效公器赢、不备，以齎律论及赏（偿），毋齎者乃直（值）之。　效
备注	(1)"事章"语段分别出自朱汉民、陈松长主编：《岳麓书院藏秦简（壹）》，上海辞书出版社 2010 年版，第 140、144—146 页。(2)"相关律令文"分别出自陈伟主编：《秦简牍合集（壹·上）》，武汉大学出版社 2014 年版，第 65、141、159 页。	

"事章"的四字句、五字句等多为律令文的凝练或为对律令文之关键词的整编，反复研读"事章"即所谓"日视之，篓（屡）毋舍，风（讽）庸（诵）为首"无疑可以提高官吏们记忆律令文的效率。不过，官吏们如果只掌握法律知识，而无执行法律规定的意志和品德，自然还不能算秦法治的合格实践者。为此，岳麓简 1541/85+1542/06 云：

> 为人君则惠，为人臣【则】忠，为人父则兹（慈），为人子则孝，为人上则明，为人下则圣，为人友则不争。能行此，终【日】勿亡者，身之保殹（也）。②

① 本表不过随意迻录《为吏治官及黔首》"事章"的几个语段及与之相关的律令文。有关"事章"语段与律令文之对应关系的更详细的展示，参见许道胜：《岳麓秦简〈为吏治官及黔首〉的取材特色及相关问题》，载《湖南大学学报（社会科学版）》2011 年第 2 期，第 6—7 页。欧扬：《岳麓秦简〈为吏治官及黔首〉官曹事务类内容之溯源》，载《第七届"出土文献与法律史研究"学术研讨会论文集》，长沙 2017 年，第 339—355 页。

② 陈松长主编：《岳麓书院藏秦简（壹—叁）释文修订本》，上海辞书出版社 2018 年版，第 50—51 页。

这段话简要地阐述了德行对政治、社会秩序之形成和巩固的重要作用，可谓“身章”之纲要。具体到吏这一群体，如表4-5第①—⑥行罗列的《为吏治官及黔首》的语段所示，应当做到（1）敬上慈下，善用民力，赏罚得当，为朝廷举贤，代表朝廷合理实施统治；（2）廉洁正直，公私分明；（3）控制情绪，谨言慎行。换言之，为吏者只有从为人修养到为政公德全面过关，才有可能成为朝廷所期待的干才，所谓“正而行，修而身，祸与畐（福）邻”。通过对《为吏治官及黔首》的各语段的结构性组合所反映出来的思想逻辑的分析，可以看出，秦朝廷理想中的吏应当是公忠体国的技术官僚或者说律令施行者。

上述所谓语段的结构性安排在睡简《为吏之道》中虽非极为清晰，但亦依稀可见。前文已多次提到的当与《为吏之道》相连的《语书》后六简就说：

凡良吏明灋（法）律令，事无不能殹（也）；有（又）廉絜（洁）敦悫而好佐上，以一曹事不足独治殹（也），故有公心；有（又）能自端殹（也），而恶与人辨治，是以不争书。●恶吏不明灋（法）律令，不智（知）事，不廉絜（洁），毋（无）以佐上，緰（偷）随（惰）疾事，易口舌，不羞辱，轻恶言而易病人，毋（无）公端之心，而有冒柢（抵）之治，是以善斥（诉）事，喜争书。争书，因恙瞋目扼捾（腕）以视（示）力，訏詢疾言以视（示）治，誈訙丑言麃斫以视（示）险，阬阆强肮（伉）以视（示）强，而上犹智之殹（也）。故如此者不可不为罚。发书，移书曹，曹莫受，以告府，府令曹画之。其画最多者，当居曹奏令、丞，令、丞以为不直，志千里使有籍书之，以为恶吏。①

这段话如岳麓简1531/87一样是一种概括性陈述，主张区分良吏与恶吏的标准有二，即是否“明灋（法）律令”与是否“廉絜（洁）敦悫”“有公心”且“能自端”。此二者显然分别与《为吏治官及黔首》中的“事章”“身章”相

① 陈伟主编：《秦简牍合集（壹·上）》，武汉大学出版社2014年版，第34—35页。

关。细绎之，一方面，《为吏之道》载：

> 除害兴利，兹（慈）爱万姓。毋辠（罪）毋辠（罪）可赦。孤寡穷困，老弱独转，均繇（徭）赏罚，敖（傲）悍■暴，根（垦）田人（仞）邑，赋敛毋（无）度，城郭官府，门户关龠（钥），除陛甬道，命书时会，事不且须，贳责（债）在外，千（阡）百（陌）津桥，囷屋蘠（墙）垣，沟渠水道，犀角象齿，皮革橐（蠹）突，久刻职（识）物，仓库禾粟，兵甲工用，楼椑矢阅，枪閵（蔺）环殳，比臧（藏）封印，水火盗贼，金钱羽旄，息子多少，徒隶攻丈，作务员程，老弱瘁（癃）病，衣食饥寒，稾靳瀆（渎），屚（漏）屋涂塈（墍），苑固（囿）园池，畜产肥辈（胔），朱珠丹青。①

划线部分与岳麓简0072/086的语句存在雷同之处，大致上也是对为吏的知识性要求即明习律令及其意义所在的概括；而“孤寡穷困”等众多四字句则如之前已发表的拙文所指出的，同样是对秦律令文中的关键术语的汇总，② 且多有与《为吏治官及黔首》“事章”中的四字句相似者。③ 另一方面，《为吏之道》云：

> 以此为人君则鬼（惠），为人臣则忠；为人父则兹（慈），为人子则孝；能审行此，无官不治，无志不勶（彻），为人上则明，为人下则圣。君鬼（惠）臣忠，父兹（慈）子孝，政之本殹（也）。志勶（彻）官治，上明下圣，治之纪殹（也）。

此语可与岳麓简1541/85+1542/06之文句对读，当为对品行之于政治、社会

① 陈伟主编：《秦简牍合集（壹·上）》，武汉大学出版社2014年版，第331页。

② 对相关实例的介绍，参见拙文：《秦法治观再考——以秦简所见两种吏道文本为基础》，载《政法论坛》2018年第6期，第41页。

③ 参见欧扬：《岳麓秦简〈为吏治官及黔首〉官曹事务类内容之溯源》，载《第七届“出土文献与法律史研究”学术研讨会论文集》，长沙2017年，第340—349、351、353页。

生活有序运转之重要意义的简要强调；而表 4－5、表 4－6、表 4－7 所列《为吏之道》的语段同样主张为吏者应具有敬上慈下、公正廉明、克制怒气、注意言行等品德与素质。① 概言之，如果从整体上考察《为吏之道》《为吏治官及黔首》等吏道文本，就会发现，秦朝廷对吏道或吏德的设想仍然是以厉行法治为目标的，与“以法为教”的基本国策之间也是完全契合的。对包括县在内的各行政层级的官吏们来说，反复研读吏道文本自然会让他们感受到朝廷对吏德的重视，而违背吏德必定遭到惩罚这一来自于外在规则的暗示无疑又会强化官吏们的头脑中已存在的吏德乃其仕途平稳之保障的意识。由此，吏德作为官吏们应遵守的为政之内在准则的地位也就被牢固树立起来。

当然，与法家在阐发其政治、法律思想时往往极度强调尊君尚法、重刑轻罪相比，吏道文本通过介绍吏德而表现出来的法治论调确实有着更为丰富的内涵。这表明，秦朝廷虽然尊崇法家哲学，但在权力的实际运转中并非简单、机械地贯彻法家的法治主张。那么，推动秦朝廷对实施法治之方式的思考趋于复杂的因素到底是什么呢？对此，要给出完备的答案是不太可能的，因为历史本身就是由无比多样的色调混染而成。但是，有两点或许值得特别关注。其一，如陈伟的考证已指出的，《为吏之道》很可能是睡虎地 11 号秦墓的墓主人喜在秦王政三年“揄史”之后抄写的，② 而文本的发展往往又需要一定的时间，因此，吏道文本大概是在战国中后期逐渐形成并走向成熟的。在此历史阶段，秦的东扩颇为强势，但也并非一帆风顺。江村治树曾将战国秦置郡的过程分成四个时期，并认为公元前 290 年至公元前 226 年，秦东向置郡可谓步履维艰。③ 其之所以如此，就是因为秦遭到了六国尤其是三晋的激烈抵抗，其背后无疑是从上古时代延续而来的地域文化的多样性及由此衍

① 有关《为吏之道》所提倡的吏德，臧知非的总结较为全面，亦可参考。参见臧知非：《秦思想与政治研究》，西北大学出版社 2021 年版，第 102—106 页。

② 参见陈伟：《秦避讳“正”字问题再考察》，载中国文化遗产研究院编：《出土文献研究》（第十四辑），中西书局 2015 年版，第 101—108 页。

③ 参见江村治树：《春秋戰國秦漢時代出土文字資料の研究》，汲古书院 2000 年版，第 382—383 页。

生出来的列国之经济结构、风俗民情、社会观念的差异。[①] 对这些差异，如前引南郡太守腾的训诫文告中的“矫端民心，去其邪避（僻），除其恶俗”一语所示，以高度中央集权为基本政治立场的秦朝廷显然是持排斥态度的，但在地域文化之别因由来已久而根深蒂固的情况下，对新占领的六国故地的秦化也不得不适度关照各地的风土。在这一点上，与《为吏之道》一起出土的《日书》的记载颇值注意。《日书》是当时的术数知识的汇集，其中有两篇各以“除”和“秦除”为标题的文献。此二者揭示了各日的行事宜忌，反映了时人趋吉避凶的心理。[②] 尽管二者在文献性质上具有相似性，但在标题上的一字之别却反映了某种重要差异的存在。李学勤、张闻玉、刘信芳等均认为，《秦除》篇的内容是源自秦地的“除”，而与之并列且文字古奥的《除》篇所记载的应为源自楚地的“除”。[③] 因此，《日书》中的“除”类文献同时记述了秦地和楚地的生活习俗。另外，在一篇被称为“日夕”的文献中又有如下文字：

> 十月楚冬夕，日六夕七〈十〉。十一月楚屈夕，日五夕十一。十二月楚援夕，日六夕十。正月楚刑夷，日七夕九。二月楚夏杘，日八夕八。三月楚纺月，日九夕七。四月楚七月，日十夕六。五月楚八月，日十一夕五。六月楚九月，日十夕六。七月楚十月，日九夕七。八月楚爨月，日八夕八。九月楚鬳（献）马，日七夕九。[④]

这段简文被于豪亮称为“秦楚月名对照表”。[⑤] 其首句“十月楚冬夕，日六夕

① 苏秉琦曾将上古中国的各地域文化并存的现象概括为“多元一体格局”，平势隆郎更是从各地域文化的特殊性出发对殷商至战国的历史予以重新解释。参见苏秉琦：《华人·龙的传人·中国人——考古寻根记》，辽宁大学出版社 1994 年版，第 132 页；苏秉琦：《中国文明起源新探》，三联书店 1999 年版，第 130 页；［日］平势隆郎：《从城市国家到中华：殷周 春秋战国》，周洁译，广西师范大学出版社 2014 年版，第 9—12 页。

② 参见刘乐贤：《简帛数术文献探论》，中国人民大学出版社 2012 年版，第 41—42 页。

③ 参见李学勤：《睡虎地秦简〈日书〉与楚、秦社会》，载《江汉考古》1985 年第 4 期，第 61 页；张闻玉：《云梦秦简〈日书〉初探》，载《江汉论坛》1987 年第 4 期，第 69 页；刘信芳：《秦简中的楚国〈日书〉试探》，载《文博》1992 年第 4 期，第 51—52 页。

④ 陈伟主编：《秦简牍合集（壹·上）》，武汉大学出版社 2014 年版，第 387 页。

⑤ 参见于豪亮：《于豪亮学术文集》，中华书局 1985 年版，第 161 页。

七〈十〉”中的“十月”当为秦的月名，“冬夕”则为楚对“十月”的称呼，而“日六夕七〈十〉”又指当月每日的昼夜长短之分。其第二句至末句均保持着与首句相同的书写格式，因此，如“屈夕”“援夕”“刑夷”之类的词汇应当都是楚国的月名。可见，将秦、楚习俗并举的现象并非“除”类文献所特有。众所周知，睡简的出土地在当时本属于楚国，被秦吞并后隶属于南郡，所以，当地百姓多按照楚的习俗生活实为必然。由之，喜作为具体政务的操办者在抄写《日书》时把秦、楚的习俗罗列在一起，很有可能是为了在执行秦法的同时适当关照楚国的社会现实，否则，秦的律令之治恐怕很难贯彻。也就是说，有志于完成从政治到文化的全面统一的秦在实际展开统治时对楚的民俗是有所妥协的。① 进一步论，既然秦对楚地的统治存在上述难题，难道对从其他五国攻取的领地的治理就不会面临类似的困境吗？答案应当是肯定的，而这一点很可能就是吏道文本中频频出现“为人君则惠”“除害兴利”“慈爱万姓”等语句的重要政治背景。

其二，在秦朝廷因治理“新地”之需而试图赋予其法治政略以更丰富的内容之时，战国诸子学派恰恰在经历通过争鸣而逐渐走向融合的过程。如，荀子一方面主张君主应当以礼治国，另一方面却以“权衡”“绳墨”“规矩”等法家用来论述法律之功能的词汇来解说礼，② 对礼予以颇为彻底的法律化改造。为了把改造后的礼付诸实施，荀子又认为，作为道德榜样和礼的推行者的君主也应是权力的象征，并且必须重视刑罚的力量；③ 进而，欲防止大权旁落，君主当避免被臣下蒙蔽，其具体方法则是：

① 在这一点上，工藤元男的论述颇为精辟：“透过秦简可以发现一种确认秦、楚之占卜术的差异的相互意志。这应当说是反映了秦对占领地的现实的统治方式。毋庸赘言，秦通过占卜试图掌握的并不是占卜本身，而是深刻限定人们的生活或精神的固有习俗。自战国中期的孝公以来，坚持法治主义这一国是的秦在南郡施行秦法时却无法忽视扎根于当地的‘活法’（习俗）。”工藤元男：《睡虎地秦簡よりみた秦代の國家と社會》，创文社 1998 年版，第 338 页。

②《荀子·王霸》云：“国无礼则不正。礼之所以正国也，譬之，犹衡之于轻重也，犹绳墨之于曲直也，犹规矩之于方圆也，既错之而人莫之能诬也。”

③《荀子·正名》曰：“夫民易一以道而不可与共故，故明君临之以势，道之以道，申之以命，章之以论，禁之以刑。”

> 圣人知心术之患，见蔽塞之祸，故无欲、无恶，无始、无终，无近、无远，无博、无浅，无古、无今，兼陈万物而中悬衡焉……何谓衡？曰：道……人何以知道？曰：心。心何以知？曰：虚一而静……虚一而静，谓之大清明。（《荀子·解蔽》）

这段话令人很自然地联想到法家所说的“去视”“去智”“去听”的帝王心术，而其中的“道”“虚”“静”“清明”等词汇又显然来自于道家言论。可见，作为儒家学者的荀子虽坚持儒家立场，却也致力于对道家、法家学说的为我所用以增强其儒学的理论性、说服力和应世色彩。又如，被后世视为法家之代表性人物的韩非明确主张：

> 臣事君，子事父，妻事夫，三者顺则天下治，三者逆则天下乱，此天下之常道也，明王贤臣而弗易也。（《韩非子·忠孝》）

这显然是在认同儒家所强调的伦常的基础之上再偏向臣、子、妻对君、父、夫的道德责任并以此追求家或国的权力集中。除此之外，韩非为了论证把儒家礼论纳入其法家思路中的合理性，又转而向道家求助：

> 君子之为礼，以为其身；以为其身，故神之为上礼；上礼神而众人贰，故不能相应，不能相应，故曰：“上礼为之而莫之应。”众人虽贰，圣人之复恭敬尽手足之礼也不衰。故曰：“攘臂而扔之。”道有积而德有功，德者道之功。功有实而实有光，仁者德之光。光有泽而泽有事，义者仁之事也。事有礼而礼有文，礼者义之文也。故曰：“失道而后失德，失德而后失仁，失仁而后失义，失义而后失礼。”（《韩非子·解老》）

“上礼为之而莫之应”“攘臂而扔之”“失道而后德”云云显然均出自《老子》

第三十八章。[①] 其原意是说，对人类社会而言，大道充盈的年代是最美好的；大道流失之后，“德”“仁”“义”依次被提倡；至以礼相尚之时，秩序已可谓混乱不堪，所以，圣人对礼采取“攘臂而扔之”的态度。然而，韩非通过解读《老子》得出的结论却是对以上下等级为内核的礼的尊崇。这表明，韩非对儒、道二家的观点也采取了拿来主义的态度并使二者与其法家主张融为一体。进一步论，思想界中出现的此种政治、法律学说发展的新动向即兼采百家似乎也影响到了秦国政坛。《史记·吕不韦列传》云：

当是时，魏有信陵君，楚有春申君，赵有平原君，齐有孟尝君，皆下士喜宾客以相倾。吕不韦以秦之强，羞不如，亦招致士，厚遇之，至食客三千人。是时诸侯多辩士，如荀卿之徒，著书布天下。吕不韦乃使其客人人著所闻，集论以为八览、六论、十二纪，二十余万言。以为备天地万物古今之事，号曰《吕氏春秋》。布咸阳市门，悬千金其上，延诸侯游士宾客有能增损一字者予千金。

上引史料记载了《吕氏春秋》的诞生过程；其中提到，吕不韦之所以要召集士人撰写该书，是因为对秦的学术落后与秦的国力之强不成比例这一现实颇感羞愧。但是，当时，嬴政尚未亲政，身为相国的吕不韦乃秦真正的最高统治者，所以，吕不韦编撰《吕氏春秋》未必只是为了在著书立说上盖过魏、楚等国，而缺乏为秦设想新国策的打算。大概正是因为考虑到了秦在东扩过程中遇到的统治难题对其法治政略的挑战，吕不韦将众多士人撰写的诸家治道汇总在一起以至于全书呈现出了高诱的《吕氏春秋序》所说的状态：“然此书所尚，以道德为标的，以无为为纲纪，以忠义为品式，以公方为检格。”不过，“吕览”终究只是一部学术典籍，“以道德为标的”也仅为吕不韦个人思想倾向的体现，朝廷上下则或许另有一套应付所谓“统治难题”的方法，亦

①《老子》第三十八章原文为：“上德不德，是以有德；下德不失德，是以无德。上德无为而无以为，下德无为而有以为。上仁为之而无以为，上义为之而有以为。上礼为之而莫之应，则攘臂而扔之。故失道而后德，失德而后仁，失仁而后义，失义而后礼。夫礼者，忠信之薄，而乱之首。”

即把诸子学派提出的于巩固秦对“新地”之统治有所裨益的观点融入秦的法治政略中以为一种新的法治主张，并使其为官吏们所熟知。此种方法一旦被付诸实践，吏道文本的出现并渐趋完备就可谓自然而然，这也正是以往学者们得以在吏道文本中找到儒、墨、道、阴阳等诸家思想的踪迹以至于将其主旨与律令之治分离的原因所在。当然，《吕氏春秋》与吏道文本在产生时间上有先有后，进而又会出现谁影响谁的问题，但以思想倾向论，孰先孰后其实并不重要，毋宁说二者都体现了秦人对地域文化差异加以认可并力求借助各种策略来避免冲突的为政心理。换言之，吏道文本对为吏的各种要求是秦统治者基于对战国中后期的政治现状与思想潮流的明确意识而提出的。

以上对吏道文本之形成背景及内容的考察说明，为了实现领土扩张与推行法治相配合并终至霸业大成，秦统治者强调制度的力量，但也从未忽视人即官吏的影响；只不过，秦朝廷所期待的官吏的普遍形象并非品行无可挑剔、文化素养较高的谦谦君子，而是具有公私分明、正直廉洁等吏德的技术官僚，对吏德、基本法律素养的培育则正是朝廷为吏道文本划定的用武之地。包括县在内的各层级的官吏们通过在日常生活中反复浏览、诵读吏道文本，严格执行法律、谨慎行使权力等训示很可能会内化为官吏的一种职场自觉，进而与制度约束一起发挥为政准则的作用。

小　结

本章试图回答一个问题，即秦县掌握着众多人力、物力资源，乃秦政权之基石，但正因为此，一旦朝廷对县官府约束不力，县也可能演变成破坏政权稳固的可怕力量；那么，朝廷又是以哪些手段确保县的官吏们为朝廷的政治目标而工作的呢。毋庸置疑，朝廷的手段颇为多样化，但最基本的显然是律与令。从目前已公布的秦简牍的记载来看，一方面，朝廷确实制定了大量约束官吏为政行为的律令文，而官文书的语句又表明，官吏们也确实会用律令文来论证其行政举措的合理性；另一方面，律与令在被制定出来以后自然会逐级下行，甚至还要凭借县吏口诵的方式为庶民所知，这令庶民具备了依据法律质疑官吏之不当言行的能力。可以说，秦朝廷通过律令的制定和传播使“明主治吏不治民”落到了实处。

但是，律令的规定终究有限，社会生活却极为复杂，因此，律令难以及时适应现实情况的变化可谓理所当然。为了避免出现行政事务无法可依的困境，秦统治者又以“廷行事”“比行事”、课、程等补充律令文的不足。同时，在行政实践中，县与其上级之间、县与县之间、县廷与其下属机构之间的信息沟通往往都需要依托官文书转开。在这种情况下，如果各类文书缺乏固定格式，无论是对书写者还是对阅读者而言，那都将导致极大的不便。为此，秦朝廷又以“式”规范各种文书之格式，所以，“式”其实可以被视为律令在执行时的配套规范。另外，县是郡的下属机构，自应遵守郡守府的命令即“太守令”或“守府书”。“太守令”或“守府书”以郡下辖各县、道为适用对象，也会考虑本郡之风土民情的特殊性，但事实上，往往是对律令之规定的强调或适度变通，亦可谓律令在执行上的辅助。这样看来，朝廷对县官吏们的各种外在约束形成了一张规范网络，而处于其中心位置的则无疑是律与令。

当然，要使官吏们成为法治政略的合格执行者，仅依靠外在约束是不够的，对执行律令之规定的自觉以及吏德的养成亦不可或缺。在这一点上，秦朝廷颇为重视承载着吏德及法律基础知识的吏道文本的作用，期望官吏们通过日常浏览、诵读吏道文本培育对厉行法治这一为政方式及公私分明、谨言慎行、廉洁正直等吏德的确信。此种确信为官吏们遵守外在约束提供了内在理由，在一定程度上亦可被视为一种为政准则。

上述种种表明秦统治者为了保证县官府按照朝廷的要求尽到社会治理之责设定了重重约束。那么，朝廷是如何根据各种规范来评估县的官吏们在社会治理中的实际表现的呢？另外，对整个县官府的政务实践，朝廷又能通过哪些渠道核查其合法性呢？下一章将尝试对这两个问题稍作回答。

第五章

对县吏之考课与对县官府之监察

县官府代表君主统治一方黎庶，也被期待恪勤匪懈地完成朝廷指派的行政任务。但是，从实然层面上说，县官府未必不会因拘执于地方利益而对朝廷的命令打折执行甚至阳奉阴违，县吏在工作中的实际表现也未必一定能达到朝廷的期望值。因此，对县吏的考课与对县官府的监察无疑是确保秦县治理之妥善展开的必需，亦可谓逐渐走向成熟的战国官僚制的必然要素。① 本章即为对此二者的考察。

第一节　上计、考课与县吏之仕途发展

众所周知，在战国秦汉时期，为了掌握各地的经济、社会状况以便强化控制和管理，从县到中央层层递交、核查行政数据及相关人员、物件（所谓"与计偕"②）的制度即上计制度被确立并趋于完备。③ 而对县吏的考课不用说是以各类行政数据为参照进行的，其实也就是与上计制度的运转尤其是各类簿册的作成、核校等捆绑在一起的。因此，本节将从对秦县如何执行上计之法的简要介绍开始。

---

① 对战国政治中的考课与监察制度的形成背景，杨宽曾做过颇为精到的论述："战国时代随着社会制度的变革，各国变法运动的先后开展，中央集权政府的确立，逐渐推行了官僚制度……为了提高这些地方政权的工作效率，防止发生违法乱纪的行为，各国中央政权都有两套办法来对地方政权进行管理和考核。一套是通过自下而上地呈报成绩而加以管理和考核，这就是'上计'制度。每年年底由地方官把各种成绩的统计数字，造成簿册向中央上报，其中包括开垦田地和赋税收入、库存粮食、户籍人口的统计等等，以便中央作为年终考核的依据。另一套是通过自上而下的监督和视察，从而加强对地方官的管理和考核，并谋求提高政治工作的效能。这就是设置监察官和推行视察地方的制度。"杨宽：《古史探微》，上海人民出版社 2016 年版，第 99—100 页。

② 有关传世文献对秦汉上计制度的记载所提到的"与计偕"三字，陈直、高恒等皆认为该词之含义为下级官吏在上呈计簿时所偕之物或人。参见高恒：《秦汉法制论考》，厦门大学出版社 1994 年版，第 41 页；陈直：《陈直著作选》，西北大学出版社 2021 年版，第 31 页。

③ 参见安作璋、熊铁基：《秦汉官制史稿》（下册），齐鲁书社 2007 年版，第 388—389 页。

一、秦县的上计

《商君书·禁使》云："夫吏专制决事于千里之外，十二月而计书以定事，以一岁别计而主以一听见所疑焉，不可，蔽员不足。"此言上计以一年为周期。至于一年如何计算，由于至迟从昭襄王时代始至汉武帝太初元年，秦、汉朝廷一直以十月为岁首，[①] 因此，自商鞅变法至秦统一的大部分时间内，秦的上计年度应是当年十月至第二年的九月。但是，从简牍所载秦及汉初律令文的规定来看，秦时或许以"计断八月"为原则[②]：

雨为澍〈澍〉，及诱（秀）粟，辄以书言澍〈澍〉稼、诱（秀）粟及豤（垦）田暘毋（无）稼者顷数。稼已生后而雨，亦辄言雨少多，所利顷数。早〈旱〉及暴风雨、水潦、夆（螽）蚰、群它物伤稼者，亦辄言其顷数。近县令轻足行其书，远县令邮行之，尽八月□□之。 田律（睡简《秦律十八种·田律》）

小隶臣妾以八月傅为大隶臣妾，以十月益食。 仓（睡简《秦律十八种·仓律》）

官相输者，以书告其出计之年，受者以入计之。八月、九月中其有输，计其输所远近，不能逮其输所之计，□□□□□□□【移】计其后年。计毋相缪。工献输官者，皆深以其年计之。 金布律（睡简《秦律十八种·金布律》）

官作居赀赎责（债）而远其计所官者，尽八月各以其作日及衣数告其计所官，毋过九月而觱（毕）到其官；官相紤（近）者，尽九月而告其计所官，计之其作年。百姓有赀赎责（债）而有一臣若一妾，有一马

① 参见张衍田：《中国古代纪时考》，上海古籍出版社 2019 年版，第 149—152 页。
② 周海锋指出，"八月当是各项上计数据统计的截止日期。当然，内史或附近郡县的情况或有例外。考虑到秦统一后，除去内史以外，尚有三十余郡，内史之外的郡县上计当是以八月为断的"。周海锋：《秦官吏法研究》，西北大学出版社 2021 年版，第 75 页。有鉴于周海锋所说的例外情况的存在，将"计断八月"视为秦上计制度在执行中的一种原则而非机械操作应该是较为妥当的。

若一牛，而欲居者，许。 司（睡简《秦律十八种·司空律》）

为人妻者不得为户。民欲别为户者，皆以八月户时，非户时勿许。[①]（张家山汉简《二年律令·户律》）

其之所以如此，无非是因为上计表现为行政数据簿册及相关人员、物件从县至中央被逐级进呈、核查的过程，而上计所涉事项如农作物收割在各县的完成时间有别，各县距离中央的远近亦有所不同，“计断八月”或能确保各县呈送的上计簿册及相关人员、物件皆准时抵达中央以免耽误朝廷对下级官府的考课。至于到八月底各县仍来不及统计的行政数据，自然就只能记入下一个上计年度的簿册中了，如睡简《秦律十八种·仓律》对至八月尚不能收割的稻子应当如何记账的问题所给出的答复即说明了这一点：“稻后禾孰（熟），计稻后年。已获上数，别粲、穤（糯）秙（黏）稻。别粲、穤（糯）之襄（酿），岁异积之，勿增积，以给客，到十月牒书数，上内〖史〗。”[②] 当然，这也并不是说，县官府可以率性地延期上报行政数据。如，岳麓简 1915/299 所载秦令就提到：

●令曰：县官相付受，道远不能以付受之，岁计而隤计者，属所执法辄劾穷问，以留乏发征律论坐者。[③]

若无“稻后禾孰（熟）”之类为人力所难改之理由，即便因路途遥远而耽误了上计内容的统计，朝廷也要追究相关县的失职之责。[④] 可见，秦统治者尽

① 此处所列第一条律文在本书第二章第一节中已有引用，故不再说明出处。其余四条秦及汉初的律文分别出自陈伟主编：《秦简牍合集（壹·上）》，武汉大学出版社 2014 年版，第 84、92、121 页；彭浩、陈伟、[日] 工藤元男主编：《二年律令与奏谳书：张家山二四七号汉墓出土法律文献释读》，上海古籍出版社 2007 年版，第 227 页。

② 陈伟主编：《秦简牍合集（壹·上）》，武汉大学出版社 2014 年版，第 67 页。

③ 陈松长主编：《岳麓书院藏秦简（伍）》，上海辞书出版社 2017 年版，第 197 页。

④ 另外，需要指出的是，岳麓简 1926/268 所收“内史官共令第戊卌一”曰，“□□毋敢过一，[隤计]过者，令、丞以下均行，誰（诈）避者皆为新地吏二岁”。陈松长主编：《岳麓书院藏秦简（伍）》，上海辞书出版社 2017 年版，第 186 页。周海锋认为此令意在限制县官府延期上报行政数据的次数即“毋敢过一”。参见周海锋：《秦官吏（转下页）

管为各县完成上计簿册之制作预留了某些弹性时间，但在根本上对时间限制还是有着极为严格的要求的，因此，各县必须在准备一应簿册时全力以赴，而且也会很自然地期望日常行政记录为年终的行政数据汇总提供便利。

那么，所谓上计簿册到底包括哪些呢？岳麓简 0561/346＋0592/347＋0523/348＋0520/349＋2148/350＋0813/351＋0805/352 所收秦令云：

A. ●县官上计执法，执法上计冣（最）皇帝所，皆用筭橐□，告薦（薦）已，复环（还）筭橐，令报计县官。

B. 计□□□□其不能者，皆免之。上攻（功）当守六百石以上，及五百石以下有当令者，亦免除。攻（功）劳皆令自占，自占不实，完为城旦。以尺牒牒书当免者，人一牒，署当免状，各上，上攻（功）所执法，执法上其日。吏以上牒丞【相】、御史，御史免之；属、尉佐、有秩吏，执法免之，而上牒御史、丞相。后上之恒与上攻（功）皆（偕）。狱史、令史、县官，恒令令史、官吏各一人上攻（功）劳、吏员，会八月五日。

C. 上计冣（最）、志、郡〈群〉课、徒隶员簿，会十月望。同期，一县用吏十〈七〉人，小官一人，凡用令史三百八人，用吏三百五十七人。上计冣（最）者，柀兼上志、群课、徒隶员簿。●议：独令令史上计冣（最）、志、群课、徒隶员簿，用令史四百八十五人，而尽岁官吏上攻（功）者[①]

据上引令文（姑且称其为“上计令”[②]）C段的划线部分，县官府在上计时须

（接上页）法研究》，西北大学出版社 2021 年版，第 75 页。若果真如此，那无异于秦统治者对县官府严格执行上计之时间要求的另一重约束。但正如本书第一章第三节的脚注已提及的，由于该简本身有两字无法辨识，其前又有缺简，因此，该简之文意究竟是否与县官府制作并呈送计簿的时间限制有关恐怕还难以确定。

① 陈松长主编：《岳麓书院藏秦简（肆）》，上海辞书出版社 2015 年版，第 209—211 页。释文、句读参照周海锋说有所调整。参见周海锋：《秦官吏法研究》，西北大学出版社 2021 年版，第 76—77 页。

② 虽然紧跟着简 0805/352 的简（0081＋0932）/353 载“▍廷内史郡二千石官共令 ●第己 ●今辛”，但简 0805/352 末尾的“而尽岁官吏上攻（功）者”一语 （转下页）

提交"计最簿"及部分（"椟"）"志、群课、徒隶员簿"。

首先，所谓"计最簿"当为用于上计的将纲要与明细合而为一的簿书。[①] 此类簿书的数据来源主要有二。其一为县官府的各事务机构即诸官在处理政事过程中形成的簿籍[②]及其关联文书。以户数与口数之统计为例，黔首遇有出生、立户、迁徙、死亡、逃亡等情况，相关人员都应向乡里汇报，乡里官吏则据之撰写官文书。关于此类官文书及据之形成的簿籍，由于本书第二章在考察秦县官府如何管理户籍、治安等政事时已罗列里耶简所收入的不少实例，此处仅逐录其中的若干并稍作补充以展示乡里官吏对民户之基本情况或人口资源的掌握。如，在立户方面，乡官会在户籍上明示户主之爵级、户内成员信息：

东成户人士五（伍）夫。☒妻大女子沙。☒子小女子泽若。☒子小女子伤。☒子小男子嘉。☒夫下妻曰泥。☒（9-2037+9-2059）

南里户人官大夫布。☒口数六人。☒大男子一人。☒大女子一人。☒小男子三人。☒（9-2295）[③]

又如，对因出生、迁徙等引发的人口变动，乡里官吏也会将其付诸笔端：

（接上页）显然文义不完整，其后必定还有内容，故似不应据整理小组将简 0805/352 与简（0081+0932）/353 相连这一点就认为此处所引之令文的标题为"廷内史郡二千石官共令第已"或"廷内史郡二千石官共令第辛"。

① 参见陈伟主编：《里耶秦简牍校释（第一卷）》，武汉大学出版社 2012 年版，"前言"，第 10 页；朱红林：《〈岳麓书院藏秦简（肆）〉疏证》，上海古籍出版社 2021 年版，第 367—368 页。

② 在里耶简中可以见到不少被称为"簿"的文书。陈伟指出，"簿是原始档案，计是根据原始档案整理、综合而成的统计资料"。参见陈伟：《秦简牍校读及所见制度考察》，武汉大学出版社 2017 年版，第 162 页。黄浩波据此将"簿"视为与"券"并列的上计文书的"原始档案"。参见黄浩波：《里耶秦简牍所见"计"文书及相关问题研究》，载杨振红、邬文玲主编：《简帛研究》（2016 春夏卷），广西师范大学出版社 2016 年版，第 92 页。黄氏之说应当是符合当时的实际情况的，但似乎还有一些"源文件"如户籍就无法直接归入"簿"或"券"中。考虑到这一点，此处以簿籍来界定除了"券"之外的"源文件"。

③ 对这两段牍文，由于本书第二章已完整引用，故这里不再标明其出处。另，对本段所提及的其他史料的出处，本段也做同样处理。

高里公士印。　卅五年产女□☒（8－1410）

南里小女子苗，卅五年徙为阳里户人大女子婴隶。（8－1546）

☒□□□自占，昭王卌二年产。☒（9－947）[①]

至年终临近时，诸多簿籍及其关联文书所记载的数据被汇总起来，由此而形成的上计簿册即为“乡户计”，如里耶简8－19、8－1236＋8－1791、8－2231＋9－2335就很可能都是迁陵各乡上呈县廷的“乡户计”的残简：

☒□二户。大夫一户。大夫寡三户。不更一户。小上造三户。小公士一户。士五（伍）七户。☒司寇一【户】。☒小男子□☒大女子□☒●凡廿五☒（8－19）

今见一邑二里：大夫七户，大夫寡二户，大夫子三户，不更五户，□□四户，上造十二户，公士二户，从廿六户。☒（8－1236＋8－1791）

十三户，上造寡一户，公士四户，从百四户。元年入不更一户、上造六户，从十二☒（8－2231＋9－2335）[②]

类似的上计文书的形成过程在发徭、官用器物出入与存废、授田与垦田、田租征收、漆的使用等各种统计事项上都存在，[③]“徭计”“器计”“田提封计”“租质计”“漆计”等上计簿册遂被陆续制作出来。也正因为“乡户计”等诸官制作的上计簿册是以各种簿籍所载之信息为基础撰制的，所以，诸官在向

---

① 此处所引三条简文分别出自陈伟主编：《里耶秦简牍校释（第一卷）》，武汉大学出版社2012年版，第321、355页；陈伟主编：《里耶秦简牍校释（第二卷）》，武汉大学出版社2018年版，第228页。

② 陈伟主编：《里耶秦简牍校释（第一卷）》，武汉大学出版社2012年版，第32—33、297页；陈伟主编：《里耶秦简牍校释（第二卷）》，武汉大学出版社2018年版，第475页。

③ 如，有关垦田情况，里耶简9－15正面载，“卅五年三月庚寅朔丙辰，贰春乡兹爰书：南里寡妇慭自言：谒豤（垦）草田故桒（桑）地百廿步，在故步北，恒以为桒（桑）田”；又如，有关漆的使用情况，里耶简8－1900云：“用和桼（漆）六斗八升六籥（龠），□□□□☒水桼（漆）九斗九升。☒凡十六斗七升六籥（龠）。☒。”陈伟主编：《里耶秦简牍校释（第一卷）》，武汉大学出版社2012年版，第405页。此类行政记录或帐册想必都会成为年终制作上计簿册时的重要数据来源。

县廷呈送此类上计簿册时，考虑到后续核查之所需，大概会一并附上作为上计簿册之数据来源的明细帐的副本。如，在“乡户计”的场合，《二年律令·户律》提到“恒以八月令乡部啬夫、吏、令史相杂案户籍，副臧（藏）其廷”，岳麓简 1397/140 所收《尉卒律》条文又云“为计，乡啬夫及典、老月辟其乡里之入毂、徙、除及死、亡者，谒于尉”，户籍及说明“乡里之入毂、徙、除及死、亡”情况的文书的副本显然就必须随“乡户计”到达县廷。其二，除了簿籍及其关联文书之外，校券也是上计簿册的重要数据来源。校券乃将竹木分为两半或三片，并上书相同内容（还经常附有刻齿）而成，其作用在于征信。① 在秦县的行政运转中，校券尤其是叁辨券经常被使用。如，有关稻、粟米之出入，里耶简 8－1525 载：

> 卅四年七月甲子朔癸酉，启陵乡守意敢言之：廷下仓守庆书言令佐赣载粟启陵乡。今已载粟六十二石，为付券一上。谒令仓守。敢言之。●七月甲子朔乙亥，迁陵守丞配告仓主：下券，以律令从事。/壬手。/七月乙亥旦，守府印行。(8－1525 正)
>
> 七月乙亥旦，□□以来。/壬发。　恬手。(8－1525 背)②

划线部分言，县廷向启陵乡下发了仓守庆要求令佐赣赴启陵乡载粟的文书，启陵乡则向仓官输出粟六十二石，而作为凭证的正是启陵乡制作并随粟交给仓官的“付券”。“付券”一般刻齿在右，故亦可谓“右券”；与之相对应的自然是刻齿在左的“受券”即“左券”，③ 如里耶简 8－898+8－972 提到“☐甲辰，仓守言付司空俱，俱受券及行”。④ 又，里耶简 8－1452 云：

---

① 参见马怡：《里耶秦简中几组涉及校券的官文书》，载武汉大学简帛研究中心主办：《简帛》（第三辑），上海古籍出版社 2008 年版，第 191 页。

② 陈伟主编：《里耶秦简牍校释（第一卷）》，武汉大学出版社 2012 年版，第 349 页。

③ 对券书之刻齿的位置与券书之功能的对应关系的考证，参见张驰：《里耶秦简所见券类文书的几个问题》，载杨振红、邬文玲主编：《简帛研究》（2016 秋冬卷），广西师范大学出版社 2017 年版，第 132—136 页。

④ 陈伟主编：《里耶秦简牍校释（第一卷）》，武汉大学出版社 2012 年版，第 245 页。

【廿六】年十二月癸丑朔己卯，仓守敬敢言之：出西廥稻五十□石六斗少半斗、输粢粟二石，以稟乘城卒夷陵士五（伍）阳□□□□。今上出中辨券廿九。敢言之。 □手。(8－1452 正)

□申水十一刻刻下三，令走屈行。 操手。(8－1452 背)①

木牍正面的文字是仓官就输出稻、粟若干以出稟给乘城卒阳等人一事向县廷做的汇报，划线部分的"中辨券"如曹天江所说就是用以证明仓官之谷物出稟而非输出行为的叁辨券的中辨。② 又如，有关钱之出入，睡简、岳麓简所收《田律》《金布律》诸条均明确规定了叁辨券的使用：

县、都官坐效、计以负赏（偿）者，已论，啬夫即以其直（值）钱分负其官长及冗吏，而人与叁辨券，以效少内，少内以收责之。其入赢者，亦官与辨券，入之。其责（债）毋敢隃（逾）岁，隃（逾）岁而弗入及不如令者，皆以律论之。 金布③（睡简《秦律十八种·金布律》）

吏归休，有县官吏乘乘马及县官乘马过县，欲贷刍稾、禾、粟、米及买菽者，县以朔日平贾（价）受钱，先为钱及券，缿以令、丞印封，令令史、赋主各挟一辨，月尽发缿令、丞前，以中辨券案雠（雠）钱，钱辄输少内，皆相与靡（磨）除封印，中辨臧（藏）县廷。④（岳麓简1284/111＋1285/112＋1281/113《田律》）

官府为作务、市受钱，及受赍、租、质、它稍入钱，皆官为缿，谨为缿空（孔），媭（须）毋令钱能出，以令若丞印封缿而入，与入钱者叁

① 陈伟主编：《里耶秦简牍校释（第一卷）》，武汉大学出版社2012年版，第330页。引文句读据邢义田说略有调整。参见邢义田：《再论叁辨券——读岳麓书院藏秦简札记之四》，载武汉大学简帛研究中心主办：《简帛》（第十四辑），上海古籍出版社2017年版，第31页。

② 参见曹天江：《秦迁陵县的物资出入与计校——以叁辨券为线索》，载武汉大学简帛研究中心主办：《简帛》（第二十辑），上海古籍出版社2020年版，第193页。

③ 陈伟主编：《秦简牍合集（壹·上）》，武汉大学出版社2014年版，第97页。

④ 陈松长主编：《岳麓书院藏秦简（肆）》，上海辞书出版社2015年版，第104—105页。

> 辨券之，辄入钱缿中，令入钱者见其入。月一输缿钱，及上券中辨其县廷，月未尽而缿盈者，辄输之，不如律，赀一甲。（岳麓简 1411/121+1399/122+1403/123《金布律》）

再如，有关物资出入，里耶简 9-1872 曰：

> 廿六年六月辛亥朔乙亥，少【内守不】害敢言☐钱二千二百卌四以稟徒隶夏衣。今为出中辨券十上。敢言之。(9-1872 正)
>
> 丙子水下三刻，令守府封□行。 □☐ (9-1872 背)[①]

据木牍正面可知，少内守不害在向县廷报告徒隶从少内稟出夏衣之事时也提到了作为凭证的中辨券。进一步说，上引涉及校券使用的律令文及官文书指明，在使用两辨券的场合如里耶简 8-1525 记载的“官相输”，政务所涉机构或人员各执左右券；在使用叁辨券的场合，左右券归政务相关机构或人员，而中辨券则交给县廷。那么，中辨券何时被呈上呢？从上引岳麓简 1411/121+1399/122+1403/123 所收《金布律》条文的划线部分观之，似乎是在每月底，[②] 但正如曹天江的考证已指出的，除了“入钱缿中”之外，中辨券一般是在粮食出稟、钱物出入等行为完成后即时为县廷所保管。[③] 随着中辨券的不断累积，县廷更以笥即竹制容器对其予以收纳，里耶简所收笥牌的记载即为明证：

---

① 陈伟主编：《里耶秦简牍校释（第二卷）》，武汉大学出版社 2018 年版，第 380 页。

② 邢义田认为，《金布律》所说“月一输缿钱，及上券中辨其县廷”大致反映了诸官处理中辨券的一般模式即中辨券于月底被呈送给县廷。参见邢义田：《再论叁辨券——读岳麓书院藏秦简札记之四》，载武汉大学简帛研究中心主办：《简帛》（第十四辑），上海古籍出版社 2017 年版，第 32 页。

③ 参见曹天江：《秦迁陵县的物资出入与计校——以叁辨券为线索》，载武汉大学简帛研究中心主办：《简帛》（第二十辑），上海古籍出版社 2020 年版，第 194—196 页。

卅七年廷仓曹
当计出券□一

图 5-1 8-500

卅三年当计券
出入笥具此中

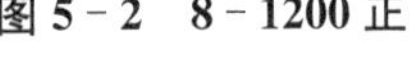

图 5-2 8-1200 正

仓曹廿九年
当计出入券
甲笥

图 5-3 8-1201

金布廿九年
库工用器兵
车少内器计
出入券丁

图 5-4 9-1115①

至于左右券，由于其上书有出稟之粮食、出入之钱物等的具体种类、数量，如下表所示：

表 5-1

类别	具 体 内 容	出 处
粮食出稟	稻四斗八升少半半升。卅一年八月壬寅，仓是、史感、稟人堂出稟隶臣婴自〈儿〉槐库。令史悍平。六月食。感手。(8-217)	《校释（第一卷）》

① 有关此处所列的四个笥牌，其图版分别出自湖南省文物考古研究所编著：《里耶秦简（壹）》，文物出版社 2012 年版，第 74、153 页；湖南省文物考古研究所编著：《里耶秦简（贰）》，文物出版社 2017 年版，第 135 页。其引文分别出自陈伟主编：《里耶秦简牍校释（第一卷）》，武汉大学出版社 2012 年版，第 170、291 页；陈伟主编：《里耶秦简牍校释（第二卷）》，武汉大学出版社 2018 年版，第 262 页。

续 表

类别	具 体 内 容	出 处
粮食出稟	粟米一石二斗半斗。卅一年三月丙寅，仓武、佐敬、稟人援出稟大隶妾□。令史尚监。(8-760)	《校释（第一卷）》
钱物出入	钱三百五十。卅五年八月丁巳朔癸亥，少内沈出以购吏养城父士五（伍）得。得告戍卒赎耐罪恶。令史华监。　瘳手。(8-811+8-1572)	
	牝豚一。　卅三年二月壬寅朔庚戌，少内守履付仓是。☒（8-561）	
	钱二千一百五十二。卅五年六月戊午朔丙子，少内沈受市工用叚（假）少内唐。瘳手。（8-888+8-936+8-2202）	
	锦缯一丈五尺八寸。　卅五年九月丁……内守绕出以为献。☒令佐俱监☒（8-891+8-933+8-2204）	
	☒【竹】笥一合。　卅四年九月癸亥朔甲子，少内守狐付牢人□☒（8-1170+8-1179+8-2078）	
备注	《校释（第一卷）》是指陈伟主编《里耶秦简牍校释（第一卷）》（武汉大学出版社 2012 年版）。	

将校券编联在一起的仓、少内等县的诸官就能据之统计各类信息，进而制作如“禾稼计”“器计”“畜计”“金钱计”等上计簿册了①。

当诸官以簿籍及校券为基础做成的各种上计簿册到达县廷时，县廷当然不会草率地将此类簿册直接上呈以完成上计工作，而是要参照县廷列曹的职责范围，把来自于诸官的上计簿册分发给列曹以展开核查、审计。里耶简多处提到“某曹计录”，如下表所示：

① 有关“禾稼计”“金钱计”等上计簿册之形成过程的详细解说，参见黄浩波：《里耶秦简牍所见“计”文书及相关问题研究》，载杨振红、邬文玲主编：《简帛研究》（2016 春夏卷），广西师范大学出版社 2016 年版，第 107—112 页；于洪涛：《里耶秦简经济文书分类整理与研究》，知识产权出版社 2019 年版，第 190—194、204—213 页。

表 5－2

类别	具 体 内 容	出 处
司空曹计录	船计，器计，赎计，赀责计，徒计。凡五计。史尚主。(8－480)	《校释（第一卷）》
仓曹计录	禾稼计，贷计，畜计，器计，钱计，徒计；畜官牛计，马计，羊计；田官计。凡十计。史尚主。(8－481)	
户曹计录	乡户计，繇（徭）计，器计，租质计，田提封计，桼计，鞫计。●凡七计。(8－488)	
金布计录	库兵计，车计，工用计，工用器计，少内器计，【金】钱计。凡六计 (8－493)	
备注	(1)《校释（第一卷）》是指陈伟主编《里耶秦简牍校释（第一卷）》（武汉大学出版社 2012 年版）。 (2) 如“徒计”“器计”等上计簿册在多个曹的“计录”中均存在。这并不意味着来自于某官的一份上计簿册被分解并交给若干曹核查，而是由与各曹相对应的各官对某类政事均有管理之责并因此而分别制作、呈送上计簿册给县廷所致。以“徒计”为例，其之所以在“司空曹计录”和“仓曹计录”中同时出现，无非是因为作为诸官且在业务上分别与司空曹、仓曹对接的司空和仓皆负责徒隶的看管和分配。又，“器计”在本表所列四曹“计录”中均有其位置，其原因不用说就在于县的物资分由若干官署保管。	

王伟及黎明钊、唐俊峰已指出，“计录”之“录”乃“省”“记”之意，“计录”就是指某曹需要校订之上计簿册的清单，① “某曹计录”云云显然即县廷列曹对诸官呈送的上计簿册展开核查、审计的明证，而两处“史尚主”则表

① 参见王伟:《里耶秦简“付计”文书义解》，载《鲁东大学学报》（哲学社会科学版）2015 年第 5 期，第 59—60 页；黎明钊、唐俊峰:《里耶秦简所见秦代县官、曹组织的职能分野与行政互动》，载武汉大学简帛研究中心主办:《简帛》（第十三辑），上海古籍出版社 2016 年版，第 145 页。另外，李均明将“计录”之“录”解为“记录”，沈刚亦认同此说，故“计录”乃各类账簿之集成的目录、提纲，县廷列曹似乎也因此被视为各“计”的制作者。参见李均明:《里耶秦简“计录”与“课志”解》，载武汉大学简帛研究中心主办:《简帛》（第八辑），上海古籍出版社 2013 年版，第 150—151 页；沈刚:《秦简所见地方行政制度研究》，中国社会科学出版社 2021 年版，第 331—332 页。对基于“录”的不同理解而形成的有关“计录”的含义以及县廷列曹在上计工作中的角色之二说，曹天江已有所辨析，或以王伟及黎明钊、唐俊峰说为是。参见曹天江:《秦迁陵县的物资出入与计校——以叁辨券为线索》，载武汉大学简帛研究中心主办:《简帛》（第二十辑），上海古籍出版社 2020 年版，第 210—213 页。

明，具体负责此事者无疑是作为令、丞之心腹的令史①。可以想见，在此事进行过程中，令史会对照着与上计簿册一起被送至县廷的各种簿籍的副本来核实“乡户计”“徭计”等所载数据的准确性，也会根据在粮食、钱物出入等场合交由县廷保管的中辨券来检查以左右券为基础而形成的“禾稼计”“金钱计”等是否能展现“券-账-券”对应关系②。倘若对上计簿册所示之信息存疑或有补充之必要，县廷自然会致书诸官，诸官则在上行文中以“真见”（即“实见”“核对所见”③ ）之类的词汇引领说明性文字，如里耶简 9－700＋9－1888 所示：

□年八月丙戌朔甲寅，仓守妃敢言之：乃八月庚子言：疏书卅一年真见禾稼牍北（背）上。●今□益出不定，更疏书牍北（背）上，谒除庚子书。敢【言之】。(9－700 正＋9－1888 正)

☑□卅一年真见：□禾稼千六百五十六石八斗少□。☑甲寅□下七刻，感以来。/尚□。　感手。(9－700 背＋9－1888 背)④

如果上计簿册所书之数据无误，县廷列曹就须对其负责核查的各类事项撰写

① 对令史在上计工作中发挥之作用的详解，参见仲山茂：《秦漢時代の“官”と“曹”——県の部局組織》，载《東洋学報》第八十二卷第四号，2001 年，第 39—41 页。

② 由此，我们就更深刻地理解在粮食、钱物出入等场合中辨券须即时被呈送给县廷的原因，即县廷所保管的中辨券为政务行为之即时记录，所以，即便政务的经手官吏在上计周期中对数据上下其手，县廷也早已保留了据中辨券发现官吏的舞弊之举的可能。

③ 参见李均明：《耕耘录——简牍研究丛稿》，人民美术出版社 2015 年版，第 56—57 页。

④ 陈伟主编：《里耶秦简牍校释（第二卷）》，武汉大学出版社 2018 年版，第 179 页。需要指出，在郡要求县解释或补充数据的文书中也会提到“真见”字样，如本书第四章第一节在探讨“守府书”时曾引用过的里耶简 8－653＋9－1370 所收迁陵县的上行文书就记载“元年八月庚午朔朔日，迁陵守丞固敢言之：守府书曰：上真见兵，会九月朔日守府”，而被陈伟界定为该上行文书之附件的里耶简 8－458 所收官文书则明言“迁陵库真见兵。甲三百卌九。甲宛廿一……”。参见陈伟：《关于秦迁陵县“库”的初步考察》，载武汉大学简帛研究中心主办：《简帛》（第十二辑），上海古籍出版社 2016 年版，第 162—163 页。由此可见，“真见”云云大概是秦各级官府之间出于财物统计之所需而形成的官文书的惯用语。

总括性文字或者说分类“计最簿”，如表 2－7 所收里耶简 8－151 即为有关始皇帝三十五年迁陵县库藏兵器的“计最簿”：

> 迁陵已计：卅四年余见弩臂百六十九。
>
> ●凡百六十九。
>
> 出弩臂四输益阳。
>
> 出弩臂三输临沅。
>
> ●凡出七。
>
> 今九月见弩臂百六十二。

进一步论，各种分类“计最簿”的汇集当然会形成某曹的“计最簿”，而各曹“计最簿”的合编无非就是前引岳麓简“上计令”C 段所说的县“计寂（最）”。同时，正因为如里耶简 8－151 所示，分类“计最簿”会以“某年余见”字样明示去岁结余的人员或某种财物之数量，以“今……见”云云指出本年年终的人员或该财物的数量，所以，由此类“计最簿”合成的县“计寂（最）”自然能帮助上峰一目了然地掌握县之人员、财物变动情况以便完成针对县的上计。

其次，有关岳麓简“上计令”C 段提到的“志、群课”，这里拟先对“志”略作考察。《周礼·春官·保章氏》有“保章氏……以志星辰日月之变动”一句，“郑注”云“志，古文识，识，记也”；又，《说文解字·卷十下》载“志，意也，从心之声”，段玉裁注曰“《周礼·保章氏》‘注’云‘志，古文识’。盖古文有志无识，小篆乃有识字……识，记也。《哀公问》‘注’曰‘志，读为识。识，知也’。今之识字，志韵与职韵分二解，而古不分二音，则二解义亦相通。古文作志，则志者，记也，知也”。① 可见，“志”有记录之意，故能成为一种文书名称。又，岳麓简整理小组对“志、群课”之“志”

① ［汉］许慎撰、［清］段玉裁注：《说文解字注》，上海古籍出版社 1988 年版，第 502 页。

解释道，"志，一种汇总性质的簿录"。① 因此，简单来说，作为县官府呈送的上计材料之成员的"志"应当是对县的诸多政务加以总体统计而形成的簿册。

问题在于，既然"计最簿"中已有各类统计数据，县官府为何还要呈送"志"呢？或者说，同为行政数据的汇总性文件，"某计"与"某志"的区别究竟何在？应当指出，虽然目前已公布的秦简牍频频提及"志"类文书，但内容详尽至细部者并不多，所以，此处只能据一应文书名及若干信息略详的"志"来尝试解答这一问题。关于"志"类文书名，以已公布的里耶简的记载为范围，可大致表列于下：

表 5－3

行号/分类	文书名示例	出　处
①/非"课志"	贰春乡枝（枳）枸志（8－455），启陵乡见户、当出户赋者志（8－518），人庸作志（8－949 正），禾稼租志（8－1246 背），都乡畜志（8－2491）	《校释（第一卷）》
	迁陵吏志（9－633）、刍稾志（9－835）、橘园橘志（9－869 正）	《校释（第二卷）》
②/课志	田课志（8－383）、田官课志（8－479）、【尉】课志（8－482）、乡课志（8－483）、司空课志（8－486）、畜官课志（8－490）、仓课志（8－495）	《校释（第一卷）》
备注	（1）《校释（第一卷）》是指陈伟主编《里耶秦简牍校释（第一卷）》（武汉大学出版社 2012 年版）。（2）《校释（第二卷）》是指陈伟主编《里耶秦简牍校释（第二卷）》（武汉大学出版社 2018 年版）。	

若在表 5－3 第①行罗列的"○○志"之"○○"与表 5－2 提及的"□计"之"□"之间稍作核对，就会发现，"○○志"所统计者似为与之相关的"□计"所涵盖之数据的一部分。如，"启陵乡见户、当出户赋者志"与"乡户计"皆涉及户数，但前者仅以启陵乡为统计范围，后者则为包括启陵乡在内的迁陵

① 陈松长主编：《岳麓书院藏秦简（肆）》，上海辞书出版社 2015 年版，第 228 页。另外，沈刚、于洪涛亦强调"志"的汇总之意，参见于洪涛：《里耶秦简经济文书分类整理与研究》，知识产权出版社 2019 年版，第 232 页；沈刚：《秦简所见地方行政制度研究》，中国社会科学出版社 2021 年版，第 335—336 页。

县三乡的合并信息；又如，“人庸作志”与“徒计”皆涉及徒隶管理，但前者聚焦于徒隶庸作之事，后者则指向包括庸作在内的徒隶管理诸事；再如，“都乡畜志”与“畜计”皆涉及禽畜畜养，但前者仅书写都乡的数据，后者则囊括了全县的数据。以此立论，部分“志”类文书在某种程度上可被视为“计”类文书之明细帐。县官府之所以要把数据上有包容关系的“志”类文书与“计最簿”一并上呈，大概是因为作为“计最簿”之数据来源的簿籍、券书数量过多以至于县官府向上峰提交这些“源文件”甚为不便，而上峰在审查“计最簿”时又有据其他文件核对“计最簿”所载之信息的需求。① 再者，表5-3第②行列举了前章第二节已提及的七种“课志”，这一“志”类文书名称又表明“志”多与“课”亦即考课关联甚密。考课在本质上是一种评价，而在里耶简收入的几份“志”类文书的字里行间确实就能找到带有评价意义的词句，如下表将引用之史料的划线部分所示：

表5-4

文书名称	文书内容	出处
贰春乡枝（枳）枸志	枝（枳）枸三木。☐下广一亩，格广半亩，高丈二尺。去乡七里。世四年不实。（8-455）	《校释（第一卷）》
启陵乡见户、当出户赋者志	☐见户廿八户，当出茧十斤八两。☐（8-518）	
迁陵吏志	吏员百三人。令史廿八人……【令见】十八人。官啬夫十人……令见五人。校长六人……令见二人。官佐五十三人……令见廿四人……长吏三人……令见一人。凡见吏五十一人。（9-633）	《校释（第二卷）》

① 汪桂海曾指出，汉代上计官员携带的计偕物除了贡品之类的物件，还有编造上计簿籍所依凭的可被称为“计偕簿籍”的各类原始簿籍，并主张此制承自秦。参见汪桂海：《汉代的校计与计偕簿籍》，载卜宪群、杨振红主编：《简帛研究》（2008），广西师范大学出版社2010年版，第200—201页。但是，如正文已指出的，倘若秦时用众多简牍书写且作为县“计最簿”之源文件的簿籍和校券全都要由上计吏呈送给上官，那未免过于不便了。是否可以认为在秦制中扮演着“计偕簿籍”之角色的主要就是此处所说的“志”类文书呢？当然，囿于史料，这只是一种猜测，但后续或许可以根据新发现或公布的简牍文献稍作检证。

续表

文书名称	文书内容	出处
刍稾志	□□□□□□□□□●凡千一百七钱。都乡黔首田启陵界中，一顷卌一亩，钱八十五。都乡黔首田贰【春界中者，二顷卌七亩，钱百卌九。】●未入者十五☑（9-543+9-570+9-835）	《校释（第二卷）》
备注	（1）《校释（第一卷）》是指陈伟主编《里耶秦简牍校释（第一卷）》（武汉大学出版社 2012 年版）。（2）《校释（第二卷）》是指陈伟主编《里耶秦简牍校释（第二卷）》（武汉大学出版社 2018 年版）。	

这些词句直截了当地揭示了县的政务运行在目标与实效之间的距离，显然为上官审核县官府呈送的考课文书的内容提供了参考。李均明曾通过对比“课”“志”组合与“计”“录”之搭配（其结果即表 5-2 所提及的“计录”）指出：“‘录’与‘志’虽然都有记录的意思，而里耶秦简所见‘录’皆与‘计’搭配，‘志’皆与‘课’搭配，绝非偶然，当与‘计’之针对客观事实，而‘录’之意义包括对客观事实的调查；‘课’侧重主观认识，而‘志’包含主观判断的字义相关，两相对应，颇显和谐。”① 此语可谓较为深刻地揭示了“志”作为一种统计文书所包含的比单纯统计更为复杂的内在意图，亦为对同为统计文书的“志”与“计”之区别的另一重说明。概言之，在上计的场合，“志”乃“计最簿”之参照，亦为“课”之前提（或汇总②），故县官府将其与“计最簿”一并上呈绝非多此一举。

在对作为上计资料之成员的“志”稍作讨论后，现在再将目光转向与“志”颇为相关的“群课”。那么，所谓“群课”到底是指什么呢？前文已多次强调，“志”具有汇总之意，因此，表 5-3 第②行所列诸“课志”无疑可被视作“课”的目录集成，其具体内容当为考察“群课”之线索：

① 李均明：《里耶秦简“计录”与“课志”解》，载武汉大学简帛研究中心主办：《简帛》（第八辑），上海古籍出版社 2013 年版，第 157 页。周海锋也曾指出，“‘计录’或重在统计物品之数量，‘课志’重在考课核查”。周海锋：《秦官吏法研究》，西北大学出版社 2021 年版，第 95 页。此语与李均明的主客观说可谓异曲同工。

② 这里，需要指出的是，或许正因为除了“课志”之外的“志”类文书往往是考课得以展开的直接根据，所以，当时以“志”而非“录”来表示“课”的总目即“课志”。换言之，作为“课”之汇总的“志”大概可以被视为作为“课”之前提的“志”的自然衍生物，故此处先强调“志”为“课”之前提，并将所谓“汇总”置于括号中以为补充。

表 5－5

“课志”分类	细　　目	出　处
田课志	𨿅园课。●凡一课。（8－383＋8－484）	《校释（第一卷）》
田官课志	田□□课。●凡一课。（8－479）	
尉课志	卒死亡课，司寇田课，卒田课。●凡三课。（8－482）	
乡课志	□□□，□食□□课，黔首历课，寡子课、子课。●凡四课。（8－483）	
司空课志	□为□□□，□课，□□□□课，舂产子课，□船课，□□□课，作务□□……（8－486）	
畜官课志	徒隶牧畜死负、剥卖课，徒隶牧畜畜死不请课，马产子课，畜牛死亡课，畜牛产子课，畜羊死亡课，畜羊产子课。●凡八课。（8－490＋8－501）	
仓课志	畜彘鸡狗产子课，畜彘鸡狗死亡课，徒隶死亡课，徒隶产子课，作务产钱课，徒隶行䌛（徭）课，畜鴈死亡课，畜鴈产子课。●凡☑（8－495）	
备注	《校释（第一卷）》是指陈伟主编《里耶秦简牍校释（第一卷）》（武汉大学出版社 2012 年版）。	

上表所示作为目录集成的“○课志”或“○○课志”之“○”或“○○”显然基本上是县的诸官的省称。若再考虑到里耶简未记载“某曹课志”之类的语词，却提到了诸官向县廷提交“某课”的实例，如：

廿九年九月壬辰朔辛亥，贰春乡守根敢言之：牒书水火败亡课一牒上。敢言之。（8－645 正）

元年八月庚午朔庚寅，田官守獾敢言之：上豤（垦）田课一牒。敢言之。☑（9－1865 正）①

① 陈伟主编：《里耶秦简牍校释（第一卷）》，武汉大学出版社 2012 年版，第 189 页；陈伟主编：《里耶秦简牍校释（第二卷）》，武汉大学出版社 2018 年版，第 377 页。

应可认为，包括"纂园课""田□□课"等在内的各种"课"是诸官制作并呈送给县廷的明示关于其各项政事的具有考核意义之信息的文书。① 当然，这些"课"在到达县廷后与诸官呈送的上计簿册一样还要接受列曹的再处理。比如，对诸"课"所载之信息的审核可谓理所应当，其主要依据很可能就是前文提到的附有评价性语词的"志"类文书，而各种簿籍、券书在疑问出现时大概也会发挥参考作用。除此之外，还有一些对诸"课"的后续处理也是可以想见的。其一，上引 8-645、9-1865 牍文分别提及一种"课"，但贰春乡、田官所负责的政事肯定较为多样，因此，这似乎表明诸官的各种"课"未必是一次性地提交完毕的。在这种情况下，县廷列曹自然要对来自于诸官的分散的"课"加以汇总并附上目录，此或即"某课志"的形成过程。其二，如果在若干"课"分别记载的内容之间存在着较强的主题雷同性，列曹还会把这些"课"的数据合并以为新"课"。如，里耶简 7-304 曰：

> 廿八年迁陵隶臣妾及黔首居赀赎责作官府课。●泰（大）凡百八十九人。死亡●衔（率）之，六人六十三分人五而死亡一人。已计廿七年余隶臣妾百一十六人。廿八年新●入卌五人。●凡百五十一人，其廿八死亡。●黔道（首）居赀赎责作官卌八人，其一人死。（7-304 正）
>
> 令拔、丞昌、守丞膻之、仓武、令史上、上逐除，仓佐尚、司空长、史部当坐。（7-304 背）②

从牍背的文字来看，考课意见不仅横跨仓和司空二官，而且还提到了县令、县丞，因此，这份"廿八年迁陵隶臣妾及黔首居赀赎责作官府课"就只能是县廷列曹根据仓和司空分别提交的"课"类文书整合而成。其三，由于考课结果是

---

① 关于诸官之"课"在其长官主持下制作而成这一点，亦可参见高村武幸：《里耶秦簡第八層出土簡牘の基礎的研究》，《三重大史學》第 14 号，2014 年，第 42 页；黎明钊、唐俊峰：《里耶秦简所见秦代县官、曹组织的职能分野与行政互动》，载武汉大学简帛研究中心主办：《简帛》（第十三辑），上海古籍出版社 2016 年版，第 138—139 页；于洪涛：《里耶秦简经济文书分类整理与研究》，知识产权出版社 2019 年版，第 182 页。

② 里耶秦简牍校释小组：《新见里耶秦简牍资料选校（一）》，载武汉大学简帛研究中心主办：《简帛》（第十辑），上海古籍出版社 2015 年版，第 179 页。

对官吏们在一年内的工作情况的评价，进而对其职业热情、仕途浮沉产生影响，县廷必须慎之又慎。作为这种态度的外显，如里耶简 8－454 所示：

> 课上金布副。桼课。作务。畴竹。池课。园栗。采铁。市课。作务徒死亡。所不能自给而求输。县官有买用钱。/铸段（锻）。竹箭。水火所败亡。/园课。采金。赀、赎、责（债）毋不收课。(8－454)①

金布曹会收到来自于诸官的“课”的副本（所谓“课上金布副”）②，并对其所涉经济内容专门予以计算、核对。③ 其四，诸“课”既为考课文书，自当书写对一应人员的黜陟方案，而从里耶简 7－304 背面的记载来看，所谓黜陟方案大概率是由列曹（很可能是“吏曹”④ ）拟定并经县的长吏认可的。经过上述各个环节，县官府上呈的“课”类文书就被大致确定，此当即里耶简多次提到的“定课”。⑤ 也就是说，作为上计簿册之组成部分的“群课”是以诸官

---

① 陈伟主编：《里耶秦简牍校释（第一卷）》，武汉大学出版社 2012 年版，第 152—153 页。

② 徐世虹似将“课上金布副”理解为“金布所上课的副本”，进而认为里耶简 8－454 记载的可能是此副本之目录。参见徐世虹等：《秦律研究》，武汉大学出版社 2017 年版，第 135 页。此说亦有其理，但从揭示县廷列曹在考课中所发挥的不同作用上说，或未尽妥当。具体参见黎明钊、唐俊峰：《里耶秦简所见秦代县官、曹组织的职能分野与行政互动》，载武汉大学简帛研究中心主办：《简帛》（第十三辑），上海古籍出版社 2016 年版，第 151 页。

③ 对金布曹协助其他曹核查县内诸官之“课”的详解，参见吴方基：《论秦代金布的隶属及其性质》，载《古代文明》2015 年第 2 期，第 61—62 页。

④ 有关吏曹在考课中的作用，黎明钊、于洪涛皆有所论述，或可参考。参见黎明钊：《秦县掾吏任用机关初探》，载杜常顺、杨振红主编：《汉晋时期国家与社会论集》，广西师范大学出版社 2016 年版，第 84—85 页；于洪涛：《里耶秦简经济文书分类整理与研究》，知识产权出版社 2019 年版，第 218 页。

⑤ 需要指出的是，里耶简 8－1511 收入的迁陵县的一份上行文书提到：

> 廿九年九月壬辰朔辛亥，迁陵丞昌敢言之：令令史感上水火败亡者课一牒。有不定者，谒令感定。敢言之。(8－1511 正)（陈伟主编：《里耶秦简牍校释（第一卷）》，武汉大学出版社 2012 年版，第 341 页）

“有不定者，谒令感定”是说“上官如（对本县上呈的水火败亡课）有不明之处，请要求令史感核实并确定之”。据此，黎明钊、唐俊峰认为，“定课”是在县的上计吏到达上级官署之后才进行的，而 8－1511 背面所载的字体较大的“已”字很可能就是令史感在“定课”结束后补写的用以表示任务完成的标记。参见黎明钊、唐俊峰：（转下页）

制作的“课”类文书为基础，经县廷列曹审核、整理并附上考课意见之后诞生的。

最后，关于“上计令”C段所提及的“徒隶员簿”，顾名思义，此簿乃通过各项数据显示县对徒隶之使役、管理情况的文书。不过，表5-2中的“司空曹计录”“仓曹计录”两行皆列有“徒计”一项，这表明在县的“计冣（最）”中已收入关于徒隶管理的各种信息的汇总。“徒隶员簿”倘若也是对一应信息的概括，无疑就成了与“计冣（最）”的相关内容重复的存在，上计簿册何以收入该种文书似乎就令人费解了。因此，“徒隶员簿”很可能是“徒计”的关联或证明文书，其内容应较“徒计”更为具体，而秦统治者要求县官府在呈送上计簿册时将“徒隶员簿”与其他文书分列的缘由无非就在于，规模庞大的徒隶群体乃朝廷所控制的重要人力资源，对各级官府每年使役、管理徒隶之数据的准确掌握实关乎诸多政务的长期有序进行。那么，“徒隶员簿”究竟是如何形成的，又记录了什么信息呢？对此问题，第三章在考察县官府对刑徒的使役时其实已有所涉及，这里仅择要而重述之。也就是说，在秦县中，实际承担徒隶管理之事的机构是仓与司空二官，故如“仓曹计录”“司空曹计录”二词所示，在县廷中负责审核有关徒隶之数据者即为与仓、司空存在对应关系的仓曹与司空曹，但使役徒隶的机构却颇为多元，因此，为了方便县廷动态了解徒隶群体的流向和劳作情况，各机构应每日向县廷呈送“作徒簿”，县廷则须审核诸多日“作徒簿”。更进一步，每月，使役徒隶的机构还要根据其撰写的日“作徒簿”制作并上呈月“作徒簿”，县廷则同样须根据其审核后的日“作徒簿”校对来自于各机构的月“作徒簿”。至年终，仓曹、司空曹将每月经县廷校对的所有月“作徒簿”中的数据加以整合，其结果很可能就是“徒隶员簿”。由于月“作徒簿”会明示当月某机构令徒隶劳作

（接上页）《里耶秦简所见秦代县官、曹组织的职能分野与行政互动》，载武汉大学简帛研究中心主办：《简帛》（第十三辑），上海古籍出版社2016年版，第153—154页。黎、唐的考察颇为细致，也不乏启发性，但从书于8-1511正面的整段话来看，“有不定者，谒令感定”与其说是制度的文字体现，还不如说是为出现意外情况而留足余地的陈述，因此，能否据8-1511的记载就认为“定课”的完成地点是县的“上级官署”仍需斟酌。

的内容且以“积……”标识该机构使役徒隶的累计人次①，如里耶简 10-1170 所示：

卅四年十二月仓徒簿最。

大隶臣积九百九十人。小隶臣积五百一十人。大隶妾积二千八百七十六。●凡积四千三百七十六。

其男四百廿人吏养。男廿六人与库武上省。男七十二人牢司寇。男卅人输铁官未报。男十六人与吏上计。男四人守囚。男十人养牛。男卅人廷守府。男卅人会逮它县。男卅人与吏男（勇）具狱。男百五十人居赀司空。男九十人毄（系）城旦。男卅人为除道通食。男十八人行书守府。男卅四人库工。●小男三百卅人吏走。男卅人廷走。男九十人亡。男卅人付司空。男卅人与史谢具狱。

●女五百一十人付田官。女六百六十人助门浅。女卌四人助田官馒。女百卌五人毄（系）舂。女三百六十人付司空。女二百七十人居赀司空。女六十人行书廷。女九十人求菌。女六十人会逮它县。女六十人□人它县。女九十人居赀临沅。女十六人输服（箙）弓。女卌四人市工用。女卅三人作务。女卌四人付贰春。女六人取薪。女廿九人与少内段买徒衣。女卅人与库佐午取桼。女卅六人付畜官。女卌九人与史武输鸟。女六十人付启陵。女卅人牧鴈。女卌人为除道通食。女卅人居赀无阳。女廿三人与吏上计。女七人行书酉阳。女卅人守船。女卅人付库。(10-1170)②

以月“作徒簿”为基础形成的“徒隶员簿”的内容很可能也是对徒隶劳作事项的列举及对一年内县的各机构使役徒隶之人次的统计。前引里耶简 8-151

① 有关月“作徒簿”中的“积”的含义，参见周海锋：《秦官吏法研究》，西北大学出版社 2021 年版，第 90 页。

② 里耶秦简博物馆、出土文献与中国古代文明研究协同创新中心中国人民大学中心编著：《里耶秦简博物馆藏秦简》，中西书局 2016 年版，第 197—198 页。

收入了迁陵县的库藏兵器"计最簿"，"徒计"在基本结构、繁简程度上应与之相似。以此为前提，就可发现，"徒隶员簿"是与"徒计"既有关联，又差异明显的存在，其成为上计簿册的成员确非添足之笔。

以上粗略地介绍了岳麓简所载"上计令"C段提到的上计簿册的几种构成要素。当然，若说"计寂（最）、志、郡〈群〉课、徒隶员簿"即为县的令史向上官面呈[①]的上计簿册的全部，似又不然。至少可以想到的是，从战国秦至秦统一以后一直存在着上计时下级官吏携某些人员或贡物等一起赶赴上级机构的做法亦即所谓"计偕"。[②] 对这些人员或物品，难道县官府不会记录成册以便上峰在人、物与账之间展开核对吗？不过，由于在目前的史料中尚未发现对"与计偕"者加以登记的簿册，这里所说的"记录成册"云云也只能停留在推测的层面。但是，无论如何，我们都能看到，为了让官吏们意识到自己在日常行政中发生的错误必定会暴露并因此而推动其一丝不苟的职业态度的形成和强化，秦统治者高度重视行政过程的簿册化以及各种日常行政簿册之间、这些簿册与上计簿册的各成员之间乃至上计簿册的各成员相互间的数据关联和印证。如此，秦律为何特别关注"为券书，少多其实"之类的

---

① 虽然从岳麓简收入的"上计令"C段的文句来看，代表县官府赴上官处理上计事务的主要官吏是令史，但如里耶简所示：

> □□年后九月辛酉朔丁亥，少内武敢言之：上计☑□□而后论者狱校廿一牒，谒告迁陵将计丞☑上校。敢言之。☑（8-164正+8-1475正）（陈伟主编：《里耶秦简牍校释（第一卷）》，武汉大学出版社2012年版，第100页）
>
> 卅一年十月己酉朔癸酉，迁陵将计叚（假）丞枯敢言之：仆马一匹，以卅一年死。●今为椯一牒上，谒除籍。敢言之。（9-651正+9-2470正）（陈伟主编：《里耶秦简牍校释（第二卷）》，武汉大学出版社2018年版，第171页）

县丞似乎有时也会被县官府派往上峰处理上计事务。

② 如，睡简《秦律十八种·仓律》条文就提到了"计偕"，"县上食者籍及它费大（太）仓，与计偕"。陈伟主编：《秦简牍合集（壹·上）》，武汉大学出版社2014年版，第68页。又如，在岳麓简1248/190+1249/191所载《戍律》条文中亦可见"计偕"一词，"岁上舂城旦、居赀续〈赎〉、隶臣妾缮治城塞数、用徒数及黔首所缮用徒数于属所尉，与计偕，其力足以为而弗为及力不足而弗言者，赀县丞、令、令史、尉、尉史、士吏各二甲"。陈松长主编：《岳麓书院藏秦简（肆）》，上海辞书出版社2015年版，第131页。

笔误以至于为其设定多个处罚等级，[①] 在官府实践中又为何以“计校缪”为“大误”[②] 等问题就都能被较为深刻地理解了。进一步说，诸多簿册的字里行间其实弥漫着永田英正所说的一种政治“紧张气氛”，[③] 秦的严格治吏之风就以簿册为媒介而在上计的场合中展现出来。

紧随于此的问题是，作为县的上计簿册之呈送对象的上官究竟是谁呢？现代人由于习惯性地认为以郡统县的地方行政制度是秦从战国时代至统一六国一以贯之地实施的，因此也会很自然地将所谓“上官”界定为郡官府，但以秦简牍展现出来的情况看，这种判断显然是过于简单了。其一，从商鞅变法置县到秦设首郡即上郡乃至此后的很长一段时间，县在行政隶属关系上其实一直处于内史之下，县的令史在上计时必须面对的上官无疑就是内史了，睡简收入的如下律文的划线部分皆可证明这一点：

> 将牧公马牛，马〚牛〛死者，亟谒死所县，县亟诊而入之，其入之其弗亟而令败者，令以其未败直（值）尝（偿）之……其乘服公马牛亡马者而死县，县诊而杂买（卖）其肉，即入其筋、革、角，及索（索）入其贾钱……今课县、都官公服牛各一课……内史课县，大（太）仓课都官及受服者。 □□（睡简《秦律十八种·□□律》）
>
> 县、都官以七月粪公器不可缮者，有久识者靡蚩之……粪其有物不可以须时，求先买（卖），以书时谒其状内史。凡粪其不可买（卖）而可以为薪及盖蘙〈蘙〉者，用之；毋（无）用，乃燔之。 金布（睡简《秦律十八种·金布律》）

---

① 岳麓简 1244/225＋（1246＋1395）/226＋1364/227 所收《贼律》条文云：“为券书，少多其实，人户、马、牛以上，羊、犬、彘二以上及诸误而可直（值）者过六百六十钱，皆为大误；误羊、犬、彘及直（值）不盈六百六十钱以下及为书而误、脱字为小误。小误，赀一盾；大误，赀一甲。误，毋（无）所害□□□□殹（也），减罪一等。”陈松长主编：《岳麓书院藏秦简（肆）》，上海辞书出版社 2015 年版，第 142—143 页。

② 如，里耶简 9－706 背面载：“鞫拔、狐：启计校缪，不上校，大误，坐计缪☐。”陈伟主编：《里耶秦简牍校释（第二卷）》，武汉大学出版社 2018 年版，第 183 页。

③ 参见［日］永田英正：《居延汉简研究》，张学锋译，广西师范大学出版社 2007 年版，第 319 页。

> 禾、刍稾积廥，有赢、不备而匿弗谒，及者（诸）移赢以赏（偿）不备，群它物当负赏（偿）而伪出之以彼赏（偿），皆与盗同灋（法）……至计而上廥籍内史。入禾、发扁（漏）仓，必令长吏相杂以见之。刍稾如禾。 效[①]（睡简《秦律十八种·效律》）

其二，正如本书第一章曾介绍的工藤元男、杨振红对内史性质、职能之演变的考证已指出的，由于秦领土的扩大，内史作为王畿之所在的地位变得更为特殊，而县的迅速增多又导致内史需要处理的下级行政单位汇报之事务的总量呈膨胀之势以至于内史处理王畿的各项政务的精力被严重分散；在这种情况下，内史作为与郡相同且以京师地区为管辖范围的行政层级的身份逐渐被明确化，其原有的管理诸县的职能则被陆续划归其他机构。[②] 于上计而言，一方面，郡官府作为县官府之上峰的角色变得越来越明显；另一方面，如岳麓简“上计令”A段中的“县官上计执法”一语所示，执法也承担着县官府呈送的各类上计材料的任务。[③] 当然，这一变化应有其过程，或许至秦亡亦未彻底完成，故里耶简8－1845还有“卅二年迁陵内史计”[④] 一语，《二年律令·田律》亦曰“官各以二尺牒疏书一岁马、牛它物用稾数，余见刍稾数，上内史，恒会八月望”。[⑤] 不过，可以想见，至迟在战国后期，各郡官府、执法尤其是后者在上计中发挥的作用应当已远超内史，否则，“上计令”A段的

① 陈伟主编：《秦简牍合集（壹·上）》，武汉大学出版社2014年版，第55、100、140页。

② 参见本书第一章第三节的相关论述。

③ 周海锋认为，“县官上计执法”一语中的“县官”可能是指包括郡、县、都官均在内的各官署，而非单指县官府。参见周海锋：《秦官吏法研究》，西北大学出版社2021年版，第77页。事实上，在秦汉时代，以“县官”为官衔、官方之别称的情况可谓多见（具体考证可参见水间大辅：《秦漢“縣官”考》，载早稻田大学长江流域文化研究所编：《中國古代史論集——政治·民族·術數》，雄山阁2016年版，第92—97页；杨振红：《“县官”之由来与战国秦汉时期的“天下”观》，载《中国史研究》2019年第1期，第39—42页），因此，周说确有一定的合理性。但是，在秦汉文献中，以“县官”表示县之官署的场合也是存在的，而且，从“上计令”的B、C两段尤其是C段中的“一县用吏十〈七〉人”云云观之，将“县官上计执法”中的“县官”理解为县官府或许更为恰当。

④ 陈伟主编：《里耶秦简牍校释（第一卷）》，武汉大学出版社2012年版，第399页。

⑤ 彭浩、陈伟、［日］工藤元男主编：《二年律令与奏谳书：张家山二四七号汉墓出土法律文献释读》，上海古籍出版社2007年版，第193页。

规定就不免令人有无的放矢之感。概言之，在秦史上，县在上计时须面对的上官并非一成不变，而是经历了从内史转向执法、郡并存的过程。

至此，以县为中心展开的对秦的上计制度的探讨已接近尾声。据一应论述可知，随着上计程序的启动，县官府必须统计各类行政记录，其结果则为官吏考课提供了依据，也促成了内含各种考课意见的“课”类文书的出现。从这一点出发，考课确可谓上计的孪生制度。那么，所谓考课究竟考核什么，具体又是如何影响县吏的仕途升晋的？

二、考课之要点与县吏之职场成长

对考课究竟考核什么这一问题，要言之，答案基本上可以从两个方向上来寻找。其一为官吏的工作时长。岳麓简 1882/278＋1881/279 所收《迁吏令》条文云：

> （缺简）□□□言，县官□书告，为吏官、丞、尉以告已尽而取（娶）妻，许归十日，牍以为后岁告。病笃不能视事，材（裁）令治病。父母病笃，归旬。　●迁吏令□[①]

可见，除了“娶妻”“病笃”“父母病笃”等理由之外，秦县的官吏是不能随意离开工作岗位即“不视事”[②] 的；否则，就会面临处罚：

> （缺简）□□免，县官不视【事】若（?）主及曹事有不当及废之、留者，尽坐之。（岳麓简 1867/265 所收秦令）
>
> （缺简）【不】视事毋过五日，过五日，赀二甲。　●迁吏令甲廿八

① 陈松长主编：《岳麓书院藏秦简（伍）》，上海辞书出版社 2017 年版，第 190—191 页。

② 有关“视事”一词之释义，参见陈松长主编：《岳麓书院藏秦简（伍）》，上海辞书出版社 2017 年版，第 213 页；周海锋：《秦官吏法研究》，西北大学出版社 2021 年版，第 202 页。

（岳麓简 1775/271 所收秦令）①

另，《迁吏令》中还有如下规定：

（缺简）以上及唯（虽）不盈三，一岁病不视事盈三月以上者，皆免。病有瘳，令为新地吏及戍如吏。有適过，废，免为新地吏及戍者。 ●迁吏令甲（岳麓简 1865/276＋1791/277 所收秦令）

虽然"以上"二字之前有缺简，但观其后文，缺简部分很可能内含"官吏因病不视事达三次"之类的表达。换言之，官吏即便有"病笃"这样的正当离岗事由，也不能在一年内因此而"不视事"达三次及以上，或者虽不满三次，但累计时长超三个月。《迁吏令》的种种规定显然表明秦统治者希望官吏随时在岗以确保各项政务得到及时处理，所以，在考课的场合，以官吏的工作时长为统计对象可谓理所应当，而在里耶简的记载中确实就频繁出现关于官吏之"视事"时间的检核结果：

守丞大夫敬课。视事卌八日。（6－16）

令佐华视事卌七日。☐（8－460）

冗佐八岁上造阳陵西就曰駋，廿五年二月辛巳初视事上衍。病署所二日。●凡尽九月不视事二日，●定视事二百一十一日。（8－1450 正）②

① 此处所引的两条令文分别出自陈松长主编：《岳麓书院藏秦简（伍）》，上海辞书出版社 2017 年版，第 185、188 页。

② 此处所引的三段牍文分别出自陈伟主编：《里耶秦简牍校释（第一卷）》，武汉大学出版社 2012 年版，第 23、155、329 页。又，里耶简 9－728 载，"守丞枯五十五日—。守丞平五十七日—。守丞固二百卌二日—。令佐获卌四日—。令佐贺一百卅日—。令佐章百八十日—。守加卌四日—。守顺三百一十日—。佐集卌四日—。佐苏三百一十日—"。陈伟主编：《里耶秦简牍校释（第二卷）》，武汉大学出版社 2018 年版，第 193 页。杨智宇将其视为秦二世元年迁陵县守丞、令佐、守、佐的"视事"记录。参见杨智宇：《里耶秦简牍所见"迁陵守丞"补正》，载武汉大学简帛研究中心主办：《简帛》（第十三辑），上海古籍出版社 2016 年版，第 125—126 页。杨说或许是妥当的，但将 9－728 的记载视为守丞枯等的计劳一览表也未必不可取，故此牍之内容究竟与什么有关似可再思考。

其二，官吏们倘若以敷衍塞责、慵懒散漫的态度对待工作，那么，即便每日均在岗，于行政的正常运转而言亦难有助益；也就是说，在考课进行过程中，官府还必须据前文提及的各种“计”来确定诸吏在“视事”期间内的工作效果，故如里耶简 8－132＋8－334 所示：

☐冗募群戍卒百卌三人。

☐廿六人。●死一人。

☐六百廿六人而死者一人。

尉守狐课。

十一月己酉视事，尽十二月辛未。（8－132＋8－334）①

针对某官吏的考课文书极有可能主要是由工作时长测算和工作业绩证明两部分构成的。

那么，在工作时长和业绩都被确定之后，官府又将以何为凭来拟定奖惩方案；所谓奖惩又表现为哪些形式呢？有关前者，既然秦提倡“以法为教，以吏为师”，考课准则毫无疑问就藏于律、令等法规范的语句之中；问题在于，这些法规范究竟是怎样铺陈考课准则的。这里，首先应当指出，秦律、令所规定的考课之法似乎是按照县吏们所从事的主要政务分门别类地展开的。前文已提到关于官有马牛之畜养的考课规定，即睡简《秦律十八种·□□律》所载“将牧公马牛……今课县、都官公服牛各一课，卒岁，十牛以上而三分一死；不【盈】十牛以下，及受服牛者卒岁死牛三以上，吏主者、徒食牛者及令、丞皆有辠（罪）”云云。舍此，睡简《秦律十八种·效律》云：

仓扇（漏）死（朽）禾粟，及积禾粟而败之，其不可食者不盈百石以下，谇官啬夫；百石以上到千石，赀官啬夫一甲；过千石以上，赀官啬夫二甲；令官啬夫、冗吏共赏（偿）败禾粟。禾粟虽败而尚可食殴

① 陈伟主编：《里耶秦简牍校释（第一卷）》，武汉大学出版社 2012 年版，第 70 页。

（也），程之，以其秏（耗）石数论负之。 效①

律文所言之惩罚标准无疑可以在官府考核负有仓库管理之责的吏员的工作情况时被援引。又如，岳麓简 1912/288＋1883/289 所收《备盗贼令》条文曰：

●令曰：盗贼发不得者，必谨薄（簿）署吏徒追逐疾、徐、不得状于狱，令可案。不从令，令、丞、狱史主者赀各一甲。 备盗贼令廿三②

令文要求县官府及时记录负责逐捕盗贼却未能抓获他们的官吏的具体表现以便为后续追查提供参照（“令可案”），显然亦可被视为据以考核此类官吏的关联规则。再如，岳麓简 0963/048＋2059/049＋2097/050＋0831/051 所收秦令载：

●监御史下劾郡守。县官已论，言夬（决）郡守，郡守谨案致之。不具者，辄却；道近易具，具者，郡守辄移御史以齍（赍）使及有事咸阳者。御史掾平之如令。有不具不平者，御史却郡。而岁〈郡〉课郡所移并筭，而以夬（决）具到御史者狱数衔（率）之，婴筭多者为殿。十郡取殿一郡，奇不盈十到六亦取一郡。〖郡〗亦各课县，御史课中县官，取殿数如郡。殿者，赀守、守丞、卒史、令、丞各二甲，而令狱史均新地③

此令之句读颇费思量，但其文意大致可知。该令先强调，监御史负责监察各

① 陈伟主编：《秦简牍合集（壹·上）》，武汉大学出版社 2014 年版，第 138 页。
② 陈松长主编：《岳麓书院藏秦简（伍）》，上海辞书出版社 2017 年版，第 194 页。
③ 陈松长主编：《岳麓书院藏秦简（伍）》，上海辞书出版社 2017 年版，第 54—56 页。另，这里在引用此四简之简文时已据陈伟说与周海锋说对整理小组的原有句读、释文有所调整。参见陈伟：《〈岳麓书院藏秦简（伍）〉校读》，载简帛网 http://www.bsm.org.cn/?qinjian/7735.html，发布时间：2018 年 3 月 9 日；周海锋：《秦官吏法研究》，西北大学出版社 2021 年版，第 105 页。

郡，其监察事项包括郡下辖各县的结案情况，因此，除非某县因距离郡府较近而易于补充狱治材料（“道近易具”），对县呈送的狱治文书不完备的结案报告（“不具者”），郡府应当退回；至年终，官府应统计狱治记录完整即可宣告彻底终了的案件数占郡所汇报的案件总数的比率，并以此考核郡的狱治业绩。继之，令文又云，对郡之狱治业绩的考核办法也适用于县；① 只不过，因各县的地理位置之所在有别，考核主体亦有所不同。这样看来，上峰对县的狱治工作的考课无疑也是有着律、令上的依据的。更值得一提的是，除了根据政务之别确立多种考课规则之外，正如前章第二节已指出的，考虑到律、令对考课标准的论说经常表现出一定的原则性、纲领性，其可操作性略逊，秦统治者又进一步制定了作为规范的“课”（如《牛羊课》）以为律、令所述之考课标准的细则。概言之，秦统治者对考课准则的设计显然力求明晰、具体以便对所有官吏的职场表现给出恰如其分的奖惩意见，其内在理路不用说就是随着战国官僚制的成长而逐渐为当时之政坛所认可的“设官分职”“循名责实”论。至于奖惩的具体形式，观下表所列律文：

表 5 - 6

行号	具　体　内　容	出　处
①	以四月、七月、十月、正月肤田牛。卒岁，以正月大课之，最，赐田啬夫壶酉（酒）束脯，为旱〈皂〉者除一更，赐牛长日三旬；殿者，谇田啬夫，罚冗皂者二月。其以牛田，牛减絜，治（笞）主者寸十。有（又）里课之，最者，赐田典日旬；殿，治（笞）卅。　厩苑律	睡简《秦律十八种》
②	省殿，赀工师一甲，丞及曹长一盾，徒络组廿给。省三岁比殿，赀工师二甲，丞、曹长一甲，徒络组五十给。	睡简《秦律杂抄》
③	非岁红（功）及毋（无）命书，敢为它器，工师及丞赀各二甲。县工新献，殿，赀啬夫一甲，县啬夫、丞、吏、曹长各一盾。城旦为工殿者，治（笞）人百。大车殿，赀司空啬夫一盾，徒治（笞）五十。	

① 里耶简 9－1141 所载或与之有关：“☐□□狱史华断狱廿九☐☐筭。☐。”陈伟主编：《里耶秦简牍校释（第二卷）》，武汉大学出版社 2018 年版，第 268 页。

续 表

行号	具体内容	出处
④	肤吏乘马笃、辈（胔），及不会肤期，赀各一盾。马劳课殿，赀厩啬夫一甲，令、丞、佐、史各一盾。马劳课殿，赀皂啬夫一盾。	睡简《秦律杂抄》
备注	本表所引律文分别出自陈伟主编：《秦简牍合集（壹·上）》，武汉大学出版社 2014 年版，第 52、177、178、182 页。	

“最”“殿”皆为用以评定考课等级的词汇，意指“优”“劣”；对“最”者，激励往往表现为物质给予（如第①行的“壶酉（酒）束脯”）、免更役（如第①行的“除一更”）以及增加“视事”时长（如第①行的“赐牛长日三旬”“赐田典日旬”），而对“殿”者，处罚则表现为申斥（即第①行的“谇”）、减扣“视事”时长（如第①行“罚冗皂者二月”）以及②③④行均提及的赀甲盾[①]。当然，此处所说的只是与一次常规考课之“最”“殿”相关的奖惩。如果官吏在两次、三次常规考课或特殊事项考课中被评定为“殿”，惩罚就不只是申斥云云而已，甚至会直接将官吏推入“废官”序列，如下引睡简《秦律杂抄》收入的三条律文之划线部分所示：

●蓦马五尺八寸以上，不胜任，奔挚（絷）不如令，县司马赀二甲，令、丞各一甲。先赋蓦马，马备，乃粼从军者，到军课之，马殿，令、丞二甲；司马赀二甲，灋（废）。

---

① 里耶简 8-149+8-489 收入了迁陵县对其下辖官吏和更戍卒处以赀、赎情况的一览表：“【司】空佐敬二甲。【司】空守謷三甲。司空守巸三甲。司空佐沈二甲，以。□□□一盾，入。库武二甲。库佐驾二甲。田官佐贺二甲。𨛭长忌再□署。校长予言赀二甲。发弩□二甲。仓佐平七【盾】。田佐□一甲。令佐图一盾。令佐冣七甲。令佐逌二甲，已利。□廿钱。更戍昼二甲。更戍【五】二甲。更戍【登】二甲。更戍婴二甲。更戍□二甲。更戍裚赎耐，二。更戍得赎耐。更戍堂赎耐。更戍齿赎耐。更戍暴赎耐。”陈伟主编：《里耶秦简牍校释（第一卷）》，武汉大学出版社 2012 年版，第 89—90 页。据该表所涉机构之广、人数之多，或可将其视为迁陵县在某一次考课结束后对“殿”者做出的惩罚决定。其中，官吏们除了𨛭长忌之外基本上都被处以赀罚，这极有可能是此处的判断即“对‘殿’者，处罚则表现为……赀甲盾”的实例。另外，对秦汉朝廷通过减扣“视事”时长来处罚官吏这一点的介绍，亦可参见舒哲岚：《秦汉官吏职务犯罪研究》，中国政法大学 2021 年博士学位论文，第 278—279 页。

●髹园殿，赀啬夫一甲，令、丞及佐各一盾，徒络组各廿给。髹园三岁比殿，赀啬夫二甲而灋（废），令、丞各一甲。

采山重殿，赀啬夫一甲，佐一盾；三岁比殿，赀啬夫二甲而灋（废）。殿而不负费，勿赀。赋岁红（功），未取省而亡之，及弗备，赀其曹长一盾。大（太）官、右府、左府、右采铁、左采铁课殿，赀啬夫一盾。①

以上文对所谓奖惩形式的介绍为前提，还有一个问题需要稍作思考，即以物质给予、免更役、申斥、赀甲盾等作为奖惩手段是很容易理解的，增加或减扣“视事”时长何以具有奖惩效果呢？

要回答此问题，就应注意到秦时官吏的职场成长究竟是以何种方式进行的。在以往有关汉代官吏的转任之道的研究中，大庭脩较早指出，汉代官吏“以功次转任”，功乃可逐一计数的己所有、人所无的特殊事迹，但亦可从以出勤天数为基础且可据官吏工作状况而被增减的劳累积而来，故劳可谓最低的功；② 之后，学者们基本皆认可大庭说并强调，官吏的出勤时间并非皆可计为劳，所谓计劳是以“任官称职”为前提的，而胡平生等则更据居延汉简所收之功劳文书推断出汉时功与劳的折算关系为“积四岁劳，进为一功”。③这些论述对理解秦的官吏转任方式皆有所裨益。首先，以睡简记载的秦律条文论，虽未见关于官吏积功劳而迁转的明确规定，但在刑徒管理上，据服役时长而计劳至一定程度乃某类刑徒之身份被改变的前提条件：

---

① 此处所引的三条律文分别出自陈伟主编：《秦简牍合集（壹·上）》，武汉大学出版社 2014 年版，第 173、179 页。

② 参见大庭脩：《秦漢法制史の研究》，创文社 1982 年版，第 546—564 页。

③ 参见胡平生：《居延汉简中的“功”与“劳”》，载《文物》1995 年第 4 期，第 51—55 页；蒋非非：《汉代功次制度初探》，载《中国史研究》1997 年第 1 期，第 62—66 页；李解民：《〈东海郡下辖长吏名簿〉研究》，载连云港市博物馆、中国文物研究所编：《尹湾汉墓简牍综论》，科学出版社 1999 年版，第 59—60 页；张俊民：《悬泉汉简所见文书格式简》，载卜宪群、杨振红主编：《简帛研究》（2009），广西师范大学出版社 2011 年版，第 121—128 页；于振波：《简牍与秦汉社会》，湖南大学出版社 2012 年版，第 204—209 页。另，戴卫红对学界有关汉代的积功劳迁转制度及功劳文书的研究有所总结，或可参考。参见戴卫红：《秦汉功劳制及其文书再探》，载中国文化遗产研究院编：《出土文献研究》（第十六辑），中西书局 2017 年版，第 191—193 页。

毋令居赀赎责（债）将城旦舂……司寇不踐，免城旦劳三岁以上者，以为城旦司寇。[①]（睡简《秦律十八种·司空律》）

在军功授爵的场合又存在着以将士们的军中表现计其劳的做法：

从军当以劳论及赐，未拜而死，有辠（罪）法耐䙴（迁）其后；及法耐䙴（迁）者，皆不得受其爵及赐。其已拜，赐未受而死及法耐䙴（迁）者，鼠（予）赐。　军爵律[②]（睡简《秦律十八种·军爵律》）

这些律文似乎都暗示，尽管计劳的依据或有所不同，但计劳本身在秦政之众多领域皆有其市场，于官吏迁转而言大概也不例外。由此观之，睡简《秦律杂抄》所收《中劳律》提到“敢深益其劳岁数者，赀一甲，弃劳”[③] 很可能是计劳方面的一般规定，整理小组将其规范对象限定在“从军劳绩”上[④]不得不说是显得过于狭隘了，而近年来陆续公布的简牍文献则为进一步明确计劳在秦的官吏迁转等领域中的适用提供了新的契机。如，本书第一章曾有所涉及的张家山汉简《奏谳书》和岳麓简《为狱等状四种》收入的几份秦狱史迁转文书云：

六年八月丙子朔壬辰，咸阳丞毂礼敢言之。令曰：狱史能得微难狱，上。今狱史举闟得微[难]狱，为奏廿二牒。举闾毋害，谦（廉）絜（洁）敦慤（慤），守吏也，平端。谒以补卒史，劝它吏，敢言之。（张家山汉简《奏谳书》）

① 此律文在本书第三章收入的表3-8中已有引用，这里不再注明其出处。
② 陈伟主编：《秦简牍合集（壹·上）》，武汉大学出版社2014年版，第132页。另外，对秦的军功授爵制所包含的计劳之法的解说，参见蒋非非：《汉代功次制度初探》，载《中国史研究》1997年第1期，第63—64页；朱绍侯：《军功爵制考论》，商务印书馆2008年版，第56—60页；杜正胜：《编户齐民：传统政治社会结构之形成》，联经出版事业股份有限公司2018年版，第335—345页。
③ 陈伟主编：《秦简牍合集（壹·上）》，武汉大学出版社2014年版，第176页。
④ 参见睡虎地秦墓竹简整理小组编：《睡虎地秦墓竹简》，文物出版社1990年版，第83页。

令曰：狱史能得微难狱，【上。今狱史洋】得微难狱，【……】为奏九牒，上。此黔首大害殹（也）。毋（无）征物，难得。洋以智治詽（研）詗，谦（廉）求而得之。洋精（清）絜（洁），毋（无）害，敦毅（慤）；守吏（事），心平端礼，【劳、年】中令。绥任谒以补卒史，劝它吏，卑（俾）盗贼不发。敢言之。（岳麓简《为狱等状四种》）

●䰠，晋人，材犺（伉）……民大害殹（也）。甚微难得。触等以智治韱（纤）微，谦（廉）求得。五年，触与史去疢谒（?）为（?）【□□□□】□之（?）。今狱史触、彭沮、衷得微难狱，磔皋（罪）一人。为奏十六牒，上。触为令史廿（二十）二岁，年卌（四十）三；彭沮、衷劳、年中令。皆请（清）絜（洁），毋（无）害，敦殻（慤）；守吏（事），心平端礼。任谒课以补卒史，劝它吏。敢言之。①（岳麓简《为狱等状四种》）

从三份文书的划线部分来看，狱史晋升的条件大致可归结为三方面：其一，廉洁、诚实、端正（所谓“清洁”“敦慤”“心平端礼”）以显品德之优良；其二，熟悉本职工作，处事干练认真（所谓“无害”②）以明能力之突出；其三，以“为令史廿（二十）二岁，年卌（四十）三”一语观之，岁数和称职工作的时长应符合法律对任某职之年齿和资历要求的规定（所谓“劳、年中令”）。事实上，有关品德和能力的评语都较为抽象，而且如下文即将指出的，品德与能力如何会在计劳的时日上反映出来，所以，在三个方面的晋升条件中，真正具有实质意义或者说可操作性较强的其实就是“劳、年中令”，此可谓秦在官吏迁转上重视积功劳的鲜明例证。又如，前引岳麓简“上计令”

① 此处所引三段简文分别出自彭浩、陈伟、[日]工藤元男主编：《二年律令与奏谳书：张家山二四七号汉墓出土法律文献释读》，上海古籍出版社2007年，第378页；朱汉民、陈松长主编：《岳麓书院藏秦简（叁）》，上海辞书出版社2013年版，第180—181、190—191页。

② 有关“无害”作为对官吏之职场表现的评语的含义，陈槃、于振波等皆有较为精辟的解说。参见于振波：《秦汉法律与社会》，湖南人民出版社2000年，第216—219页；陈槃：《汉晋遗简识小七种》，上海古籍出版社2009年版，第38页；董飞：《出土秦简所见“毋害”小考》，载邬文玲、戴卫红主编：《简帛研究》（2020秋冬卷），广西师范大学出版社2021年版，第139页。

B段中的“攻（功）劳皆令自占”“恒令令史、官吏各一人上攻（功）劳、吏员”等语句就极为清晰地指出，对官吏功劳的统计乃县在上计时呈送给上峰的重要材料之一，其目的无疑是为上峰审核各种考课意见提供参考。据此，官府在日常运转中须经常计算吏员的出勤时间可谓不言自明，而如前文已指出的，在里耶简中确实就能见到不少对官吏之“视事”时长的记载。这同样是秦在官吏迁转上实行大庭脩所概括的积功劳晋升之制的证明，汉的“以功次转任”显然是秦制之延续。

其次，所谓劳当然要根据官吏的出勤或者说“视事”时间来统计，但二者并不等同。其原因就在于秦时与汉时一样，官吏的某段出勤时间能被计为劳是以此人在该期间内的工作表现达到律、令或课所设定的合格标准为前提的，故当时的考课文书如前引里耶简 8－132＋8－334 所示可能会一并列举官吏的工作业绩和工作时长；而且，对工作表现卓异或低劣者，如表 5－6 第①行中的《厩苑律》条文所规定的那样，官府又将对其“视事”时长予以额外增加或减扣以至于被计为劳的时日会超过或不如实际出勤时间。

最后，前文言汉时官吏的劳可转换为功，而里耶简 10－15 所收分三栏书写的功劳文书载：

（第一栏）☐□。☐□。

（第二栏）凡□□□□。为官佐六岁，为县令佐一岁十二日，为县斗食四岁五月廿四日，为县司空有秩乘车三岁八月廿二日，守迁陵丞六月廿七日，凡十五岁九月廿五日。【凡】功三∠，三岁九月廿五日。

（第三栏）□□□乡廿二年□□。□功二，□劳〈功〉四∠，三〚岁〛九月廿五【日】。●□凡功六，三岁九月廿五日。□□迁陵六月廿七日，定□□八月廿日。□□可□属洞庭。□五十岁居内史七岁□□。（10－15）①

---

① 里耶秦简博物馆、出土文献与中国古代文明研究协同创新中心中国人民大学中心编著：《里耶秦简博物馆藏秦简》，中西书局 2016 年版，第 128 页。需要说明，《里耶秦简博物馆藏秦简》对里耶简 10－15 第一栏的释文为“□□”，并无断简符号，但观图版，在两个既有墨迹残存又难以辨认的文字之前明显有残断，故此处在引用牍文时添加了断简符号。

可见，所谓劳转换为功在秦时同样是一种制度现实。问题是劳与功之间的折算比率如何呢？这里，先来看牍文第二栏。对其起始的“凡□□□□”一句，由于缺字较多，文意难解。① “为官佐六岁”至“守迁陵丞六月廿七日”无疑是对某人之宦途的论述；若将此人在各个岗位上的工作时间累计起来，且以三十日为一月，以十二月为一年，② 则总和恰好就是“十五岁九月廿五日”。又，划线部分中的“三岁九月廿五日”一语不用说是指劳被折算为功之后的剩余，所以，“【凡】功三∠”其实就暗示着秦制与汉制一样也是以四岁劳折合为一功的。然而，观第三栏所论，问题似乎颇为复杂，因为按照四岁劳进为一功的折算法，“廿二年”当计为“功五，二岁……”，但牍文却明言“凡功六，三岁九月廿五日”。对这一矛盾，戴卫红曾有所考察，其观点大致如下：(1) 据第三栏与第二栏在文句上的若干相同之处（如“三岁九月廿五日”“迁陵六月廿七日”）可知，二者是对同一人的功劳记录；(2) 从第三栏之牍文的残笔来看，“□□□乡”可释为“□守都乡”，而“□劳〈功〉四”之“劳”不能被改订为“功”，故“守都乡廿二年”被换算成了“功二”“劳四∠，三〚岁〛九月廿五【日】”；(3) 其之所以如此，是因为在折合都乡守之劳而为功时，其标准有所不同，须在“任职四年”的基础上考虑“事务剧烈”等其他因素；(4) 由于劳既可以时间计，又可以次数计，因此，所谓“功六，三岁九月廿五日”就是由第三栏中的“功二”、从第三栏之“劳四”折算而来的“功一”及第二栏中的“功三，三岁九月廿五日”构成的。③ 戴说显然是通

---

① 戴卫红推测，此牍或与其他牍相连接，“凡□□□□”数字乃对书于其他牍之上的某人“隃为史”及任县中某官之史的经历的总结。参见戴卫红：《里耶秦简所见功劳文书》，载邬文玲主编：《简帛研究》(2017 秋冬卷)，广西师范大学出版社 2018 年版，第 78 页，第 37 页。以本书第一章第三节对“隃为史”“揄为史”的考察为参照，此说或有可能，但究竟如何还有待考证。

② 张忠炜强调，在根据官吏的任职时间来折算功劳时，律令典章而非历法所说的一月、一年应如何计算的问题是首先需要解决的。参见张忠炜：《里耶秦简 10－15 补论——兼论睡虎地 77 号汉墓功次文书》，载中国政法大学法律古籍整理研究所编：《中国古代法律文献研究》(第十三辑)，社会科学文献出版社 2019 年版，第 107—108 页。必须指出，这一提醒非常值得注意，因为根据历法，大月、小月天数不等，闰月亦可谓常见，倘若律令典章对月、年的理解与历法所说相同，那无疑会引发统计上的不便。

③ 参见戴卫红：《里耶秦简所见功劳文书》，载邬文玲主编：《简帛研究》(2017 秋冬卷)，广西师范大学出版社 2018 年版，第 42 页。

过修正四岁劳进为一功的折算法来化解在第三栏的记述中可能存在的所谓"矛盾"，或有其合理性，但也不乏令人费解之处，如，为何都乡守的功劳折算标准须特殊化；又如，倘若劳确实可以次数计，那么，"劳一"又是以何者转换而来，是否亦为经考课后被认定合格的四年任职时间；再如，假使四年任职时间进为一劳，那么，在以时间计的劳可以直接折算为功的情况下，秦人又设计出"任职时间—以次数计的劳—功"这一积功之法岂非多此一举；还如，为何被计为次数的劳与功之间的折算比率恰恰也是四比一；等等。这样看来，戴说恐怕略显勉强。那么，对第三栏的记载究竟应如何理解呢？私见以为，至少有三点需要稍加注意。其一，如果"劳四"折合"功一"之说不妥，那么，"□劳〈功〉四"之"劳"就须改释为"功"；① 否则，第三栏中的"功六"无论如何，都是计算不出来的。其二，尽管第二栏与第三栏在文句上确有若干相同之处，但未必是关于同一人的功劳记录；否则，"□功二，□劳〈功〉四∠，三〖岁〗九月廿五【日】。●□凡功六，三岁九月廿五日"一语无论是针对第三栏中的"□□□乡廿二年□□"而发，还是以两栏所记之全部任职时间为评价对象，以劳折功以后的余数即"三岁九月廿五日"从未改变这一点都会令人感到不可思议。② 其三，一般来说，官文书在计劳时是用"岁"来表示年的，这或许表明"□□□乡廿二年□□"未必与计劳有关，所以，前文提到的所谓"矛盾"很可能本就是不存在的。进一步论，第三栏的记载其实并不足以对秦时实行四岁劳进一功的积功劳之法这一点构成挑战。综合以上三个方面的考察，应当认为，秦吏在转任上与汉吏一样有赖于其在职场上所立之"功"。此种"功"当然可以是法律难以明确罗列的各类耀眼业绩，但亦可由"称职"的在岗时间即劳转化而来，且某些职场优异表现还能加速劳的积累，如，前引三份狱史迁转文书均强调"得微难狱"，其原

---

① 参见里耶秦简博物馆、出土文献与中国古代文明研究协同创新中心中国人民大学中心编著：《里耶秦简博物馆藏秦简》，中西书局2016年版，第196页。

② 张忠炜也坚持第二栏与第三栏无关，二者的文字可能是对两个人的功劳的记载。参见张忠炜：《里耶秦简10-15补论——兼论睡虎地77号汉墓功次文书》，载中国政法大学法律古籍整理研究所编：《中国古代法律文献研究》（第十三辑），社会科学文献出版社，第102页。

因无疑就在于这种职场表现有力地促成了劳向功的跳跃甚至可以说是狱史们得以晋升的终极一搏。在厘清“在岗时间—考课—劳—功—仕途升进”这一环环相扣的逻辑链之后，前文所提出的问题即增加或减扣“视事”时长何以具有奖惩效果也就自然有了答案。

可以想见，这种积功劳晋升之制的设计初衷是让官吏们意识到自己只要廉洁奉公、勤勉工作、偶有闪光时刻，就能完成职位的逐步提升，从而保证秦的官僚政治以一种人人各守其职的状态有序运转。在实践中，通过积功劳而晋升的官吏也的确较为常见，前引三份狱史迁转文书提到的举闟、洋、触、彭沮、衷及书于里耶简 10－15 第二栏、第三栏之上的功劳文书的主人公即为其范例。此外，里耶简 8－269 还收入了如下与一位名为“釦”的官吏有关的文书：

> 资中令史阳里釦伐阅：
> 十一年九月隃为史。
> 为乡史九岁一日。
> 为田部史四岁三月十一日。
> 为令史二月。
> □计、户计。
> 年卅六。
> 可直司空曹。(8－269)①

对这份文书的性质，学者们有着不同的认识。汪桂海曾指出，在西北出土的汉简中存在着一种记录官吏之姓名、功劳、资历、资产及家属等信息的履历调查档案即所谓“累重訾直伐阅簿”。② 以汪说为参照，王彦辉推测，8－269 中的“□计”为“赀计”，故该牍的文字提到了釦的资历及家产、户内人口统

① 对这份文书，本书第一章第二节已有引用，此处不再说明出处。
② 参见汪桂海：《汉简丛考（一）》，载李学勤、谢桂华主编：《简帛研究》（2001 上册），广西师范大学出版社 2001 年版，第 382—384 页。

计，显然可归入“累重訾直伐阅簿”的范畴。[①] 戴卫红则认为，“□计”之“□”为“钱”字，“钱计”“户计”是指釦在转任时已完成关于其在任乡史等职位时的财务金钱方面及参与户籍编造工作之经历方面的审计，故 8－269 所收官文书应为比“累重訾直伐阅簿”更为纯粹的“伐阅”文书。[②] 对此二说，首先应当指出，在“□计”之“□”的释读上，若在此字之图版与书于里耶简之他处的“钱”“赀”二字的图版之间稍作对比，就会发现戴说的可能性更高，如下表所示：

表 5－7

原文字图版	比对文字图版						出处
(8－269)	钱	(6－5)	(8－13)	(8－60)	(8－63)	(8－75)	《里耶秦简（壹）》
	赀	(6－22)	(8－11)	(8－60)	(8－145)	(8－197)	
备注	本表所引文字图版分别出自湖南省文物考古研究所编著：《里耶秦简（壹）》，文物出版社 2012 年版，第 10、11、15、20、21、24、34、46、54 页。						

然而，至于“钱计”“户计”当作何解，戴说似有令人困惑之处，即在迁转至迁陵县之前，釦应接受其在任资中县官府之职位时的财物、经济方面的审计是可以理解的，但为何在乡史、田部史、令史的工作任务颇为复杂的情况下，唯独要审核其参与户籍编制工作的表现呢；若说如此而为的目的在于证明“釦”有能力“直司空曹”，那么，既然司空曹的工作与户籍管理等无关，这一证明又有何意义呢？由此看来，在“钱计”“户计”的释义上，或许更应考

① 参见王彦辉：《秦汉户籍管理与赋役制度研究》，中华书局 2016 年版，第 50—51 页。
② 参见戴卫红：《湖南里耶秦简所见“伐阅”文书》，载卜宪群、杨振红主编：《简帛研究》（2013），广西师范大学出版社 2014 年版，第 84—92 页

虑王说，但“钱”毕竟不能与“訾”即家产划等号，“钱计”是否指向有关家庭资产的统计恐怕还需要再斟酌。上述种种表明，王说与戴说各有其合理之处，但皆未尽妥当，里耶简 8-269 所收官文书究竟能否归入“累重訾直伐阅簿”之列仍难以定论。不过，无论如何，就像《汉书·车千秋传》中的“千秋无他材能术学，又无伐阅功劳”一句所附“师古曰”（“伐，积功也。阅，经历也”）明示的那样，里耶简 8-269 中的“伐阅”二字的存在已表明釦显然也是积功劳而迁转之官吏的实例，“九岁一日”“四岁三月十一日”“二月”不用说就是釦在资中县官府的各职位上的劳。

众多积功劳而迁转的事例在秦简牍文献中的出现似乎向世人展示了此制在秦官府内部之运转的流畅性和有效性及其设计初衷的落实，但细思之，此制恐怕有着不容忽视的弊端。一方面，积功劳迁转在很大程度上强调的是官吏的资历，而非高效、合理地执行政务的能力，因此，在这一制度环境下，如鱼得水者或官场不倒翁大概会以唯唯诺诺、谨小慎微、按部就班为基本素质，未必是真正的干才以至于官僚队伍变得良莠不齐。《汉书·董仲舒传》记载了董仲舒对当时的任官制度的改革奏议，其言曰：

> 古所谓功者，以任官称职为差，非谓积日累久也。故小材虽累日，不离于小官；贤材虽未久，不害为辅佐。是以有司竭力尽知，务治其业而以赴功。今则不然。<u>累日以取贵，积久以致官，是以廉耻贸乱，贤不肖浑淆，未得其真。</u>

既然汉的“以功次迁转”之法与秦基本相似，那么，董仲舒的评论虽是针对其时的积功劳迁转现象所导致之官僚政治的混乱而发，但或许也适用于秦的官场。另一方面，更值得一提的是，秦的大量官吏都是从佐史之类的小吏之职开始其仕宦生涯的。对他们来说，通过积功劳而成为长吏并非不可能，但县中小吏往往要由佐史经斗食而迈入“有秩（其内部又有不同秩级）”序列①之后，

① 有关秦县小吏的升迁过程，参见邹水杰：《秦简“有秩”新证》，载《中国史研究》2017 年第 3 期，第 48—51 页。

才有可能成为县的长吏或调往郡。如此，小吏们就必须积三个功甚至更多，而据四年劳进为一功的折算法，所谓小吏“成为县的长吏或调往郡”的攀升过程其实是以小吏们的十余年甚至更长时间的合格职场表现为代价的。正因为此，如釦的“伐阅簿”所示，釦在资中县任小吏的劳达到了十三年五月十二日；里耶简 10-15 第二栏统计的迁陵县某小吏的劳为“十五岁九月廿五日”，而岳麓简所收狱史迁转文书提到的“触”积劳竟达二十二年。更有甚者如睡虎地 11 号秦墓的墓主人喜终其一生都未能实现从小吏到长吏的跳跃。①当然，官吏们也可以借助职场上的出色业绩提升积劳的速度，但问题在于，如果此种业绩只表现为在常规的考课中胜出，如表 5-6 第①行中的“赐牛长日三旬”“赐田典日旬”所示，其对劳之增进的意义可谓有限；倘若所谓出色业绩必须如前文所说的“得微难狱”即破获因侦查难度极大或罪犯穷凶极恶而显得极为棘手的案件②一般，那又必定不是大多数官吏能成就的。因此，尽管在应然层面，积功劳升迁之制为时人提供了由基层小吏成长为县中的长吏乃至中央高官的渠道，但在实然层面，绝大部分官吏都面临着县丞之类的职位天花板。这样一来，其仕宦经历无非就表现为日复一日、年复一年地处理琐碎、繁杂且略显千篇一律的基层行政事务，枯燥、麻木甚或压抑的情绪就很难不在官场中冒出，工作拖延、失误亦可谓自然之事。对此，朝廷必定会有所警觉，以各种法规范严格约束官吏的言行、以吏道文本树立公德、前文所云通过行政过程的簿册化和在上计过程中的各类簿籍的互相核验来发现官吏的工作错误等措施就纷纷出台了。但是，这种种强化官吏管理的措

① 睡简《编年纪》对喜的仕宦经历的记载终于秦王政十二年喜以“鄢令史”之身份“治狱鄢”。参见陈伟主编：《秦简牍合集（壹·上）》，武汉大学出版社 2014 年版，第 10—11 页。倘若此后，喜又被提拔为县丞之类的长吏，《编年纪》想必不会漏记其在职场上的重要进步，因此，喜的最终职位很可能就是县的令史。

② 前文已述，张家山汉简《奏谳书》和岳麓简《为狱等状四种》收入了三份狱史迁转文书，而在这些文书之前，简文也记载了几位狱史所面临的“微难狱”的案情及侦破过程。此处所说的“微难狱”的含义就是根据简文对案情及侦破过程的介绍概括出来的。具体参见彭浩、陈伟、［日］工藤元男主编：《二年律令与奏谳书：张家山二四七号汉墓出土法律文献释读》，上海古籍出版社 2007 年版，第 377—378 页；朱汉民、陈松长主编：《岳麓书院藏秦简（叁）》，上海辞书出版社 2013 年版，第 179—180、185—190 页。另外，先前已发表的拙文对“微难狱”的含义也有所讨论，或可参考。参见拙文：《简牍所见秦县少吏研究》，载《中国法学》2017 年第 4 期，第 196—197 页。

施无疑会引发动辄得咎的结果，官吏们计劳而为功并实现职位升迁的难度则随之而增大，薪俸提高的希望也变得渺茫。在工作繁杂且追责严厉，但升职涨薪又颇为困难的情况下，追问为吏的现实利益当为正常心理，权力寻租遂顺理成章地出现，而《商君书·修权》则犀利地揭露了这种现象，"秩官之吏隐下以渔百姓，此民之蠹也"。① 进一步论，如果小吏与长吏沆瀣一气以便寻租和维护地方势力，那么，县官府与朝廷离心的风险就形成了。概言之，由于县中的官吏们并非全员高效精干、奉公守法、兢兢业业，对其围绕社会治理而展开的权力运转中的不当之举，似乎是难以单纯依靠县廷与诸官之间及同样具有地方性、顾及地方利益的郡府与县官府之间的统辖关系来清理的，故作为中央之外派力量而非地方行政官员的上峰对县的督责就显得极为必要，此即下一节将要探讨的朝廷对县官府的监察问题。

第二节　郡监御史、执法对县官府的监察

监察权是一种矗立于行政决策权与行政执行权之侧、直接向君主负责的权力，其设置目的在于纠举官吏的作奸犯科行为、确保朝廷政令被不走样地落实和君主划定的权力框架得到各级官府的严格遵守。② 其在战国秦汉以后

① 据佐原康夫研究，即便在汉初，"文法吏"因工作琐碎、晋升不易且待遇不佳而索贿等现象也仍然比比皆是；因此，对此类人物的质的改造成为了西汉后期地方行政体制调整的一个重要内容。参见佐原康夫:《漢代都市の機構研究》，汲古书院 2002 年版，第 245 页。

② 此处之所以专门提出"确保朝廷政令被不走样地落实和君主划定的权力框架得到各级官府的严格遵守"，并不仅仅是为了明示监察机构对官吏之不当言行的纠举所能实现的效果，更是为了强调将监察与行政分离并将其制度内涵基本限定在督察官吏违法行为之上实为现代人对古代制度的理解，其在历史语境中实应被界定为以行政管理的严密化为目的而形成的对政务之具体执行情况的监督。有关这一点，亦可参见王勇华:《秦漢における監察制度の研究》，朋友书店 2004 年版，第 24 页；严耕望:《中国地方行政制度史·秦汉地方行政制度》，上海古籍出版社 2007 年版，第 10 页。

的历朝历代基本上都是从中央和地方两个层面展开的。① 于秦，所谓监察在中央层面就表现为御史府中的御史大夫及其下僚对“天子耳目”之角色功能的发挥，在地方层面则为御史府之权力的自然延伸。那么，对县，这种延伸的具体面貌又如何呢？

一、郡官府中的监御史

《史记·秦始皇本纪》载“二十六年……分天下以为三十六郡，郡置守、尉、监”，《汉书·百官公卿表上》曰“监御史，秦官，掌监郡……郡守，秦官，掌治其郡，秩二千石……郡尉，秦官，掌佐守典武职甲卒，秩比二千石”。可见，郡官府尤其是被省称为“监”的监御史就负有督察县官府是否谨守法度的职责，但需要注意的是，此监察之职及“郡置守、尉、监”之制是随着战国至秦统一期间郡的发展而逐渐形成的，以下将先对此问题稍作考察。

在可信度相对较高的史籍中最早提及与地方制度相关之郡者或为《左传·哀公二年》之“传”文：②

> 秋八月，齐人输范氏粟，郑子姚、子般送之。士吉射逆之，赵鞅御之，遇于戚……简子誓曰：“范氏、中行氏，反易天明，斩艾百姓，欲擅

① 参见贾玉英等：《中国古代监察制度发展史》，人民出版社 2004 年版，第 4—30 页；邱永明：《中国古代监察制度史》，上海人民出版社 2006 年版，第 2—3 页；高一涵：《中国御史制度的沿革 中国内阁制度的沿革》，商务印书馆 2021 年版，第 7—40 页。另外，对相关学术成果的概括性评价，参见余蔚：《中国古代地方监察体系运作机制研究》，上海古籍出版社 2014 年版，第 1—7 页。

②《逸周书·作雒解》云“分以百县，县有四郡，郡有□鄙”，似明周时已存在以县统郡之制，但学界对该篇是否确为周初所作尚无定论，且其中提到的县辖郡、郡辖鄙的严整建制大概也得不到西周史料的印证，因此，在考察郡制之起始时暂且不考虑该篇。参见臧知非：《战国秦汉行政、兵制与边防》，苏州大学出版 2017 年版，第 11—12 页。另，《国语·晋语二》载：“公子夷吾出见使者，再拜稽首，起而不哭，退而私于公子絷曰：‘中大夫里克与我矣，吾命之以汾阳之田百万……君实有郡县且入河外列城五……。’”此似为秦穆公时已有郡县制之证明，但如童书业、周振鹤所说，“君实有郡县”云云当为战国时人比附当时之制度而作（参见童书业：《春秋左传研究》，中华书局 2006 年版，第 168 页；周振鹤：《中国地方行政制度史》，上海人民出版社 2019 年版，第 31—32 页），故目前所见有关郡制的最早记载或许仍应推《左传·哀公二年》之“传”文。

晋国而灭君。寡君恃郑而保焉。今郑为不道，弃君助臣，二三子顺天明，从君命，经德义，除诟耻，在此行也。克敌者，上大夫受县，下大夫受郡，士田十万，庶人工商遂，人臣隶圉免。志父无罪，君实图之。若其有罪，绞缢以戮，桐棺三寸，不设属辟，素车朴马，无入于兆，下卿之罚也。”

由此可知，鲁哀公二年（公元前 493 年）之前，以“郡”为名的据点[1]就已存在，但至春秋末期，郡在地位上仍不如县。其之所以如此，或如清人姚鼐所云，是因为“郡远而县近，县成聚富庶而郡荒陋，故以美恶异等，而非郡与县相统属也”。[2] 亦即，在时人眼中，郡不如县与行政层级之上下无关，只是因为在先秦时代，县在设立时间上早于郡，故至春秋末，县已从边鄙向列国的腹里拓展，郡则仍坐落于边境以至于二者在繁华程度上有较大差异。[3] 可是，为何要在边境置郡呢？本书第一章在探讨商鞅变法之前县制的发展过程时曾指出，西周、春秋年间，县被置于边地的原因基本可归结为军事需求（偶有特殊的政治、经济考虑）。以之为参照，在春秋末年战争环境继续甚至愈演愈烈，而县的地方行政职能逐渐强化的情况下，为了维持边地在攻防上的重要作用，以君主直接控制的新型军事据点代替原来的作为边地军镇的县实可谓自然之事，此当为郡制登上历史舞台的关键背景。这当然不是毫无根据的臆测。一方面，如姚鼐所说，“郡之称，盖始于秦、晋，以所得戎翟地远，使人守之，为戎翟民君长，故名曰郡”，[4] 而史籍所载战国之郡的长官又

① 周振鹤指出，郡在最初也是邑的一种形式。参见周振鹤：《中国地方行政制度史》，上海人民出版社 2019 年版，第 32 页。

② ［清］姚鼐：《惜抱轩文集》卷二《郡县考》，收入《续修四库全书》编纂委员会编：《续修四库全书》（第 1453 册），上海古籍出版社 2002 年版，第 9 页。

③ 以姚鼐说为参照，先贤对《左传·哀公二年》所载“上大夫受县，下大夫受郡”之缘由也多有阐发，其论颇值借鉴。具体参见严耕望：《中国地方行政制度史·秦汉地方行政制度》，上海古籍出版社 2007 年版，第 4 页；顾颉刚、史念海：《中国疆域沿革史》，商务印书馆 2015 年版，第 52—53 页；杨宽：《古史探微》，上海人民出版社 2016 年版，第 97 页；侯外庐：《中国古代社会史论》，商务印书馆 2021 年版，第 87—91 页。

④ ［清］姚鼐：《惜抱轩文集》卷二《郡县考》，收入《续修四库全书》编纂委员会编：《续修四库全书》（第 1453 册），上海古籍出版社 2002 年版，第 9 页。

皆被称为“郡守”,[①] 此二名均有明显的开边、军事色彩自不待言；另一方面，杨宽曾指出，“战国时代的郡都设在边地，主要是为了巩固边防。如魏上郡，赵云中、雁门、代郡，燕的上谷、渔阳、右北平、辽西、辽东等郡，秦陇西、北地郡，楚巫郡、黔中郡等等”,[②] 此现象未必不能被视作郡从设置之初即一直扮演着边地军区之角色的余绪。结合这两方面认识，以郡为春秋列国间的战争进退之产物虽不能言与史实完全契合，但也应大致接近。

至于秦，其置郡时间当始于战国，其首郡为从魏夺来的上郡。[③] 毋庸赘言，上郡的地理位置在秦魏边境，故秦郡在最初也具有较为浓厚的军区性质。[④] 不过，郡既以君主直辖之军区为其初始身份，在春秋战国时代，“兵者，国之大事，死生之地，存亡之道，不可不察”（《孙子·计篇》）的情况下，自可以兵事为由调动各种资源、督促周边的地方官府执行君命，郡官府的权力遂从军事领域向其他方面拓展。如，睡简《秦律十八种·置吏律》曰：

> 县、都官、十二郡免除吏及佐、群官属，以十二月朔日免除，尽三月而止之。其有死亡及故有夬（缺）者，为补之，毋须时。 置吏律[⑤]

有关划线部分的“十二郡”，睡简整理小组并未详考其究竟，只是指出“秦所设郡数逐步增加，据《史记》，秦只有十二个郡的时期，至少应在秦始皇五年

① 对此，严耕望已有考证，参见严耕望：《中国地方行政制度史·秦汉地方行政制度》，上海古籍出版社 2007 年版，第 5 页。

② 杨宽：《战国史》，上海人民出版社 2003 年版，第 228—229 页。另外，俞鹿年也曾详列史籍对战国时代郡之设置缘由的记载，并指出“战国时代各国在边地设郡，其时的郡具有军区的性质，郡的地位已高于县”。参见俞鹿年：《先秦时期国家机关的演进》，社会科学文献出版社 2021 年版，第 353—360 页。

③ 有关秦郡的设置先后，诸家之说多有不同，但除了个别学者之外，诸家基本皆认可秦的首郡为上郡。对相关观点的总结与对比，参见晏昌贵：《秦简牍地理研究》，武汉大学出版社 2017 年版，第 25—26 页。

④ 游逸飞就曾据出土战国秦兵器铭文指出，在秦郡初创之时，郡守拥有的主要权力乃兵器监铸权，此为早期秦郡之军事色彩的反映。参见游逸飞：《制造“地方政府”——战国至汉初郡制新考》，台湾大学出版中心 2021 年版，第 51 页。

⑤ 陈伟主编：《秦简牍合集（壹·上）》，武汉大学出版社 2014 年版，第 135 页。

以前”；[①] 后，黄盛璋、林剑鸣、大庭脩、王辉等对“十二郡”之所指及年代下限皆有所论述，[②] 晏昌贵则在前人成果的基础上展开更为细致的研究并指出：

> 秦十二郡按照设置年代的先后，应为：上郡、蜀郡、巴郡、汉中郡、河外郡、河东郡、陇西郡、南郡、黔中郡、河内郡、南阳郡、北地郡。最晚的北地郡置于秦昭襄王三十五年，此后秦于庄襄王元年（前 249 年）改河外郡置三（叁）川郡，三年（前 247 年）置上党、太原郡，秦王政五年（前 242 年）置东郡。所以，秦简《置吏律》当形成于秦昭襄王三十五年至庄襄王元年之间，亦即秦昭襄王后期。[③]

可见，至迟到秦昭襄王后期，郡与县一样已有一支以“吏及佐、群官属”为成员的较具规模的官僚队伍且郡的长官掌握了对这些下僚的辟除权。[④] 种种延伸性权力的汇集无疑将使郡的职能变得更为全面，以至于郡如最初的县一样呈现出了政区化[⑤]的发展趋势。尽管如此，考虑到睡简所载律文与商鞅变法关联甚密[⑥]及这些律文频繁提及内史、大内、大仓对县的政务领导[⑦]这两点，应当认为，以秦在商鞅变法时期向其关中故地的全境推广县制为起点的一段时间内，县皆为王畿下辖的地方行政层级，郡与县之间是不存在垂直统

① 参见睡虎地秦墓竹简整理小组编：《睡虎地秦墓竹简》，文物出版社 1990 年版，第 56 页。

② 参见黄盛璋：《云梦秦简辨正》，载《考古学报》1979 年第 1 期，第 3 页；大庭脩：《秦漢法制史の研究》，创文社 1982 年，第 77—78 页；王辉：《一粟集：王辉学术文存》，艺文印书馆 2002 年，第 653—655 页，林剑鸣：《秦史稿》，中国人民大学出版社 2009 年版，第 188 页，注⑧。

③ 参见晏昌贵：《秦简牍地理研究》，武汉大学出版社 2017 年版，第 27—58 页。

④ 至秦统一前后，由于郡的数量已超过十二个，此处列举的《置吏律》条文应有所修订，其结果或即本书第一章所引岳麓简 1227/220 记载的《置吏律》条文“县、都官、郡免除吏及佐、群官属，以十二月朔日免除，尽三月而止之”。

⑤ 王彦辉甚至推测郡县制之下的郡的组织机构可能是仿照县制而设置的。参见王彦辉：《秦汉户籍管理与徭役制度研究》，中华书局 2016 年版，第 9 页。

⑥ 有关这一点，可参看本书第一章的简要说明。

⑦ 参见工藤元男：《睡虎地秦簡よりみた秦代の国家と社会》，创文社 1998 年版，第 27—37 页。

属关系的。

然而，如前文已多次强调的，随着秦军所开辟的领土的大幅度增长，秦之关中故地的政治中心地位变得愈加显赫；与之相适应，内史作为京畿地区的行政长官须承担的戍卫、管理之责日重，在对设置于新领地的诸县履行管控之责时就难免感到精力不济，而中央各机构对远离关中故地的各县之政务展开直接指导或介入也变得颇为不便。在这种情况下，本就有调动、监督邻近各县之行政力量的郡即因朝廷对其干预县的各项政务之权力的授予或认可而逐渐取代了内史或中央机构作为各县之直接上峰的地位。① 以“狱治”为例，睡简《法律答问》载：

> “辞者辞廷。”●今郡守为廷不为？为殹（也）。■“辞者不先辞官长、啬夫。”■可（何）谓“官长”？可（何）谓“啬夫”？命都官曰“长”，县曰“啬夫”。②

论者已指出，《法律答问》引律令文多有节略现象，“辞者不先辞官长、啬夫”极有可能是“辞者不先辞官长、啬夫，勿听”或“辞者不先辞官长、啬夫而……勿听”之节略，其完整意思为“如起诉者不先向都官长、县啬夫（即

① 有关秦的以郡辖县之制的形成，杨宽曾指出，其为秦效仿三晋之制的结果；后学亦不乏认可此说者。参见杨宽：《古史探微》，上海人民出版社2016年版，第97页；张伟保、温如嘉：《郡县制的早期发展——以魏国为中心》，载香港中文大学历史系中国历史研究中心、新亚研究所编：《中国古代政治制度与历史地理——严耕望先生百龄纪念论文集》，齐鲁书社2019年版，第63—80页。不过，土口史记在详细考证秦、魏二者之郡制后强调，秦郡制的成长乃至于以郡辖县之制的确立是以秦自身的政治形势即领土的迅速扩大为背景的，未必与三晋郡制有关。参见土口史记：《先秦時代の領域支配》，京都大学学术出版会2011年版，第143—152页。土口说实为对秦郡制之特殊性的关注，颇值参考。事实上，近年来，游逸飞对楚郡制的研究也展现了楚郡的独特性，“战国楚郡的建置并非在县之上设置另一个官署，而是赋予县公管理、监督临近之县的更大权力。如此一来郡制与县制的结构便高度重叠，可谓郡县同构”。参见游逸飞：《制造“地方政府”——战国至汉初郡制新考》，台湾大学出版中心2021年版，第97页。由此看来，战国时期之郡制的发展模式很可能是多样化的，这应当是今后研究战国之郡制时需要注意的问题。

② 陈伟主编：《秦简牍合集（壹·上）》，武汉大学出版社2014年版，第233页。

县令、长）提起诉讼（而……），则官府不予受理”。[①] 言下之意，若都官长、县啬夫已审完案件，而涉诉双方又对判决意见不服，则法律允许涉诉双方之任何一人提起上诉，上诉案件的受理机构为“廷”即“廷尉”[②]，这大概就是“辞者辞廷”的含义。至于为何案件一经上诉，其受理者就从县一跃至中央的廷尉，那无非是因为前文所说的商鞅变法之后的一段时间内，县乃直接隶属于中央的地方行政层级这一点。但是，随着秦之领土的扩大以及由此必然导致的远离王畿之县的数量的增多，廷尉实际上是无法保证上诉案件的处理效率的，朝廷遂只能考虑让本就有监督县的行政运转状态之权的郡来分担廷尉的工作压力；只不过，因为之前郡并非县的上级，向无制度性地受理来自于县的上诉案件的权力，所以，朝廷的授权其实是引发了一次较大的制度变革，官吏们对此自然要有一个适应的过程，这应该就是“今郡守为廷不为”一问的出现背景。又如，在徭役管理方面，本书第二章曾提及的睡简《秦律十八种·徭律》条文曰：

> 御中发征，乏弗行，赀二甲……兴徒以为邑中之红（功）者，令結（嫴）堵卒岁……县为恒事及灋有为殹（也），吏程攻（功），赢员及减员自二日以上，为不察。上之所兴，其程攻（功）而不当者，如县然。

“御中发征”“上之所兴”与“邑中之红（功）”“县为恒事及灋有为”很明显处于对举状态，前者为君主或中央征发之“外徭”，后者乃县官府兴起之“内徭”。整条律文似乎完全是以中央与县之间的直接行政统属关系为背景展开的，县“灋有为”的对象看起来也应是内史或中央的某机构，郡的存在感可

① 参见郭洪伯：《“郡守为廷”——秦汉时期的司法体系》，载《第八届“北京大学史学论坛”论文集》，北京 2012 年，第 3 页；中国政法大学中国法制史基础史料研读会：《睡虎地秦简法律文书集释（八）：〈法律答问〉61～110 简》，载中国政法大学法律古籍整理研究所编：《中国古代法律文献研究》（第十三辑），社会科学文献出版社 2019 年版；第 50—51 页；游逸飞：《制造“地方政府”——战国至汉初郡制新考》，台湾大学出版中心 2021 年版，第 35 页。
② 有关“辞者辞廷”中的“廷”之所指，本书第四章第二节亦有所解说，可一并参看。

谓极为薄弱。这当然可以用律文制定之时秦尚未置郡来解释，但在书手撰写作为学吏教材之一的《秦律十八种》时，秦郡制无疑已有所发展；倘若此时郡已可掌控县对徭役的征发，那么，书手为何要抄写一条与行政运转的实际情况不符的律文就令人费解了。因此，郡在上引《徭律》条文中“存在感薄弱”云云大概只能被视作郡在其出现后的一段时间内尚无法对县的发徭事务加以全面约束这一事实的制度反映。[①] 不过，岳麓简 1295/156＋1294/157＋1236/158＋1231/159 所收《徭律》条文曰：

> 发繇（徭），兴有爵以下到人弟子、复子，必先请属所执法，郡各请其守，皆言所为及用积徒数，勿敢擅兴，及毋敢擅傳（使）敖童、私属、奴及不从车牛。凡免老及敖童未傅者，县勿敢傳（使）。节载粟乃发敖童年十五岁以上，史子未傅先觉（学）觉（学）室，令与粟事。敖童当行粟而寡子，独与老父老母居、老如免老，若独与疼（癃）病母居者，皆勿行。[②]

从划线部分来看，县在发徭时如须动员有爵者、“人弟子”“人复子”[③]，则应据其地望之别而向执法或郡请示；换言之，至迟到秦统一前后，郡业已成为“灋有为”的对象。又，据里耶简 16－5 正面与 16－6 正面所载，洞庭郡曾于秦始皇二十七年（公元前 220 年）二月庚寅日（2 月 15 日）发出两份内容完全一致的文书：

① 重近启树曾据传世文献指出，从战国秦至西汉初，郡长官并未掌握郡内的“更徭”（即此处所说的“内徭”）征发权。参见重近启树：《秦漢税役体系の研究》，汲古书院 1999 年版，第 160—162 页。以新近出土的秦简牍文献观之，尽管重近说中的时间界定即“从战国秦至西汉初”显然需修正，但其对郡最初缺乏全面管理县的徭役征发事宜之权力的强调是值得重视的。

② 陈松长主编：《岳麓书院藏秦简（肆）》，上海辞书出版社 2015 年版，第 119—120 页。另外，此处在引用本段简文时，已据京都大学“秦代出土文字史料研究”班的观点对整理小组的句读有所调整。参见“秦代出土文字史料の研究”班：《嶽麓書院所藏簡〈秦律令（壹）〉譯注稿 その（二）》，载《東方學報》第九十三册，2018 年，第 55 页。

③ 有关“人弟子”“人复子”之含义，参见本书第二章第二节“民力征用”部分对岳麓简 1232/147＋1257/148＋1269/149＋1408/150 所收《徭律》条文中的“人属弟子”“人复复子”二词的解说。

廿七年二月丙子朔庚寅，洞庭守礼谓县啬夫、卒史嘉、段（假）卒史穀、属尉。令曰：传送委输，必先悉行城旦舂、隶臣妾、居赀赎责（债）；急事不可留，乃兴繇（徭）∠。今洞庭兵输内史，及巴、南郡、苍梧输甲兵，当传者多。节传之，必先悉行乘城卒、隶臣妾、城旦舂、鬼薪、白粲、居赀赎责（债）、司寇、隐官、践更县者∠。田时殹（也），不欲兴黔首。嘉、穀、尉各谨案所部县卒、徒隶、居赀赎责（债）、司寇、隐官、践更县者薄（簿），有可令传甲兵县弗令传之而兴黔首，兴黔首可省少弗省而多兴者，辄劾移县，县亟以律令具论当坐者，言名、夬（决）泰守府。嘉、穀、尉在所县上书嘉、穀、尉。令人日夜端行，它如律令。（16－5 正）①

在文书中，洞庭郡对其下辖各县发布了不得以“洞庭兵输内史，及巴、南郡、苍梧输甲兵，当传者多”为由征发黔首承担徭役以至于影响农作的命令。由于两份文书分别沿着各自的传送路线（洞庭郡—卒史及属—迁陵等各县、洞庭郡—迁陵等各县）前行，因此，如里耶简 16－5 背面及 16－6 背面所示，二者于不同时间（即下引史料①之“三月癸丑（3 月 8 日）”与下引史料②之“三月戊申（3 月 3 日）夕”）到达迁陵县：②

① 里耶秦简博物馆、出土文献与中国古代文明研究协同创新中心中国人民大学中心编著：《里耶秦简博物馆藏秦简》，中西书局 2016 年版，第 207 页。于里耶简 16－6 正面之记载，因其与此处所引牍文完全一致，故不再逐录。另外，里耶简 9－2283 正面也收入了内容相同的官文书，所以，此处在引用里耶简 16－5 正面之牍文时已据《里耶秦简牍校释（第二卷）》所示 9－2283 正面之牍文的句读而调整《里耶秦简博物馆藏秦简》对 16－5 正面之牍文的句读。

② 对内容相同且于同一日发出的两份文书在不同时间到达迁陵县这一现象，陈剑及杨振红、单印飞皆将其缘由归结为两份文书之传送路线的差异，而单育辰主张，其原因在于一份文书在到达迁陵县后即被转呈给县丞（如里耶简 16－6 背面所示），另一份文书则是在到达迁陵县，但尚未被县丞批复的情况下就流转至他处，后又重新回到迁陵县（如里耶简 16－5 背面所示）。参见陈剑：《读秦汉简札记三篇》，载复旦大学出土文献与古文字研究中心编：《出土文献与古文字研究》（第四辑），上海古籍出版社 2011 年版，第 374 页，注释①；杨振红、单印飞：《里耶秦简 J1（16）5、J1（16）6 的释读与文书的制作、传递》，载《浙江学刊》2014 年第 3 期，第 22—23 页；单育辰：《里耶秦公文流转研究》，载武汉大学简帛研究中心主办：《简帛》（第九辑），上海古籍出版社 2014 年版，第 208—209 页。二说皆有其理，但从二者的具体论证过程来看，前者似更为妥当，故此处采陈剑及杨振红、单印飞说。

① 三月丙辰，迁陵丞欧敢告尉、告乡、司空、仓主，前书已下，重听书从事。尉别都乡、司空，司空传仓；都乡别启陵、贰春，皆勿留脱，它如律令。/釦手。丙辰，水下四刻，隶臣尚行。

三月癸丑，水下尽，巫阳陵士五（伍）匄以来。/邪手。

二月癸卯，水下一刻刻下九，求盗簪褭阳成辰以来。/弱半。如手。（16-5背）

② 三月庚戌，迁陵守丞敦狐敢告尉、告乡、司空、仓主听书从事。尉别书都乡、司空，司空传仓；都乡别启陵、贰春，皆勿留脱，它如律令。/釦手。庚戌水下六刻，走袑行尉。

三月戊午，迁陵丞欧敢言之：写上。敢言之。/釦手。己未旦，令史犯行。

三月戊申夕，士五（伍）巫下里闻令以来。/庆半。如手。（16-6背）①

另外，里耶简9-2283提到，洞庭郡还曾在二月庚寅日发出两份文书的两天后即二月壬辰日（2月17日）再次抄写该文书，以郡守礼要求相关各方在收到文书后应立即回报的命令缀于其后，并将其发出；结果，在里耶简16-5背面及16-6背面的记载之外的第三份收文记录（即下引9-2283背面所写"三月丁巳水下七刻，隶臣移以来。/爽半"一句，其意是说"三月丁巳（3月12日）水下七刻，隶臣移将文书送至迁陵县，县廷中的一位名为'爽'的小吏拆开了这份文书"）就出现了：

廿七年二月丙子朔庚寅，洞庭守礼谓县啬夫、卒史嘉、叚（假）卒史榖、属尉……壬辰，洞庭守礼重曰：新武陵别四道，以道次传，别☑（9-2283正）到，辄相报。不报，追之。皆以邮、门亭行。新武陵言书到。/如手。☑

① 里耶秦简博物馆、出土文献与中国古代文明研究协同创新中心中国人民大学中心编著：《里耶秦简博物馆藏秦简》，中西书局2016年版，第207、208页。

三月辛酉，迁陵丞欧敢告尉、告乡、司空、仓主：听书从事。尉别书都乡、司【空，司空】传仓，都乡别启陵、贰春，皆勿留脱。它如律令。即报酉阳书到。/釦手。壬戌，隶臣尚行尉及旁。

三月丁巳水下七刻，隶臣移以来。/爽半。　如手。(9－2283背)①

毋庸赘言，上述承载着郡守之命令的三份官文书的复杂下行过程当可证明发徭乃秦朝廷极为关注之政务，也揭示了秦统一前后郡在徭役管理上已可强势约束县的形象。当然，“狱治”与征发徭役不过是县官府所负责的一应政务中的两种，郡在这两方面具备实实在在的约束县的能力并不意味着郡已彻底成为县的上一行政层级，但以郡统县的行政架构的建立无疑就是通过中央对郡干预县之政务的各种权力的逐一授予或确认来完成的。尽管如学者们所说，此过程甚至到西汉早期都尚未结束，② 但战国后期为郡从军区向行政职能强大的地方政区迈进的重要阶段应属史实。

正因为此，战国后期法家已从维护君权的立场出发阐述其对郡守权力地位之大幅度提升的担忧，如《韩非子·亡征》曰，“出军命将太重，边地任守太尊，专制擅命，径为而无所请者，可亡也”；列国朝廷自然也会采取某些措施以便实质性地约束郡守之言行③。以此为背景，对因领土膨胀以至于郡在地方控制上变得日益重要的秦而言，比他国更谨慎地思考如何防止郡凝聚若干县的力量来对抗中央这一问题毋宁说是极为必要的。由之，秦统治者遂将

① 陈伟主编：《里耶秦简牍校释（第二卷）》，武汉大学出版社2018年版，第447—448页。

② 参见邹水杰：《秦代县行政主官称谓考》，载《湖南师范大学社会科学学报》2006年第2期，第106页；纸屋正和：《漢時代における郡県制の展開》，朋友书店2009年版，第100—124页；周振鹤：《中国地方行政制度史》，上海人民出版社2019年版，第37页；游逸飞：《制造“地方政府”——战国至汉初郡制新考》，台湾大学出版中心2021年版，第37—38页。

③ 以往，学者们已对战国时期的君主所采取的约束郡守之权力的措施有所罗列，如，为了防止郡守之兵权过大，平时军队或由各县训练，虎符往往予县令而不予郡守，战时则由君主调兵，郡守受命领兵；又如，据《韩非子·内储说上》及《战国策·韩策三》的记载所示，派御史驻守地方以展开监察；等等。具体参见杨宽：《古史探微》，上海人民出版社2016年版，第102—103页；臧知非：《战国秦汉行政、兵制与边防》，苏州大学出版2017年版，第12页；游逸飞：《制造“地方政府”——战国至汉初郡制新考》，台湾大学出版中心2021年版，第223页。

郡的权力一分为二，使郡守管理治狱、财政、军事等政务，令郡尉掌人事权且在军事上与郡守分权，① 又从中央御史府向郡派遣监御史负责监察郡的各项政务之运转。不仅如此，正如里耶简及岳麓简等频频提及“守府”（如里耶简 8-175、8-904、8-1119 等）、“尉府”（如里耶简 8-98、8-376、8-1225 等）、“监府”（如里耶简 8-1006、8-1644 及岳麓简 0619/005、0720/044 等）② 这一点所示，至迟在战国晚期，郡守、郡尉、监御史已分别开府③，《史记·秦始皇本纪》所云“郡置守、尉、监”之制从内容到形式均得以确立。这样一来，郡守、郡尉及郡所辖之各县官吏的政绩及品行就被置于直接向君主负责的监御史的督责之下。那么，监御史的所谓督责究竟有哪些具体表现呢？

必须指出，由于传世文献对秦郡监御史之活动的记载极少，秦简牍又多与县级官府或官吏紧密相关且亦未详录监御史的实际工作情况，因此，以目前所能见到的史料论，又考虑到本节的主题即“对县官府的监察”，或许只能就监御史与县官府之间的业务往来稍作探讨以窥监御史之督责事宜的一斑。首先，睡简《秦律十八种·尉杂律》曰：

> 岁雠辟律于御史。　尉杂④

---

① 对郡守与郡尉之职责区分的论述，参见游逸飞：《制造“地方政府”——战国至汉初郡制新考》，台湾大学出版中心 2021 年版，第 198—220 页。

② 参见朱汉民、陈松长主编：《岳麓书院藏秦简（壹）》，上海辞书出版社 2010 年版，第 68、82 页；陈伟主编：《里耶秦简牍校释（第一卷）》，武汉大学出版社 2012 年版，第 62、104、140、246、260、279、295、372 页。另外，还有两点需要说明。其一，里耶简提到的“守府”并非尽指郡守府，如据《里耶秦简牍校释（第一卷）》（第 45—46 页）的“校释”所云，8-665 背提中的“守府快”之“守府”与郡守府无关，“似是县府差遣之人”。其二，在文献和秦简牍资料中还提到了“监公”，王伟认为，该词是对监郡御史的尊称。参见陈松长等：《秦代官制考论》，中西书局 2018 年版，第 82 页。

③ 游逸飞将秦郡的守、尉、监御史分别开府之制概括为“三府分立”；此语可谓言简意赅，或可采用。参见游逸飞：《制造“地方政府”——战国至汉初郡制新考》，台湾大学出版中心 2021 年版，第 197 页。另外，严耕望曾指出，“汉世，郡国行政官署称为府……而县之行政官署则称为廷……县之行政官署称为廷，或战国已然，不始于汉”。严耕望：《中国地方行政制度史——秦汉地方行政制度》，上海古籍出版社 2007 年版，第 216 页。如今，据秦简牍文献的记载，当可对严说稍加补充，即不仅“县之行政官署称为廷”不始于汉，“郡国行政官署称为府”亦为如此。

④ 本书第四章第一节曾引用本条律文，此处不再指明其出处。

如前章第一节之“二、律令的传播”的一个脚注已辨明的，律文之意似为“县每年皆须赴御史处校对律令”。① 然则，此处之“御史”又何指？前文曾提到，秦县在商鞅变法时期及其后的一段时间内皆可谓直属于中央的地方行政层级；与之相适应，所谓“御史”无疑是有特指的，亦即中央的御史府。但是，至睡简的时代，秦的疆域已颇为辽阔，远离中央的县必定比比皆是。在此情形下，若“御史”仅指中央的御史府以至于众多远离中央的县每年都不得不派员千里迢迢地赶赴御史府校对律令，这未免过于不便，也不合情理。因此，随着秦的领土的拓展，朝廷自然会从县官府校对律令的现实需求出发对上引《尉杂律》条文中的“御史”做扩大解释，作为中央御史府之派出人员且在与各县更近的空间范围内活动的郡监御史也被就纳入“御史”的外延之中了。② 大概正因为此，作为县中小吏的喜才会把这条与本县政务密切相关的律文抄录下来以备自己或他人经常参看，且如里耶简 6－4 所示，迁陵县廷也才能派令史廛赴沅陵这一洞庭郡监御史之治所所在地（或巡视地）③ 而非中央御史府“雠律令”。也就是说，监御史乃中央御史府在郡中的代表，他通过“雠辟律”督促郡下辖各县准确掌握朝廷所颁发之律令的规定，以此保证从中央到地方的法律知识的统一和推动县落实律令之治的前提条件的达成。另外，由于秦的政务运行既须以法律为准则，又往往采取文书流转之形式，因此，如本书第三章第一节已指出的，为了提高官府对文书传送之时限加以预测的可操作性以便其展开对文书传送之速度、效率的考课，秦统治者颇为重视包括县在内的地方官府所绘制之舆地图的准确性，而监御史就通过“案

① 参见本书第四章，第 355 页，脚注②。

② 有关将此处探讨的《尉杂律》条文中的“御史”解释为郡监御史这一点，亦可参见拙文：《秦汉时代律令的传播》，载《法学评论》2017 年第 4 期，第 185—186 页。

③ 游逸飞认为，之所以迁陵县廷要派令史赴沅陵“雠律令”，是因为此地很可能是洞庭郡监御史之治所所在地。参见游逸飞：《制造“地方政府”——战国至汉初郡制新考》，台湾大学出版中心 2021 年版，第 224 页。游说自有其合理之处，但以前引里耶简 9－2283 所载“新武陵别四道，以道次传”云云观之，洞庭郡的郡治似在新武陵，那么，监府为何要设置在沅陵呢？当然，考虑到守府、尉府、监府互相牵制这一点，三府不在一处的可能性是存在的，但如此布局未免导致各县与郡之间的业务交流呈多地展开之样态以至于略显不便，故以沅陵为洞庭郡监府之所在或许还须论证。正因为此，也就无法排除沅陵为监御史某次巡视之目的地或途径地的可能性。

雠”舆地图来监督县制作舆地图的行为（如里耶简 8－224＋8－412＋8－1415 所示），这无疑也具有强化中央掌控地方政治状况之基础条件的作用。

其次，据岳麓简《为狱等状四种》所收“癸、项相移谋购案”记载，秦王政二十五年四月，州陵县廷受理了校长癸与士伍项、行、沛等数人共谋悬赏金一案，经审理形成如下判决意见：

论令癸、琐等各赎黥。癸、行戍衡山郡各三岁，以当灋（法）；先备赎。不论沛等。

对此，监御史康并不认可：

监御史康劾以为：不当，钱不处，当更论。更论及论失者言夬（决）。

结果，州陵县廷只能重新审理，并就案情、初审状况、监御史如何“劾”及再次审理的结果等“谳”南郡守府。南郡假守贾“报”即回复州陵县廷曰：

子潚（谳）：校长癸等诣男子治等，告群盗盗【杀人。沙羡曰：士五（伍）琐等捕治等】，移鼠（予）癸等……潚（谳）固有审矣……受人货材（财）以枉律令，其所枉当赀以上，受者、货者皆坐臧（赃）为盗，有律，不当潚（谳）。获手，其赀绾、越、获各一盾。它有律令。[①]

以如上两处划线部分观之，州陵县的判决看来确实如监御史康所言“不当”，但监府与守府对此判决的态度显然不同，前者要求州陵县“更论及论失者言夬（决）”即“重新论处了（癸、项等），并且论处了误判官员（之后），将判决（内容）上报”[②]，后者则训斥州陵县“有律，不当潚（谳）”即“（对

① 有关岳麓简对“癸、项相移谋购案”之记载的全文，参见朱汉民、陈松长主编：《岳麓书院藏秦简（叁）》，上海辞书出版社 2013 年版，第 95—104 页。

② ［德］陶安：《岳麓秦简〈为狱等状四种〉释文注释》，上海古籍出版社 2021 年版，第 66 页。

癸、项之罪行当如何处罚），法律有明确规定，不应上报”。尽管如此，这种意见不一似乎并未引发守府对监府的批评或处罚，① 守府与监府在对县之“狱治”的管控上各司其职、互不统属可谓显而易见。换言之，郡守对辖县之“狱治”错误的纠正是基于行政统属关系而实施的，而监御史对此种错误的指责则是其监察行为之使然；前者无力控制后者，后者却可就前者而进一步向中央御史府弹劾郡守。在这一点上，监御史对郡及其下辖各县之权力的制约得到了淋漓尽致地展现。

再次，里耶简 8－755＋8－756＋8－757＋8－758＋8－759 载：

> 卅四年六月甲午朔乙卯，洞庭守礼谓迁陵丞：丞言徒隶不田，奏曰：司空厌等当坐，皆有它罪，（8－755 正）耐为司寇。有书，书壬手。令曰：吏仆、养、走、工、组织、守府门、削匠及它急事不可令田，六人予田徒（8－756）四人。徒少及毋徒，薄（簿）移治虏御史，御史以均予。今迁陵廿五年为县，廿九年田廿六年尽廿八年当田，司空厌等（8－757）失弗令田。弗令田即有徒而弗令田且徒少不傅于奏。及苍梧为郡九岁乃往岁田。厌失，当坐论，即（8－758）如前书律令。/七月甲子朔癸酉，洞庭叚（假）守绎追迁陵。/歇手。●以沅阳印行事。（8－759）
>
> 歇手。（8－755 背）②

以划线部分之文辞观之，所谓“令曰”之“令”很可能来自于中央而非郡守府，但若联系上下文细读“令曰”云云，则似又可知，此令乃关于县在其掌控之徒隶数量因各种原因（即令文所说的“吏仆、养、走、工、组织、守府门、削匠及它急事”③ ）而不足以耕种官有土地时当如何而为的规定。因此，

① 如游逸飞所指出的，“郡守的惩罚只及于州陵县不应上谳，而未追究郡监御史的举劾”。游逸飞：《制造“地方政府”——战国至汉初郡制新考》，台湾大学出版中心 2021 年版，第 228 页。

② 陈伟主编：《里耶秦简牍校释（第一卷）》，武汉大学出版社 2012 年版，第 217 页。

③ 对“吏仆……它急事”一句之解说，参见于洪涛：《里耶简“司空厌弗令田当坐”文书研究》，载《古代文明》2016 年第 1 期，第 72—74 页。

既然在里耶简的时代，郡统辖县的态势已明朗，那么，从县之政务展开的便利性上说，作为县“薄（簿）移”之对象的“治虏御史”大概不应是中央御史府中的官员，而是郡监府中的负责督察县之徒隶管理状况的御史，里耶简 8-1677 所云“一人与佐带上虏课新武陵”[①] 或亦可为其旁证。[②] 由此看来，除了在校雠律令、审核舆地图之准确性、发现“狱治”错误等方面监督县官府之外，朝廷似乎还特别要求监御史密切关注县对徒隶的保有和役使。究其原因，无非就在于徒隶乃朝廷掌控的重要人力资源，地方官滥用此类资源乃至使其成为私人力量乃朝廷绝对禁止之事。

最后，如有必要，监御史甚至会调动军事力量强势介入县政以维持秦的基层政权的稳定。如，《史记·高祖本纪》载“秦二世二年……秦泗川监平将兵围丰”，此或为监御史对县之监察的极端表现。

综上所述，囿于目前的史料情况，虽无法对随着郡制的成长而得以在郡中开府的监御史之于县的监察做全面探讨，但其对县官府之权力的约束确实存在这一点是清晰可辨的，而此种约束无疑就构成了秦君主调动各县力量为其政治目标服务的一重重要保障。不过，朝廷设置的对县的监察官员并非仅有郡监御史，以下将对另一监察官员即“执法”略作考察。

二、执法官与县

有关职官意义上的执法，《史记》《汉书》《战国策》等传世文献皆有零散记载：

---

① 陈伟主编：《里耶秦简牍校释（第一卷）》，武汉大学出版社 2012 年版，第 377 页。

② 另外，本书第三章第二节曾提到里耶简 8-1514 与 9-699+9-802 的记载：

> 廿九年四月甲子朔辛巳，库守悍敢言之：御史令曰：各第（第）官徒丁【粼】☑勮者为甲，次为乙，次为丙，各以其事勮（剧）易次之。●令曰各以□☑上。●今牒书当令者三牒，署第（第）上。敢言之。☑（8-1514 正）
>
> 廿九年四月甲子朔戊子，田虎敢言之：御史书曰：各第官徒隶为甲、乙次。●问之，毋当令者。敢言之。（9-699 正+9-802 正）

两份牍文中的“御史令”“御史书”若指中央下发给各郡，再由各郡转发给各县并终至县下各机构的命令，则所谓“御史”自然与郡监御史无关；若指洞庭郡直接对下辖各县发布且需要各县加以反馈的命令，则所谓“御史”很可能就是郡监御史。由于对“御史令”“御史书”之性质实难判断，只能暂列于此以备后考。不过，无论如何，既然“御史令”“御史书”的内容涉及对徒隶之工作表现的评定，那么，御史系统的官吏有督察徒隶管理之权大概是可以肯定的。

① 威王大说，置酒后宫，召髡赐之酒。问曰："先生能饮几何而醉?"对曰："臣饮一斗亦醉，一石亦醉。"威王曰："先生饮一斗而醉，恶能饮一石哉！其说可得闻乎?"髡曰："赐酒大王之前，执法在旁，御史在后，髡恐惧俯伏而饮，不过一斗径醉矣……。"（《史记·滑稽列传》）

② 秦攻魏急。或谓魏王曰："……秦自四境之内，执法以下至于长挽者……天下必合吕氏而从嫪氏，则王之怨报矣。"（《战国策·魏策四》）

③ 二月，诏曰……又曰："盖闻王者莫高于周文，伯者莫高于齐桓，皆待贤人而成名……贤士大夫有肯从我游者，吾能尊显之。布告天下，使明知朕意。御史大夫昌下相国，相国酂侯下诸侯王，御史中执法下郡守，其有意称明德者，必身劝，为之驾，遣诣相国府，署行、义、年。有而弗言，觉，免。年老癃病，勿遣。"（《汉书·高帝纪下》）

④ 汉七年，长乐宫成，诸侯群臣朝十月……至礼毕，尽伏，置法酒。诸侍坐殿上皆伏抑首，以尊卑次起上寿。觞九行，谒者言"罢酒"。御史、执法举不如仪者，辄引去。竟朝置酒，无敢欢哗失礼者。（《汉书·叔孙通传》）

⑤ 再迁，建武七年，代张堪为光禄勋，从驾南郊。宪在位，忽回向东北，含酒三潠。执法奏为不敬。（《后汉书·方术列传上》）

⑥ 皇后出……置虎贲、羽林骑，戎头、黄门鼓吹，五帝车，女骑夹毂，执法、御史在前后，亦有金钲黄钺，五将导。（《续汉书》"刘昭注"引丁孚《汉仪》）

据上引史料，似可得出如下结论：(1) 尽管①②提到，战国时期的秦、齐皆设有执法一职，但考虑到《史记》《战国策》均成书于汉代，其记载可能含有其编撰者以当时的社会现象比附战国史事的成分，[①] 故①②所说的"执法"究

① 王捷就认为，司马迁在撰著《史记·滑稽列传》时参考的记载淳于髡与齐威王之对话的文本很可能是某人据小说家言附会而成；又指出，对《战国策·魏策四》中之"执法"的具体内容的考察颇难，历代注家多略过不提。参见王捷：《秦监察官"执法"的历史启示》，载《环球法律评论》2017 年第 2 期，第 140 页；同氏：《岳麓秦简所见"执法"赘补》，载《第七届"出土文献与法律史研究"学术研讨会论文集》，长沙 2017 年，第 164 页。

竟是否为战国秦、齐之官制的实相仍难以断定；(2) 从③④来看，至少可以肯定，执法这一官称在汉初确实是存在的，[①] 且以⑤⑥观之，此官称大概一直延续到了汉末；(3) 以①③④⑥为参照，执法与御史经常同时出现，其相互间关联甚密，故颜师古在对②中的"御史中执法"做注时引"晋灼曰：'中执法，中丞也'"，以"御史中执法"为"御史中丞"，而胡三省注《资治通鉴》卷第十一《汉纪三》"（高帝）七年"条亦径直曰"执法，即御史也"。也就是说，在汉初，朝廷设立了与御史系统紧密相关的执法官，其在举劾官吏不当言行、传达法令等方面发挥着重要作用；至于其制度渊源，虽然在传世文献中已能见到关于战国秦、齐之执法官的记载，而且早有学者推测汉初的御史中执法等官职可追溯到统一秦乃至战国时代，[②] 但由于史料所限，长期以来，学者们一直无法对如下问题展开深入探讨：秦在战国时代及在统一六国后是否确曾设置执法官；如果答案是肯定的，秦执法官的性质如何，在政府运转中又发挥着什么样的功能。随着岳麓简的公布，推进对这些问题之研究的重大转机也宣告出现。

首先，在岳麓简所收秦律令文中，提及机构或官称意义上之"执法"者并不少。[③] 这足以说明，执法官确实是秦的职官群体的成员，汉代官制中的执法应为秦制之延伸。但是，在秦史上，执法官究竟是在何时设置的呢？前引岳麓简 1295/156＋1294/257 所收《徭律》条文之片段曰：

A. 发繇（徭），兴有爵以下到人弟子、复子，<u>必先请属所执法，郡各请其守，</u>皆言所为及用积徒数，勿敢擅兴，及毋敢擅傳（使）敖童、

① 有关④中的"执法"，或可视作官名（即"御史、执法"），或可理解为"执掌法度"（即"御史执法"）这一动作。不过，周海锋、杨振红已据出土或传世文献较为合理地将其释为职官名，二说基本可从。参见陈松长等：《秦代官制考论》，中西书局 2018 年版，第 245 页；杨振红：《秦汉时"执法"官的设立与〈商君书·定分〉》，载西北师范大学历史文化学院、甘肃简牍博物馆、河西学院河西史地与文化研究中心、兰州城市学院简牍研究所编：《简牍学研究》（第十一辑），甘肃人民出版社 2021 年版，第 106 页。

② 参见樱井芳郎：《御史制度の形成（上）》，载《東洋学報》第二十三卷第二号，1936 年，第 128—129 页。

③ 参见陈松长等：《秦代官制考论》，中西书局 2018 年版，第 249—250 页。

私属、奴及不从车牛。

又，岳麓简1978/024＋1996/025＋2027/026＋1937/027＋2060/028所收《亡律》规定：

> B. 亡不仁邑里、官，毋以智（知）何人殹（也），中县道官诣咸阳，郡〚县〛道诣其郡都县，皆毄（系）城旦舂，槫作仓，苦，令舂勿出，将司之如城旦舂。其小年未盈十四岁者槫作，事之如隶臣妾然。令人智（知）其所，为人识，而以律论之。其奴婢之毋（无）罪者殹（也），黥其雜〈颜〉頯，畀其主。咸阳及郡都县恒以计时上不仁邑里及官者数狱属所执法，县道官别之，且令都吏时覆治之，以论失者；覆治之而即言请（情）者，以自出律论之。①

律文B的第一处划线部分指出，如有不明身份者逃亡（“亡不仁邑里、官”）至中县道即“关中（内史）所辖各县道”② 或郡县道即“关东诸郡所辖县道”③，中县道或郡县道的官员应各向咸阳或郡治所在县官府汇报相关情况；第二处划线部分则强调，咸阳或郡治所在县官府须在上计时将“亡不仁邑里、官”类案件的数量统计结果呈送给案件管辖地所隶属的执法官。换言之，秦在咸阳设有管辖中县道的执法官（或曰“中执法”④ ），在郡治所在县设有管

① 本书第二章第二节已引用本条律文，故这里不再指明其出处。

② 参见彭浩：《谈〈岳麓书院藏秦简（肆）〉的“执法”》，载王捷主编：《出土文献与法律史研究》（第六辑），法律出版社2017年版，第86页；中国人民大学法学院法律史料研读班：《岳麓书院藏秦律令简集注（二）》，邬文玲、戴卫红主编：《简帛研究》（2021秋冬卷），广西师范大学出版社2022年版，第156页。另，邹水杰对“中县道”究竟指关中的哪些区域曾做过颇为细致的分析，亦可参考。参见邹水杰：《岳麓秦简“中县道”初探》，载《第七届“出土文献与法律史研究”学术研讨会论文集》，长沙2017年，第363—379、386页。

③ 参见陈松长主编：《岳麓书院藏秦简（肆）》，上海辞书出版社2015年版，第77页。

④ 参见南玉泉：《从封建到帝国的礼法嬗变：先秦两汉法律史论集》，中国政法大学出版社2020年版，第188页；杨振红：《秦汉时“执法”官的设立与〈商君书·定分〉》，载西北师范大学历史文化学院、甘肃简牍博物馆、河西学院河西史地与文化研究中心、兰州城市学院简牍研究所编：《简牍学研究》（第十一辑），甘肃人民出版社2021年版，第114页。

辖郡县道的"郡执法"。从这一点出发，再参照律文A之划线部分的文句，执法官似乎是以秦的领土东扩到一定程度以至于郡制有了明显发展且关中在政治地位上的独特性又被高度强调作为活动背景的，而这一活动背景的出现最早大概也只能追溯至秦昭襄王时期。不过，倘若据此推测秦执法官的创设时间是在昭襄王时代甚至更晚，那似乎还需要思考另外一个问题，即多有学者主张，秦执法官的出现是以《商君书·定分》所载商鞅对秦孝公之问的答复"天子置三法官：殿中置一法官，御史置一法官及吏，丞相置一法官。诸侯郡县皆各为置一法官及吏，皆此秦一法官"为理论渊源的，[①] 这是否意味着执法官的创制或可追溯至秦孝公、秦惠文王在位期间。然而，有关《商君书·定分》的成书年代，学界曾有争议，但目前的主流意见认为，该篇并非商鞅所作，其撰写时间很可能晚至秦末甚至汉初。[②] 既然如此，秦朝廷在创设执法官时以该篇所伪托的商君之言为思想依据其实正可谓将执法官的最初出现时间界定为昭襄王时代甚至更晚的旁证。事实上，如学界的一般认识所强调的，睡简记载的律文多有制定于商鞅变法时期或此后不久并被沿用者，但其中完全见不到作为官称的"执法"的用例，这无疑也暗示着执法官的创设极有可能与昭襄王之前的孝公等秦君无关。概言之，目前虽然尚无法对秦执法官最初出现的时间做出明确判断，但大致可以肯定，该官职是在战国中晚期，随着秦领土的大幅度扩张而诞生的。

其次，有关秦执法官的性质，学界的观点主要有三：其一，执法官乃专司狱状之法官，陈松长即倡此说；[③] 其二，执法官乃监察官，杨振红、南玉泉、

---

① 参见王捷：《岳麓秦简所见"执法"赘补》，载《第七届"出土文献与法律史研究"学术研讨会论文集》，长沙2017年，第163页；彭浩：《谈〈岳麓书院藏秦简（肆）〉的"执法"》，载王捷主编：《出土文献与法律史研究》（第六辑），法律出版社2017年版，第94页；杨振红：《秦汉时"执法"官的设立与〈商君书·定分〉》，载西北师范大学历史文化学院、甘肃简牍博物馆、河西学院河西史地与文化研究中心、兰州城市学院简牍研究所编：《简牍学研究》（第十一辑），甘肃人民出版社2021年版，第108—110页。另外，杨振红还认为，明代人董说所著《七国考》卷一《秦职官》"执法"条将前引《战国策·魏策四》中的"执法"解释为"殿中法官"的依据就源自《商君书·定分》。

② 参见郑良树：《商鞅及其学派》，上海古籍出版社1989年版，第129—138页；黄效：《〈商君书〉各篇的作者、创作时间及其成书考》，载《管子学刊》2021年第1期，第84页。

③ 参见陈松长等：《秦代官制考论》，中西书局2018年版，第250—251页。

王捷、土口史记等皆为此说之支持者，彭浩似亦有此主张；[①] 其三，执法官并非纯粹的监察官，其职责范围颇为广泛，王四维就明确提出此说。[②] 那么，在这三说中，哪一个最为妥当呢？以岳麓简所收涉及执法官的诸律令文的规定来看，该官介入的政务领域绝非仅限于审核狱状是完全可以确定的，此既为否定第一说之原因，亦可谓肯定第二、第三说皆有其根据的理由。进一步论，在后二说之间，或又以第二说更为可取，原因有二。其一，王四维之所以强调执法官并非纯粹的监察官，或是因为其将“监察”理解为通过受动性地审核其他官吏呈送之官文书而展开的督责行为，但书于岳麓简之上的律令文却明示执法官会主动介入狱治、钱款调用等政务。然而，不得不说，此论对“监察”的理解或有狭隘之嫌。“监察”本指某官对他官之行政不作为或不当作为之督责，既无领域之限制，亦无方式之限定，所以，代表着君主权威的监察官员出于维护纲纪之必需而主动干预各项政务毋宁说是非常自然的，这也正是监察区最终演变成政区的现象在中国古代多次出现的缘由所在。如此，以执法官主动介入各项政务为由而主张其“并非纯粹的监察官”就显得不尽合理了。其二，在岳麓简的简文中能见到若干要求执法官直接向中央御史府汇报政事的规定，如本书第二章第三节曾提到的岳麓简 1125/059＋0968/060＋0964/061＋（0081＋0932）/062 所载令文曰：

●制诏御史：闻狱多留或至数岁不决，令无罪者久毄（系）而有罪者久留，甚不善。其举留狱上之。御史请：① 至计，令执法上冣（最）者，各牒书上其余狱不决者，一牒署不决岁月日及毄（系）者人数为冣

① 参见彭浩：《谈〈岳麓书院藏秦简（肆）〉的“执法”》，载王捷主编：《出土文献与法律史研究》（第六辑），法律出版社 2017 年版，第 92、94 页；王捷：《秦监察官“执法”的历史启示》，载《环球法律评论》2017 年第 2 期，第 141、143 页；土口史记：《嶽麓秦簡“執法”考》，载《東方學報》第九十二册，2017 年，第 29—30 页；南玉泉：《从封建到帝国的礼法嬗变：先秦两汉法律史论集》，中国政法大学出版社 2020 年版，第 166、188 页；杨振红：《秦汉时“执法”官的设立与〈商君书·定分〉》，载西北师范大学历史文化学院、甘肃简牍博物馆、河西学院河西史地与文化研究中心、兰州城市学院简牍研究所编：《简牍学研究》（第十一辑），甘肃人民出版社 2021 年版，第 117—119 页。

② 参见王四维：《秦郡“执法”考——兼论秦郡制的发展》，载《社会科学》2019 年第 11 期，第 156—160 页。

(最)，偕上御史。御史奏之。② 其执法不将计而郡守丞将计者，亦上之。制曰：可。 ●廿六 ■廷内史郡二千石官共令 ●第己 ●今辛①

此令文的划线部分显然是御史大夫针对皇帝在诏书中表达的缓解“狱留”现状的期望而提出的奏议。若反复品读这一奏议，似可看出，御史大夫最先想到的应对方案是令执法官统计“狱留”情况并向自己汇报（即划线部分之①），而由郡守丞完成同一工作（即划线部分之②）则被视作补充或例外方案。这种对执法官与郡守丞的区别对待或许就暗示，执法官对县的“狱治”工作承担着重要的督责任务，而且其与御史大夫之间的联系颇为紧密。另外，岳麓简 1174/123＋1161/124＋1151/125＋1142/126＋1875/127 载：

●令曰：① 吏有论毄（系），二千石，治者辄言御史，御史遣御史与治者杂受印；在郡者，言郡守、郡监，守丞、尉丞与治者杂受印，以治所县官令若丞印封印，令卒史上御史。② 千石到六百石，治者与治所县令若丞杂受，以令若丞㮣受，以令若丞印封，令吏上御史。③ 五【百】以下印行郡县者，治者受印，以治□☑所执法；印不行郡县及乘车吏以下，治者辄受，以治所令、丞印封印，令吏□☑□当以县次驾到官及吏归印，御史以次驾舍郡柢（邸）及咸阳中它官，咸阳当为驾送到官及到御史而毋（缺简）②

此令文根据被“论毄（系）”之官吏的秩级差异设定了朝廷收回其官印的三种方式：① 若被“论毄（系）”者为二千石官，则在进一步区分其任职所在地为内史或各郡的基础上，由中央御史府所派之御史或郡守、郡监御史所派之守丞和尉丞与实际处理“狱治”的官吏（“治者”）一起收回被“论毄（系）”者之官印，而且在后一场合，官印还须由郡卒史上交至中央御史府；

① 本书第二章第三节在讨论“狱留”时已引用此令文，这里不再指明其出处。
② 陈松长主编：《岳麓书院藏秦简（伍）》，上海辞书出版社 2017 年版，第 108—110 页。引用简文时，已对整理小组的原句读有所调整。

② 若被“论毄（系）”者为千石至六百石官，则由作为“狱治”场所（“治所”）之所在地的县的令或丞与“治者”一起收回被“论毄（系）”者之官印，并派员将其送至中央御史府；③ 若被“论毄（系）”者为五百石以下官，则由“治者”以此人是否为“乘车吏”及此人之官印是否能“行郡县”为细分标准而对其官印做区别处理，但最终都须将官印上呈给执法官。从官印的回收方式之别，可以看出，尽管六百石这一秩级是区分秦官吏地位之高低的分水岭，中央御史府和执法官分别负责收回高级官员和低级官员的官印，但二者所承担的任务在本质上没有任何不同；[①] 我们甚至可以据此而将执法官与中央御史府的所谓“紧密联系”直接界定为前者为后者之下属。事实上，如果再细读本章第一节提及的岳麓简所载“上计令”的相关部分：

> 计□□□□其不能者，皆免之。上攻（功）当守六百石以上，及五百石以下有当令者，亦免除……以尺牒牒书当免者，人一牒，署当免状，各上，上攻（功）所执法，执法上其日。史以上牒丞【相】、御史，御史免之；属、尉佐、有秩吏，执法免之，而上牒御史、丞相。

御史大夫与执法显然也承担着同样性质的工作即考功；只不过，二者根据“当免”之官的秩级差异而有所分工。由此看来，执法官隶属于御史系统，其工作性质与中央御史府相同应可肯定；换言之，其确确实实为秦的监察官员。[②]

---

① 参见杨振红：《秦汉时“执法”官的设立与〈商君书·定分〉》，载西北师范大学历史文化学院、甘肃简牍博物馆、河西学院河西史地与文化研究中心、兰州城市学院简牍研究所编：《简牍学研究》（第十一辑），甘肃人民出版社 2021 年版，第 117 页。

② 当然，在岳麓简的记载中也能见到要求执法向丞相汇报工作的法律规定，如岳麓简 1184/236＋1187/237＋1781/238＋（缺简）＋（缺简）＋1705/239 所示：

> □田自[食]固有令，疑吏[匿][辟][之]□□[务]而失时，[议]：请坐田事以[论]者，县官已论，[辄]牒书所坐物[论]夬（决），人一牒，署初狱及断日，辄上属所执法，执法辄上丞相，以[邮]行，且以 □[以][为][事]及弗以为事，当论而留，弗亟（缺简）（缺简）断者。 ●县官田令甲 十六（陈松长主编：《岳麓书院藏秦简［陆］》，上海辞书出版社 2020 年版，第 174—175 页）

但这或许只是因为执法官所监察的某政务的主要管理权在中央层面归属于丞相府而非御史府，并不能说明执法官也属于丞相所统辖的政务执行系统的官吏。

再次，毋庸赘言，执法官乃一类官的统称，那么，其分布究竟如何？对此，虽有学者认为，作为官称的“执法”既可指中央执法官，也可指地方执法官，[①] 但土口史记、南玉泉、杨振红等的研究已极具说服力地证明，执法乃郡级监察官。[②] 问题在于，作为郡级监察官的执法是否被普遍设置在各郡。这里，之所以有此一问，是因为南玉泉指出，执法官与监郡御史互相排斥，前者只存在于关中内史区域及上郡，后者则活跃于关东各郡。[③] 然而，观岳麓简所收相关律令文之规定，不仅前引《亡律》之“亡不仁邑里、官”条中的“咸阳及郡都县恒以计时上不仁邑里及官者数狱属所执法”一语明示了

---

① 虽然陈松长、周海锋、彭浩、王捷皆有此主张，但陈、周似认为，地方执法官设置于郡、县两级，而彭、王则强调地方执法官为郡级官吏。参见彭浩：《谈〈岳麓书院藏秦简（肆）〉的“执法”》，载王捷主编：《出土文献与法律史研究》（第六辑），法律出版社 2017 年版，第 92—94 页；王捷：《岳麓秦简所见“执法”赘补》，载《第七届“出土文献与法律史研究”学术研讨会论文集》，长沙 2017 年，第 166—167 页；陈松长等：《秦代官制考论》，中西书局 2018 年版，第 247、251 页；周海锋：《秦官吏法研究》，西北大学出版社 2021 年版，第 215—216 页。

② 参见土口史记：《嶽麓秦簡“執法”考》，载《東方學報》第九十二册，2017 年，第 10—23 页；南玉泉：《从封建到帝国的礼法嬗变：先秦两汉法律史论集》，中国政法大学出版社 2020 年版，第 171—175 页；杨振红：《秦汉时“执法”官的设立与〈商君书·定分〉》，载西北师范大学历史文化学院、甘肃简牍博物馆、河西学院河西史地与文化研究中心、兰州城市学院简牍研究所编：《简牍学研究》（第十一辑），甘肃人民出版社 2021 年版，第 119—123 页。不过，还需补充的是，在岳麓简所收令文中，多有将执法官与丞相、御史并举者，如：

> 令曰：都官治狱者，各治其官人之狱，毋治黔首狱……其御史、丞相、执法所下都官，都官所治它官狱者治之。 ●廷卒甲二（此令文在本书第二章第三节的脚注中已有引用，故不再指明出处）
>
> ●令曰：御史节发县官吏及丞相、御史、执法发卒史以下到县官佐、史，皆毋敢名发……御史名发县官吏□书律者，不用此令。 ●卒令丙九（陈松长主编：《岳麓书院藏秦简（伍）》，上海辞书出版社 2017 年版，第 110—111 页）
>
> ●御史、丞相、执法以下有发征及为它事，皆封其书，毋以徼〈檄〉，不从令，赀一甲。●卒令乙八 ●令辛（陈松长主编：《岳麓书院藏秦简（陆）》，上海辞书出版社 2020 年版，第 168 页）

此或可被视作将执法官归入中央官员序列的有力证据，但从令文所欲表达的意思来看，无论是“其御史、丞相、执法所下都官”“丞相、御史、执法发卒史以下到县官佐、史”，还是“御史、丞相、执法以下有发征及为它事”，似乎皆为指示文书流程即“（御史→丞相→执法）→都官或其他官吏”或三者之权力的连动运转的语句，而非对御史、丞相、执法这三种官称的简单列举，故据此类语句而以执法官为中央官员恐有不妥。

③ 参见南玉泉：《从封建到帝国的礼法嬗变：先秦两汉法律史论集》，中国政法大学出版社 2020 年版，第 176、181—188 页。

“郡都县”“属所执法”的存在，而且，从其他条文中似乎也很难读出执法官之职权只涉及关中内史区域及上郡的意思，如下表所示：

表 5－8

行号	律令文之文句	出　处
①	【●】狱校律曰：略妻及奴骚悍，斩为城旦，当输者，谨将之，勿庸（用）传□；到输所乃传之。䙴（迁）者、䙴（迁）者包及诸罪当输□及会狱治它县官而当传者，县官皆言狱断及行年日月及会狱治者行年日月其䙴（迁）、输【所】、会狱治诣所县官属所执法，即亟遣……。	岳麓简 1419/232＋1425/233 ＋ 1304/234《狱校律》
②	●县官上计执法，执法上计冣（最）皇帝所，皆用筭橐□，告巂（㩗）已，复环（还）筭橐，令报计县官。计□□□（缺简）	岳麓简 0561/346 所收秦令
③	上其校狱属所执法，执法各以案临计，乃相与校之，其计所同执法者，各别上之其曹，曹主者〼治（?）狱□校者各上其校属所执法，其治（?）狱者□〼计其敝者，补缮以上计。	岳麓简 0018/354＋0099 － 1/355 ＋ 0395/356 所收秦令
④	●令曰：吏徙官而当论者，故官写劾，上属所执法，执法令新官亟论之。执法【课其留者，以】发征律论之。【不】上属所执法而径告县官者，赀一甲。以为恒。　□□□第廿二	岳麓简 1661/216＋1760/217 所收秦令
⑤	●治罪及诸有告劾而不当论者，皆具传告劾辞论夬（决），上属所执法，与计偕。●执法案掾其论（缺简）者，捕者诣之其官，官亟治论之，诸黔首有论及以其所与同论者，扁（徧）得，恐其遝之若且为人捕殹（也），寋（缺简）发（?）传，县道官令、丞、官长皆听为封，勿敢留，傳（使）毋传及诸吏毋印者，毋敢擅寄封，不从令及（缺简）	岳麓简 2021/335＋（缺 简）＋ 1677/336＋（缺 简）＋0058/337＋（缺简）所收秦令
备注	(1) 关于第①②两行所列律令文，本书第二章第三节及本章第一节已分别引用，此处不再指明其出处。 (2) 第③④⑤三行所列令文分别出自陈松长主编：《岳麓书院藏秦简（肆）》，上海辞书出版社 2015 年版，第 212—213 页；陈松长主编：《岳麓书院藏秦简（伍）》，上海辞书出版社 2017 年版，第 140、210—211 页。	

又，里耶简 9－1857 载：

廿六年后九月己酉朔甲戌，□官守衷敢言之：令下制书曰：上□□受乘车、马、仆、养、走式八牒，放（仿）式上属所执法。毋当令者，亦言，薄留日。●问之，毋当令者，薄留一牒□。【敢】言之。（9－1857 正）

后九月甲戌水下□□以来。/逐半。　赿手。（9－1857 背）[①]

以该牍正面之文辞为据，如执法官并未被设置于关东各郡，洞庭郡下辖的迁陵县如何执行以"……上属所执法"为内容的制书就实在是难以想象了，因为迁陵县根本没有上呈文书的对象。换言之，洞庭郡显然是设有执法官的，此亦可谓执法官在秦的各郡均存在的一个旁证。[②] 综合上引岳麓简、里耶简的各种记载，将执法官视为秦在关中内史区域及各郡普遍设立的监察官员应当是可以成立的。

进一步的问题是，执法官的僚属配置情况如何？以目前所能见到的史料论，要详尽地解答此问题是不可能的，但仍可稍作探讨。岳麓简 0528/284＋0527（0）/285＋0467－1/286＋0019/287 所收令文云：

黔首居赀赎责（债），其父母妻子同【居责】，☑☑□□许之。不可贷，令自衣食，亦许。隶臣妾老、病、㱮、毋疕、睆、毋（无）赖，县官☑□□□□为隶臣妾而皆老、毋（无）赖，县官□☑皆勿令回费日，

---

① 陈伟主编：《里耶秦简牍校释（第二卷）》，武汉大学出版社 2018 年版，第 372 页。

② 在目前已公布的里耶简的简文中，还有两处提到执法官。一处（9－2244）残断较为严重，难以展开分析；另一处载：

☑甲子朔戊子，洞庭……下县，各以道次传，别书。洞庭尉吏、执法属官在县界中【者，各】下书焉。洞庭尉下洞庭除道尉，除道尉下当用者。镡成以便近道次尽下新县。皆以邮行，书到相报。【不报者，追。临沅、门浅、上衍、□□】。（9－26）（陈伟主编：《里耶秦简牍校释［第二卷］》，武汉大学出版社 2018 年版，第 38 页）

有关划线部分的"执法属官"，南玉泉既认为执法官之设置地点为关中内史区域及上郡，自然会对其属官出现在洞庭郡感到怪异，故推测其原因为朝廷新派执法官来洞庭郡执行任务。参见南玉泉：《从封建到帝国的礼法嬗变：先秦两汉法律史论集》，中国政法大学出版社 2020 年版，第 182—183 页。事实上，如果肯定执法官在各郡均存在，洞庭郡亦不能例外，所谓"怪异"似乎就能化解。因此，里耶简 9－26 的记载实亦可谓秦在各郡设置执法官的例证。

以便毋病黔首为故。不从令者，赀丞、令、令史、执法、执法丞、卒史各二甲。①

从划线部分来看，“丞、令、令史、执法、执法丞、卒史”都是因行政不当行为而被处罚的对象。“丞、令、令史”显然是县一级官员即“县丞、县令、令史”的组合，故土口史记认为，“执法、执法丞、卒史”是与“丞、令、令史”相对的另一组合，或可谓执法府官员之组合。② 应当指出，执法丞为执法之下属实无疑义，但执法府是否设有卒史似可商榷。李迎春的研究已提示，卒史乃秦汉时期二千石左右官吏的高级属吏，往往设于中央列卿、郡太守、都尉等的官府之中，③ 而据张家山汉简《二年律令·秩律》，④ 御史大夫的秩级在秦至汉初也只有二千石，作为其下属的执法官当然秩级更低，⑤ 因此，“执法、执法丞、卒史”中的“卒史”似仍应视作郡卒史而非“（执法）卒史”。事实上，岳麓简之简文的他处提到的“卒史”基本上也以理解为郡或中央衙署之卒史为佳，如下表所示：

① 陈松长主编：《岳麓书院藏秦简（肆）》，上海辞书出版社 2015 年版，第 189—190 页。需要指出，虽然整理小组将此四简连在一起，似认为此四简之简文皆为同一条令的组成部分，但如京都大学“秦代出土文字史料研究”班所说，书于简 0528/284 之上的语词与后续两简之记载的关联性较弱，前三简又皆有残断，故此四简之简文究竟是否与同一条令相关或许还可再探讨。参见“秦代出土文字史料の研究”班：《嶽麓書院所藏簡〈秦律令（壹）〉譯注稿 その（四）》，载《東方學報》第九十六册，2021 年，第 85 页。考虑到这一点，此处虽暂从整理小组的编联方案，但对简文之释读、句读，已据京都大学“秦代出土文字史料研究”班的意见有所调整。

② 参见土口史记：《嶽麓秦簡“執法”考》，载《東方學報》第九十二册，2017 年，第 11 页。

③ 参见李迎春：《论卒史一职的性质、来源与级别》，载西北师范大学历史文化学院、甘肃简牍博物馆、河西学院河西史地与文化研究中心、兰州城市学院简牍研究所编：《简牍学研究》（第六辑），甘肃人民出版社 2016 年版，第 136—139 页。

④ 张家山汉简《二年律令·秩律》曰：“御史大夫，廷尉，内史，典客，中尉，车骑尉，大（太）仆，长信詹事，少府令，备塞都尉，郡守、尉，衛〈卫〉将军，衛〈卫〉尉，汉中大夫令，汉郎中、奉常，秩各二千石。御史【丞】，丞相、相国长史，秩各千石。”彭浩、陈伟、[日] 工藤元男主编：《二年律令与奏谳书：张家山二四七号汉墓出土法律文献释读》，上海古籍出版社 2007 年版，第 258 页。

⑤ 杨振红就认为，中执法的秩禄为千石，郡执法的秩禄为六百石。参见杨振红：《秦汉时“执法”官的设立与〈商君书·定分〉》，载西北师范大学历史文化学院、甘肃简牍博物馆、河西学院河西史地与文化研究中心、兰州城市学院简牍研究所编：《简牍学研究》（第十一辑），甘肃人民出版社 2021 年版，第 121—123 页。

表 5-9

行号	简　文	出　处
①	诸吏为詐（诈）以免去吏者，卒史、丞、尉以上上御史，属、尉佐及乘车以下上丞相……日未备而詐（诈）故为它，赀、废以免去吏，驾（加）罪一等。	岳麓简（1866＋J71－3）/248＋1720/249 所收秦令
②	●监御史下劾郡守。县官已论，言夬（决）郡守，郡守谨案致之……〖郡〗亦各课县，御史课中县官，取殿数如郡。殿者，赀守、守丞、卒史、令、丞各二甲，而令狱史均新地……	岳麓简 0963/048 ＋2059/049＋2097/050＋0831/051 所收秦令
③	●新黔首或不勉田作、缮室屋，而带剑挟兵曹䰰（偶）出入，非善谷（俗）殹（也），其谨禁御（御）之……丞相令遣丞相史若卒史一人往……	岳麓简 0562/048 ＋0654/049＋0644/050＋0585/051＋0599/052＋（0480＋C10.4－5－4）/053 ＋ 0463/054 所收秦令
备注	（1）有关第①②行所列令文，本书第一章第三节及本章第一节已有引用，此处不再说明其出处。 （2）第③行所列令文出自陈松长主编：《岳麓书院藏秦简（柒）》，上海辞书出版社 2022 年版，第 77—79 页。	

这样看来，在执法府内部，执法官虽以执法丞为僚属，但在具体处理政务时大概还需借用郡官府之属吏。另外，岳麓简 1990/054＋1940/055＋2057/056＋2111/057 所收《亡律》条文曰：

> 男女去阑亡、将阳，来入之中县、道，无少长，舍人室，室主舍者，智（知）其请（情），以律䙴（迁）之；典、伍不告，赀典一甲，伍一盾。不智（知）其请（情），主舍，赀二甲；典、伍不告，赀一盾。舍之过旬乃论之。舍，其乡部课之，卒岁，乡部吏弗能得，它人捕之，男女无少长，伍（五）人，谇乡部啬夫；廿人，赀乡部啬夫一盾；卅人以上，赀乡部啬夫一甲，令丞谇，乡部吏主者，与乡部啬夫同罪。其亡居日都官、执法属官、禁苑、园、邑、作务、官道畍（界）中，其啬夫吏、典、

伍及舍者坐之，如此律。①

从律文前后来看，所谓“执法属官”当与都官等一样坐落于县中。换言之，执法官还会在县中派驻分支机构以实现其权力从执法府内部向外部的延伸，其目的无外乎及时掌握县官府的政务处理情况以便其对县官府的督责有效、准确地展开。

最后，作为郡级监察官员且统领着府内外僚属的执法官对县政的督责究竟是怎样进行的呢？有关这一点，前文已零零散散地有所涉及，此处将分两个方向略作总结。其一为执法官对县官府之权力的日常监控。如，在徭役管理方面，前文曾两次提及的岳麓简所收《徭律》条文曰：“发繇（徭），兴有爵以下到人弟子、复子，必先请属所执法，郡各请其守，皆言所为及用积徒数，勿敢擅兴，及毋敢擅傳（使）敖童、私属、奴及不从车牛。”此律文就规定，中县道官府若欲征发特定人群服徭役，则必须向关中内史区域之执法官即所谓“中执法”提出申请。又如，在“狱治”管理方面，表5－8第①行所列《狱校律》条文云：“䙴（迁）者、䙴（迁）者包及诸罪当输□及会狱治它县官而当传者，县官皆言狱断及行年日月及会狱治者行年日月其䙴（迁）、输【所】、会狱治诣所县官属所执法，即亟遣。”其大意是说，在把被判处迁刑者及受其牵连者、因各种罪行而须被遣送至某地服劳役者、应赴他县参与“狱治”者押往“迁”的目的地（“迁所”）、劳役场所所在地（“输所”）或实际处理“狱治”事务的他县之前，县官府须通过官文书而将有关“迁”“当输”之判决的完全确定时间、应“迁”“输”或赴他县参与“狱治”者的出发时间报送给“迁所”“输所”或他县所隶属的执法官。其之所以如此，无非是因为执法官须对辖县官府在“狱治”过程中之作为的合法性及其“狱治”结果是否得到有效执行予以监督。再如，在财物收支管理方面，岳麓简1918/308＋（J33＋J62－1）/069＋J38/269＋1662/270所收令文曰：

① 有关此律文，本书第二章第三节已有引用，这里不再写明出处。

●制诏丞相御史：兵事毕矣，诸当得购赏、贳责（债）者，令县皆亟予之。令到县，县各尽以见（现）钱不禁【者亟予之】。不足，各请其属所执法，执法调均。不足，乃请御史，请以禁钱贷之，以所贷多少为偿久易〈易〉期。有【钱弗予】，过一月，丞、令、令史、官啬夫、吏主者夺爵各一级，无爵者以（?）官为新地吏四岁。执法令都吏循行案举不如令〖者〗，论之，而上夺爵者名丞相，丞相上御史。都官有购赏、贳责（债）不出者，如县。　●内史官共①

此令之大意是，各县官府应在统一战争结束后尽快以本县府库之现有钱款中的可自由裁量使用的部分（“见（现）钱不禁者”）向百姓支付其在战争进行期间对百姓许诺的各种赏金、欠款；如“见（现）钱不禁者”不足以支付，则可请求本县所隶属的执法官从他县调用钱款（“调均”）；倘若如此仍不足以支付，则须由执法官进一步向“御史”申请借用“禁钱”。这里不仅再次展现了执法官在权力层级上处于中央御史府与县之中间的地位，更表明执法官对县官府动用藏于县之府库中的“禁钱”一事负有管控之责。又，书于岳麓简 1476/048＋（J67－2＋J66－2＋J72－4＋J65－1＋J66－4＋J76－1＋J66－1＋J64－2）/049＋1450/050＋（1436－1＋1436－2）/051＋1447/052＋（J40＋J73－5）/053 之上的令文云：

所官，【致】所官以书告为符官曰：某致某物符已到。即令它人行之。

① 陈松长主编：《岳麓书院藏秦简（肆）》，上海辞书出版社 2015 年版，第 197 页；陈松长主编：《岳麓书院藏秦简（伍）》，上海辞书出版社 2017 年版，第 187 页；陈松长主编：《岳麓书院藏秦简（陆）》，上海辞书出版社 2020 年版，第 70 页。需要说明，岳麓简整理小组在整理出版《岳麓书院藏秦简（肆）》时将编号为 1918/308、0558/309、0358/310、0357/311 的四枚简编联在一起，但陈伟和京都大学“秦代出土文字史料研究”班均发现《岳麓书院藏秦简（伍）》所收 J38/269 简、1662/270 简及《岳麓书院藏秦简（陆）》所收（J33＋J62－1）/069 简与 1918/308 简关联甚密，并提出了与整理小组的观点不同的编联方案。参见陈伟：《“诸当得购赏贳债者皆亟予之令”复原试说》，载简帛网 http://www.bsm.org.cn/?qinjian/8252.html，发布时间为 2020 年 5 月 4 日；“秦代出土文字史料の研究”班：《嶽麓書院所藏簡〈秦律令（壹）〉譯注稿 その（四）》，载《東方學報》第九十六册，2021 年，第 99—100、104—106 页。此处所引令文即参考了陈伟与京都大学“秦代出土文字史料研究”班对简文的编联和释读。

> 毋令行左符者行报书。报书到为符官，为符官乃果（课）当稟受者其右符以往稟受之。致所官未报左符到及虽报而报书未到为符官，为符官而敢予当稟受者右符，坐其所致物臧（赃）与盗同法。致所官当报左符到而【未】报，人操其右符来稟及当报未【报】者盈□日□敢予者，亦坐所予物与盗同法。●诸为符官各悉案符令初下以来，官报左符到而留者，尽劾，移其狱狱属所执法，属所执法具论当坐者。后有留者，为符官辄劾论之。 ●廿①

关于此令起始之“【致】所官”“为符官”，岳麓简整理小组将二者分别释为“发放物资的官署”“管理、分发符的官署”。② 可见，据此令所云，在领取物资时，相关人员可持左符向致所官申请“报书”，为符官在见到“报书”后方可给予领取物资者（“稟受者”）右符以便其“稟受”物资。所以，倘若致所官尚未出具“报书”或“报书”虽已出具，但尚未送达，为符官即给予“稟受者”右符，那么，官府自然要处罚为符官（如令文的第一处划线部分所示）。可是，如果“报书”已送达，为符官之下属却不及时处理，那又当如何呢？这种不作为无疑也属于县吏在物资管理上的不当举措，令文的第二处划线部分即对此而发。以其文句观之，对“符令”（即“所官……亦坐所予物与盗同法”云云）下达后发生的怠于根据“报书”发放右符的行为，为符官可当即纠举并论处（“劾论”）之，但对截止“符令”下达时已存在的同类情况，则须将不作为之吏员移交县所隶属之执法官论处。究其原因，很可能就在于所谓“符令”颁发之前，执法官是可以通过介入对不作为之吏员的“狱治”来监督符的发放以及与之紧密相关的县中物资的支取的。还如，在徒隶管理方面，岳麓简 1612/228＋1611/229＋1599/230＋1180/231＋1176/232＋1159/233＋1153/234＋1115/235 所收《县官田令》条文曰：

---

① 陈松长主编：《岳麓书院藏秦简（陆）》，上海辞书出版社 2020 年版，第 63—65 页。另外，此处在引用简文时，已据陈伟说对（J40＋J73－5）/053 简之简文的句读和释读有所调整。参见陈伟：《〈岳麓书院藏秦简（陆）〉校读（一）》，载简帛网 http://www.bsm.org.cn/?qinjian/8253.html，发布时间：2020 年 5 月 6 日。

② 参见陈松长主编：《岳麓书院藏秦简（陆）》，上海辞书出版社 2020 年版，第 79 页。

●廿七年十二月己丑以来，县官田田徒有论毄（系）及诸它缺不备获时，其县官求助徒获者，各言属所执法，执法□为调发。书到执法而留弗发，留盈一日，执法、执法丞、吏主者，赀各一甲；过一日到二日，赀各二甲；过二日【到三】日，赎耐；过三日，耐。执法发书到县官，县官留弗下，其官遣徒者不坐其留如执法。书下官，官当遣徒而留弗遣，留盈一日，官啬夫、吏主者，赀各一甲，丞、令、令史赀各一盾；过一日到二日，官啬夫、吏赀各〼令、令史赀各一甲；过二日到三日，官啬夫、吏赎耐，丞、令、令史赀各二甲；过三日，官啬夫、吏耐，丞、令、令史为江东、江南郡吏四岁。智（知）官留弗遣而弗趣追，与同罪，丞、令当为新地吏四岁以上者辄执法、〚执〛法□丞、主者坐之，赀各二甲。执法令吏有事县官者，谨以发助徒〼如律令。　●曰：可。　●县官田□□令　【甲】九①

令文起始部分提到，在收获时节，如县官府所使役的田作徒隶（“田徒”）因其中出现被逮捕者而面临人数不足的情况，则县官府可以请求作为其上级的执法官调动从事其他劳作的徒隶以为“田徒”；而令文末尾虽有断简，但大意似可明，即执法官应训诫从事公务之吏谨慎征发徒隶以为其处理政务之辅助。由此看来，执法官对徒隶使役也承担着重要的监控任务。

其二，除了对县官府在年中的政务运转予以督责之外，执法官还通过年终的上计、考功来评价官吏的工作表现，从而令官吏意识到自己一旦行使权力失范，终究会面临来自朝廷的惩戒。如，表5－8第②行所列“县官上计执法，执法上计冣（最）皇帝所”云云就对县官府在上计时须向执法官汇报本县日常政务的全年运转情况这一点做了总括性规定。至于凭借上计来督责官吏妥当执行政务如何落实到各个领域，以“狱治”为例，前引岳麓简1937/027＋2060/028所载《亡律》条文提到，“咸阳及郡都县恒以计时上不仁邑里及官者数狱属所执法，县道官别之，且令都吏时覆治之，以论失者；覆治之

① 陈松长主编：《岳麓书院藏秦简（陆）》，上海辞书出版社2020年版，第171—174页。

而即言请（情）者，以自出律论之”；这表明执法官须审核其下辖各县道纠举某类犯罪之总量，其目的或许是为了考察县官府在维持治安、发觉犯罪行为上的表现提供参照。而对县吏在从案件被“告劾”至判决的整个过程中发生的错误，朝廷也要求县官府在上计时将相关文书列为上计簿册的附件并提交给执法官，执法官则据之核查县吏的所谓“错误”之究竟，如表5－8第⑤行已提及之令文所示，“●治罪及诸有告劾而不当论者，皆具传告劾辞论夬（决），上属所执法，与计偕。●执法案掾其论……”。此外，朝廷还会根据各县道处理“狱治”的实况增加各县道应上呈执法官之数据的种类，前引岳麓简1125/059＋0968/060＋0964/061所收令文要求各县道向执法官上报“狱留”信息就是针对“闻狱多留或至数岁不决，令无罪者久毄（系）而有罪者久留，甚不善”这一“狱治”方面的不良现状而发。如此种种皆表明，在“狱治”领域，朝廷对执法官如何以上计为媒介来控制县吏的权力显然有着较为全面的设计。可以想见，这应当不是“狱治”领域的专有现象。本章第一节曾论及的书于岳麓简1915/299之上的令文对县官府以“道远”为由而未能及时上呈财物收支数据的行为当如何处置这一问题有所规定，其中的“属所执法辄劾穷问，以留乏发征律论坐者”一语隐约展现了执法官在审核县官府收支财物是否合法时的强势形象；这令我们有理由相信执法官对县之财物管理权的督责大概也是可以依托上计而从不同角度实施的。正是因为执法官能在上计之时获取县执行各类政务的诸多统计数据，朝廷遂赋予执法官对部分官吏的考功权，如前文多次提及的岳麓简收入的“上计令”所示，“以尺牒牒书当免者，人一牒，署当免状，各上，上攻（功）所执法，执法上其日……属、尉佐、有秩吏，执法免之，而上牒御史、丞相”。

以上对执法官如何从两个方向上督责县官府之政务运转的论述使其角色功能即作为监察官员而确保县官府依照君主意志治理本县得到了更为详细的揭示。然而，不得不追问的是，如前所述，郡监御史也有监察县之权力行使状态的职责，那么，秦统治者为何要让县官府同时面对两个拥有监察权的上官呢？以目前所能见到的史料论，要清晰、全面解答此问题似乎是不太可能的，这里只能给出些许推测。一方面，前文已指出，学者们认为，秦执法官的设立与《商君书·定分》所蕴藏的政治思想有关。该篇始于假想的秦孝公对商鞅的询问："法令以当时立之者，明旦欲使天下之吏民，皆明知而用之，如一而无私，奈何？"随后，该篇作者借商君之口给出了答案：

> 为法令置官吏，朴足以知法令之谓者，以为天下正……法令者民之命也，为治之本也，所以备民也……人主为法于上，下民议之于下，是法令不定，以下为上也。此所谓名分之不定也……故圣人必为法令置官也，置吏也，为天下师，所以定名分也……夫微妙意志之言，上知之所难也。夫不待法令绳墨而无不正者，千万之一也。故圣人以千万治天下。故夫知者而后能知之，不可以为法，民不尽知。贤者而后知之，不可以为法，民不尽贤。故圣人为法，必使之明白易知，名正，愚知遍能知之；为置法官，置主法之吏，以为天下师，令万民无陷于险危。故圣人立，天下而无刑死者，非不刑杀也，行法，令明白易知，为置法官吏为之师，以道之知，万民皆知所避就，避祸就福，而皆以自治也。故明主因治而终治之，故天下大治也。

据划线部分可知，实现"孝公"所提出的使天下吏民"明知而用之，如一而无私"的前提有二：一为"定名分"，即法自君出，庶民不得议论法令；二为使庶民皆熟知君主制定的法令并以此规范自己的言行。为此，"置法官""置主法之吏"以为庶民学习法令之师就显得颇为重要；否则，庶民将无从了解君主所立之法的内容，进而引发以私意为法度的现象。而从执法官之官称即"执法"来看，此官职大概就被视作"置法官"中的"法官"了。换言之，执法官是作为君主派驻地方的法律权威而存在的，乃秦强化从中央到地方的法律统一、高度重视法治的产物。另一方面，前文曾提到，执法官的设置是以秦郡制的大踏步前行为背景的。诚然，郡制的发展与秦领土的扩大相为表里，普遍设立执法官以稳定实现秦法对新辟地之黎庶的统治，进而牢固树立秦君的权威当然是非常合乎逻辑的，但此官职之创设是否还蕴藏着其他政治意图呢？事实上，郡制的发展必然会推动郡守之权力地位的提升以至于成为君权之威胁，故君主将郡守之权力一分为二并置立监御史于其侧以监督郡守、郡尉及郡下辖各县的政务运转状况。问题是，监御史就一定能秉持君意而尽到监督之责吗?《商君书·禁使》云：

> 人主之所以禁使者，赏罚也。赏随功，罚随罪，故论功察罪，不可不审也。夫赏高罚下，而上无必知其道也，与无道同也。凡知道者，势数也。故先王不恃其强，而恃其势；不恃其信，而恃其数……今恃多官众吏，官立丞、监。夫置丞、立监者，且以禁人之为利也；而丞、监亦欲为利，则以何相禁？故恃丞、监而治者，仅存之治也。通数者不然，别其势，难其道。

“丞、监亦欲为利，则以何相禁”一问表明，秦统治者对此很可能是有疑虑的。在这种情况下，执法官的创设在一定程度上其实已成为秦统治者完善其对地方政府的分权规划，并借此确保郡的守府、尉府、监府及郡下辖的县官府皆被统合在君权之下的重要举措。概言之，执法官初现并终至与监御史并立的现象似乎是由秦在其领土大幅度东扩的时代，对中央集权体制和“以法为教”之国策的坚定贯彻和强化中促成的。不过，这也并不意味着执法官的设置于秦政之运转而言有利无弊。可以想见，既然执法官与郡监御史均为君主耳目，其监察对象又都指向郡县官府，那么，二者之权力实践虽必有区分，但也难免出现一定程度的重叠；[①] 倘若二者对同一政务皆提出督责意见，郡县官吏就可能陷入不易做出抉择的困境。而且，正如前文提到郡监御史未必能始终贯彻君意、维护朝廷利益一样，在执法官身上或许也会出现类似的问题。如此，秦统治者大概会考虑执法官与郡监御史甚至郡守、郡尉之间的相互约束，但这样一来，各机构之间的对抗、推诿或多或少又会上演以至于影

---

① 对此，土口史记、王捷、王四维等皆有所论及，或可参考。参见土口史记：《嶽麓秦簡“執法”考》，载《東方學報》第九十二册，2017 年，第 30—31 页；王捷：《秦监察官“执法”的历史启示》，载《环球法律评论》2017 年第 2 期，第 143 页；王四维：《秦郡“执法”考——兼论秦郡制的发展》，载《社会科学》2019 年第 11 期，第 161—162 页。

响郡县政务之运转的流畅性和效率。也许正是因为此处所列之弊端，继秦而起的汉王朝逐渐将执法官的权力与从中央到各郡的御史官的权力合并，乃至最终取消了作为独立官职的执法官，但其作为曾经的中央御史府下辖之重要官员的历史记忆则通过以“执法”为御史之别称而被保留下来。

小　　结

前三章的论述已指出，秦县官府掌控着众多人力、物力资源，其权力在朝廷划定的轨道内运行实为秦在战国时代强势崛起并终至统一六国的重要条件；为此，朝廷以各种规范约束官吏的言行，又以吏道文本塑造官吏的为政品德。但是，即便如此，县官府也未必能始终秉承君意、守法奉公，对县吏之工作业绩予以考课和对县官府之政务状态加以监察就显得极为必要了，本章的探讨即以此为主题。

在前者，朝廷要求县官府在上计之时将“计冣（最）、志、郡〈群〉课、徒隶员簿”呈送给上官。这些簿册当然不是在上计期限截止之前随意制作的，而是对县官府在日常行政运转中形成的各种簿籍、券书所承载的信息加以汇总而成。这样一来，官吏处理各种政事的记录就会在官府的年中工作过程中及在年终上计之时接受反复检验、审核，官吏的工作表现究竟如何则很可能由此而被揭示出来。以之为基础，对官吏的考课也就顺理成章地展开了。根据考课情况确定的奖惩措施当然是多样化的，但其中颇值得注意的是劳的增减，因为秦吏的晋升主要采取积功劳之制。换言之，官吏只有严守法律规定而勤勉工作，其在岗时间才具有积劳之意义，四岁劳可进为一功，而功则是晋升的关键参考因素。如此，平日里的职务履行情况、上计、考课、晋升就被一环扣一环地连接在一起，朝廷则通过对政务施行之结果的审查并以职位、薪俸之提升为实益督促、激励县吏为朝廷的政治目标而兢兢业业地工作。

在后者，郡监御史和执法官皆为秦统治者设立的郡一级监察官员，二者的出现很可能皆与郡制之发展密切相关。也就是说，随着秦领土的膨胀，由内史或中央官署直接管理新设于各地的诸县实为不便，以原为军区的郡为媒介来贯彻中央对各县的控制则显得日益必要，但郡逐渐聚拢除军事权之外的其他权力乃至于成为一个行政层级又难免使中央感受到来自于郡的威胁。在这种情况下，秦统治者一方面将郡官府的权力一分为二并派驻监御史行使监察权，另一方面又设置执法官并期望执法官以其监察举措确保各郡一体遵行中央的法令、推崇君主的权威。以此为前提，县官府就不得不面对两个拥有监察权的上官即监御史和执法官，而这二者对县政的复调督责当然会在一定程度上令县官府对其行政不当、不作为保持警觉。

行文至此，我们已从秦县治理之主体即县官府的大致构成、所谓“治理”在各个领域的展开、朝廷对县官府设立的为政准则、上官对县吏的考课及对县官府的监察等若干方面描绘了县官府在秦的政治框架中的基本角色以及秦法通过县官府的社会治理行为而介入庶民之生活的基本图景。接下来，我们将带着这些认识进入本书的“终章”，尝试从秦县治理切入宏观浏览秦之政制运转对秦之兴亡的影响。

终章

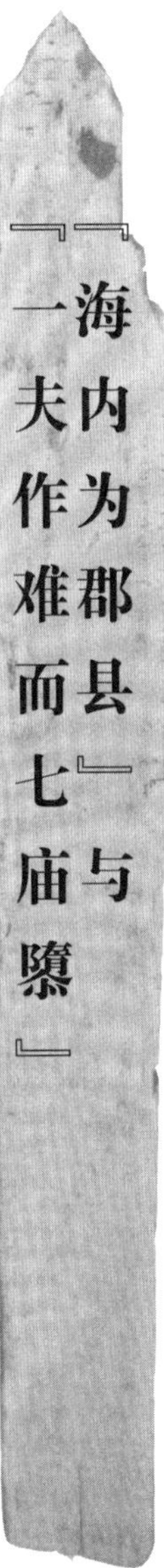

『海内为郡县』与『一夫作难而七庙隳』

秦王政二十六年（公元前221年），秦攻陷齐国，从而完成了对六国的吞并。为了彰显自己作为从七王中脱颖而出的最高统治者的身份，嬴政已不再满足于其原有的“王”的称号，故令群臣提出更改“名号”的方案。经群臣上奏、嬴政再斟酌，“皇帝”这一尊称终于被创造出来。此即中国历史上著名的“议帝号”事件。《史记·秦始皇本纪》较为详细地将此事记述如下：

> 秦初并天下，令丞相、御史曰：“……寡人以眇眇之身，兴兵诛暴乱，赖宗庙之灵，六王咸伏其辜，天下大定。今名号不更，无以称成功，传后世。其议帝号。”
>
> 丞相绾、御史大夫劫、廷尉斯等皆曰：“昔者五帝地方千里，其外侯服夷服，诸侯或朝或否，天子不能制。今陛下兴义兵，诛残贼，平定天下，海内为郡县，法令由一统，自上古以来未尝有，五帝所不及。臣等谨与博士议曰：‘古有天皇，有地皇，有泰皇，泰皇最贵。’臣等昧死上尊号，王为‘泰皇’。命为‘制’，令为‘诏’，天子自称曰‘朕’。”
>
> 王曰：“去‘泰’，著‘皇’，采上古‘帝’位号，号曰‘皇帝’。他如议。”制曰：“可。”

在司马迁的笔下，始皇帝的志得意满和群臣的阿谀逢迎可谓跃然纸上。尽管如此，即便剔除改名号的具体设想，始皇帝与群臣的对话也不能被视作彻彻底底的浮夸、虚饰之辞。事实上，群臣在奏议中提到的改名号的理由即“平定天下，海内为郡县，法令由一统”就颇为耐人寻味。尤锐（Yuri Pines）曾对战国诸子之政治思想的共性做过较为精彩的评论：“战国时代的政治语境支配着这些思想家的关注要点。他们生活在一个周朝的社会政治秩序已经崩塌，因而对能够带领周（‘中国’）世界走向稳定与和平的解决方案充满期望的时代。东周多国世界的持久的、毁灭性的战争、统治精英内部的持续争斗，以及经济和军事的新发展，都要求政治和军事管理体系进行重要的调整。这决定了战国思想家关心的主要议题，也解释了他们思想探索的环境。旧的正统体系已经崩溃，而新的还没有出现，很少有政治禁忌留存。竞争的诸侯以及跨国家人才市场的存在，极大地防止了由国家组织的、意识形态上的迫害。正是在这样的背景下，战国思想家所作的选择才具有特别的意义……在这些选择之中，最为重要的是一致地反对战国诸侯争雄的世界秩序以及分散的政治权威。只有在至高无上的统治者之下完成政治上的'天下'一统，才能带来持久的和平与稳定，这是战国思想家们的普遍观念。"① 也就是说，思想家们已敏锐地感受到了其时代的一种现实需求即平定乱世、重塑政治权威，并为此设计了各种方案。与之相适应，列国朝廷又为这些方案提供了实践和修正的机会。一切都在摸索之中，一切又都在竞争之中，实效顺理成章地成为了衡量政治思想与政治行动妥当与否的关键性标准。以此立论，所谓"海内为郡县，法令由一统"无异于秦的政治精英们面对战国政局之发展趋势给出的方案，且经受住了战国中后期的拉锯式政治、军事斗争的检验以至于最终使秦得以"平定天下"。既然秦的政治抉择顺应了战国政局的走向且取得了令世人瞩目的功业，秦王改称号无疑就有着极强的正当性，而数目众多的郡县之城即为这种正当性的物化证明②。可是，细绎之，郡县制和法令究竟为何能对秦克成帝业贡献良多呢？带着这一问题，以下先简要回顾本书前五章的主要内容。

本书第一章始于对秦县制之创设的考察并指出，虽然秦在春秋时代已"初县"，但此"县"不同于郡县制意义上的"县"；在秦，郡县制意义上的"县"无疑是在商鞅变法时期根据农战兴邦的国策，并以宗族组织为外在权力所瓦解、基层社会秩序得到重塑为前提而被设立并推广开来的。紧接着，本章又分析了秦县官府的组织架构并认为，秦县官府由县廷列曹和负责各项事

① ［以］尤锐：《展望永恒帝国：战国时代的中国政治思想》，孙英刚译，上海古籍出版社 2013 年版，第 281 页。
② 许宏曾指出，随着秦汉时期统一局面的出现，由硕大无朋的帝国都城及为数众多的郡县之城构成的全国性的城市体系也初步形成。这一城市体系可被视为以地缘政治为主体、中央集权政府依靠郡县直接统治全国的社会结构的外显。参见许宏：《先秦城邑考古》（上编），金城出版社、西苑出版社 2017 年版，第 358—359 页。

务的诸官合成；后者虽然在空间距离上和制度上对前者保持着一定的独立性，但前者的权力呈现出了逐渐扩张的趋势，且通过对文书流转等的控制展示其权威。当然，无论是对列曹还是对诸官而言，其在行政运转中的作用的发挥皆有赖于官吏们的努力工作来实现，因此，本章又探讨了秦县官吏的叙用以及朝廷对具有一定特殊性的所谓“新地吏”的选任和管理，最终发现朝廷试图通过选官把大量熟悉秦法及文书流程的官吏安排到县官府的各个职位上。

在第一章揭示了秦县治理之主体即县官府的大致面貌之后，第二章即以官民互动为视角探讨秦县治理的基本事项是如何在相互关联中得到执行的。首先，从本章第一节和第二节的论述来看，在战国时代，人口是列国都极为重视的资源，秦亦不例外；为了令庶民安土重迁，秦县官府既须以编制户籍为手段来管理人口，又须给予民户若干土地以保证其具备维持家庭存续的经济能力。对一般平民而言，从政府处获得的土地不啻于其在乱世中勉强度日的必需，故可谓政府之恩泽，但作为代价，他们就不得不向政府上缴租税、户赋等并承担徭戍之责。其次，县官府对平民编户、授田及平民从事劳作、履行对官府的各种义务都只能在良好的社会治安环境中展开，故本章第三节对秦县官府如何维持社会治安、通过“狱治”处理纠纷予以解答。最后，平民生活的内容当然不只是耕作、服役，他们还期待通过与其家庭成员交往、参与乡里之祠祀等经营自己的精神世界，而在官府看来，任由家庭伦常和社会风俗自流无疑也会形成不利于政治统治之维系的隐患，本章第四节所论述的就是秦县官府对文化秩序的规训。

除了官府与平民的互动之外，秦县治理的展开还有赖于官府内部的政务信息流转以及官府对其掌控的劳动力资源即刑徒的役使，此即第三章的主题。有关前者，本章第一节指出，尽管政务信息交流可以通过口头陈述和官文书的上传下达两种方式展开，官吏与官文书皆可谓信息载体，但在春秋战国时期，随着列国领土扩大、人口增多而导致的行政层级和行政事务的复杂化，官文书已成为政务信息交流的主要渠道，秦当然也不能例外。为此，秦统治者以律文“有事请殹（也），必以书，毋口请，毋羉（羁）请”明确规定官府内部的政务信息沟通须依托官文书展开，又对制作、传送、保管、废弃等官文书流转的各环节设定规则，以便在确保政务信息高效、准确地抵达包括县在内的各行政层级的官府中并为其所掌握的同时为后续追责保留依据。有关后者，本章第二节强调，考虑到不误黔首之农时等因素，秦统治者要求县官府在必须征发一定数量的劳动力以完成政务时应首先动用刑徒的力量。换言之，刑徒劳作对县政的有效运行而言往往是不可或缺的。有鉴于此，如何有序使役和管理刑徒显然已成为一个不可等闲视之的问题，而在秦法中就确实能见到关于县中负责刑徒管理的机构、“徒作簿”与“作徒簿”的制作和保管、各类刑徒之身份待遇等方面的细致规定。

综合第二、第三两章的论述，可以看出，处于秦县官府的直接支配之下的各种资源颇为可观，县乃切切实实的秦政权之基石；但是，反过来说，倘若朝廷怠于约束县官府的权力，县就很有可能成为私心自用、无视朝廷利益乃至威胁政权稳固的有害力量。正因为此，朝廷试图从规范引导和吏道培育两个方面强化对县官府的控制，而第四章的考察就是围绕此二者展开的。在规范引导上，朝廷不仅颁布了大量的律令以为县吏之言行准则，更要求县吏向庶民口诵律令以便庶民据其对律令的了解质疑县吏的不当为政举措。不过，由于律令文涉及面有限，难免滞后于行政现实的变化，因此，朝廷又以“廷行事”“比行事”、课、程等为律令文之补充，而且还允许郡守府发布“太守令”“守府书”以辅助律令文之规定的落实或据本地情况而对律令文之规定稍作变通。另外，因为秦县的政务运转须遵守律令之规定，在形式上则通过官文书的上传下达来推动，所以，朝廷以“式”明确各种官文书的格式，并借此既为官文书之制作和阅读提供便利，又适度防止官吏在撰写官文书时上下其手，从而使“式”成为执行律令时的配套规范。在吏道培育上，朝廷以承载着吏德说明与法律术语汇编的吏道文本教育县吏，使其养成对“以法为教”之国策及公私分明、廉洁正直等吏德的确信，而此种确信则提高了促使县吏对各种规范的遵守转化为一种自觉行动的可能性。

尽管朝廷为约束县官府的权力而制定了各种规范，并期望通过吏道文本为县吏注入恪守法律与为官公德的内在动力，但这些都只不过是朝廷意志的静态表达，县官府未必能始终在朝廷划定的权力轨道内治理本县。如此，朝廷就不能不通过对县的政务执行状况的评估来纠举县吏个人或县官府的行政不当行为，这正是第五章的主题。本章第一节先通过对秦县之上计的考察指出，因县官府之政务的日常运转而出现的各种簿籍、校券所承载的一应数据至上计之时会经过比对、审核而转变为呈送给上官的上计簿册的重要内容；在此过程中，县吏对待工作的疏忽懈怠、假公济私将因若干数据之间难以互相印证而暴露出来，对他们的考课意见也就顺理成章地形成了。进一步说，由于秦吏主要以积功劳的方式晋升，其在岗时间能否计劳并最终转化为功往往受到考课结果的影响，因此对官吏的考课就成为了朝廷督促县吏奉公守法的重要手段。本章第二节强调，在秦大幅度东扩的情况下，出于中央对县尤其是新设各县加强控制的现实需求，郡的地位日益提升，但也难免令中央产生尾大不掉之忧虑。为此，秦统治者就在郡这一层级设置了监御史和执法官，使二者均行使监察权。这当然有可能导致二者之权力的重叠，但此种复调监察制度的确立实为秦对如何控制前所未有的广大领土所做的一个尝试，其在督责郡、县遵照朝廷设定的政治目标而治理其辖区上无疑是有一定作用的。

浏览上文对全书内容的回顾，可以发现，所谓秦县治理并非单指县官府命令黔首为或不为某事，而是秦政的各个侧面在县这一行政层级的融贯运行。既然如此，是否有可能以县制或县政为视点来观察“海内为郡县，法令由一统”与秦成就帝业的紧密联系？以下将从郡县制意义上的县的出现及进入秦国开始略作尝试。在西周时代，宗族是社会的基本构成单位，族众及作为宗族聚居地的邑之周围的自然资源皆为宗族所掌控，因此，在各宗族通过巡视、进贡、联合御敌等方式而非彻底的从上到下的垂直统治组合成一个政治体的情况下，即便是作为天下共主的周王都无法实质性地完全占有和动用各地的人力和物力。[①] 至春秋时代，随着周天子之权威的持续下滑，在衡量列国之实际政治地位的高低时，时人所看重者逐渐从列国君主与周天子之血脉关系的远近转向列国之实力的强弱；此种评价标准的显著变化也波及列国内部，

① 有关西周国家之组成和运行逻辑的详解，参见李峰：《西周的政体：中国早期的官僚制度和国家》，吴敏娜、胡晓军、许景昭、侯昱文译，三联书店 2010 年版，第 296—301 页；Li Feng，The Western Zhou State，in Paul R. Goldin edited，*Routledge Handbook of Early Chinese History*，Routledge，2018，pp. 95 - 101。

卿大夫、士主导列国政坛的现象遂变得屡见不鲜。这样一来，为了增强实力，春秋时代的强权者们就不能不考虑瓦解宗族的力量以便把宗族掌握的社会、经济资源划入自己的支配之下，所以，构想新的地方控制手段来取代作为一种传统且以尊重宗族自治为内核的封建制可谓自然而然的选择，此即最先在晋等国的边境推出，后又向内地推广的郡县制意义上的县制。[①] 正因为这种县制以对宗族力量的排挤为其成立条件，故当商鞅应孝公之“求贤令”的号召而携其置县的政治构想到达秦国并被委以重任之后，他面对秦民“父子无别，同室而居”[②] 的宗族生活状况，很快就以所谓“分异令”强行拆散宗族，将民户按邻伍编制，并最终以“集小乡、邑、聚为县”的方式在秦国确立了县制。在此过程中，各种社会、经济资源无疑迅速脱离了宗族的控制而转变为秦君可以直接支配的县中的财富。为了分门别类地管理和经营这些财富，除了都官之外，若干以“有秩吏”为长官的县的各职能机构或者说“诸官”被确立；又为了防止“诸官”中饱私囊，秦君根据籍贯回避之制向各县派驻令、丞、尉以搭建由此三长吏及其在列曹轮值的下属构成的县廷。是时，县廷在某种程度上其实可被视作中央在各县的分支，既要负责向“诸官”传达中央的指示，又要以其了解的政务信息向中央汇报“诸官”对县中资源的保管和使用情况，这或许就是对地方官的上计、考课之制在秦得以确立并运转起来的背景。概言之，商鞅变法有效地削弱了宗族在社会中的影响力，建立起了君主通过县廷来督责县中“诸官”干预庶民生活并管控各种资源的机制。[③] 为了保证此机制完全服务于秦君的政治目标即农战兴国、强势东出，颁布法令以约束官吏的为政举措毋宁说是非常自然的；而且，以战国时代的紧张军事、政治局势论，效率无疑是行政运转中必须考虑的、极为重要的因

① 正如李峰所指出的，“县是国家和国君直接控制下的保留地。为了与其他国家竞争，国君需要这些土地处于直接管理之下，并亲自任命行政官员县令来管理……县的发明和推广，完全改造了以居于国家和平民间的宗族组织为基础的古代中国社会”。李峰：《早期中国社会和文化史概论》，刘晓霞译，台湾大学出版中心 2020 年版，第 208—209 页。

②《史记·商君列传》。

③ 太田幸男在对比商鞅变法与秦始皇的统一政策、商鞅的政略与李斯的政治主张之后也特别强调，商鞅变法的关键在于具体行政措施上的调整。参见太田幸男：《中国古代国家形成史論》，汲古书院 2007 年版，第 179—181 页。

素，所以，这一机制大概在商鞅变法之时或此后不久就主要以官文书流转的方式运行了①。

可以想见，由于商鞅变法使“秦人富强”以至于“天子致胙于孝公，诸侯毕贺”②，而秦军又借富强之势在与宿敌魏国的战争中大胜并迫使魏国“割河西之地献于秦以和”③，包括置县在内的变法的各种举措理所当然地被认为是必须予以坚持的。经过惠文王、武王两代君主的过渡，秦迎来了在其统一六国的过程中具有关键性意义的昭襄王时代。秦军的频繁东出推动了秦领土的膨胀，由商鞅变法确立并日趋稳固的县制不得不因为新情况的出现而有所调整，如随着郡之地位的逐步提升，县的上峰在若干领域都已从中央转变为郡。但是，自孝公时代就已明确的中央对地方的关系模式即在通过县掌控社会的同时强化对县的约束并未改变。结果，依托县制，秦君能够最大限度且统一、高效地调动人力、物力资源以至于在每一场战役中都投入巨大的力量，而且随着领土的扩大，这种力量可以被提升至惊人的程度。政治体制与军事行动的密切配合终于使秦成为了所谓的“虎狼之国”，也极大程度地消磨掉了六国的抗秦锐气。④ 至秦王政时代，尽管其灭国战争的进展并非一马平川，但秦统一天下实已成为大势所趋，“以六合为家，崤函为宫”⑤ 的秦帝国凛然矗立在时人面前。纵观秦从商鞅变法至“平一宇内”的整个过程，县固然

① 有关商鞅变法与秦的文书行政之形成的关联性，参见参见高村武幸：《文書行政のはじまり》，载籾山明、ロータール・フォン・ファルケンウゼン编：《秦帝国の誕生—古代史研究のクロスロード—》，六一书房 2020 年版，第 83 页。

②《史记·商君列传》。

③《史记·商君列传》。

④ 此处所论很自然地会引申出一个问题，即在战国时代，置县并非秦的特例，为何其他国家难以与秦相抗衡。原因当然需要从各个角度来寻找，但私见认为，县的动员潜能被彻底激发出来的前提条件是否具备这一点似乎尤其值得一提。也就是说，要做到通过县政运转而凝聚所有社会资源以完成君主的政治目标，就必须保证从中央到县的各级官僚机构均统一于君主的意志之下亦即高度的中央集权。然而，正是在这一问题上，如学界近年来对墓葬等考古遗迹和出土文献的解读所指出的那样，秦君在本国权力集团中的地位似乎远胜于东方列国的君主。参见梁云：《战国时代的东西差别——考古学的视野》，文物出版社 2008 年版，第 262—263 页；游逸飞：《制造“地方政府”——战国至汉初郡制新考》，台湾大学出版中心 2021 年版，第 132—134 页。如此，虽然东方列国的县无疑也有动员社会资源的能力，但其动员水平很可能因统治集团内部的分权制衡而不如秦县以至于列国对秦的抵抗或反击难以持续。

⑤《新书·过秦上》。

是地方行政层级，但在战国至汉初这样一个“戎马生于郊”的年代，县制却不能被单纯地界定为基于君主强力掌控社会的政治理念而成立的地方行政制度，它更是以法令为保障、以文书流转为表象且由君主直接或间接操纵县官府凝聚各种资源以支撑霸业并完成帝业的国家动员机制。或许，从这一点出发，在“议帝号”事件中，群臣何以强调“海内为郡县，法令由一统”乃秦王政改尊号的理由就能得到更深刻的理解了。当然，秦王政在称帝之后实施的大规模土木工程、军事行动仍有赖于县的强大动员能力是毋庸置疑的，否则，始皇帝的诸多刻石中的“人迹所至，无不臣者”“天下承风，蒙被休经”① 等语词恐怕就的确只能被视作毫无实际内容的虚言。换句话说，以县制为媒介，所有臣民都成为了始皇帝的宏伟政治蓝图的践行者。

不过，这种通过县来实现国家权力对社会的完全掌控和高度动员的机制也并非毫无隐患，而在秦蚕食关东之地并试图依托县对原六国臣民展开统治时，所谓隐患也就陆续暴露出来。一方面，秦县制对六国臣民而言或多或少是一种异样的存在，其输入难免会引发此制与六国社会现实、旧有制度之间的冲突。如，前文已述，秦县制的确立往往伴随着宗族组织的瓦解和从宗族中分离出来的核心家庭的邻伍编制，作为基层社会之管理者的里老、里典也是由官府权力任命的，但在关东六国，虽不能说宗族组织依旧像西周年代那样在社会秩序的维持上发挥着举足轻重的作用，但宗族对基层社会的影响力仍不容忽视，乡里民众自发推举出来的父老之类的人物时而扮演着乡里领袖的角色②。这样一来，为推广秦的县制而展开的“乡里控制”对六国故地之

① 《史记·秦始皇本纪》。

② 有关战国秦汉时期父老由里民自行推选这一点及其在里中事务的处理上发挥的作用，参见守屋美都雄：《中國古代の家族と國家》，东洋史研究会 1968 年版，第 194—202 页。当然，在作为秦之故地的关中也存在父老之类的人物，如《史记·高祖本纪》就记载了刘邦与关中父老“约法三章”之事，但此父老未必就能被理解为村落自律秩序的代表，其很可能是与村落社会有所关联且由国家权力任命的里典、里老的异称。在这一点上，王爱清、水间大辅的论述较有启发意义，或可参考。参见王爱清：《秦汉乡里控制研究》，山东大学出版社 2010 年版，第 232—233 页；［日］水间大辅：《秦汉时期里之编制与里正、里典、父老——以岳麓书院藏秦简〈秦律令〉为线索》，载周东平、朱腾主编：《法律史译评》（第七卷），中西书局 2019 年版，第 30—32 页。

“乡村自治”① 的排斥想必会给六国臣民带来某种不适甚至愤懑感。又如，秦县乃秦法的实践场域，而秦法的触角则伸向社会生活的方方面面，甚至对家庭伦常和风俗习惯都极为细致地加以规范，且往往要求县官府主动介入相关纠纷之中，如岳麓简所收秦令就规定，若子女不听父母之谩骂或对父母直陈怨言，而父母不向官府告发，乡啬夫就有义务抓捕不肖子女。这无异于国家对社会、君对民的从言行到精神的彻底控制。但是，家庭伦常、风俗习惯恰恰具有极为明显的地方性，家庭纠纷的合情合理的解决、移风易俗实非纯粹法律惩戒、权力驯化之所长，因此，当秦设立于六国故地的县的官府开始以秦法强势推动关东社会的全面秦化②时，原六国臣民对秦制的强烈抵触情绪就很自然地出现了。③

另一方面，制度的实施效果如何并不仅仅取决于制度本身，更与其执行者的素养、能力、事业理想有关。以此立论，即便秦的县制在被移植到六国故地的过程中与当地之旧制、社会现实发生了冲突，如果县中官吏在整体上拥有某种为政艺术或一定的行政自主性，所谓冲突或许也会有所缓和甚至被化解。但是，既然秦统治者对县的政治要求是严格贯彻君主意志、全面控制

① 鲁西奇将中国古代乡村社会的建构归结为立足于乡村自身需求及其文化传统的“乡村自治”与根源于王朝国家权力的“乡里控制”互相角力的结果。参见鲁西奇：《“下县的皇权”：中国古代乡里制度及其实质》，载《北京大学学报（哲学社会科学版）》2019年第4期，第85页。

② 近年来，游逸飞、琴载元等已据考古遗迹及出土文献的记载详细考察了秦文化强势排挤关东六国之故地的社会习俗的若干实例，其论述于理解秦对六国的征服策略及由此引发的原六国臣民的反秦心情颇有助益，值得参考。参见［韩］琴载元：《反秦战争时期南郡地区的政治动态与文化特征——再论“亡秦必楚”形势的具体层面》，载甘肃简牍博物馆、西北师范大学历史文化学院编：《简牍学研究》（第五辑），甘肃人民出版社2014年版，第134—140页；［韩］琴载元：《秦代南郡编户民的秦、楚身份认同问题》，载杨振红、邬文玲主编：《简帛研究》（2015秋冬卷），广西师范大学出版社2015年版，第79—81页；游逸飞：《制造“地方政府”——战国至汉初郡制新考》，台湾大学出版中心2021年版，第189—191页。

③ 在这一点上，陈苏镇曾做过颇为精到的论述：“根据秦末战乱中各地反秦之激烈程度的差异和《语书》透露的信息，我们说秦之‘法律令’与关东文化存在距离，特别是与楚‘俗’之间存在较大距离，当无大错。因此我们认为，由文化差异与冲突引起的楚人对秦政的反感，及齐、赵等地人民对楚人反秦战争的同情，是导致秦朝灭亡的重要原因。”陈苏镇：《〈春秋〉与“汉道”：两汉政治与政治文化研究》，中华书局2011年版，第37页。

社会力量、高效调动各种资源，又以内容详密甚至近于琐碎的治吏之法或者说“官僚法”规范官吏的行政举措，那么，为了尽量避免少犯错误以至于影响仕途，县中官吏基本上就只能以熟悉法令与官文书运转流程的技术官僚自居了①。事实上，秦的官吏生产机制也确实是以大量技术官僚的养成为目标的。② 如此，就像植物借助其根系最大程度地从泥土中汲取养分一样，秦君依托技术官僚群体而获得了其权力自由行使的所谓“制度化空间”③，进而得以动用尽可能多的人力、物力来完成其政治目标，但由此给社会尤其是新附于秦的关东社会所带来的扰动或破坏必定也是无以复加地广泛、持久且深入的。倘若不幸再遇到官吏因积功劳迁转之制而感到工作枯燥、乏味且晋升困难以至于为政失德、以权力寻租的情况，④ 国家对社会的控制、动员所造成的负面影响还会被进一步放大。这样看来，在技术官僚秉承君意而统治黎庶的权力运转逻辑之下，秦制与六国旧制的冲突非但难以缓解，反而有被激化的可能。与此同时，另一种与秦县之统治功能的发挥密切相关的官制问题也在悄然出现。那就是，由于在战国后期尤其是在统一战争进行期间，随着秦领土的迅速扩大，设置于关东之地的县的数量想必也会有明显增长；此类县之政务的正常展开同样有赖于技术官僚的勤勉工作，这其实就意味着整个秦国对技术官僚的需求量在短时间内突然呈膨胀之势。面对这一局面，秦朝廷既在其新领地移植已运行多年的官吏生产机制以培养可在新领地供职的技术官僚，又起用废官以为“新地吏”来缓解新设立的诸县之官府对技术官僚的需求。然而，即便如此，或是因为新领地对“文法吏”的需求量过大、过

① 阎步克将这种现象概括为吏道的片面发达或者说“吏道独尊”，并认为政统、亲统、道统三者相维的政治文化模式实为关东列国的根深蒂固的传统，秦的“吏道独尊”则与之格格不入。参见阎步克：《士大夫政治演生史稿》，北京大学出版社1996年版，第241页。

② 当然，从睡简所收《为吏之道》等吏道文本的记载来看，秦朝廷对为吏素养的认识也曾有所调整，但正如本书第四章第二节的考察已指出的，吏道文本的主旨仍是对厉行法治的强调，所谓“调整”很可能只是秦在统一进程中的“统治体制转换期”（参见工藤元男：《睡虎地秦簡よりみた秦代の國家と社會》，创文社1998年版，第385页）的特有现象，并不意味着秦所推崇的“吏道独尊”的政治思路发生了实质性改变。

③ 阎步克：《士大夫政治演生史稿》，北京大学出版社1996年版，第242页。

④ 有关这一点，拙文已有所讨论。参见拙文：《简牍所见秦县少吏研究》，载《中国法学》2017年第4期，第201—203页。

于紧迫，新培养的官吏和被派往新领地的废官似乎仍不敷用，这大概就是里耶简所收《迁陵吏志》记载的迁陵县官吏缺员情况的出现背景。换句话说，因现实形势所迫，运转了近一百五十年而早已成熟的秦的县制居然在一定程度上陷入了组织不完备的窘境。由之，新秦县的行政运转能否高效、流畅地展开就蒙上了一层阴影，① 其对六国故地和故民的控制力的下降亦可谓自然而然。结果，围绕着秦的县制在关东之地的设立和运行，如下两种现象一并出现：一边是由县官府的强势压制和高度动员所引发的秦与关东之间的或隐或显的矛盾，另一边是因县官府控制力的下降所呈现出来的反秦机遇。当矛盾不断激化以至于演变成“天下苦秦久矣”② 的政治话语，而始皇帝驾崩之后中央政局的混乱又导致了秦的政治、军事联动体制的弱化时，所谓机遇就转变为真正的可能性，秦末战争遂瞬间爆发并终至“一夫作难而七庙隳”。

以上所论并不是要强调秦亡于其县制，而是说推动固守关中的秦成为战国时代之霸主的县制蕴藏着与包容关中、关东为一体的秦帝国不相适应的因素。③ 此种不适应性从根本上源于各个地域自史前时代以来形成的不同文化风格，故不能不借助时间的力量来消磨，但秦统治集团对此似乎并未措意，这或许正是秦最终走向灭亡的重要原因，而作为秦王朝之继承者的汉王朝则仍必须度过那段无可回避的时间。汉初统治者在地方制度上做出的种种调整如推行郡县与分封并行制、重视乡里组织在维持基层秩序上的作用等大概都需要从这一角度来理解。在此意义上，可以认为，虽然汉朝人及其后来者对秦政的批评颇多，但他们其实都是秦政的受益者。那么，作为置身事外

① 唐俊峰就通过分析里耶简收入的诸多官文书的传递时间指出，“似不宜预设统一后的秦帝国内部郡县之间的信息传递，必如我们想象中高效”。参见唐俊峰：《秦代迁陵县行政信息传递效率初探》，载武汉大学简帛研究中心主办：《简帛》（第十六辑），上海古籍出版社2018年版，第191—230页。所谓“秦帝国内部的信息传递未必高效”无疑是由很多原因导致的，但官府内部吏员缺额较为严重很可能是一个重要因素。

②《史记·陈涉世家》。

③ 池田雄一曾指出，秦最终灭亡的原因不纯粹是严厉的法治主义与苛酷的土木事业，而在于其不够完备的郡县组织及未成熟的官僚组织尚不具备足够的力量来支撑秦的迅速膨胀的领土。参见池田雄一：《中国古代の聚落と地方行政》，汲古书院2002年版，第24页。此说对秦政之得失的探讨并未停留在泛泛而论的层面，颇具启发意义。

的历史之观察者的我们是不是更应该适度地从种种对秦政的带有强烈感情色彩或政治目的的否定性评价中跳出，思考以一种相对客观的方式去解读秦政呢？答案当然是肯定的，亦为身逢地不爱宝之时代的我们对古人所能表达的真正的敬意。

参考文献

一、传世及出土文献（按当代出版时间顺序排列）

1. ［明］董说：《七国考》，中华书局 1956 年版。
2. ［清］严可均校辑：《全上古三代秦汉三国六朝文》（第一册），中华书局 1958 年版。
3. 杨伯峻译注：《孟子译注》，中华书局 1960 年版。
4. 高亨注译：《商君书注译》，中华书局 1974 年版。
5. ［清］阮元校刻：《十三经注疏》，中华书局 1980 年版。
6. ［清］梁玉绳：《史记志疑》，中华书局 1981 年版。
7. 陈鼓应：《老子注译及评介》，中华书局 1984 年版。
8. ［清］沈家本：《历代刑法考》，邓经元、骈宇骞点校，中华书局 1985 年版。
9. ［汉］王符著、［清］汪继培笺、彭铎校正：《潜夫论笺校正》，中华书局 1985 年版。
10. 王利器：《新语校注》，中华书局 1986 年版。
11. 谢桂华、李均明、朱国炤：《居延汉简释文合校》，文物出版社 1987 年版。
12. ［清］王先谦：《荀子集解》，沈啸寰、王星贤点校，中华书局 1988 年版。
13. ［汉］许慎撰、［清］段玉裁注：《说文解字注》，上海古籍出版社 1988 年版。
14. 黄晖：《论衡校释（附刘盼遂集解）》，中华书局 1990 年版。
15. 睡虎地秦墓竹简整理小组编：《睡虎地秦墓竹简》，文物出版社 1990 年版。
16. ［清］孙星衍等辑：《汉官六种》，周天游点校，中华书局 1990 年版。
17. 杨伯峻编著：《春秋左传注》，中华书局 1990 年版。
18. ［清］苏舆：《春秋繁露义证》，钟哲点校，中华书局 1992 年版。
19. 王利器校注：《盐铁论校注》，中华书局 1992 年版。

20. 高明:《帛书老子校注》，中华书局1996年版。
21. 连云港市博物馆、东海县博物馆、中国社会科学院简帛研究中心、中国文物研究所编:《尹湾汉墓简牍》，中华书局1997年版。
22. 荆门市博物馆编:《郭店楚墓竹简》，文物出版社1998年版。
23. [战国]韩非著、陈奇猷校注:《韩非子新校注》，上海古籍出版社2000年版。
24. [汉]贾谊撰，闫振益、钟夏校注:《新书校注》，中华书局2000年版。
25. 湖北省荆州市周梁玉桥遗址博物馆编:《关沮秦汉墓简牍》，中华书局2001年版。
26. [清]孙诒让:《墨子间诂》，孙启治点校，中华书局2001年版。
27. 中国文物研究所、湖北省文物考古研究所编:《龙岗秦简》，中华书局2001年版。
28. [战国]吕不韦著、陈奇猷校释:《吕氏春秋新校释》，上海古籍出版社2002年版。
29. 徐元诰:《国语集解》，王树民、沈长云点校，中华书局2002年版。
30. [清]姚鼐:《惜抱轩文集》，收入《续修四库全书》编纂委员会编:《续修四库全书》(第1453册)，上海古籍出版社2002年版。
31. 国家图书馆善本金石组编:《先秦秦汉魏晋南北朝石刻文献全编》，北京图书馆出版社2003年版。
32. 黎翔凤:《管子校注》，梁运华整理，中华书局2004年版。
33. 国学整理社编:《诸子集成》，中华书局2006年版。
34. [汉]刘向集录、范祥雍笺证:《战国策笺证》，范邦瑾协校，上海古籍出版社2006年版。
35. 张家山汉墓竹简整理小组编著:《张家山汉墓竹简〔二四七号墓〕》，文物出版社2006年版。
36. 黄怀信、张懋镕、田旭东:《逸周书汇校集注》，黄怀信修订、李学勤审定，上海古籍出版社2007年版。
37. 彭浩、陈伟、[日]工藤元男主编:《二年律令与奏谳书:张家山二四七号汉墓出土法律文献释读》，上海古籍出版社 2007 年版。
38. 中国社会科学院考古研究所编：《殷周金文集成》，中华书局 2007 年版。
39. [汉] 刘珍等、吴树平校注：《东观汉记校注》，中华书局 2008 年版。
40. 甘肃省文物考古研究所编：《天水放马滩秦简》，中华书局 2009 年版。
41. 杨伯峻译注：《论语译注》，中华书局 2009 年版。
42. 朱汉民、陈松长主编：《岳麓书院藏秦简（壹）》，上海辞书出版社 2010 年版。
43. [汉] 班固：《汉书》，[唐] 颜师古注，中华书局 2011 年版。
44. [晋] 陈寿：《三国志》，[南朝宋] 裴松之注，中华书局 2011 年版。
45. [南朝宋] 范晔：《后汉书》，[唐] 李贤等注，中华书局 2011 年版。
46. [唐] 房玄龄等：《晋书》，中华书局 2011 年版。
47. [宋] 司马光编著：《资治通鉴》，[元] 胡三省音注，中华书局 2011 年版。
48. [汉] 司马迁：《史记》，[南朝宋] 裴骃集解，[唐] 司马贞索隐，[唐] 张守节正义，中华书局 2011 年版。
49. 武汉大学简帛研究中心、荆门市博物馆编著：《楚地出土战国简册合集（一）郭店楚墓竹书》，文物出版社 2011 年版。
50. 朱汉民、陈松长主编：《岳麓书院藏秦简（贰）》，上海辞书出版社 2011 年版。
51. 陈伟主编：《里耶秦简牍校释（第一卷）》，武汉大学出版社 2012 年版。
52. [清] 顾炎武：《日知录》，严文儒、戴扬本校点，上海古籍出版社 2012 年版。
53. 湖北省文物考古研究所编：《江陵凤凰山西汉简牍》，中华书局 2012 年版。
54. 湖南省文物考古研究所编著：《里耶秦简（壹）》，文物出版社 2012 年版。
55. [春秋] 孙武撰、[三国] 曹操等注：《十一家注孙子校理》，中华书局 2012 年版。
56. [清] 王先谦：《汉书补注》，上海师范大学古籍整理研究所整理，上海古籍出版社 2012 年版。
57. 刘文典：《淮南鸿烈集解》，冯逸、乔华点校，中华书局 2013 年版。

58. ［清］孙诒让：《周礼正义》，中华书局 2013 年版。
59. ［清］王先慎：《韩非子集解》，钟哲点校，中华书局 2013 年版。
60. 许富宏：《慎子集校集注》，中华书局 2013 年版。
61. 朱汉民、陈松长主编：《岳麓书院藏秦简（叁）》，上海辞书出版社 2013 年版。
62. 陈伟主编：《秦简牍合集》，武汉大学出版社 2014 年版。
63. 蒋礼鸿：《商君书锥指》，中华书局 2014 年版。
64. 裘锡圭主编，湖南省博物馆、复旦大学出土文献与古文字研究中心编纂：《长沙马王堆汉墓简帛集成（肆）》，中华书局 2014 年版。
65. 陈松长主编：《岳麓书院藏秦简（肆）》，上海辞书出版社 2015 年版。
66. ［战国］左丘明：《国语》，［三国吴］韦昭注，胡文波校点，上海古籍出版社 2015 年版。
67. 陈伟主编：《秦简牍合集（释文注释修订本）》，武汉大学出版社 2016 年版。
68. 里耶秦简博物馆、出土文献与中国古代文明研究协同创新中心中国人民大学中心编著：《里耶秦简博物馆藏秦简》，中西书局 2016 年版。
69. 屈万里：《诗经诠释》，上海辞书出版社 2016 年版。
70. 陈松长主编：《岳麓书院藏秦简（伍）》，上海辞书出版社 2017 年版。
71. 湖南省文物考古研究所编著：《里耶秦简（贰）》，文物出版社 2017 年版。
72. ［清］王念孙：《读书杂志》，徐炜君、樊成波、虞思征、张靖伟等校点，上海古籍出版社 2017 年版。
73. 陈松长主编：《岳麓书院藏秦简〔壹-叁〕释文修订本》，上海辞书出版社 2018 年版。
74. 陈伟主编：《里耶秦简牍校释（第二卷）》，武汉大学出版社 2018 年版。
75. 陈松长主编：《岳麓书院藏秦简（陆）》，上海辞书出版社 2020 年版。
76. 荆州博物馆、武汉大学简帛研究中心编著：《荆州胡家草场西汉简牍选粹》，文物出版社 2021 年版。
77. 陈松长主编：《岳麓书院藏秦简（柒）》，上海辞书出版社 2022 年版。

二、中文著作（按作者姓名音序排列）

1. 安作璋、熊铁基：《秦汉官制史稿》，齐鲁书社 2007 年版。
2. 卜宪群：《秦汉官僚政治》，社会科学文献出版社 2002 年版。
3. 蔡万进：《秦国粮食经济研究》，大象出版社 2009 年版。
4. 曹旅宁：《秦律新探》，中国社会科学出版社 2002 年。
5. 曹旅宁：《张家山汉律研究》，中华书局 2005 年版。
6. 曹旅宁：《秦汉魏晋法制探微》，人民出版社 2013 年版。
7. 晁福林：《夏商西周的社会变迁》，中国人民大学出版社 2010 年版。
8. 晁福林：《春秋战国的社会变迁》，商务印书馆 2011 年版。
9. 晁福林：《春秋战国史丛考》，苏州大学出版社 2015 年版。
10. 陈公柔：《先秦两汉考古学论丛》，文物出版社 2005 年版。
11. 陈顾远：《中国法制史概要》，商务印书馆 2011 年版。
12. 陈梦家：《汉简缀述》，中华书局 1980 年版。
13. 陈槃：《汉晋遗简识小七种》，上海古籍出版社 2009 年版。
14. 陈松长等：《岳麓书院藏秦简的整理与研究》，中西书局 2014 年版。
15. 陈松长等：《秦代官制考论》，中西书局 2018 年版。
16. 陈松长等：《岳麓秦简与秦代法律制度研究》，经济科学出版社 2019 年。
17. 陈苏镇：《〈春秋〉与“汉道”：两汉政治与政治文化研究》，中华书局 2011 年版。
18. 陈伟：《秦简牍校读及所见制度考察》，武汉大学出版社 2017 年版。
19. 陈伟等：《秦简牍整理与研究》，经济科学出版社 2017 年版。
20. 陈垣：《史讳举例》，中华书局 2012 年。
21. 陈直：《居延汉简研究》，中华书局 2009 年。
22. 程树德：《九朝律考》，中华书局 2003 年版。
23. 程燕：《战国典制研究（职官篇）》，安徽大学出版社 2018 年版。
24. 崔永东：《金文简帛中的刑法思想》，清华大学出版社 2000 年版。
25. 丁山：《甲骨文所见氏族及其制度》，中华书局 1988 年版。
26. 杜正胜：《古代社会与国家》，允晨文化实业股份有限公司 1992 年版。

27. 杜正胜：《编户齐民：传统政治社会结构之形成》，联经出版事业股份有限公司 2018 年版。
28. 高恒：《秦汉法制论考》，厦门大学出版社 1994 年版。
29. 高恒：《秦汉简牍中法制文书辑考》，社会科学文献出版社 2008 年版。
30. 高敏：《云梦秦简初探》，河南人民出版社 1981 年版。
31. 高敏：《秦汉史论集》，中州书画社 1982 年版。
32. 高一涵：《中国御史制度的沿革 中国内阁制度的沿革》，商务印书馆 2021 年版。
33. 顾德融、朱顺龙：《春秋史》，上海人民出版社 2003 年版。
34. 顾颉刚、史念海：《中国疆域沿革史》，商务印书馆 2015 年版。
35. [日] 广濑薰雄：《简帛研究论集》，上海古籍出版社 2019 年版。
36. 韩树峰：《汉魏法律与社会——以简牍、文书为中心的考察》，社会科学文献出版社 2011 年版。
37. 何有祖：《新出秦汉简帛文献丛考》，科学出版社 2021 年版。
38. 侯外庐：《中国古代社会史论》，商务印书馆 2021 年版。
39. 侯旭东：《什么是日常统治史》，三联书店 2020 年版。
40. 湖南省文物考古研究所编著：《里耶发掘报告》，岳麓书社 2007 年版。
41. 黄今言：《秦汉赋役制度研究》，江西教育出版社 1988 年版。
42. 黄今言：《秦汉史文存》，江西人民出版社 2016 年版。
43. 黄留珠：《秦汉仕进制度》，西北大学出版社 1985 年版。
44. 贾丽英：《秦汉家族犯罪研究》，人民出版社 2010 年版。
45. 贾丽英：《秦汉家庭法研究：以出土简牍为中心》，中国社会科学出版社 2015 年版。
46. 贾玉英等：《中国古代监察制度发展史》，人民出版社 2004 年版。
47. 晋文：《秦汉土地制度研究》，社会科学文献出版社 2021 年版。
48. 李家浩：《著名中年语言学家自选集·李家浩卷》，安徽教育出版社 2002 年版。
49. 李剑农：《中国古代经济史稿》（上 先秦两汉部分），武汉大学出版社 2011

年版。

50. 栗劲：《秦律通论》，山东人民出版社 1985 年版。
51. 李均明：《秦汉简牍文书分类辑解》，文物出版社 2009 年版。
52. 李均明：《简牍法制论稿》，广西师范大学出版社 2011 年版。
53. 李均明：《耕耘录——简牍研究丛稿》，人民美术出版社 2015 年版。
54. 李开元：《汉帝国的建立与刘邦集团——军功受益阶层研究》，三联书店 2000 年版。
55. 李力：《"隶臣妾"身份再研究》，中国法制出版社 2007 年版。
56. 李若晖：《久旷大仪——汉代儒学政制研究》，商务印书馆 2018 年版。
57. 李天虹：《居延汉简簿籍分类研究》，科学出版社 2003 年版。
58. 李晓明：《散见出土先秦两汉法律文献校注》，西南师范大学出版社 2015 年版。
59. 李晓明、赵久湘：《散见战国秦汉简帛法律文献整理与研究》，西南师范大学出版社 2011 年版。
60. 梁启超：《中国历史研究法》，中华书局 2009 年。
61. 梁云：《战国时代的东西差别——考古学的视野》，文物出版社 2008 年版。
62. 廖伯源：《简牍与制度：尹湾汉墓简牍官文书考证》，广西师范大学出版社 2005 年版。
63. 廖伯源：《秦汉史论丛续编》，中华书局 2018 年版。
64. 林甘泉、童超、周绍泉：《中国土地制度史》，文津出版社 1997 年版。
65. 林剑鸣：《秦汉史》，上海人民出版社 2003 年版。
66. 林剑鸣：《秦史稿》，中国人民大学出版社 2009 年版。
67. 凌文超：《秦汉魏晋丁中制衍生史论》，河南人民出版社 2019 年版。
68. 刘海年：《战国秦代法制管窥》，法律出版社 2006 年版。
69. 刘乐贤：《简帛数术文献探论》，中国人民大学出版社 2012 年版。
70. 刘敏：《秦汉编户民问题研究——以与吏民、爵制、皇权关系为重点》，中华书局 2014 年版。
71. 刘欣宁：《由张家山汉简〈二年律令〉论汉初的继承制度》，台湾大学出版委员会 2007 年版。
72. 陆德富:《战国时代官私手工业的经营形态》,上海古籍出版社 2018 年版。
73. 鲁西奇:《中国古代乡里制度研究》,北京大学出版社 2021 年版。
74. 吕利:《律简身份法考论:秦汉初期国家秩序中的身份》,法律出版社 2011 年版。
75. 吕全义:《两周基层地域性居民组织研究》,上海古籍出版社 2021 年版。
76. 马新:《中国古代村落形态研究》,商务印书馆 2020 年版。
77. 梅仲协:《民法要义》,中国政法大学出版社 1998 年版。
78. 孟彦弘:《出土文献与汉唐典制研究》,北京大学出版社 2015 年版。
79. 南玉泉:《从封建到帝国的礼法嬗变:先秦两汉法律史论集》,中国政法大学出版社 2020 年版。
80. 钱存训:《钱存训文集》(第一卷),国家图书馆出版社 2012 年版。
81. 钱剑夫:《秦汉赋役制度考略》,湖北人民出版社 1984 年版。
82. 秦涛:《律令时代的"议事以制":汉代集议制研究》,中国法制出版社 2018 年版。
83. 裘锡圭:《裘锡圭学术文集卷 4　语言文字与古文献卷》,复旦大学出版社 2012 年版
84. 裘锡圭:《裘锡圭学术文集卷 5　古代历史、思想、民俗卷》,复旦大学出版社 2012 年版。
85. 邱永明:《中国古代监察制度史》,上海人民出版社 2006 年版。
86. 瞿同祖:《瞿同祖法学论著集》,中国政法大学出版社 1998 年版。
87. 桑兵、关晓红主编:《分科的学史与历史》,上海人民出版社 2021 年版。
88. 沈长云、张渭莲:《中国古代国家起源与形成研究》,人民出版社 2009 年版。
89. 沈刚:《秦简所见地方行政制度研究》,中国社会科学出版社 2021 年版。
90. 史党社:《秦祭祀研究》,西北大学出版社 2021 年版。
91. 舒国滢:《法学的知识谱系》,商务印书馆 2020 年版。
92. 宋镇豪:《夏商社会生活史》,中国社会科学出版社 1994 年。

93. 宋镇豪主编，王宇信、徐义华著：《商代史·卷四：商代国家与社会》，中国社会科学出版社 2011 年版。
94. 苏秉琦：《华人·龙的传人·中国人——考古寻根记》，辽宁大学出版社 1994 年版。
95. 苏秉琦：《中国文明起源新探》，三联书店 1999 年版。
96. 孙猛：《日本国见在书目录详考》，上海古籍出版社 2015 年版。
97. 孙闻博：《秦汉军制演变史稿》，中国社会科学出版社 2016 年版。
98. ［德］陶安：《岳麓秦简〈为狱等状四种〉释文注释》，上海古籍出版社 2021 年版。
99. 田昌五、臧知非：《周秦社会结构研究》，西北大学出版社 1996 年版。
100. 田天：《秦汉国家祭祀史稿》，三联书店 2015 年版。
101. 童书业：《春秋左传研究》，中华书局 2006 年版。
102. 王爱清：《秦汉乡里控制研究》，山东大学出版社 2010 年版。
103. 汪桂海：《汉代官文书制度》，广西教育出版社 1999 年版。
104. 汪桂海：《秦汉简牍探研》，文津出版社 2009 年版。
105. 王焕林：《里耶秦简校诂》，中国文联出版社 2007 年版。
106. 王辉：《一粟集：王辉学术文存》，艺文印书馆 2002 年。
107. 王进锋：《为山覆篑——古文字、古文献与先秦史论集》，巴蜀书社 2021 年版。
108. 王晓光：《秦汉简牍具名与书手研究》，荣宝斋出版社 2016 年版。
109. 王亚南：《中国官僚政治研究》，中国社会科学出版社 1981 年版。
110. 王彦辉：《秦汉户籍管理与赋役制度研究》，中华书局 2016 年版。
111. 王玉哲：《中华远古史》，上海人民出版社 2003 年版。
112. 王震中：《中国古代国家的起源与王权的形成》，中国社会科学出版社 2013 年版。
113. 王准：《战国秦代的乡里组织与地方社会：以简牍资料为中心的考察》，武汉大学出版社 2021 年版。
114. 王子今：《秦汉交通史稿》，中国人民大学出版社 2013 年版。

115. 王子今：《秦汉史：帝国的成立》，中信出版社 2017 年版。
116. 魏德胜：《〈睡虎地秦墓竹简〉语法研究》，首都师范大学出版社 2000 年版。
117. 魏德胜：《〈睡虎地秦墓竹简〉词汇研究》，华夏出版社 2003 年版。
118. 文霞：《秦汉奴婢的法律地位》，社会科学文献出版社 2016 年版。
119. 吴方基：《新出简牍与秦代县级政务运行机制研究》，中华书局 2021 年版。
120. 吴福助：《睡虎地秦简论考》，文津出版社 1994 年。
121. 吴荣曾：《先秦两汉史研究》，中华书局 1995 年版。
122. 吴荣曾：《读史丛考》，中华书局 2014 年版。
123. 谢坤：《秦简牍所见仓储制度研究》，上海古籍出版社 2021 年版。
124. 邢义田：《地不爱宝：汉代的简牍》，中华书局 2011 年版。
125. 邢义田：《治国安邦：法制、行政与军事》，中华书局 2011 年版。
126. 许宏：《先秦城邑考古》，金城出版社、西苑出版社 2017 年版。
127. 徐世虹等：《秦律研究》，武汉大学出版社 2017 年版。
128. 徐卫民、刘幼臻：《秦都邑宫苑研究》，西北大学出版社 2021 年版。
129. 许倬云：《西周史》，三联书店 2012 年版。
130. 阎步克：《士大夫政治演生史稿》，北京大学出版社 1996 年版。
131. 阎步克：《乐师与史官：传统政治文化与政治制度论集》，三联书店 2001 年版。
132. 阎步克：《从爵本位到官本位：秦汉官僚品位结构研究》，三联书店 2009 年版。
133. 阎步克：《品位与职位：秦汉魏晋南北朝官阶制度研究》，中华书局 2009 年版。
134. 阎步克编著：《波峰与波谷：秦汉魏晋南北朝的政治文明》，北京大学出版社 2017 年版。
135. 晏昌贵：《秦简牍地理研究》，武汉大学出版社 2017 年版。
136. 严耕望：《中国地方行政制度史・秦汉地方行政制度》，上海古籍出版社

2007 年版。
137. 闫晓君:《秦汉法律研究》,法律出版社 2012 年版。
138. 闫晓君:《秦法律文化新探》,西北大学出版社 2021 年版。
139. 杨际平:《杨际平中国社会经济史论集(壹)》,厦门大学出版社 2016 年版。
140. 杨宽:《西周史》,上海人民出版社 2003 年版。
141. 杨宽:《战国史》,上海人民出版社 2003 年版。
142. 杨宽:《古史探微》,上海人民出版社 2016 年版。
143. 杨宽:《古史新探》,上海人民出版社 2016 年版。
144. 杨宽:《战国史料编年辑证》,上海人民出版社 2016 年版。
145. 杨宽、吴浩坤主编:《战国会要》,上海古籍出版社 2005 年版。
146. 杨念群:《中层理论——东西方思想会通下的中国史研究》,江西教育出版社 2001 年版。
147. 杨升南:《甲骨文商史丛考》,线装书局 2007 年版。
148. 杨一凡:《重新认识中国法律史》,社会科学文献出版社 2013 年版。
149. 杨一凡、刘笃才:《历代例考》,社会科学文献出版社 2009 年版。
150. 杨振红:《出土简牍与秦汉社会》,广西师范大学出版社 2009 年版。
151. 杨振红:《出土简牍与秦汉社会(续编)》,广西师范大学出版社 2015 年版。
152. 游逸飞:《制造"地方政府"——战国至汉初郡制新考》,台湾大学出版中心 2021 年版。
153. 于豪亮:《于豪亮学术论集》,上海古籍出版社 2015 年版。
154. 于洪涛:《里耶秦简经济文书分类整理与研究》,知识产权出版社 2019 年版。
155. 俞鹿年:《先秦时期国家机关的演进》,社会科学文献出版社 2021 年版。
156. 余蔚:《中国古代地方监察体系运作机制研究》,上海古籍出版社 2014 年版。
157. 俞伟超:《中国古代公社组织的考察——论先秦两汉的单—僤—弹》,文物出版社 1988 年版。
158. 余英时：《士与中国文化》，上海人民出版社 2003 年版。
159. 于振波：《秦汉法律与社会》，湖南人民出版社 2000 年。
160. 于振波：《简牍与秦汉社会》，湖南大学出版社 2012 年版。
161. 俞志慧：《古"语"有之：先秦思想的一种背景和资源》，华东师范大学出版社 2010 年版。
162. 袁延胜：《秦汉简牍户籍资料研究》，人民出版社 2018 年版。
163. 臧知非：《秦汉土地赋役制度研究》，中央编译出版社 2017 年版。
164. 臧知非：《战国秦汉行政、兵制与边防》，苏州大学出版 2017 年版。
165. 臧知非：《秦思想与政治研究》，西北大学出版社 2021 年版。
166. 张建国：《帝制时代的中国法》，法律出版社 1999 年版。
167. 张晋藩总主编、徐世虹卷主编：《中国法制通史》（第二卷 战国秦汉），法律出版社 1999 年版。
168. 张金光：《秦制研究》，上海古籍出版社 2004 年版。
169. 张金光：《战国秦社会经济形态新探》，商务印书馆 2013 年版。
170. 张荣强：《汉唐籍帐制度研究》，商务印书馆 2010 年版。
171. 张衍田：《中国古代纪时考》，上海古籍出版社 2019 年版。
172. 张政烺：《张政烺文集 古史讲义》，中华书局 2012 年版。
173. 张政烺：《张政烺文集 文史丛考》，中华书局 2012 年版。
174. 张忠炜：《秦汉律令法系研究初编》，社会科学文献出版社 2012 年版。
175. 张忠炜：《秦汉律令法系研究续编》，中西书局 2021 年版。
176. 赵冈：《中国城市发展史论集》，新星出版社 2006 年版。
177. 赵冈、陈钟毅：《中国土地制度史》，新星出版社 2006 年版。
178. 赵世超：《周代国野制度研究》，人民出版社 2020 版。
179. 郑良树：《商鞅及其学派》，上海古籍出版社 1989 年版。
180. 中国政法大学法律古籍整理研究所编：《中国古代法律文献概论》，上海古籍出版社 2019 年版。
181. 周长山：《汉代地方政治史论——对郡县制度若干问题的考察》，中国社会科学出版社 2006 年版。

182. 周东平主编:《〈晋书·刑法志〉译注》,人民出版社 2017 年版。

183. 周海锋:《秦官吏法研究》,西北大学出版社 2021 年版。

184. 周振鹤:《中国地方行政制度史》,上海人民出版社 2019 年版。

185. 朱德贵:《新出简牍与秦汉赋役制度研究》,中国人民大学出版社 2021 年版。

186. 朱红林:《张家山汉简〈二年律令〉集释》,社会科学文献出版社 2005 年版。

187. 朱红林:《张家山汉简〈二年律令〉研究》,黑龙江人民出版社 2008 年版。

188. 朱红林:《〈岳麓书院藏秦简(肆)〉疏证》,上海古籍出版社 2021 年版。

189. 朱绍侯:《军功爵制考论》,商务印书馆 2008 年版。

190. 朱腾:《渗入皇帝政治的经典之学——汉代儒家法思想的形态与实践》,中国政法大学出版社 2013 年版。

191. 朱潇:《岳麓书院藏秦简〈为狱等状四种〉与秦代法制研究》,中国政法大学出版社 2016 年版。

192. 邹水杰:《两汉县政研究》,湖南人民出版社 2008 年版。

三、中文论文(按作者姓名音序排列)

1. 北京大学出土文献研究所:《北京大学藏秦简牍概述》,载《文物》2012 年第 6 期。

2. 卜宪群:《秦汉之际乡里吏员杂考——以里耶秦简为中心的探讨》,载《南都学坛》2006 年第 1 期。

3. 卜宪群:《尹湾汉墓简牍军吏"以十岁补"补正》,载卜宪群、杨振红主编:《简帛研究》(2004),广西师范大学出版社 2006 年版。

4. 曹旅宁:《秦汉法律简牍中的"庶人"身份及法律地位问题》,载《咸阳师范学院学报》2007 年第 3 期。

5. 曹天江:《秦迁陵县的物资出入与计校——以叁辨券为线索》,载武汉大学简帛研究中心主办：《简帛》（第二十辑），上海古籍出版社 2020 年版。
6. 陈迪：《岳麓书院藏秦简（肆）60－64 简试析》，载邬文玲、戴卫红主编：《简帛研究》（2018 秋冬卷），广西师范大学出版社 2019 年版。
7. 陈剑：《读秦汉简札记三篇》，载复旦大学出土文献与古文字研究中心编：《出土文献与古文字研究》（第四辑），上海古籍出版社 2011 年版。
8. 陈侃理：《睡虎地秦简〈编年记〉中“喜”的宦历》，载《国学学刊》2015 年第 4 期。
9. 陈侃理：《睡虎地秦简“为吏之道”应更名“语书”——兼谈“语书”名义及秦简中类似文献的性质》，载李学勤主编：《出土文献》（第六辑），中西书局 2015 年版。
10. 陈侃理：《出土秦汉历书综论》，载杨振红、邬文玲主编：《简帛研究》（2016 秋冬卷），广西师范大学出版社 2017 年版。
11. 陈侃理：《秦汉里吏与基层统治》，载《历史研究》2022 年第 1 期。
12. 陈利：《史料文献与跨学科方法在中国法律史研究中的运用》，载苏力主编：《法律和社会科学》（第 17 卷第 1 辑），法律出版社 2019 年版。
13. 陈松长：《〈湘西里耶秦代简牍选释〉校读（八则）》，载甘肃省文物考古研究所、西北师范大学文学院历史系编：《简牍学研究》（第四辑），甘肃人民出版社 2004 年版。
14. 陈松长：《秦代“户赋”新证》，载《湖南大学学报（社会科学版）》2016 年第 4 期。
15. 陈伟：《燕说集》，商务印书馆 2011 年版。
16. 陈伟：《关于秦与汉初“入钱缿中”律的几个问题》，载《考古》2012 年第 8 期。
17. 陈伟：《秦避讳“正”字问题再考察》，载中国文化遗产研究院编：《出土文献研究》（第十四辑），中西书局 2015 年版。
18. 陈伟：《关于秦迁陵县“库”的初步考察》，载武汉大学简帛研究中心主办：《简帛》（第十二辑），上海古籍出版社 2016 年版。
19. 陈伟：《岳麓秦简肆商校（二）》，载简帛网 http://www.bsm.org.cn/?

qinjian/6662. html，发布时间为 2016 年 3 月 28 日。
20. 陈伟：《岳麓秦简肆商校（三）》，载简帛网 http://www. bsm. org. cn/?qinjian/6664. html，发布时间为 2016 年 3 月 29 日。
21. 陈伟：《岳麓秦简肆商校（四）》，载简帛网 http://www. bsm. org. cn/?qinjian/7423. html，发布时间为 2016 年 11 月 30 日。
22. 陈伟：《〈岳麓书院藏秦简（伍）〉校读》，载简帛网 http://www. bsm. org. cn/?qinjian/7735. html，发布时间为 2018 年 3 月 9 日。
23. 陈伟：《岳麓书院藏秦简（伍）校读（续）》，载简帛网 http://www. bsm. org. cn/?qinjian/7741. html，发布时间为 2018 年 3 月 10 日。
24. 陈伟：《〈岳麓书院藏秦简（伍）〉校读（续四）》，载简帛网 http://www. bsm. org. cn/?qinjian/7774. html，发布时间为 2018 年 3 月 31 日。
25. 陈伟：《论岳麓秦简法律文献的史料价值》，载《武汉大学学报（哲学社会科学版）》2019 年第 2 期。
26. 陈伟：《"诸当得购赏贳债者皆亟予之令"复原试说》，载简帛网 http://www. bsm. org. cn/?qinjian/8252. html，发布时间为 2020 年 5 月 4 日。
27. 陈伟：《〈岳麓书院藏秦简（陆）〉校读（一）》，载简帛网 http://www. bsm. org. cn/?qinjian/8253. html，发布时间为 2020 年 5 月 6 日。
28. 陈伟：《岳麓秦简"毋夺田时令"文本复原和相关问题探讨》，载《江汉考古》2021 年第 6 期。
29. 陈伟武：《试论简帛文献中的格言资料》，载武汉大学简帛研究中心主办：《简帛》（第四辑），上海古籍出版社 2009 年版。
30. 陈晓枫：《两汉劾制辨正》，载《法学评论》1989 年第 3 期。
31. 陈志国：《里耶秦简之"守"和"守丞"释义及其它》，载《中国历史文物》2006 年第 3 期。
32. 程政举：《汉代诉讼程序考》，载《法学评论》2013 年第 2 期。
33. ［日］大西克也：《秦汉楚地隶书及关于"史书"的考察》，载武汉大学简帛研究中心主办：《简帛》（第六辑），上海古籍出版社 2011 年版。
34. 代国玺：《汉代公文形态新探》，载《中国史研究》2015 年第 2 期。

35. 戴卫红:《湖南里耶秦简所见“伐阅”文书》,载卜宪群、杨振红主编:《简帛研究》(2013),广西师范大学出版社 2014 年版。
36. 戴卫红:《秦汉功劳制及其文书再探》,载中国文化遗产研究院编:《出土文献研究》(第十六辑),中西书局 2017 年版。
37. 戴卫红:《里耶秦简所见功劳文书》,载邬文玲主编:《简帛研究》(2017 秋冬卷),广西师范大学出版社 2018 年版。
38. 邓建鹏:《中国法律史研究思路新探》,载《法商研究》2008 年第 1 期。
39. 邓小南:《走向“活”的制度史——以宋代官僚政治制度史研究为例的点滴思考》,载《浙江学刊》2003 年第 3 期。
40. 董飞:《出土秦简所见“毋害”小考》,载邬文玲、戴卫红主编:《简帛研究》(2020 秋冬卷),广西师范大学出版社 2021 年版。
41. 董飞:《出土秦简所见“从人”问题研究》,载《西安财经大学学报》2022 年第 1 期。
42. 凡国栋:《“挈令”新论》,武汉大学简帛研究中心主办:《简帛》(第五辑),上海古籍出版社 2010 年版。
43. 凡国栋:《秦汉出土法律文献所见“令”的编序问题——由松柏 1 号墓〈令〉丙第九木牍引发的思考》,载中国文化遗产研究院编:《出土文献研究》(第十辑),中华书局 2011 年版。
44. 凡国栋:《岳麓秦简〈为吏治官及黔首〉与睡虎地秦简〈为吏之道〉编连互征一例》,载《江汉考古》2011 年第 4 期。
45. 范云飞:《从出土秦简看秦汉的地方庙制:关于“行庙”的再思考》,载简帛网 http://www.bsm.org.cn/?qinjian/6698.html,发布时间为 2016 年 5 月 3 日。
46. 范云飞:《岳麓秦简“内史郡二千石官共令第己”释证》,武汉大学简帛研究中心主办:《简帛》(第十九辑),上海古籍出版社 2019 年版。
47. 方潇:《当下中国法律史研究方法刍议》,载《江苏社会科学》2016 年第 2 期,第 141—150 页。
48. [法] 风仪诚:《秦代讳字、官方词语以及秦代用字习惯——从里耶秦简说起》，载武汉大学简帛研究中心主办：《简帛》（第七辑），上海古籍出版社2012年版。
49. 高敏：《秦汉邮传制度考略》，载《历史研究》1985年第3期。
50. 高荣：《简牍所见秦汉邮书传递方式考辨》，载《中国历史文物》2007年第6期。
51. 高震寰：《从〈里耶秦简（壹）〉“作徒簿”管窥秦代刑徒制度》，载中国文化遗产研究院编：《出土文献研究》（第十二辑），中西书局2013年版。
52. 高震寰：《试论秦汉简牍中“守”、“假”、“行”》，载王沛主编：《出土文献与法律史研究》（第四辑），上海人民出版社2015年版。
53. 高震寰：《试论秦简中的“作务”》，载《法制史研究》（第三十三期），2018年。
54. 高震寰：《试论秦汉的“逮（逮）”、“逮捕”制度》，载《“中研院”历史语言研究所集刊》第九十一本第三分，2020年。
55. 高震寰：《对里耶秦简〈迁陵吏志〉的另一种假设》，载周东平、朱腾主编：《法律史译评》（第九卷），中西书局2021年版。
56. 龚留柱：《避免史学“碎片化”，“会通”之义大矣哉》，载《史学月刊》2011年第5期。
57. 顾颉刚：《春秋时代的县》，载陈苏镇、张帆编：《中国古代史读本》（上册），北京大学出版社2006年版。
58. 顾凌云、金少华：《廷行事的功能及其流变》，载《河北法学》2014年第8期。
59. 郭浩：《秦汉时期现金管理刍议——以岳麓秦简、居延汉简“稍入钱”为例》，载《中国社会经济史研究》2013年第3期。
60. 郭洪伯：《“郡守为廷”——秦汉时期的司法体系》，载《第八届“北京大学史学论坛”论文集》，北京2012年。
61. 郭洪伯：《稗官与诸曹——秦汉基层机构的部门设置》，载卜宪群、杨振红主编：《简帛研究》（2013），广西师范大学出版社2014年版。
62. 韩树峰：《论汉魏时期户籍文书的著录内容》，载卜宪群、杨振红主编：《简帛研究》(2014)，广西师范大学出版社 2014 年版。

63. 韩树峰：《里耶秦户籍简三题》，载杨振红、邬文玲主编：《简帛研究》(2016 春夏卷)，广西师范大学出版社 2016 年版。

64. 贺旭英：《秦汉“质钱”小考》，载中国文化遗产研究院编：《出土文献研究》(第十四辑)，中西书局 2015 年版。

65. 何有祖：《里耶秦简“（牢）司寇守囚”及相关问题研究》，载西北师范大学历史文化学院、甘肃简牍博物馆、河西学院河西史地与文化研究中心、兰州城市学院简牍研究所编：《简牍学研究》(第六辑)，甘肃人民出版社 2016 年版。

66. 何有祖：《里耶秦简“謓曹”、“謓书”解》，载李学勤主编：《出土文献》(第十三辑)，中西书局 2018 年版。

67. 何兆武：《对历史学的若干反思》，载《史学理论研究》1996 年第 2 期。

68. 何兹全：《众人和庶民》，载《史学月刊》1985 年第 1 期。

69. 侯欣一：《学科定位、史料和议题——中国大陆法律史研究现状之反思》，载《江苏社会科学》2016 年第 2 期。

70. 胡平生：《居延汉简中的“功”与“劳”》，载《文物》1995 年第 4 期。

71. 胡平生：《“扁书”、“大扁书”考》，收入中国文物研究所、甘肃省文物考古研究所编：《敦煌悬泉月令诏条》，中华书局 2001 年版。

72. 胡平生：《读里耶秦简札记》，载西北师范大学文学院历史系、甘肃省文物考古研究所编：《简牍学研究》(第四辑)，甘肃人民出版社 2004 年版。

73. 胡平生：《里耶秦简 8－455 号木方性质刍议》，载武汉大学简帛研究中心主办：《简帛》(第四辑)，上海古籍出版社 2009 年版。

74. 胡平生：《里耶简所见秦朝行政文书的制作与传送》，载卜宪群、杨振红主编：《简帛研究》(2008)，广西师范大学出版社 2010 年版。

75. 胡平生：《新出汉简户口簿籍研究》，载中国文化遗产研究院编：《出土文献研究》(第十辑)，中华书局 2011 年版。

76. 胡旭晟：《描述性的法史学与解释性的法史学——我国法史研究新格局评析》，载《法律科学》1998 年第 6 期。

77. 胡永恒：《法律史研究的方向：法学化还是史学化》，载《历史研究》2013年第1期。

78. 湖北省文物考古研究所、云梦县博物馆：《湖北云梦睡虎地 M77 发掘简报》，载《江汉考古》2008年第4期。

79. 湖南省文物考古研究所：《里耶秦简中和酒有关的记录》，载吴荣曾、汪桂海主编：《简牍与古代史研究》，北京大学出版社2012年版。

80. 湖南省文物考古研究所：《龙山里耶秦简之“徒簿”》，载中国文化遗产研究院编：《出土文献研究》（第十二辑），中西书局2013年版。

81. 华东政法大学出土法律文献研读班：《岳麓简秦律令释读（一）》，载王沛主编：《出土文献与法律史研究》（第八辑），法律出版社2020年版。

82. 华楠：《里耶秦简所见“冗佐”刍议》，载刘玉堂主编：《楚学论丛》（第六辑），湖北人民出版社2017年版。

83. 黄海烈：《里耶秦简与秦地方官制》，载《北方论丛》2005年第6期。

84. 黄浩波：《里耶秦简牍所见“计”文书及相关问题研究》，载杨振红、邬文玲主编：《简帛研究》（2016春夏卷），广西师范大学出版社2016年版。

85. 黄铭崇：《晚商王朝的政治地景》，载黄铭崇主编：《中国史新论·古代文明的形成分册》，联经出版事业股份有限公司2016年版。

86. 黄盛璋：《云梦秦简辨正》，载《考古学报》1979年第1期。

87. 黄盛璋：《青川新出秦田律木牍及其相关问题》，载《文物》1982年第9期。

88. 黄盛璋：《青川秦牍〈田律〉争议问题总议》，载《农业考古》1987年第2期。

89. 黄效：《〈商君书〉各篇的作者、创作时间及其成书考》，载《管子学刊》2021年第1期。

90. 纪婷婷、张驰：《〈岳麓肆·亡律〉编联刍议》，载李学勤主编：《出土文献》（第十三辑），中西书局2018年版。

91. 季勋：《云梦睡虎地秦简概述》，载《文物》1976年第5期。

92. 贾丽英：《里耶秦简所见“徒隶”身份及监管官署》，载宪群、杨振红主编：《简帛研究》（2013），广西师范大学出版社 2014 年版。

93. 贾丽英：《秦汉简所见司寇》，载邬文玲、戴卫红主编：《简帛研究》（2019 春夏卷），广西师范大学出版社 2019 年版。

94. 贾丽英：《庶人：秦汉社会爵制身份与刑徒身份的衔接》，载《山西大学学报（哲学社会科学版）》2019 年第 6 期。

95. 蒋非非：《汉代功次制度初探》，载《中国史研究》1997 年第 1 期。

96. ［日］角谷常子：《中国古代下达文书的书式》，载卜宪群、杨振红主编：《简帛研究》（2007），广西师范大学出版社 2010 年版。

97. ［韩］金秉骏：《汉代伏日与腊日：节日与地方统治》，载杨振红、邬文玲主编：《简帛研究》（2016 春夏卷），广西师范大学出版社 2016 年版。

98. ［韩］金庆浩：《汉代文书行政和传递体系——以"元康五年诏书册"为中心》，载卜宪群、杨振红主编：《简帛研究》（2006），广西师范大学出版社 2008 年版。

99. ［韩］金庆浩：《秦、汉初"士"与"吏"的性质——以〈为吏之道〉和〈为吏治官及黔首〉为中心》，载武汉大学简帛研究中心主办：《简帛》（第八辑），上海古籍出版社 2013 年版。

100. ［韩］金钟希：《秦代县廷狱史的职能与特殊性》，载武汉大学简帛研究中心主办：《简帛》（第十九辑），上海古籍出版社 2019 年版。

101. 荆州博物馆：《湖北荆州纪南松柏汉墓发掘简报》，载《文物》2008 年第 4 期。

102. ［美］来国龙：《避讳字与出土秦汉简帛的研究》，载卜宪群、杨振红主编：《简帛研究》（2006），广西师范大学出版社 2008 年。

103. 雷安军：《新出土金文所见西周罚金刑研究》，载《中国法学》2020 年第 2 期。

104. 雷磊：《法教义学的基本立场》，载《中外法学》2015 年第 1 期。

105. 雷磊：《法教义学：关于十组问题的思考》，载《社会科学研究》2021 年第 2 期。

106. 李栋：《鸦片战争前后英美法知识在中国的输入与影响》，载《政法论坛》

2014 年第 1 期。

107. 李栋:《迈向一种法学的法律史研究——萨维尼法学方法论对于中国法律史研究的启示》，载《江苏社会科学》2020 年第 3 期。

108. 李富鹏:《全球法律史的中国写作——“复规范性”与法律史学的空间感》，载《清华大学学报》(哲学社会科学版) 2019 年第 6 期。

109. 李洪财:《秦简牍“从人”考》，载《文物》2016 年第 12 期。

110. 李解民:《〈东海郡下辖长吏名簿〉研究》，载连云港市博物馆、中国文物研究所编:《尹湾汉墓简牍综论》，科学出版社 1999 年版。

111. 李婧嵘:《秦汉简牍所见诉讼期限研究》，载邬文玲、戴卫红主编:《简帛研究》(2019 春夏卷)，广西师范大学出版社 2019 年版。

112. 李均明:《里耶秦简“计录”与“课志”解》，载武汉大学简帛研究中心主办:《简帛》(第八辑)，上海古籍出版社 2013 年版。

113. 李力:《论“徒隶”的身份——从新出土里耶秦简入手》，载中国文物研究所编:《出土文献研究》(第八辑)，上海古籍出版社 2007 年版。

114. 李力:《秦汉律所见“质钱”考辨》，载《法学研究》2015 年第 2 期。

115. 李力:《关于秦汉简牍所见“稍入钱”一词的讨论》，载《国学学刊》2015 年第 4 期。

116. 李勉、晋文:《里耶秦简中的“田官”与“公田”》，载杨振红、邬文玲主编:《简帛研究》(2016 春夏卷)，广西师范大学出版社 2016 年版。

117. 黎明钊:《汉代的亭长与盗贼》，载《中国史研究》2007 年第 2 期。

118. 黎明钊:《里耶秦简: 户籍档案的探讨》，载《中国史研究》2009 年第 2 期。

119. 黎明钊:《岳麓秦简〈为吏治官及黔首〉读记: 为吏之道的文本》，载卜宪群、杨振红主编:《简帛研究》(2011)，广西师范大学出版社 2013 年版。

120. 黎明钊:《秦县掾吏任用机关初探》，载杜常顺、杨振红主编:《汉晋时期国家与社会论集》，广西师范大学出版社 2016 年版。

121. 黎明钊、马增荣:《试论里耶秦牍与秦代文书学的几个问题》，载武汉大学简帛研究中心主办:《简帛》(第五辑)，上海古籍出版社 2010 年版。

122. 黎明钊、唐俊峰:《里耶秦简所见秦代县官、曹组织的职能分野与行政互动》，载武汉大学简帛研究中心主办:《简帛》(第十三辑)，上海古籍出版社 2016 年版。
123. 李锐:《秦简〈为吏之道〉的思想主体分析》，载邬文玲、戴卫红主编:《简帛研究》(2017 春夏卷)，广西师范大学出版社 2017 年版。
124. 李斯、李笔戎:《里耶“取鲛鱼”简与秦统一初期的文化建构》，载杨振红、邬文玲主编:《简帛研究》(2016 年秋冬卷)，广西师范大学出版社 2017 年版。
125. 李学勤:《睡虎地秦简〈日书〉与楚、秦社会》，载《江汉考古》1985 年第 4 期。
126. 李学勤:《试说张家山简〈史律〉》，载《文物》2002 年第 4 期。
127. 李学勤:《初读里耶秦简》，载《文物》2003 年第 1 期。
128. 里耶秦简牍校释小组:《新见里耶秦简牍资料选校(一)》，载武汉大学简帛研究中心主办:《简帛》(第十辑)，上海古籍出版社 2015 年版。
129. 李迎春:《汉代的尉史》，载简帛网 http://www.bsm.org.cn/?hanjian/5287.html，发布时间为 2009 年 6 月 16 日。
130. 李迎春:《论卒史一职的性质、来源与级别》，载西北师范大学历史文化学院、甘肃简牍博物馆、河西学院河西史地与文化研究中心、兰州城市学院简牍研究所编:《简牍学研究》(第六辑)，甘肃人民出版社 2016 年版。
131. 连劭名:《睡虎地秦简〈为吏之道〉与古代思想》，载《江汉考古》2008 年第 4 期。
132. 梁治平:《法律史的视界:方法、旨趣与范式》，载杨念群、黄兴涛、毛丹主编:《新史学:多学科对话的图景》(下)，中国人民大学出版社 2003 年版。
133. [韩] 林炳德:《秦、汉律中的庶人——对庶人泛称说的驳议》，载武汉大学简帛研究中心主办:《简帛》(第二十二辑)，上海古籍出版社 2021 年版。

134. 林清源：《睡虎地秦简标题格式析论》，载《“中研院”历史语言研究所集刊》第七十三本第四分，2002 年。
135. 林素清：《秦简〈为吏之道〉与〈为吏治官及黔首〉研究》，载武汉大学简帛研究中心主办：《简帛》（第八辑），上海古籍出版社 2013 年版。
136. 凌文超：《秦代傅籍标准新考——兼论自占年与年龄计算》，载《文史》2019 年第 3 期。
137. 凌文超：《“敖童”新解》，载北京大学历史学系、北京大学中国古代史研究中心编：《祝总斌先生九十华诞颂寿论文集》，中华书局 2020 年版。
138. 刘广安：《中国法史学基础问题反思》，载《政法论坛》2006 年第 1 期。
139. 刘敏：《张家山汉简“小爵”臆释》，载《中国史研究》2004 年第 3 期。
140. 刘敏：《关于里耶秦“户籍”档案简的几点臆测》，载《历史档案》2008 年第 4 期。
141. 刘敏：《秦汉时期的“赐民爵”及“小爵”》，载《史学月刊》2009 年第 11 期。
142. 刘鹏：《简牍所见秦代的行戍群体》，载邬文玲主编：《简帛研究》（2017 秋冬卷），广西师范大学出版社 2018 年版。
143. 刘鹏：《秦县级公田的劳动力供给与垦种运作》，载《北京社会科学》2019 年第 12 期。
144. 刘鹏：《也谈简牍所见秦的“田”与“田官”——兼论迁陵县“十官”的构成》，载武汉大学简帛研究中心主办：《简帛》（第十八辑），上海古籍出版社 2019 年版。
145. 刘顺峰：《史料、技术与范式：迈向科学的中国法律史研究》，载《江苏社会科学》2016 年第 2 期。
146. 刘涛：《长沙东牌楼东汉简牍的书体、书法与书写者——兼谈汉朝课吏之法、“史书”与“八体六书”》，载长沙市文物考古研究所、中国文物研究所编：《长沙东牌楼东汉简牍》，文物出版社 2006 年版。
147. 刘晓满：《秦汉令史考》，载《南都学坛》（人文社会科学学报）2011 年第 4 期。

148. 刘晓满：《秦汉官吏称“主”与行政责任》，载《史学月刊》2015年第12期。
149. 刘信芳：《秦简中的楚国〈日书〉试探》，载《文博》1992年第4期。
150. 刘欣宁：《里耶户籍简牍与“小上造”再探》，载简帛网 http://www.bsm.org.cn/?qinjian/4961.html，发布时间为2007年11月20日。
151. 刘自稳：《里耶秦简7-304简文解析》，载邬文玲主编：《简帛研究》(2017春夏卷)，广西师范大学出版社2017年版。
152. 刘自稳：《里耶秦简中的追书现象——以睡虎地秦简一则行书律说起》，载中国文化遗产研究院编：《出土文献研究》(第十六辑)，中西书局2017年版。
153. 刘自稳：《里耶秦简所见“徒作簿”呈送方式考察》，载《中国人民大学学报》2018年第3期。
154. 刘自稳：《试析里耶秦简的所属机构》，载《国学研究》2020年第3期。
155. 刘自稳：《逻书新论——基于湖南益阳兔子山遗址J7⑥：6木牍的考察》，载《文物》2021年第6期。
156. 鲁家亮：《里耶秦简“令史行庙”文书再探》，载杨振红、邬文玲主编：《简帛研究》(2014)，广西师范大学出版社2014年版。
157. 鲁家亮：《里耶秦简所见迁陵三乡补论》，载《国学学刊》2015年第4期。
158. 鲁家亮：《岳麓书院藏秦简〈亡律〉零拾》，载王捷主编：《出土文献与法律史研究》(第六辑)，法律出版社2017年版。
159. 鲁家亮：《再读里耶秦简8-145+9-2294》，载邬文玲主编：《简帛研究》(2017春夏卷)，广西师范大学出版社2017年版。
160. 鲁家亮：《里耶秦简所见秦迁陵县的令史》，载西北师范大学历史文化学院、甘肃简牍博物馆、河西学院河西史地与文化研究中心、兰州城市学院简牍研究所编：《简牍学研究》(第七辑)，甘肃人民出版社2018年版。
161. 鲁家亮：《里耶秦简所见秦迁陵县吏员的构成与来源》，载李学勤主编：《出土文献》(第十三辑)，中西书局2018年版。
162. 鲁家亮：《里耶秦简所见“小史”刍议》，载出土文献与中国古代文明协同创新中心中国人民大学分中心编：《出土文献的世界：第六届出土文献青年学者论坛论文集》，中西书局 2018 年版。

163. 鲁西奇：《“下县的皇权”：中国古代乡里制度及其实质》，载《北京大学学报》（哲学社会科学版）2019 年第 4 期。

164. 鲁西奇：《秦代的县廷》，载《史学月刊》2021 年第 9 期。

165. 罗开玉：《秦国“什伍”、“伍人”考——读云梦秦简札记》，载《四川大学学报（哲学社会科学版）》1981 年第 2 期。

166. “落叶扫秋风”（雷海龙网名）：《〈岳麓书院藏秦简［肆］初读〉第 39 层帖》，载简帛网简帛论坛 http://www.bsm.org.cn/bbs/read.php?tid=3331&fpage=2&page=4，发布时间为 2016 年 3 月 27 日。

167. 马力：《岳麓书院藏秦简（伍）举留狱上计诏初读》，载邬文玲、戴卫红主编：《简帛研究》（2019 春夏卷），广西师范大学出版社 2019 年版。

168. 马小红：《中国法史及法史学研究反思》，载《中国法学》2015 年第 2 期。

169. 马小红、张岩涛：《中国法律史研究的时代图景（1949－1966）——马列主义方法论在法律史研究中的表达与实践》，载《政法论丛》2018 年第 2 期。

170. 马怡：《扁书试探》，载武汉大学简帛研究中心主办：《简帛》（第一辑），上海古籍出版社 2006 年版。

171. 马怡：《里耶秦简中几组涉及校券的官文书》，载武汉大学简帛研究中心主办：《简帛》（第三辑），上海古籍出版社 2008 年版。

172. 马雍：《读云梦秦简〈编年记〉书后》，载中华书局编辑部编：《云梦秦简研究》，中华书局 1981 年。

173. 孟峰：《试说秦汉简牍中的遝与遝书》，载《宁夏大学学报（人文社会科学版）》2019 年第 2 期。

174. 孟峰：《秦简牍“从人”考论》，载《史学月刊》2021 年第 4 期。

175. 南玉泉：《龙岗秦简所见程田制度及其相关问题》，载李学勤、谢桂华主编：《简帛研究》（2001 上册），广西师范大学出版社 2001 年版。

176. 南玉泉：《读秦汉简牍再论赎刑》，载中国政法大学法律古籍整理研究所编：《中国古代法律文献研究》（第五辑），社会科学文献出版社 2012 年版。

177. ［日］籾山明：《简牍文书学与法制史——以里耶秦简为例》，载柳立言主编：《史料与法史学》，“中研院”历史语言研究所 2016 年版。

178. 欧扬：《岳麓秦简“毋夺田时令”探析》，载《湖南大学学报（社会科学版）》2015 年第 3 期。

179. 欧扬：《岳麓秦简〈亡律〉“亡不仁邑里、官”条探析》，载杨振红、邬文玲主编：《简帛研究》（2016 春夏卷），广西师范大学出版社 2016 年版。

180. 欧扬：《岳麓秦简〈为吏治官及黔首〉官曹事务类内容之溯源》，载《第七届“出土文献与法律史研究”学术研讨会论文集》，长沙 2017 年。

181. 欧扬：《岳麓秦简所见秦比行事初探》，载李学勤主编：《出土文献研究》（第十四辑），中西书局 2019 年版。

182. 欧扬：《岳麓秦简〈亡律〉日期起首律条初探》，载周东平、朱腾主编：《法律史译评》（第八卷），中西书局 2020 年版。

183. 裴安平：《史前聚落的群聚形态研究》，载《考古》2007 年第 8 期。

184. 彭浩：《睡虎地秦简“王室祠”与〈齎律〉考辨》，载武汉大学简帛研究中心主办：《简帛》（第一辑），上海古籍出版社 2006 年版。

185. 彭浩：《读里耶“祠先农”简》，载中国文物研究所编：《出土文献研究》（第八辑），上海古籍出版社 2007 年版。

186. 彭浩：《数学与汉代的国土管理》，载中国古中世史学会编：《中國古中世史研究》第二十一辑，2009 年。

187. 彭浩：《睡虎地秦墓竹简〈徭律〉补说》，载武汉大学简帛研究中心主办：《简帛》（第五辑），上海古籍出版社 2010 年版。

188. 彭浩：《谈秦汉数书中的“舆田”及相关问题》，载简帛网 http://www.bsm.org.cn/?qinjian/5478.html，发布时间为 2010 年 8 月 6 日。

189. 彭浩：《“将阳”与“将阳亡”》，载简帛网 http://www.bsm.org.cn/?hanjian/5922.html，发布时间为 2012 年 9 月 23 日。

190. 彭浩：《谈〈岳麓书院藏秦简（肆）〉的“执法”》，载王捷主编：《出土文献与法律史研究》（第六辑），法律出版社 2017 年版。
191. 彭卫：《近十年中国古代史研究之观感》，载《史学理论研究》2012 年第 2 期。
192. 彭卫：《再论历史学的实践性》，载《清华大学学报（哲学社会科学版）》2016 年第 3 期。
193. 齐继伟：《读〈岳麓书院藏秦简（伍）〉札记（三）》，载简帛网 http://www.bsm.org.cn/?qinjian/7731.html，发布时间为 2018 年 3 月 9 日。
194. 齐继伟：《简牍所见秦代“为不善”罪——兼述秦代法律与伦常秩序》，载《史学月刊》2022 年第 1 期。
195. [韩] 琴载元：《反秦战争时期南郡地区的政治动态与文化特征——再论“亡秦必楚”形势的具体层面》，载甘肃简牍博物馆、西北师范大学历史文化学院编：《简牍学研究》（第五辑），甘肃人民出版社 2014 年版。
196. [韩] 琴载元：《秦代南郡编户民的秦、楚身份认同问题》，载杨振红、邬文玲主编：《简帛研究》（2015 秋冬卷），广西师范大学出版社 2015 年版。
197. [韩] 琴载元：《秦及汉初黄河沿线地带郡县与河津管理体系》，载武汉大学简帛研究中心主办：《简帛》（第十六辑），上海古籍出版社 2018 年。
198. 日安（晏昌贵网名）：《里耶识小》，载简帛研究网 http://222.jianbo.org/admin3/list.asp?id=1034，发布时间为 2003 年 11 月 2 日。
199. 单印飞：《〈里耶秦简牍校释（第一卷）〉人名统计表》，载杨振红、邬文玲主编：《简帛研究》（2014），广西师范大学出版社 2014 年版。
200. 单印飞：《略论秦代迁陵县吏员设置》，载武汉大学简帛研究中心主办：《简帛》（第十一辑），上海古籍出版社 2015 年版。
201. 单印飞：《秦代封检题署新探——以里耶秦简为中心》，载中国文化遗产研究院编：《出土文献研究》（第十六辑），中西书局 2017 年版。
202. 单印飞：《秦至汉初县行政机构设置辨析》，载《中国史研究》2022 年第 1 期。
203. 单育辰：《里耶秦公文流转研究》，载武汉大学简帛研究中心主办：《简帛》（第九辑），上海古籍出版社 2013 年版。

204. 沈刚:《〈里耶秦简(壹)〉所见秦代公田及其管理》,载卜宪群、杨振红主编:《简帛研究》(2014),广西师范大学出版社 2014 年版。
205. 始皇陵秦俑坑考古发掘队:《秦始皇陵西侧赵背户村秦刑徒墓》,载《文物》1982 年第 3 期。
206. 石洋:《战国秦汉间“赀”的字义演变及其意义》,载《华东政法大学学报》2013 年第 4 期。
207. 石洋:《两汉三国时期“佣”群体的历史演变——以民间雇佣为中心》,载《中国史研究》2014 年第 3 期。
208. 石洋:《论里耶秦简中的几份通缉文书》,载邬文玲、戴卫红主编:《简帛研究》(2019 春夏卷),广西师范大学出版社 2019 年版。
209. 石洋:《岳麓秦简肆〈亡律〉所见“𢓊”字补说——兼论几则关联律文的理解》,载邬文玲、戴卫红主编:《简帛研究》(2020 春夏卷),广西师范大学出版社 2020 年版。
210. 史志龙:《秦“祠先农”简再探》,载武汉大学简帛研究中心主办:《简帛》(第五辑),上海古籍出版社 2010 年版。
211. 舒哲岚:《秦汉律中的“收人”》,载《古代文明》2018 年第 3 期。
212. [日]水间大辅:《秦汉时期承担覆狱的机关与官吏》,载武汉大学简帛研究中心主办:《简帛》(第七辑),上海古籍出版社 2012 年版。
213. [日]水间大辅:《秦汉县狱吏考》,载中国社会科学院考古研究所、河南省文物考古研究所编:《汉代城市和聚落考古与汉文化》,科学出版社 2012 年版。
214. [日]水间大辅:《秦汉时期的亭吏及其与他官的关系》,载周东平、朱腾主编:《法律史译评》,北京大学出版社 2013 年版。
215. [日]水间大辅:《里耶秦简〈迁陵吏志〉初探——通过与尹湾汉简〈东海郡吏员簿〉的比较》,载武汉大学简帛研究中心主办:《简帛》(第十二辑),上海古籍出版社 2016 年版。
216. [日]水间大辅:《秦汉时期里之编制与里正、里典、父老——以岳麓书院藏秦简〈秦律令〉为线索》,载周东平、朱腾主编:《法律史译评》(第七卷)，中西书局 2019 年版。
217. 斯维至：《论庶人》，载《社会科学战线》1978 年第 2 期。
218. 宋杰：《秦汉国家统治机构中的“司空”》，载《历史研究》2011 年第 4 期。
219. 宋艳萍、邢学敏：《里耶秦简“阳陵卒”简蠡测》，载卜宪群、杨振红主编：《简帛研究》(2004)，广西师范大学出版社 2006 年版。
220. 苏俊林：《关于“质日”简的名称与性质》，载《湖南大学学报(社会科学版)》2010 年第 4 期。
221. 苏俊林：《秦简牍中“牒”字的使用及含义》，载武汉大学简帛研究中心主办：《简帛》(第二十辑)，上海古籍出版社 2020 年版。
222. 苏俊林：《岳麓秦简〈奏谳文书〉的性质与编成》，邬文玲、戴卫红主编：《简帛研究》(2019 秋冬卷)，广西师范大学出版社 2020 年版。
223. 苏亦工：《法律史学研究方法问题商榷》，载《北方工业大学学报》1997 年第 4 期。
224. 孙闻博：《里耶秦简“守”、“守丞”新考》，载卜宪群、杨振红主编：《简帛研究》(2010)，广西师范大学出版社 2012 年版。
225. 孙闻博：《秦汉帝国“新地”与徙、戍的推行——兼论秦汉时期的内外观念与内外政策特征》，载《古代文明》2015 年第 2 期。
226. 孙闻博：《秦及汉初的司寇与徒隶》，载《中国史研究》2015 年第 3 期。
227. 孙闻博：《秦县的列曹与诸官——从〈洪范五行传〉一则佚文说起》，载武汉大学简帛研究中心主办：《简帛》(第十一辑)，上海古籍出版社 2015 年版。
228. 孙闻博：《秦县的列曹与诸官(增订稿)》，载里耶秦简博物馆、出土文献与中国古代文明研究协同创新中心中国人民大学中心编著：《里耶秦简博物馆藏秦简》，中西书局 2016 年版。
229. 孙闻博：《里耶秦简〈迁陵吏志〉考释——以“吏志”、“吏员”与“员”外群体为中心》，载《国学学刊》2017 年第 3 期。
230. 孙闻博：《商鞅县制的推行与秦县、乡关系的确立——以称谓、禄秩与吏员规模为中心》，载武汉大学简帛研究中心主办：《简帛》（第十五辑），上海古籍出版社 2017 年版。

231. 孙闻博：《商鞅“农战”政策推行与帝国兴衰——以“官—君—民”政治结构变动为中心》，载《中国史研究》2020 年第 1 期。

232. 孙闻博：《从乡啬夫到劝农掾：秦汉乡制的历史变迁》，载《历史研究》2021 年第 2 期。

233. 孙闻博：《度量衡制颁行与秦汉国家权力》，载《中国人民大学学报》2021 年第 6 期。

234. 唐俊峰：《里耶秦简所示秦代的“见户”与“积户”——兼论秦代迁陵县的户数》，载简帛网 http://www.bsm.org.cn/?qinjian/6165.html，发布时间为 2014 年 2 月 8 日。

235. 唐俊峰：《秦汉劾文书格式演变初探》，载中国政法大学法律古籍编：《中国古代法律文献研究》（第十一辑），社会科学文献出版社 2017 年版。

236. 唐俊峰：《秦代迁陵县行政信息传递效率初探》，载武汉大学简帛研究中心主办：《简帛》（第十六辑），上海古籍出版社 2018 年版。

237. 唐俊峰：《受令简和恒署书：读〈里耶秦简（贰）〉札记两则》，载武汉大学简帛研究中心主办：《简帛》（第十九辑），上海古籍出版社 2019 年版。

238. [德] 陶安：《秦汉律“庶人”概念辩正》，载武汉大学简帛研究中心主办：《简帛》（第七辑），上海古籍出版社 2012 年版

239. 陶磊：《读岳麓书院秦简（肆）札记》，载简帛网 http://www.bsm.org.cn/?qinjian/7446.html，发布时间为 2017 年 1 月 9 日。

240. 陶磊：《读〈岳麓书院藏秦简（伍）〉札记》，载简帛网 http://www.bsm.org.cn/?qinjian/7916.html，发布时间为 2018 年 7 月 1 日。

241. [日] 藤田胜久：《〈张家山汉简·津关令〉与汉墓简牍——传与致的情报传达》，载武汉大学简帛研究中心主办：《简帛》（第二辑），上海古籍出版社 2007 年版。

242. [日] 藤田胜久：《里耶秦简所见秦代郡县的文书传递》，载武汉大学简帛研究中心主办：《简帛》（第八辑），上海古籍出版社 2013 年版。

243. [日] 藤田胜久：《里耶秦简的交通资料与县社会》，载武汉大学简帛研究中心主办：《简帛》（第十辑），上海古籍出版社 2015 年版。

244. 滕子铭：《中国古代从封国到帝国的考古学视察——以秦文化的研究为中心》，载黄铭崇主编：《中国史新论·古代文明的形成分册》，"中研院"、联经出版事业股份有限公司 2016 年版。

245. 田旭东：《里耶秦简所见的秦代户籍格式和相关问题》，载《四川文物》2009 年第 1 期。

246. 田旭东：《秦简中的"祠五祀"与"祠先农"》，载文化遗产研究与保护技术教育部重点实验室、西北大学丝绸之路文化遗产保护与考古学研究中心、边疆考古与中国文化认同协同创新中心、西北大学唐仲英文化遗产研究与保护技术实验室编：《西部考古》（第 12 辑），科学出版社 2017 年版。

247. 万荣：《秦与汉初刑事诉讼程序中的判决："论"、"当"、"报"》，载武汉大学简帛研究中心主办：《简帛》（第十一辑），上海古籍出版社 2015 年版。

248. 王博凯：《〈岳麓书院藏秦简（伍）〉研究二题》，载李学勤主编：《出土文献》（第十五辑），中西书局 2019 年版。

249. 汪桂海：《汉简丛考（一）》，载李学勤、谢桂华主编：《简帛研究》（2001），广西师范大学出版社 2001 年版。

250. 汪桂海：《汉代的校计与计偕簿籍》，载卜宪群、杨振红主编：《简帛研究》（2008），广西师范大学出版社 2010 年版。

251. 王焕林：《里耶秦简所见戍卒索隐》，载卜宪群、杨振红主编：《简帛研究》（2005），广西师范大学出版社 2008 年版。

252. 王捷：《秦监察官"执法"的历史启示》，载《环球法律评论》2017 年第 2 期。

253. 王捷：《岳麓秦简所见"执法"赘补》，载《第七届"出土文献与法律史研究"学术研讨会论文集》，长沙 2017 年。

254. 王明钦：《王家台秦墓竹简概述》，载 [美] 艾兰、邢文编：《新出简帛研究》，文物出版社 2004 年。
255. 王萍：《简牍所见秦代徭戍程序考论》，载《中国社会经济史研究》2022 年第 2 期。
256.《第二届“出土文献与法律史研究”学术研讨会纪要》，载王沛主编：《出土文献与法律史研究》（第二辑），上海人民出版社 2013 年版。
257. 王四维：《秦郡“执法”考——兼论秦郡制的发展》，载《社会科学》2019 年第 11 期。
258. 王四维：《秦县少内财政职能及其管理制度》，载《史学月刊》2020 年第 11 期。
259. 王伟：《里耶秦简“付计”文书义解》，载《鲁东大学学报》（哲学社会科学版）2015 年第 5 期。
260. 王伟：《秦守官、假官制度综考——以秦汉简牍资料为中心》，载杨振红、邬文玲主编：《简帛研究》（2016 秋冬卷），广西师范大学出版社 2017 年版。
261. 王伟、孙兆华：《“积户”与“见户”：里耶秦简所见迁陵编户数量》，载《四川文物》2014 年第 2 期。
262. 王笑：《秦简中所见“弟子”浅释》，载中国文化遗产研究院编：《出土文献研究》（第十四辑），中西书局 2015 年版。
263. 汪雄涛：《迈向生活的法律史》，载《中外法学》2014 年第 2 期。
264. 王学典：《近五十年的中国历史学》，载《历史研究》2004 年第 1 期。
265. 王学典、陈峰：《20 世纪唯物史观学派的学术史意义》，载《东岳论丛》2002 年第 2 期。
266. 王彦辉：《田啬夫、田典考释——对秦及汉初设置两套基层管理机构的一点思考》，载《东北师大学报（哲学社会科学版）》2010 年第 2 期。
267. 王彦辉：《〈里耶秦简〉（壹）所见秦代县乡机构设置问题蠡测》，载《古代文明》2012 年第 4 期。
268. 王彦辉：《秦汉时期的乡里控制与邑、聚变迁》，载《史学月刊》2013 年第 5 期。

269. 王彦辉:《论秦汉时期的正卒与材官骑士》,载《历史研究》2015年第4期。
270. 王彦辉:《秦汉徭戍制度补论——兼与杨振红、廣濑熏雄商榷》,载《史学月刊》2015年第10期。
271. 王彦辉:《聚落与交通视域下的秦汉亭制变迁》,载《历史研究》2017年第1期。
272. 王彦辉:《论秦及汉初身份秩序中的“庶人”》,载《历史研究》2018年第4期。
273. 王彦辉:《秦汉时期的“更”与“徭”》,载《中国社会科学》2022年第2期。
274. 王勇:《税田与取程:秦代田租征收方式蠡测》,载杨振红、邬文玲主编:《简帛研究》(2016秋冬卷),广西师范大学出版社2017年版。
275. 王勇:《里耶秦简所见迁陵戍卒》,载姚远主编:《出土文献与法律史研究》(第七辑),上海人民出版社2018年版。
276. 王勇:《从里耶秦简看秦代地方官吏的法律责任与惩处》,载邬文玲、戴卫红主编:《简帛研究》(2019春夏卷),广西师范大学出版社2019年版。
277. 王勇:《里耶秦简所见地方官吏的徭使》,载《社会科学》2019年第5期。
278. 王毓铨:《汉代“亭”与“乡”“里”不同性质不同行政系统说—“十里一亭……十亭一乡”辨正—》,载《历史研究》1954年第2期。
279. 王志强:《中国法律史学研究取向的回顾与前瞻》,载中南财经政法大学法律史研究所编:《中西法律传统》(第二卷),中国政法大学出版社2002年版。
280. 王志强:《我们为什么研习法律史?——从法学视角的探讨》,载《清华法学》2015年第6期。
281. 王子今:《秦汉史研究理论认识散谈》,载《史学月刊》2011年第5期。
282. 王子今:《里耶秦简“捕羽”的消费主题》,载《湖南大学学报(社会科学版)》2016年第4期。
283. 王子今:《说“捕羽”》,载里耶秦简博物馆、出土文献与中国古代文明研究协同创新中心中国人民大学中心编著:《里耶秦简博物馆藏秦简》,中西书局2016年版。
284. 魏永康:《报本开新:战国秦汉时期的先农信仰研究》,载《民俗研究》2014年第2期。
285. 温俊萍:《秦迁刑考略》,载王捷主编:《出土文献与法律史研究》(第六辑),法律出版社2017年版。
286. 吴方基:《论秦代金布的隶属及其性质》,载《古代文明》2015年第2期。
287. 吴方基:《简牍所见秦代地方性法规与行政管理》,载《鲁东大学学报(哲学社会科学版)》2016年第5期。
288. 邬文玲:《里耶秦简所见"户赋"及相关问题琐议》,载武汉大学简帛研究中心主办:《简帛》(第八辑),上海古籍出版社2013年版。
289. 邬文玲:《"守"、"主"称谓与秦代官文书用语》,载中国文化遗产研究院编:《出土文献研究》(第十二辑),中西书局2013年版。
290. 吴雪飞:《〈岳麓简五〉所见"从人"考》,载简帛网 http://www.bsm.org.cn/?qinjian/7785.html,发布时间为2018年4月13日。
291. 吴益中:《秦什伍连坐制度初探》,载《北京师院学报(社会科学版)》1988年第2期。
292. 夏新华:《显学抑或绝学——法律史学科百年发展周期律研究》,载《江苏社会科学》2020年第5期。
293. 孝感地区第二期亦工亦农文物考古训练班:《湖北云梦睡虎地十一号秦墓发掘简报》,载《文物》1976年第6期。
294. 肖军伟:《秦简"为吏之道"类文献的性质及其功用》,载邬文玲、戴卫红主编:《简帛研究》(2021秋冬卷),广西师范大学出版社2022年版。
295. 肖永明:《读岳麓书院藏秦简〈为吏治官及黔首〉札记》,载《中国史研究》2009年第3期。
296. 谢晶:《史料中的问题与问题中的史料:法律史研究中司法档案运用方法刍议》,载张志铭主编:《师大法学》(第1辑),法律出版社2017年版。
297. 辛德勇:《北京大学藏水陆里程简册初步研究》,载李学勤主编:《出土文献》(第四辑),中西书局 2013 年版。

298. 邢义田:《龙山里耶秦迁陵县城遗址出土某乡南阳里户籍简试探》,载简帛网 http://www.bsm.org.cn/?qinjian/4954.html,发布时间为 2007 年 11 月 3 日。

299. 邢义田:《"手"、"半""曰啎曰荆"与"迁陵公"——里耶秦简初读之一》,载简帛网 http://www.bsm.org.cn/?qinjian/5871.html,发布时间为 2012 年 5 月 7 日。

300. 邢义田:《再论叁辨券——读岳麓书院藏秦简札记之四》,载武汉大学简帛研究中心主办:《简帛》(第十四辑),上海古籍出版社 2017 年版。

301. 许道胜:《岳麓秦简〈为吏治官及黔首〉的取材特色及相关问题》,载《湖南大学学报(社会科学版)》,2011 年第 2 期。

302. 许道胜:《读岳麓秦简〈为吏治官及黔首〉札记》,载中国古文字研究会、清华大学出土文献研究与保护中心、中国社会科学院甲骨文殷商史研究中心、首都师范大学甲骨文研究中心编:《古文字研究》(第三十一辑),中华书局 2016 年版。

303. 徐世虹:《汉代民事诉讼程序考述》,载《政法论坛》2001 年第 6 期。

304. 徐世虹:《张家山二年律令简所见汉代的继承法》,载《政法论坛》2002 年第 5 期。

305. 徐世虹:《汉代法律载体考述》,载杨一凡总主编、高旭晨卷主编:《中国法制史考证》(甲编 第三卷),中国社会科学出版社 2003 年版。

306. 徐世虹:《汉劾制管窥》,载杨一凡总主编、高旭晨卷主编:《中国法制史考证 甲编第三卷》,中国社会科学出版社 2003 年版。

307. 徐世虹:《"三环之"、"刑复城旦舂"、"系城旦舂某岁"解——读〈二年律令〉札记》,载中国文物研究所编:《出土文献研究》(第六辑),上海古籍出版社 2004 年版。

308. 徐世虹:《汉律中有关行为能力及责任年龄用语考述》,载卜宪群、杨振红主编:《简帛研究》(2004),广西师范大学出版社 2006 年版。

309. 徐世虹:《秦汉简牍中的不孝罪诉讼》,载《华东政法大学学报》2006 年第 3 期。

310. 徐世虹：《说“正律”与“旁章”》，载中国文物研究所编：《出土文献研究》（第八辑），上海古籍出版社 2007 年版。

311. 徐世虹：《秦汉法律的编纂》，载中国古中世史学会编：《中國古中世史研究》第二十四辑，2010 年。

312. 徐世虹：《秦汉法律研究百年（一）——以辑佚考证为特征的清末民国时期的汉律研究》，载中国政法大学法律古籍整理研究所编：《中国古代法律文献研究》（第五辑），社会科学文献出版社 2012 年版。

313. 徐世虹：《秦汉法律研究百年（二）——1920～1970 年代中期：律令体系研究的发展时期》，载中国政法大学法律古籍整理研究所编：《中国古代法律文献研究》（第六辑），社会科学文献出版社 2012 年版。

314. 徐世虹：《也说质钱》，载王沛主编：《出土文献与法律史研究》（第二辑），上海人民出版社 2013 年版。

315. 徐世虹：《出土简牍法律文献的定名、性质与类别》，载《古代文明》2017 年第 3 期。

316. 徐世虹：《秦汉“鞫”文书谫识——以湖南益阳兔子山、长沙五一广场出土木牍为中心》，载武汉大学简帛研究中心主办：《简帛》（第十七辑），上海古籍出版社 2018 年版。

317. 徐世虹：《决事比、廷行事、比行事》，载王沛主编：《出土文献与法律史研究》（第十辑），法律出版社 2021 年版。

318. 徐世虹、支强：《秦汉法律研究百年（三）——1970 年代中期至今：研究的繁荣期》，载中国政法大学法律古籍整理研究所编：《中国古代法律文献研究》（第六辑），社会科学文献出版社 2012 年版。

319. 徐燕斌：《汉简扁书辑考——兼论汉代法律传播的途径》，载《华东政法大学学报》2013 年第 2 期。

320. 徐忠明：《中国法律史研究的可能前景：超越西方，回归本土?》，载《政法论坛》2006 年第 1 期。

321. 徐忠明：《走向社会科学的中国法律史》，载苏力主编：《法律和社会科学》

(第17卷第1辑)，法律出版社2019年版。

322. 严文明:《黄河与长江：东方文明的摇篮》，收入苏秉琦主编:《中国远古时代》，上海人民出版社2010年版。

323. 杨小亮:《里耶简中有关“捕羽成鍭”的记录》，载中国文化遗产研究院编:《出土文献研究》(第十一辑)，中西书局2012年版。

324. 杨小亮:《略论东汉“直符”及其举劾犯罪的司法流程》，载中国政法大学法律古籍整理研究所编:《中国古代法律文献研究》(第九辑)，中国政法大学出版社2015年版。

325. 杨一凡:《质疑成说，重述法史——四种法史成说修正及法史理论创新之我见》，载杨一凡、陈灵海主编:《重述中国法律史》(第一辑)，中国政法大学出版社2020年。

326. 杨一凡:《重述中国法律思想史》，载《华东政法大学学报》2021年第4期。

327. 杨英:《张家山汉简〈二年律令·史律〉之“史书”及周至汉初史官职掌之变》，载卜宪群、杨振红主编:《简帛研究》(2011)，广西师范大学出版社2013年版。

328. 杨振红:《从张家山汉简看秦汉时期的市租》，载［日］井上彻、杨振红编:《中日学者论中国古代城市社会》，三秦出版社2007年版。

329. 杨振红:《从新出简牍看秦汉时期的田租征收》，载武汉大学简帛研究中心主办:《简帛》(第三辑)，上海古籍出版社2008年版。

330. 杨振红:《从出土秦汉律看中国古代的“礼”、“法”观念及其法律体现——中国古代法律之儒家化说商兑》，载《中国史研究》2010年第4期。

331. 杨振红:《秦汉“乞鞫”制度补遗》，载复旦大学出土文献与古文字研究中心编:《出土文献与古文字研究》(第六辑)，上海古籍出版社2015年版。

332. 杨振红:《“县官”之由来与战国秦汉时期的“天下”观》，载《中国史研究》2019年第1期。

333. 杨振红：《秦“从人”简与战国秦汉时期的“合从”》，载《文史哲》2020年第3期。
334. 杨振红：《秦汉时“执法”官的设立与〈商君书·定分〉》，载西北师范大学历史文化学院、甘肃简牍博物馆、河西学院河西史地与文化研究中心、兰州城市学院简牍研究所编：《简牍学研究》（第十一辑），甘肃人民出版社2021年版。
335. 杨振红、贾丽英：《北大藏汉简〈苍颉篇·颛顼〉校释与解读》，载杨振红、邬文玲主编：《简帛研究》（2016春夏卷），广西师范大学出版社2016年版。
336. 杨振红、单印飞：《里耶秦简J1（16）5、J1（16）6的释读与文书的制作、传递》，载《浙江学刊》2014年第3期。
337. 杨振红、王安宇：《秦汉诉讼中的“覆”及相关问题》，载《史学月刊》2017年第12期。
338. 杨智宇：《里耶秦简牍所见“迁陵守丞”补正》，载武汉大学简帛研究中心主办：《简帛》（第十三辑），上海古籍出版社2016年版。
339. 杨宗兵：《里耶秦简释义商榷》，载《中国历史文物》2005年第2期。
340. 姚琴：《岳麓秦简新见收人律文考论》，载西北师范大学历史文化学院、甘肃简牍博物馆、河西学院河西史地与文化研究中心、兰州城市学院简牍研究所编：《简牍学研究》（第十辑），甘肃人民出版社2020年版。
341. 伊强：《里耶秦简“展……日”的释读》，载杨振红、邬文玲主编：《简帛研究》（2016秋冬卷），广西师范大学出版社2017年版。
342. 尹伟琴、戴世君：《秦律三种辨正》，载《浙江社会科学》2007年第2期。
343. ［韩］尹在硕：《秦汉妇女的继产承户》，载《史学月刊》2009年第12期。
344. ［韩］尹在硕：《里耶秦简所见秦代县廷祭祀活动》，载杜常顺、杨振红主编：《汉晋时期国家与社会论集》，广西师范大学出版社2016年版。
345. ［日］影山辉国：《关于汉代的避讳》，载李学勤、谢桂华主编：《简帛研究》（2002/2003），广西师范大学出版社2005年。
346. 尤陈俊：《“新法律史”如何可能——美国的中国法律史研究新动向及其

启示》，载《开放时代》2008 年第 6 期。

347. 尤陈俊：《批评与正名：司法档案之于中国法律史研究的学术价值》，载《四川大学学报》（哲学社会科学版）2020 年第 1 期。

348. 游逸飞：《说“系城旦舂”——秦汉刑期制度新论》，载《新史学》二十卷三期，2009 年。

349. 游逸飞：《里耶秦简 8－455 号木方选释》，载武汉大学简帛研究中心主办：《简帛》（第六辑），上海古籍出版社 2011 年版。

350. 于洪涛：《里耶简“御史问直络帬程书”传递复原》，载王沛主编：《出土文献与法律史研究》（第二辑），上海人民出版社 2013 年版。

351. 于洪涛：《论敦煌悬泉汉简中的“厩令”——兼谈汉代“诏”、“令”、“律”的转化》，载《华东政法大学学报》2015 年第 4 期。

352. 于洪涛：《里耶简“司空厌弗令田当坐”文书研究》，载《古代文明》2016 年第 1 期。

353. 于洪涛：《秦汉法律简牍中的“鞫”研究——兼论秦汉刑事诉讼中的相关问题》，载邬文玲、戴卫红主编：《简帛研究》（2018 春夏卷），广西师范大学出版社 2018 年版。

354. 余津铭：《里耶秦简“续食简”研究》，载武汉大学简帛研究中心主办：《简帛》（第十六辑），上海古籍出版社 2018 年版。

355. 于振波：《秦律令中的“新黔首”与“新地吏”》，载《中国史研究》2009 年第 3 期。

356. 于振波：《秦简所见田租的征收》，载《湖南大学学报（社会科学版）》2012 年第 5 期。

357. 于振波：《秦代吏治管窥》，载《湖南大学学报（社会科学版）》2013 年第 3 期。

358. 于振波：《秦汉校长考辩》，载《中国史研究》2018 年第 1 期。

359. 袁延胜、时军军：《再论里耶秦简中的“守”和“守官”》，载《古代文明》2019 年第 2 期。

360. 张驰：《里耶秦简所见券类文书的几个问题》，载杨振红、邬文玲主编：

《简帛研究》(2016 秋冬卷)，广西师范大学出版社 2017 年版。
361. 张传玺:《秦及汉初逃亡犯罪的刑罚适用和处理程序》，载《法学研究》2020 年第 3 期。
362. 张春龙:《里耶秦简祠先农、祠窨和祠隄校券》，载武汉大学简帛研究中心主办:《简帛》(第二辑)，上海古籍出版社 2007 年版。
363. 张春龙:《里耶秦简所见的户籍和人口管理》，载中国社会科学院考古研究所、中国社会科学院历史研究所、湖南省文物考古研究所编:《里耶古城·秦简与秦文化研究——中国里耶古城·秦简与秦文化国际学术研讨会论文集》，科学出版社 2009 年版。
364. 张春龙:《里耶秦简中迁陵县学官和相关记录》，载清华大学出土文献研究与保护中心编:《出土文献》(第一辑)，中西书局 2010 年版。
365. 张春龙、龙京沙:《里耶秦简三枚地名里程木牍略析》，载武汉大学简帛研究中心主办:《简帛》(第一辑)，上海古籍出版社 2006 年版。
366. 张光直:《中国考古学上的聚落形态——一个青铜时代的例子》，收入邢义田、黄宽重、邓小南总主编，王建文主编:《台湾学者中国史研究论丛·政治与权力》，中国大百科全书出版社 2005 年版。
367. 张建国:《论西汉初期的赎》，载《政法论坛》2002 年第 5 期。
368. 张俊民:《悬泉汉简所见文书格式简》，载卜宪群、杨振红主编:《简帛研究》(2009)，广西师范大学出版社 2011 年版。
369. 张俊民:《悬泉置出土刻齿简牍概说》，载武汉大学简帛研究中心主办:《简帛》(第七辑)，上海古籍出版社 2012 年版。
370. 张荣强:《读岳麓秦简论秦汉户籍制度》，载《晋阳学刊》2013 年第 4 期
371. 张荣强:《中国古代书写载体与户籍制度的演变》，载《武汉大学学报》2019 年第 3 期。
372. 张荣强:《简纸更替与中国古代基层统治重心的上移》，载《中国社会科学》2019 年第 9 期。
373. 张韶光:《试论简牍所见秦对边远地区的管辖》，载《史学月刊》2020 年第 8 期。

374. 张生:《穿行于“碎片”之中的历史学及其应有态度》,载《历史研究》2019年第6期。

375. 张伟保、温如嘉:《郡县制的早期发展——以魏国为中心》,载香港中文大学历史系中国历史研究中心、新亚研究所编:《中国古代政治制度与历史地理——严耕望先生百龄纪念论文集》,齐鲁书社2019年版。

376. 张闻玉:《云梦秦简〈日书〉初探》,载《江汉论坛》1987年第4期。

377. 张显成、唐强:《通过里耶秦简“义陵用度简”的复原看秦代官文书的生成、传递和存档》,载《档案学通讯》2021年第2期。

378. 张新超:《秦代“城旦舂”考辨——兼论秦律的一些特点》,载《史学月刊》2014年第10期。

379. 张新超:《试论秦汉刑罚中的司寇刑》,载《西南大学学报(社会科学版)》2018年第1期。

380. 张艳蕊:《里耶秦简债务文书初探》,载卜宪群、杨振红主编:《简帛研究》(2012),广西师范大学出版社2013年版。

381. 张以静:《秦汉“叚父”称谓及“不同父者”间的关系试探》,载邬文玲、戴卫红主编:《简帛研究》(2019春夏卷),广西师范大学出版社2019年版。

382. 张忠炜:《里耶秦简10-15补论——兼论睡虎地77号汉墓功次文书》,载中国政法大学法律古籍整理研究所编:《中国古代法律文献研究》(第十三辑),社会科学文献出版社2019年版。

383. 赵立行:《法律史的反思:法律的历史维度》,载《复旦学报(社会科学版)》2019年第1期。

384. 赵岩:《里耶秦简9-30号简补考》,载武汉大学简帛研究中心主办:《简帛》(第二十一辑),上海古籍出版社2020年版。

385. 郑实:《啬夫考——读云梦秦简札记》,载《文物》1978年第2期。

386. 郑威:《里耶部分涉楚简牍解析》,载楚文化研究会编:《楚文化研究论集》(第十一集),上海古籍出版社2015年版。

387. 郑威:《里耶秦简牍所见巴蜀史地三题》,载《四川师范大学学报》(社会科学版）2015 年第 2 期。
388. 中国人民大学法学院法律史料研读班：《岳麓书院藏秦律令简集注（一）》，载邬文玲、戴卫红主编：《简帛研究》（2021 春夏卷），广西师范大学出版社 2021 年版。
389. 中国人民大学法学院法律史料研读班：《岳麓书院藏秦律令简集注（二）》，载邬文玲、戴卫红主编：《简帛研究》（2021 秋冬卷），广西师范大学出版社 2022 年版。
390. 中国政法大学中国法制史基础史料研读会：《睡虎地秦简法律文书集释（四）：〈秦律十八种〉（〈金布律〉—〈置吏律〉）》，载中国政法大学法律古籍整理研究所编：《中国古代法律文献研究》（第九辑），社会科学文献出版社 2015 年版。
391. 中国政法大学中国法制史基础史料研读会：《睡虎地秦简法律文书集释（五）：〈秦律十八种〉（〈效〉——〈属邦〉）、〈效〉》，载中国政法大学法律古籍整理研究所编：《中国古代法律文献研究》（第十辑），社会科学文献出版社 2016 年版。
392. 中国政法大学中国法制史基础史料研读会：《睡虎地秦简法律文书集释（六）：〈秦律杂抄〉》，载中国政法大学法律古籍整理研究所编：《中国古代法律文献研究》（第十一辑），社会科学文献出版社 2017 年版。
393. 中国政法大学中国法制史基础史料研读会：《睡虎地秦简法律文书集释（七）：〈法律答问〉1～60 简》，载中国政法大学古籍整理研究所编：《中国古代法律文献研究》（第十二辑），社会科学文献出版社 2018 年版。
394. 中国政法大学中国法制史基础史料研读会：《睡虎地秦简法律文书集释（八）：〈法律答问〉61～110 简》，载中国政法大学法律古籍整理研究所编：《中国古代法律文献研究》（第十三辑），社会科学文献出版社 2019 年版。
395. 周东平：《问题的多面性及其对策——中国法律史学困境的知识运行解读》，载《江苏社会科学》2016 年第 2 期。
396. 周海锋：《秦律令之流布及随葬律令性质问题》，载《华东政法大学学报》

2016 年第 4 期。

397. 周海锋:《秦律令效力问题》，载中国文化遗产研究院编:《出土文献研究》(第十六辑)，中西书局 2017 年版。

398. 周海锋:《岳麓秦简〈戍律〉及相关问题研究》，载张德芳主编:《甘肃省第三届简牍学国际学术研讨会论文集》，上海辞书出版社 2017 年版。

399. 周海锋:《岳麓书院藏秦简〈金布律〉研究》，载邬文玲主编:《简帛研究》(2017 春夏卷)，广西师范大学出版社 2017 年版。

400. 周海锋:《岳麓书院藏秦简〈徭律〉研究》，载西北师范大学历史文化学院、甘肃简牍博物馆、河西学院河西史地与文化研究中心、兰州城市学院简牍研究所编:《简牍学研究》(第八辑)，甘肃人民出版社 2019 年版。

401. 周海锋:《岳麓秦简〈卒令丙〉研究》，载王捷主编:《出土文献与法律史研究》(第九辑)，上海人民出版社 2020 年版。

402. 朱德贵:《秦简所见"更戍"和"屯戍"制度新解》，载《兰州学刊》2013 年第 11 期。

403. 朱德贵:《岳麓秦简课役年龄中的几个问题》，载西北师范大学历史文化学院、甘肃简牍博物馆、河西学院河西史地与文化研究中心、兰州城市学院简牍研究所编:《简牍学研究》(第七辑)，甘肃人民出版社 2018 年版。

404. 朱凤瀚:《北大藏秦简〈从政之经〉述要》，载《文物》2012 年第 6 期。

405. 朱凤瀚:《三种"为吏之道"题材之秦简部分简文对读》，载中国文化遗产研究院编:《出土文献研究》(第十四辑)，中西书局 2015 年版。

406. 朱锦程:《〈岳麓秦简〉(肆) 所见秦汉制度的演变》，载长沙简牍博物馆编:《长沙简帛研究国际学术研讨会论文集》，中西书局 2017 版。

407. 朱圣明:《秦至汉初"户赋"详考——以秦汉简牍为中心》，载《中国社会经济史研究》2014 年第 1 期。

408. 朱腾:《秦汉时代的律令断罪》，载《北方法学》2012 年第 6 期。

409. 朱腾:《简牍所见秦县少吏研究》，载《中国法学》2017 年第 4 期。

410. 朱腾:《秦汉时代律令的传播》，载《法学评论》2017 年第 4 期。

411. 朱腾:《秦县中的史类吏员研究》，载《中国人民大学学报》2017 年第 6 期。
412. 朱腾:《职位、文书与国家——秦官僚制中的史官研究》，载《现代法学》2018 年第 2 期。
413. 朱腾:《中国法律史学学科意义之再思》，载《光明日报》(理论版) 2018 年 10 月 15 日。
414. 朱腾:《秦法治观再考——以秦简所见两种吏道文本为基础》，载《政法论坛》2018 年第 6 期。
415. 朱腾:《从君主命令到令、律之别——先秦法律形式变迁史纲》，载《清华法学》2020 年第 2 期。
416. 朱腾:《唐以前盗罪之变迁研究》，载《法学研究》2022 年第 1 期。
417. 朱腾:《“律令法”说之再思：以秦汉律令为视点》，载《法律科学》2022 年第 3 期。
418. 庄小霞:《〈里耶秦简（壹）〉所见秦代洞庭郡、南郡属县考》，载卜宪群、杨振红主编:《简帛研究》(2012)，广西师范大学出版社 2013 年版。
419. 庄小霞:《里耶秦简所见秦“得虎复除”制度考释——兼说中古时期湖南地区的虎患》，载中国文化遗产研究院编:《出土文献研究》(第十七辑)，中西书局 2018 年版。
420. 邹水杰:《秦代县行政主官称谓考》，载《湖南师范大学社会科学学报》2006 年第 2 期。
421. 邹水杰:《简牍所见秦汉县属吏设置及演变》，载《中国史研究》2007 年第 3 期。
422. 邹水杰:《秦代简牍文书“敢告某某主”格式考》，载卜宪群、杨振红主编:《简帛研究》(2009)，广西师范大学出版社 2011 年版。
423. 邹水杰:《也论里耶秦简之“司空”》，载《南都学坛（人文社会科学学报）》2014 年第 5 期。
424. 邹水杰:《简牍所见秦代县廷令史与诸曹关系考》，载杨振红、邬文玲主编:《简帛研究》(2016 春夏卷)，广西师范大学出版社 2016 年版。

425. 邹水杰:《秦简“有秩”新证》,载《中国史研究》2017 年第 3 期。
426. 邹水杰:《岳麓秦简“中县道”初探》,载《第七届“出土文献与法律史研究”学术研讨会论文集》,长沙 2017 年。
427. 邹水杰:《论秦及汉初简牍中有关逃亡的法律》,载《湖南师范大学社会科学学报》2019 年第 1 期。

四、译文与译著(按译文发表或译著出版的时间顺序排列)

1. [日] 宫崎市定:《〈亚细亚史研究〉第三卷序言》,收入中国科学院历史研究所翻译组编译:《宫崎市定论文选集(下卷)》,商务印书馆 1965 年版。
2. [英] 崔瑞德、鲁惟一编:《剑桥中国秦汉史:公元前 221 年至公元 220 年》,杨品泉等译,中国社会科学出版社 1992 年版。
3. [日] 仁井田陞:《唐律的通则性规定及其来源》,载刘俊文主编:《日本学者研究中国史论著选译(第八卷 法律制度)》,姚荣涛、徐世虹译,中华书局 1992 年版。
4. [日] 平势隆郎:《楚王和县君》,徐世虹译,载刘俊文主编:《日本中青年学者论中国史(上古秦汉卷)》,上海古籍出版社 1995 年版。
5. [日] 宫宅洁:《秦汉时期的审判制度》,徐世虹译,载杨一凡总主编、[日] 寺田浩明编主编、[日] 籾山明卷主编:《中国法制史考证 丙编第一卷》,中国社会科学出版社 2003 年版。
6. [美] 艾德华:《清朝对外国人的司法管辖》,李明德译,载 [美] 高道蕴、高鸿钧、贺卫方编:《美国学者论中国法律传统》,清华大学出版社 2004 年版。
7. [日] 西嶋定生:《中国古代帝国的形成与结构——二十等爵制研究》,武尚清译,中华书局 2004 年版。
8. [日] 冨谷至:《秦汉刑罚制度研究》,柴生芳、朱恒晔译,广西师范大学出版社 2006 年版。
9. [德] 弗朗茨·维亚克尔:《近代私法史:以德意志的发展为观察重点》,陈爱娥、黄建辉译,上海三联书店 2006 年版。

10. [日] 沟口雄三、小岛毅:《中国的思维世界》，孙歌等译，江苏人民出版社2006年版。
11. [英] E. H. 卡尔:《历史是什么?》，陈恒译，商务印书馆2007年版。
12. [日] 冨谷至:《木简竹简述说的古代中国——书写材料的文化史》，刘恒武译，人民出版社2007年版。
13. [日] 永田英正:《居延汉简研究》，张学锋译，广西师范大学出版社2007年版。
14. [日] 渡边信一郎:《汉代国家的社会性劳动的编制》，庄佩珍译，载 [日] 佐竹靖彦主编:《殷周秦汉史学的基本问题》，中华书局2008年版。
15. [日] 藤田胜久:《〈史记〉战国史料研究》，曹峰、[日] 广濑薰雄译，上海古籍出版社2008年版。
16. [加] 叶山:《卒、史与女性: 战国秦汉时期下层社会的读写能力》，林凡译，载武汉大学简帛研究中心主办:《简帛》(第三辑)，上海古籍出版社2008年版。
17. 李峰:《西周的政体: 中国早期的官僚制度和国家》，吴敏娜、胡晓军、许景昭、侯昱文译，三联书店2010年版。
18. [日] 加藤繁:《中国经济史考证》，吴杰译，中华书局2012年版。
19. [英] 西蒙·罗伯茨:《秩序与争议——法律人类学导论》，沈伟、张铮译，上海交通大学出版社2012年版。
20. [美] 步德茂:《"淆乱视听": 西方人的中国法律观——源于鸦片战争之前的错误认知》，王志希译，载周东平、朱腾主编:《法律史译评》，北京大学出版社2013年版。
21. [日] 渡边信一郎:《中国第一次古代帝国的形成——以龙山文化时期到汉代的聚落形态研究为视角》，魏永康译，载《中国史研究》2013年第4期。
22. [加] 叶山:《解读里耶秦简——秦代地方行政制度》，胡川安译，载武汉大学简帛研究中心主办:《简帛》(第八辑)，上海古籍出版社2013年版。
23. [以] 尤锐:《展望永恒帝国: 战国时代的中国政治思想》，孙英刚译，上海古籍出版社 2013 年版。

24. ［日］平势隆郎：《从城市国家到中华：殷周 春秋战国》，周洁译，广西师范大学出版社 2014 年版。

25. ［德］史达：《〈岳麓书院藏秦简·为吏治官及黔首〉的编联修订——以简背划线与反印字迹为依据》，黄海译，载王沛主编：《出土文献与法律史研究》（第三辑），上海人民出版社 2014 年版。

26. ［日］椎名一雄：《张家山汉简〈二年律令〉所见爵制——以对“庶人”的理解为中心》，孙闻博译，载卜宪群、杨振红主编：《简帛研究》（2013），广西师范大学出版社 2014 年版。

27. ［英］罗杰·科特威尔：《法律社会学导论》，彭小龙译，中国政法大学出版社 2015 年版。

28. ［加］叶山：《迁陵县档案中秦法的证据——初步的研究》，胡川安译，载武汉大学简帛研究中心主办：《简帛》（第十辑），上海古籍出版社 2015 年版。

29. ［德］弗里德里希·卡尔·冯·萨维尼：《论我辈从事立法与法学之禀赋（上）》，袁志杰译，载王洪亮、田士永、朱庆育、张谷、张双根主编：《中德私法研究（12）·数人侵权责任》，北京大学出版社 2016 年版。

30. ［美］陆威仪：《早期中华帝国：秦与汉》，王兴亮译，中信出版社 2016 年版。

31. ［美］罗泰：《宗子维城：从考古材料的角度看公元前 1000 年至前 250 年的中国社会》，吴长青、张莉、彭鹏等译，王艺等审校，上海古籍出版社 2017 年版。

32. ［美］哈罗德·J. 伯尔曼：《法律与革命（第一卷）西方法律传统的形成》，贺卫方、高鸿钧、张志铭、夏勇译，法律出版社 2018 年版。

33. ［美］埃尔曼·塞维斯：《国家与文明的起源：文化演进的过程》，龚辛、郭璐莎、陈力子译，上海古籍出版社 2019 年版。

34. ［日］鹰取祐司：《秦汉时代的庶人再考——对特定身份说的批评》，陈捷译，载武汉大学简帛研究中心主办：《简帛》（第十八辑），上海古籍出版社 2019 年版。

35. 李峰:《早期中国社会和文化史概论》,刘晓霞译,台湾大学出版中心 2020 年版。

36. [韩] 林炳德:《秦汉律所见“庶人”概念与存在形态——论陶安、吕利、椎名一雄的相关见解》,[韩] 李瑾华译,载西北师范大学历史文化学院、甘肃简牍博物馆、河西学院河西史地与文化研究中心、兰州城市学院简牍研究所编:《简牍学研究》(第九辑),甘肃人民出版社 2020 年版。

五、外文论著(按论著发表或出版时间顺序排列)

1. 樱井芳郎:《御史制度の形成(上)》,载《東洋学報》第二十三卷第二号,1936 年。

2. 宇都宫清吉:《漢代社會經濟史研究》,弘文堂 1955 年。

3. 日比野丈夫:《郷亭里についての研究》,载《東洋史研究》第十四卷第一、二号,1955 年。

4. 中田薰:《法制史論集》(第四卷),岩波书店 1964 年版。

5. 滨口重国:《秦漢隋唐史の研究》,东京大学出版会 1966 年版。

6. 五井直弘:《春秋時代の縣についての覺書》,载《東洋史研究》第二十六卷第四号,1968 年。

7. 守屋美都雄:《中國古代の家族と國家》,东洋史研究会 1968 年版。

8. 松丸道雄:《殷周国家の構造》,载《岩波講座世界歴史 4 東アジア世界の形成 I》,岩波书店 1970 年版。

9. 池田温:《中国古代籍帳研究》,东京大学东洋文化研究所 1979 年版。

10. 大庭脩:《木簡》,学生社 1979 年版。

11. Jerome Alan Cohen, R. Randle Edwards and Fu-mei Chang Chen eds. *Essays on China's Legal Tradition*, Princeton University Press, 1980.

12. 古贺登:《漢長安城と阡陌・県郷亭里制度》,雄山阁 1980 年版。

13. 大庭脩:《秦漢法制史の研究》,创文社 1982 年版。

14. A. F. P. Hulsewé, *Remnants of Ch'in Law: an Annotated Translation of*

the Ch'in Legal and Administrative Rules of the 3rd Century B. C. Discovered in Yún-meng Perfecture, Hu-bei Province, in 1975, Brill, 1985.

15. 越智重明:《戦国秦漢史研究 1》,中国书店 1988 年版。
16. 爱宕元:《中国の城郭都市 殷周から明清まで》,中央公论社 1991 年版。
17. 宫崎市定:《宫崎市定全集 3》,岩波书店 1991 年版。
18. 浅野裕一:《黄老道の成立と展開》,创文社 1992 年版。
19. 籾山明:《雲夢睡虎地秦簡》,载滋贺秀三编:《中国法制史 基本資料の研究》,东京大学出版会 1993 年版。
20. 山田胜芳:《秦漢財政収入の研究》,汲古书院 1993 年版。
21. 堀敏一:《律令制と東アジア世界——私の中国史学(二)》,汲古书院 1994 年。
22. 渡边信一郎:《中国古代国家の思想構造——専制國家とイデオロギー》,校仓书房 1994 年版。
23. 沟口雄三:《中国の公と私》,研文出版 1995 年版。
24. 宫宅洁:《漢令の起源とその編纂》,载《中國史學》第五卷,1995 年。
25. 角谷常子:《秦漢時代の贖刑》,载梅原郁编:《前近代中國の刑罰》,京都大学人文科学研究所 1996 年版。
26. 堀敏一:《中国古代の家と集落》,汲古书院 1996 年版。
27. 增渊龙夫:《中国古代の社会と国家》,岩波书店 1996 年版。
28. 工藤元男:《睡虎地秦簡よりみた秦代の國家と社會》,创文社 1998 年版。
29. 濑川敬也:《秦代刑罰の再検討——いわゆる"労役刑"を中心に》,载《鹰陵史学》第二十四号,1998 年。
30. 仲山茂:《漢代の掾史》,载《史林》第八十一卷第四号,1998 年。
31. Yongping Liu, *Origins of Chinese Law: Penal and Administrative Law in its Early Development*, Oxford University Press (Hong Kong), 1998.
32. 重近启树:《秦漢税役体系の研究》,汲古书院 1999 年版。
33. 江村治树:《春秋戰國秦漢時代出土文字資料の研究》,汲古书院 2000

年版。
34. 陶安あんど：《法典編纂史再考—漢篇：再び文献史料を中心に据えて—》，载《東洋文化研究所紀要》第百四十册，2000 年。
35. 冨谷至：《晉泰始律令への道——第一部 秦漢の律と令》，载《東方學報》第七十二册，2000 年。
36. 冨谷至：《晉泰始律令への道——第二部 魏晉の律と令》，载《東方學報》第七十三册，2001 年。
37. 仲山茂：《秦漢時代の“官”と“曹”——県の部局組織》，载《東洋学報》第八十二卷第四号，2001 年。
38. 池田雄一：《中国古代の聚落と地方行政》，汲古书院 2002 年版。
39. 池田雄一编：《奏 讞書——中国古代裁判記錄》，刀水书房 2002 年版。
40. 佐原康夫：《漢代都市の機構研究》，汲古书院 2002 年版。
41. 松井嘉德：《周代国制の研究》，汲古书院 2002 年版。
42. 滋贺秀三：《中国法制史論集 法典と刑罰》，创文社 2003 年版。
43. 王勇华：《秦漢における監察制度の研究》，朋友书店 2004 年版。
44. 冨谷至：《二年律令に見える法律用語—その（一）》，载《東方學報》第七十六册，2004 年。
45. 青木俊介：《里耶秦簡に見える部局組織について》，载《中國出土資料研究》第九号，2005 年。
46. Enno Giele, Signatures of “Scribes” in Early Imperial China, in *Asiantische Studien/Études Asiatiques*, LIX. 1, 2005.
47. 石冈浩：《収制度の廃止にみる前漢文帝刑法改革の発端——爵制の混乱から刑罰の破綻へ》，载《歴史学研究》第 805 号，2005 年。
48. 内田智雄编、冨谷至补：《譯注中國歴代刑法志（補）》，创文社 2005 年。
49. 藤田胜久：《中国古代国家と郡県社会》，汲古书院 2005 年版。
50. 吉本道雅：《中国先秦史の研究》，京都大学学术出版会 2005 年版。
51. 佐竹靖彦：《中国古代の田制と邑制》，岩波书店 2006 年版
52. 角谷常子：《秦漢時代における家族連坐について》，载冨谷至编：《江陵

張家山二四七號墓出土漢律令の研究 論考篇》，朋友书店 2006 年版。
53. 专修大学《二年律令》研究会:《張家山漢簡“二年律令”（六）——田律・□市律・行書律》，载《專修史学》第 40 号，2006 年。
54. 冨谷至编:《江陵張家山二四七號墓出土漢律令の研究 譯注篇》，朋友書店 2006 年版。
55. 籾山明:《中国古代訴訟制度の研究》，京都大学学术出版会 2006 年版。
56. 太田幸男:《中国古代国家形成史論》，汲古书院 2007 年版。
57. 水间大辅:《秦漢刑法研究》，知泉书馆 2007 年版。
58. 池田雄一:《中国古代の律令と社会》，汲古书院 2008 年版。
59. 冈村秀典:《中国文明 農業と礼制の考古学》，京都大学学术出版会 2008 年版。
60. 鷹取祐司:《秦漢時代の刑罰と爵制的身份序列》，载《立命館文学》第 608 号，2008 年。
61. 高村武幸:《漢代の地方官吏と地域社会》，汲古书院 2008 年版。
62. 纸屋正和:《漢時代における郡県制の展開》，朋友书店 2009 年版。
63. 陶安あんど:《秦漢刑罰体系の研究》，东京外国语大学亚洲非洲语言文化研究所 2009 年版。
64. 水间大辅:《秦・漢における郷の治安維持機能》，载《史滴》第 31 卷，2009 年。
65. 鷲尾祐子:《中国古代の専制国家と民間社会——家族・風俗・公私》，立命馆东洋史学会 2009 年版。
66. 冨谷至:《文書行政の漢帝国 木簡・竹簡の時代》，名古屋大学出版社 2010 年版。
67. 广瀬薰雄:《秦漢律令研究》，汲古书院 2010 年版。
68. 柿沼阳平:《中国古代貨幣経済史研究》，汲古书院 2011 年版。
69. 土口史记:《先秦時代の領域支配》，京都大学学术出版会 2011 年版。
70. 夫马进:《中国訴訟社会史概論》，载夫马进主编:《中国訴訟社会史の研究》，京都大学学术出版会 2011 年版。

71. 水间大辅:《秦・漢初における県の"士吏"》,载《史學雜誌》第120编第2号,2011年。
72. 宫宅洁:《中国古代刑制史の研究》,京都大学学术出版会2011年版。
73. 籾山明:《後漢後半期の訴訟と社会——長沙東牌樓出土一〇〇一號木牘を中心に》,载夫马进主编:《中国訴訟社会史の研究》,京都大学学术出版会2011年版。
74. 石冈浩:《秦漢代の徒隷と司寇——官署に隷属する有職刑徒》,载《史学雜誌》第121卷第1号,2012年。
75. 铃木直美:《中国古代家族史研究——秦律・漢律にみる家族形態と家族観》,刀水书房2012年版。
76. 土口史记:《戦国・秦代の県——県廷と官の関係をめぐって一考察》,载《史林》第九十五卷第一号,2012年。
77. 宫宅洁:《漢代官僚組織の最下層:"官"と"民"のはざま》,载《東方學報》第八十七册,2012年。
78. 大川隆俊、籾山明、张春龙:《里耶秦簡中の刻齒簡と"數"中の未解読簡》,载《大阪産業大学論集 人文・社会科学編》18,2013年。
79. 鹤间和幸:《秦帝國の形成と地域》,汲古书院2013年版。
80. 马彪:《秦帝国の領土経営——雲夢龍崗秦簡と始皇帝の禁苑》,京都大学学术出版会2013年版。
81. 青木俊介:《封検の形態発展——"平板検"の使用方法の考察から》,载籾山明、佐藤信编:《文献と遺物の境界 II——中國出土簡牘史料の生態的研究》,东京外国语大学亚洲非洲语言文化研究所2014年版。
82. 石原辽平:《収の原理と淵源》,载东洋文库中国古代地域史研究编:《張家山漢簡"二年律令"の研究》,东洋文库2014年版。
83. 高村武幸:《里耶秦簡第八層出土簡牘の基礎的研究》,《三重大史學》第14号,2014年。
84. Anthony J. Barbieri-Low, Robin D. S. Yates: *Law, State, and Society in Early Imperial China: A Study with Critical Edition and Translation of*

the Legal Texts from Zhangjiashan Tomb no. 247, Brill, 2015.

85. 池田雄一编:《漢代を遡る奏讞——中国古代の裁判記録》,汲古书院 2015 年版。
86. 鷹取祐司:《秦漢官文書の基礎的研究》,汲古书院 2015 年版。
87. 高村武幸:《秦漢簡牘史料研究》,汲古书院 2015 年版。
88. 高村武幸:《秦・漢時代地方行政における意思决定過程》,载《東洋学報》第九十七卷第一号,2015 年。
89. 土口史记:《秦代の令史と曹》,载《東方學報》第九十册,2015 年。
90. 土口史记:《里耶秦簡にみる秦代縣下の官制構造》,载《東洋史研究》第七十三卷第四号,2015 年。
91. 籾山明:《秦漢出土文字史料の研究——形態・制度・社会》,创文社 2015 年版。
92. Ulrich Lau, Thies Staack: *Legal Practice in the Formative Stages of the Chinese Empire: An Annotated Translation of the Exemplary Qin Criminal Cases from the Yuelu Academy Collection*, Brill, 2016.
93. 鷹取祐司:《漢代における"守"と"行某事"》,载《日本秦漢史研究》第十七号,2016 年。
94. 冨谷至:《漢唐法制史研究》,创文社 2016 年版。
95. 水间大辅:《秦漢"縣官"考》,载早稻田大学长江流域文化研究所编:《中國古代史論集——政治・民族・術數》,雄山阁 2016 年版。
96. 宫宅洁:《秦代遷陵縣志初稿—里耶秦簡より見た秦の占領支配と駐屯軍—》,载《東洋史研究》第七十五卷第一号,2016 年。
97. 青木俊介:《岳麓秦簡"興律"の開封者通知に関する規定》,载"中国古代簡牘の横断領域的研究"网 http://www.aa.tufs.ac.jp/users/Ejina/note/note23 (Aoki).html,收稿时间 2017 年 3 月 14 日。
98. Tsang Wing Ma, Scribes, Assistants, and the Materiality of Administrative Documents in Qin-Early Han China: Excavated Evidence from Liye, Shuihudi, and Zhangjiashan, in *T'oung Pao* 103-4-5, 2017.

99. "秦代出土文字史料の研究"班:《嶽麓書院所藏簡〈秦律令(壹)〉譯註稿 その(一)》,载《東方學報》第九十二册,2017年。

100. 土口史记:《嶽麓秦簡"執法"考》,载《東方學報》第九十二册,2017年。

101. 水间大辅:《張家山漢簡"奏讞書"と嶽麓書院藏秦簡"為獄等狀四種"の形成過程》,载《東洋史研究》第七十五卷第四号,2017年。

102. 宫宅洁:《嶽麓書院所藏簡"亡律"解題》,载《東方學報》第九十二册,2017年。

103. 宫宅洁:《嶽麓書院藏簡"亡律"の"廿年後九月戊戌以來"條をめぐって》,载京都大学人文科学研究所共同研究班"秦代出土文字史料の研究"网 http://www.shindai.zinbun.kyoto-u.ac.jp/sakki_pdf/20nengo9gatsubojutsuirai3_2017_03_17.pdf,发布时间为2017年3月17日。

104. 目黑杏子:《秦代県下の"廟"——里耶秦簡と嶽麓書院藏秦簡"秦律令"にみえる諸廟の考察》,载高村武幸编:《周縁領域からみた秦漢帝国》,六一书房2017年版。

105. 工藤元男编:《睡虎地秦簡訳注——秦律十八種・效律・秦律雑抄》,汲古书院2018年版。

106. Li Feng, The Western Zhou State, in Paul R. Goldin edited, *Routledge Handbook of Early Chinese History*, Routledge, 2018.

107. "秦代出土文字史料の研究"班:《嶽麓書院所藏簡〈秦律令(壹)〉譯註稿 その(二)》,载《東方學報》第九十五册,2018年。

108. 青木俊介:《里耶秦簡の公文書における"某主"について——岳麓秦簡・興律の規定をてがかり》,载高村武幸、广濑薰雄、渡边英幸编:《周縁領域からみた秦漢帝国2》,六一书房2019年版。

109. 宫宅洁:《秦代徭役・兵役制度の再檢討》,载《東方學報》第九十四册,2019年。

110. Thies Staack, "Drafting," "Copying," and "Adding Notes": On the Semantic Field of "Writing" as Reflected by Qin and Early Han Legal and

Administrative Documents, in *Bamboo and Silk*, Vol. 2 Issue. 2, Brill, 2019.

111. “秦代出土文字史料の研究”班:《嶽麓書院所藏簡〈秦律令(壹)〉譯註稿 その(三)》,载《東方學報》第九十五册,2020年。

112. 高村武幸:《文書行政のはじまり》,载籾山明、ロータール・フォン・ファルケンウゼン编:《秦帝国の誕生——古代史研究のクロスロード》,六一书房2020年版。

113. 多田麻希子:《秦漢時代の家族と国家》,专修大学出版局2020年版。

114. Li Jingrong, Chen Songchang: The Promulgation of Law in Qin and Western Han China, in *Early China*, Vol. 44, 2021.

115. 佐藤达郎:《漢六朝時代の制度と文化・社会》,京都大学学术出版会2021年版。

116. “秦代出土文字史料の研究”班:《嶽麓書院所藏簡〈秦律令(壹)〉譯注稿 その(四)》,载《東方學報》第九十六册,2021年。

六、学位论文(按作者姓名音序排列)

1. 高震寰:《从劳动力运用角度看秦汉刑徒管理制度的发展》,台湾大学文学院历史系2017年博士论文。

2. [韩]金钟希:《秦汉地方司法运作与官制演变——以官府的集权化现象为中心》,北京大学2021年博士学位论文。

3. 李勉:《秦至汉初县行政运作诸问题研究——以简牍资料为中心》,南京师范大学2016年博士学位论文。

4. 齐继伟:《秦汉赋役制度丛考》,湖南大学2019年博士学位论文。

5. 舒哲岚:《秦汉官吏职务犯罪研究》,中国政法大学2021年博士学位论文。

6. 孙晓丹:《秦汉刑徒制度研究》,中国政法大学2018年博士学位论文。

7. 王博凯:《秦简牍所见秦代地方治理研究》,湖南大学2020年博士学位论文。

8. 王一义:《岳麓书院藏秦简所见执法考释》,中国人民大学2018年硕士学位论文。

9. 魏明：《秦汉〈置吏律〉集释》，湖南大学2017年硕士学位论文。

10. 温俊萍：《岳麓秦简与秦代社会控制研究》，湖南大学2019年博士学位论文。

11. 张以静：《岳麓书院藏秦律令简研究》，中国人民大学2020年博士学位论文。

12. 周海锋：《秦律令研究》，湖南大学2016年博士学位论文。

13. 朱锦程：《秦制新探》，湖南大学2017年博士学位论文。

后 记

这是我第三次为自己的所谓著作撰写“后记”。今年距离我个人所撰的第一本著作的出版年份正好是十年。照理说，这段不算太短的人生经历应当能有效地帮助我对为人为学形成较为深刻、通透的领悟，从而使第三次撰写“后记”比第一次撰写“后记”显得更为言简意赅、挥洒自如，但实际情况却是，已逾不惑之年的我仍困惑满满以至于难以清晰地表达对人生和社会的些许理解。究其原因，或可归结如下：在现代化道路上飞速奔跑、甚至略具后现代迹象的中国社会已将人们拖入一个凡事无可无不可的生活环境中，进而使人们对其心中之所是所非均时不时地产生了怀疑。

然而，惑则惑矣，终不能毫无定见；否则，恐怕会陷入非迷失即愚妄并终至碌碌无为的状态。此刻，我不禁联想起自己在个人的第二本书的“后记”中写下的一段话：

> 那么，为何写书呢？关于此问，答案肯定五花八门，但在我看来，写书与生命的意义密切相关。每个人如流星般划过，倘若在此过程中，只期望基本生存欲望的满足，那么，人与其他动物就没有任何区别。事实上，也很少有人承认自己只是为活而活；相反，几乎所有人都会在内心映射出两个字以概括一生的追求，那就是幸福。幸福的来源是多样化的，最容易让人想到的大概是功名利禄。巨大的名声以及由此带来的前呼后拥的荣耀和膨胀的财富以及与之相伴随的声色犬马的享受当然会给人以强烈的满足感，但无论怎样的荣耀和享受都会因出现次数的增加而归于无趣和平常，并最终被贴上短暂风华的标签，所以，用功名利禄堆积幸福无疑在缩短人生的有效区间。鉴于此，人们跳出这几个充满功利意味的词汇，到情感世界寻找幸福。无疑，由友情、爱情、亲情构成的

情感空间确实会让人们获得更长时间的幸福，但在商业化过度的时代，真挚的友情、完美的爱情和感人的亲情并不容易得到，缺憾大概才是常态；而且，即便得到了，这些情感很可能也只存在于此生此世的某一段时间，因此，用情感浇灌而成的幸福其实也不能说长久和坚固。既然如此，是否就放弃幸福？《左传·襄公二十四年》载，范宣子问叔孙豹"'死而不朽'，何谓也"？叔孙豹答道，"太上有立德，其次有立功，其次有立言"。叔孙豹所说"三不朽"或许与中国人的人生观相契合，且显然超越了人的寿命的局限，因此成为了永久幸福的立足点，古圣先贤则为之不断奋斗。尽管如此，在两三千年的中国史上，成就此"三不朽"者实为屈指可数，作为当代普通人的我们推崇"三不朽"岂非好高骛远？的确，"立德"或者说在道德上成为万世楷模对普通人而言会带来难以承受的身心负担，而且在今日中国何为善的标准也令人捉摸不定，所以，"立德"也许是不现实的。可是，"立功"呢？虽然普通人做不到普度众生或内圣外王，但尽己之能以助他人难道不是一种"功"吗，世人不正能通过他人的快乐延续自己的幸福吗？再则，"立言"呢？尽管至理名言多归于圣贤，但普通人的真知灼见难道就不是一种"言"吗，世人以其"言"让他人的知识或智慧得以增进不正是一种因"立言"而产生的可持续的幸福吗？换句话说，在当代，全面追求"三不朽"或许过于艰难，但凭借"功"和"言"让他人获得内心的喜悦，进而使自己的幸福超越生命的时限其实是可能的，关键在于人们是否愿意去实现这种可能。对以教学、科研为本职工作的高校教师来说，如欲影响他人进而延续自身之幸福，以课堂言行向学生们展示积极向上的精神和严谨的学问态度当然是一种选择，但通过自己的论著向更多人传达自己对某个问题予以深入思考的结果同样是一种选择。由此立论，以论著连接生命的意义正是我对为何写书的解答。

换言之，所有职业群体尽管都在为生计而奔波以至于其工作、生活尽显庸庸碌碌之态，但又无一例外地拥有以本职工作推动生命光辉充分闪耀的巨大潜能，而对高校教师来说，此种潜能就源于认真、负责的“传道”“授业”与严谨、深刻的著书立说。这一论断虽是我在五年前撰成的，但至今仍无改变。正因为此，对本书，我有信心说，书中文字确为本人秉持着“驽马十驾，功在不舍”的精神反复思考秦汉法律史之所得，也确为本人从初涉学术时的无知以致大发狂言走向今日的因无知而审慎求知的一个证明。至于本书是否内含些许新见，那恐怕非我所能自诩。事实上，在我看来，只要自己仍在努力并进步就足够了；毕竟，为了让自己不惑、不虚度时光，舍此之外，别无他法。

最后，必须指出，在本书的撰写过程中，家人对我因忙于工作而不够关注家事给予了足够的忍耐和理解，师友们则对我所遇到的疑难问题予以详尽解答。所以，本书的问世或为我对家人及师友们的诚挚谢意的最佳表达！另外，我的博士生尹嘉越校对了书稿全文，中西书局的姚骄桐女士对本书的编辑、出版付出了诸多辛劳。在此，一并向他们致谢！

本书问世之时正当春暖花开之季，不求本书如群芳绽放般娇艳，唯望其即便成为落红仍能滋养群芳。是为记。

朱　腾
于立心斋